CORPUS SCRIPTORUM ECCLESIASTICORUM LATINORUM

VOL. XXX

CORPUS SCRIPTORUM ECCLESIASTICORUM LATINORUM

EDITUM CONSILIO ET IMPENSIS

ACADEMIAE SCIENTIARUM AUSTRIACAE

VOL. XXX

S. PONTII MEROPII PAULINI NOLANI

OPERA (PARS II)

CARMINA
INDICES ET ADDENDA

EDIDIT

GUILELMUS DE HARTEL

EDITIO ALTERA SUPPLEMENTIS AUCTA
CURANTE MARGIT KAMPTNER

VINDOBONAE

VERLAG DER ÖSTERREICHISCHEN AKADEMIE
DER WISSENSCHAFTEN

MCMXCIX

SANCTI

PONTII MEROPII PAULINI NOLANI

CARMINA

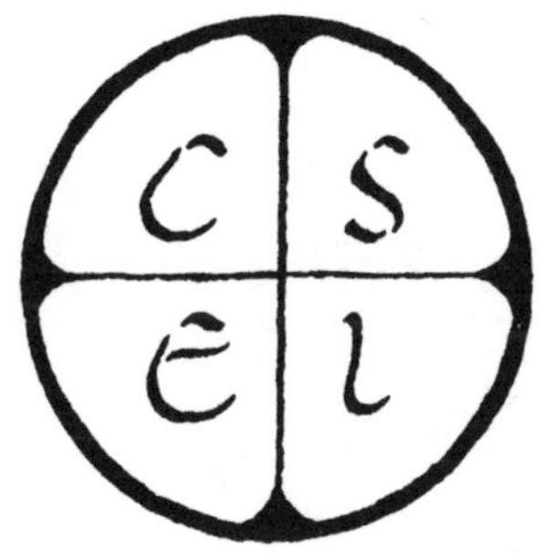

INDICES VOLUMINUM XXIX ET XXX

EDIDIT

GUILELMUS DE HARTEL

EDITIO ALTERA SUPPLEMENTIS AUCTA
CURANTE MARGIT KAMPTNER

VINDOBONAE

VERLAG DER ÖSTERREICHISCHEN AKADEMIE
DER WISSENSCHAFTEN

MCMXCIX

Vorgelegt von w. M. ADOLF PRIMMER in der Sitzung am 18. Juni 1999

2., erweiterte Auflage

ISBN 3-7001-2865-7

Druck: Grasl Druck & Neue Medien, 2540 Bad Vöslau

PRAEFATIO.

I.

Corpus carminum Paulini si quando exstitit antiquis iam temporibus in duo uolumina diuisum est, quorum unum carmina tantum natalicia in S. Felicis memoriam composita amplexum fere intactum ad nostra tempora peruenit, alterum quod carmina ad Ausonium aliosque continebat mox dispersum est. neque enim ullus codex exstat, qui utraque haec exhibeat, nonnulla paucis uel adeo uno libro hodie seruantur. sunt autem carmina huius editionis 1, 2, 4—9, 10, 11, 17, 22, 24, 25, 31, 32, 33. quo ex numero primum de iis agamus, quae Ausoniani codices receperunt. cum uero Ausonii editores recentissimi Carolus Schenkl et Rudolfus Peiper*) hos libros accuratissime descripserint, nos breues esse possumus.

Inter eos uetustissimus et uirorum doctorum opinione optimus est codex Vossianus 111 membr. f. 40, bin. col. XXXII V
uersuum scriptura langobardica ineunte saeculo VIIII exaratus, cuius de fatis Peiper l. c. p. 257 sqq. docte disputauit; uiros doctos, qui antea pretioso libro usi sint, C. Schenkl in praef. p. XXXII enumerat. scripturae specimina imagines arte photographica confectae, quas Monumentorum Hist. Antiq. tom. V, fasc. 2 Schenkl, Teubnerianae editioni Peiper addendas cura-

---

*) Praeter praefationes harum editionum singularis Peiperi libellus, cui „*die handschriftliche Überlieferung des Ausonius*“ (Jahrb. f. class. Phil., XI. Suppl., Lipsiae 1880, p. 191 sqq.) inscribitur, inspiciendus est. Emilii Chatelainii opusculum *Notice sur les manuscrits des poésies de S. Paulin de Nole* (Bibl. des écoles françaises d'Athènes et de Rome, 14 fasc., Paris 1880) ad natalicia potissimum carmina pertinet.

uerunt, praebent et reuera magnis difficultatibus lectionem impeditam esse, quod quicumque librum inspexerunt affirmant, ostendunt; si quae ex codice adnotaui plena certaque sunt, imprimis Schenkelii diligentiae id deberi scias, qui post Zechmeisterum carmina et Ausoniana et Pauliniana bis contulit; ad confirmandum comparandumque Peiperi adnotatio carminibus addita praesto fuit*). differunt uero testimonia in leuioribus plerumque uelut rebus orthographicis et correcturis, de quibus Schenkl accuratissima codicis scientia imbutus scribit: *Correctus est hic liber manibus duabus, altera antiquiore, altera recentiore. quarum illa non solum singulas litteras uel syllabas immutauit, scriptura antiqua plerumque erasa, sed etiam locos euanidos refinxit ac nonnumquam suis scripturis illatis obleuit ita, ut manus antiquae uestigia omnino obruerentur. — tertia manus leuiores fere scripturas intulit; sic, ubi* n *per compendium exaratum est, hanc litteram supra adiecit, ueluti* c$\overset{n}{\tilde{a}}$ere, *et compendio* $\overset{a}{\text{q}}$, *si id uim habet pronominis* quae, *supra uocalem* a *adscripsit.* nec multum Peiper differt praef. XVIII: *ipsius librarii manus quaedam correxit; praeterea trium potissimum manus ueterum correctorum conspiciuntur, quorum langobardicis litteris atramento nunc flauescente primus, alter minutioribus atrioribusque litteris est usus; tertius grossioribus atque non satis elegantibus et mundis textum inquinauit atque hic quidem euanidos locos ita saepe refinxit, ut pristinae scripturae uestigia omnino obruerentur. — accedit quarta manus recentior, quae in eo uersata est maxime, ut conpendia leuaret litteris supra scribendis.* cum correcturae recentioris uel tertiae manus in Paulinianis certe nullo ullius auctoritatis essent loco, has plerumque neglexi, quae prima manus exhibet, omnia enotaui, nisi quod *e* pro *ae*, *u* pro *b* et similia scribi selectis locis commemorari satis esse putaui.

---

*) Contulerunt codicem totum uel partes eius L. Mueller anno 1863, A. Holder 1867, O. Axt 1872, W. Brandes, H. I. Mueller, R. Peiper, C. Schenkl, I. Zechmeister 1875, Aem. Baehreus 1876, M. Mertens 1879, C. Schenkl iterum 1881, Peiper iterum 1884. Holderi et Zechmeisteri collatione Schenkl usus est, H. I. Muelleri Peiper. Cf. Peiper praef. p. XVIIII.

Codice Vossiano Paulini carmina post Ausoniana exhibentur haec:

f. 31r *Qum pontius paulinus iunior quartis iam litteris non respondisset sic ad eum scriptum est.**)
Quarta tibi hec (= Auson. E. 24 Sch.). —

f. 31u .*incpt alia ad eundem cum ille ad aliama gis respondere neque se benturum | polliceretur.*
Discutimus paline iugum (= Auson. E. 25, 1—102 Sch.) —

f. 32u *Ausonius paulino.*
Agnosne (cis) *tuam* (= Auson. E. 25, 103—132) —

f. 32u col. 2 *It ad eundem pōt paulinum epistola subinde scripta.*
Proxima que nšę (= Auson. E. 23 Sch.) —

f. 33 *Ausonius paulino* (in *ausonio paulinus* corr. alt. m.).
Continuata męe (= Paul. c. 11, 1—48) —

f. 33 col. 2 *Ausonius paulino* (in *ausonio paulinus* corr.).
Defore me patriis (= Paul. c. 10, 103—331) —

f. 35 *Ausonio paulinus.*
Quarta redit duris (= Paul. c. 10, 1—18) —

f. 35 col. 2 *Ausonio paulinus.*
Quid abdicatas (= Paul. c. 16, 19—102) —

f. 35 B *Incipit oratio sci paulini.*
Omnps genitor (= Paul. c. 4) —

f. 35 us. 22—36 col. 2 secuntur *epigrammata ausonii de diuersis rebus.*

f. 36 col. 2 *Incipiunt epistolaę sci paulini. dno merito suspiciendo gestidio paulinus.*
Iniuria quidem est (= Paul. c. 1) —

f. 36 col. 2 us. 24 *Item alia adquem super.*
Pauperis ut placeat (= Paul. c. 2) —

f. 36u *It epistola sci paulini ad nicetam epscm.*
Iamne abis (= Paul. c. 17) —

---

*) Tituli plerique maioribus litteris minio picti sunt.

f. 37^u^—40^u^ secuntur carmina quaedam Anthologiae latinae (= 648—657^c^ R.).

Ad codicis fidem et auctoritatem iuste aestimandam non nihil rectum de totius collectionis, quam continet, consilio ualet iudicium. fuerunt enim qui hanc syllogam ab ipso Ausonio factam uel saltem ad eius uoluntatem concinnatam putarent, ut A. Riese (Anthol. lat. II, praef. p. 18) et Peiper (lib. p. 273, praef. p. VIII sq.), uel ab Hesperio institutam suspicarentur, uelut Brandes (Ann. phil. 1881, p. 65 sqq.). quae contra has sententias faciunt argumenta ut mihi uidetur grauia Schenkl (praef. p. XXXVI sqq.) protulit easque ita emendauit, ut florilegium ex opusculis Ausonianis in scholae alicuius usum concinnatum in Vossiano inesse atque eum, qui hoc florilegium composuisset, optimo codice a quodam cognato uel propinquo Ausonii conscripto usum ac plerumque etiam ordinem, quo singula opuscula in codice illo disposita essent, secutum esse, ita tamen, ut quaedam in hac re immutaret atque aliis carminibus omissis aliis transpositis turbas excitaret, arbitraretur; *nec uideo* inquit p. XXXVIIII *quid obstet, quominus in monasterio illo, quod in Barbarae insula* (fuit enim Vossianus olim bibliothecae monasterii S. Benedicti in insula Ile-Barbe siti) *Carolus Magnus condiderat, florilegium, quod complectebatur excerpta ex Ausonio adiectis simul quibusdam Symmachi Paulinique epistulis et carminibus Paulini, Petronii, Claudiani aliorumque confectum esse putemus, quo scholae, quae ibi florebat, discipuli uterentur?*

Ante annum MDII Sannazarius (Actius Sincerus) ex codice Vossiano tunc etiam in insula Barbarae conseruato nonnulla excerpsit; quorum excerptorum apographa plura quae facta
W sunt non curamus praeter unum, quod in codice Vindobonensi 3261 f. 81 chart. saec. XVI post Endlicherum accurate a Peipero descripto (lib. p. 345 sqq.) exstat, cuius lectiones ad carmina 5 et 10 enotauimus; continet autem f. 7^u^ sqq. Paulini carmen 5, Ausonii Epistulas 24, 25, 1—102, 23 (Sch.), Paulini ad Ausonium c. 11, 1—48, c. 10, 19—102.

N Collectionis diuersae memoriam seruat codex Paris. 7558 membr. f. 168 s. VIIII (= cod. Colbert. 4133, Regius 6411. 5), quem E. Duemmler in N. Arch. IIII p. 299 sqq. et Chatelain l. c. p. 36 descripserunt, qui praeter tractatus grammaticos, Bedae, Claudii Marii Victoris, Ausonii aliorumque carmina Pauliniana exhibet haec:

f. 90r *Incipit oratio sancti paulini.*
Omnipotens genitor rerum (= Paul. c. 4) —

f. 90u *Perpetuam spondent uentura in secula uitam.*
Incipit oratio sancti ausoni.
Omnipotens solo mentis mihi cognite cultu
Ignorate malis (= Auson. IIII, 3, Paul. c. 5) —

f. 92u *Mistica quem celebrant modolati carmina dauid*
Et responsuris ferit aera uocibus AMEN.
Incipit ausoni ad paulinum.
Quarta tibi haec motus detexit (Auson. E. 24) —

f. 94r *Accipite et latiis uatem reuocate camenis.*
Finit. Item ausoni ad paulinu
Proxima quae nostrae (= Auson. E. 23) —

f. 95 *Primus in aonidum qui te collegia duxi.*
Ausonio paulinus.
Continuata meae durare (= c. 11, 1—48) —

f. 96 *Corpore uita meo quam uester pectore uultus.*
Ausonio paulinus.
Defore me patriis tota (= c. 10, 103—331) —

f. 101u *Si contra est christo tantum me linque probari.*
Ad paulinum ausonius.
Agnoscisne tuam ponti dulcissime culpam (= Auson. E. 25, 103—132) —

f. 102 *Credimus an qui amant ipsi sibi somnia fingunt.*
Ausonio paulinus.
Quarta redit duris haec iam messoribus (= c. 10, 1—18) —

f. 102u *ut fecere aliis orsa gradumque silent.*
Ausonio paulinus.
Quid abdicatas in meam curam (= c. 10, 19—102) —

f. 104^{u} *Gratare si uiuam ut libet.*
Finit. Incipit laus sancti iohanni(s).
Summe pater rerum caelique (= c. 6) —

f. 111^{u} *ut uidet utque sunt oculis subiecta uidemus.*
Incipiunt laudes domini cum miraculo quod accedit in aeduico.
Qui quaeritur sera uirtutis dote iuuari. Qui promissa dei lento procedere passu (= G. Fabricius, Poet. uet. eccl. opera, Basileae 1564 p. 765) —

f. 114^{u} *Nec dabis . exequent utinam sua pignora patrem.*
Finit laus domini cum miraculo. Incipit heroo ad quem supra.
Iam mihi polliceor sacris tua carmina (= Paul. c. 22) —

f. 118 *Perpetuo sanctum conplectar pignore.*
Finit. Incipit bebiani diuerso modo et metro dictis.
O uir beatus cui remissa iniquitas (= Morel in Claudii Marii Victorii ed. Paris. 1560 p. 96, Fabricius l. c. 782, Collectio Pisaur. tom. VI p. 249, Brandes Stud. Vind. XII p. 281 sqq.) —

f. 121 *in caelos* (*caelis* m. 2) *etiam gloria prepis erit.*

codicem partim I. Zechmeister, partim C. Schenkl excusserunt; postremum carmen ex editione G. Brandesii recepi.

Carmina Paulini 10 et 11 cum Ausonianis coniuncta, quae Vossianus *(V)* et Parisinus *(N)* praebent, in similem collectionem recepta erant, quam in antiquissimo codice Bobiensi hodie deperdito exstitisse R. Peiper codicum inde descriptorum comparatione cognouit (praef. XXXVI sqq.). tenuem eius memoriam catalogus bibliothecae Bobiensis a G. Beckero ex Muratorii antiquit. Ital. III, 817—824 iterum in *Catalogis bibliothecarum antiquis* p. 64 sqq. editus conseruauit hanc: nr. 610 (de libris Petri presbyteri) *librum Ausonii I in quo mictologia Fulgentii. rhetorica Caroli et Albini et periermeniarum Apulei et alia quaedam.* ex libro Bobiensi Veronam translato apographa confecta sunt:

1) Parisinus 8500 membr. f. 105 saec. XIIII, qui olim fuit
n Francisci Petrarcae (cf. L. Delisle, *Cabinet de manuscrits* I,

139), post Vicecomitum bibliothecae Ticinensis erat, unde circa a. 1500 in Gallias translatus est; in quo post Fulgentii Mythologiam, Ausonii Ludum septem sapientum et Periochas exstant haec:

f. 20^{u} *Viro illustri ausonio paulinus* (= Paul. c. 10, 1—102).

f. 21^{r} *Ausonio paulinus* (= Paul. c. 11).
et titulo *Ausonio paulinus* omisso Paul. c. 10, 103—331.

f. 22^{u} *Epistola decii magni ausonii ad paulinum* (= Auson. E. 23).

f. 23^{r} *Alia epla eiusdem ad eundem* (= Auson. E. 25).

f. 23^{u} *Finit epla. Incipit alia eiusdem ad eundem* (= Auson. E. 24).

secuntur deinde alia Ausonii et Prudentii.

2) Codex Musei Brit. Harleianus 2613 chart., quo exhibentur *H*
(cf. Peiper praef. XXXVIII):

f. 2^{u} *Epistola eiusdem metrica ad paulinum | presbyterum nondum episcopum.*

Proxima quae (= Auson. E. 23) —

f. 3^{u} *Alia epistola ad eundem paulinum.*

Discutimus pauline (= Auson. E. 25, 1—122) —

f. 6 *Epistolae sancti paulini ad uirum illustrem | ausonium cum adhuc intra hispanias re|ligioni deditus assiduis ab ipso literis | prouocaretur ut reuersus ad patriam red|deret se contuberniis amicorum. domino | illustri ausonio paulinus.*

Quarta redit duris (= Paul. c. 10, 1—18) —

f. 6^{u} *Vale domine illustris.*

Epistola paulini praesbyteri ad eundem.

Quid abdicatas (= Paul. c. 10, 19—102) —

f. 8 *Vale dn̄e illustris.*

Epistola paulini presbyteri ad eundem.

Continuata meae (= Paul. c. 11) —

f. 9[u] *Vale dñe illustris.*

Paulinus ausonio salutem.

Defore me patriis (= Paul. c. 10, 103—166) —.

secuntur Ausonii Ludus et Epistulae.

Harleianum ex codice Parisino (*n*), a quo et ordine et scripturarum sinceritate differt, non descriptum esse, sed utrumque ex communi fonte descendere Peiper iam antea recte intellexerat et collatione Harleiani a H. Mueller-Struebingio curata, quam in praefatione p. XXXVI publici iuris fecit, probatur. denique idem Auantium, cum alteram pararet Ausonii recensionem, quae Venetiis a. 1507 prodiit, carminibus nonnullis *diu in situ iacentibus et locis plaerisque deprauatissimis* aucta — haec uerba neque ad Ticinense neque ad Harleianum apographum quadrare patet —, tertio apographo uel fortasse antiquissimo libro ipso usum esse probabiliter coniecit. Harleiani et Auantii scripturas ex Peiperi praefatione recepi.

Eadem carmina a Paulino Ausonio missa, quae in codicibus Ausonianis *VNHn* exstant, inueniuntur cum aliis Paulini coniuncta in codicibus Parisino *(O)* 2122 et Bruxellensi *(B)* 10703/5.

O Codex Parisinus 2122 s. X, quem iam in praefatione epistularum Paulini (uol. XXVIIII p. VI) descripsimus, haec Paulini carmina carmine 22 excepto, quod semper cum epistulis coniunctum fuit, non ex suo archetypo sed aliunde accepta post epistulas adiecit:

Paulini 22, Ausonii E. 24, Paulini 10, 19—102, Ausonii E. 23, Paulini c. 11, Ausonii E. 25 (1—5, 20—37, 123—132), Paulini c. 10 (103—107. 176—277. 108—175. 278—331), 24, 31, 17, 9, 7, 8.

B Codex Bruxellensis 10615—10729 membr. 4° f. 231 bin. col. s. XII, cuius descriptionem P. Thomae et Chatelainio debemus, inter alia multa opuscula et profana et ecclesiastica 16 carmina Paulini continet. codex olim fuit Nicolai Cusani, unde in manus patrum S. I. et saeculo duodeuicesimo in publicam bibliothecam peruenit. carmina incipiunt hoc ordine se excipientia f. 156 (sign. 10703—10705):

f. 138[r] a. *Finit ad Iouium prosa. Incipit ad eundem uersus. Iam mihi polliceor* (= c. 22) —

f. 138[u] a. *Lege felix Ioui in Christo Iehsu domino nostro. Incipiunt uersus Ausonii ad Paulinum.*

Quarta tibi hec notos (= Auson. E. 24) —

f. 138[u] b. *Vale felix optatissime. Incipit Paulini ad Ausonium.*

Quid abdicatas (= c. 10, 19—102) — *gratare si uiuam ut libet.*

f. 139[r] a. *Finiunt ad Ausonium. Incipiunt Ausonii ad Paulinum.*

Proxima que nostre (= Auson. E. 23) — *qui te collegia duxi. Vale Felix optatissime. Ausonio Paulinus.*

Continuata mee durare (= c. 11) — *perhenne uiuax et memor.*

Finit. Item incipit Ausonii ad Paulinum. Discutimus Pauline (= Auson. E. 25, 1—132) — *sibi somnia fingunt.*

f. 139[u] a. *Vale Felix optatissime. Ausonio Paulinus.*

Defore me patriis (= c. 10, 103—331) — *tantum mel inque probari.*

f. 140[r] b. *Finit ad Ausonium. Incipit ad citherium supra memoratum. Meropius Paulinus citherio fratri in Christo domino salutem. Hoc metro sunt isti uersus id est iambicus* (in mg.: *hexametris et iambi*) *tetrameter.*

Martinianum spiritu (= c. 24) —

f. 142[r] a. *Cum rege uiuatis deo.*

Finit ad Citherium. Incipit de natale domini felicis qui obseruatur die XVIIII Kalendas februarias. Et hi sunt primi quos in Hispanis adhuc positus fecit.

Inclite confessor (= c. 12) — *defesso corpore uitam.*

Finit I. Incipit II. Item hoc anno sequenti iam presentatus.

Felix hic merito (= c. 13) — *sit anchora uitae.*

Finit II. Item in eundem diem III.
Venit festa dies (= c. 14) —

f. 142[u] b. *laudatis aggreget agnis.*
Incipit natalis quartus. Annua uota mihi (= c. 15) —

f. 144[r] a. *quas et modo cernimus auxit.*
Incipit natalis quintus. Tempora temporibus (= c. 16) —

f. 145[r] b. *non clausit secula uitae. Finit natàalis V. Incipit VI natalis.*
Lex mihi iure pio (= c. 18) —

f. 146[u] b. *gemina uictoria uoti. Finit natalis VI. Incipit VII Ver auibus* (= c. 23) —

f. 148[r] a. *de lumine lumen haberem.*
Finit natalis VII. Incipit natalis VIII.
Ecce dies nobis (= c. 26) —

f. 149[u] a. *flamma uel unda refugit. Finit natalis VIII. Incipit de obitu pueri.*
Ante puer patribus (= c. 31) —

f. 151[u] b. *pignoris esse patres. Incipit ad eundem nicete episcopi de Dacia qui ad natalem domnī felicis occurrat.*
Nascere que tardo (= c. 27) —

f. 154[u] a. *habitator mentibus adsis. Incipit natalis decimus.*
In ueteri nobis (= c. 28) —

f. 155[r] b. *inmutabitur a se. Incipit de nicete episcopo de Dacia. Hi uersus sunt metro saffico facti. Iam ne abis* (= c. 17) —

f. 156[r] b. *sume coronam. Finiunt sex sancti uolumina felicis deo gratias.*

codicem I. Zechmeister contulit et post eum pluribus locis A. Swoboda examinauit. eo antea Pulmannus in edit. Auson. Antuerp. 1568 et Rosweyd usi sunt.

Codices *O* et *B* quae communia habent et Ausonii (Epist. 23, 24 Sch. [= 25 Peip.], 25 Sch. [= 24 Peip.]) et Paulini (10,

11, 22, 24) carmina eidem fonti utriusque opuscula continenti debere et horum ordine et scripturarum consensu apparet. inter se uero ita differunt, ut Parisino Bruxellensis, aliorum librorum lectionibus et interpolationibus inquinatus, tantum cedat uirtute quantum aetate ab illo superatur. multo implicatior quaestio est, quae ratio inter *BO* et *VNHn* uel etiam inter hos ipsos intercedat. maxima enim non tantummodo in scripturis sed etiam in ordine epistularum carminumque communium cernitur discrepantia. quod ut facilius conspiciatur, quae in codicum descriptionibus dispersa commemorauimus, iam in unum colligamus. exhibent igitur A(usonii) et P(aulini) opuscula hoc ordine:

V	*N*	*H*	*n*	*BO*
A.24	A.24	A.23	P.10, 1–102	A.24
A.25*), 1–102	A.23	A.25*), 1–122	P.11	P.10, 19–202
A.25, 103–132	P.11, 1–48	P.10, 1–18	P.10, 103–331	A.23
A.23	P.10, 103–331	P.10, 19–102	A.23	P.11
P.11, 1–48	A.25*), 103–132	P.11	A.25*)	A.25*)
P.10, 103–331	P.10, 1–18	P.10, 103–166	A.24	P.10**), 103–331
P.10, 1–18	P.10, 19–102			
P.10, 19–102				

Has uero turbas foliis codicum deperditis uel translocatis enatas esse uix quisquam sumat; certum potius et diuersum in hac re eorum consilium, qui nostrorum codicum syllogas confecerunt, conspicitur. *VH* et *N* Ausonii epistulas Paulini carminibus praemittunt, *n* postponit, nisi quod in *N* Ausonii epistula 25 post alterum Paulini carmen (10) forte fortuna, ut Peiper opinatur (l. c. p. 326) inserta est, *B* et *O* singulis Ausonii epistulis singula Paulini carmina subiecerunt, in separandis et digerendis partibus suam quisque rationem secuti. cuius simplicitatem quandam in *VNH* uel *n* agnoscas, qui utriusque carmina in singula quasi corpora coniungunt uel con-

*) Epistulae 25 uersus 31—37 om. *VHn*, uersus 34—62 et 66—122 om. *BO*.

**) Versus huius carminis in *O* hoc ordine se excipiunt: 103—107, 176—272, 108—175, 278—331, editio Coloniensis has partes carminis separatas in unum conclusit, initium uero (1—18) Muratorius primus adiecit.

iuncta receperunt, artificiosius ingenium in *BO* admireris, si quidem qui eorum ordinem creauit, Paulinum Ausonio quasi respondentem inducat; at nescio an hic pristinus antiquioris fontis ordo fuerit aut pristino propior. nam A. 24 saltem ante A. 23 et P. 10, P. 11 autem ante A. 25 scriptum esse probabile est (cf. Peiper l. c. p. 326 sqq.). in tanta diuersitate ordinis harum syllogarum et cum in Ausoniana epistula 25 inter *VNn* et *OB*, qui multos uersus omittunt, in aliis ne duo quidem uerba communia exhibeant, maximas discrepantias adesse uideamus, non mirandum est, quod Peiper duplicem horum carminum, imprimis epistulae 25 recensionem sibi deprehendisse uisus erat (cf. l. c. p. 328), quam sententiam Schenkl, qui scripturam in *OB* lacunis deformatam ac temere interpolatam esse doceret (cf. praef. p. XLII), tanta felicitate impugnauit, ut ille suam coniecturam iam reliquisse putandus sit (cf. praef. XXXV) et cum Schenkelio utrosque codices ex communi fonte uariis uiis deflectentes fluxisse arbitretur. neque ipse in his carminibus recensionis antiquioris certa adesse indicia putauerim. sed postea, i. e. eo tempore quo codicem Paulini uel Ausonii integrum quendam in syllogae usum excerperent, reuera eam experta esse uidentur; nam forte fortuna fieri nequibat, ut duarum familiarum testes principes *V* et *OB* et qui medium locum tenent *NHn* in tanto consensu tantopere discederent; et facile concedemus minorem fuisse talium compositorum religionem, qui, quae sibi magis apta haberent, eligerent, diuersis locis ponerent, alia diuiderent uel omitterent. sic uero etiam uerba carminum ipsa, quod aliarum syllogarum exemplis saepius probari uidemus, arbitrariae recensioni magis obnoxia erant, quam quae per describentium manus ex uno libro in alterum transeunt. neque carmina selecta ab excerptoribus omnia aeque tractata esse necesse est. quare uerendum est, ne in errorem inducamur, si quod de uno uel Paulini uel Ausonii carmine ut maxime uerum cognitum fuerit, etiam de reliquis ualere praesumamus. quod si Schenkl codici *V* in Ausonii epistula 25 summam prae ceteris libris auctoritatem uindicauit, in carminibus, quae Paulini collectio suppeditauerit, magnam in eo licentiam grassari uidemus, dum *B* et *O* religiosius ea seruant.

quod de *V* dixi, idem fere de *H* et *n* ualet; medium autem inter *V* et *O* locum codex *N* tenet. quae ne sine causa affirmari putes, carmen 17 accuratius inspiciamus, quod strophis permultis uel omissis uel contractis (5—12, 41—56, 61—68, 89—100, 129—136, 141—192, 205—216, 253—264, 277—284, 290—293, 297—336) ita decurtatum in *V* exstat, ut Paulinum ipsum carmini exiliori suos colores et lumina postea addidisse atque omnibus numeris absolutum, ut in reliquis libris legimus, reddidisse aegre credideris, quamquam qui breuiauit suo munere non inscite functus est. accedit quod *V* libidine singula uerba mutandi non abstinuit. ita initio carminis Paulinus de amico redeunte in Thraciam et tamen remanente, de dimisso eodemque retento suo more duabus strophis ludit:

Iamne abis et nos properans relinquis,
quos tamen sola regione linquis
semper adnexa sine fine tecum
mente futuros?
iamne discedis reuocante longe
quam colis terra? sed et hic resistis,
sancte Niceta, quoniam et profectum
corde tenemus.

quas *V* in unam contraxit:

Iamne abis et nos properans relinquis,
sancte Niceta? neque nos relinquis
semper adnexa sine fine tecum
mente futuros,

quo id etiam assecutus est, ut Nicetas, ad quem carmen directum est, iam altero uersu appellaretur. — pro uersibus 52—68, qui a ceteris libris traduntur:

sic meo, qua se feret actus ora,
cuncta Nicetae dominus secundet,
donec optato patriam uehatur
laetus ad urbem.
perge, Niceta, bene qua recurris
prosperos Christo comitante cursus,

quam tui dudum populi fatigant
nocte dieque
te reposcentes, ut ager leuandis
cum satis imbrem sitit etc.

hos quattuor *V* praebet:

perge, Niceta, bene qua recursus
prosperos Christo comitante ducis,
donec optato patriam ueharis
letus ad urbem.

eadem licentia, qua in uocabuli iteratione fortasse offendens *recurris—cursus* in *recursus—ducis* male mutauit, alia etiam nouauit, uelut 231, ubi de latronibus Nicetae doctrina correctis sermo est,

praeda fit sanctis uetus ille praedo,
et gemit uersis homicida damnis,
iure nudatus spoliante Christo
criminis armis

oxymorum *iure—spoliante Christo* V sustulit reponendo *dum renudatus.*

Supra Schenkelii opinionem commemoraui, qui scholarum in usum Vossiani syllogam institutam fuisse suspicatur. nonne tali consilio breuiandi studium optime explicatur? sed non solum in hoc carmine Vossiani auctoritas suspecta est, sed etiam in aliis, ubi cum *O* comparari potest, huius ei sinceritas officit. nonnulla eius rei exempla ex c. 10 petita apponam, quibus etiam aliorum codicum ratio illustrari possit.

10, 28 *fuit ista quondam,* Ausonio concedit Paulinus, *tecum mihi concordia*
uocare Musas numina
fandique munus munere indultum dei
petere e nemoribus aut iugis.

NV exhibent *e (et* V m. 2) *fonte nemoribus,* H u *fonte nemore,* utrique contra metrum uersum interpolantes.

us. 56 Christus deus homo factus est

aeterna iungens homines inter et deum
in utroque se commercia.

i. e. per se, qui utrumque homo et deus erat, inter homines et deum aeterna commercia iunxit. B et O *in utrumque* exhibent, quod fortasse pro *in utroque* recte dictum est. erroris initium, quod in Vossiani lectione *utrumque* praepositione *in* omissa conspicitur, uitium in HNn *inter utrumque* peperit.

us. 70 *quae* (sc. *fides*) *quas uidemur spernere*
non ut profanas abicit aut uiles opes,
sed ut magis caras monet
caelo reponi creditas Christo deo.

HVWn habent *uidemus,* quod sensu caret. *uidemur* quod BNO praebent, aut pro *quas nos uidetis spernere* dictum est aut a genuina scriptura *suademur* una certe litterula propius abest.

us. 128 *si displicet actus*
quem gero agente deo, prius est, si fas, reus auctor,
cui placet aut formare meos aut uertere sensus.

sic optime B et O *si fas,* quo audacia poetae deum accusantis mitigatur, contra male VHN *fiat,* n *ut fiat.*

us. 135 Paulinus nunc se esse diuersum ab illo fatetur, qui eo tempore fuerit quo non peruersus haberetur

stulta deo sapiens et mortis pabula uiuens.

usitatam dictionem *stulta deo sapiens,* quam B et O praebent, H et N in *stulta dī sapiens,* V peius etiam in *stulta desipiens* mutauit.

us. 156 *non etenim mihi mens demens neque participantum*
uita fugax hominum.

sic BO optime; lusum uerborum et metrum VHn corruperunt *uaga* pro *demens* scribentes, cui N et V m. 3 *est* addiderunt.

us. 199 *sint multa locorum,*
multa hominum studiis inculta, expertia legum,
quae regio agresti cultu caret? aut quid in istis
inprobitas aliena nocet?

non de inprobis hominibus in uniuersum agitur, sed de hominum feritate, quam in regionibus illis, ubi Paulinus moretur, regnare Ausonius putat; aptius igitur *in istis* uidetur, ut BOn scribunt, quam *honestis,* quae codicum V et N est lectio.

us. 234 *quid numerem egregias terris et moenibus urbes,*
qua geminum felix Hispania tendit in aequor,
qua Baeti Oceanum Tyrrhenumque auget Hibero?

in his uerbis uitium *bětis* omnibus libris commune alterum in VNn peperit *hiberus.* cum O et B *hibero* exhibeant, *Baeti* quantitate syllabae prioris seruata scribendum esse apparet.

Haec sufficiant ad decernendum principatum inter codices *O* et *V* eorumque familias. de codice Parisino igitur in carminibus recensendis idem quod in epistulis ualet, propter summam integritatem scripturas eius sine causa non esse neglegendas. maiore cautione in codicibus *V* et *N* opus est, quorum *N* medium, ut uidimus, inter *O* et *V* tenet locum, dum *H* et *n* interpolatione in eis magis grassante in peius uergunt. sed pauca sunt carmina, quae utraque codicum traduntur familia; in pluribus alterius utrius testimoniis res agenda est; in nonnullis alii codices neque ii ullius pretii accedunt, quod haec tabula ostendit:

carmen	1. 2	exhibet	*V*										
„	4. 5	„	*V*	*N*									
„	6	„		*N*									
„	7. 9	„					*O*	*π*					
„	8	„					*O*						
„	10. 11	„	*V*	*N*	*H*	*n*	*O*		*B*				
„	17	„	*V*				*O*	*π*	*B*	*G*	*R*		
„	22	„		*N*			*O*		*B*				*F L M P U t z*
„	24	„					*O*		*B*				
„	31	„					*O*		*B*			*T*	
„	33	„		*N*									

Sunt uero codices, qui unum alterumue horum carminum exhibent, hi:

Codex Parisin. 2772 s. X/XI, quem descripsit A. Riesius (An- *π*
thol. lat. II praef. 10, C. Schenkl praef. XXXXI, R. Peiper praef. XXX), continet praeter primos septem uersus carminis **7** f. 79^r carm. **17** et f. 85^u carm. **9**, utrumque manu librarii et posteriore correctum. originis memoriam, quae exstat f. 3^u, Riesius non recte descripsit: *Iste liber est de conuentu paradisi*; nam et hic et duobus aliis locis (f. 12^r et 76^r) legendum est *de conuentu paredi*. Paredum Moniale (= Paray le Monial, Saône et Loire) abbatiam esse Benedictinorum notum est. liber, quem G. Brandes in meum usum accuratissime contulit, nullius pretii est, quippe qui a codice *O* descriptus esse uidetur, neque ueras scripturas suppeditat nisi quae facili coniectura poterant recuperari.

Carmen **17** etiam in codice Petropolitano (olim Sangerma- *G*
nensi) Q XIIII 1 s. VIIII et in codice Palatino 235 s. VIIII *R*
exstat, quos, cum natalicia exhibeant, infra accuratius describemus. in hoc carmine eo quidem insignes sunt, quod codicis Parisini *O* recensionem confirmant, sed neuter ea interpolatione immunis est, quae recentiorem Bruxellensem *B* infecit et qua in nataliciis carminibus sunt maxime conspicui.

Carmen **22** praeter *BNO* et codices epistularum interpolatos *FLMPU*, de quibus in praefatione uoluminis XXVIIII p. VI sqq. diximus, duo codices nouicii *tz* exhibent,

t est codex Vrbinas 1303 s. XIIII, *t*

z est Vaticanus 524 s. XV, *z*

neuter ullius auctoritatis.

E numero carminum singularium est etiam **25** a Schotto
primum editum, cuius uersus 1—65 codex Brit. Bibl. Reg. 15 *s*
B XVIIII f. 205 s. VIIII fol. 82^u exhibet (cf. *A catalogue of the Manuscripts of the King's Library by D. Casley, London 1734*). uersus F. Weigel descripsit. cum eo arte co-
gnatus est codex Paris. 8094 f. 107 membr. s. X, secundum *q*
titulum tergo adfixum *Mesmianus inter Bigotianos*, qui inter Sedulii Prosperique carmina et Boetii tractatum in librum Aristotelis f. 33^r eosdem uersus 1—65 continet: *incipit epitha-*

lamium a sc̄o paulino dictum | *in iulianum filium epici memoris et titiam* | *clarissimam feminam uxorem eius* (rubro colore) — f. 34ʳ *aspernata superbo* | *Explicit ars sedulii d̄o gratias.* codicem non saeculi XI, ut catalogus refert, sed X esse Omonte consentiente F. Weigel affirmat, qui uersus in meum usum contulit; Chatelain eum saeculo XI adscripserat (l. c. p. 39). quo codice Schottus, qui primus totum carmen edidit, usus sit, nescimus.

Carmen quod **30** posui duabus inscriptionibus constat, quae Nolae in Basilica uetere leguntur. alteram *Rosweyd* in notis ad Paulinum p. 161 ad Sirmondi apographum (cf. codicem Parisinum 10809 f. 30) et Sirmond in Epist. ad Sidonium IIII, 18 publicauerunt, inter Paulini carmina primus posuit Muratorius ut XXVIII. prius carmen quattuor uersuum, cuius auctorem Paulinum esse non minus constat, editiones adhuc secluserunt. utrumque apparatu uberrimo instructum in de Rossii *Inscript. christian.* II part. 1 p. 189 exstat, quem in legendis litteris hodie et uetustate et squalore obscuratis antiqua apographa adiuuabant, uelut sylloge epigraphica codicis Cluniacensis nunc Parisini (nouvell. acq. ms lat. 1443) s. VIIII, Remondini (*Nolana st. eccl.* I p. 403), anonymus s. XVII (*Delle antique basiliche di s. Felice presso Nola*).

T Carmen **31** praeter *B* et *O*, qui arte cohaerent, codice Vrbin. 533 s. XV *(T)* exhibetur, quem interpolationibus et coniecturis speciosis insignem esse infra p. XXVIII demonstrabimus; tamen hic illic plenior quam *B* et *O* et integrior testis apparet, quem ne iniuria despiciamus uidendum erit.

Carmen **32**, quod ex numero dispersorum est et, si Paulini
A est, inter prima eius tentamina numerari debet, extremis co-
D dicum *A* et *D* foliis receptum aetatem tulit. hi codices alterius generis codicum sunt optimi, de quibus proximo subinde capite agendum erit; *A* integritate nonnihil praestat.

II.

Alterum carminum corpus plenius congestum integriusue nobis conseruatum carmina natalicia in honorem S. Felicis composita complectitur et praeter codicem Bruxellensem *(B)* supra iam descriptum pluribus libris traditur, qui sunt:

Codex Ambrosianus C. 74 sup. col. bin. f. 141 membr. s. VIIII, quem Reifferscheid in *Patrum lat. bibl. Ital.* II p. 67—70 descripsit, quaternionibus XI—XIIII *Paulini Petrecordiae* (sic) *Natales XIII* continet. pagina prima haec exhibet: *In hoc uolumine infra continentur: Venantii Honorii Fortunati poemata omnia, Aratoris Subdiaconi poema de actis aplorum, S. Paulini Petrecordie* (corr. in *Nolani*) *Natales XIII editi a Lud°. Ant°. Muratorio* (*S. Paulini—Muratorio* add. man. recens), *Paulini Petrae concordiae* (sic) *poema de Vita S. Martini, Prosperi poemata, Aquilini Iuuenci Poemata Euangelica, Praecepta moralia quae uulgo Catoni tribuuntur, Isidori Hispalensis uersus de titulis Bibliothecae. hunc codicem ex Bibliotheca Bobij a S. Columbano instituta desumptum Illmo. Card. Federico Borrhomaeo B. Caroli patrueli dum Ambrosianam bibliothecam instrueret et manuscriptos codices undique conquireret, religiosissimi patres ord. Benedicti uicissim ab ipso Illmo. simili munere compensati humanissime tradiderunt. Anno 1606 Antonio Olgiato Ambrosianae Bibliothecae quam primus omnium tractauit Praefecto.* A

Est igitur ille codex maximi pretii unde Muratorius quattuor carmina primus edidit *(Anecdota quae ex Ambrosianae bibliothecae codicibus nunc primum eruit, notis ac disquisitionibus auget Ludouicus Antonius Muratorius. Mediolani 1697—1698)* quemque ita praedicat: *Incidit in manus meas antiquissimum uolumen, in quo Venantii Fortunati, Prosperi, Iuuenci, Aratoris aliorumque ueterum christianorum carmina continebantur. Tres et decem S. Paulini natales ibi exaratos inueni, quos cum Dungali fragmentis collatos germanum protinus tanti scriptoris foetum mihi et orbi literario sum gratulatus. Codex uenerandam sapit uetustatem. Characteres quadrati, ac minutissimi, miraque uenustate rectis lineis inter se distincti seculo, ut arbitror, nono elaborati fuere.*

Paulini natales f. 77 incipiunt spatio uacuo quod titulos et uersus primos exciperet relicto; nam inscriptio supra notata *Paulini Petrecordiae Natales XIII* recentioris manus est:

f. 77 *Qui dominum ihesum non uincta uoce professus* (= c. 12, 3) — *defesso corpore uitam* (duarum linearum spatium).

Qui merito redit alma dies qua te sibi summas (= 13, 2) — *fixa sit anchora uitae.*

Venit festa dies (= 14) —

f. 78 *Annua uota mihi* (= 15) —

f. 79 *Corpora temporibus subeunt* (= 16) —

f. 81 *Lex mihi iure pio* (= 18) —

f. 83[u] *Ver auibus uoces* (= 23) —

f. 85 *Ecce dies nobis* (= 26) —

f. 87[u] *nec cruor haec uiolet quae flamma uel unda refugit.*
Finit septimus. Incipit octauus.
Nascere quae tardo (= 27) —

f. 91 *culmina et extructis habitator mentibus adsis.*
Explicit octauus. Incipit nonus.
In ueteri nobis (= 28) —

f. 92[u] *Idem et in aeterno non inmutabitur a se.*
Explicit nonus. Incipit decimus.
Sidera si caelo possunt (= 19) —

f. 96 *In cruce nixa fidem et de cruce nancta coronam.*
Explicit decimus. Incipit undecimus.
Saepe boni domini (= 20) —

f. 98[u] *Non taceant homines quem signis muta loquuntur.*
Explicit undecimus. Incipit duodecimus.
Candida pax grata uice (= 21) —

f. 102[u] *Nominis obtinent felices uiuere felix.*
Explicit liber XX[us].

Discussi fateor sectas antonius omnes (= 32 i. e. Poema ultimum apud Murat.) —

f. 104 *Aeternique dei pietas aeterna manebit.*

Quod ad scripturas attinet, uerba *per pro prae quam sunt sed* et syllabae *am um em im bis bus con* plerumque abbreuiatae scribuntur; textum duae manus correxerunt, antiqua saepius, raro altera pallidiore colore conspicua. quattuor postrema carmina, quae Muratorium primum ex hoc codice edidisse diximus, ille satis neglegenter descripsit neque cum omnium operum Paulini editionem Veronae a. 1736 emitteret, reliqua Ambrosiani carmina ea qua par erat diligentia curauit aut omnino contulit, neque Mingarellius qui post Muratorium noua carmina edidit (*Anecdotorum fasciculus siue S. Paulini Nolani, anonymi scriptoris* etc. Romae 1756), eum diligentius excutere uoluit, cum codice Bononiensi s. XV se satis adiuuari putaret. ipse Zechmeisteri collatione et scripturis a Chatelainio ad carmina 19, 20, 21 adnotatis usus sum; complures locos dubios amici, dum Mediolani morantur, inspexerunt.

Cod. Monacensis lat. 6412 (= Fris. 212) membr. f. 116 (= 14 quatern. + 5 sing. f.) s. X continet eadem quae Ambrosianus carmina. *D*

f. 1[u] *Incipit liber primus sc̄i Paulini Nolani ep̄i in laudem beatissimi ac sanctissimi Felicis papae et confessoris xp̄i.*

f. 2[r] *Inclyte confessor* (= c. 12) — *corpore uitam.*
Expl praef. Incipit laus anni primi B̄. F̄.
Felix hoc merito quo nomine (= 13) —

f. 3[u] *anchora uitae.*
Expl laus anni primi. Incipit anni secundi.
Venit festa dies (= 14) — *adgreget agnis.*
Explicit secunda. Incipit tertia.
Annua uota mihi (= 15) — *auxit.*
Explicit tertius. Incipit quartus.
Tempora temporibus (= 16) — *saecula uitae.*
Explicit IIII. Incipit quintus.
Lex mihi (= 18) — *uictoria uoti.*
Explicit quintus. Incipit sextus.
Ver auibus (= 23) — *lumen haberem.*
Ecce dies (= 26) — *unda refugit.*
Finit septimus. Incipit octauus.
Nascere quae tardo (= 27) — *mentibus adsis.*
Explicit octauus. Incipit nonus.
In ueteri nobis (= 28) — *inmutabitur a se.*
Explicit nonus. Incipit decimus.

Sidera si caelo (= c. 19, us. 1) — *Cybeleia gallis* (= us. 87) — *qui magis infuso sibi daemone saeuius in se* (us. 180 om. 88—179) — *de cruce nancta coronam* (us. 730).

Explicit decimus. Incipit undecimus.

Saepe boni domini (= c. 20) — *muta loquuntur.*

Explicit undecimus. Incipit duodecimus.

Candida pax (= c. 21, us. 1) — *sponsi caelestis odores* (= us. 71) — *debere quemquam plaudere* (= us. 124 om. 72—123) — *felices uiuere felix.*

Explicit liber duodecimus.

Discussi fateor sectas antonius omnes (= 32 = carm. ultimum ap. Murator.) — *pietas aeterna manebit.*

codex una manu cum magna cura exaratus est, altera hic illic tantum correctus. abbreuiationibus fere immunis est. cum singulae paginae minimum 23 uersus complectantur, lacunae carminum 19 et 21 duorum foliorum et unius iacturam ostendunt. codicem contulit I. Zechmeister, qui quantum ille ualeat in quaestione Stud. Vindob. tom. XII inserta recte perspexit.

E Codex Bononiensis chart. f. 153 bibliothecae uniuersitatis 2671 (= S. Saluatoris 519) s. XIIII. Mingarellius, qui in Anecdotorum fasciculo (Romae 1755) primus codice usus est, eum s. XIIII esse affirmat: *codex iste quo usus sum chartaceus est ac saeculo, ut equidem opinor, XIIII a Lippo Platesio exaratus,* ad primae paginae notam relegans, quam ita legit: *iste liber est . . . scriptus a Domino Lippo de Plathesiis uiro deuoto et docto.* plenius autem Chatelain uerba obscurata f. 3 extricauit: *(ist)e liber est LOCI S(AN)CTI FRANCISCI INTER CENTVM ET PLEBEM,* et alterum originis indicium detexit, quod ibidem exstat: *Donum a Reu(eren)d(o) D. Archypresbytero, datum D. Chrys(ostomo) Trombelli,* quibus ipsi codicis historiam retexere contigit. ille igitur primum fuit monasterii Franciscanorum inter Centum et Plebem (Pieue) siti, de quo Flaminius Parmensis (*Memorie istoriche delle Chiese e Conuenti dei fratri Minori della prouincia di Bologna,* Parmae 1760, tom. II p. 254 sqq.) egit. inde in manus Baruffaldi uenit, qui a. 1675 Ferrarae natus magnam librorum collectionem a patre hereditate relictam auxerat (cf. Mazzuchelli, *Scrittori d'Italia,* tom. II part. 1, p. 483) et ut archipresbyter ecclesiae Centensis pretiosum librum facile comparare potuit. Ioannes Chrysostomus Trombellius autem (1697—1784) in bibliothecam monachorum S. Saluatoris, quibus a. 1760 praefuit, multa comportauit suamque librorum manuscriptorum scientiam opusculo, cui inscribitur: *Arte di conoscere l'età de' codici latini e italiani,* Bononiae 1756, probauit. denique Mingarellius, Trombellii successor, hoc codice ad emendanda natalicia noua, a Muratorio edita XI. XII. XIII, quae multo integrius quam Ambrosianus exhibebat, usus est. idem in folii tertii margine summa nondum abscisa antiquam, ut uidetur, inscriptionem legit: *Beati Meropii Paulini episcopi Nolani de Vita S. Felicis carmen anni primi.* inscriptiones enim et huius carminis et carminum quattuor quae secuntur: *liber primus, et est liber secundus, quod est liber tertius, qui est liber quartus, est quoque liber quintus,* recentioris manus sunt. continentur uero haec:

f. 3 *Inclite confessor* (= c. 12) —

f. 3ᵘ *Carmen anni II. incipit* (unc. rubro colore). *Et est liber secundus. Felix hoc merito* (= 13) —

f. 4ᵘ *carmen anni III. incipit* (rubro colore). *quod est liber tertius. Venit festa dies* (= 14) —

f. 7 *Incipit carmen anni IIII.* (rubro colore). *qui est liber quartus. Annua uota mihi* (= 15) —

f. 14 *Incipit carmen anni quinti* (rubro colore). *est quoque liber quintus. tEmpora temporibus* (= 16) —

f. 19ᵘ *Incipit liber sextus. Lex mihi* (= 18) —
f. 28ᵘ *Incipit liber septimus.* (*sept* in ras.). *Ver auibus* (= 23) —
f. 35 *Incipit liber VIII. Ecce dies nobis* (= 26) —
f. 43ᵘ *Incipit liber VIIII. Nascere quae* (= 27) —
f. 55ᵘ *Incipit liber X. In ueteri* (= 28) —
f. 62 *Incipit liber XI. Sidera si caelo* (= 19) —
f. 76 *Incipit liber XII. Sepe boni domini* (= 20) —
f. 84ᵘ *Incipit liber XIII. Candida pax* (= c. 21 us. 1) —

f. 86ᵘ *Incipit liber XIIII. Castis agendus gaudiis et hostiis* (= c. 21 us. 105) —

f. 90 *Vno loquente spiritu in affectu trium* (= c. 21, us. 271). *Explicit liber quaterdecimus s(an)cti paulini dę s(an)cto felice presbytero et confessore in ci(uita)te nola.* natalis postremi (c. 21) uersus 587 desiderantur, quos cum Ambrosianus solus exhibeat, magnopere dolet Mingarellius, *quod Lippus Platesius totum hocce carmen non exscripserit: plura enim alia menda illius ope expungere liceret quae in Muratorii codice reperiuntur.*

f. 90ᵘ maximam partem et totum f. 91 uacua sunt. f. 91ᵘ—163 Prudentii carmina apotheosin, hamartogeniam, psychomachiam continent. codicem I. Zechmeister contulit.

Q Cod. Parisin. 13026 membr. f. 182 bin. col. s. VIIII (= cod. Sangermanensis Lebruni temporibus nr. 540, postea nr. 1188 signatus) inter multorum auctorum opuscula quaternionibus X —XII i. e. f. 100ᵘ—120ᵘ nunc carmina septem natalicia exhibet; olim multo plura exhibuisse uidetur.

f. 100ᵘ *Qui dominum christum non* (= c. 12, us. 4) —
f. 101 col. 1 *Qui merito reddit* (= c. 13, us. 2) —
f. 101ᵘ col. 1 *Venit festa dies* (= c. 14) —
f. 103 col. 1 *Annua uota* (= 15) —
f. 107 col. 2 *Corpora temporibus* (= 16) —
f. 110ᵘ col. 2 *Lex mihi iure pio* (= 18) —
f. 115ᵘ col. 2 *Ver auibus uoces* (= 23) —
f. 119ᵘ col. 1 *Ecce dies nobis* (= c. 26, us. 1) —
f. 120ᵘ *Nunc opus adiutore* (= c. 26, us. 111).

reliqui huius carminis uersus desunt. codicem post Lebrunium, qui multas eius scripturas enotauit, I. Zechmeister contulit, Chatelain breuiter descripsit (p. 34).

T Codex Vrbinas lat. 533 membr. f. 81 4⁰ s. XV continet carmina 12. 13. 14. 15. 16. 18. 26. 28. 27; secuntur carmina: *Sancte deus* (= Append. c. 3) quod Angelus Mai (*SS. episcoporum Nicetae et Paulini scripta*, Romae 1827) primus edidit, c. 31, carmen *Verba tui famuli* (= Append. c. 4, ibid. apud Maium). indicem carminum artificiosis circulis circumscriptum maiusculisque litteris uarii coloris pictum pagina prima exhibet. inscriptiones singulorum carminum modo exstant modo desunt, ut dubitandum non sit, quin carmina *Sancte deus* et *Verba tui famuli* a librario ut Paulini praebeantur; accedit quod prius carmine 31 excipitur; atqui hoc *item uersus eiusdem consolatorii de Celso puero Pneumatii filio defuncto* inscribitur et Paulini est. codex partim a I. Zechmeistero partim a Guil. Weinbergero excussus est.

Codex Petropolitanus membr. f. 22 Q XIIII 1, s. VIII (= *G*
Sangermanensis sec. catalogum a. 1677 nr. 481, postea nr. 613 signatus), quem R. Gilbert in N. Arch. V p. 608 descripsit (cf. etiam Chatalainium l. c. p. 41), continet eodem quo Palatinus 235 *(R)* ordine sex carmina Paulini 15. 16. 18. 28. 27 et 17. f. 1[r] manu recentissima: *S. Paulini Poema de S[to] Felice Versibus Litteris Saxonicis VIII[ti] saeculi,* et eadem manu f. 1[u]: *Voyez au sujet de ce mss. Le Traité de Diplomatique tom. VI p. 639 col. 1, no. 613,* et medio fol.: *Ex museo Petri Dubrowsky,* quae uerba f. 22[u] iterantur, ubi etiam legitur: *Ce présent manuscrit contient vingt-deux feuillets numerotés L'abbé de Grandidier.* liber est igitur ex numero codicum Sangermanensium, qui furto delati in manus Petri Dubrowski et postea Petropolim peruenerunt (cf. L. Delisle, *Le cabinet des manuscrits,* tom. II p. 52) et secundum notitiam D. Poirier (613 *Sancti Paulini uersus de sancto Felice Isagoge Porphyrii Priscianus* etc.) alia etiam continuit quae hodie desiderantur. Benedictini saepissime pretiosum codicem citant (cf. Traité de Dipl. tom. III p. 126. 127. 130. 132. 202. 340. 342. 349. 354. 361. 365. 369. 378. 379. 388) et tom. III p. 228 ita describunt: '*C'est un petit in-folio qui renferma: 1° Six livres de saint Paulin en vers sur saint Felix martyr. Les vers sont écrits comme de la prose et l'écriture est saxone. 2° Un traité de Praedicamentis attribué ici à saint Augustin, et ailleurs à Boëce, en écriture minuscule ordinaire. 3° Un traité de Praedicabilibus avec l'art de la grammaire, par Priscien. Ces ouvrages paraissent avoir été transcrits au huitième ou neuvième siècle.* tabulae Tractatui additae scripturae exempla praebent, unde Chatelain Sangerma-

nensem et Palatinum fratres gemellos cognouit: *L'écriture, que les Bénédictins appellent: "saxone de France" et que nous nommons simplement mérovingienne, est absolument l'écriture employée dans le Palatinus 235. Le c est très élevé au-dessus de la ligne, au point de se confondre parfois avec l ou s;* atque eodem ordine in utroque carmina se excipiunt:

f. 2r *Versus sc̃i paulini ep̃i de uita sci felicis libri VI. Annua uota mihi* (= c. 15) —

f. 6r *quas et modo cernimus auxit. Finit. Tempora temporibus* (= 16) —

f. 9r *clausit saeculum uitae. Finit secundus liber. Lex mihi iure iure* (pio) *propossita* (= c. 18, us. 1—166, 220—468) —

f. 12u *laeta sequibatur gemini uictoria uoti.*
finit ter̃ incipit quar̃.
In ueteri noua res (= 28) —

f. 15u *non mutabitur a se.*
Finit basilicae uolumen. Nascere mihi redderis quae tardo semper (= 27) —

f. 20r *mentibus adsit. Finit. Iamne abis et nos* (= 17) —
f. 22u *sume coronam. Finiunt sex uolumina sc̃i felicis.*

codicem liberalitate maxima Vindobonam missum bis contuli. Lebrun multas scripturas ex eo hausit.

R Codex Palatinus 235 membr. f. 67 s. VIIII, quem A. Reifferscheid (*Bibl. patr. lat. ital.* I p. 302) et E. Chatelain (l. c. p. 5 sqq.) descripserunt. scripturam eius Merouingicam esse quam dicunt et saeculi non VIIII sed VIII indicia prae se ferre Chatelain affirmat. continet ut Petropolitanus *(G)* carmina natalicia septem.

f. 4 *Incipiunt sex libri felicis sc̃i.*
Annua uota mihi (= c. 15) —

f. 8 *modo cernimus auxit.* (sine subscriptione et inscriptione sequitur)

Tempora temporibus (= 16) —

f. 12 *clasit saeclum uitae.*
Lex mihi iure pio propossita (= c. 18, us. 1—166, 220 —468) —

f. 16ᵘ *letas etiuebatur gemini uictoria uoti.*
Finit III. Incipit IIII.
In ueteri nobis noua res (= 28) —

f. 20 *non motabitur a se.*
Finit liber IIII. Incipit V.
Nascere mihi semper quae tardo (= 27) —

f. 27 *habitator mentibus adsis.*
Finit Quintus liber. Incipit felicis Liber.
Iam ne abis et nos (= 17) —

f. 29ᵘ *iustis sume coronam. Finit amen deo gratias.*

carmina Paulini a duobus librariis scripta esse Chatelain animaduertit, f. 1—7 et 17—20 ab uno liberius et largius litteras pingente, f. 17—20 ab altero timidiore manu per lineas repente. f. 1—20 binas columnas habent, reliqua singulas. carmina ipsa ut prosa uersibus non distinctis scribuntur. f. 30—70 litteras minusculas quas dicunt carolingicas s. VIIII prae se ferunt. f. 30 originis indicium exstat: *Liber sancte marie uirginis in huisborch.*

Codex Palatinus ut alii octaui saeculi libri mendis omnis generis litteris syllabis uerbis omissis additis transpositis corruptis repletus est, sed tamen simplicitate errandi saepius pristinum uerborum tenorem non tam deleuit quam induxit. laudem eius artà cum codice uetustissimo Sangermanensi *(G)* cognatione augeri suspiceris; at ne illi quidem aetas integritatem seruauit. codicem Zechmeister et Chatelain excusserunt, quorum testimonia ubi dissidebant, per adulescentes amicos Romae degentes librum inspiciendum curaui.

Praeter hos codices in censum uenit

codex Ambrosianus B 102 sup. membr. f. 70 s. VIIII, qui duo Dungali opuscula continet, prius f. 1—60 manu s. XVI *Δ* inscriptum: *Dungali responsa aduersus peruersas Claudii Taurinensis sententias,* quod P. Massonius Parisiis 1608 edidit

(= Bibl. patr. Lugd. a. 1677 p. 204 d, Migne, Patrol. tom. 105), alterum f. 60—70 eadem manu inscriptum: *Incipiunt pauca excerpta unde supra* (incipit: *Verum quia urbis huius fecimus mentionem, iustum uidetur commemorare etiam illud in ea gestum quod historia dignum duximus. Mulierem quam sanguinis profluuio laborantem* —). prius opusculum a Dungalo uiro Caroli magni temporibus doctissimo compositum et Ludouico pio Lotharioque dedicatum magni pretii est, quod ex Paulini carminibus permulta, nonnulla etiam ex epistulis eius excerpta offert. et Ambrosianum Dungali ipsius exemplar esse uidetur, quod monasterio Bobiensi, cuius incola mortuus est, reliquit; in folio enim primo haec de origine codicis uerba exstant: *Codex hic in quo Claudii Taurinensis epi errores circa sacrarum imaginum cultum a Dungalo damnantur prodiit ex bibliotheca Bobii a S. Columbano instituta, fuitque Imo et Rmo Card. Federico Borrhomaeo Ambrosianae bibliothecae fundatori a religiosissimis Patrib. ord. S. Bened. simili munere donatis humanissime traditus anno 1606. Antonio Olgiato Bibliothecae Ambrosianae qua primus omnium tractauit praefecto.*

Dungalus Paulini codice nostris libris uetustiore uel certe coaeuo usus est, in quo carmina eodem ordine, quem libri *ADE* praebent, digesta fuisse uidentur. citantur enim, si Massonii editioni fides habenda est, recto numero uersus carminis 12, 1—30 ut natalicii I., 13, 4—17. 24—34 ut natalicii II., 14, 116—126 ut natalicii III., 15, 45—48 ut natalacii IIII., 18, 82—91. 121—129. 154—161. 181—195. 452—468 ut natalicii VI., 23, 206—213. 309—319 ut natalicii VII., 26, 58—63. 106—110. 132—134. 230—234. 269—275. 309—322 ut natalicii VIII., 27, 89. 90. 148—153. 154. 155. 171—177. 404—407. 436—454. 511—518. 542—557. 580. 583. 589—595. 596—606. 616. 617 ut natalicii VIIII., 28, 5. 6. 12. 13. 110—137 ut natalicii X, sed nonnullorum carminum numeri turbati sunt uel turbatum codicis ordinem testantur. ita carminis 19 uersus 329—362, 648—654 et 716—730 ut natalicii XI recte afferuntur, sed eiusdem carminis uersus 1—6. 10—19. 45—55. 76—84. 141—143. 152—157. 164—167. 261—265 libro XVIII, carminis 21 uersus 27—36 recte libro XIII, sed 344—356. 361—364. 628—635 libro XIIII, carminis 26 uersus 145—149 (i. e. natal. VIII) libro VIIII dantur. contra fragmenta quae huius editionis carmine 29 comprehendimus, ex natalicio hodie deperdito, quod in Dungali codice *liber XV* inscriptus fuit et post natalicia postrema in *A* et *D* solis seruata (i. e. XII et XIII) postremum locum occupauisse uidetur, sumpta sunt. qua de causa numeros illos *XVIII* ex *XI*, *XIIII* ex *XIII*, *VIIII* ex *VIII* errore corruptos esse probabilius est. uersus epistulae 32, p. 277, 26 *diues—cuique salus* et carminis 27, 511—518. 542—557. 580—583. 589—595 cum primis codicis foliis, qui hodie a uerbis *rationem litterarum significationes proprietatesque* (= Bibl. patr. Lugd. p. 204 d) incipit, perierunt. de epistularum fragmentis in praefatione uol. XXVIIII p. XII egi.

Hi codices et integriores et decurtati quamquam in uerbis singulis uel etiam in uersibus totis omittendis addendisue maximas discrepantias prae se ferunt, tamen ex uno omnes archetypo manarunt, quem ab auctore ipso uel ab ecclesia Nolana confectum esse probabile est. quare eum Natalicia carmina in S. Felicis memoriam composita omnia complexum esse putauerim. archetypus ille maiorem iacturam foliis amissis uel ita ut difficilius legerentur oblitteratis in fine post Dungali tempora fecisse uidetur, qui integriore exemplari usus est, in quo carmen (29), quod in plenioribus libris *ADE* iam desideratur, etiamtum inuenerit. neque haec sententia eo infirmatur, quod nostri codices carmina alterius generis, quae ad Felicem non pertinent, ut *A* et *D* carmen 32, *B* 31 et 17, *G* et *R* 17, *T* 31 et duo suppositicia addunt; in fine enim ea adiecerunt aliunde petita. continent autem ut uidimus:

A *D* *E*	12.13.14.15.16.18.23.26.27.28.19.20.21.		32. (*A D*) om. (*E*)	
Q	12.13.14.15.16.18.23.26.			
Δ	12.13.14.15. 18.23.26.27.28.19.	21.29(=Nat.XV?)		
B	12.13.14.15.16.18.23.26.27.		31.	17.
T	12.13.14.15.16.18. 26.28.27.		App.3.31.App.4.	
G *R*	15.16.18. 28.27.			17.

Quibus uero uinculis inter se conectantur, hac tabula potest illustrari:

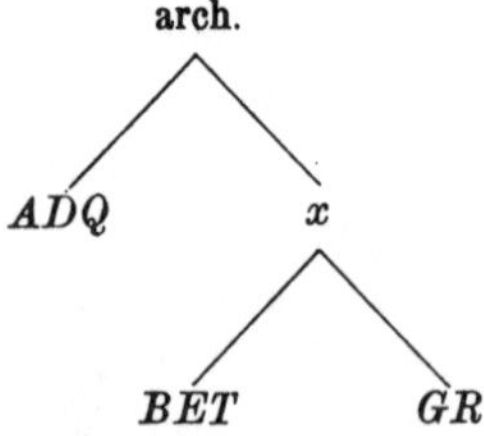

codices igitur *ADQ* artissime inter se cohaerent archetypi integritatem fidelius quam reliqui seruantes; neque unus eorum ita prae reliquis excellit ut ubique maiore fide dignus sit, quamquam in *A* coniecturae et interpolationes rarius inrepserunt; saepius uero hi tres lacunis et singulorum uocabulorum et totorum uersuum deformantur, quibus alterius familiae libri non laborant. ubi hi uero scripturis a *ADQ* discrepant, raro eis fides habenda est; nam interpolationibus et correcturis omnis generis inquinantur, quamquam non eodem modo graduque omnes. ita codices *G* et *R* fere gemelli non tam fallendi quam explicandi studio metri uinculis solutis uerba addunt omittunt transponunt uariant, ut firmum fundamentum quo pedem sistas nusquam praebeant, quod Chatelainii uidere licet exemplo, qui ubicumque eorum testimoniis solis se confidere posse putauit lapsus est. recensionis indicia diuersae, quae maiore cura et arte confecta est, libri *BET* offerunt; eius auctor partim bonas archetypi scripturas conseruauit partim corruptas uel difficiles tentauit, saepius felici coniectura usus. quod ille ita inchoauit, pro suo quisque ingenio persecutus est et duo recentissimi *E* et *T* totam sui temporis licentiam produnt, et maxime cauendum est, ne fallacibus quibus *T* splendet inuentis decipiamur.

Ad carmina quae in appendicem relegaui recensenda hi libri usurpati sunt

1. ad carmen primum *ad coniugem,* quod ex Prosperi editionibus Rosweyd primus inter Paulini carmina recepit, praesto fuerunt

τ codex Reginensis lat. 230 membr. 4⁰ s. X (cf. Reifferscheid *Bibl. patr. lat. ital.* p. 394) codex Casinensis lat. 226 s. XI. σ

Lebrun, qui in quattuor codicibus uersus Prospero adscribi affirmat, duobus codicibus abb. S. Victoris Parisiensis 300 annorum usus est.

2. carmen secundum *de nomine Iesu* Caspar Barthius in codice membr. Cartusiae prope Argentoratum inter nonnulla uariorum auctorum opuscula inuentum in Aduersariorum commentariorum libr. 34, c. 1 Paulino uindicauit et edidit. codex periisse uidetur; nos certe eum frustra quaesiuimus.

3. carmen tertium et quartum codex Vrbinas 533 s. XV, de T
quo supra egimus, exhibet, unde A. Mai (*SS. episcoporum Nicetae et Paulini scripta ex Vatic. codicibus edita,* Romae a. 1827, p. 63 sqq.) primus edidit. prius a I. Zechmeistero, alterum a Guil. Weinbergero collatum est.

Cum I. Zechmeister, dum Paulini editionem parat, per duos annos maximas bibliothecas perscrutatus esset et ipse hoc studium catalogos perlegendo codicesque comportando, ab amicis adulescentulis in Italia Gallia Hispania morantibus strenue adiutus, per plus decem annos continuassem, spem noua carmina uel noua saltem recensionis subsidia inueniendi tandem deposui. nonnumquam in hac opera falsa spe, quam librorum catalogi excitauerant, deceptus sum, quod ne post me uenturis eueniat, curam omittere nolo.

Ita codex Sangallensis 573 s. X nullos Paulini Nolani uersus habet; nam C. Halm, qui eum Paulini Nolani carmina exhibere in *Verzeichniss der älteren Hss. lat. Kirchenväter in den Bibliotheken der Schweiz* (Acad. Vind. 1865 tom. L, p. 155) affirmabat, codicem ipse non inspexisse uidetur.

Inter libros Asburnhamenses, qui nunc Florentiae asseruantur, ita describitur nr. 1814 (1737 ant.): *Miscellanea Beati Hieronymi . . . Epistolae Paulini, Gregorii etc. cod. membr. in fol. s. X et XI.* inuenitur autem epistula non Paulini Nolani sed Foroiuliensis patriarchae f. 20ᵘ *de Augustuleo qui uxorem suam occidit causa adulterii propter unius testimonium. Ammonere te cum lacrimis et multo gemitu — Expl. et dñi adtentius misericordiam cotidie implorare qui cum patre* etc.

Codex Casinensis, quem Paulini uersus exhibuisse et monasterii illius olim fuisse ex Catal. mss. Cass. tom. I p. LXII scimus, frustra et a me et a Chatelainio quaesitus est. neque alios praeter descriptos libros, quod mireris, Italiae bibliothecae suppeditauerunt*). Gallia etiam pretiosis antiquitatis monumentis uberrima nobis negauit quos sicubi inuentum iri speraueramus; atque ibi Paulini codices iam medii aeui temporibus raros fuisse ex catalogis antiquis, quos L. Delisle (*Le cabinet des manuscrits*, tom. II p. 427—550) publici uiris fecit, constat; tria tantummodo catalogi Corbeiensis s. XII (l. c. 432) exemplaria nominantur: *240 Paulini epistole ad multos, 241 Paulini uersus de uita sancti Felicis, 242 Paulini liber de transitu eiusdem.* frustra Paulini Nolani opera in cod. Paris. 1154 et 1632 quaesiui.

Codex Paris. 1154 membr. f. 145 s. VIIII secundum indicem catalogi codicum mss. bibl. nat. inter hymnos et carmina christiana f. 110^{v}—113^{v} *uersus Paulini de Lazaro* exhibet, quorum primum hemistrophium hoc est:

Fuit dominus dilectus
Languens a Bethania
Lazarus beatus sacris
olim cum sororibus.

postremum 48:

Quarto radio iam solis
Refugatis tenebris
Dux in orbe radiauit
Ex quo iacet mortuus.

interiecto hymno XIIII stropharum denos uersus comprehendentium qui incipit: *Christus rex uita* | *Lux uia ueritas* |

---

*) Cf. Chatelainium l. c. p. 3: '*Dans toutes les bibliothèques des villes d'Italie ou je me suis arrêté, j'ai recherché les manuscrits contenant des poésies de saint Paulin. Le nombre n'en est pas grand. Je n'ai rien trouvé à Naples (bibliothèque nationale et bibliothèque des Girolamini), ni à Venise (bibliothèque Saint Marc), ni à Turin (bibliothèque de l'Université), ni au monastère de la Cava, près Salerne.* unus tantummodo codex Vrbinas 533 *(T)* Chatelainii curam fugit.

Qui cuncta regis | *Et gubernas omnia,* secuntur f. 116[r] uersus Paulini de Herico duce. carmina autem illa non sunt Nolani, sed Paulini Aquileiensis, atque prius exstat impressum in Patrologiae latinae tom. LXXXXVIIII p. 683, alterum autem a Bern. Pezio in Thesauro anecdotorum nouissimo (Ang. Vind. 1721—1729) ex codice Lemouicensi i. e. hoc ipso Parisino editum legitur. hymnum de Lazaro ad nostrum Paulinum non pertinere iam Chatelain (l. c. p. 40) obseruauerat. neque magis ad Paulinum Nolanum pertinent quae in codice Parisino nouu. acq. 1632 (Libri 41) s. X secundum catalogum (cf. L. Delisle, *Catalogue des manuscrits des fonds Libri et Barrois,* Paris 1888) eius esse uidentur: f. 70[u] *Paulinus ad Carolum regem: Moneo te—testatur. Item qui supra de rectoribus: Primum est quod—obliuionem. Paulinus Nolane sedis eps̃ ad Carolum imperatorem. Expedit tibi—triumphes.* epistulae sunt Paulini Aquileiensis atque primum a Baluzio in Miscell. p. 362 (Paris 1678) ex uetere codice ms. clarissimi uiri Agmonis a Campoburgo antecessoris Aureliani i. e. ex nostro codice editae sunt (cf. Migne LXXXXVIIII col. 503 sqq.)

III.

Pauca de editionibus additurus sum, quas iam in praefatione uol. XXVIIII enumeraui et descripsi: nam epistulas ibi respexi,
non carmina. editio igitur Parisina a. 1516 (cf. praef. l. c. p. XXII) *v*
post uersus ad Iouium, quos ut epistularum corollarium codices exhibere uidimus, carmina Ausonii ad Paulinum adnectit.

f. CXCVIII[u] *Sequuntur carmina Ausonii ad Pontium Paulinum qui an hic idem sit uisum est in primo quaternione post Crinitum.*

f. CXCIX *Ausonius Pontio Paulino cum ille misisset poemation uersibus plurimis de regibus ex Tranquillo collectis.*
Condiderat iam solis (= Auson. E. 19) —

f. CC *Paulino Ausonius: metrum sic suasit* (= Auson. E. 20) —
Ausonius Paulino suo salutem dicit.
Quanto me affecit beneficio (= Auson. E. 21, 1) —

f. CC[u] *Ad Iambum, Paulino suo missum.*

Iambe Parthis et Cydonum spiculis (= Auson. E. 21, 2) —.

f. CCI[u] *Idem eidem. Multas et frequentes mihi* (= Auson. E. 22, 1) —

f. CCII *Trimeter primus: Dimeter secundus: Iambici.*

Philon meis qui (= Auson. E. 22, 2) —

f. CCIII *Epistola secunda ad Paulinum.*

Proxima quae nostrae (= Auson. E. 23) —

f. CCIII[u] *Tertia ad eundem.*

Discutimus Pauline (= Auson. E. 25) —

f. CCVI *Epistola sancti Paulini ad Ausonium: cum adhuc esset in Hispania religioni deditus assiduis literis prouocatus ut in patriam rediret. Paulinus Ausonio.*

Quid abdicatas (= Paul. 10, 19—102) —

f. CCVII[u] *Ausonius Paulino suo salutem.*

Quarta tibi haec (= Auson. E. 24) —

f. CCIX *Ausonio Paulinus.*

Quarta redit ruris (= Paul. 10, 1—18) — *orsa gradumque secent. Paulinus Ausonio.*

Continuata meae — *uiuax et memor* (—Paul. 11, 1—48) —

f. CCXI *Ausonio Paulinus.*

Defore me patriis (= Paul. 10, 103—107. 176—277. 108—175. 278) —

f. CCXV *me linque probari. Finit ad Ausonium.*

secuntur deinde carmina 24, 31 et inde a f. CXLV natalicia 12. 13. 14. 15. 16. 18. 23. 26. 27. 28.

f. CCCI *Finit natalis X. et ultimus*

f. CCCI[u] *Sequitur canticum quod a nonnullis Paulino a pluribus Ausonio ascribitur: et est precatio matutina ad omnipotentem deum.*

Omnipotens quem mente colo pater unice rerum (= c. 5, om. 8—16*), et post hunc hymnum carmina 17. 8. 7. 9.

Iodocus Badius Ascensius etiam in carminibus recensendis codice *O* usus est et quae ille suppeditauit carmina 10. 11. 24. 31. 17. 8. 7. 9 ordine non curato recepit, cum his Ausonii epistulas aliquot et carmen 5 ex Ausonii, ut uidetur, editione Parisina a. 1513 et decem Natalicia ex libro Bruxellensi *(B)* uel eius apographo asciuit. nam easdem lacunas quas ille, uelut in carmine 12 uersibus 2 et 3, 6—8, 15—17, 18 *iam—disparat,* 22 *et si*—27 *mari,* 29 et 30 omissis, easdemque scripturas offert. nullius igitur fere auctoritatis est, nisi quod menda librorum *O* et *B* lenissima nonnullis locis correxit.

Col. Editio Grauii Coloniensis a. 1560 (cf. uol. XXVIIII praef. p. XXIII) ordinem carminum in Parisina institutum fideliter seruat, nisi quod a uerbis Ausonianae epistulae 25 us. 103 *agnoscisne tuam Ponti dulcissime culpam* inscriptione *Ausonius Paulino* inserta ut codex *V* nouum carmen incipit et Paulini carminis 10 uersus 103—331 male in illa turbatos in ordinem suum redegit. in margine uero codicis *V* uel simillimi lectiones et aliquot coniecturas adscripsit in textu ne corruptissimis quidem uerbis tentatis.

Gryn. Editio Basileensis a. 1569 Io. Iac. Grynaei (in Monumentis S. Patr. Orthodoxograph. I, 2, p. 76—268; cf. praef. uol. XXVIIII p. XXIIII) carmina diuerso quidem ab editione Parisina ordine exhibet (24, 31, 12, 13, 14, 16, 18, 23, 26, 27, 28, 17, 5, 7, 8, 9) carminibus nataliciis 12, 13, 14 et 16 in unum comprehensis et epigrammata ex epistula 32 ad Seuerum duodecim excerpta addit, sed textum fere immutatum praebet. falsus est igitur Rosweyd, cui ex manuscripto expressa uideretur.

Schot. Editio Coloniensis a. 1618 (in tom. V Magnae bibliothecae patrum primo a Margarino de la Bigne collectae et tertio ab Andr. Schotto editae) ex Grauii editione expressa uidetur, cuius

---

*) Hos uersus, qui in editione principe Ausonii Mediolanensi a. 1490 deerant, Mariangelus Accursius in Diatribis suis in Ausonium (Romae 1524) et inter Paulini editores Rosweyd primi addiderunt.

ordinem usque ad carm. 10, us. 103—331 seruat; deinde secuntur carmina 1, 2, 25 (i. e. Epithalamium, quod nondum editum erat), 3, 27, 31, natalicia decem, 5, 4, 7 et 9. epithalamium ex codice hodie ut uidetur deperdito sumpsit, carmina uero 1, 2 et 4 Vineti editioni Burdigalensi debere uidetur, quamquam ipse antiqui codicis mentionem facit: *Eidem Paulino et haec inscribebat antiquus codex: quae eius scripta a Badio Ascensio Lutetiae formis primum edita non inuenias.*

Rosw. Editio Atuerpiensis a. 1622 (cf. praef. uol. XXVIIII p. XXIIII) carmina hoc ordine exhibet: 1, 2, 4, 5, 6, 7, 8, 9, 10 (us. 1—102), 11, 10 (us. 103—331), 24, 31, 25, deinde natalicia decem, post quae *Natalis XI fragmenta apud Dungalum* (= carminis 19, 1—6. 10—19. 45—55. 76—84. 329—362. 141—143. 152—157. 164—167. 261—265. 648—654. 716—730), *Natalis XIII fragmenta* (= carm. 21, 27—36), *Natalis XIV* (= carm. 21, 344—356. 361—364. 628—635), *Natalis XV* (= carm. 29), *Natalis incerti fragmentum* (= carm. 19, 300—306), deinde carmen 17, *Ad coniugem suam exhortatio* (= App. carm. 1), fragmentum poematii de regibus ex Suetonio collectis (= carm. 3) secuntur. carmina 1, 2, 4 et 6 ex editione Ausoniana Vineti recepisse uidetur, contra carmen 25 se ex Bibliotheca patrum sumpsisse in Not. p. 843 ipse fatetur neque ut nouum uendere studet, quod uerbis *hoc nunc primum Epithalamium huic editioni inseritur ex Ms. Belgico, ex quo nuper in Bibliotheca Patrum Coloniae prodiit* deceptus Schoenemann putauit. neque magis noua sunt carmen 5 et *exhortatio ad coniugem*, quorum illud editio Ausonii Lugdunensis a. 1603, hoc Prosperi editiones suppeditauerant. Rosweyd in carminibus neque libris neque amicis bonis iam adiutus pauciora quam in epistulis nouauit.

Lebrun Editio Lebruni Parisina a. 1685 (cf. praef. uol. XXVIIII p. XXVI) in carminibus nullius potuit ut in epistulis Chiffletii laboribus uti; cum tamen codices plures quam ante ipsum editores adhiberet, fieri non potuit, quin lacunas nonnullas expleret melioresque scripturas reponeret. optimi codices ipsi non praesto fuerunt, ut ex eorum indice tom. II p. 184 composito apparet.

Carmina natalicia decem his editionibus cognita Ludouicus Antonius Muratorius tomo priore *Anecdotorum* (Mediolani, typis Iosephi Pandulfi Malatestae 1697) tribus nouis XI, XII, XIII (= carm. 21, 22, 23) ex codice Ambrosiano *(A)* auxit indeque carmen 32 accepit; his notas et dissertationes XXII de singulis fere personis, quibuscum Paulinus coniunctus erat, aut rebus gestis eorum subiecit. haec omnia cum Lebrunii commentariis coniuncta in editionem a Muratorio curatam, quae Veronae typis Dionysii Romanzini 1736 prodiit, transierunt. *Mur.*

Carmina natalicia XI, XII et XIII D. Ioh. Aloysius Mingarelli in *Anecdotorum fasciculo* (Romae, sumpt. Venantii Monaldini typis Io. Zempel) a. 1756 emendatiora edidit, in hac re codice Bononiensi *(E)* usus. praeterea uarias scripturas ad priora Paulini carmina ex codice *(A)* cum Veronensi editione collata communicauit. *Ming.*

Carmen 32 postquam in codice Monacensi *D* inuentum est, Bursian in scriptis academiae Monacensis (1880, I. Phil. phil.-hist. Cl. tom. I, 1) multis locis emendatum et explicatum denuo edidit.

Quod ad haec carmina adieci nr. 33 a G. Brandesio demum, qui post Morelium in Cl. Marii Victoris editione (Parisiis 1560) et Fabricium (*Poet. uet. eccles. oper.*, Basileae 1564, p. 782) in Stud. Vindob. tom. XII p. 280 sqq. ad unicum codicem *N* recognouit, Paulini esse demonstratum est. notas margini exemplaris Moreliani, quod bibliothecae Bodleianae est (Auct. S. V. 30), adiectas collega optimus C. Schenkl mecum communicauit. *Bodl.*

In hac editione eisdem quas in praefatione uol. XXVIIII p. XXVI exposui adductus causis ordinem carminum a Muratorio institutum retinui, nisi quod uersus a Dungalo ex nataliciis adhuc conseruatis citatos, quos ille ad Rosweydi exemplum ut carmina nr. 30—34 seorsum edidit, in seriem carminum non recepi; scripturae eorum uariantes suis locis adlatae sunt, natalicii uero hodie deperditi fragmenta ut carmen 29 posui. Muratorii uero numeri a Lebrunianis inde a carmine 18 discedunt, post quod ille carmina tria (19, 20, 21) in Ambrosiano inuenta inseruit. carmina igitur in his tribus editionibus ita se excipiunt:

in hac editione	Muratorii	Lebruni
1—18	1—18	1—18
19—21	19—21	desunt
22—28	22—28	19—25
	30—32	27—29
29	33	30
30	29	26
	34	31
31	35	32
32	poema ultimum	deest
33	deest	deest

In rebus orthographicis rationes, quas in epistularum praefatione p. XXV sq. explicaui, secutus sum; antiquissimorum librorum quales sunt plerique scripturas ubi in textum non recepi, accuratius in adnotatione critica adnotaui, tritissimas tantum litterarum uelut *e ae oe*, *i* et *y*, *ci* et *ti* mutationes parcius commemoraui.

I. Zechmeisterum qui plerosque codices accuratissime contulit quique post eum hanc operam perfecerunt iam in descriptione singulorum librorum grato animo nominaui. Zechmeister uero non tantum supellectilem criticam ad adornandam nouam editionem impigro labore congessit, sed etiam emendationem inchoauit, cuius specimina praeclara in Stud. Vindob. a. 1879 edere coeperat, cum immatura morte nobis ereptus est. coniecturae et ibi prolatae et in margine editionis Mignianae ad nonnulla carmina adscriptae quae ille praestiturus fuerit, si ipsi studia incepta persequi licuisset, satis probant. in indicibus conficiendis Carolus Weilnböck seminarii Vindobonensis sodalis me adiuuit.

Vindobonae, Kal. Iul. 1894.

Guilelmus de Hartel.

TABVLA CODICVM.

A = Ambrosianus C. 74 s. VIIII. cf. praef. p. XXII sq.
B = Bruxellensis 10615—10729 saec. XII. cf. p. XII sq.
D = Monacensis 6412 saec. X. cf. p. XXII. XXV sq.
Δ = Ambrosiantus Dungali B 102 sup. s. VIIII. cf. p. XXXI sq.
E = Bononiensis 2671 saec. XIIII. cf. p. XXVI sq.
G = Petropolitanus Q IIII 1 saec. VIII. cf. p. XXI. XXVIIII sq.
H = Harleianus 2613. cf. p. XI.
N = Parisinus 7558 saec. VIIII. cf. p. VIII sq.
O = Parisinus 2122 saec. X. cf. p. XII.
Q = Parisinus 13026 saec. VIIII. cf. p. XXVIII.
R = Palatinus 235 saec. VIIII. cf. p. XXI. XXX sq.
T = Vrbinas 533 saec. XV. cf. p. XXII. XXVIII sq. XXXV.
V = Vossianus 111 saec. VIIII. cf. p. V sq.
W = Vindobonensis 3261 saec. XVI. cf. p. VIII.

n = Parisinus 8500 saec. XIIII. cf. p. X.
q = Parisinus 8094 saec. X. cf. p. XXI.
s = Brit. Bibl. Reg. 15 B XVIIII saec. VIIII. cf. p. XXI.
π = Parisinus 2772 saec. X/XI. cf. p. XXI.
σ = Casinensis 226 saec. XI. cf p. XXXV.
τ = Reginensis 230 saec. X. cf. p. XXXIIII.

Codices nisi ad carm. 17 non adhibiti (cf. praef. uolum. XXVIIII p. VI sq.):

F = Laurentianus 23, 20 saec. XV.
L = Lugdunensis 535 s. XII/XIII.
M = Monacensis 26303 saec. XIII.
P = Parisinus 9548 saec. XV.
U = Vrbinas 45 saec. XV.
t = Vrbinas 1303 saec. XIIII.
z = Vaticanus 524 saec. XV.

v = editio princeps Parisina a. 1516. cf. p. XXXVII.
ω = codices omnes.
cet. = codices ceteri

OPERVM
S. PAVLINI NOLANI
PARS POSTERIOR
CARMINA.

I.

Domino merito svspiciendo Gestidio Pavlinvs.

Iniuria quidem est patri familias maritimis deliciis abundanti terrenum aliquid et agreste praebere; sed ego, ut et causa mihi esset apud unanimitatem tuam aliquid conloquendi et aliquod sermoni huic obsequium uiderer adiungere, pauculas de paucissimis quas pueruli uespere inferunt ficedulas misi. quarum cum erubescerem paucitatem, plura etiam uersiculis uerba subtexui quasi uero numerum loquacitate facturus. sed quia utraque culpabilia sunt, tu utrisque benigne ac familiariter ignoscendo facies, ut nec inhumana uideatur paucitas nec odiosa garrulitas.

Sume igitur pastas dumoso in rure uolucres,
quas latitans filicis sub tegmine callidus auceps,
dum simili mentitur aues fallitque susurro,
agmina uiscatis suspendit credula uirgis.
tunc referens tenuem non paruo munere praedam

V. — Incipiunt epistulaę s͞ci paulini *V* 3 habundanti *V* 5 aput *V* aliqui[od] ([od] *m. 3*) *V* 7 ficedulas[a t] *(corr. m. 3)* *V* 8 quu͂[c] *V* 9 uerum *coni. Barthius* 11 facis *Vin.* uideantur *V*[1]

us. 1 du͂oso[n] ([n] *m. 2*) *V* in rure *V; in mg.* in rure *et man. saec. XVI* in fume 5 praędam *V*

digerit aucupium tabulis; et primus opimis
ordo nitet sensim tenuatus ad ima tabellae.
ut minus offendat macies, praelata saginae
gratia praeuentos pingui iuuat alite uisus.

II.

Pauperis ut placeat carum tibi munus amici,
munera ne reputes quae mittis ditia nobis.
nam tibi quid dignum referam pro piscibus illis,
quos tibi uicinum locupleti gurgite litus
* suppeditat miros specie formaque diremptos.
* at mihi uix alto uada per saxosa profundo
rarus in obscura generatur sphondylus alga.
hinc te participans bis quinque et bis tibi ternas
transmisi aequoreo redolentes nectare testas,
quas uiscus praedulce replet bicolore medulla.
oro libens sumas nec uilia dedigneris,
quae sunt parua modo magno metitus amore.

III.

Europamque Asiamque, duo uel maxima terrae
membra, quibus Libyam dubie Sallustius addit
Europae adiunctam, possit cum tertia dici,
regnatas multis, quos fama oblitterat et quos
barbara Romanae non tradunt nomina linguae,
Illibanum Numidamque Auelim Parthumque Vononem
et Caranum, Pellaea dedit qui nomina regum,
quique magos docuit mysteria uana Nechepsos,

I. — 8 praęlata *V* 9 praęuentos *V* iubat *V*

II. *V*. — Item alia ad quem super *V* 2 quaę *V* 5 mira *Vin.* direptos *V*, *em. Vin.* 6 alto] acto *Schot.* 7 sfondilus *V*, funditus *Vin.* 10 praędulce *V* 12 modum *Scaliger*

III. — *Hoc fragmentum cum notis ex Ausonii editionibus Schenkelii et Peiperi receptum est* 2 lybiam *T(illianus) M(agliabecchianus)* 3 posset *T* 4 oblicterat *T*, obliterat *M* 6 uononem *M* 8 misteria *TM* Nechepsus *Vin.*, mechepsi *T*, nethepsi *Vatic. 1611*, nechepsi *cet. edit. Venet. a. 1472*, Nechepsos *Plinius*

et qui regnauit sine nomine moxque Sesostris.
* * * * * * *
audax Icario qui fecit nomina ponto,
et qui Chalcidicas moderate enauit ad arces.

IIII.

Oratio.

Omnipotens genitor rerum, cui summa potestas,
exaudi si iusta precor: ne sit mihi tristis
ulla dies, placidam nox rumpat nulla quietem.
nec placeant aliena mihi, quin et mea prosint
supplicibus nullusque habeat mihi uota nocendi
aut habeat nocitura nihil. male uelle facultas
nulla sit ac bene posse adsit tranquilla potestas.
mens contenta suo nec turpi dedita lucro
uincat corporeas casto bene conscia lecto
inlecebras, turpesque iocos obscenaque dicta
oderit illa nocens et multum grata malignis
auribus effuso semper rea lingua ueneno.
non obitu adfligar cuiusquam aut funere crescam.
inuideam numquam cuiquam nec mentiar umquam.
adsit laeta domus epulisque adludat inemptis
uerna satur fidusque comes nitidusque minister,
morigera et coniunx caraque ex coniuge nati.
moribus haec castis tribuit deus, hi sibi mores
perpetuam spondent uentura in saecula uitam.

III. — 9 moxque sesostris *T*, mox sesoostris *cet.* 11 ycario *M* 12 calcidicas *TM* arces *uetus lectio auctore Accursio*, arthos *M*, arctos *cet.*

IIII. *NV*. — Incipit oratio s̃c̃i Paulini *NV* 2 mici *V semper* 4 $\overset{\text{pro}}{\text{sint}}$ *V* 5 hab$\overset{\text{a}}{\text{e}}$t ([a] *m. 2*) *V* 6 aueat *fort.* nihil *N*, mihi *V edd.* 7 hac *V*[1], at *Grauius; cf. V 65* 8 cõtemta *V* dedicta *V*[1], de$\overset{\text{d}}{\text{g}}$ita *N* 9 uinceat *V*[1] corp$\overset{\text{o}}{\text{*}}$raeas *N* 10 turpis *N* 12 offuso *Heinsius* 13 obitum *N*[1] 15 da sit *Heinsius* leta *V* epulisque *Vin.*, epulis *N*, aepulis *V* 17 $\overset{\text{con}}{\text{iux}}$ *N* coniunge *V*[1] 18 tribuat *edd.* his ibi *NV*, hi tibi *edd.*

V.

Oratio.

Omnipotens, solo mentis mihi cognite cultu,
ignorate malis et nulli ignote piorum,
principio extremoque carens, antiquior aeuo
quod fuit aut ueniet, cuius formamque modumque
nec mens conplecti poterit nec lingua profari,
cernere quem solus coramque audire iubentem
fas habet et patriam propter considere dextram
ipse opifex rerum, rebus causa ipse creandis,
ipse dei uerbum, uerbum deus, anticipator
mundi quem facturus erat, generatus in illo
tempore quo tempus nondum fuit, editus ante
quam iubar et rutilus caelum inlustraret Eous,
quo sine nil actum, per quem facta omnia, cuius
in caelo solium, cui subdita terra sedenti
et mare et obscurae chaos insuperabile noctis,
inrequies, cuncta ipse mouens, uegetator inertum,
* non genito genitore deus, qui fraude superbi
offensus populi gentes in regna uocauit,
stirpis adoptiuae meliore propage colendus,
cernere quem licuit proauis, quo numine uiso
et patrem uidisse datum, contagia nostra
qui tulit et diri passus ludibria leti
esse iter aeternae docuit remeabile uitae,

9] (Ioh. 1, 1). 13] (Ioh. 1, 3). 14] (Matth. 5, 34). 18] (Rom. 9, 9). 19] (Rom. 11, 17). 20] (Ioh. 14, 9).

V. *NVW et Ausonii (Ephem. IIII 3) codd.* — Incipit oratio s͂c͂i ausoni *NV*, oratio paulini episcopi *W* 1 solo mentis mihi cognite cultu (culto[u] *N*) *NVW*, quem mente colo pater unice rerum *v* 8—16 *om. v* 9 uerbum *om. NW* 11 tempore V^2 *in ras.* 12 inlustraret *NVW*, illustrauit *v* 13 se[in] ([in] *m. 2*) *V* nil actum (nilac *in ras. m. 2*) *V* 14 sedenti Ė *N* 15 obscure *N* cahos *V* *post* noctis *eras.* ĩrequies *N* 16 cunctis *N* 17 non genitor ex *v* 18 regno *N* 19 styrpis *N* adobtiuę (b *in ras. m. 2*) *V* 20 nomine *N* 21 datur *ex* datum *V m. 2* 22 dira *N* pasuus N^1 ludibri laeti *N* 23 i*ter (u *eras.*) *V*, et *N* uita *N*

nec solam remeare animam, sed corpore toto
caelestes intrare plagas et inane sepulchri
arcanum uacuis adopertum linquere terris.
nate patris summi nostroque salutifer aeuo,
uirtutes patrias genitor cui tradidit omnes,
nil ex inuidia retinens plenusque datorum,
pande uiam precibus patriasque haec perfer ad aures.
  da, pater, inuictam contra omnia crimina mentem
uipereumque nefas nocituri auerte ueneni.
sit satis antiquam serpens quod perdidit Euam
deceptumque adiunxit Adam; nos sera nepotum
semina, ueridicis aetas praedicta prophetis,
uitemus laqueos, quos letifer inplicat anguis.
pande uiam, quae me post uincula corporis aegri
in sublime ferat, puri qua lactea caeli
semita uentosae superat uaga nubila lunae,
qua proceres abiere pii quaque integer olim
raptus quadriiugo penetrat super aëra curru
Elias et solido cum corpore praeuius Enoch.
  da, pater, aeterni speratam luminis auram,
si lapides non iuro deos unumque uerendi
suspiciens altare sacri libamina uitae
intemerata fero, si te dominique deique
unigenae cognosco patrem mixtumque duobus

in uu. 24—29 ultimis scripturam euanidam refecit V m. 2 24 solum *N* 25 intrareplagas (rep *in ras. m. 2*) *V* sepulcri *V* 29 nihil *N*. 30 haec *om. N* 30 at *V*[1] 32 uipereum (que *om.*) *N* auertere ueni *N* 33 antiquus *Bolt.* perdidit *VW*, prodidit *Nv* aeuam *V*, aeuam *W* 34 adiuncxit *V* nos séparare potũ *N* 35 ueredicis *N* aetas *Wv*, actas *N*, olim *V* profętis *V* 36 letifer *V*, lethifer *W*, leo fer *N* implicat *N* 37 quae *V*, que *N*, qua *codd. Auson.* 38 ferat *VW*, fera *N*, ferar *codd. Auson.*, feram *v et codd. Auson.* 39 somita *N* uentosę superat (sęsup *in ras. m. 2*) *V* nubila] uentos lumina *N*, lumina *Lugdun. Scal.* 40 quam *V* proceris *N*, proceres (res *in ras. m. 2*) *V* abiere *VW*, abiero *N* 41 aerae curru *N*, aethera curru *v* 42 Helias *V*[2]*Wv*, telias *N*, Helia *L. Mueller* enoc *N* 43 spiratam *VW* aeternis paeratam *N* numinis *T(ilianus)* 44 inro *N* 45 sacrae *codd. Auson.* 47 unigenae *W*, unigene *N*, unigeni *v* missumque *Graeuius*

qui super aequoreas uolitabat spiritus undas.
da, genitor, ueniam cruciataque pectora purga,
si te non pecudum fibris, non sanguine fuso
quaero nec arcanis numen coniecto sub extis,
si scelere abstineo errori obnoxius et si
opto magis quam fido bonus purusque probari.
confessam dignare animam, si membra caduca
execror et tacitum si paenitet altaque sensus
formido excruciat tormentaque sera gehennae
* anticipat patiturque suos mens saucia manes.
da, pater, haec nostro fieri rata uota precatu:
nil metuam cupiamque nihil; satis hoc rear esse
quod satis est. nil turpe uelim nec causa pudoris
sim mihi. non faciam cuiquam quae tempore eodem
nolim facta mihi. nec uero crimine laedar
nec maculer dubio; paulum distare uidetur
* suspectus uereque reus. male posse facultas
nulla sit et bene posse adsit tranquilla potestas.
sim tenui uictu atque habitu, sim carus amicis
et semper genitor sine uulnere nominis huius.
* non animo doleam, non corpore; cuncta quietis
fungantur membra officiis, nec saucius ullis
partibus amissum quicquam desideret usus.
pace fruar, securus agam, miracula terrae

48] (Gen. 11, 2).

49 cruciatque *N* 50 pecodum *V* frebris *N* 51 arcanis *NV*¹, archanis *V*² *W*, carnis *v* omen *coni. Heinsius* exitis *N* 52 scilere *N* (i *in* e *corr. m. 1*) abtineo (s superscr.) *N* errorique *Accursius*, errori ipse *v* et si *V in ras. m. 2* 53 obto *N* quan *N* probprobari *V*¹ 55 exseror (ᶜ *m. 2*) *N* tatitum *N* 56 serae geennae (ʰ *m. 2*) *V*, serehennae *N* 57 anticipiat *N*, anticipant *VW* saucia] anxia *Heinsius*, conscia *Turnebus* 58 hoc *uel* huic *codd. nonn. Auson.* 59 rear *VW*, rera *N* 61 sim *VW*, sit *N* non *VW*, nec *Nv* cuiquamque *N* 64 mala *VW Col.* 65 nulla (u *in ras.*) *N* et] at *Grauius* bona *Col.* 66 adque *V* amicis *VW*, amicus *N* 67 nominis huius (s h *in ras. m. 2*) *V* 68 cunta *ex* cuncta *V* suetis *Heinsius* 69 suacius *N* 70 amissum (ᵈ *m. 2*) *V* quicquia *N* 71 fruar] fraias *N*

nulla putem. suprema diei cum uenerit hora, *
nec timeat mortem bene conscia uita nec optet.
purus ab occultis cum te indulgente uidebor,
omnia despiciam, fuerit cum sola uoluptas
iudicium sperare tuum; quod dum sua differt
tempora cunctaturque dies, procul exige saeuum
insidiatorem blandis erroribus anguem.
haec pia, sed maesto trepidantia uota reatu,
nate, apud aeternum placabilis adsere patrem,
saluator, deus ac dominus, mens, gloria, uerbum,
filius, ex uero uerus, de lumine lumen,
aeterno cum patre manens, in saecula regnans,
consona quem celebrant modulati carmina Dauid,
et responsuris ferit aëra uocibus Amen.

VI.

Lavs sancti Iohannis.

Summe pater rerum caelique aeterna potestas,
cum quo nostra salus, sanctorum gloria, Christe,
spiritus et patri pariter natoque cohaerens,
qui mentes linguasque regis uiresque ministras,
promeruit quas sola fides, cui plena potestas
brutis ingenium uocemque infundere mutis,
praesta euangelico ductum de fonte Iohannem
in nostra arenti decurrere carmina riuo.
ille quidem tantus, quantum potuit dare mundo
qui nasci talem noua per miracula iussit;

72 diei *NVW*, mihi *v*, dii *codd. Auson.* cũ *in* qũ *V m. 2* 73 ob*tet *V* 74 cũ *in* qũ *V m. 2* 75 dispiciam *NV*[1] uoluntas *V* 77 cuntaturque *V* 79 sed] nec *duo codd. Auson.* reatu (tu *in ras. m. 2*) *V* 80 nate *NVW*, christe *v* aput *V* apuda ęternum *N* asse *N* 81 mẽs *VWv*, meus *N* 82 ex uerbo *N*, et uero *v* uerus *NVW*, uerum *v* 84 consona *VW*, mistica *N* celebrat *v* modolati *N*, modulato *v* carmine *Wv* dauid *NVW*, plębes *v*

VI. *N*. — Incipit laus sc̃ iohanni (s *m. 2*) *N* 4 uirisque *N*[1] 5 potestras *N*

sed licitum magnis tenues inpendere curas,
nec dedignantur uilem caelestia laudem.
pars etiam meriti meritum celebrare piorum;
nec noua nunc aut nostra canam; dixere prophetae
cuncta prius sanctique uiri sermone soluto
promissum exortum, uitam mortemque sacrarunt,
si mors illa fuit, meruit quae sanguine caelum.
nos tantum modulis euoluere dicta canoris
uouimus et uersu mentes laxare legentum.
sic (nam magna licet paruis, antiqua nouellis,
perfecta indoctis conferre, aeterna caducis)
inspirante deo quicquid dixere priores
aptauit citharis nomen uenerabile Dauid,
consona caelesti pangens modulamina plectro.
nos quoque fas meminisse dei et quamquam obruta multis
pectora criminibus caelestem admittere sensum.
  Zacharias Syria quondam de gente sacerdos
credita sollemni curabat templa paratu.
vita uiri pietate fide grauitate pudore
obsequio condigna dei, coniunx huic alma
Elisabeth prisca sanctorum stirpe uirorum
progenita et tanto uirtutibus aequa marito.
sed, quod in obprobrio matrum posuere priores,
prole carens sterilem ducebat maesta senectam
spemque omnem sobolis transacta excluserat aetas.
forte sacrum sollemne deo plebs cuncta ferebat,
et pius antistes sacros adoleuerat ignes,
intima diuinis decorans altaria flammis;
ecce sacram propter caelestis nuntius aram

12 dignantur N^1 13 caelebrare N^1 priorum *N* 15 saloto N^1 18 modulcis N^1 20 nam *N s. l. m.* 2 patruis *N* 23 cytharis *N* 25 et *N, om. Lugdun. Rosw.* obruta *N*, obsita *Rosw.* multis *add. N m. 2* 26 admittera N^1 27 zaaharias *N* 30 condigno N^1 coniux *Rosw.* 32 merito N^1 34 mesta (oe über e; ^{oe} *m. 2*) *N* 36 forte sacrum solle *in ras. N* sollemnine (n über mn) *(corr. m. 2) N* 37 pius *Lugd. Rosw.*, prius *N* antestis N^1

adstitit ac ueste insignis, uenerabilis ore
se caelo missum uultuque habituque probauit,
tum sancta in tales laxauit pectora uoces:
accipe, caelesti domino dilecte sacerdos,
aeterni mandata dei, cui cura piorum
perpetua est, iugis qui puro in pectore custos
emeritum sanctis inpendere sciuit amorem.
ac primum genus hic extincto semine non uult
interiisse tuum fecundaque uiscera fecit
coniugis, effeto quae iam cessabat in aeuo.
cur tamen addubitas, mortali tu quoque sensu,
omnia posse deum? sed credes, ille probabit.
nascetur dignus tanto sponsore beatus
perpetuusque puer, qui primo protinus aeuo
te maior sacras inuicto in pectore uires
auctoris dono plus quam genitoris habebit.
nec sane, nato quae prima uocabula ponas,
arbitrii iurisque tui est; deus ipse profecto
qui nasci iubet hunc idem iubet esse Iohannem.
nominis hic titulus, meritorum inmensa propago,
quae necdum genito potuit praenoscere solus
qui dabit et tanto tribuet tibi gaudia nato.
nec uero tribuet tantum tibi, gloria parua est
intra unam conclusa domum; sed quantus ab ortu
tenditur in serae finita crepuscula lucis,
totus prole tua tecum laetabitur orbis.
quid mirum? cuncta uitiorum faece carebit,
caelestem ducens sine labe et crimine uitam,
uesano seruans abstemia pectora uino
omniaque euitans malesuadi pocula suci,
cumque hominum generi uel post errata salutem

41 abituque probabit N^1 42 laxabit N^1 pectorae N^1 46 sciuit *ex* saeuit *N m. 2* 47 extinto *N* 48 interisse *N* fęcundaque (^oe^ *m. 2*) *N* 49 effęcto (oe) *(corr. m. 2) N* cessabait N^1 54 malor *N* 59 rominis N^1 60 necdun *Rosw.*, ñ *N* 61 tanto[illegible] *N* 64 serae *Rosw.*, sera *N* 66 fece *N* 68 uaesano *N* 69 omnia que et uitans *N* suci (^c^ *m. 2*) *N*

spondeat, ab sancta quisquis renouabitur unda,
ipse in se nihilum quo purificetur habebit.
ac ne plura tibi uariis ambagibus edam,
Eliae meritum doctus nescire sacerdos
non potes, exosae qui mortis lege remissa
aeternam degit proprio cum corpore uitam,
igneus excelsum quem uexit ad aethera currus
flammantum rapido nisu glomeratus equorum;
hunc tuus aequabit meritorum stemmate natus
tantundem et laudis simul et uirtutis habebit.
ergo ad condignas tanto pro munere grates
ne dubiam suspende fidem, ne mota fauentis
ira dei meritam statuat post praemia poenam.
 haec ait et tenues elabitur ales in auras
fragrantemque sacro procul aëra fundit odore.
diriguit trepida confusus mente sacerdos,
ac dum promissum cunctantia corda volutant,
dum se diffidit tantum meruisse fauorem,
ut summi sit cura dei, dimissus ut alto
nuntius e caelo famulo tam clara referret
a domino mandata suo ludique ueretur,
somniaque illa putat, mores dum parcius aequo
aestimat ipse suos nec se meruisse fatetur,
infidum facit ipsa fides; dum credere dignum
se non uult, poenas incredulitate meretur.
protinus adstricta est dubitanti lingua palato,
et motus oblita sui molitaque uocis
articulare sonum pigro torpore cohaesit,
dumque cupit narrare suae miracula plebi,
conatus frustra defixo obmutuit ore.
maestus abit uersatque inclusa mente dolorem
et ueniam erratis arcano in corde precatur.

73 edam *ex* aedem *N m. 2* 74 heliȩ *N* 78 flammatum *Rosw.* rapido *Lugd.*, rapi *N* glomeratos *N*[1] 82 neu dubiam *N* 84 aures *N*[1] 85 flagrantemque *N*[1] 87 corde *N*[1] uolutat *N* 90 nuntius ([c] *m. 2*) *N* 95 paenas *N*[1] 101 maȩstus ([oe] *m. 2*) *N* 102 praecatur *N*[1]

quanta dei pietas quamque exorabile numen!
paenituisse sat est. rata qui dat temporis ordo
uoluitur, et grauida (mirum) distenditur aluo
Elisabeth, sanctumque gerunt pia uiscera pondus,
et uenit effeto munus iuuenile sub aeuo.
inde aliud sanctus Gabriel, qui nuntius idem
Zachariae fuerat, multo maiora uolutans
ad Mariam molitur iter, quae sponsa marito,
sed mage lecta deo, mundi paritura salutem
uirgo inlibatum seruabat casta pudorem.
cui postquam insignis caelesti forma decore
constitit ante oculos, uultus demissa pudicos
tinxit suffuso rutilantes sanguine malas.
ille ait: o toto quem solis circulus ambit,
quaeque fuere prius, quae sunt, quae deinde sequentur,
uirginibus cunctis felicior orbe puella,
magno lecta deo, mater dicaris ut eius,
cuius et ille pater! felix age concipe pondus,
inpolluta uiro coituque inmunis ab omni,
uerbo feta dei; corpus tua uiscera praestent
illi, qui caelum terras mare sidera fecit,
qui semper fuit et nunc est et tempore in omni
semper erit mundi dominus lucisque creator.
et lux ipse poli per te mortalia membra
induet atque oculos hominum coetusque subibit.
inperturbatos tantarum in praemia laudum
tolle animos, dabit ille tibi uiresque fidemque,
qui uoluit (nam cuncta regit nutuque gubernat)
filius esse tuus, domini cum filius esset.
dixerat, et uisus pariter terrasque reliquit
adsuetumque sibi facili petit aethera nisu.

103 exorabilis N^1 104 qui *Lugd.*, quae *N* 107 eff$\overset{oe}{ẹ}$to (^{oe} *m. 2*) *N* iuuenale N^1 109 multa *N* 110 iterq; N^1 111 malge *N* 112 podorem N^1 113 decora N^1 114 dimissa N^1 115 tincxit *N* suffossa N^1 120 cuius (iu *in ras.*) *N* 122 uerba N^1 f$\overset{oe}{ẹ}$ta (^{oe} *m. 2*) *N* 123 caelu N^1 129 tabit N^1 132 reliquid N^1

inplentur praecepta dei creditque puella
protinus atque auget meritum uitamque priorem
prompta fides. tacitis elementa latentia causis
diuinum informant corpus sacrandaque crescit
sarcina, caelestem dominum pia confouet aluus.
  interea grauidam soboles quamquam edita necdum
instigat Mariam sanctam, ut progressa reuisat
Elisabeth, longo quae iam uenerabilis aeuo
dilectum domino puerum paritura gerebat.
auscultat nato genitrix, uis tanta fidei,
et quo iussa uenit; mouit materna Iohannes
uiscera et inpleuit diuino pectora sensu.
iam uates necdum genitus conclusus in aluo
iamque propheta prius gesta et uentura uidebat.
illa ubi concepto fulgentem lumine longe
conspexit Mariam, celeri procul incita gressu
obuia progreditur uenerataque brachia tendens
salue, o mater, ait, domini, salue, pia uirgo,
inmunis thalami coitusque ignara uirilis,
sed paritura deum; tanti fuit esse pudicam,
(*) intactae ut ferres titulos et praemia nuptae.
cur mihi non meritae nec tanto munere dignae
officii defertur honos? cur gloria caeli
in nostros delata Lares et uilia tecta
obscuris tantum lumen penetralibus infert?
sed mitis placidusque suis cultoribus adsit,
praestet et hunc genitus quem praestitit ante fauorem.
dixit et amplexus ulnis circumdata iunxit
iamque deum uenerata pio dedit oscula uentri.

139 subolis N^1 140 reuisit N^1 141 helisabeth *N* quae iam *ex* quendam *N m. 2* 142 peritura N^1 143 gene(i)trix (i *m. 2*) *N* 147 propheta *ex* profida *N m. 2* pius *N* 149 maria mariam *N* 150 brahia N^1 151 salua N^1 o *om.* *N* 152 co(it)etusque (it *m. 2*) *N* 154 intectae *N ante corr. m. 1* ferris N^1 155 tantũ N^1 156 honus N^1 158 penetrabilibus *N* 160 praestet et hunc *Gronouius,* presti(it)tet hunc (it *m. 2*) *N* 161 et *N s. l. m. 2* curcumdata *N* 162 dedet N^1

dic age nunc, Iudaea nocens et sanguine regis
conmaculata tui, uerbis si nulla priorum
est adhibenda fides, sacros si fallere uates
creditis et Moysen ipsum, si fallere Dauid
inpia peruersae putat inclementia gentis,
credite non genitis; materna clausus in aluo
quid uideat, sancto matris docet ore Iohannes.
quis, precor, hunc docuit quem casto uiscere uirgo
contineat, quantus maneat noua saecula partus?
sed sanctis abstrusa patent nec uisa profanis.
  uerum egressa modum latos petit orbita campos
atque oblita mei procurrere longius audet.
spero, erit ut possim firmato robore quondam
hoc quoque per spatium fortes agitare quadrigas.
nunc coeptum repetamus iter; mortalia dicat
pagina mortalis, dominum diuina loquantur.
iamque adeo exacto, quantum natura iubebat,
tempore matura puer inclitus editur aluo,
et promissa dei magna non credita poena
inplet certa fides et natus conprobat infans.
conueniunt contingentes de more propinqui,
ut puero ueterum de nomine ducta parentum
aptent conlatis quaesita uocabula causis;
sed negat arbitrium cognatis esse relictum
caelestis iussi per natum conscia mater.
ergo placet dudum praeclusa uoce silentem
consuluisse patrem; promendi sola facultas
indicii quod lingua nequit, si littera signat.
consulitur, sumit tabulas scribitque Iohannem.
mirantur cuncti nullumque habuisse priorum

164 cụmmaculataui (*corr. m. 2*) *N* 165 adihbenda *N*[1] 166 ipsum *N s. l. m. 2* 167 peruese *N*[1] indementia gentes *N*[1] 168 genitus *N*[1] 173 latos *ex* lattis *aut* latus *N m. 2* 174 procurre *N*[1] 176 fortis (e *m. 2*) *N* agitur equadrigas *N* 177 nunc *Gronouius*, huc *N* 180 temporet *N*[1] maturet *N*[1] 183 contigentis *N* 184 ueterum *Lugd.*, ueterem *N* 188 pręclausa *N* 190 signae (t *m. 2*) *N*

praescriptum nomen recolunt de stirpe parentum.
quantum sera fides ualuit! quia dextra notauit
quod mens crediderat, peccati poena remissa est.
soluuntur uinctae laxata repagula linguae
respondet iam uoce senex proditque propinquis
tecta diu mandata dei spondetque futura,
dum transacta probat. talem fore quis dubitaret,
quem domini iussis naturae lege remissa
insolito exortu nasci potuisse uideret?
exemplum cunctis celebrandum incredulitatis
ante oculos cunctis posuit uel poena parentis
uel uenia, atque animis instat simul hinc metus, hinc spes.
  labitur interea cunarum tempus; in ipsis
extat diuini species manifesta uigoris.
blanditiae risusque silent incertaque cessant
murmura; serietas lasciui praeuia sensus
iam tenera informat uenturis moribus ora.
inde ubi prima puer stabili uestigia nisu
fixerat et certam signarant uerba loquelam,
mos erat aut sancti dicta auscultare parentis
aut antiquorum praeclara ediscere facta
uel quas ipse deus leges interprete Moyse
condiderat, sacri quas seruat pagina saxi.
haec et quae teneram firmarent cetera mentem
tractabat recolens; neque enim ignorasse priora
credendus, dederat dominus cui nosse futura.
at postquam robur membris accessit ab aeuo
(nam mens plena deo tardos praeuenerat annos),
illa sibi iam tum statuit discenda, docere
quae nequeunt homines, simul effugienda ciborum
et potus sanctae contagia noxia uitae.

197 respondit N^1 202 celebrandạ (ũ *m. 2*) N 207 blanditia eris usque N^1 incaertaque N^1 208 seria etas N 211 Eixerat N^1 cera signarat N 212 auscultate N^1 213 prẹclare discere N^1 214 moise N 216 tenerum N 217 tractaba N proorã (i *superscr.*) N^1 219 robor N^1 220 *uersum uncinauit N m. 2*

tecta igitur sancti quamquam inmaculata parentis
deserit ac turbas hominum coetusque nocentes
effugit ac solas loca tendit ad inuia terras,
in quis se tantum mens inpolluta uideret
liberaque a curis sacra ad praecepta uacaret.
uestis erat curui saetis conserta cameli,
contra luxuriem molles duraret ut artus
arceretque graues conpuncto corpore somnos.
hunc uilis rigidos ad lumbos zona ligabat.
praebebant uictum facilem siluestria mella
pomaque et incultis enatae cautibus herbae
arentemque sitim decurrens unda leuabat.
quis locus hic uitiis? aditum quem praua cupido
inuenit haec inter sacrae ad penetralia mentis?
quo peccet qui nil cupiat? quo tendat iniqui *
in latebras sensus quisquis non indiget ullo?
sic primi uixere homines, mundoque recenti
hos auctor dederat uentura in saecula mores,
inseruit donec sese malesuada uoluptas
ac secum luxus et amorem inuexit habendi.
hinc odia, hinc lites, hinc fraus, hinc liuor et irae,
caedes arma cruor conflictus proelia mortes,
hinc offensa dei, quam tartara saeua piabunt.
uerum ego cur nimium communes arguo culpas,
inmemor ipse mei, quem non commissa grauare
sed ueniam sperare decet? mirabimur immo
rectius inuictum nullique imitabile prisci
exemplum saecli transgressum humana labore
semideumque uirum, qui labe inmunis ab omni,

225 nocentis *N* 226 terrais *N* 227 quis (ei *m. 2*) *N* 229 conserta *Lugd.*, serta *N* 230 molles (t? *eras.*, s *m. 2*) *N* 231 sumnis *N* 232 hanc N^1 rigides N^1 237 sacrae ad *N*, sacra ad *Lugd.* 238 cupiet N^1 239 in latebras *Lugd.*, in lacebras *N*, inlecebras *fort.* 242 malas uada N^1 243 inuexit (x *in ras.*) *N* 244 litis N^1 245 caedis N^1 prelia *N* 246 cartara *N* 247 communis N^1 argo *N* 249 mirabitur *Rosw* 250 nullīq; *N*

cum sua tam saeuis cruciarit corpora poenis,
praescripsit quid nos uel post peccata deceret.
at postquam inuictam firmans per talia mentem
exegit largum tempus statuitque reperta
* quae fuerant quaerenda, sibi uox edita caelo est:
iam satis inpensum spatii, dilecte propheta,
quo tibi prodesses; tempus tibi quae data sentis
ut prosint aliis et quae iam perdita seruent.
perge igitur sanctas puri Iordanis ad undas.
hic quicumque hominum uitae commissa prioris
paenitet et tandem sensu meliora uolutat,
ablue confessum; quisquis tibi mente fideli
crediderit delere pio conmissa lauacro,
ille renatus erit, talis modo uita sequatur
quae probet ablutos uitam damnasse priorem.
* paruit auditis famulanti mente Iohannes
protinus et ripas iussi descendit ad amnis.
praedicat hic praecepta dei sermone uerendo
infunditque nouam credentum in corda salutem.
* diluit infusis credentum crimina limphis
absoluitque metus hominum poenasque remittit
atque ignem restinguit aquis, obliuia suadet
errorum praestatque nouae noua corpora uitae.
o pater, o hominum rerumque aeterne creator,
quot gradibus parcit pietas tua! qui pater umquam
sustinet erranti totiens ignoscere nato?
* das genti sensum, quo uel bona uel mala noscant.
non satis, innectis seruandae uincula legis
proponisque malis poenas et praemia iustis.
* haec quoque quis spreuit, redeat quandoque libebit;

254 doceret *N*¹ 256 exigit *N*¹ 259 prodisses *N* tibi *Lugd.*, *om. N* 260 seruant *N* 264 sibi *N*¹ 265 delere pio *ex* dele rapio *N m. 2* 268 famulari *N* iohannis *N*¹ 269 descendi *N*¹ 272 credentum *Lugd.*, credentia *N* lymfis *N*¹ 275 prestat quạẹ (uae *superscr.*) noṇ ẹnoua *N* (*corr. m. 2*) 277 quod *N*¹ 279 da *Rosw.* gentis *N*¹ 281 proprnisque (o *superscr.*) *N*

in promptu uenia est, sanctum patet ecce lauacrum,
quod renouet uitam ueteresque oblitteret actus
quodque nouos homines faciat. quid quaerimus ultra?
et tamen ulterior uenia est, uiolauerit ullus
hoc quoque polluto prolapsus corpore donum.
quamquam iam nimius longe processerit error,
desinat et redeat. cum se damnauerit ipse,
absolui meruit; si paenitet, inrita culpa est.
o uere, quod ais, pondus leue quodque cohaeret
suaue iugum, totiens homini cum ignoscitur uni;
et tamen erramus, finis nec criminis ullus
humano generi. sed crescit laus tua; nam quo
maior culpa rei, parcentis gloria maior.
grates ergo tibi referat mens omnis et omnis
lingua canat, quantumque potest humana propago,
si placuisse nequit, fieri uel grata laboret.
panditur inmensum, si demus uela, profundum
in laudes, pater alme, tuas; sed conscia tanti
mens oneris trepidat propriasque haud inscia uires
consulit et dignis potius dicenda relinquit.
reddamur coeptis: opus hoc tibi, sancte Iohannes,
quo renoues puras abluto corpore mentes.
non haec prima dedit domini sententia, qua te
admonuit claram mittens per nubila uocem,
saecula multa prius sancti deus ore locutus
Isaiae uatis, ueteris qui maximus aeui:
mittam, ait, ante tuos oculos, o nate, ministrum,
qui sentosarum purgans concreta uiarum *
gressibus ille tuis celsos subsidere montes,

308] (Es. 40, 3. 4).

284 quod *ex* quoq; *N m. 2* ueterisque N^1 287 domum N^1 295 parentis *N* 296 gratis *N* 297 hamana *N* 298 nequid N^1 299 demos N^1 uela *ex* uł a *N m. 2* 300 caudes N^1 301 propriatque (s *m. 2*) *N* aut *N* 302 reliquid N^1 303 iohannis N^1 304 mentis N^1 306 ammonuit *N* clarum N^1 308 uates N^1 310 purgans *Lugd.*, purum *N*

idem depressas faciet consurgere ualles;
diriget hic quae praua et leniet aspera, dura
molliet et totum coget planescere mundum.
tunc, precor, donum summi patris, alme Iohannes,
cum Christo promisse, uenis teque inputat ille
qui misit natum? tunc, o praedicte prophetis,
nominis angelici tu participatus honore?
per te prima dei sese clementia profert;
prima tibi dandae ueniae permissa potestas.
te cum multa nouae peterent miracula plebis
de te Christus ait: concessum est uisere talem,
qualem nulla prius uiderunt saecla prophetam.
dico ego, qui solus quae gesta gerendaque noui:
inter mortales dederit quos femina partus
quosque dabit sollemni hominum de more creatos,
nullus erit possit qui se praeferre Iohanni.
haec de te ille refert, qui quaelibet intima cordis
humani et cunctos saeclorum ex ordine tractus
peruidet, ut quae sunt oculis subiecta uidemus.

VII.

Beatus ille qui procul uitam suam
ab inpiorum segregarit coetibus
et in uia peccantium non manserit
nec in cathedra pestilenti sederit,
sed corde toto fixus in legem dei

322] (Matth. 11, 11).

312 depressus (^{o} *m. 2*) *N* 313 dirigit *N*^{1} liniet *N*^{1} 314 et *N s. l. m. 2* planaescere *N*^{1} 315 iohanne *N*^{1} 316 promissę *N*^{1} 322 concessum est *Lugd.*, prophetis *N*, properetis *fort.* 326 quisqui *N* sollemni (^{n} *m. 2*) *N* 329 saeculorum *N* tractos *N*^{1} 330 peruidet ut *Lugd.*, ut uidet ut *N*

VII. *Oπ*. — Psalmus primus *O*, incipit de psalmo primo *in mg. fere eras. π* 4 catedra *π* pestilenti *Rosw.*, pestilentiae *Oπv* 5 legem *v*, lege *Oπ*

praecepta uitae nocte uoluit et die
mentemque castis institutis excolit.
erit ille ut arbor, quae propinqua flumini
humore ripae nutriente pascitur
suoque fructum plena reddet tempore,
et fronde numquam defluente peruirens
stabit perenni uiuidum lignum coma.
non haec iniquos prosequetur gloria;
sed ut fauillam pulueris uentus rapit,
sic ira iniquos uerret a uultu dei.
idcirco tali diuidentur ordine
hominum per orbem dissipatorum greges,
ut iudicandi non resurgant inpii,
qui denegarunt debitum cultum deo,
sed puniendi; namque crimen euidens
non indigebit quaestione detegi,
quoniam inminentem praeferent mortis notam
signum salutis non gerentes frontibus.
peccator autem, non et inpius tamen,
quae magna turba est, non resurget gloriae,
uerum resurget deputanda examini.
nec enim sedere cum piis iudex potest *
causas suorum redditurus actuum
uarieque gestis aut probandus aut reus.
sine lege passim legis ignari cadent,
in lege lapsus lege iudicabitur.
opus per omne curret ignis arbiter;
quod non cremarit flamma sed probauerit,
illud perrenni praemio pensabitur.
qui concremanda gesserit, damnum feret,
sed ipse saluus euolabit ignibus;
tamen subusti corporis signis miser

8 *us.* 8—51 *om.* *π* 10 fructum *Rosw.*, fluctu *O*, fructu *v* redde *O* 13 prosequitur *O* 15 sic in ira *O* 20 namque *scripsi*, nam *Ov*, nam suum *Rosw.* euidens *scripsi*, uidens *Ov* 21 questioni *O* 22 eminentem *Schot. in mg.* 29 uarieque *Col.*, uariaeque *Ov* 33 cremarit *v*, cremauit *O*

uitam tenebit, non tenebit gloriam.
quia carne uictus, mente non uersus tamen,
etsi negarit debitam legi fidem,
per multa saepe deuolutus crimina,
tamen fidei nomen aeternum gerens,
numquam salutis exulabit finibus.
idcirco cuncti nunc in isto saeculo,
dum currit aetas et dies aeui patet,
rectas agamus semitas firmo pede
nec deferamur lubrico latae uiae;
praestat per artum dimicantes tramitem
laboriosis introire nisibus.
uias bonorum laetus agnoscit deus,
at inpiorum pronum iter delebitur.

VIII.

Cur gentes fremuere et inania cur meditati
* sunt populi? adstiterunt proceres cum regibus acti
aduersum dominum et Christum uesana frementes:
uincula rumpamus, iuga discutiamus eorum.
qui manet aeterno totis moderamine caelis,
inridebit eos iustaque loquetur in ira
terribilique minax uerbo turbabit iniquos:
ast ego rex ab eo parili dicione creatus,
praeceptum domini super almum praedico Sion.
ipse ad me dominus, meus, inquit, filius es tu,
teque hodie genui. pete; sis mihi gentibus heres,
et tua fundatur totis possessio terris.
ferrea uirga tibi est, ualido quia iure tumentes
orbe regis toto populos, ceu uasa recocto
ficta luto frangens corda, ut meliora reformes.

42 nomen *v*, non *O* 48 dimicantes *Rosw.*, dimicantis *Ov* 50 lętus *v*, loetas *O* 51 ad *O*

VIII. *O.* — Psal. secundus *O* 3 frementes *Ov*, furentes *uel* ferentes *Sacch.* 9 almam *Sacch.* peto *Rosw.* 14 recocta *v* 15 lugo *O*

et nunc ecce, omnes, stratis aduertite, reges,
mentibus et quicumque hominum famulantia corda
iudicio regitis rerumque tenetis habenas,
deseruite deo trepidi mixtoque fideles
exultate metu; fiat discordia concors
dissimiles socians affectus pectore in uno,
ne timor adfligat mentes uel gaudia soluant,
si careant laeto pauidi formidine leti. *
dicite iustitiam rectosque capessite mores *
et iusto trepidate deo, gaudete benigno,
ne quando meritum deus irascatur in orbem
uosque uia iusta iuste pereatis abacti.
amodo iam resilire uia properetis iniqua;
ecce breui cum magna potentis inarserit ira,
uentilet ut totum diuino examine mundum
segreget et paleas igni, frumenta saluti,
tunc omnes, quibus est in eo spes fida, beati.

VIIII.

Sedimus ignotos dirae Babylonis ad amnes
captiui, Iudaea manus, miserabile flentes,
cum patrium memori traheremus pectore Sion
et meritum iusta suspiraremus ab ira
exilium, lentis qua consita ripa salictis
hospitibus populis umbras praebebat amicas.
illic Assyriae mediis in moenibus urbis
obliti laetas per maesta silentia uoces
de salicum ramis suspendimus organa nostra.
namque dabat nobis durum grauis ira dolorem,

22 adfligant *O* 24 capessite *v*, capessito *O* 28 amodo *v*, modo *O* 30 ut *v*, u. *O* diuino *v*, diuine *O*

VIIII. *π* — Incipit de psalmis quibusdam uersus eiusdem. **Psal.** centesimus **XXXVI** *O*, incipiunt uersus de psalmo CXXXVI id est de fluminibus babylonis *π* 1 babilonis *π* 3 patriam *Sacch.* 4 iustas *O* 5 consista *O* salictis *v*, salectis *Oπ* 6 praemebat *π* 7 assyrie *O* urbes *Ov* 8 oblite *π* mesta *O* 9 sali▨um rami *π*

quod solita in sancto depromi cantica templo
haec ad delicias sibi nos cantare iubebat
inpius ille domo qui nos abduxerat hostis.
ergone diuinas laudes et carmina castis
apta choris inter sacra barbara foedaque busta
inter et accensas funestis ignibus aras
heu! male de nostro laetis maerore canemus
deque pio ritu luxum faciemus iniquum,
mystica ad hostilem modulantes cantica ludum?
quo miseri nunc ore sacros cantabimus hymnos?
quoue loco Babylon poscit sibi cantica Sion?
sed domini carmen tellus aliena mereri
non capit, indignas sacra uox auertitur aures.
si tamen ut captis dominus uiolentior instas,
et si tantus amor Sion pia noscere uobis
cantica, si pergis me cogere non tua fari
et diuina tibi quaenam sint cantica Sion,
accipe quid captae deus ultor spondeat urbi,
ne longum speres isto gaudere triumpho,
inpie, quo sacrum prodi tibi praecipis hymnum;
ecce quis est hymnus domini, quae cantica Sion:
si fuero oblitus mea moenia, te, mea cura,
urbs Hierusalem, fiat mea non memor umquam
dextra mei, mea lingua meis et adhaereat arens
faucibus, aeterno nisi te conplectar amore
et nisi principio promissi in saecula regni
laetitiaeque meae primo reminiscar in anno,
te cunctis, Hierusalem, praeponere terris.
esto memor tum prolis Edom, ut uersa uice nostrum
adspiciat confusa diem, quo plebs tua claram
moenibus aeternis Hierusalem habitabit,
cui nunc gens oblita tui crudele minatur

13 hostis *v*, hostes *Oπ* 15 coris *π* 17 merore cames (ne u *supra*) *π* 18 de quo *O* inicum *O* 19 misticca *π*[1] 20 hymnus *O* 21 canta *π* 24 instans *π* 26 fari (a *in ras.*) *π* *us.* 28–31 *om.* *O*[1], *add. in mg.* *O*[2] 31 qui (s *supra*) *π* qui canta *π* 32 fuere *π* 34 adereat *π* 39 edum *π* nustrum *π* 40 que *π*

excidium, dicens: inuisam funditus urbem
diruite et uacuate manu, uestigia donec
nulla relinquantur muris ad inane redactis.
infelix miserae Babylonis filia, felix
qui tibi pro nobis in nos tua gesta rependet.
nec minus ille beatus erit, qui parua tenebit
et simul elidet solidae tua pignora petrae.
si cupis extincta Babylonis stirpe beari,
in te ipso primis gliscentia crimina flammis
frange fide. iam propter adest petra Christus; in ipso
uipeream sobolem ualidis elide lacertis.
nam Babylon nomen confusio, filia cuius
est caro, peccatis mater, quae turba saluti
noxia corporeis ducit mala semina fibris.
haec uincenda tibi, si uis euincere mortem;
namque tuis tales inclusos ossibus hostes,
si permittantur crescendo adsumere uires,
difficili uinces luctamine; praecipe paruos, *
dum rudis ex utero cordis per pectora capta
reptat adhuc teneris uitiorum infantia membris.
quae nisi praecaueas, aucta uirtute necabit
concordem uitiis animam terrena propago.
ne parcas igitur talem mactare cateruam.
non tibi crimen erit nocituram perdere gentem
ultricemque malo perfundere sanguine petram;
gaudet enim iustus, si concidat inpia proles;
nam magis atque magis pius ista caede piatur,
si perimat peccata suis dominantia membris
et fracta in Christo uitiorum plebe triumphet.

43 in^{u}sam π 46 misere babilonis π felix *in ras.* π 47 rependit π 49 allidet *Schot. in mg.* solida etua π patrae π 50 extinctae *O* 51 primi gliscencia π grimina π^1 52 iam *v, om. Oπ* 53 subolem π 54 nan babilon π 55 materque *O* 56 febri π 58 tuis tale *πv,* uitales *O* 60 praeripe *Lebrun* 61 rudis *v,* rudes *Oπ* exutere π 62 repta π infancia menbris π 63 acta π 64 uiciis anima terrenam π 66 non *in* nan *corr. m. rec.* π crimenen nerit nocitura perdae regentem π 67 ꝑfundere π 68 proles *v,* prolis *Oπ* 70 m̃ẽnbris π

X.

Avsonio Pavlinvs.

Quarta redit duris haec iam messoribus aestas
et totiens cano bruma gelu riguit,
ex quo nulla tuo mihi littera uenit ab ore,
nulla tua uidi scripta notata manu,
ante salutifero felix quam charta libello
dona negata diu multiplicata daret.
trina etenim uario florebat epistola textu,
sed numerosa triplex pagina carmen erat.
dulcia multimodis quaedam sub amara querellis
anxia censurae miscuerat pietas.
sed mihi mite patris plus quam censoris acerbum
sedit et e blandis aspera penso animo.
ista suo regerenda loco tamen et grauiore
uindicis heroi sunt agitanda sono.
interea leuior paucis praecurret iambus
discreto referens mutua uerba pede.
nunc elegi saluere iubent dictaque salute,
ut fecere aliis orsa gradumque, silent.

X. *BHNOVWn.* — Incipit paulini ad ausonium *BO*, ausonio paulinus *NV*, dño illustri ausonio paulinus *Hn* 1—18 *om. BOW* 1 reddit *n* me*soribus (n *uid. eras.*, s *m. 2*) *V* 2. brũa (m *m. 2*) *V et in mg. m. 3:* bruma 3 hore *n* 4 tuo V^1 5 quã *NV* (q *m. 2 in ras. V*), comuni *n*, cum *Hv* carta *NVn* 6 di (u *m. 3*) *V* (*in mg.* diu), diũ *n* daret] clarum *n* 7 uarios V^1 8 set *HV*, et *fort.* carmen (r *et* c *corr.*) *V* 9 multamodis *NV*, multa modis *coni. Sacch.* subamara *uulgo* querillis *N* 10 censura *N* m//iscuerat *V* piaętas V^1 11 michi mitte *n* qua *n* 12 sederit et blandis *H Auant(ianus) et v*, sederit et stantis (flandis *teste Peipero*) *n* pensa *H*, pulso *coni. Zechmeister* *us.* 13 *et* 14 *om. n* 13 regerenda *H Muratorius*, regenda (te *m. 3*) *V*, regenda *N*, referenda *v* 14 heroo *v* 15 *in mg. m. 2 exh. V* praecurret *N*, praecurrit *HVnv* 16 descreto *n* 17 legi *n* saluta *V* 18 alias *v* silent] secent *v* *post us. 18 inscr.* Ausonio paulinus (*add. V in mg. m. 2:* metro iamuico. uersus maior senario, minor quaternario) *NV*, uale dñe illustris *H al. m.*, epistola paulini presbyteri ad eundem *H*

Quid abdicatas in meam curam, pater,
  redire Musas praecipis?
negant Camenis nec patent Apollini
  dicata Christo pectora.
fuit ista quondam non ope, sed studio pari
  tecum mihi concordia
ciere surdum Delphica Phoebum specu,
  uocare Musas numina
fandique munus munere indultum dei
  petere e nemoribus aut iugis.
nunc alia mentem uis agit, maior deus,
  aliosque mores postulat,
sibi reposcens ab homine munus suum,
  uiuamus ut uitae patri.
uacare uanis, otio aut negotio,
  et fabulosis litteris
uetat, suis ut pareamus legibus
  lucemque cernamus suam,
quam uis sophorum callida arsque rhetorum et
  figmenta uatum nubilant,
qui corda falsis atque uanis imbuunt
  tantumque linguas instruunt,
nihil ferentes, ut salutem conferant

us. 19—38 *minutis uncialibus al. m. scripti H* 19 quum *n* abdicatās V^1 patet V^1 20 rodimere OW^1 praecipis] precibus *B* 21 camoenis *HW* parent *H* appolini *n* 23 $\overset{i}{\text{s}}$ta q$\overset{u}{\text{o}}$ndam (q *ex* c, [i] *et* [u] *m. 3*) *V* sed] at *coni. Zechmeister* patri *in* parili *corr. V*, *om. BO* 24 míci *V ut semper* 25 ciere] uere *O* (oere *teste Peipero*) delfica *BOV*, defica *N* phebum *n*, foebum *O*, febum *B* 26 nomina *BO* 27 fundique *OV* (*sed in V* u *corr. m. 3*), fundiquē *B* munerem *O* inductum *B*, ductum *O* diei *N* 28 e *O*, *om. BWv*, e (et V^2) fonte *NV*, fonte *Hn* nemore *Hn* 29 alia *HVWv*, aliam *cet.* 30 aliosque (s *in lit. m. 3*) *V* 31 subire poscens *W* ab homine] a suo *fort.*, ab nomine *coni. Peiper* 33 ocio aut negocio *B* 34 literis *W* 36 suam] saum *O*, s$\overset{a}{\text{u}}$m *N* 37 soforum *NVn* calida *n* rethorum *BNVWn* et *om. W* 38 ficmenta *B* nubilent *Hn* 39 uanis et falsis *BO* 41 nihil *BHOv*, nich' *n*, nil *NVW* ferentes *BOv*, adferentes *cet.*

* aut ueritate nos tegant.
quod enim tenere uel bonum aut uerum queunt
qui non tenent summae caput,
ueri bonique fomitem et fontem deum,
quem nemo nisi in Christo uidet?
hic ueritatis lumen est, uitae uia,
uis mens manus uirtus patris,
sol aequitatis, fons bonorum, flos dei,
natus deo, mundi sator,
mortalitatis uita nostrae et mors necis,
magister hic uirtutium;
deusque nobis atque pro nobis homo
nos induendo se exuit,
aeterna iungens homines inter et deum
in utroque se commercia.
hic ergo nostris ut suum praecordiis
uibrauerit caelo iubar,
absterget aegrum corporis pigri situm
habitumque mentis innouat;
exhaurit omne quod iuuabat antea
castae uoluptatis uice

42 aut *BO*, quod *cet.* ueritate *scripsi*, ueritatem *ω* nos tegant *scripsi*, non tegant *BO*, detegat *cet. v* 43 quid *BHnv* aurum (e *supra*) *O* queunt *BONV* (eunt *in ras. m. 2 V*, quaeant (u *supra*) V^1 *teste Peipero*), queant *Hnv* 44 tenet HV^1 summe *BO*, sume *H*, summum *v* capud BV^1 45 formitem *N* et fontem *om. BO* 46 quem *om. W* nixi *O* quem non nisi in Ch. uident *coni. Zechmeister* 48 et uirtus *W*, uite *ut uidetur n* 49 sola *N* honorum *H* 50 mat⁹ *n* satio *n* (satis *teste Peipero*) 51 uitam *n*, uitae *HN* metis *n* 52 uirtutium *NOV*, uirtutuum *W*, uirtutum *cet.* 53 dš quae *O* nouis V^1 54 induendo se exuit *Auant v*, induendo induit *Hn*, induendus (induendos *N*) induit *cet.*, exuendus induit *edd.* 55 iungent N^1 inter homines *v* 56 in utroque (*i. e.* qui utrumque, homo et deus, erat) *scripsi*, in utrumque *BO*, utrumque *VW*, inter (i[illegible]nter *N*) utrumque *HNn* commercia (er *corr.*) *V*, comercia *H* 57 p̃cordis *n* 58 uibrauit e *coni. Zechmeister* 59 abstergit *Murat.* pigris V^1, pigrii *n* 60 abitumque *N* 61 exaurit V^1 iubauat V^1 62 uolumtatis V^1W ui[illegible]ce (c *m. 2 in ras.*) *V*, uitae H^1Nn

totusque nostra iure domini uindicat
  et corda et ora et tempora;
se cogitari intellegi credi legi,
  se uult timeri et diligi.
aestus inanes, quos mouet uitae labor
  praesentis aeui tramite,
abolet futurae cum deo uitae fides.
  quae quas uidemur spernere
non ut profanas abicit aut uiles opes,
  sed ut magis caras monet
caelo reponi creditas Christo deo,
  qui plura promisit datis,
contempta praesens uel mage deposita sibi
  multo ut rependat fenore.
sine fraude custos aucta creditoribus
  bonus aera reddet debitor
multaque spretam largior pecuniam
  restituet usura deus.
huic uacantem uel studentem et deditum,
  in hoc reponentem omnia
ne, quaeso, segnem neue peruersum putes
  nec crimineris inpium.

63 totaque *Hn*, totoque *edd.* nostras *n* et iure *O*, sibi iure *Hn*, iure sibi *Auant.* dñij *n* uindicabat *B* 64 tempor̃ *O* 65 se] sic *W* intelligi *HNVn* crediligi *N* 66 dilligi *H* 68 praesenti *H* 69 abolet] horret *ed. Lugd.*, abhorret *Auant.* futurae *n Auant. v*, futura *cet.* uitẹ (a) *N*, uita *O* 70 que (a) *N*, qui *H* uidemus *HVWn*, iubemur *Schot. in mg.*, suademur *fort.* 71 profamas *n* abicet V^1, abiciat *n* uiles] iubes *n* 72 sed ui magis curas *W* mouet *W*, moneat *n* 73 caelis *H*, coelis *n Auant. v* reponi[illegible] *V* treditas V^1 75 contimpta *N*, contemta *Vn* praestans *Schot. in mg.* uelo *B* reposita *W* deposita mage *coni. Zechmeister*, mage adposita *fort.* 76 multa *V* foęnore *V*, foenore *ON* 77 sine *Hn*, sic *BNO*, ne *VW* fraudis *O* custus *H* aut a *NVW* 78 era V^1, sera *Hn* reddit *VWnv*, redit *H* 79 quae multa (*in lit. m. 2 V*) *VW* (multaquaes pretam V^1 *teste Peipero*) peccuniam *n* 80 restituit *VW* 81 huic (hui *m. 2*) *V* uacatem *n* 82 reponent *BO* 83 segene *N* neque *BO* putet *n*, putos *H* 84 necrimineris *O*

pietas abesse christiano qui potest?
  namque argumentum mutuum est
pietatis, esse christianum, et inpii,
  non esse Christo subditum.
hanc cum tenere discimus, possum tibi
  non exhibere id est patri,
cui cuncta sancta iura, cara nomina
  debere me uoluit deus?
tibi disciplinas dignitatem litteras,
  linguae togae famae decus
prouectus altus institutus debeo,
  patrone praeceptor pater.
sed cur remotus tamdiu degam arguis
  pioque motu irasceris?
conducit istud aut necesse est aut placet,
  ueniale quicquid horum inest.
ignosce, amans, mi si geram quod expedit;
  gratare, si uiuam ut libet.

Defore me patriis tota trieteride terris
atque alium legisse uagis erroribus orbem,

85 *et* 86 *om. B* piaȩtas V^1 cristiano *O* (*et infra*), christianum *n* 86 mutuum] tuum *n* 87 pietas *O* abesse *B* impium *B*, ipsum *n* 88 x̄p̄m̄ *n* 89 hic *n* discamus *Hn* posum V^1 tibi] ter *n* 90 exiuere V^1, exibere *n* idem *W*, item *fort.* 91 sancta iure *Hnv*, sancto iure *edd.* 93 tei *n* disciplinās *N* 94 et toge et *Hn*, toge et *B* fama//e *V*, famen *O* 95 altus *BHOn*, auctus *NVW* institus *O* 96 patronae V^1 praecepto *O* 97 cure *n*, quur *ex* cur *V m. 2* motus *n* digam *B*, degam (g *in ras. m. 2*) *V*, $\overset{gam}{\text{dem}}$ (^{gam} *m. 2*) *O* 98 motus *B*, mota *n* 99 stud V^1 100 uel aliud *Hn* quidquid *V*, quid *H*, quis *n* heorum *W* inest *coni. Zechmeister*, est *ω*, erit *v* ueniale et horum quicquid est *fort.* 101 amans mi (*uel* mihi) *scripsi*, amans *BO*, amens *NV*, amice *W*, amanti *Hnv*, clemens *coni. Zechmeister* 102 grata res *n* utilib; *n* — Finiunt ad ausonium [Ausonio paulinus *B*, ausonio paulinus (*ex* ausonius paulino *corr. m. 2*) *V*, finiunt paulini ad ausonium. incipit ausoni ad paulinum (*sc.* proxima quae *etc.*) *O fol.* 91^{u} *col. 1* (*us. 103 sqq. extant in O fol.* 92^{u} *inscripti* ausonio paulinus), uale dn̄e illustris. paulinus ausonio salutem *H*, finit *N*, *om. n*; *us.* 103 *sqq. om. W* 103 patris V^1 tota—terris *om. n* trietheride *NV* 104 adque *V* me egisse *Hn*

culta prius uestrae oblitum consortia uitae,
increpitas sanctis mota pietate querellis. *
amplector patrio uenerandos pectore motus
et mihi gratandas saluis affectibus iras.
sed reditum inde meum, genitor, te poscere mallem
unde dari posset. reuocandum me tibi credam,
cum steriles fundas non ad diuina precatus,
Castalidis supplex auerso numine Musis?
non his numinibus tibi me patriaeque reducis.
surda uocas et nulla rogas (leuis hoc feret aura
quod datur in nihilum) sine numine nomina Musas.
inrita uentosae rapiunt haec uota procellae,
quae non missa deo uacuis in nubibus haerent
nec penetrant superi stellantem regis in aulam.
si tibi cura mei reditus, illum aspice et ora,
qui tonitru summi quatit ignea culmina caeli,
qui trifido igne micat nec inania murmura miscet
quique satis caelo soles largitur et imbres,
qui super omne quod est uel in omni totus ubique
omnibus infuso rebus regit omnia Christo,
quo mentes tenet atque mouet, quo tempora nostra *
et loca disponit. quod si contraria uotis

105 oblita *O* 106 nota *Col. in mg.* pie^{te} *n* querillis *N*, querelis *HOn* 107 inpelector *ut uidetur* N^1 patiẽ *n* *post* 107 *ponunt* spernentes—seuero *i. e. us.* 176–277 *BOv* 108 et] hae *v* 109 set BV^1 reditus V^1 poscere nollem *Auant.* 110 posset *BOVv*, possit *cet.* 111 sterilis *N* praecatus *N* 112 nomine *BNO* musas V^1 113 is *n*, hĩs *O* nominibus *BO* reduces *Rosw.* 114 *post* 115 *transposuit Rosw.* nicilum *B* nomine nomina *BO*, numine nomine *N*, numine nomina *HNn* 115 hoc feret] auferet *coni. N Heinsius* 116 insita *H* uentosa eripiunt *O* uota] uerba *Hn et Col. in mg.* hoc *B* precellę V^1 117 ungibus V^1 haberent *n* 118 superis *H* superis cellantem *n*, super*stilantem *O*, superstillantem *B*, superexcellentem (perexcell *in ras. m. 3*) *V* regi V^1 120 tronitu *N* querit *n* culmine *N* 121 *om. N* inania] ina *O* 123 uel *add. V m. 2, om. cet.*, et *coni. Zechmeister* omni] omnia *NV* 124 infusus *V* christus *NV* 125 quo *BHOnv*, qui *NV* adque *V ut solet* mobet V^1 quo *HOn*, qui *BNV* 126 quod si] neç^{quid} *V* (^{quid} *m. 3*)

constituat nostri, prece deflectendus in illa est
quae uolumus. quid me accusas? si displicet actus
quem gero agente deo, prius est, si fas, reus auctor,
cui placet aut formare meos aut uertere sensus.
nam mea si reputes quae pristina, quae tibi nota,
sponte fatebor eum modo me non esse sub illo
tempore qui fuerim, quo non peruersus habebar
et peruersus eram, falsi caligine cernens,
stulta deo sapiens et mortis pabula uiuens.
quo magis ignosci mihi fas, quia promptius ex hoc
agnosci datur a summo genitore nouari
quod non more meo geritur; non, arbitror, istic
confessus dicar mutatae in praua notandum
errorem mentis, quoniam sim sponte professus
me non mente mea uitam mutasse priorem.
mens noua mi, fateor, mens non mea, non mea quondam,
sed mea nunc auctore deo, qui si quid in actu
ingenioue meo sua dignum ad munia uidit,
gratia prima tibi, tibi gloria debita cedit,
cuius praeceptis partum est quod Christus amaret.
quare gratandum magis est tibi quam queritandum,
quod tuus ille, tuis studiis et moribus ortus,
Paulinus, cui te non infitiare parentem,

127 nostris *HNV* 128 mea causas *N* tactus *n* 129 que *n*, quae *Auant.* si fas *BOv*, fiat *HNV*, ut fiat *n* a^u^ctor *V* 130 aut (a *in ras. m. 3*) *V* seruus *n* 131 reputas *n* 132 eum] enim *Col. in mg.* eo modo ne *n* 133 quo] qui *V* 134 persus *N* 135 stultiter *V* deo sapiens *BO*, dī sapiens *HNv*, desipiens *V*, dum sapiens *n* stultus desipiens *Col. in mg.* papula *B*, pauula *V*¹ 136 *om. Hn* qua *V*¹ exoc *V*¹ nobari *V*¹ 138 mo^re^ (^re^ *m. 3*) *V* istis *Auant. Rosw.* 139 dicat *n* mutata^e^ *n*, mutate *NOV*, mutuę *V in mg.* mutandum *O*, nutandum *B*, notandus *n* 141 *infra lineam add. V m. 1* me non] nemo *N* 142 noba *V*¹ mi] me *Hn* mens non mea non mea *BOV*, mens non mea *H(?) Nn*, flexit (cepit *v*) mens non mea *ed. Lugd. v* condam *n* 143 qui] quid *O* siquit *V* 144 ingenițoue *N* muniã *N*¹, numina *n* 145 grã p̃ t̃ tibi gloria *n* deuita *V*¹ cedet *N*, credet *n* 148 tuos *n* tuis *om. O* 149 cui te] culte *B* inficiare *N*

nec modo, cum credis peruersum, sic mea uerti
consilia, ut sim promeritus Christi fore, dum sum
Ausonii; feret ille tuae sua praemia laudi
deque tua primum tibī deferet arbore fructum.
unde precor meliora putes nec maxima perdas
praemia detestando tuis bona fontibus orta:
non etenim mihi mens demens neque participantum *
uita fugax hominum, Lyciae qua scribis in antris
Pegaseum uixisse equitem, licet auia multi
numine agente colant, clari uelut ante sophorum
pro studiis musisque suis, ut nunc quoque castis
qui Christum sumpsere animis agitare frequentant,
non inopes animi neque de feritate legentes
desertis habitare locis, sed in ardua uersi
sidera spectantesque deum uerique profunda
perspicere intenti, de uanis libera curis
otia amant strepitumque fori rerumque tumultus
cunctaque diuinis inimica negotia donis
et Christi imperiis et amore salutis abhorrent
speque fideque deum sponsa mercede sequuntur,
quam referet certus non desperantibus auctor,
si modo non uincant uacuis praesentia rebus,

150 cum *om.* *N* credes *NV* perbersum V^1 mea ọṛẹḍị ũti *H* 151 ut] aut *N* promeritum *n* dum suum V^1 152 *et in mg. sup. columnam et in contextu add. V m. 2* fert *NV* tuae] me *n* 153 fructum] pomum *Hn* 154 putas *n* perdes *B* 155 premia *V*, pristina *B* detestanda *Hn* horta *O* 156 enim (et *m. 2*) *V*, énim *N* demens *BO*, uaga est (est *add. m. 3*) *V*, uaga ·ẽ· *N*, uaga *Hn*, uaga sed *Rosw.* participatum *n*, participantem *N*, praecipitantum *coni. Sacch.* 157 fugas *V* litiae *Nn*, licie *B*, lice *V* agris *BO* 158 pigaseum *N* equtem (i *m. 2*) *V*, equitatem *n* 159 nomine *H* numinae agenta *N*, non me agente *B* uelud *B* soforum *NVn* 160 misissque *n* ut] et *Hn* castris *n* 161 sumere (s above) *V* agitare] hĩtare *Hn* frequentes *n*, frequentent *H* 163 set *BV* 164 profundi *n* 165 prospicere *n*, prespicere (p *m. 1*, ꝑ *m. 2*) *V* liuera V^1 166 ament *N* strepitusque *n* *us.* 167 *sqq. om.* *H* negatio *N* 168 aborre V^1 169 seque *BO* deum] dum *n* secũtur V^1, sequnctur *N*, sequntur *B* 170 disperantibus *NV*

quaeque uidet spernat, quae non uidet ut mereatur
secreta ignitus penetrans caelestia sensus.
namque caduca patent nostris, aeterna negantur
uisibus, et nunc spe sequimur quod mente uidemus,
spernentes uarias, rerum spectacula, formas
et male corporeos bona sollicitantia uisus.
attamen haec sedisse illis sententia uisa est,
tota quibus iam lux patuit uerique bonique,
uenturi aeternum saecli et praesentis inane.
at mihi, non eadem cui gloria, cur eadem sit
fama? fides uoti par est, sed amoena colenti
nunc etiam et blanda posito locupletis in acta
litoris unde haec iam tam festinata locorum
inuidia est? utinam iustus me carpere liuor
incipiat, Christi sub nomine probra placebunt.
non patitur tenerum mens numine firma pudorem,
et laus hic contempta redit mihi iudice Christo.
  ne me igitur, uenerande parens, his ut male uersum
increpites studiis neque me uel coniuge carpas
uel mentis uitio; non anxia Bellerophontis
mens est nec Tanaquil mihi, sed Lucretia coniunx.
* nec mihi nunc patrii uisa est obliuio caeli,

173 *om. n* secrata *O* ignits (^{u} *m. 2*) *V* 174 naegantur *N* 175 sequitur *N* quo *V* monte ui demus *N* *us.* 176—277 *post* 107 *exh. Ov* 178 adtamen *V*[1] sedisse illis *Bv*, illis edisse (aedisse *V*[1] *teste Schenkelio,* aedise *V*[1] *teste Zechmeistero,* edi *ex* aedi *V m. 2 teste Peipero*) *OV,* illis edi *N,* illis (*spat. 6 fere litt. om.* sedisse) *n,* illis saeclis *Col. in mg.*, illis saecli *coni. Zechmeister* sentia (ten) *N* 180 saeculi *O* inanũ *O,* inae (^{n} *m. 2*) *V* 181 gloria cur] goria cure *N,* gloriatur *O,* gloria *v* cur *ex* non *corr. B m. 2* adempsit *N* 182 uoti *B s. l. m. 2,* ueri *ed. Lugd.* pars est set *B* 183 Nnunc *N* 184 lotoris *V*[1], littoris *O* undis *O* iam] itam *N* 185 me] sine *B* libor *V*[1] 186 proba *N* 187 tenorem *N* nomiñ *O,* nomine *B,* niuem (inueni *teste Peipero*) *n* dudorẽ *N*[1] 188 hinc *Heinsius* rediit *n* 189 *om. N* ne me] deñ *O* ueneranda *B* 190 increpitet *V*[1] parcas *O* 191 bellerofontis *BNO,* bellerofõ*tis *V,* bellorofontis *n* 192 lucrecia *B,* cretia *N* coniux *N*[1]*O* 193 *in inf. mg. exh. V* patrię *V,* patri *O* uisa est *Vv,* est uisa *O,* est uisa* *B,* est ut uis *Nn,* est ut uisa *coni. Peiper,* est tibi uisa *fort.*

qui summum suspecto patrem, quem qui colit unum
hic uere memor est caeli. crede ergo, pater, nos
nec caeli inmemores nec uiuere mentis egentes
humanisque agitare locis; studia ipsa piorum
testantur mores hominum; nec enim inpia summum
gens poterit nouisse deum. sint multa locorum,
multa hominum studiis inculta, expertia legum, *
quae regio agresti ritu caret? aut quid in istis *
inprobitas aliena nocet? quid tu mihi uastos
Vasconiae saltus et ninguida Pyrenaei
obicis hospitia, in primo quasi limine fixus
Hispanae regionis agam nec sit locus usquam
rure uel urbe mihi, summum qua diues in orbem
usque patet mersos spectans Hispania soles?
sed fuerit fortuna iugis habitasse latronum,
num lare barbarico rigui, mutatus in ipsos,
inter quos habui socia feritate colonos?
non recipit mens pura malum neque leuibus haerent
inspersae fibris maculae; sic Vascone saltu
quisquis agit purus sceleris uitam integer aequus, *
nulla ab inhumano morum contagia ducit
hospite. sed mihi cur sit ab illo nomine crimen,
qui diuersa colo, ut colui, loca iuncta superbis

194 patrem] deum *Col. in mg.* 195 ueri (i *in ras.*) *V* caeli *om. n* credet V^1 paterni *Heinsius* 196 celum memores *n* 198 mortes *BO* sumum *n* 200 hominū▒ *V* experientia *n* 201 aggresti *B*, agrestis *n*, agoesti N^1 rutu *N* quod V^1, qui *n* in istis *BOnv*, honestis *NV* 202 quid *B*, quod *ω*, quo *Heinsius* 203 uasconum *BO* pyrinaei *O*, pirinei BV^1, pirineorum V^3, pirenei *N*, pyrenei *n* 204 oblitis ospitia *n* lumina *BN* (lumine *N teste Peipero*) 205 hispanie *n*, hispaniae *ex* spanae *V m. 3*, nispanae *N* sic *N* umquam *n* 206 dibes V^1 urbem *BO* 207 merso *N* 208 set *B* 209 nu *NVn*, nunc *BO*, non *v* clare *O* origui *N*, regum *BO* mutatur *n* in *O s. l.* 210 colůnus *N* 211 repcipit N^1 lebibus V^1 heret V^1 212 febris *BN* macula V^1 sic *BO*, si *NVn* 213 uita *B* integer aequus *coni. Zechmeister*, integer eq̊ *B*, integer ęquo *ONV*, inter iniquos *v*, inter *n*, integer a quo *Col. in mg.*, integer aeque *coni. Peiper* 214 humano *O* 215 set *B* fit *coni. Zechmeister* 216 quid uersa *B* colo (lo *ex* lui) *V*

urbibus et laetis hominum celeberrima cultis?
ac si Vasconicis mihi uita fuisset in oris,
cur non more meo potius formata ferinos
poneret in nostros migrans gens barbara ritus?
nam quod in euersis habitacula ponis Hibera
urbibus et deserta tuo legis oppida uersu
montanamque mihi Calagurrim et Birbilim acutis
pendentem scopulis collemque iacentis Hilerdae
exprobras, uelut his habitem laris exul et urbis
extra hominum tecta atque uias: an credis Hiberae
has telluris opes, Hispani nescius orbis,
* quo grauis ille poli sub pondere constitit Atlans,
* ultima nunc eius mons portio metaque terrae,
discludit bimarem celso qui uertice Calpen?
Birbilis huic tantum, Calagurris, Hilerda notantur,
Caesarea est Augusta cui, cui Barcino amoena
et capite insigni despectans Tarraco pontum.
quid numerem egregias terris et moenibus urbes,

218 ac] at *V in ras.*, t *ex* c *m. 3* uasonicis *n* horis *B* 219 qur (u *superscr.*) *ex* cur *V m. 2* more] minore *n* 221 non *O* quid *fort.* in] me *O* auersis *coni. Heinsius et Lebrun*, uersis *O* ponis (nis *in ras. m. 2*) *V* hibera *BNOV* (*sed V in ras.*), hiberis *n* 222 diserta *N* legis] iacis *n* uersus *n* 223 montanaque *B* calagorrem (re *in* ri *corr. V*) *N*V^1, calagurrim *O*V^2*n* birbilim *BOV*, byrbilim *ex* byrririm (?) *N*, birlim *n*, Bylbilim *v* 224 pendente in *N*, pondontem *O* scopolis *N*V^1 iacentes *N*, iacenti *O* ilerdac *B*, si ledae *O* 225 uelud *B* orbis *BOv* 227 has *V in ras. m. 2 ex* as tellure *n* opes *ex* hospes *V*, sopes *n* 228 grabis *V*, grauius *n* constituta *n* atlans *BO*, aclans *N*, halans V^1 (*teste Schenkelio*), ahtlano V^1 (*teste Peipero*), ahtlans V^2, *om. n* 229 mentaque *O* 230 discludit *V* (u *in ras. m. 2*) bibarem *N* qui celso *n* calpem *NVn* 231 byrbilis *N*, birbilis *BOVn* (lis *in ras. m. 2 V*) 231 huic *V in ras. m. 3*, hic *n*, uic *N* calagorris *Nn*, calagoris V^1, calagurris *O*V^2 ilerda notantur *O*, ilerdano tant⁹ *B*, hilerda notatus *nv* 232 cui cui *V* (*teste Schenkelio*) *et v*, cui *cet.* barchino *Bv*, barthino *O*, barcinus *NV*, barcinnusa *n* amães (u *superscr.*) *V*, moena *n* 233 dispectans *N*V^1 (i *in* ę *corr.* V^2) tartaco *B*, taraca *n* 234 numerũ *O* egregias *B m. 2*, aegregias *O*, eggiem *n* tectis et *Sebis*, turritis *Heinsius*

qua geminum felix Hispania tendit in aequor,
qua Baeti Oceanum Tyrrhenumque auget Hibero *
lataque distantis pelagi diuortia conplet,
orbe suo finem ponens in limite mundi?
an⟨ne⟩ tibi, o domine inlustris, si scribere sit mens,
qua regione habites, placeat reticere nitentem
Burdigalam et piceos malis describere Boios?
cumque Maroialicis tua prodigis otia thermis
inter et umbrosos donas tibi uiuere lucos,
laeta locis et mira colens habitacula tectis:
nigrantesne casas et texta mapalia culmo
dignaque pellitis habitas deserta Bigerris?
quique superba potens contemnis moenia Romae
consul, harenosos non dedignare Vasatas?
uel quia Pictonicis tibi fertile rus uiret aruis,
Raraunum Ausonia heu deuenisse curules *
conquerar et trabeam ueteri sordescere fano,
quae tamen augusta Latiaris in urbe Quirini
caesareas inter parili titulo palmatas

235 qua *Accursius v*, quas *ω* germinum *O* spania V^1 aecor *N* 236 quia *n* Beti *Lebrun*, uetis V^1, betis *cet.* tyrrenumque *BNOn*, tirrenumque *V* a[u]tget *V* hibero *BO*, iberus V^1, hiberus NV^2n 237 lateque *B* destantis *O* diuorgia *n* 239 anne *Heinsius*, an *ω* o] mi *nv*, o[omi] ([omi] *m. 2*) *V* si *Vv*, *om. BOn*, sic *N* mōns *n* 240 quia *n* pateat *V* nitem *O*, nitemus *B* 241 burdigalem *V* e[t] ([t] *m. 2*) *V* mallis *BNOV*, malum *n* discribere *NVn* baios *N* 242 maroia lacis *O*, marota lucis *B*, maroialici *V*, maiora litis *n*, marogalicis *N*, marosaacis *v* prodigis] proteris *n* otiaethermis (*alt.* t *corr.*) *V* 243 et *om. N* donasti (tibi *om.*) *O* lutos *n* 244 loeta *O* 245 nigrantes necasas V^1 tecta *v* textā apalia V^1 246 habita *V* uigerris *V* 247 potens *BO*, tuae *nv*, altae *NV* contempnis *B*, contendis *N* 248 arenosus *B*, harenosus *N*, [h]arenosas ([h] *m. 2*) *V*, has harenosas *O* non] num *Rosw.* 249 pictonis *V* ras *B* ueret *BO*, uiueret *N* 250 rara unum *NVn*, rara annū *BO*, Rauranum *Rosw.*, Romanum *v* ausonia *BO*, ausonias *cet.* heu *NVv*, eu *n*, seu *B*, se[u] *O*, huc *v* deuenisse *ω*, deuexisse *v* curules] secures *Vossii cod.* 251 sordiscere *BN* fano *ω*, phano *v*, panno *coni. Heinsius* 252 agusta *N* latialis *n* 253 pari *BO*

fulget inadtrito longum uenerabilis auro,
florentem retinens meriti uiuacis honorem?
aut cum Lucani retineris culmine fundi,
aemula Romuleis habitans fastigia tectis,
materiam praebente loco, qui proxima signat,
in Condatino diceris degere uico?
  multa iocis pateant; liceat quoque ludere fictis.
sed lingua mulcente grauem interlidere dentem,
ludere blanditiis urentibus et male dulces
fermentare iocos satirae mordacis aceto
saepe poetarum, numquam decet esse parentum.
namque fides pietasque petunt, ut quod mala nectens
insinuat castis fama auribus hoc bona uoti
mens patris adfigi fixumque haerescere cordi
* non sinat. et uulgus scaeuo rumore malignum
ante habitos mores, non semper flectere uitam
crimen habet; namque est laudi bene uertere. cum me
inmutatum audis, studium officiumque require.
si prauo rectum, si religiosa profanis,
luxurie parcum, turpi mutatus honestum,
segnis iners obscurus ago, miserere sodalis
in mala peruersi; blandum licet ira parentem

254 in adtrito (atrito *N*, attrito *Bn*) *ω*, natiuo *Vin.* lõge *n Vin.* 255 forentem *N* 257 emulor *B* omuleis *B*, romulieis V^1 dectis *N* 258 materia *n* praeiubente V^1 259 condantino *B*, colatino (ˡ *m. 2*) *V*, colatino *N* diceris diceris degere uico (iceris de *ante* gere *in ras. m. 2*) *V* degerre *N* 260 iocis] satis *n* quaeque *O* 261 set *B* 262 ludere] laudem *n* 263 satyrae *O* acaeto V^1 264 parentem *BOn* 265 male *Bn* noctẽs *n* 266 famã *N* h *B* boti V^1, moti *coni. Zechmeister*, noti *Vin.*; uoti — patrii *coni. Heinsius* 268 et *ω*, ut *v* seuo *B*, seuorum *n* rũore (ᵐ *m. 2*) *V* maliguum N^1 269 uitae *coni. Lebrun*, uita *coni. Zechmeister* 270 uetere quũ (ʳ *m. 3*) *V* 272 sic *O* relligiosa *n* 273 luxuriae *V*, luxorie *O*, luxuria *N* partum *B*, pcũt *n* turbi *n* mutatur *Auant. Col.* honesto *V*, honestam *N* (honesta *teste Peipero*) 274 *in mg. m. 2 exh. V* saegnis *O* in eis *n* misere *B* 275 in mala peruersi] inmersa sodali *N* blandium liceti parentem *O* iram *n*

excitet, ut lapsum rectis instauret amicum
moribus et monitu reparet meliora seuero.
at si forte itidem quod legi et quod sequor audis,
corda pio uouisse deo, uenerabile Christi
imperium docili pro credulitate sequentem
persuasumque dei monitis aeterna parari
praemia mortali damnis praesentibus empta,
non reor id sancto sic displicuisse parenti,
mentis ut errorem credat sic uiuere Christo,
ut Christus sanxit. iuuat hoc nec paenitet huius
erroris. stultus diuersa sequentibus esse
nil moror, aeterno mea dum sententia regi
sit sapiens. breue, quicquid homo est, ⟨est⟩ corporis aegri,
temporis occidui et sine Christo puluis et umbra;
quod probat aut damnat, tanti est quanti arbiter ipse.
ipse obit, atque illi suus est comitabilis error,
cumque suo moriens sententia iudice transit.
at nisi, dum tempus praesens datur, anxia nobis
cura sit ad domini praeceptum uiuere Christi,
sera erit exutis homini querimonia membris,
dum leuia humanae metuit conuicia linguae,
non timuisse graues diuini iudicis iras,
quem patris aeterni solio dextraque sedentem,

276 excitet ut] et *B* instauraet *N* 277 reparare *BO* *post* 277 *exh. us.* 108 *sqq. Ov* 278 ad *BNV,* aut *Ov* ididem *O* 279 corde *v* pie *coni. Heinsius,* pium *fort. sed cf. epist. 52, c. 6* nouisse *Bn,* uouis (*in* uobis *corr.*) se *N* 280 loquentes *n* 281 dei] tenẽs *n,* sedet *ex* det *V m. 3* monitus N^1, montis *O* pcuri *n* 282 praesenti V^1 283 id] hoc *n* sano *V* diplicuisse V^1 284 si *BO* *us.* 285—331 *om. n* 285 sancxit *N,* sancsit V^1 iuuet *B,* iubat *V* ne *B, om. N* penitet *BO* 286 stultos *BO* esse// *V* 287 mora *BO* 288 rapiens *N,* sapiens (s *ex* c *corr. m. 2*) *V* quidquid *Vn* est est *scripsi,* est *BO,* est homo *NO,* est ut *v* 290 qui *V* (i *ex* o *corr. m. 3*) pabata ut *N* 291 adque *V* ecomitabilis *O* 292 iudice] lucide *B* 293 at *BO,* et *NV* praesens tempus *N* 294 dm̃ *B* 295 exutus O^1 hominum *BN* quaerimonia *V* membris *V partim in ras. m. 2* 296 leuiã *O,* leui ad *B* lingpae *V in ras. m. 3* 298 dexteraque *N*

omnibus inpositum regem et labentibus annis
uenturum, ut cunctas aequato examine gentes
iudicet et uariis referat sua praemia gestis,
credo equidem et metuens studio properante laboro,
si qua datur, ne morte prius quam crimine soluar.
huius in aduentum trepidis mihi credula fibris
corda tremunt gestitque anima id iam cauta futuri,
praemetuens ne uincta aegris pro corpore curis
ponderibusque grauis rerum, si forte recluso
increpitet tuba uasta polo, non possit in auras
regis ad occursum leuibus se tollere pinnis,
inter honora uolans sanctorum milia caelo,
qui per inane leues neque mundi conpede uinctos
ardua in astra pedes facili molimine tollent
et teneris uecti per sidera nubibus ibunt,
caelestem ut medio uenerentur in aëre regem
claraque adorato coniungant agmina Christo.
hic metus est, labor iste, dies ne me ultimus atris
sopitum tenebris sterili deprendat in actu,
tempora sub uacuis ducentem perdita curis.
nam quid agam, lentis si dum conivueo uotis,
Christus ab aetheria mihi proditus arce coruscet
et subitis domini caelo uenientis aperto
praestrictus radiis obscurae tristia noctis
suffugia inlato confusus lumine quaeram?
quod mihi ne pareret uel diffidentia ueri
uel praesentis amor uitae rerumque uoluptas

299 omnbus V^1 lapentibus *N* 301 uariss V^1 gentis *N* 302 metuo *BOv* 303 ne] me *B* qua *N* 304 crepidis *N* febris *N* id *om. BO*, haec *v* 307 ^re cluso *O* 308 posset *O* aures *B* 309 ^oc cursum *N* se tollerae *V*, attollere *O* pinnis NOV^1, pennis *cet.* 311 leuis NV^1 uinctus *B* 312 facile V^1 modimine N^1 tollet V^1 314 aęre *V* 316 satris O^1, acris *NV* 317 stereli BV^1 deprehendat *V*, deprendit BO^1 319 letis *V* conniueo *v*, conhibeo (*sed in mg.* cõsẽtio *m. 2*) *V* 320 arte *O* choruscat *B* 321 subditis *O* 322 praestrictas *O*, [illegible]perstrictus (er *in ras. m. 2*) *V* obscure *N*, obscura et *O* tristicia *N* 323 suffogia *N*, subfugia *O* 325 rerumue *B*

curarumque labor, placuit praeuertere casus
proposito et curas finire superstite uita
communique deo uentura in saecula fretum *
expectare trucem securo pectore mortem.
si placet hoc, gratare tui spe diuite amici;
si contra est, Christo tantum me linque probari.

XI.

Avsonio Pavlinvs.

Continuata meae durare silentia linguae
te numquam tacito memoras placitamque latebris
desidiam exprobras neglectaeque insuper addis
crimen amicitiae formidatamque iugalem *
obicis et durum iacis in mea uiscera uersum.
parce, precor, lacerare tuum nec amara paternis
admiscere uelis ceu melli absinthia uerbis.
cura mihi semper fuit et manet officiis te
omnibus excolere, adfectu obseruare fideli.
non umquam tenui saltem tua gratia naeuo
conmaculata mihi est; ipso te laedere uultu
semper et incauta timui uiolare figura.
cumque tua accessi uenerans, mea cautius ora

326 curarumue *v* 328 communique *BOv*, cōunesque *NV*, commissisque *Rosw.*, communemque adeo *coni. Peiper* fretum *scripsi*, ribus *N*, rebus *cet.* 330 place *B* tui[s] sp▒[e] diuit▒[e] amic▒[e] (*corr. m. 3*) *V* 331 christum *BO* *um.* 331 *secuntur us.* 1—102 *in V.* — Finit ad ausonium *BO.*

XI. *BNOVWn.* — ausonio (o *ex* us *m. 2*) paulinus (us *ex* o *m. 2*) *V*, ausonio suo paulinus *W*, ausonio paulinus *NO*, *om. Bn* 1 mea *n* 2 memores N^1 placitumque *OW* 3 *om. W* exprobas *B*, exprobra *N* neclecteque *B*, negleteque V^1 4 amicitiae (ci *corr.*) *V*, amici *B* iugulem *N* 5 obici▒s *V* iacet V^1 (iaces *auctore Peipero*), iacit V^2, iaces *N* 6 precor] da *add. B* tunū O^1 7 melli *V* (*teste Peipero*) *W Vin.*, melle *cet* absintia V^1, absentia *N* 8 offici|cis te *n* 9 excolore *N* obserbare V^1 10 nom̄ *n* numquam *On* tenuis *B*, tenuit *n* saltim NOV^2n neuo *BOn*, ineuo *N* 11 cummaculata *N* 13 *om. n*

conposui et laeto formaui lumine frontem,
ne qua uel a tacito contractam pectore nubem
duceret in sanctum suspicio falsa parentem.
hoc mea te domus exemplo coluitque colitque,
inque tuum tantus nobis consensus amorem,
quantus et in Christum conexa mente colendum.
quis tua, quaeso, tuis obduxit pectora liuor?
quo rumore pium facilis sibi fama per aures
inrupit pepulitque animum contraque uetustam
experta pietate fidem noua uulnera mouit,
laederet ut natis placidum malesuada parentem?
sed mihi non fictae mens conscia simplicitatis,
nec patris inculti pietas rea respuit omne
inmeritum et falso perstringi crimine non fert,
inmunis uero; grauius uiolatur iniquo
uulnere tam tenera offensae quam libera culpae.
discussisse iugum quereris me, quo tibi doctis
iunctus eram studiis. hoc nec gestasse quidem me
adsero; namque pares subeunt iuga, nemo ualentes

14 leto *B*, leta *n* formabi *V* 15 ne qua] neque *O* uel a tacito *On*, uel tacito *VW*, uelacito *B*, uelatito *N* pectora *O* 16 ducere *n* suspitio *Nn* 17 exempla *n* coletque *n* 18 tuo *Ov* tantus nobis *O*, tantum nobis *NVn*, nobis tantus *B* amorẽ V^1 *W* (*sed* re *m. 2 V*), amore est *v*, amor est *cet.* 19 Christum *NVWv*, christo *BO*, *Col. in. mg.*, exemplum *n* colendo *Col. in. mg.* 20 quaesotus *O*, quaesotius *N* liuor (u *in ras. m. 2*) *V*, li^{u}qor (q *postea eraso*) *teste Peipero V* 21 quorum^{e}re (rum^{e} *m. 2*) *V* (rum^{o}re *V teste Peipero*), quorum exore *W*, quorum ore *n* pias (*teste Peipero*) *nv* 22 inripuit *B* uetustan *V*, uetusta *W* 23 expertam *W*, experte *n* poe^{te} *n* noba V^1 mobit V^1 24 *om. W* natis] magis *NV* malesuad *O* parentum *n* 25 set *BV* conficte *B*, non fure *n* simplicitas V^1 26 inculci *N* rea *B s. l. m. 2*, rae *N* respicit *W* 27 prestringi *N* 28 uero] merito *n Vin.* grabius V^1, grauior *N* uiolatur *N* 29 uulnera *O* tenero *B*, tanera *n*, tetro *VW*, *sed V in ras. m. 3* ^{o}ffense *V*, offensa *B* culpa *n* 30 tugum V^1 me quod *B*, me^{in}q^{u}o (in *ex* m *m. 2*) *V* 31 studiistudis (tudis *exp.*) *V* huc *n* nec *n*, ne *BVW*, ae N^1 (ne *ex* ge *teste Peipero*) 32 adsero] ad se *B* partes *n*

copulat infirmis, neque sunt concordia frena,
si sit conpulsis mensura iugalibus inpar.
si uitulum tauro uel equum committis onagro,
si confers fulicas cygnis et aedona picae,
castaneis corylos, aequas uiburna cupressis,
me conpone tibi; uix Tullius et Maro tecum
sustineant aequale iugum. si iungar amore,
hoc tantum tibi me iactare audebo iugalem,
quo modicum sociis magno contendit habenis
dulcis amicitia aeterno mihi foedere tecum
et paribus semper redamandi legibus aequa.
hoc nostra ceruice iugum non scaeua resoluit
fabula, non terris absentia longa diremit
nec perimet. toto licet abstrahar orbe uel aeuo,
numquam animo diuisus agam; prius ipsa recedet
corpore uita meo quam uester pectore uultus.

ego te per omne quod datum mortalibus
  et destinatum saeculum est,
claudente donec continebor corpore,
  discernar orbe quolibet, *

33 copulat B^2, culpa in B^1, culpat in *O* frene V^1 35 equm *B* 36 fuligas *B* cicnis NV^1, cignis BV^2, cygnis *On* aedona pice *B*, cydon apice *O*, edonia parre *n*, aedona parrae *Nv*, lollia farre *W*, lolia farrȩ (lolia f *in ras. m. 2*) *V sed in mg. eras.* . parre 37 corulos *V* uiurna V^1, uiberna *O*, uiuurna *N* compressis *N* *um.* 38 *post* 39 *exh. n* a me *n* tullius *ex* illius B^2 tectum *O*, tetum *n* 39 sustineat *BNO*, substineant *n* iungor *NVW* 40 audebam *n* 41 quod *B* modicus *Heinsius* socius *O* abenis *O*, abhẽis *n*, auenis *W* *post um.* 42 *iterum exh. vm.* 41 *cum uera scriptura* audebo *n* 43 patribus *n* redamnandi *O*, redanuiandi *B*, et amandis *n*, et amandi *Auantius* aequo V^1 44 cerbice V^1, e ceruice *Auantius* non *om. O* scȩba *V* (*in mg. m. 2*: ·i· sinistra uel contraria), saeua *Auantius* resoluet NV^2W, resolbet V^1 45 subsentia *n* longa] nostra *NVW* dirimit *BNO* 46 dirimet *Heinsius* abstruar V^1W, abstraar V^2 urbe *n* 47 Non animo *n* ipsam *n* recedit *BO* 48 ur̃ *ex* uidetur *n m. 2* uultu *B* *us.* 49—68 *om. NVW* 52 ab orbe *BO* qualibet *n*, quamlibet *Heinsius*

* nec ab orbe longe nec remotum lumine
tenebo fibris insitum,
uidebo corde, mente conplectar pia
ubique praesentem mihi.
et cum solutus corporali carcere
terraque prouolauero,
quo me locarit axe communis pater,
illic quoque animo te geram.
neque finis idem qui meo me corpore
et amore laxabit tuo.
mens quippe, lapsis quae superstes artubus
de stirpe durat caeliti,
sensus necesse est simul et affectus suos
retineat ut uitam suam;
et ut mori sic obliuisci non capit,
perenne uiuax et memor.

XII.

Inclite confessor, meritis et nomine Felix,
mens pietate potens, summi mens accola caeli
nec minus in totis experta potentia terris,
qui dominum Christum non uincta uoce professus
contemnendo truces meruisti euadere poenas,

53 longum *Bv*, longo *n* nec ore longe *uel* nec orbe l. n. r. limine *coni. Sacch.* 54 febris *n* *us.* 56 *et* 57 *om. n* 58 terraque cum *n* prolauero *O* 59 locari *O* 60 animo te *coni. Zechmeister*, te animo (amo *B*) *BOnv* 62 laxauit *BO* tui *v* 63 artibus *n* 64 styrpe *O*, stirpae *B* dura *BO* 66 retineat *coni. Chatelain*, teneat *BOv*, teneat aeque (aeque *add.* B^3) *Bn*, sic teneat *coni. Zechmeister* 67 mori] mares *n* 68 perhenne *B*, perhempne *n* uiuat *n*. — Finit *B*, uale domum illustris *n*

XII. *ABDEQT*; *Δ exh. us. 1—30.* — Incipit de natale dñi felicis qui obseruatur die XVIII · kł febr et hi sunt primi quos in hispanis adhuc positus fecit *B*, incipit liber primus sci paulini nolani epi in laudem beatissimi ac sanctissimi felicis papae atque confessoris xpi *D*, paulini sanctissimi atque beatissimi episcopi nolani in laudem sancti Felicis Nolani *T* *us.* 1—3 *om. AQ* inclyte *DΔ* *us.* 2 *et* 3 *om. ABv* 3 totis] multis *D* 4 christum] ihm̃ *AD* non uincta] constanti *BTv*

deuotamque animam tormenta per omnia Christo
sponte tua iussus laxatis reddere membris
liquisti uacuos rabidis lictoribus artus,
uectus in aetherium sine sanguine martyr honorem,
o pater, o domine, indignis licet, adnue seruis,
ut tandem, hanc fragili trahimus dum corpore uitam,
sedibus optatis et qua requiescis in aula
hunc liceat celebrare diem, pia reddere coram
uota et gaudentes inter gaudere tumultus.
sit iam, quaeso, satis merita inpietate tulisse
hanc poenam, tot iam quod te sine uiximus annis,
sede tua procul heu! quamuis non mente remoti.
iam desideriis inmenso tempore fessis
consule, iam uel sero memor miserere tuorum
perque orbem, magni qui nos tanto aequore ponti
disparat, obtritis quae nos inimica retardant
pande uias faciles et, si properantibus ad te
inuidus hostis obest, obiecta repagula pelle
fortior aduersis et amicos prouehe cursus.
seu placeat telluris iter, comes aggere tuto
esto tuis; seu magna tui fiducia longo
suadeat ire mari, da currere mollibus undis,
ut famulis famulos a puppi suggere uentos, *
ut Campana simul Christo duce litora uecti
ad tua mox alacri rapiamur culmina cursu
inque tuo placidus nobis sit limine portus.
illic dulce iugum, leue onus blandumque feremus

us. 6—8 *om.* *B* 7 laxitas (a i) *Q,* laceratis *T* 8 littoribus *T* artis *Q* 12 acula *Q* 13 licet at *B* redde *Q* coram] nostra *v* *us.* 15—17 *om.* *Bv* 16 quot *AT* sine te q *E* 17 sed tua *ADQ* hea *A,* haea *Q,* ea *D* quamuis nomen tenere moti *Q* 18 desideris *Q* *post* *um.* 18 *exh.* *T:* consule et obtritis: que innos inimica resultat 19 iam — 21 disparat *om.* *Bv* uel *D* *s. l.* 20 p quo *Q* que *T* tanto *AQ,* procul *cet.* 21 obtritos (os *in ras.*) *D,* et obtritis *Bv* 22 et si — *us.* 27 mari *om.* *Bv* 23 abest *T* 25 agmine *fort.* 26 magno *T* 27 undas *AD,* *om.* *Q* 28 ut *ADQ,* et *cet.* appuppis *B,* a puppis Q suggsre] agere *B* a puppibus aggere *v* *us.* 29 *et* 30 *om.* *Bv* 31 sit nobis *B* lumine *BE* 32 honus *E*

seruitium sub te domino; etsi iustus iniquis
non egeas seruis, tamen et patiere et amabis
qualescumque tibi Christo donante dicatos
et foribus seruire tuis, tua limina mane
munditiis curare sines et nocte uicissim
excubiis seruare piis et munere in isto
claudere promeritam defesso corpore uitam.

XIII.

Felix, hoc merito quod nomine, nomine et idem
qui merito, redit alma dies, qua te sibi summas
adsciuit patriam confessum Christus in aulam,
tempus adest plenis grates tibi fundere uotis.
o pater, o domine, indignis licet optime seruis,
tandem exoratum est inter tua limina nobis
natalem celebrare tuum. tria tempore longo
lustra cucurrerunt, ex quo sollemnibus istis
coram uota tibi, coram mea corda dicaui.
ex illo qui me terraque marique labores
distulerint a sede tua procul orbe remoto,
nouisti; nam te mihi semper ubique propinquum
inter dura uiae uitaeque incerta uocaui.
et maria intraui duce te, quia cura pericli
cessit amore tui, nec te sine; nam tua sensi

33 *add. m. 1 in mg. Q* sub te] subite *Q* dñe *Q* et sic ustis iniq; *Q* 35 qualiscumque *AD*[1] *Q* 37 mundiciis *Q*, mundicies *B*, mundicie *v* sinis *B* no^{c}ste *Q* 38 excubuis *Q* piis] tuis *T*. — Finit I · *B*, expl praef. incipit laus anni primi *D*.

XIII. *ABDEQT; Δ exh. us.* 4—17, 24—34. — Incipit II · Itẽ hos anno sequenti iam presentatus *B*, Item ḍẹ eiusdem de natiuitate ipsius *T*, Carmen anni II · Incipit *E* 1 *om. AQ* hic *B* quo *D* 2 cui *Gryn.* reddit *ADQ* te] et *T* summas *ADQ*, summus *cet. v* 3 confessum (m *in ras.*) *A*, confessus *Q* xps *Q* 4 tibi] ti *Q* 5 optime] annue *B* 6 tande *B* intra *Rosw.* 7 natale *BΔ* tempora *ABDQ* longa Q, longe *B* 8 solemnibus *E* 9 corde *B* 10 illoq: me *Q*, illo quo me *v* 12 te] ne te *B* me tibi — uocasti *v* 15 cesset *T*

praesidia in domino superans maris aspera Christo;
semper eo et terris te propter tutus et undis.
hunc, precor, aeterna pietate et pace serenum
posce tuis, cuius magno stas nomine, Felix.
nunc iuuat effusas in gaudia soluere mentes,
cara dies tandem quoniam hic praesentibus orta est,
semper et externum nobis celebrata per orbem,
quae te sacrauit terris et contulit astris.
ecce uias uario plebs discolor agmine pingit,
urbes innumeras una miramur in urbe.
o felix Felice tuo tibi praesule Nola,
inclita ciue sacro, caelesti firma patrono
postque ipsam titulos Romam sortita secundos,
quae prius imperio tantum et uictricibus armis,
nunc et apostolicis terrarum est prima sepulchris!
sis bonus o felixque tuis dominumque potentem
exores, liceat placati munere Christi
post pelagi fluctus mundi quoque fluctibus actis
in statione tua placido consistere portu.
hoc bene subductam religaui litore classem,
in te conpositae mihi fixa sit anchora uitae.

XIIII.

Venit festa dies caelo, celeberrima terris,
natalem Felicis agens, qua corpore terris
occidit et Christo superis est natus in astris,

16 superant Q^1 17 eo] ego *edd.* *us.* 18—30 *om.* *Bv* 19 magno stas] agnoscas *T* 20 uiuat excussas in *T* 21 caro *Q* est *om.* *T* 22 aeternum *Lebrun,* eternum *E* celebratea *Q* 26 felix licet tuo tibi *D,* felix licet uoti *AQ* praesole *AQ* 27 caue *T* 28 titulis romam dignata secundis *T* 30 sepulchris] secundis *ADQ* 32 placato *ΔT,* placiti *B* munera *AQ* 33 plagi *T* 34 placito *T* *us.* 35 *et* 36 *om.* *Q* bone *B* subducta religa in *T* 36 ancora *T.* — Finit II *B,* expl laus anni primi. Incipit anni secundi *D.*

XIIII. *ABDEQT; Δ exh.* 116—126. — Itẽ in eandem diem III · *B,* carmen anni III · incipit *E.* 2 *om.* *Q*

caelestem nanctus sine sanguine martyr honorem.
nam confessor obit poenas non sponte lucratus
acceptante deo fidam pro sanguine mentem,
qui cordis taciti scrutator ferre paratos
aequiperat passis, sat habens interna probasse
supplicium carnis iusta pietate remittit;
martyrium sine caede placet, si prompta ferendi
mensque fidesque deo caleant; passura uoluntas
sufficit et summa est meriti testatio uoti.
ergo dies, tanto quae munere condidit alto
Felicem caelo, sacris sollemnibus ista est,
quae post solstitium, quo Christus corpore natus
sole nouo gelidae mutauit tempora brumae
atque salutiferum praestans mortalibus ortum
procedente die secum decrescere noctes
iussit, ab hoc quae lux oritur uicesima nobis,
sidereum meriti signat Felicis honorem.
denique nil inpar his, qui fudere cruorem,
testibus et titulo simul et uirtute recepti
martyris ostendit meritum, cum iure potenti
daemonas exercet deuinctaque corpora soluit.
nam sibi Felicem caecis incumbere poenis
pestiferi proceres tristi clamore fatentur
occultasque cruces gemitu testantur aperto,
uelatumque oculis mortalibus, at manifestum
auribus et multo praesentem numine produnt,

4 na*ctus *D*, nactus *BET* 5 paenam *ET* lucratas *AD* 6 aceptante *B* 7 tacitis *B* scrutatur *Q* 8 aequiparat *Q* parsis (s *s. r.*) *Q* interra *B* 9 suplicium *B* remittat *Q* 10 si — *us.* 11 caleant *om.* *Bv* feraendi *Q* 11 mens *AD* do÷ (e *s. r.*) *Q* caleat *T* 12 merita *T* 13 munera *E* c̃dit *Q*, retulit *B*, contulit *T*, rettulit *v* 15 quae *scripsi*, qua *E*, quam *cet.*, nam *Rosw.* solsticium *B* 16 solo *Q* 17 hortum *Q* 18 secunde crescere *B* 19 ab] ad *B* uicissima *AQ* 21 deniqui *Q* nihil *B* iis *T*, in his *B* fundere *BQ* 22 titulo] merito *T* recepta *v* 24 deuictaque *B* corporea *Q* 25 caecis] cunctis *T* incumbe *Q* 26 proceris *Q* tristi *BET*, x̃p̃i *ADQv* 28 ad *T* 29 multo] uultu *T* nomine *T*, numi *Q*

cum captiua intra deprensi corpora Christum
in sancto fulgere suo clamantque probantque, *
membrorum incussu tremuli capitumque rotatu
tormentisque suis. sed non sua corpora torquent, *
clamantes proprios aliena per ora dolores *
orantum ueniam; latet ultor, poena uidetur.
tum si quos grauiore malo uiolentior hostis
uinxerit, ista dies diuino numine soluit.
cernere nunc passim est sacra purgata medella
pectora liminibus sterni, iam mente refectos,
gratantes iam uoce sua; concurrit hiantum
turba tremens hominum, mixtae inter gaudia cunctis
prosiliunt lacrimae, praesens deus omnibus illic
creditur; inmensi Felix est gloria Christi.
alma dies magnis celebratur coetibus, omnes
uota dicant sacris rata postibus; omnia gaudent
terrarum et caeli, ridere uidetur apertis
aethra polis, uernum spirare silentibus aurae
flatibus et laetum plaga cingere lactea caelum.
nec modus est populis coeuntibus agmine denso
nec requies, properant in lucem a nocte diemque
expectare piget, uotis auidis mora noctis
rumpitur et noctem flammis funalia uincunt,
stipatam multis unam iuuat urbibus urbem
cernere totque uno conpulsa examina uoto.
Lucani coeunt populi, coit Apula pubes

30 dep̃hensi *ADQ*, detenti *T* 31 clamant qui *Q* 32 menbrorum *B* incusa *AQ*, incussa *D* tremu *Q* capitumqui *Q*, captumque *B* 33 tormentis qui *Q* torquent̃ *Q* 35 orant tum *coni. Zechmeister* 37 uixerint *Q*, uixerit *B* numine] munere *BTv* soluti *T* 38 tunc *Bv* passum *B* sacris *E* purgante *E*, inspurgante *T* medela *ET* 39 sterniam *AQ* 40 hiantem *Q* 41 miste *T* gaudẹa (i *superscr.*) *Q* 44 magis *Q* omnia *B* 45 uota—omnia *om. B* dican *Q* 46 uidentur *T* 47 ethera *B*, aetra *Q* 48 ingere *Q* 49 pupulus *Q*[1] acmine *B* 50 ac nocteṃ *Q* 53 urbibi *Q* 54 totque] atque *T* copulosa (ȯs *corr.*) *T* exanima *Q*, examine *E* 55 appula *Ev* pupes *B*

et Calabri et cuncti quos adluit aestus uterque,
qui laeua et dextra Latium circumsonat unda;
et bis ter denas Campania laeta per urbes
ceu propriis gaudet festis, quos moenibus amplis
diues habet Capua et quos pulchra Neapolis aut quos
Gaurus alit, laeta exercent qui Massica quique
Ufentem Sarnumque bibunt, qui sicca Tanagri
quique colunt rigui felicia culta Galaesi,
quos Atina potens, quos mater Aricia mittit.
ipsaque caelestum sacris procerum monumentis
Roma Petro Pauloque potens rarescere gaudet
huius honore diei portaeque ex ore Capenae
milia profundens ad amicae moenia Nolae
dimittit duodena decem per milia denso
agmine; confertis longe latet Appia turbis.
nec minus ex alia populis regione profectis
aspera montosae carpuntur strata Latinae,
quos Praeneste altum, quos fertile pascit Aquinum,
quosque suburbanis uetus Ardea mittit ab oris,
quique urbem liquere Cales geminamque Teanum,
quam grauis Auruncus uel quam colit Apulus asper;
huc et oliuifera concurrit turba Venafro,
oppida Samnites duri montana relinquunt.
uicit iter durum pietas, amor omnia Christi
uincit et alma fides animisque locisque rigentes
suadet acerba pati, simul aspera ponere corda.

56 calabris *Q* abluit *E*, adluita *Q* est utique *Q* 57 qua E^2 leua *AEQT* e (t *m. 2*) *A* lacium *B* circumstrepit instant *T* 58 bis ter denas] qua bis ternas *Bv* cãpinia *Q* 59 quos *om.* *ADQ* 60 pulcra *B* aut] ã *A*, et *E* 62 saturnumque *T* 63 quiaque *A*, quiaq *Q* colont (u *supra* o) *Q* galaesi *AD*, galesi *cet.* 64 antina *E* | materarcia *Q* misit *T* 65 sacrum *Q* monimentes A^1DQ 66 paulo qui *Q* 67 die *E* 69 per] post *T* 71 ne *B* 72 montuose *B* 73 equinum *T* 74 quosque] quos *ADQ* horis *B* 75 quisque *Q* celes *B* geminumque *v*, gemina qui *Q* theanum *BT* 76 aruncus *B*, auruncis *AQ* appulus *Ev* 77 oliuafera *B*, oliuiferat *Q*, olifero *v* concurritur *AQ* terra *T*, ba *AQ* uenefro *AD*, funefro *Q* 78 sannites *T* mutana *Q* relinqunt *B* 79 uincit D^2T 80 rigentis *ADQ* 81 a·erua *B* mollit simul aspera corda *T*

una dies cunctos uocat, una et Nola receptat,
toto plena sui spatio spatiosaque cunctis,
credas innumeris ut moenia dilatari
hospitibus. sic, Nola, adsurgis imagine Romae,
[tu quoque post urbem titulos sortita secundos;
nam prius imperio tantum et uictricibus armis,
nunc et apostolicis terrarum est prima sepulchris].
tu quoque perpetuas duplici sub honore coronas,
ante sacerdotis, post martyris omne per aeuum
Felicis conplexa tui, gemino bene caelum
contingis merito diuini mater amici.
te prius alma pio celebrans altaria cultu
presbyter instituit placido et moderamine rexit.
nunc quoque perpetuo decorat te nomine Felix.
namque tuo meritum in gremio sacratus honorem
ducit odorifero pia conditus ossa sepulchro.
aurea nunc niueis ornantur limina uelis,
clara coronantur densis altaria lichnis,
lumina ceratis adolentur odora papyris,
nocte dieque micant. sic nox splendore diei
fulget et ipsa dies caelesti inlustris honore
plus nitet innumeris lucem geminata lucernis.
nos quoque felices, quibus istum cernere coram
et celebrare diem datur et spectare patroni
praemia praestantique suis tam grandia Christo
gratari et laetos inter gaudere tumultus.
ferte deo, pueri, laudem, pia soluite uota

82 et una et *Q* 83 totaque *v* suis *Bv* spacio *ET, om. cet. v* paciosaque *T;* limina *add. B m. 3 et v* 84 inmuneris *Q* 85 assurgis *ET,* assurgit *v* *us.* 86—88 *(= carm. XIII, 28—30) om. ADEQ* 88 est] es *B* 89 duplicis *Q* 90 per eum *Q* 91 feces[li] *Q* geminos *T* celos *T* 93 pius *B, om. AQ* alma] parens *add. s. l. in ras. D*[1] 94 presbiter *BD,* presbit̃ *Q* rexit *om. Q* 95 nunc *ω,* hinc *v* quoque] que *T* te *om. Q* nomi *Q* 96 inque tuo merito gremio sacratus honore *T* 97 sepulcro *B* 98 niues hornantur *Q* 99 lignis *B* 100 limina *ABD,* lymina *Q* adorentur *ADQ* paphyris *AQ* 101 splendorque *B* 103 nitet] micat *Bv* 104 iste *Q* 105 datur expectare *T,* datur et expectare *B,* datur spectari *Q* 108 pie *ADQ*

et pariter castis date carmina festa choreis,
spargite flore solum, praetexite limina sertis.
purpureum uer spiret hiems, sit floreus annus
ante diem, sancto cedat natura diei.
martyris ad tumulum debes, et terra, coronas.
ast illum superi sacra gloria liminis ambit
florentem gemina belli pacisque corona.
  hunc, precor, aeterna nobis cum pace serenum
posce diem, hoc iterum liceat gaudere reuerso
annuaque hic et uota tuis et carmina festis
reddere placati tranquillo numine Christi.
hic amor, hic labor est nobis; haec uota tuorum
suscipe commendaque deo, ut cum sedula cura
seruitium nostrum longo tibi penderit aeuo,
tunc demum placitos pietate laboris alumnos
absoluas mittente manu, positasque tuorum
ante tuos uultus animas uectare paterno
ne renuas gremio domini fulgentis ad ora,
quem bonitate pium sed maiestate tremendum
exora, ut precibus lenis meritisque redonet
debita nostra tuis. cum tu quoque, magna piorum
portio, regnantem, Felix, comitaberis agnum,
posce ouium grege nos statui, ut sententia summi
iudicis hoc quoque nos iterum tibi munere donet,
ne male gratatis laeuos adiudicet haedis
* et potius dextre positos in parte piorum
munifico pecori laudatisque adgreget agnis.

110 lumina *B* 111 purp[u]oreum *Q* hiemps *ABD* sit] it *Q* 112 sanctum *T* 114 luminis *BTv* 115 pacis qui *Q* 116 nobicum *Q*, nobiscum *v* 117 postte diaem *Q* ruerso *T*, reumso *Q* 118 hic *om. B* 119 placiti *D* tranquiillo *Q* nomine *BQ*, munere *T* 123 tum *T* placidos *BEv* pietatis *Q* alumpnos *B* 124 absoluat *Rosw.* 125 ante uos uultu *Q* animos *B*, [ni]amas *Q* 126 rennuas *D* 128 plenis *Bv* 130 comitaueris *B* 131 poste *Q* greges *T*, in grege *fort.* 133 gra[u]tatis *D*, gradatis *Q*[1] leuos *BET* edis *EQ* 134 et] sed *Tv* dextre *BET*, dextrae *ADQv*, dextra *Rosw.* posios *T*, positas *ex* positus *Q*[1] dextra expositos *coni. Chatelain* piorum *E*, priorum *ADQ*, salutis *BTv* 135 laudatis (*om.* que) *B*. — Explicit secunda. incipit tertia *D*.

XV.

Annua uota mihi remeant, simul annua linguae
debita, natalis tuus, o clarissime Christo
Felix, natali proprio mihi carior, in quo
quamlibet innumeris sint gaudia publica turbis,
est aliquid speciale tuis, quod nos tibi Christus
esse dedit, uiles caro largitus amico,
non quia tu dignus famulis tam uilibus esses,
aeternis dignante deo comes ire triumphis,
sed quia nos inopes aequi indiguosque salutis
sic uoluit ditare pater bonus, ut male dites
criminibus uersa in melius uice diuitiarum
pro cunctis opibus cunctisque affectibus et pro
nobilibus titulis et honoribus omnia uanis
Felicem caperemus opes patriamque domumque.
tu pater et patria et domus et substantia nobis,
in gremium translata tuum cunabula nostra,
et tuus est nobis nido sinus, hoc bene foti
crescimus inque aliam mutantes corpora formam
terrena exuimur stirpe et subeuntibus alis

XV. *ABDEGQRT; Δ exh.* 45—48, *Beda de re metr. ed. Keil tom. VII exh. um.* 299. — Incipit natalis quartus *B*, incipit carmen anni IIII · *E*, uersus s̄c̄i paulini ēp̄i de uita s̄c̄i felicis libri VI · *G*, incipiunt sex libri felicis sancti *R* 1 remiant *G*, redeunt *T* anua *G* 2 clarissimę *G*, c//arissime *E*, k̄m̄e *T* christo *om. T* 3 felix it *Q* clarior *ADQ* 4 innumeraris *Q* fiunt *T* puplica *ABGR* 5 aliquod *T* nos tibi] nost̃ *Q* x̄p̄s tibi *GR*^{2} 6 esse *om. R* claro *coni. Zechmeister* amicus *Q*, amicos *E* 7 tū *R* dignus] indignus *coni. Zechmeister* famulus *Q*^{1} 8 dignate *Ev*, dignitate *D* comites *B*, te comitem *GR* (*sed* te *exp. in R*) 9 set *B* aequi *ADQ*, iustique *R*^{1}, iustitiae *G*, iusti *cet.* indiguosque (uo *in ras.*) *E*, indignosque *cet.* 10 si *Q*, te *T* ditãre (˜ *eras.*) *G* 11 creminibus *GR*^{1} melius] milibus *D* 12 prae *R* cunctisque] uniuersisque *GR* afectibus *R* pro *om. GR* 13 nobilibi *Q*, et nubilibus *G*, nubilibus *R* honeribus *R* omnibus *GR* 14 cuperemus *T* opeis *Q*, opes *ex* opm *corr. G* domumque] et domum *GR*^{1} 15 patriae *ADQ* et *om. ADQT* 16 tuum translata *G*, translatuum *Q* conabula *GR* nram *Q* 17 tuus] tutis *T* 18 motantes *BR* 19 subentibus *T*

uertimur in uolucres diuini semine uerbi.
te releuante iugum Christi leue noscimus, in te
blandus et indignis et dulcis Christus amaris.
ista dies ergo et nobis sollemnis habenda,
quae tibi natalis, quia te mala nostra abolente
occidimus mundo, nascamur ut in bona Christo.
surge igitur, cithara, et totis intendere fibris,
excita uis animae; tacito mea uiscera cantu,
non tacita cordis testudine dentibus ictis
pulset amor, linguae plectro lyra personet oris.
non ego Castalidas, uatum phantasmata, Musas
nec surdum Aonia Phoebum de rupe ciebo;
carminis incentor Christus mihi, munere Christi
audeo peccator sanctum et caelestia fari.
nec tibi difficile, omnipotens, mea soluere doctis
ora modis, qui muta loqui, fluere arida, solui
dura iubes tu namque asinam reboare loquendo
perfectamque tibi lactantes condere laudem
fecisti et solidam soluisti in flumina rupem
et terram sine aqua subitis manare fluentis
iussisti, deserta rigans in spem populorum,
in quorum arentes animas pia gratia fluxit,

36] (Num. 22, 28). 37] (Ps. 8, 3).

20 in *om.* *Q* 21 releuant *Q*, reuelante *ex* reueantur *corr.* *G*, releuante *ex* reuelante *R m. 2* leue *B s. l. m. 3* nos scimus *T* 22 blandis *B*, blanda *GR* christus *om.* *GR* 23 ista] ita *D* et *om.* *GR* solempnis nobis *GR* solemnis *DET* 24 natalis est *GR* nostrã *Q* 25 occidimur D^2E, occidamus *Q*, occulimus *T* munde *T* ut nascamur *GR* 26 exsurge *GR* cythara *ERT ut solent* intedere *Q* 27 cantu] tactu *T* 28 ictis] istis *T* 29 linguae] lire *E* lira *BGR*, cor *v* personat *R* Plectro lingua lyre: plectro lyra personet horis *T* 30 ergo *GR* fantasmata *ω* mussas *R* 31 sordum *GR* aonie *B*, auoniae *G*, iuoniae *R*, iconia *T* foebum *ADQR*, phebum *E*, febum *BG* cyebo G^1R 32 incestor D^1 xps *in* sps *corr.* *G* 33 pecator *Q* sancta *BGR* 34 deficile (il *ex* el? *corr.* *G*) *GR*, difficilem *Q* 35 multa BR^1 soluii *R* 36 assinam BR^1 roboare ER^1, reaboarae *Q*, recare *B* 37 latentes *Q*, lactentes *Tv* 38 et] ac *R* soluisti] uertisti *B m. 2* rumpe *Q*, rubem *R* 39 manere G^1R^1 40 iusisti G^1R

quos Christus uiuo manans petra fonte refecit.
unde ego, pars hominum minima, isto munere fretus
roris, Christe, tui uiuos precor aridus haustus.
da uerbum de fonte tuo, tua non queo fari
te sine; namque tui laus martyris et tua laus est,
qui facis omnipotens homines diuina ualere
fortiaque infirmis superas de carne triumphans,
aërios proceres uincens in corpore nostro.
  quare ades, ut duce te repetens ab origine pergam
Felicem narrare tuum, cui nobile ductum
ex Oriente genus; nec enim magis altera tellus
Felicis patriam decuit quam quae patriarchas
quaeque pios tulerat, Christi sacra uasa, prophetas,
unde et apostolicis fundens sua flumina linguis
totum euangelii sonus emanauit in orbem.
debitus inde deo Felix, genitore profecto
Italiam necdum genitus, tamen in patre uenit,
ciuis ut affectu nostris oreretur in oris
nec cuiquam natum nisi nobis se meminisset.
sic pater Abraham domini praecepta secutus
mutauit patrias externo cespite terras
deposuitque sacrum Chananaeis semen in aruis;

42 manens *G* funte *Q* reficit GR^1 43 ergo G^1R pars (p *ex* ꝑ *corr.*) *G* 44 praecor R^1 *ut solet* ardus austus *Q* 46 lau$\overset{s}{d}$ *Q* martiris *GR* 48 superans *BΔEGR* triumphas $BΔD^1EGR$, triumphis D^2T 49 *om.* *ADEQ* aereos *BR*, ethereos *T*, Assyrios *v* 50 ducet et *Q* repetens *om.* *T* 51 nubile GR^1 dictum QR^1 52 oriente] origine *R* 53 felices Q^1 dedecuit R^1 quem que *B*, quam illaq: *GR* *sed* illa *in* *R* *exp. m. 1* 54 queq; *EQ*, q:q: *G* tuos *T* tullerat R^1, tollerat G^1 xp̄s *Q* uassa R^1 profetas *GR* 55 uno *AQ*, una *ex* uno D^2, imo *E* et *om.* *R* suas *Q*, *om.* *T* fulmina *v* 56 euangeli GR^1 eminauit *Q*, emanuit *G* 57 praefecto *G* 58 INitaliam *G*, inetaliam *R* 59 ciues *AQ*, nobis ciuis *G* $\overset{u}{a}$t *Q* affectus *D* oriretur *DET*, oretur *G* 60 ne cuiquam *GQRT* natus D^2 se miminisset *G*, remansisset *ADQ* 61 sic patriarca *T* abram *Q*, habraham *A* consecutus *R* 62 motauit R^1 cispite GR^1, excepta *B* *us.* 63 *et* 64 *om.* *v* posuitque *T* chananeis *BD*, cananeis *EQT*, channaneis *GR* semen] semper *T*

unde peregrinas abeunte propagine terras
mystica Felicem nobis transmisit origo,
quem perfecta fides illa radice profectum
prodidit, ut nobis esset pia uena fidei.
Felix nunc etiam posita cum carne quiescit,
spiritus in Christo uiuens, operantibus altae
uirtutis meritis Abrahae semine mutat
duritiam lapidum, quos suscitat in bona uitae.
hac igitur genitore Syro generatus in urbe
dilectam coluit patriae sub imagine Nolam
sede beans placita multoque relictus in auro
diues opum uiguit quamuis non unicus heres.
Hermia cum fratre sui cognomine patris
terrenas diuisit opes, caelestia solus
obtinuit Felix; geminos sententia discors
diuisit fratres: Hermiam mundus abegit,
Felicem Christus sibi sustulit; ille caduca
maluit, hic solida; praesentibus ille cohaesit,
iste solum caelo uertit, patrimonia regnis;
ille heres tantum proprii patris, iste coheres
Christi. sed quis tam uariam miretur ab uno
sanguine progeniem, ueterum inter sancta parentum
pignora qui relegat, populorum stirpe duorum

64 inde *T* abeunte *ADQ*, obeunte *ET*, subeunte *BGR* propaginem *Q* 65 mistica *BGQRT*, myxtica *E* transmissit *R*, tranmis *Q* orego *G* 66 perfectus *Q* perfectum GR^1T 68 possita *R* 69 spiritu R^1 uiuens in xp̃o GR^1 70 abrahe *BEQT*, abrachae *GR*, abrahe qui *T* semine *om. GR, add. G in mg. alia m.* motat R^1 71 duritiem *T;* simine *add. GR* (*sed G exp. m. alia*) in *om. Q* 72 hic *R* genetore *G* siro *BGR* natus *in* nutritus *corr. R m. 2,* genarat; *Q* orbe G^1 73 dilictam R^1 nulam R^1 74 sedem beatam *GR* placito *GR* multaque *T* reliquit *E* 75 inopum *Q* ueguit R^1 quamquam *BGR* 76 cognomento *GR* 77 opus *Q* 78 gemina *R* 79 abegit] elegit *BGR* 80 sibi christus *ADQ*, xp̃e sibi *T* sustullit *R* cauduca *R* 81 malluit *BGR* cohesit *G*, cohessit *R* 82 patrimonias *R* regni *BGR*, regis *Q* 83 propri *R* coheredes *R* 84 qui istam *B* miretur uariam *G* unu *G inter scrib. corr.* 85 propaginem uerum *R* parantũ *G* 36 pignera *T* religat *G* stirpe duorum *om. Q*

fecundam pugnas uteri doluisse Rebeccam
conquestamque deo grauidi luctamina uentris?
cum iam tunc fremeret sanctae intra uiscera matris
quae nunc intra uterum mundi discordia saeuit,
hispida Iudaeis hirti sectantibus Esau *
perfidiae, addictis populo seruire minori,
at nobis leuem per lenia pacis Iacob,
qua uia lucis agit, meliore sequentibus ortu.
ergo pari dispar fratrum de sanguine sanguis
Hermias uelut asper Edom terrena secutus
squaluit in uacua captiuus imagine mundi
duraque Idumaei praelegit iura parentis,
in gladio uiuens proprio uanaeque laborem
militiae sterilem tolerans, qua Caesaris armis
succubuit, priuatus agens ad munia Christi.
at meus aeterni satus arma capessere regis
in patris Israel migrauit nomina Felix
seseque a puero pia mens caelestibus edens
instituit seruire deo; nec gratia pauper
adfuit, et quantum sitiebat corde capaci
lucis hians animus, tam largiter influa traxit

87 fecondam *R* uter *B* rebetcam *Q*, rebicam *R* 88 conquestaque *Q* grauida *G* 89 tum *T* fremerẽt *B* inter *BRT* *om.* 90 *ante* 89 *pon.* *GR* inter *G* 91 hispidas *BGR; ad* hispida *adscr. in mg. D:* hispidaridacis hirsuti *GR*, hertis *Q* et cantibus *Q* essau *R* hirtis sectantibus, Esau *v* 92 perfidie *B*, perfidias *G*, perfidas *R*, perfida *ADQ*, perfidia *ETv* addictas *B*, adductis *R* 93 laeuem *BT* lenia] laeuia *v* 94 quia *G* uiam *GR* hortu *Q* 95 pari] patri *B*, patrum *GR* sangues *GR*, sanguinis *Q* 96 hermiam *T* uelud *BR* uelugas per *E* edum *Q*, aedum *R* sequtus *B*, scutus *Q* 97 scaluit *G*, squalauit *R* captius *GR* magine *Q* 98 idomei G^1R, idimaei *Q* praeelegit *R* rura *v* potentis *GR* 100 stirilem *G* tollerans BG^1R qua *GR*, quia *ADQ*, que *BET*, qui *v* cessaris *GR* 101 sucubuit *B* p^{u}riatus *G* aegens *T* menia *B*, monia *Q*, moenia *GR* 102 satus] partus *GR* capissere *ADGQR* 103 israhel *DT* migrauit israhel *R* 104 sesequi *Q* aedens *R* 105 paper R^1 106 sinebat *T* sagaci *B* 107 luces Q^1 hians huis animus *G* largitur *Q* influxit radiis (radius *R*) *GR* traxit *om.* *GR*

dona dei. primis lector seruiuit in annis.
inde gradum cepit, cui munus uoce fideli
adiurare malos et sacris pellere uerbis.
quod quia perspicua meriti uirtute gerebat,
iure sacerdotis ueneranda insignia nanctus,
mente loco digna meritum decorauit honorem.
sed ne sola sacrum caput infula comeret illi,
extitit et potior geminandae causa coronae,
dira profanorum rabies exorta furorum,
cum pia sacrilego quateretur eclesia bello
praecipueque illos populo deposceret omni
inpietas, quorum pietas insignior esset.
tunc senior sanctis Nolanam legibus urbem
Maximus et placido formabat episcopus ore,
presbytero Felice potens, quem mente paterna
conplexus ueluti natum sedisque uouebat
heredem; subita sed tempestate fugatus
non cedente fide petiit deserta locorum.
tunc magis atque magis quaesito antistite Felix
claruit obpositus gladiis solusque fidei
* inuidia effectus, nec spectabatur honore;

108 dono *GR*, dõ *D* seruit *G* armis *T* 109 coepit *DG*¹*R* cui] oui *T* minus uoci *Q* 100 pellare *Q*, uellere *v* 111 perspecua *B* uirte *T* regebat *v* 112 iure] inde *T* nactus *BD*²*ET* 113 mente] iure *T* locum *AQ* dignum meriti seruauit *T* 114 set *B*, et *T* solum *R*, solam *Q* capud *GR* infola *AGQR* uiro sacrum caput infula uelet *v* 115 exstet *R* corne (o superscr.) *Q* 116 dura *T* rabias *Q* extorta *A*, ex *Q* 117 cupiam *Q* sacrislego *Q*, sacrilegi// *R* quatitur *R* ecclesia *DT*, aeclesia *GR*, ecclesa *B* bella *B* 118 p̃populo *GR*, ꝑpło *B* posceret *B* omnis *BGR*, *om.* *Q* 119 impietatis *G*¹ 120 tum *ADE* scs̃ *G* nolam *BR*; sub *add.* *B*, qui *add.* *G m. rec.* 121 et *T*, e *cet.* formaaba *Q*, firmabat *GRT* episcopos *AD*¹ 122 Presbitero *D*, Bp̃ro *B*, praesbitero *AQ*, prespitero *G*. prispiterio *R* felici *R* 123 conplexs (u superscr.) *G* natus *Q* sedis *R* uouebat *ADEQT*, fouebat *BGR* 124 sed] sub *BGR* 125 cendente *G*¹ petit *BGR* 126 atque] ac *GR* antestite *AGQR* 127 obpossitus *GR* gladis *GR*, rabidis *T* *us.* 128 *et* 129 *om.* *Q* affectus *Col.* expectabatur *B*, ministra tabatur *G*, ministrabat *R*, monstrabatur *coni.* *Chatelain*

maior honore fides, quia tantum causa fidei. *
tunc petitur, sua cum draco liuidus excitat arma,
proruere id cupiens quo surgimus et cadit ipse.
ergo truces poenas fugiente antistite solus
uel primus de plebe quasi de corpore uertex
conpetitur Felix. hunc omnes uincere certant
et quasi praecelsam obsessis in moenibus arcem
facta mole petunt, cuius munimine uicto
cetera iam facili cadat urbs prostrata ruina.
o digna infidis dementia! creditur uno
extinguenda fides, totus quam credidit orbis.
heu, misera inpietas, infernis caeca tenebris
quo ruis? in quem tela moues? an credis in uno
mortali constare deum? et, si corpora soluas,
uim simul et mentem diuinam posse aboleri?
quae mundi per membra meat, qua nasceris ipse
indignusque aleris, cuius de numine pendet
uincere uel uinci, cuius uirtute uel unus
fortior innumeris, pietate armatus inermi
armatos ferro, sed inermes pectora Christo
prosternit superante fide, quae conscia ueri
caelestis uitam praesenti morte futuram
conparat et uicto uictricem corpore mentem

129 tantum quia *v* 130 tum *T* pecit *B*, petit *GR* cum sua *GR* liquidus *ADQ* excidit am (t *supra* m) arma *Q* 131 qua *B* cadat *R* 132 antestite *GR*, antitite *Q* 133 uertix *AQR* 134 uincere] uiscera *Q* 135 quassi *G* p̃celsa *Q* in *om. B* menibs (u *supra* b) *G* arcem] partem *GR* 136 mola *Q* uincto *D* 137 caetera *A*, ceter *Q* prostrata cadat pars *GR* constructa *B*, constrata *v* 138 infides (i *supra* e) *Q* 139 extinguienda *G*, extincta *R* 140 inferni *BGR* caca (e *m. 2*) *A*, cecata *GR* 141 mones G^1 credes *ADQ* 142 mortale G^1 constari *B*, constrare *R* dn̄m̄ *GR* 143 uis *GR* et simul *R* 144 menbra *B* eat *R* 145 nomine *AQ*, munere *T* 146 uenci *R* 147 armartus *T*, armatur *E* inermis *BT*, inhermis *GR* 148 armatis *T* inhermes *GR*, inermis *T* pectore *BGR* 149 prosternit *G*, prosternat *BR*, prosternet *cet.* 150 p̃sentam p̃senti *Q* 151 mente *Q*

laeta deo referens gaudentibus inuehit astris.
quid iuuat ergo pium tanta quod mole furoris
Felicem, uesane, petis? manet intus operto
mens inuicta deo; nec iam tibi sola resistit
terreni natura hominis; deus ipse repugnat
quem petis, atque tuis, serpens antique, uenenis
ipse offert se per famulorum corpora Christus
teque tuis nectens laqueis in caede suorum
sternit, per mortis speciem de morte triumphans.
sed fera corda suus stimulis furialibus error
sanguinea flagrare siti sanctumque cruorem
urgebat ueluti sceleris deposcere palmam.
  ergo ubi sacrilegos excepit Nola furores
intentosque piis expauit ciuibus enses,
quaeritur excussa Felix uenerandus in urbe.
nec refugit celso iam spirans sidera flatu
et tacitis acuens stimulis in proelia mentem,
inpauidus trepidum seruabat pastor ouile,
exemplo domini promptus dare pro grege uitam.
ergo alacer saeuos perstat quasi murus in hostes
et canis florente fide reuirescit in annis,
totus in astra animo, Christi memor, inmemor aeui,

152 re[f]erens *G*, refferens *R* gaudientibus *R* inuenit *Q*, *om.* *R* astris inuehit *G* inuehit referens gaudentibus *B* 153 qui di[b]uat *G* furo[ris] *add. sic in mg. G m. 1* 154 ua[e]ssane *G*, uassanae *R* operta *G* 155 inuictatõ *T* restitit *R*, restistit *G* 156 terrena *GR* natora *Q* ipsa *Q*, in se *R* repugnat] pug *Q* 157 adq. *G* tui *A* ueninis *R*, *om.* *Q* 158 se per] semper *Q*, se pro *T* corpore *T;* suorum *add.* *GR* 159 seruorum suorum *GR* 160 de morte *om.* *R* 161 coda *Q* suis *BGQR* furalibus *R*, feralibus *T* eror *Q* 162 sanguine *R* flagare *A*, flagrans *GR* sitis *B*, *om.* *GR* sanctique *Q* 163 deposceret *G* 164 excipit *G*, excoepit *R* 165 intentusque *v*, intentos *R* pi[i]os *G* ensis *Tv* 166 queritur *ABEQ* excusa *A*, excursa *T* uelix *R* 167 refiga *Q* celo *B* ipse spirans *G*, sprans *Q* sedera *R* flatu iam sidera spirans *B* 168 acuent *G*[1] stimuli *Q* 169 oliue *Q* 170 dñs *Q* prumtus *R*, promtus promtus *Q* 171 seuos praestat *B*, perstabat seos *G*, perstabat seus *R* murum *Q* 172 reuiscit *Q*, reuirescebat *GR* 173 in astra] erat in astra *G*, in astra erat *R*, intra *ADQ* eui *GR*, aui *Q*

corde deum gestans et plenus pectora Christo.
nec iam se capit ipse, sacer maiorque uideri
sidereumque oculis et honorem fulgere uultu.
ilicet arripitur gaudens saeuisque furentum
protrahitur manibus, sed, qui mos hostis iniqui,
cui potior labor est animas quam corpora nostra
perdere, dilatum gladio terroribus ante
temptat et in mortem surgit gradibus poenarum.
primus supplicii de carcere texitur ordo.
ferrea iunguntur tenebrosis uincula claustris;
stat manibus colloque chalybs neruoque rigescunt
diducente pedes; sternuntur fragmina testae,
arceat ut somnum poenalis acumine lectus.
nec requie tamen est uacuus nec luminis expers
confessor, cui iam sociatus in omnia Christus
conpatitur, uirides grauior cui poena coronas
multiplicat, spatiante polum qui mente peragrat.
seque ipsum, uincto quamuis in corpore, liber
spiritus anteuolat summi in penetralia Christi
praemeditante anima certis sua praemia uotis.
ergo beata sacris Felicem passio poenis

174 pectore *BGR* 175 se iam *T* maior quid *Q* 176 sidereum qui *Q*, sydereum *G*, sed ereum *R* honorem *AE*, hominum *G*, honorum *cet.* fulgere *om. Q* uultu∻ *Q* 177 Et licet *v*, Elicet et B aripitur *R* furentem *B* 178 protrachitur *GR*, protraitur *A*, pertrahitur *v* set *B* (ho) estis *G* antiqui *G* 179 animos *v* 180 delatum *BGR* 181 urgit *GR* in mortes urget *coni. Chatelain* gradibusque *ABGQR* paenarum A^2G, penarum A^1 in mortem poenarum gressibus exit *v* 182 subplici *G*, supplici *R*, suplicii et *B*, suppliciis *cet.* ordo texitur *GR*, sumitur ordo *E* 183 tenebris *G* 184 instat *GR* colloqui *Q*, ferroque *T* calybs *ADE*, calibs *Q*, chalibs *T*, calips *B*, chalebs *G*, caleps *R* rigentes *T* 185 deducente BD^2EGT, deducante *R* fracmina *B*, framina *T*, fragmenta *GR* 186 arcaeat *Q* sumnum *R* paenalis *G*, penalis *AE* lectur *Q* 187 est] nec statu *add. GR* numinis *BGR* expars *Q* 188 cuiam *Q* 189 paena scoronas *G* 190 spatiente *Q* qui polum *R* 191 se *R* ui(n)cto *G*, uictum *T* quam (uis) *R* libus *Q* 192 petralia *Q*, penetrabilia G^1R^2, petra R^1 193 p me ditante *Q* anima omnia *R*, omnia anima *G* ceteris *T* 194 paenis *G semper*

urgebat grauibus uinclis et carcere caeco,
quantasque ex homine induerat caro subdita poenas,
tantas a Christo recipit patientia palmas.
  Maximus interea solis in montibus aeger,
contentus fugisse manus feraliaque ora
carnificum, diuersa at non leuiore ferebat
martyrium cruce, quam si ferro colla dedisset
membraque tormentis aut ignibus; acrior illum
cura sui gregis urit et afficit; uritur igne
frigoris et gelido caeli de rore rigescit,
panis inops tectique simul, noctemque diemque
peruigil, intenta iungit prece tempus utrumque,
dumosa prostratus humo conpungitur artus
sentibus et mentem curis, intusque forisque
dimicat et ruris spinas in corpore perfert,
tristitiae patitur spinas in pectore maesto.
duris dura tegens cruciatu mentis acerbo
membrorum tormenta leuat, sensumque doloris
corporei excludit mentis dolor. attamen aegra
materies terrae, licet inconcussa maneret
uis animae spernente fide labentia carnis,

195 utgebat *Q*, urgebat et *GR* uinculis *GR*², undis *Q*, uindis *A* cercere *R* 196 quantas *R*, quantaque *AD* indurat *Q* pęnis *T* 197 recepit *AQ* patientiae *GR*, paciencie *B* palmās *B* 199 feralia *B* 200 carnificium *R* at *om. R* leuiora *BT*, latiore *E* 201 crucem quasi *T* ferro si *B* colla dedisset *om. Q* 202 turmentis *G* aut ginibus *Q* 203 gres [gi] *Q* et adficit exoritur [u] *G*, et adfecit et uritur *R*, et adfigitur *ADQ* igni *GR* 204 furigoris *G* gilido *GR* regescit *R*, riquescit *E* 205 inobs *GR* simul] simus *T* noctem *R* 206 peruigili *BR*, peruigem [li] *G* intecta *AEQ*, tenta *G*, intacta *coni. Chatelain* praece *GR fere semper* utrīque *ut uidetur A* 207 domosa *G*, domussa *R*, dumoso *B* prostratus *ω*, dum stratus *v* arctus *GR* 209 demicat *R* corpore — 210 spinas in *om. Q* 210 tristitiem [a] *A*, tristifices (fices *m. 2 in ras.*) *D*, tristitiae et *fort.* 211 aceruo *BR* 212 turmenta *R* 213 corporei *ET*, corporeis *B*, corporis *GR*, corpore *ADQ* mentis *ADQ*, cordis *cet.* 214 matheries *Q*, matiries *R* inconcusa *A* manet [re] *G* 215 superante *G* libentia [a] *D*; subplicia *add. GR*

uicta hieme atque fame duroque adtrita cubili
deficiente suam linquebat corpore mentem,
altius et uacuis fessi senis hausta medullis
frigora pellebant glaciato sanguine uitam.
mota patris summi pietas antistite tanto
non tulit obscuro consumi funere corpus.
quamquam et ut Elian istum quoque pascere posset,
esciferas uolucres ieiuna per auia mittens,
posset et ut Mosen secreto operire sepulchro;
sed soli hoc dederat deus uni munus amico
arcana tellure tegi, quia iure decebat
tantus honos illud corpus, quod comminus ore
fulserat et sermone dei, ut mortalia functus
iura deo tantum frueretur teste sepulchri.
 ergo sacerdotem confessoremque sereno
lumine respiciens tacitis tabescere siluis
non tulit ulterius mitis pater, et quia digno
condignum comitem meritis sociare parabat,
Felicem numero de carceris eligit omni,
cuius id adponat meritis opus, ut senis almi
membra leuet reuocetque animam reuehatque refotum

216 hi[e]me *G*, hemae *R* atrita *A* cubuli *R* 217 *om. E* dificiente *G*, deficientes *AQ* linguebat *Q* corporà *Q* 218 et] e *BGRv* hausta] acta *T* medulis *Q* 219 frigura *G* saguine *Q* 220 mota[ta] *G*, motat' *R* antestite *AGQR* 221 tullit *GR* obscura *B* cũ sumi *Q* 222 et ut] ut *ADEQv* heliam *BEGRTv*, helian[et] ([et] *m. 2*) *D* istum quoque *ADEG*[2]*QR*, sic istum *BTv*, sic iustum *G*[1] 223 per auia mittens ieiuno *GR* 224 moysen *BERT* sepulucro *BR* 226 *om. GR* archana *BDET* cure *Q* 227 tantum *GR* honus illud *A*, bonus illud *Q*, munus ut illud *GR* corpus] niuus *add. R* 228 ut *om. GR* functum *GT*, iura functum *R* 229 iura *om. R* tam̃ *B*, tanti *v*, taciti *coni. Sacch.* testa *v* sepulch[re]//ri *R* 231 conspiciens *G*, respiens *R*[1] taciti *Q* 232 ulterius non tulit (tullit *R*) *GR* alterius *T* quia] quae *Q* digno *G s. l.* 233 comitem condignum iteneris *GR* meriti *ADQT* 234 felicem parabat, *R* elegit *BDGR* 235 id *om. R* adponit *B* opus ut] et *ADQ* 236 reuocet qui *Q* reueatq. *QT*, reuechatque *R* refotum] spectatis *add. GR*

adtonitisque ouibus cari solacia reddat
pastoris. uenit ergo micans iam nocte silenti
angelus et tota uinctorum in plebe reorum
Felicem solum, pietas cui sancta reatum
fecerat, adloquitur; fugit atri carceris horror.
uoce simul sacri Felix et luce ministri
excussus tremit et uerbum trahit aure fideli.
ac primum, ueluti ludentis imagine somni
accipiat mandata dei, stupet anxius et se
causatur non posse sequi prohibente catena
insuper et claustro simul et custode teneri
carceris obsessi. sed uox diuina morantem
increpitans iubet excussis adsurgere uinclis.
et subito ut molles manibus fluxere catenae,
sponte iugo ceruix ferrato exuta leuatur
prosiliuntque pedes laxato caudice nerui.
mira fides! saluis reserato carcere claustris
sopito custode fores interritus exit,
perque ipsos uia fit, per quos uia clauditur; ibat
angelus et tacitae per amica silentia noctis
lux et iter Felicis erat. nonne unus in omni
Christus adest sancto? sicut uiget omnibus idem
spiritus in Christo genitis, sic ipsa piorum
gratia concordat. ueterem remeare recenti

239] (I Petr. 2, 19. 3, 14).

237 adtonitisqui *Q* solatia *ET* 238 iam] in *T* 239 uictorum *R* reuorum *G* 241 fuit *B* acri *Q* 242 felex *R* 243 excussit *AQ* tremet *R* trachit *R*, trahitur *T* aura fideliṣ *Q* 244 uelut *ADQv* eludentis *v* sumnii (o *supra* u) *G*, sumni *R* 245 accipit *GR* mundata *Q* ancxius *GR* et se] esse *B*, et *GR* 246 causatus *E*, causatur se *GR* 247 claustra *B* 248 uox *om. R*, nox *Q* 249 increpans *R* uinculis *G* 250 noles *Q*, nolles *A* 251 ferroque *GR* 252 pedis *T* 254 subito custodes *BGR* foresque *BR*, forąresque *G* exiuit *R*, exiit *G* 255 iạbat *G* 256 noctis silentia *GR* 257 felici *R* erat] iter *AD*, it̃ *Q* none uns (n *et* u *supra*) *G* omnes *BGR* 258 scs̃ *B*, sanctos *GR* sanctos christus adest *G* 260 condat *Q* uetm̃ *B* remiare *GR* renti *Q*

historia uideo speciem, qua iussus abire
bisseno sublimis in agmine discipulorum
Petrus sponte sua uinclis labentibus eque *
carcere processit clauso, qua praeuius illum
angelus Herodi praedam furatus agebat.
sic meus educente deo geminata per atra
carceris et noctis reliquis obscura sed uni
inlustrata sibi Felix inpune per ipsos
custodes constante premens uestigia passu
callibus ignotis directus iussa petebat.
et postquam emensus secretos auia saltus
rura locum fessi senis inuenit, aegra trahentem
iam tenui cernit maestus suspiria flatu.
et primo ut cari cognouit membra parentis,
fusus in amplexum dat uultibus oscula notis
et temptat gelidis reuocare fouendo calorem
artubus et crebris adflatibus oris anheli
reddere uiuentes tepefacto corpore sensus.
sed neque clamatu est neque pulsu mobile corpus
iam simile exanimo, modicus tamen ultima uitae
flatus et internae prodit trepidatio fibrae.

263] (Act. 12, 7. 10).

261 historiam *T* specie *T* quam *G*, quia *B*, aut *R* uisus *R* abire *BT et in mg. G*, adirii *P*, adiri *cet.* 262 bissenus *R*[1], bissenos *ADQ* sublimi in (in *om. Q*) imagine *ADQ*, princeps super agmine *v* 263 uinculis *GR* latentibus *DQ* aeque *ADGQ*, aequae *R* 264 praecessit *R* cluso *R* quo *BGR* 265 erodi *R* furatus] futurum *GR* regebat *R* 266 edocente *R* dn̄o *G*, die *T* gemina *B* 267 cerceris *R* et] ac *BR* 268 felex *R* 269 constanti *R*, cunctante *E* 270 callidi⸗s *ex* callidus *R* iusa *G*[1]*R*, iussu *D* 271 mensus *T* secretus *AQR* auis *Q*, auiaque *GR* altus *Q* 272 iura *AD*[1]*Q*, pura *v* fessis *AQ* seni *R* thraentē *AQ*, trachentem *R*, trachantem *B* 273 nam *AQ* uestigia *T* flatus *AQ* 274 cognuit *R* 275 fussus *GR*, fluxus *Q*, fusum *T* amplexus *T*, camplexum *G* da *Q* uultibi *B* nostis *R*[1] 276 gilidis *R* fuuendo (o *supra*) *G*, fouenda *Q* 277 artibus *Q*, arctibus *GR* anhelli *AQ*, angchelli *G*, anccelli (h *supra*) *R* 278 typefacto *R* 279 clamatū *B* est *om. G* neque pulsu est *T* pulsū *B* mobile (u *supra*) *G* 280 exanime *Q* ultimae *GR* 281 tripidatio *GR*, repidatio *Q* phibrae *G*, febre (i *supra*) *Q*

anxius intuitu tali pia pectora Felix,
distrahit exsangues artus et lurida cernens
ora fame nec habens quicquam, quo rebus egenis
ferret opem, non igne procul neque comminus esca,
ut dape tabentem recrearet et igne rigentem.
quaerenti et multa Christum prece conuenienti,
quanam ope quaue uia iussum conplere ualeret
seruitium, subitam omnipotens de sentibus uuam
edidit et capiti iussit pendere propinquam,
ut facile adtiguo posset decerpere ramo
natum sponte cibum. diuinitus ergo refectus
mente pia oblato laetatur munere Felix
demessumque manu morientis ad ora racemum
admouet, et quoniam strictis iam dentibus ille
et sentire negat dulces et sumere uictus,
exprimit umentes acinos sucumque liquentem
instillat, digito diducens arida labra,
donec et adspirante deo conatibus aegris
et luctante manu rigidos paulisper hiatus
laxauit tenuemque aditum dedit oris aperti,
quo rorem exiguum resoluta infunderet uua.
hinc animae sensus, calor ossibus atque oculis lux

282 ancxius *GR* felex *R* 283 distrachit *R* exangues (s *suprascr.*) *G* arctos (u *suprascr.*) *G*, aructus *R*, scortos *B* 284 eginis *R* 285 feret *Q* ignẽ *BGR* escã *BGR* 286 dapet habentẽ *AQ* et *om. R* igni *GR*, ignem *T* regentem *R* 287 querenti *BEGQR* praece *G*, p̃ *Q* conuenti *R*[1] 288 opeue qua uia *B* iusum *GR* 289 uitibus *v* uubam *R* 290 edidid *B* iusit *G* pendere *om. R* 291 atiguo *B* decarpere *GR*, deterpere *Q* 292 ergo] munere *add. R* reffectus *G* 293 pio *B*, floripia *G* monere (u *suprascr.*) *G*, *om. R* 294 demessumque *D*, demensumque *AB*, dimensumque *G*, demens eque *Q*, demissumque *ET*, demersumque *R*, decerptumque *v* manũ orientis *AQ* racinum (m *suprascr.*) *G*, racimum *R* 295 amouet *B*, ammouet *R* iam strictis *GR* 296 et *om. R* uictus] gustus *G* 297 expraesum *G*, exprimitum *R* humentes *BET*, *om. GR* acinum (m *suprascr.*) *G*, accinum *R*, acemo *B* 298 instilat *Q*, instilliat *R* deducens *BGR* 299 et *om. BGR* 300 et *om. DQ* eluctante manu *DE*, eluctantem anu *Q* rigados *Q*, rigidus *R* 301 leuemque *T* asperti *AQ* 302 resuluta *G*, resolutã *A* uuã *AQ* 303 hanc *Q* calorque *GR*

uitaque tota redit, quaeque haeserat obsita siccis
faucibus exercet solitas iam lingua loquellas,
postquam uocis iter patefecit lubricus umor.
ergo reuiuiscens notissima comminus ora,
Felicis uidet ora sui amplexusque uicissim
conqueritur tardum: nam te promiserat, inquit,
adfore iamdudum dominus mihi, pars mea Felix;
praecipuum, Fēlix, pignus mihi, quae rogo tantae
aut ubi te tenuere morae? si corpore cessi
ad tempus fragili, solido tamen esse fidelis
pectore duraui. docet et locus et status ipse,
in quo me cernis uitae istius ima trahentem,
non mortis fugisse metu Christoque meam me
praeposuisse animam; fugi non lucis amore,
sed fragile hoc metuens infirmi corporis; atquin
tecta petens alia uixissem tutus in urbe,
si mihi uile fides et carum haec uita fuisset.
ignotos montes desertaque nuda petiui,
in gremio domini dulcis mea colla reponens,
ipso ut deficerem teste aut ut pascerer ipso.
nec frustra, ecce uides, fuit haec fiducia nobis;
adfuit omnipotens et te mihi mittere legit,
per quem dona mihi sua redderet; utere, fili,

304 hesserat *GR* 305 iam *B s. l. m. 3, om. R* loquelas *BET* 306 uocis] lucis *G*, lucis|lucis *R* humor *BEGRT* 307 ergo *om. GR* reuiuescens *DT*, reuiscens *G* ura *Q*, hora *G* 308 uidet] sui (suis *G*) agnoscit ad *GR* amplexcsumq; *G*, amplexum *R*, amplexus qui *Q* 309 grandum *R* namque *GR* promisserat *Q* inquid *BGQR* 310 mi *Q* 311 praecipue *R* pignus felix *B* 312 at *B*, ad *Q* te *om. QR* tinuere *G* sic *AQ* 314 pectora dura cui *Q* stat *Q* ipse *B s. l. m. 3, om. GR* 315 in] ipse in *sed* ipse *exp. B m. 3* quo] ipse *add. R* 316 me *om. R*, ne *Q* 317 praepossuisse *GR*, proposuisse *BT* non] si *Q* 318 infirmi corporis metuens G^1 corpore *T* adquin *D*, atqui *v* 319 orbe *D* 320 uilis *R* cara *GR* haec *om. T* 321 deserta nudaque *GR* petui *R* 322 ḍñịi in *G* lucis *ADQ* med *R* reponeṇsi *G*, reportans *B* 323 ut] ut aut *GR* difecerim *G* testae *R* aut ut] aut *BGR*, aut duce *T* 324 haec fuit *G* 325 aut fuit *Q* mihi te *B* mitte *Q* religit *Q*, elegit *BEG*, ẹgịṭ relegit *R* 326 domịna *G* sua mihi *BGR* reddere *B* uteri *A* filii *GR*

praeceptis pietatis opus mandantibus et me
suscipiens humeris commune ad ouile reporta.
inpiger optato gauisus munere Felix
carum onus ut Christi pondus leue sumit et adfert
tam uolucer cursu, tamquam magis ipse feratur
nec ferat, et uere Christus fert ipse ferentem
et pedibus pietate citis deus addidit alas.
nocte eadem pariter tot munera percipit unus
et simul exequitur Felix; sua rumpere iussus
uincla sacerdotem reficit reuehitque refectum
deponitque sui tutum sub culmine tecti,
unica quod seruabat anus; tam celsus et isto
Maximus extabat merito confessor, ut illi
orba domus summa et census anus una maneret.
pulsatis foribus Felix hanc excitat; illa
ad primos stupefacta sonos, uix nota renoscit
adloquia et dominum tectis adsumit apertis,
uoce graduque tremens quatiente timore senectam.
cui Felix: cape depositum hoc quod conscia mecum
sidera noctis et angelicae sub principe Christo
me tradente manus tradunt tibi; sume fideli
hanc domini gemmam gremio, quam tempore summo

327 praceptis *R* opus pietatis *R* 328 umeris *A* comune *Q*, commone *GR* reportat *Q* 329 *om. T* oblato *G*, abtato *R* 330 honus *GR* pundus *R* sumpsit et *R*, submittet *Q* adfert eum *GR*, aufert *coni. Sacch.* 331 tum *B* uolucer *ADEQ*, uolucri *BTv*, ueloci *GR* cursus *D*[1] tamque *Q* ipsa *B*, ip^{se} *G*, ille *T*, *om. R* referatur *Q* 333 et] it *v* halas *R* 334 monera *G* percipi *Q*, precipit et *R* 335 et *om. R* iusus rumpere *GR* iussu *ADQ* r̃upere *B* 336 rumpere uincula *G* sacerdotum] euadens sacerdotemque *GR* refecit *AGQ* 337 disponit *R* 338 quod unca *G* et isto] e^{u}xisto *G*, isto *R* 340 orba *scripsi*, de turba *GR*, turba *cet.* una anus *G* manaret *T* 341 hanc felix *G* suscitat *BGR* at illa *G* 342 stupefacta *ADQ*, pauefacta *cet. v* sonus *G*[1]*R* 343 testis *Q* 345 Felix] inquid *add. GR* capi *R* depossitum *GR* hoc *om. E* 347 me *exp. G*, *om. R* traduunt *R*, trahunt *G*[1], traddunt *E* 348 dñm *Q* geminam *B*, gemma in *R* summo] summoto *R*, submoto *G*

incolumem nobis domino sub iudice reddas,
quo nunc teste capis. subit istis Maximus orsis
Felicemque suum reuocans: cape tu quoque, dixit,
muneris, o mi nate, uicem, quam me tibi iussit
reddere conpositum, qui te mihi iussit adesse
deposito. tum deinde sacram Felicis amati
inponit capiti dextram, simul omnia Christi
dona petens, uelut ille patrum uenerabilis Isac
rore poli natum et terrae benedixit opimo;
Felicem Christo sic Maximus ore paterno
ore et apostolico benedicens et locupletans,
inmarcescibilis redimiuit honore coronae
perpetuisque opibus, quas et modo cernimus, auxit.

XVI.

Tempora temporibus subeunt, abit et uenit aetas;
cuncta dies trudendo diem fugit et rotat orbem;
omnia praetereunt, sanctorum gloria durat
in Christo, qui cuncta nouat, dum permanet ipse.

356] (Gen. 27, 28).

349 incolomem *BDR* 350 subit] sub *GQR* ʰoris *G*, horis *BR* 351 capi *R* tũ *BR*, tū (*id est* tu) *G* 352 muneris (numeris *Q*) o mihi nate *ADEQ*, o huius mihi nate qui *B* natȩe *G* iusit *GR* 353 conpossitum qui *GR*, c̃positũq: *Q* iusit *GR* 354 depossito *R*, depositum *T* amanti *GR* 355 dexteram et *G* 356 dona christi *R* uelud *BGR* illo *AQ* isaac *ADEQ*, isaa^c *G*, isaah *T* 358 xp̄i (i *in ras. m. 2 D*) *DT* 359 locopletans *GR* 360 inmarcescibiles *BD*, inmarciscibilis *AGQR*, immarcessibili *E* 361 opipus *B*, operibus *Q*, opibus *om. in uersu G, add. in mg.* modo] mo *Q* auxit—; etas *Q*. — explicit tertius. Incipit quartus *D*, finit *G*.

XVI. *ABDEGQRT*. *Beda de re metr. ed. Keil tom. VII exh. us.* 64, 125, 181. — Incipit natalis quintus *B*, incipit carmen anni quinti *E*, item unde supra *T* 1 corpora *AQ* abiit *GR* aestas *BDv* 2 fugit diem *R*, fugatque diem *B*, fug^a it diem *G* 3 praetereunt omnia *R* 4 ipse *BR*, ip|ise *G*, i[illegible]se *D*

tandem igitur, reuoluta dies, mihi nascere, toto
exoptata dies anno, quae dulcia festa
et mea uota nouas, quae me sollemnia poscis
munera natalem referens, quo milia gaudent
innumeri populi, quo me specialia tangunt
gaudia, quo famulae rata debeo munera linguae
Felici libare meo, cui mente dicata
in domino Christo sum deditus; hunc etiam oris
obsequio celebrare per annua carmina sanctum
fas mihi. dicam igitur merita et causas meritorum,
e quibus obtinuit caelestum praemia laudum
aeternosque dies et magni nomen honoris.
iam prior hoc primos uobis liber edidit actus
martyris, unde domum uel qui genus et quibus altus
in studiis, quo deinde gradu per sancta uocatus
munia maluerit Christo seruire perenni
quam patrias errare uias per deuia mundi;
nam pater emeritis sub Caesare uixerat armis.
diximus et taetro toleratas carcere poenas,
quas confessor obit, mortem quoque ferre paratus,
ni deus anticipans gladios soluisset iniquis

5 nascere mihi *G*, minascere *Q* 6 et exobtata *R*, et optata *T* ducilia *Q* 7 me] mea *GR* sollempnia *G*, solemnia *AQT*, solempnia *R* 8 refferens *GR* 9 populo G^1 10 rata] sat *B*, *om.* *GR* munere *Q* sacra munera *G*, munera sacra *R* 11 librare *E*, libera *Q*, libata *v* dedicata G^1R 12 ihũ xp̃o *R* hunc et amoris *v* 13 obsequia *B* caelebrare *R ut solet* gaudia *T* 14 mihi est *G*, est mihi *R* igitur dicam *B* 15 obtenuit *R* caelestium *GR* 16 nomen *om.* *R* honores R^1 17 priores *GR* hic (i *in ras.*) *D*, hos *R* primus *BGQR*, primum *T* nobis *GR*, a nobis *T* 18 martiris *GR* domum *ADEQ*, domus *BGRT*, domo *v* uel] et *G* quod *B*, quid *GR* altis *Q* 19 studis *GR* 20 mapia *B*, munera *R* malluerit *R* perhenni *B*, peremni *T* 21 reseruare *G*, seruare *R* diuia *R* 22 meritis *R* cessare *GR* 23 ut ita diximus *R*, diximus ut ita *G* taetro] retro *T*, *om.* *R* tollerat has *G*, protulerat has *R* carceris *B* 24 confesor *R* abit *B*, subit *G*, subiit *R*, adit (ad *in ras. m. 2*) *D* ferre *om.* *T* paratur *DQ* 25 antecipans *G* ^{sol}uisset *G*, soluisse *T* et iniquis *GR*

emissum uinclis aliosque uocasset ad actus,
ut prius ad sacram remearet episcopus aulam
Maximus, in solis qui saltibus ultima uitae
aeger anhelabat grassante fugatus ab hoste,
quem iussus proprio subuexit corpore Felix
pauperis et tecti delatum in sede locauit;
pensatisque sibi sancto senis ore beati
officiis benedictus abit paucisque diebus
delituit proprii tacitus sub culmine tecti,
non tacita dominum caelestem mente fatigans,
quem prece directa penetrans super astra propinquo
pulsabat merito, pacem procedere poscens.
  interea fluxere dies, pax uisa reuerti.
deseruit latebram Felix tandemque sereno
confisus caelo laetis se reddere laetum
fratribus et placidae committere coeperat urbi.
gratabantur oues Christi pastore recepto.
ille gregem pauidum de tempestate recenti
mulcebat monitis caelestibus et duce uerbo
anxia corda regens firmabat amore fidei,
contemnenda docens et amara et dulcia mundo;
nec concedendum terroribus obuiaque ipsis
ignibus aut gladiis promptos inferre monebat
pectora; et ipse suis addebat pondera uerbis,

26 emisum *GR* uinculis *GR* altosque *G*, altos quoque *R* actos *B* 27 pius *BGR* ad *om. R* remiaret *R*, remeasset *B* 28 soli *D* qui] sui *AQ*, suis *D* altibus *D* ultimã *AQ* 29 anhelebat *Q*, anaellabat *R*, anchellabat *G* grasante *GR*, gransante *Q*, crassante *T* fugatur *Q* 30 ifelix *G* 31 et *G s. l.* inside locauit *Q* 32 sibi *om. Q* sanctio *Q* seniore *ET* beatis *T* 33 officis *GR* abiit *GR* 34 latuit (di *s. l.*) *G*, dilatauit *R* propri *GR* 35 deum caelestem ente *Q* 36 praece drectea *Q*, praecaedi (praecedi *R*) recta *GR* penitrans *G* sub astra *Q* 37 praecedere *R* 38 uissa *R* reuertenti *R* 39 diseruit *R* 40 sed *G* laetum] celum *T* 41 caeperat *G* 42 recepto pastore *R* 44 munitis *Q* 45 ancxia *R* firmat G^1 46 contempnenda *G* mundi *BGRTv* 47 ciden- (con *s. l.*) dum *G*, concidendum *R* obiaque (u *s. l.*) *G*, obiaque *R*, obuia *ADQ* 48 aut] et *Col.* gladis *GR* imferre *G* munebat *R* 49 pundera *R* umbis *Q*

confessor passus quae perpetienda docebat,
omnibus eloquio simul exemploque magister.
non tulit haec malus ille diu; sed inhorruit atris
crinibus et rabidis inflauit colla uenenis
inmisitque suum scelerata in pectora uirus,
ureret ut nigras Felicis gratia mentes.
inseruit stimulos, et mentibus arsit iniquis
uipereae furor inuidiae; petit inproba primum
ira domum; cunctis amor inpius in scelus ardet.
Felicem sitit inpietas; sed ab aedibus absens
forte suis media steterat securus in urbe,
fraternis de more suo uallatus amicis
et pia uerba serens populi credentis in aures.
ecce et eum strictis quaerentes ensibus adsunt,
cum subito aut illis corda hostibus aut huic ora
uertuntur; notum non agnouere furentes
Felicemque rogant. Felix ubi cernitur, et non
cernitur; ipse nec ipse uir est; cum sit prope, longe est.
ignotus notusque suis fit ciuibus idem,
discernente fide uultum credentibus ipse,
hostibus alter erat. persensit et ipse fauentis
consilium Christi ridensque rogantibus infit:
nescio Felicem quem quaeritis. ilicet illi

50 confessor] *add. GR:* tuo nonne hoc subuexisti proprio corpore eaquae *R*, eaq. *G* perpetenda *R* 51 simul exemplo qui *Q*, simulque exemplo *R* magister erat *GR* 52 tullit *R* inorruit *Q* 53 criminibus *B*, creminibus *GR* rapidis *BRv* inflabit *B* 54 inmissitque *R*, imisitq: *Q* celerata *A*, caelerata *Q* 55 aureret *G*, uteret *Q* felices *Q* 56 istimulos *Q* mensibus G^1 mersit *Q* iniquis *om. R* 57 uipereus *BG*R^2, uipereos R^1 inuidia *B* petit *om. R* primam *Gv* 58 ira] petitura *R* demonum domum *G*R^1 celus *Q* ardor G^1 59 et felicem *R* sibi sitit *AQ* 61 uellatus *R* 62 credentes *Q* 63 et *AEQT, om. D,* ad *cet.* hunc *D in ras. m. 2* stratis *Q* 64 et cum *R* aut huic] an huic *B* 65 uerteuntur *G* agnore *R* 66 rogant et *R* 67 ipse *om. A* uir est] et uiris *G*, et uiris unus *R* sit *om. D* 68 sit *Q* cibibus G^1, quibus *R* 70 erat] estat *T* praesensit *v* uauentis G^1 71 consilium] Anulium *B* christi consilium *R* inquid *B* 72 queritis illic *G* elicet *B*, il*icet (l *eras.*) *D*, illico et *G* illi] ipsi *G*

praetereunt ipsum; discedit at ille platea
inludente canes domino frustratus hiantes.
nec longum emensis spatium et scitantibus omnes,
qua Felix regione foret, quidam increpat et dat
indicium, ignarus causae credensque furore
dementes, qui non uidissent comminus ipsum,
ad quem contiguis fecissent uerba loquellis.
perculsi nouitate doli grauiusque furentes
mox redeunt perque ipsa uiri uestigia currunt.
iamque propinquabant, sed praecurrente tumultu
urbis et adtoniti clamoribus undique uulgi
admonitus Felix instantia uulnera flexu
declinat medioque procul se deuius aufert
e spatio nanctusque locum, qui forte pauenti
panditur effugium, celebri seductus ab urbe
sic quoque non longinquus erat sectoribus atris,
qui prope conspicuo subductus ab ore sequentum
infestos utcumque timens uitauerat enses;
et capiendus erat, quia nullius obice claustri
ille repellendis locus obsistebat iniquis.
nam foribus nullis in publica rostra patebat
semiruti paries male fidus fragmine muri.

73 praeteriunt *G*, praeterunt *R* descendit *B*, discendit *GR* illa *R*, ipsa *B* plataea *A*, a platea *GR* 74 deo *GR* frustratus (o *superscr.*) *G* hientes *R* 75 emensi *BDGQR* sciscitantibus *GRT*, scientibus *Q* oms̃ *ADEQT*, om̃e *B*, omnibus *GR*, illis *v* 77 credens *R* forore *T* 78 dementesq: *Q* uidesent *R* 79 at *BQT* c̃tinguis *Q*, attiguis *G*, atiguis *R* ficessent *R* loquelis *BET* 80 percussi *R* 81 perquae *A* ipsi *R* uestigia uiri *G*[1] 82 propinquabunt *R* procurrente *T*, propinquante *ADQ* 83 atoniti *G* 84 ammonitus *DG*, iam monitus *B*, attonitus *ET* felix ammonitus *G* instantantia *Q* 85 deuium *GR* 86 e *ET*, *om. cet.* nanctusque *AD*[1], nactusque *cet.* qui] q; *Q* namque locum nactus spatio qui forte patenti *v* 87 cele//ris *D* eductus *DGR* 88 si *Q* lonquinqus *R*, lonquinqus (u *superscr.*) *G* sic quoque longinquus errat *v* sectatoribus *GR* 89 prope *om. R* subductus (i *superscr.*) conspicuo urbe ab ore sequentium *R* 90 infestus *D*[1] ensis *T* 91 nullus *G* clatri *T* 93 iam *GR* puplica *ABGR* rustra *R*, rosrostra *G*, rosta *Q*, strata *Schot. in mg.* patiebat *R* 94 simiruti *R* fracmine *B*

sed diuina manus sese sanctum inter et hostes
obposuit miroque locum munimine saepsit,
non strue saxorum, neque ferratis data ualuis
claustra, per humanas quibus atria claudimus artes,
rudere sed subito concreuit sordidus agger,
iussaque nutantes intendit aranea telas
et sinibus tremulis intutum struxit apertum
desertaeque dedit faciem sordere ruinae.
  quae simul occurrit minitantibus, obstipuerunt
defixoque gradu sibimet dixere uicissim:
nonne furor temptare aditus aut credere quemquam
hac intrasse hominem, minimi qua signa dedissent
uermiculi? modicae rumpunt haec retia muscae,
nos penetrasse uirum per clausa putamus inepti
et tenerum tanto non ruptum corpore textum?
ille magis nostris manibus modo debitus index,
qui nos in deserta doloso callidus astu
induxit uersumque alio mentitus in isto
Felicem latitare situ, quo nostra maligno
uerteret arma dolo, capiti fugientis amicus.
ergo recedamus, nam stare diutius istic

95 et inter hostem *R* 96 m[i]oroque *G*, miro *R* munimisne *Q* 97 struae *R* dat *GR* 98 cl[u]adimus *G* 99 [con]creuit *G* sordibus *AEGR* 100 ius[s]aque *G*, iussaqui *Q* nudantes *T* arenea *RT* 101 trib̧mulis *G* intutum *DEGT*, intuitum *AQR*, in totum *Bv* 102 desert[e]aque *DG*, deserteque *ER*, desertaque *AQ* sordidae *G*, surdidae *R* uiniae *R*, uinetae *G* 103 obstupuerunt *BE*, obstuperunt *G*, obstupuere *T* 104 fixoque *GR* si[b]mimet *G*, simul et *v* uicisim *G*, uicissem *R* 105 temperare *B* aut] an *E* quemque *Q* 106 huc *GR* intrase *AQ* hominum *R* quo *B*, quoq: *G*, cui *R* 107 ueruncult *B* modica *B*, modice *G* rompunt *R* musae *G*, mutae *R* 108 per claustra *BT*, praeclusa *v* petamus *ADEQ* 110 deb[i]etu[r]s (*sic*) *G* 111 deserto *D* dolos[o]a *G* calidus astu *Q*, haustu (haust[u]o *R*) callidus *GR* 112 indux *Q* 113 latere *R* maligno nostra *R* 114 Vteret *B* dolo] loco *T* capti *Q* amictus *G* 115 recidamus *R* staret *B* deutius *GR*, diustius *T*

risus erit uulgi demensque notabitur error
scrutatum hac hominis latebras contendere gressum,
qua uel mole putri uel araneolis obductis
monstrat inaccessos humus incalcata recessus.
nec mora, discedunt propere in diuersa frementes;
sed deus, ut scriptura canit, uesana minantes
inridebat eos caelesti Christus ab arce
Felicemque suum sacris uelauerat alis.
qui domini tutus gremio candentia tela
discutiebat ouans galea scutoque fidei
et gladium uerbi confessor in ore gerebat.
armatus pietate manus et pectora plenus
casta deo insignis meriti thorace tegebat.
o multis diuina modis sapientia diues,
semper ab infirmis confundens fortia mundi!
uix populos altis defendunt moenia muris,
et fretos ualido munimine saepius hostis
obprimit euersaeque obponunt mortibus urbes. *
nunc et ab armatis protexit aranea sanctum
defensante deo; teneris stetit hostis abactus
cassibus; aërio cessit uis ferrea filo.
uana salus hominum, uirtus mea non mihi uirtus,

121] (Ps. 2, 1. 4).

116 r*i*sus *G* d϶mensqui *Q* 117 scrutari *BGR* ac *AD²Q*, hic *BR*, hoic *G* latebra *ET* et contendere *GR* gressus *T* 118 quo *BGR* araneolisque *B*, araniae *R*, arai^e^nae *G* reductis *B*, filis obductis *G*, obductis pylis *R* 119 monstratim *Q* inacensos *R*, accessos *Q*, incessos *D* non calcata *R* recessi *Q* 120 discendunt *GR* in] diu in *GR* 121 dñs *G* uensania *G*, uesania *AQ* 123 uallauerat *T* aliis *R* 124 tuto^u^s (tutus in *G*) gremio *GR*, gremio tutus *B* 125 galia *G* 126 more *BG¹* 128 ferebat *T* 130 infirmis *G* 132 fretus *B* munime *R* septos *GR* hostes *AD* 133 cuerseque *BET*, **uersaeque *D*, aduersisque *v* obponunt *ADQ*, exponunt *BE*, exponuntur *GR*, obsunt *T* mortibus *ADEQ*, mortalibus *T*, montibus *BGR* urbis *ADQ* 134 ab *om.* *Q* 135 stetis *Q*, astitit *B*, adstetit *G*, adsistit *R* hostibus abat⁹ *Q* 136 casibus *T* aereo *BEGR*, et lidio *T* ius *T* fylo *R* 137 non] non est *GR*

si caream uirtute dei. quo uasta gigantum
robora? quo Pharii reges? ubi magna Hierico?
omnibus exitii sua gloria, qua tumuerunt,
causa fuit, neque herois uirtutibus ista,
sed magis infirmis diuina potentia fregit.
ille gigans pueri funda pastoris obiuit
ut canis; illam urbem sonitus soluere tubarum;
litorea iacuit rex ille superbus harena,
diuitias regni pendens in funere nudo.
sic ubi Christus adest nobis, et aranea muro est;
at cui Christus abest, et murus aranea fiet.
digressis igitur cum facta silentia turbis
secretoque fugae fidas nox alta tenebras
praebuit, egreditur Felix mutatque latebras,
illa canens domino: media si noctis in umbra
ingrediar, mala non metuam, quoniam tua mecum
dextra; per infernum non expers luminis ibo.
ergo dei ductu capit in regione remota
conpluuium angusto breuia inter tecta cubili,

152] Ps. 22, 4.

138 carenam *B*, ca*ream *G* uastata *GR* sunt gigantum *R* 139 farii *ADQT*, feri *GR*, ferri *B* regis *T*, res *Q* ubi] sub *GR* herico *Q*, ierico *BT*, hiericho *ADE*, hericho *GR* 140 exitii *DEQ*, exitu *ABT*, exitio *v*, exutis *G*, exustis *R* gloria sua gloria *R* 141 causa *ADEQT*, cassa *cet. v* herois *scripsi*, uero suis *R*, uero suis *cet. v* 143 gigas *Tv* pueris *Q* obiit *ABGR* 144 orbem *R* sonitur *Q*, solutus D^2 tubarum soluere *GR* 145 literea *T* iacuit rex ille superbus in litore *GR* illa *Q* arena *BG*, aranae *R* 146 pensans *ET* 147 adest christus *GR* arenea *Q* murus (est *om.*) *BGR* 148 at] et *B*, ad *AQ* adest *T* mrs (uu *superscr.*) *G* 149 degresis *G*, degressus (i *superscr.*) *R* 150 secreto qui *Q* fuge *DGR* fidus G^1 tenebras] latebras *ADE* 51 p̃ibuit *Q* motatque *G*, mutatqui *Q* laetebram *R* 152 ille *Q* deo *R* medio *T* noctis *ADQ*, mortis *cet. v* in umbra ingrediar] inueniar umbra *R* medias — in umbras *coni. Chatelain* 154 dextera *GR* imfernum *G* expres *Q* luminis ibo non expers *GR* 155 die ducto *GR* reducta (mota *superscr.*) *G* 156 *add. B m. 2 in mg. sup.* conplum *R*, conpluum (i *superscr.*) *G* breui *GR* in tecta cubuli *R*

quo uetus arebat tecto cisterna profundo.
propter in adtiguis habitabat femina tignis
sancta deo mulier, quae confessoris operti
nescia Felicem Christo quasi conscia pauit.
mira canam, ingenium domini pascentis alumnum
ignara pascente suum. nunc sedula panes,
nunc alias de more, sibi quas coxerat escas,
mentis in excessu diuino facta paratu
inportabat eo, Felix ubi teste latebat
uelatus domino; sed nec cum tenderet illo,
nouerat ingressum nec cum discesserat inde,
introitus erat illa sui memor; utque paratus
intulerat satagens, propriis licet illa cibando
seruiret manibus sancto, tamen inscia tanti
muneris hoc de corde suo nouisse nequibat,
quod non mente sua sed Christi numine agebat,
proque loco latebrae et structae super ora lacunae
adpositos ingressa cibos linquebat, eosque
se posuisse domi credens, ita semper abibat,
ponendae memer et positae mox inmemor escae.
o mulier benedicta deo, uelut una uolucrum,

157 arcebat *B*, herebat *R*, aerebat (h *superscr.*) *G* chisterna *R* profundo *T* 158 prope *BGR* atiguis *GR* 159 operti nescia *G* 161 mirum arcanum *GR* 162 paciente *Q* penas *Q* 163 aescas *A* 164 excessū *ABQ*, excussu *D*, excelsu (s *superscr.*) *G* diuina *AQ* 'factus *R*, factas *G*, facto *AQ* 165 inportebat sibi eo quod felix teste *R* ubi ∸ elatebat *Q* 166 uelaltus *G* nec] haec *BG*, *om.* *R* illuc *G*, illum *T*, haec illuc *R* 167 ingressam *DQ*, ingresum *A* decesserat *T*, discederat *B*, discenderet *R* 168 inmemor *GR* utique *R et ut uidetur* G^1 paratus DG^1Q, paratos *cet. v* 169 intolerat *G*, intullerat *R* satagens *ADEQ*, uictus *cet. v* propris *GR* lucet *Q* cibanto *B* 170 seruire AD^1Q sc̃a *Q* 171 hec *Q* n\[illegible\]ss\[illegible\]e *D* nequiebat *GR* 172 nomine (u *superscr.*) *G*, in numine *R*, munere *B* 173 proquo *GR* structae *AD*, structe *BEQT*, strictae *GRv* lucunar *D* 174 adpossitos *R*, adpropossitos *G* ingresa (s *superscr.*) *Q* linquiebat cibos *G* 175 possuisse *GR* craedens *G* 176 ponendo Q^1 possitae *GR* esca D^1, aescae *AG*, aesce *Q* 177 benedicta deo mulier *T* uelud *BGR*

quae quondam mundo abductum pauere prophetam,
tu quoque secreto pauisti martyra tecto,
sicut auis domino parens, et nescia sancti
conscia seruitii, quid gesseris et cui tandem
seruieris, illo gaudens sub tempore nosces,
cum deus ipse suo pro confessore coronam
iustitiae Christus reddet tibi; tunc tua Felix
ipse tibi referet sub iudice prandia Christo,
quae deus ad dulces sacrati martyris usus
transtulit, ut quondam coctas messoribus escas
angelica per inane manu pendente propheta
misit ieiuno rabida inter monstra prophetae;
non fera iam feritas, saeuos quia praeda leones
sanctaque frenabant auidos ieiunia rictus.
 sex illum totos perhibent ex ordine menses
expertem coetus hominum uixisse sub illa
culminis obscuri simul angustique latebra,
nil opis humanae indiguum, solamine Christi
semper abundantem; qui tempore fertur in illo
saepe illum sermone suo dignatus adisse,
saepe sua pauisse manu caeloque dedisse

178 quandam *R* abductam *Q*, obductum *B* profetam *AGR* 179 *om. AD* secreto *om. GR* martirem *GR* 180 dominum pascens *T* et *om. GR* nescịia *G* 181 seruituti *R* quod AD^2 182 gaudens illo *ET* gaudes *Q* 183 cor^{on}am *G* 184 iusticia *B* tibi redderit *R*, tibi reddirit *G* ipse tibi felix *GR* 185 reffert *R*, refferret *G* 186 sacri *R* ussus *R* 187 quo^{n}dam *G*, quandam *R* aescas *AQ*, *om. GR* 188 profeta *AR*, profecta *B* 189 misit escas *G*, missit aescas *R* ieiunio *Q* rapida *R* 190 *et* 191 *bis exh. T* iam feritas saeuos quia praeda leones *ADQ*, monstra fides quia (qui *B*) uicerat alma leones *BTv*, monstra quia fides: uincerat alma leones *GR*, iam feritas hominem circumstetit almum *E et alt. loco T* 191 sancta (sancto *GR*) que (quoque *GR*) frenabant (frenebant D^1, fremebant *B*, frenabat *GR*) auidos (auidus *Q*) ieiunia (ieiuno *GR*) rictus (rictos *Q*) *ABDGQRT*, frenarunt auidos ieiunia sancta leones *E et alt. loco T* 192 per totos *GR* peribent *G* perhibent totos *B* 193 uixise *G* 195 nihil *GR* opus *B* indignum *GRT* 196 habundantem *BEGR* que *Q* refertur *GR* 197 addisse *G*, addidisse *R* 198 *om. ADGR*

pocula non pluuialis aquae, quam nubila passim
omnibus effundunt, sed quem specialiter uni
gratia Felici defudit ab aethere rorem;
nam nimiis, ut fit, tunc torrida solibus aestas
et puteum quoque siccarat, qui parca latenti
pocula praebuerat. sed ne sitis ureret illum
carnea, qui Christum sitiendo ferebat et istam
corporis adflicti poenam, delata sereno
inque globum tenuem nubes collecta per artum
conpluuii dulcem sitientis in ora liquorem
infudit quasi pressa manu, caeloque uocandum
uelleris aetherii suco lactante refecit.
quid mirum, si nunc terrena labe solutum
Christus alat, positum quem in corpore sanctus alebat
spiritus et cui panis erat uerbum deus ipse,
caelestum panis, quo uescitur angelus omnis?
  tempus ut hoc abiit, pax reddita condidit enses,
Felicemque deus monuit prodire latebra,
qui dudum placidas mundi clamoribus aures
struxerat, humanis ducens obliuia rebus.
ut nouus in lucem iam desperantibus exit

199 pucula *G* pluialis *GR* aquae] atque *B* quam] per *BE*, q *Q*, que *E* nibula *GR* passi *B* 200 quam *v*, que *T* 201 felice *AQ* defudit] mittebat *BRv*, mitebat *G* 202 nam *Q* nimis *GRT* turrida *G* solis *GR* 203 et *om.* *R* siccaret *R*, siccar^{u}erat *G* latent *B* 204 pucula *G* praepuerat *B*, praeberat *R* uriret *GR* 205 sps̃ ferebat *GR* ẹṭ^{ad} *G* 206 corpori *Q* paenam *G* dẹ^{i} electo *G*, die laeto *R*, cęlo acta *T* serenoque *R* 207 inque *om.* *R* globus *GR* tenuem *BET*, tinuis *G*, *om. cet.* nubis *R*, nọ^{u}bis *G* collectam *B*, collectae *GR* atrum *A* 208 conpluuii *AQ*, compluuii *DET*, plui *GR*, impluuii *Bv* ore *E* liquore *Q* 209 infundit *GR*, influxit *v* praessa *GR* manu *om.* *AQ* caeloqui *Q* uagantem *B* 210 aetherii *AD*, aetherei *BETv*, aetheris *GR*, set· herei *Q* reficit *B*[1], reffecit *R* 211 nunc] iam *T* terraena *G* labore *B*, mole *v* solutam *D*[1] 212 possitum *GR* pascebat *GR* 213 uerum *AD*[1]*Q*, uerus *D*[2]*E* 214 caelestium *BGQR*, celestis *T* uestit' *Q* 215 redita *R* credidit *T* 216 munit *R* 217 qua *v* 218 obstruxit *R*, obtruxit *G* dicens *Q* 219 disperantibus *GR* exiit *GR*

et patria tamquam rediuiuus in urbe uidetur
et multi dubitant agnoscere et ante rogantes,
* uerane, te, facies? aiunt, tune ille beatus,
* redderis qui tanto nobis post tempore, Felix?
qua regione uenis? caelo datus an paradiso
redditus in terras habitacula nostra reuisis?
ille fidem firmat coram se corpore adesse,
seruatum uixisse deo; data gaudia cunctis,
laudibus et meritis populo celebratur ab omni.
 functus erat longum perfunctus episcopus aeuum
Maximus, et pecudes ductu pastoris egebant.
Felicis nomen totum balabat ouile,
quem confessoris redimibat adorea Christo
quemque salutiferum spondebat lingua magistrum
uitaque doctrinae concors; sed ut hoc quoque palmam
iustitiae ferret, meritum sublime quieto
corde premens uelut indignus non audet honore
crescere testaturque seni mage debita Quinto,
quod prior ille gradum socii meruisset honoris
presbyter. haec septem distabat summa diebus.

220 et] ut *v* rediuius *R*, redurus (i, u *superscr.*) *G* 221 multa *Q* dubitabant *T* et *om. Q* 222 uera nec *Q*, uerene *R*, uerane (e *superscr.*) *G* te facis *GR*, efacies *Q* tune *in* tunc *D m. 2* ille *om. GR* 223 heu qui *ADQ*, aeui *GR*, heu *cet. v* tanta *GR* nobis post] pus nobis *T* tempora *GR* 224 *et* 225 *om. Q* an] in *GR* paradisso *R*, paradyso *A* 225 reditus *R* terra *GR* reuisas *B*, reuissas *GR* 227 seruatu *T*, reseratum *R* uixise *R* deo] xp̃o *R*, dei *T* data *ADQ*, dat *cet. v* 228 caelebratur *DR*, celebrantur *Q*, celebratus *E* 229 largum *Bv* perfectus *BGR* aeuum ep̃s *R*, aeuum aepiscopos (u *superscr.*) *G* 230 pecudes] numerus *BGRv* doctu *R* egebat *BG*, aegebat *R* 231 *om. E* balat *R*, balat (ba *superscr.*) *G*, uallabat *T* ouilae *GR* redimebat *BR* adhorẽa *T* xp̃i (i *ex* o *m. 2*) *D* 233 queque *Q* mastrum (gi *superscr.*) *G* 234 uitaeq *G* doctrina *in mg. D m. 2* consors *GR* hoc *om. AT* palma *E* 235 iustia (e *superscr.*) *Q* 236 praemens *R* uelud *BGR* honor̃ *T*, honorem *ADQ* 237 testatuque (s *superscr.*) *E*, testaque *B* seni magi *AD*[1] *Q*, senem magis agere *GR*, sem mage *B* debitum *R*[1] quintum *BGR* 238 quo *AGR* prius *BGR* soci *G*, sotie *Q* 239 p̃rp *B*, presbiter *GQ*, praesbiter *ADQ*, praespiter *R* destabat *GR*, testabat *B* diebus summa *R*

ergo sub hoc etiam Felix antistite uixit
presbyter et creuit meritis, quia crescere sede
noluit; ipse illum tamquam minor omnia Quintus
obseruabat, et os linguam Felicis habebat.
ille gregem officiis, Felix sermone regebat.
multa aliis sanctum Christi uirtutibus auxit
gratia Felicem, nec pace minora subegit
proelia, quam ualidis confessor gesserat armis.
corpoream tristi sub tempestate salutem
spreuerat, idem et opum simul et contemptor honorum
secura sub pace fuit. non ille tenendi
securus meriti, sed cautior, ut bona uitae
parta tueretur, postquam discrimina mortis
uicerat, et scopulos inter tranquilla timebat.
  diximus ut mortem calcarit et ambitionem;
nunc aliam confessoris cognoscite palmam.
uicit auaritiam; nam praedia multa domusque
diuitiis locuples patriis possederat heres.
confessor proscriptus erat, sed pace reducta
et sua, si uellet, deposcere iura licebat;
maluit ille tamen uerbum curare magistri:
c u n c t a l i c e n t, n o n c u n c t a i u u a n t. licito utile praefert

261] I Cor. 6, 12.

240 ego *T* antestite *GQR* 241 *om. T* prespĩt *B*, presbiter *G*, praesbiter *AD*, sprespeter *R* q̃ *Q*, qui *v* sede] de se *B*, se *G*, *om. R* 242 ipe *T* illum *om. R* per omnia *GR* quit' *Q* 243 oseruabat *T*, seruabat *R* et os et *GR* 244 officiis *AQ*, officii *D*, officio *cet. v* gerebat *B* 246 pacęm in ora *D*, pacẽ mora *Q*, minora pace *R* 247 q̃ *Q*, quamque *R*, quamquę *G* 248 tristis *Q*, christi *B* 249 spraeuerat *GR* contempor *R* onorem *A* 250 securaque *G* ille *om. R* tacendi *R* 251 ut *om. T* 252 parata *GR*, parte *D* discremina *GR* 253 scrupulos *T* tranquella *R* 254 calcari *B*, calcauerit *G* ambitione *Q* 255 agnoscite *B* 256 uincit *G* auritiam ([a] *m. 2*) *G* domosque *DET*, domum *R* 257 diuitis *GR* locoplexs *G*, lucuples *R* patris *GR* haeres *G* 258 proscribtus *G*, prescriptus D^2 259 licebat iura *GR* iure *B* 260 malluit *BG* cauere (u *in ras. m. 2*) *D* 261 cuncta] omnia *GR* licet G^1 iuant *G* liceto *R* ultile *R*, ut ille *Q*

et quasi terrenae contagia ducere labis
horruit amissos in iura reposcere fundos.
multi obtundebant, prae cunctis nomine prisco
Archelais, tam sancta fide quam nomine clara,
diues opum uidua et sanctum pietate fideli
Felicem uenerans atque illi cara uicissim.
haec illum iuxta meritum uenerata colebat,
utque ferunt, iunctum sibimet pro iure sodali
usurpans animum, crebris pia corda querellis
saepe fatigabat, cur debita promptaque reddi
iura recusaret, quae dispensare recepta
mercedis magnae cum fenore posset egenis.
plurima de propriis quoque rebus munera saepe
obtulit. ille pio contentus ad omnia sensu
femineam placido ridebat pectore curam,
caelestum sibimet sat conscius ipse bonorum,
quae pro terrenis sibi conpensata tenebat.
unde potens caris instantibus haec referebat:
cogitis ut repetam terrena, perennia perdam?
praestat, opes saluo desint quam uita opulento;
diues egebo deo, nam Christum pauper habebo.
diuitiis inopem ditabit gratia Christi.

263 orruit *G* ammissos *B*, amisos *G* iura] uia *B* 264 obtundebat *AQ*, obtendebant *BGR* numine *A* prisco] claro *DEQ* 265 archelais *DT*, archelaus *Q*, archilaus *AGR*, archelai *E*; ancella dī *add. R*, nom prisco . ., Ancilla dī *add. G* fidae *R* nomine *ADEQ*, stemate *B*, stegmate *T*, stigmate *GR* claro *A* 267 uenarans *Q* adque *R* illi *om. R* 268 illi *R* iuxa *R* 269 utịque *G* fecḷrunt *G* uinctum *D* sibi et *GR*, s[i]ọbi *Q* solali *R*, sodalem *A*, sole[da] *Q* 270 quaerilis *R* 271 fatgabat *Q* prumptaque *GR*, promt' *AQ* 272 recussaret *R* dispensata *B*, pensare *R* 273 mercidis *GR* faenore *ADQ* possit *GR* aege[i]nis *G*, aegnis *R* 274 propris *GR* 275 omnia] omam *Q* census *Schot. in mg.* 276 fem[i]eneam *G* placito *R* in pectore *R* 277 celestam *Q*, caelestium *BGR* sibi erat nam conscius *T* 278 propt̃ renis *Q* 279 petans *AQ* insontibus *GR* refferebat *G* 280 cognitis R^1 me ut *G* perhennia *BT*, perịennia *G*, praemia perennia *R* 281 desit *E* opulenta *BT*, polento *Q* 282 aegebo *GR* deo nam] donã *A* abeo *GR* 283 diuitis *GR* ditauit *BT*

hunc retinens animum modici tria iugera ruris
nec proprio sub iure tenens conducta colonus
ipse manu coluit famulo sine pauperis horti
possessor; sed et has de cespite diues egeno
in dominum confudit opes, cum paupere semper
collectum diuisit holus, cum paupere mensam.
una dies illi curam consumpsit habendi,
unica uestis eum, saepe et uix unica texit.
si geminas habuit, nudum meliore refouit.
saepe nouo miseros uertit uelamine pannos,
Felicisque habitu pauper mutatus ab atro
enituit; contra mendici tegmine Felix
sorduit, exornans inculto corpore mentem.
hac uiuens pietate deo maturus et aeui
et meriti plenis clausit sua saecla diebus
mutauitque piae, non clausit saecula uitae.

XVII.

Iamne abis et nos properans relinquis,
quos tamen sola regione linquis

284 modici tria] tria macri (macri *B add. m. 2*) *Bv* 285 colonũs *A*, colunus *T* 286 ipsae *Q* manu *om. Q* colḷuit *G* orti *BEGT* 287 posesŝor *G*, posses *Q* sed et has] sed eas *BGR* cispitę *GR* ęgeno *R*, egino *G*, *om. AQ* 288 dñ̃ *GR* pauperes est per *Q* 289 diuisit (diuissit *R*) holus collectum *GR* hollus *AQ* pauperẽ *Q* mensa *Tv* 291 una *ADQ* uix] lux *Q* una *R* 292 fouit *QR*, ụouit (f *superscr.*) *G*, refudit *B* 293 noui *T*, nouos *B* misseros *R* uestit *QT* uelamina *T* panni *T*, passus *D* 294 motatus *R*, mutus *AQ* 295 econtra *GR* mendaci *T* tecmine *B* Felix *om. R* 297 eui *AEG* 298 plenus *E* sua *om. Q* saecula GQ^1, sacula *R* 299 motauitque *G*, motauit *R* pie *GR* clasit *R* saeculum *G*, saeclum *R*, pecula *B*. — finit natalis · V · *B*, explicit · IIII · Incipit quintus *(i. e. carm. XVIII) D*, finit secundus liber *G*.

XVII. *BGORVπ*. *Beda de re metr. ed. Keil tom. VII exh. us.* 1—4, 45—56, *Hrabanus Maurus de uniuerso XVI 2 exh. uss.* 16, 17, 250—252. — Incipit de nicete ep̃o de dacia. hi uersus sunt metro saffico facti *B*, de reditu Nicetae episcopi qui ad natalem sancti felicis occurrit *O*, item epi-

semper adnexa sine fine tecum
mente futuros?
iamne discedis reuocante longe
quam colis terra? sed et hic resistis,
sancte Niceta, quoniam et profectum
corde tenemus.
i memor nostri remaneque uadens
spiritu praesens, animis uicissim
insitus nostris, trahe ferque tecum
quos geris in te.
o nimis terra et populi beati,
quos modo a nobis remeans adibis,
quos tuo accedens pede uisitabit
Christus et ore.
ibis Arctoos procul usque Dacos,
ibis Epiro gemina uidendus,
et per Aegeos penetrabis aestus
Thessalonicen.
Apulis sed nunc uia prima terris
te uehet longo spatiosa plano,

stola s͠cı paulini ad nicetam eps͠cm *V*, incipit de niceta ep͠m de dacia (*in mg.:* hi uersus sunt Metro saffico facta) *π* 1 iamne bis *R*¹ abisset ṇọṣ *π* 2 quos tamen sola regione relinquis *GR*, s͠ce niceta neque nos relinquis *V*

3 semper *R* adnixa *GORπ*, adnixas *B* tecum mente] et tumente *BR* 4 futurus *R*, futrus *G* 5—12 *om. V* discendis *GR* reuocate *R*, reuocat *G* longe] amor longe *GR* 6 qua *Oπ* sed et] est set *B*, est et *GR* 7 neceta *GR* et *om. B* 8 te tenemus *R* 9 i *om. GOR* inmemor *O* 10 s͠pu p̃sens *add. G m. alia in mg.* 11 insitis *R* trachae *R* perque *BR* 12 in te geris *B* 13 o nimis *V*¹ *teste Zechmeister et v*, omnis *cet.* terrae *O*, te terra *R*, et (et *in ras. m. 2*) terra *V* beati populi *GR* 14 remians *GR* 15 accidens *R* uitauit *B* 16 ░ore (h *eras.*) *V* 17 ibis] armatus *add. s. l. G* arctoos *V Hrab.*, arctuos *BOπ*, arctos *GR* ẹsque (o *s. l.*) *B*, osque *GRO*¹ *π* 18 adibis *GR* Epyro *O*, efro *G*, epsre *R* uidendus] ab urbe *add. GR* 19 egeos *RVπ*, geos *G* penetrauis *V*¹ hestus *R*, *om. G* 20 tessalonicen *V*, tesalonicen *Rπ*, thessalonica *B*, tesalonecae nec *G* 21 Apulis sed *OVπ*, neapolis *B*, apolis neceta sed *R*, apolis hestus sed *G* 22 te uehat *B*, teue et *π* blano *GR*

qua Canusino medicata flagrant
uellera fuco.
ast ubi paulum uia proferetur,
det, precor, mites tibi Christus aestus
et leuis spiret sine nube siccis
aura Calabris.
sicut antiqui manibus prophetae
per sacramentum crucis unda misso
dulcuit ligno posuitque tristes
merra liquores,
sic tibi caelum modo temperetur,
et leui sudo tenuatus aer
flatibus puris placide salubres
spiret in auras,
qui solet flatu grauis e palustri
anguium tetros referens odores
soluere in morbos tumefacta crasso
corpora uento,
quem potens rerum dominus fugari
siue mutari iubeat suoque
nunc sacerdoti bona sanitatis
flabra ministret.

31] (Ex. 15, 25).

23 canosinu *BGR*, uenusino (*sed in mg.* ṭanusino [c]) *V* mnedicata *π* 24 uellara *R* suco *GR* 25 uia paulum *π* paululum *R*, paulum [l] *G* proferitur *GR* 26 de *BGRV* mitescat *G*, nitescat *R* estus *G*, hestus *R* 27 leues *π*[1], leue (*in mg. m. rec.* leuis) *V* spire[illegible] *V* 28 calebris *G*, cultabris *π* 29 antiquis *BOπ* profetae *GRVπ* 30 undas miso *GR* 31 dulciuit *B* depossuitque *GR* 32 merra *G*, mirra *BVπ*, myrra *O*, mira *R* licores *V* 33 modo caelum *O*[1]*π* 34 et] ut *GR* leue *BOV*, leua *π* sudo [splendido] *G*, sudet *BOπ*, sudans (*sed in mg.:* sudet) *V* aęr *V* 36 spiret *ex* spirat *Q* aures *R* 37 grabis *V*, graues *Oπ* e] exque *V*, se *GR* pallustri *R*, paulustri *G*, lustris *V* 38 angium *G*, anguum *R* refens *R* 39 moribus *R* crasso *G s. l.*, cruso *R* 40 corpore *B* uentu *R*, uentre *V* 41—54 *om. V* dominus rerum *B* 43 sanitis *π*[1]

sicut Aegypto pereunte quondam
noctis et densae tenebris operta,
qua dei uiui sacra gens agebat,
lux erat orbi,
quae modo in toto species probatur
orbe, cum sanctae pia pars fidei
fulgeat Christo, reliquos tenebris
obruat error:
sic meo, qua se feret actus ora,
cuncta Nicetae dominus secundet,
donec optato patriam uehatur
laetus ad urbem.
perge, Niceta, bene qua recurris
prosperos Christo comitante cursus,
quem tui dudum populi fatigant
nocte dieque
te reposcentes, ut ager leuandis
cum satis imbrem sitit utque molles
cum suas matres uituli represso
lacte requirunt.
unde nos iustis precibus tuorum,
qui suum recte repetunt parentem,
* cogimur uicto, licet inrepleti,
cedere uoto.
et quia spes iam rapitur tenendi,

45 aegipto *G*, aegito *R* perente *R* quandam *R* 46 nontis *π* operatạ *R* 47 quam O^1 dīṃ *G* 49 quomodo *π* speciem $O^1π$ 50 pras $π^1$ sidei *R* 51 fulgeat x͡p͡o (eat x *in ras. m. 2*) *π* 52 obsura *R* 53 quas efferet *B* 54 necetae *G*, necetate *R* 55 obtato *BG*, obtoto *R*, optatam *coni. Zechmeister* patream *G* uia(h)tur $π^1$, ueharis *V* 56 letus *Vπ* uerbem *R* 57 nicạeta *V*, neceta *GR* qua] qu *R* recurris] recursus *V* 58 presbeteros *R* cursus] ducis *V* *post. um.* 58 *sequuntur* 55, 56 *et* 69 *seqq.* (59—68 *om.*) *in V* 61 respondentes *GR*, re pos nocte dieque centes *π* lauandis *R* 62 ymbrem *O* moles *B* 63 repraeso *G*, leuandis *π* 65 iustis *in* iuncti *corr. O*, iustis (iu *m. 2 corr.*) *π*, iuncti *G*, iunti *R* tuorum praecibus *GR* 67 uicti *fort.* et repleti $BO^1π$ 68 credere *B* 69 iam *om.* G^1R

urget affectus placitis fauere;
iam uias illas licet oderimus
quae rapiunt te,
odimus quamuis, sed easdem amamus.
odimus quod te retrahunt, amamus
quod tuum nobis procul adtulerunt
cernere uultum.
quas peradstricti superante amore
nunc tibi sterni faciles precamur
praeuio terris pelagoque summi
nomine Christi.
qui tibi factis iter omne campis
arduos montes reprimat cauasque
inpleat ualles, salebras adaequet,
iungat hiatus.
te per Hydruntum Lupiasque uectum
innubae fratrum simul et sororum
ambient uno dominum canentes
ore cateruae.
quis mihi pennas daret ut columbae,
ut choris illis citus interessem,
qui deum Christum duce te canentes
sidera pulsant?

89] (Ps. 54, 7).

70 urguet *V* placidis *B*, plag^{ci}tis *G* 71 odirimus *G*, execremur *Gryn.* 73 sed eas demamus π^2, tamen has amamus *v* 74 rethahunt *R*, retrahant *V* 75 procul nobis *GR* adtolerent *G* 76 cernere *om. R* 77 per adstricti *GORV*, per adtriti π, per adstrictis *B*, prius stringi *v*, feras stringis *coni. Chatelain* 78 tibi *om. G* facilis *R* praęcamur *V* 79 praęuio *V* pilagoque *GR* suimmi *G* 81 fatis G^1R, faxit *fort.* omne iter *GR* 82 deprimat *V* reprimat (repraemat *R*) montes *GR* cauasque (ca *in ras. m. 2*) π, causasque *R* 83 salabras *BR* adaęquet *V* 84 hiatos *G*, iatus *V* 85 hydrontum *O*π, hidrutum *R*, ydrontum *B*, i^{h}r^{d}u^{n}tum *G*, idr*rontum (ru *eras. V*) lippiasque *G*, lepiasque *BOV*π, lipasque *R* uictum *R* 86 innube *GRV*π 87 ambiant *BGR* dm̃ *G*, dñi *R* 89—100 *om. V* pinnas *G* 90 interesem *G* 91 qui* *G*, quid *R* cannentes *G* 92 pulsant (pul *in ras.*) π, pulsa*nt *G*

sed licet pigro teneamur aegri
corporis nexu, tamen euolamus
mentibus post te dominoque tecum
dicimus hymnos.
nam tuis intus simul inplicati
sensibus, uel cum canis ac precaris,
cum tua de te prece cumque uoce
promimur et nos.
inde iam terris subeunte ponto
stratus Hadriae sinus obsequetur,
unda procumbet zephyroque leni
uela tumescent.
ibis inlabens pelago iacenti
et rate armata titulo salutis
uictor antemna crucis ibis, undis
tutus et austris.
nauitae laeti solitum celeuma
concinent uersis modulis in hymnos
et piis ducent comites in aequor
uocibus auras.
praecinet cunctis tuba ceu resultans
lingua Nicetae modulata Christum,

94 nixu *R*, nexut *π* euoluamus *GR* 95 mente *GR* poste *π* 96 ymnos *BR*, imnos *G* 97 intuus *R* simul (tecum) *O* 98 cum *om. R* ac] uel *GR* praecaris *G*, praearis *R*, caprecaris *π* 99 de te *om. R* 100 prommitur *R* 101 punto *R* 102 stratus hadriae (adriae *V*) *OVπ*, stratus adrie *B*, strato atriae *R*, strato a(d)triae *G*, Adriae stratus *v* sinu *GR* obsequitur *π*, *om. GR* 103 zefiroque leni *V*, zebphero lenique *G*, zephiroque plena *B*, pefero uentu lenique *R* 104 uella *G* tumescant *B*, tumencent *π* 105 inla(b)*ens *G* pilago *GR* tacenti *V* 106 et] etempus *O*, tempus *π* amata *Lebrun* titulos *π* 107 antempna *GR* undus *π*[1] bis *V* 108 austrus *π* 109 nautae *GR* laeti] ipsi *add. GR* celeumma *GR*, celeusma *v* 110 canent *GR* modolis *GR* in *om. G*, et *V* immnos *G*, hiñis *V*, hymn, *O*, sumnos *R* 111 ducunt *Oπ* co(a)enites *π* in] per *GR* equor *Rπ*, iquor *G* 113 precinet *Vπ* cheu *G*, ceur *π* essultans *π* 114 lincua *V*, liangua *π*[1] necetae *G*, nectae *R*, nicaetae *V* xpo *V*

psallet aeternus citharista toto
aequore Dauid.
audient Amen tremefacta cete
et sacerdotem domino canentem
laeta lasciuo procul admeabunt
monstra natatu.
undique adludent patulo uirentes
ore delphines, sine uoce quamquam
aemula humanis tamen eloquentur
gaudia linguis.
nam deo quid non sapit atque uiuit,
cuius et uerbo sata cuncta rerum?
hinc dei laudem maris ima noscunt
mutaque clamant.
testis est nobis ueteris prophetae
belua ad nutum domini profundo
excita, ut mersum caperet deinque
redderet haustum.
sed modo ad nostrum ferus ipse uatem
auribus tantum pia deuorabit

129] (Ion. 2, 1).

115 psalet *R*, psallit *Oπ* aeternis *ORv*, alternis *Rosw.* cytharista *OR* 117 aude (i *s. l.*) tamen *π*, audiens tamen *V* tremefacti *GR* coete *V*, cętę *π*, caeti *G*, coeti *R*, cetae (o *s. l.*) *O* 118 et] te *V*, neceta *G*, niceta *R* sacerdote *GR* canente *GR* 119 leta *Vπ* admiabunt *GR*, admehabunt *V* 120 natuta *π* 121 adludunt *R* uirentes *scripsi*, uerrentes *π*, uerentes *cet.* *v* 122 delfines *BRV*, delfenes *G* quamquam] quam *GR* 123 emula *GRπ* eloquuntur *Oπ* 124 guadia *π* 125 dn̄o *R* adq. *G* 126 et *OVπ*, e *BGR* rerum *BOπ*, crescunt *V*, rerum consistunt *GR* 127 hic *V* dn̄ı *R* hima *V* 129—136 *om.* *V* testes *R* profetae *Oπ*, profhaetae *G* 130 bilua *GR*[1], babylon (belua *s. l.*) *O*, babilon *π* notum *GO*[1]*π* profunda *R* 131 excitata *GR* capiret *G*, cuperet *R* denique *B s. l. m. 3*, deneque *G*, dicnique *R* 133 modo] cetu *add.* *R* nrm (a *s. l.*) *π* uatum *O* 134 tatum *π*, tamen *B* deuorauit *Oπ*

cantica; inpastam saturabit aluum
carmine pastus.
qua libet pergas iter, et per undas
perque tellurem licet et per hostes,
ibis armatus galea salutis,
uertice Christo.
aduolet missus Raphael; ut olim
Tobiae Medis, ita prosequendo
ipse Nicetae comes usque Dacos
angelus adsit.
ducat hunc aeque famulum suum dux
ille, qui quondam profugum superbi
fratris a uultu deus in salutem
duxit Iacob.
namque Niceta fugitiuus aeque est;
quod semel fecit patriarcha, semper
hic facit, mundo fugiens ad alti
moenia caeli;
et gradus illos, quibus ille uidit
angelos uersa uice commeantes,
iste contendit superante nubes
scandere uita,

141] (Tob. 5, 5). 146] (Gen. 28, 13). 154] (Gen. 28, 12).

135 carmina *BGR* inpastum *BGR,* inpasta (ũ) *O,* inpasta *π* satturabit *R,* saturauit *O,* satur *π* aluõ (ũ) *O,* uitalno *π* 136 patus *R,* pastor *BO*¹*π* 137 quas *GR* liuet *V*¹ iter] licet *V,* inter *BG*¹*π* 138 tellorem *G* hostis *R,* ostos *π,* aequor *V* 139 aronatus *π* 140 uertique *R* 141—192 *desunt in V* misus *GR* raphahel *B,* rafahel *GORπ* 142 Medis *om. GR* (*sed G in mg.:* m̃dis), moedis *Oπ* 143 naecetae *G,* necetae *R,* nicete est *B,* nicetem *O,* nicetem *π* comis *π* dacus *B* 145 eque *GR* 146 quandam *R* profugam *R,* famulum *π,* famulum (profugum) *O* superbi *BGO*²*R,* separauit *O*¹*π,* minacis *v* 148 iacobum *BGR* 149 neceta *QR* fugitius *G* 150 faecit *G* 151 mondo *G* ad *om. GR,* ab *Ov* 152 monia *R* 153 uidit ille *BGR* 154 angelus *R* commenantes *R* 155 contentus *Oπ*

per crucis scalas properans in astra,
qua deus nitens ad humum coruscis
e thronis spectat uarios labores
bellaque mentis.
tuque, Niceta, bene nominatus
corporis uictor, uelut ille dictus
Israel, summum quia uidit alto
corde satorem,
unde Nicetes meus adprobatur
Israelites sine fraude uerus,
qui deum cernit solidae fidei
lumine Christum.
hic deus noster, uia nostra semper,
sit comes nobis, sit et antecessor,
semitis lumen pedibusque nostris
sermo lucerna,
qua per obscuri uada caeca saecli
luminis ueri face dirigamur,
donec optatos liceat salutis
tangere portus,
quos modo undosum petimus per aequor,
dum uagae mentis fluitamus aestu,

163] (Gen. 32, 28). 172] (Ps. 118, 105).

157 scalas crucis *B* schalas *Oπ* astro *π* 158 nitens ad humum coruscis *Oπv*, nitentis ad alta celi *B*, nitentis ad summum thoracis (thoracẹs *G*) *GR* 159 et thronis *π*, et throni *G*, et troni *B*, et thori *R* expectat *π* 161 tu *GR* neceta *G*, necta *R* nomenatus *R* 162 corpori *R* uelud *BG* illut *R* bẹnẹdictus *G* 163 israhel *BGOR*, strahel *π* alta *π* 165 nicetis *BORπ*, necetis *G* 166 israhelitis *BO*, israhelsite *R*, strahelitiis *π*, iste *G* fraude] israhel *add. G* uerum *GR* 167 quia *GR* solide *B*, solido *GR*, solidạẹ *O* fideli *B*, fidạei *O* lumine fidei *GR* 169 uita *BGR* 170 comis *π* artecessos *π* 171 lumenque pedibus *GR* nostris *B s. l. m. 3* 173 obsucri *R* ceca *GR* saeculi *R*, rec*li *G*, sedi *π*, mundi *v* 175 obtatos *BGπ*, obtatụs *R* 176 portos $GO^1π$ 177 ondosum *R* pequor *π* 178 uage *GRπ* fluctuamus *GR* estu *GR*, hestu *R*

terreo tamquam fragili carina
corpore uecti.
sed gubernaclo crucis hanc regente
nunc ratem in nobis pia uela cordis
pandimus Christo referente laetos
flamine dextro.
ergo dux idem modo prosequatur
te uia, qua nunc properas reuertens
ire, Niceta, patrioque reddat
limine tutum.
sed freto emenso superest uiarum
rursus in terra labor, ut ueharis
usque felices quibus es sacerdos
praestitus oras.
tu Philippeos Macetum per agros,
per Tomitanam gradieris urbem,
ibis et Scupos patriae propinquos
Dardanus hospes.
o quibus iam tunc resonabit illa
gaudiis tellus, ubi tu rigentes
edoces Christo fera colla miti
subdere gentes!
quaque Riphaeis Boreas in oris

179 terraeo $O^1\pi$, terimur *B*, terremur *R*, terrạemur *G* carina fragili *GR* 181 gubernaculo *G*π, guberaculo *R* 183 pandamus *GR* ferente π $\overset{i}{\text{ịpṣọ}}$ $\text{l}\overset{u}{\text{ạẹ}}\text{tos}$ *(corr. m. 2) O*, ipso letos π, littus *v*, fretis peletos *B*, freti spe litus *R*, freti ṣpẹṭ spe litus *G* 184 dextero *R* 185 prosaequtur *R* 186 nunc *om. B* 187 ire *om. R* neceta *GR* patrio *GR* reddi *GR* 188 limine BO^2, lumine $O^1\pi$, limiti *G*, limeti *R* tutus *GR* 189 freta O^1, ferte π menso π 190 russus π in terra rursus *GR* interea *B* ut *om. GR* 191 es quibus *B* sacerdos es G^1R 192 praestitutus *R*π 193 philipeos π, filipeos *V*, pilipeos *G*, pilippeum *R* Macedum *v* 194 tominatam *V*, tomitam nam *B*, tomi namque *GR* $\text{gradier}\overset{i}{\text{e}}\text{s}$ *G* urbịem π 195 scopos *BV*, scupus *R* 196 dardanis *B*, dardanuis *GR* ospes *G* 197 resonauit V^1 198 gaudis *G*, gudis *R* regentes *R* 199 *in mg. add.* B^2 edocis π fera] srea *R* colla] corda *BGR* 201 quasque *B*, quoque *GR* riphaeis *v*, ripheis ω boria *GR* horis *R*

adligat densis fluuios pruinis,
hic gelu mentes rigidas superno
igne resoluis.
nam simul terris animisque duri
et sua Bessi niue duriores
nunc oues facti duce te gregantur
pacis in aulam.
quasque ceruices dare seruituti
semper a bello indomiti negarunt,
nunc iugo ueri domini subactas
sternere gaudent.
nunc magis diues pretio laboris
Bessus exultat; quod humi manuque
ante quaerebat, modo mente caelo
conligit aurum.
o uices rerum! bene uersa forma!
inuii montes prius et cruenti
nunc tegunt uersos monachis latrones
pacis alumnos.
sanguinis quondam, modo terra uitae est,
uertitur caelo pia uis latronum,
et fauet Christus supera occupanti
regna rapinae.
mos ubi quondam fuerat ferarum,
nunc ibi ritus uiget angelorum,

202 aligat *R* fluuius *V*, fluios *G*¹*R*, fluuiis *B*, fluuitis *π* proniuis *R* 203 gilu *GR* mentis *QRV*¹ rigidos *BG*, regidos *R* superbo *R* 204 in igne *G*, in igni *R* 205—216 *om. V* 206 bessu *GR* 209 seruitute *R* 210 indominti *π*¹ negauerunt *G* 212 sterne *π* 214 exultat et *G* quod] que *B* nanuque *R* 216 collegit *R* 217 o bices *V*, cui aes *GR* o bene *GR* uarsa (*in mg.* fursa) *V* 218 in · uu · *B*, iniqui *GR* cruenti] crudeles *B*, crudiles *GR* 219 tegunt] aequant *V* monachis *π*, monachī *O*, monaci (h *m. 2*) *V*, monachos *BGR* latronos *π*, latronibus *G*, tatronibus *R* 220 pascis alumpnos *R* 221 terrae *G*¹ uita *R* 222 caelo *om. GR* 223 fauit *GR* supra *R*, superna *G*, super *OVπ* occupantes *V* 224 rapinis *V* 225 mons *V* ubique *G* condam *V* quandam *R* foerat *R* 226 nunc bi *V*, ibi nunc *GR* manet (*in mg. m. s. XVI* uiget) *V*

et latet iustus quibus ipse latro
uixit in antris.
praeda fit sanctis uetus ille praedo,
et gemit uersis homicida damnis,
iure nudatus spoliante Christo
criminis armis.
interit casu satanae uicissim
inuidus Cain, rediuiuus Abel
pascit effusi pretio redemptos
sanguinis agnos.
euge, Niceta, bone serue Christi,
qui tibi donat lapides in astra
uertere et uiuis sacra templa saxis
aedificare.
auios saltus, iuga uasta lustras,
dum uiam quaeris, sterilemque siluam
mentis incultae superans in agros
uertis opimos.
te patrem dicit plaga tota Borrae,
ad tuos fatus Scytha mitigatur
et sui discors fera te magistro
pectora ponit.
et Getae currunt et uterque Dacus,

234] (Gen. 4).

227 iustus] irtuus *R*, intus *G sed in mg.:* iustus 229 praeda fit] praesit *GR* 230 et *om. R* uersit *π* homicida uersis *G*, humicidia uersis *R* dominis *R* 231 dum renudatus *V*, iure (in iure uel uere *R*) nudatus *cet. v* 232 creminis *GR* 233 casus *B*, cassu *R*, cassa (u *supra* a) *G*, casa *π*, suasu *fort.* 234 inuidas *R* rediuius habel *GR* 235 poscit *R* redemtos (o *ex* u *in ras.*) *V* 236 agnus *Bπ*, agnis *R* 237 neceta *G* 238 donet *BG* lapedes in as//tra *R* 240 aediuicare *G* 241 uaṣsta ịṇlustras *G* 242 queris stirilemque sạluam (i *supra* a) *G* 243 subarans *coni. Zechmeister* 245 tota plaga *GR* Borrae *Lebrun*, borae̜ *V*, boreae *Oπ*, boriae *GR* boree plaga tota *B* 246 scithia *B*, scitha *GR*, schịta *V* 247 discros *π* ferae magstro *R* magistros $π^1$ 248 pectora ponit pectora ponit $π^1$ 249 gethe *B*, gettae *G*, gete *Vπ* daccus V^1, ducus *R*, dattus V^2, dacus V^3 *ut cet.*

qui colit terrae medio uel ille
diuitis multo boue pilleatus
accola ripae.
de lupis hoc est uitulos creare
et boui iunctum palea leonem
pascere et tutis caua uiperarum
pandere paruis.
namque mansueto pecori coire
bestias pulsa feritate suades,
qui feras mentes hominum polito
inbuis ore.
orbis in muta regione per te
barbari discunt resonare Christum
corde Romano placidamque casti
uiuere pacem.
sic tuo mitis lupus est ouili,
pascitur concors uitulus leoni,
paruus extracto trucibus cauernis
aspide ludit.
callidos auri legulos in aurum
uertis inque ipsis imitaris ipsos, *
e quibus uiuum fodiente uerbo
eruis aurum:

253] (Es. 11, 7, 8).

250 media *V* 251 diuites *G* pileatus *Hrab.*, pelleatus *BOπ*, pilletus *G*, pillatus *R*, palleatus *V* 252 accula *R* riphe *B* 253—264 *om. V* uitolos *GR* 255 poscere *π* caua] causa BR^1 uepe-rarum *G* 256 parulis *GR* 257 nam *R* choire *G*, choiere *R* 258 suadis *π* 259 fera] uesa *R* pilito *R* 260 induis *GR* 261 multa *BGR* 262 barbaris *π* 263 placidam G^1R 264 que-rere *BG*, querrere *R* 265 miti *V* est *om. R*, ab *G s. l.* ouile *B* 266 consors (*in mg. m. s. XVI* concors) *V* 267 extracta *BGR* 268 haspide *O*, aspida *GR* 269 regulus *B*, regulos *GR* 270 in que ipsis *V*, et bersos *O*, et bessos *cet.*, et uersos *v* imtaris *R*, imitare *Oπ* ipsos *V*, ipsis *B*, in ipsis *GORπ*, ipse *v* 271 uium *GR* 272 aurum eruis *R*

has opes condens domino perenni,
his sacrum lucris cumulans talentum,
audies: intra domini perennis
gaudia laetus.
his, precor, cum te domus alma sancto
ceperit fratrum numerosa coetu
in choris, et nos pietate cari
pectoris adde.
nam deo grates, quod amore tanto
nos tibi adstrinxit per operta uincla,
uis ut internam ualeat catenam
rumpere nulla.
unde conplexi sine fine carum
pectus haeremus laqueo fideli,
quaque contendas comites erimus
mente sequaci.
caritas Christi bene fusa caelo
cordibus nostris ita nectit intus,
ut nec abiuncto procul auferamur
orbe remoti.
nulla nos aetas tibi, ⟨nulla⟩ labes
orbis aut alter neque mors reuellet;

274] Matth. 25, 21.

273 o//pes *V*, ospes *π* condes dn̄o *Oπ*, condis dn̄o *V*, domino condis *BGR* perhenni *B* 274 lucris scorum *G*, lucris sanum *R* cumulans *v*, cumulas *ω* 275 audi^es (^es *m. 2*) *V* perhennis *B* *semper* 276 guaudia *R* 277—284 *om. V* te] de dn̄s *G* sancti *π* 278 coeperit *GOR* frm̄ *B* caetu *Gπ*, cetu *B* 279 coris *π* 280 addae *R*, abde *v* 281 quia morte tanta *B* 282 adstrixit *BG*, adstrigit *R* per opertam clauis *R*, propter tam clauis *G* 283 uis *om. GR* interna *BR* ueleat *R* 284 inrumpere *GR* 286 heremus *Vπ*, eremus *B*, erimus *GR* 287 quoque *Rosw.* aderimus *G* 288 mentes et quaq; *G*, mentes quaq; *R*, aetheris arce *eras., in mg.* mente sequaci (*m. s. XVI*) *V* 289 fussa *G*, fus *π* 290—293 *om. OVπv* ita nostris *B* nectet (i) *G* intuus *R* 291 abiunto *R* adferamur *R* 293 nulla labes *scripsi*, lapes *R*, labis *BG*, labis unquam *Lebrun* 294 orbis] uellet *B* ne *π* reullet *R*

corporis uita moriente uita
uiuet amoris.
dum graues istos habitamus artus,
mente te semper memori colemus;
tu, petes, simus simul in perenni
tempore tecum.
namque te celsum meritis in altum
culmen inponet pretiosa uirtus
inque uiuentum super urbe magnis
turribus addet.
nos locis quantum meritis dirempti
eminus celsis humiles patronis
te procul sacris socium cateruis
suspiciemus.
quis die nobis dabit hoc in illa,
ut tui stemus lateris sub umbra
et tuae nobis requietis aura
temperet ignem?
tunc, precor, nostri nimium memento
et patris sancti gremio recumbens
roscido nobis digito furentem
discute flammam.
nunc abi felix, tamen et recedens
semper huc ad nos animo recurre;
esto nobiscum, licet ad paternam
ueneris urbem.

310] (Luc. 16, 24).

296 uiuit *GR* 297—336 *om. V* grauis *Oπ* arctus *GR* 298 te *om. GR* memores *BGR* colamus *B*, colimus *Gπ*, colimus te *R* 299 petes *v*, pete *BOπ*, pete ut *GR* simus simul *Oπ*, forte ut simus *B*, simus *GR* 301 nam *GR* 302 inponit *GR* 303 inque] atque *fort.* uiuencium *B* urbem *GR* 305 direpti *B*, diripti *R* 306 patronum *BGR* 308 suscipiemus *R* 309 hec *B* 310 et *π* humbra *R* 311 *equietes *R* 313 nimium *om. R*, omnium *G s. l.* memonto *R* 315 ruscido *G*, rusido *R* 317 filex *G*, flex *π* redens *R*, redens *G* (i *s. l.*) 318 animo ad nos *B* succurre *GR* 319 ad *BGR*, et *Oπ* patriam *R*

non enim unius populi magistrum,
sed nec unius dedit esse ciuem
te deus terrae; patria ecce nostra
te sibi sumit.
nunc tuos aequa pietate utrisque
diuide affectus et amore nobis,
ciuibus uultu, gemina morare
ciuis in ora.
forsan et maior patria haec habenda,
non manufactis ubi contineris
pectorum tectis hominesque uiuam
incolis urbem.
sicut antistes, ita dignus almi
hospes es Christi, quia Christianis
mentibus consors habitas erile
accola templum.
iam uale nobis et in omne nostri
diligens aeuum bonus usque finem
duc bonum cursum positamque iustis
sume coronam.

XVIII.

Lex mihi iure pio posita hunc celebrare quotannis
eloquio famulante diem, sollemne reposcit

322 nec *om.* *GR* dedis *π* 23 te *om.* *R* patra *R* haecce *π* 325 tuus *R* hequa *π* pietat *R* utrisque *om.* *GR* 327 ciui (bus; u *ex* b) *G* 328 cici' *BO* in urbe *R* 329 forsan *Ov*, forsitan *cet.* 330 manus factis *π* uibi *R* continụeris *O* 331 omines *π* uiam *R*, quiuam *π* 332 incoris *π*, incilis *R* 333 antestes *G* almis *R* 334 es et *GR* qui *GRπ* cristianis *π* 335 concors *B* aerile *GR*, herile *B* 336 accula *GR* 338 dilegens aeum *R* usque in *BG*¹*R* 339 bonorum *π*. — Finit *V*², finiunt sex sci uolumina felicis dogras *B*, finiunt sex uolumina sci felicis *G*, finit amen deo gratias *R*, finit uersus de niceta epo *π*.

XVIII. *ABDEGQRT; Δ exh.* 82—92, 122—130, 155—162, 182—196, 453—469; *Beda de re metr. ed. Keil VII exh.* 35, 281, 385. — Incipit · VI · natalis *B*, incipit liber sextus *E*, item VI cuius supra et de quibusdam miraculis eius *T* 1 iure ịụrẹ (pio *supra*) *G* propossita *GR* hanc *T* quodannis *D* 2 solemne *ADEQT*, solempne *G* resposscit *R*, reposcis *Q*

munus ab ore meo, Felicem dicere uersu,
laetitiamque meam modulari carmine uoto
et magnum cari meritum cantare patroni,
quod per iter durum, qua fert uia peruia paucis,
alta per arta petens superas penetrauit ad arces.
concordate meis, precor, et conplaudite, fratres,
carminibus castoque animos effundite luxu.
gaudia sancta decent et carmina casta fideles;
nam cui fas hominum, cui Christus amorque timorque est,
non gaudere hodie et uacuum procedere uoti,
qua quis possit ope ingenii linguaeque reique,
caelicolas Christo quando adgaudere ministros
ipsa etiam festo produnt elementa colore?
cernite laetitiam mundi in splendore diei
elucere sacris insignibus; omnia laetus
candor habet, siccus cineris a nubibus imber *
ponitur et niueo tellus uelatur amictu,
quae niue tecta, solum niue siluas culmina colles *
compta senis sancti canos testatur honores;
angelicaque docent et luce et pace potiri
Felicem placida clarum in regione piorum,

3 ab ore meo uersu felicem manus dicere *G*, ab ore meo munus dicere felicem *R*, ore meo munus felicem dicere *B* 4 modolari *R* 6 quo *BEGT*, qui *fort.* per iter] praer id *R* qua *ADQ*, quo *cet.* fertiua *Q* pacis *R* 7 arcta *BEGR* supernas *G* ad *om. GR* 8 uos praecor *G*, praecor uos *R* 9 castosque *R* 10 dicent *GR* fidelis D^1G^2Q 11 cui *R s. l.* hominium *R* cuique *ADQ* christus] s̃cs *GR* amor *GR* est *om. Bv* 12 gaudire *R* uac(u)us *G* praecedere *A*, preprecedere *Q* uoto D^2 13 *ante* 11 *ponit v* ingeni *GR* linguaque *Q* 14 et gaudere *G*, et gaudire *R* 15 ipso *GR*, ipse D^1 festo festo *G* elimenta *BR* colere *R* 16 cenite *R* spledore *R* 17 insignis *R* 18 cineris *AQ*, ceneris *in* ceteris *corr. D m. 2*, teneris *cet.* ymber *QR* 20 qua niue *T*, quia aequae niue *GR* niue] uel *GR* siluas *ABDEQT*, silua *GR*, siluae et *v* culmine *Q* aeque tecta solum niue siluae *coni. Chatelain* 21 compta *ABDEQ*, cuncta *cet. v* senes *T* canus *Q* testantur D^2T testantur canos *GR* 22 angelica *R* et luce et lece et pate *Q* potieri *G* 23 in regione uiuorum placida clarum *GR* clarum] celsum *T*

lactea qua tacito labuntur uellera caelo.
Christe deus Felicis, ades, da nunc mihi uerbum,
sermo deus, da perspicuam, sapientia, mentem.
non opis humanae facundia dicere laudes
posse tuas; tua namque tui sunt gloria sancti.
cedo, alii pretiosa ferant donaria meque
officii sumptu superent, qui pulchra tegendis
uela ferant foribus, seu puro splendida lino
siue coloratis textum fucata figuris.
hi leues titulos lento poliant argento
sanctaque praefixis obducant limina lamnis.
ast alii pictis accendant lumina ceris
multiforesque cauis lychnos laquearibus aptent,
ut uibrent tremulas funalia pendula flammas.
martyris hi tumulum studeant perfundere nardo,
ut medicata pio referant unguenta sepulchro.
cedo equidem et uacuo multis potioribus auro,
quis grauis aere sinus releuatur egente repleto,
qui locuplete manu promptaria ditia laxant

24 lactea|aque *G* qua *scripsi,* quae *ω* uelleraque *R* 25 christus *R*, xps̃ (et) *G* mihi uerbum nunc *GR* 26 perspicuum *Q*, prospicuam *T* spientia *R* 27 opus *G*¹*T* facunde *v*, fecundia *Q* 28 possituas *Q* sunt gloria *ABDEQT*, gaudia sunt *GR*, sunt gaudia *v* sanc *Q* 29 caedo *GR*, cedu *Q* ali *R* 30 offici *DQR*, officiis *T* sumptu ṣụ|ṃpṭụ *G*, sumptus *ADEQT* superant *B* qui] hi *ET* pulcra *B* 31 foribus adferant *G* pura *B* 32 seu *BGR* textrum *T*, pertextum *R*, pertextuum *G* fumata *ex* funcata *R* 33 hii *GR* leues] positos *in mg. D m. 2* polleant *R*, edificant *G* 34 perfixis *G* obducunt lumina *R* lamminis *GR*, lãmis *E*, bratheis *B* 35 at *B* patis *Q* limina *D*¹*GQ* cereis *BR et Beda,* aereis *G* 36 multiforisque *DQ*, multiformes *R* cauuis *G* lychnos *AQ*, lichinos *BGR* laquiaribus abtentent *G* 37 et birent trimulas (crimulas *R*) *GR* pindula *R*, pinnula (d) *G*, pedula *Q* 38 marteris *G* hii *AR*, hy *Q*, in *B* studeant *om. R* 39 ut *ABDEQ*, et *cet.* medicato *D*, medica *Q* refferant *GR* ungenta *DG*, ungento *B* 40 caedo *R*, coede *Q* quidem *B*, quide *Q*, aequidem *R* uacus (s *in ras. m. 2*) *D*, uano *GR*, flauo *T* 41 graues *GR* aere] feret *G*, ferret *R*, heres *T* mus *T* releuetur *G*, leuetur *R* aegente *GR* 42 cui *R* promptuaria *BD*²*T*, prumptuaria *GR* dicent *Q* lax(n)at (n *m. 2*) *D*, laxent *BGR*

et uariis animam sponsantes dotibus adstant,
mente pares, ope diuersi; nec segnius illi
fercula opima cibis, ceras aulaea lucernas,
larga quidem sed muta dicant: ego munere linguae,
nullus opum, famulor de me mea debita soluens
meque ipsum pro me, uilis licet hostia, pendo.
nec metuam sperni, quoniam non uilia Christo
pauperis obsequii libamina, qui duo laetus
aera, piae censum uiduae, laudata recepit.
tunc quoque multa deo locupletes dona ferebant,
inplentes magnis aeraria sancta talentis;
sed Christus spectator erat, qui corda ferentum
inspiciens uiduae palmam dedit; illa diurni
rem uictus, geminos, quod ei substantia, nummos
miserat in sacram nil anxia corporis arcam.
propterea ex ipso uenturi iudicis ore
ante diem meruit facti praecerpere laudem
praeferrique illis, quorum stipe uicerat aurum,
munere pauper anus, sed prodiga corde fideli.
ergo, boni fratres, quibus hic dignatio et istic
concessa est, placidis aduertite mentibus aures,

43 uaris *GR* anima *B,* animarum *R* doctibus *Q* 44 signius *R* illi *om. R* 45 fecula *Q* cereas *GR,* ceruis *v* aulaea *AE,* aulea *BDQT,* aulas *GR* lucernis *BET,* ferisque *v* 46 sed] se *Q,* et *GR* multa dicant *EQ,* multa ducant *BGR,* muta dicant *ADv,* muta ferunt *T* munera *R* 47 nullus *ADEQ,* n$\overset{u}{o}$llus *G,* nullius *R,* pauper *D s. l. m. 2,* Ndus *B,* nudus *Tv* famulo D^1, famulus *E* me *s. l. m. 2 G, om. Q* 48 nẹque *R* uelis *DQ* licet uilis G^1 49 ne *B,* neque *R* 50 obsequi *GQR* liba$\overset{m}{b}$ina *G* laetus] totum *E* 51 aerea *BR* laudatea *Q* recipit *GR* 52 locupletis *R* 53 erraria *R,* aeria (*sed in mg. m. 2* arberia) *D* 54 spectatur G^1, inspector *R* 55 inspiciens est *R* 56 substantia] superet *add. R,* super aret *add. G* nūm' *AQ,* numbos *GR* 57 misserat *AQR* nihil *R* ancxia *GR* 58 ores *Q* 59 *et* 60 *om. Q* diem] iudici *add. R* factis decerpere (decarpere *R*) *GR* praecerpere *in* percipere *corr. D m. 2* 60 praeferique *R* fecerat *B* 61 munera *BDE,* monereque *G,* munereque *R* prodigia *R* corda *AQ* 62 hic *T,* huc̨ *cet.,* haec *v* istic *ω,* iste *v* 63 concessa est *scripsi,* concessus AD^1Q, concessa D^2, concessum *T,* consensus *Gv,* consensus et *R,* consessus *E* placidas *GR* adferte *G*

nec qui, sed de quo loquar, exaudite libenter.
despicienda quidem, tamen et miranda profabor,
despicienda meo ingenio, miranda beati
Felicis merito, quod dicere non sine Christi
laude licet, quia quicquid in hoc miramur ab illo est,
unde piis uirtus et per quem uita sepultis.
praeteritis cecini patriam genus acta libellis
et tota sanctum repetens ab origine dixi
Felicem, donec perfectae tempora uitae
clauderet et posito desertis corpore terris
tenderet aeterni merita ad consortia regni.
sed quia non idem tumuli qui membra piorum
et merita occultant, animarum uita superstes
corporibus functis quaesitos corpore fructus
et post corporeos obitus non mortua sentit
laeta bonos, cruciata malos, quos rursus in ipsum
tempore uenturo corpus reuocata remixto
corpore communi metet indiscreta receptu.
longa igitur mihi materies; quantumque erit aeui,
tantum erit et uerbi super hoc, cui dicere gesta
Felicis pateat, si copia tanta sit oris,'

64 nec quid *T*, nec quis sum *GR* loquor *R* libentes *T*, benter *Q* 65 dispicienda *GQR* et miranda] admiranda *T* probabor $G^{1}R$, fatebor *B* 66 miran *Q* beat$\overset{i}{\text{ạ}}$ *G* 67 discere *T* laude christi $G^{1}R$ 68 quitquit *R*, quicquit *G* miramur in hoc *GR* est *om. B* 69 unde et *GR* sepultos *B* 70 cecini *B s. l. m. 3,* cicini *R* et genus actaque *GR* 71 dixi *v*, d$\overset{i}{u}$xi *T*, duxi *cet.* ėt tota — duxi *post uerbum* clauderet *us.* 73 *pon.* $G^{1}R$ 73 et *om. Q* possito *R* 75 iidem *E* qui] quia *A*, q *Q*, sunt qui *G* 76 ocultant *GQR* 77 cunctis *E* quaessitos *R* 78 corpore eos *Q* obitos *G* morta *GR* 79 bonos] bonis $T^{1}v$ cruciatque *Tv* que *T* laeta bonis cruciatque malos quod *v* rursum *GR* in ipsum *om. GR* 80 tempore in id (id *om. G*) ipsum *GR* remisto *Rosw.* 81 corpori *DQ*, corpori𝑠 (s *eras.*) *A* commoni *GR* metat *Q*, metet (mitet *R*) et *GR* recepto *ADEQ* 82 longua *R* matiries *G*, martiries *R*, materia *Δ*, materia est *T* 83 quantum querit *Q*, tamen erit *B* et *om. ADQ* uerbis *ET*, uerbis uerbis *Q* cui *scripsi,* hoc qui $AD^{1}Q$, hoc quo $D^{2}ET$, hoc quod *BΔGRv*, o si *Rosw.* pateat (patent *R*) dicere gesta felicis *GR* 84 Felicis liceat totumque efferre per orbem nomina sic meriti si copia *v*

quanta operum meritique manet. nam tempore ab illo,
quo primum ista dies Felicem fine beato
condidit et carnem terris, animam dedit astris,
ex illo prope cuncta dies operante uidetur
confessore dei, probat et sine corpore uiuum
Christus, ut ostendat maiorem in morte piorum
uirtutem quam uim in uita superesse malorum.
ecce uides tumulum sacra martyris ossa tegentem
et tacitum obtento seruari marmore corpus;
nemo oculis hominum qua corpore cernimus extat,
membra latent positi, placida caro morte quiescit,
in spem non uacuam rediuiuae condita uitae.
unde igitur tantus circumstat limina terror?
quis tantos agit huc populos? quaenam manus urget
daemonas inuitosque rapit frustraque rebelli
uoce reclamantes conpellit adusque sepulchrum
martyris et sancto quasi fixos limite sistit?
respicio hanc aliquando diem, quam maesta relicto *
orbe fuit, quam laeta polo, cum Christus amicam
adsumens animam casto deus hausit ab ore. *
addidit ornatum caelis nec pignore terras

85 operis *G* meriti qui *Q* 86 ita *R* fine] sine *BR* beatum *T* 87 astris dedit G^1R 88 cunta *Q* dies *om. R* confessore uidetur G^1 89 sine] ne (s *supra*) *Q* uium *G* 90 ostendit *Q* priorum *R* 91 quia *B* uim *om. ΔET* in uita quam uim *GR* 92 sacri (a *supra*) *G* marteris *G* tegentem ossa G^1 93 obseruari tanto (tanta *R*) *GR* 94 *om. v* nemo] longe *D in ras. m. 2* qua] quibus *GR*, quis *T* corpora cernimus hestat *T* 95 possiti *GR* placita *T* coro *R* 96 in specie *T* non uacuam] nouenda *G*, noue anda *R* 97 tantas *Q* lumina R^1 98 tantis *Q* ait (g *supra*) *Q* huc] adhuc *R* populus D^1 quaenam n,a:nus *R*, que nanus *T* 99 demones *BR*, demonas (e *supra*) *G* 100 uocare *Q* clamantes *GQR* usquead (ad *supra*) *R*, usquead *G* sepulcrum *B* 101 marteris *G* sacro *T* fixus ABD^1Q, adfixus *R*, adfixos *G* limite *ADEQ*, limine *cet.* 102 diem aliquando *GR* que *T* mesta *EGQT* 103 quę *T* laeto D^1 populo *R* 104 casta deo *A*, cauto (s *supra*) deo *Q* ausit *GR* ausit ab ore deus *R* 105 addedit *G*, addit *R* ornatam *R* nec celis *B*

orbauit; superi Felicis mente fruuntur,
corpore nos; animaeque potentis spiritus illic
uiuit et hic meritum. sed totum funeris almi
praesentare iuuat quem Nola inpendit honorem.
namque sacerdotem sacris annisque parentem
perdiderat, sed eum caelis habitura patronum
* urbs deuota pium; spe solabatur amorem.
totis ergo quibus stipatur conflua turbis
currit in obsequium populos effusa fideles.
tunc dolor et pietas coeunt in pectora cunctis;
admixta pietate fides gaudetque doletque.
et licet accitum Christo super aethera tolli
Felicem credat, tanto tamen ipsa relinqui
praeceptore dolet; quodque unum in funere sancto
inter et exequias restat solamen amoris,
postquam depositum tumulandi in sede feretrum,
certatim populus pietatis circumfusus
undique denseto coetu sita membra coronat,
religiosa pie pugna exercetur amantum.
quisque alium praestans propior consistere certat

106 superi ni *G* fruentur *G* 107 illis *T* 108 huc *G* fueris *T* 109 iuat *G*, uiuat *T*, iuuet *Q* 110 nam *GR* sacrisque *GR* annis qui *Q*, annis *GR* parem *R* 111 cũ *BT* urbs patronum *GR* 112 spes *BE*, ipsa spe *GR*, pe *Q* sed spe solatur *v* merorem *R*, merrorem *G* 113 confluit *GR*, c̃fluat *Q* turbis *om. GR* 114 per populos *GR* effussa *GR* 115 coetunt *R* pectore *v* 116 amixta *Q*, permixta *T* sides *R*, fidei (s s. l.) *G* doletetque *R* 117 accitum *BEv*, tacitum *ADQ*, acceptum *GRT* aethra *G*, hero *Q* tulli *R* 118 reliqui *GR* 120 inter] Ị xp̄m̄ inter *G*, xp̄m̄ inter *R* et *om. R* exsequia *AQ* 121 depossitum est *GR sed in G* est *s. l.* in sede tumulandi *GR* 122 circumfusus populus pietatis *B*, populus pietate circumfussus *GR* circumfusus] omnis *add. D m. 2* populus pius undique circumfusus densato coetu sancti sita *coni. Chatelain* 123 densetọ *ADΔQ*, densito *B*, densato (a *in ras. E*) *cet. v* coetto *Q* menbra *Q* 124 relegiosa *GR* pia *G*[1]*R*, *om. Q* exercitatur (e s. l.) *G*, exercitus *R* amantium *R* 125 alius *Q*, alio *BGR* praestans *scripsi*, praestare et *ABDΔEGQR*, premere et *Tv* proprior *Q*, propius *ΔET*

reliquiis corpusque manu contingere gaudet.
nec satis est uidisse semel, iuuat usque morari
luminaque expositis et qua datur oscula membris
figere; dat meritam Christo plebs consona laudem
moliturque sacrum solii Felicis honorem.
qua muris regio et tectis longinqua uacabat,
fusus ibi laeto ridebat caespite campus
uberius florente loco, quasi praescia iam tunc
semper honorandi mundo uenerante sepulchri
gaudebat sacro benedici corpore seque
ueris amoena habitu, quo dignior esset humando
martyre, graminibus tellus sternebat odoris.
ast illum placido scandentem celsa uolatu
et casto adsumptum de corpore laeta piorum
turba per aetherias susceperat obuia nubes;
angelicique chori, septemplicis agmina caeli,
totis, qua caelum patet, occurrentia portis
regis in aspectum summique parentis ad ora

126 reliquis *GR*, reliquiisque A^1D^1 *Q*, reliquiasque D^2 contingere corpusque gaudet manu *GR* 127 uides^{iss} *G*, adiisse *T* usque] que *A*, qui *Q* 128 luminasque *G*, liminaque *ex* luminaque *D m. 2* expossitis *GR* aeque *GR* dantur *GR* oscolabri^{mē} *Q* 129 figire *D* dat] ad *Q* meritas *T* pleps *B*, mens *E* 130 molliturque *R* solius *GR*, *om.* *ADQ* honorem felicis *R* 131 qua] ubi *GR* longuinqua *GQR* uocabat *B*, cabat *Q* 132 fussus *GR* redebat *GR* cespite *BE*, cepité *T*, cispite *G*, chispite *R* 133 uberiusque *ADQ*, liberius *Bv* praescio *GR* tum *T* 134 honorantedo *Q*, honorando *D*, humandi *GR*, humando *A* mundo *om.* *ADQ* uenerando BD^2, uirente *GR* sepulchri D^1EQT, sepulchro AD^2, sepulcrhi *B*, sepulcrho *G*, sepulcro *R* 135 benidici *R* corpori *ADQ* 136 amoeni D^2, ameno *BR*, amino^{oe} *G* quo] quodi *R* dignihor eet *Q* humano *B*, humato *v* 137 martere^{i} *G*, martyri *Q* odores BG^1 138 ilum *Q* placito *R* candentem *B*, scandantem *R* caelas^{s} *G* 139 ad^{et} *G* pectore *AQ* priorum *D* 140 per] pr *R et ut uidetur* G^1 aethereas *BE* susciperat *GR* 141 angelici *B*, angelicaque *R*, angelicique^{a} *G*, angeliceque *Q* 142 qua] quibus *R*, que quibus *G*, que *Q*, quis *T* 143 in regis *GR* ad ora] adore *R*, odora *B*, adorae^{t} *G*

sidereo uolucrem laeti uexere triumpho.
tum niuea sacrum caput ornauere corona
sed tamen et roseam pater addidit iudice Christo
purpureoque habitu niueos duplicauit amictus,
quod meritis utrumque decus. nam lucida sumpsit
serta quasi placido translatus in aethera leto,
sed meruit pariter quasi caesi martyris ostrum
qui confessor obit. tenet ergo et praemia passi,
quod prompta uirtute fuit, nec pacis honore
ornatuque caret, quia non congressus obiuit.
  facta igitur rata iusta, pium texere sepulchro
funus; at in sanctis diuinitus insita membris
gratia non potuit cum carne morique tegique,
ilico sed positis ex ossibus emicuit lux,
quae medicis opibus meriti dare signa potentis
hactenus ex illo non umquam tempore parcit.
et toto quo mundus erit fulgebit in aeuo
lux eadem, sancti cineris per saecula custos.
martyris haec functi uitam probat, et bona Christi
ad tumulum Felicis agens diffundit in omnes
Felicis late terras mirabile nomen,

144 sedereo *R*, sidera *Q* uolucrum Q^1 laeti *om.* *R* exere *R*, duxere *T* 145 niuia *GR* capud *BG* 146 *om.* *GR* roseo *B* addit *ADEQT* indice *GRv* 147 porpureo *G*, purpureo *R* habituque *GR* niueo *Q* duplicacauit *A* 148 qui *B*, pro *T* iam *GR* lucidam *BGR* 149 sertam *GR* ac si *B* placida *B* hera (et *s. l.*) *Q* laeto *Q*, loeto *A*, laetus *BGR* 150 quasi *G s. l.* cessi *GR* marteris *G* 151 obiit *G* praemia et (et *eras.*) *B* 152 quam *B* prumpta *GR*, prom *Q* 153 qui *R* congresus *G* obit *R* 154 busta *BGR* 155 ad *B*, aut *Q* diuitus Δ^1 instita *R* 157 sed *om.* *B* emicuit *ABDΔEGQR*, emicat hec *T*, ecce micat *v* emicuit lux ex possitis ossibus *GR* 158 que *A*, quem *Q* medici ossibus emeriti dat *B*, medicis ossibus meriti daret *GR* 159 actenus *B*, actinus *GR* non nũquã *BGR* tepore *Q* paret *B*, apparet *GR* 160 in *om.* *R* 161 custos marteris per secula *G* saecla *R* custus *Q* 162 uita *ADQ* et bona Christi *om.* *Q* xp̃i et *G* 163 defundit *GR* 164 felices *R*, felicem T^1 latebras (ter *s. l.*) *G* uenerabile *E* lumen *R*

dignatam et tanto prae cunctis urbibus unam
hospite nobilitat Nolam, quam gratia Christi
Felicis meritis ita dilatauit, ut aucta
ciuibus ecce nouis et moenibus hic etiam urbs sit,
pauper ubi primum tumulus, quem tempore saeuo,
religio quo crimen erat minitante profano,
struxerat anguste gladios trepida inter et ignes
plebs domini, ut seris antiqua minoribus aetas
tradidit. ingentem paruo sub culmine lucem
clauserat et tanti tantum sacer angulus olim
depositi possessor erat, qui lucis opertae
conscius ut quidam fons aedibus extitit amplis
et manet in mediis quasi gemma intersita tectis,
basilicas per quinque sacri spatiosa sepulchri
atria diffundens, quarum fastigia longe *
adspectata instar magnae dant uisibus urbis.
quae tamen, ampla licet, uincuntur culmina turbis,
quod crescente fide superundat gratia Christi,
quae populis medico Felicem munere praestat
uiuere. qui perstans etiam post corporis aeuum
praesidet ipse suis sacer ossibus; ossaque sancti
corporis e tumulo, non obsita puluere mortis,
arcano aeternae sed praedita semine uitae,

165 dignatam et tanto *ADE*, dignata metanto *Q*, dignatam tanto *v*, digna tamen tanto *BT*, digna est tamen tanto *GR* cuntis *R* una *GR* 166 ospite *GR* nubilitat *R* nola *GR* que *Q* 168—218 *om. GR* hic *add. in mg. B m. 3,* haec *edd.* 170 minante *ADQ* 171 stuxerat *D* a^{u}nguste (^{u} *m. 2*) *D* trepidos *ADQ* (*sed in D* o *ex* a *m. 2*) 172 pleps *B* series *BT* 173 ingententem *Q* 175 dispositi *D,* dispositis *A,* dispossitis *Q* er^{a}itq: *Q* oportae *AQ* 177 gema *Q* 178 bassilicas *AQ* qu//nq̃ *Q* sacris *BQ*[1] 179 ad tria *Q* 180 aspectata *BET,* adspectatur *AQ,* adspec//tũ (*corr. m. 2*) *D* instar *om. ADQ* uissibus *AQ;* certis *sup.* uisibus *D m. 2,* uersibus *T* urbes *B,* urbs *Q* 181 *om. B, post* 182 *exh. T* ambla *T* 182 superunda *Q* 183 qui *B* prestans *T* 184 uiuereq; *Q* perstans *Rosw.*, praestans *ABDΔEQTv* et clam *B* 185 ossa *Q* 186 e *ADΔEQ,* ex *T, om. B,* in *v* opsita *ADQ* 187 archano *BET,* arca^{h}no (^{h} *m. 2*) *Δ* semina *AQ*

uiuificum spirant animae uictricis odorem,
quo medicina potens datur exorantibus aegris.
quanta resurgentes uirtus et gloria cinget
coniectare licet, cum gratia tanta sepultos
ambiat, et quanto rediuiua decore micabunt
corpora, in obscuris cum sit lux tanta fauillis!
quid nobis minimis horum praestare coronae
sufficient, quorum et cineres dant commoda uiuis?
cernere saepe iuuat uariis spectacula formis
mira salutantum et sibi quaeque adcommoda uotis
poscentum; uideas etiam de rure colonos
non solum gremio sua pignora ferre paterno,
sed pecora aegra manu saepe introducere secum
et sancto quasi conspicuo mandare licenter,
moxque datam sua confisos ad uota medellam
experto gaudere deo et iam credere sana
et uere plerumque breui sanata sub ipso
limine laeta suis iumenta reducere tectis.
sed quia prolixum et uacuum percurrere cuncta,
quanta gerit Felix miracula numine Christi,
unum de multis opus admirabile promam
innumeris paribus, sed ab uno pende relicta,
quae uirtus eadem gessit distantia causis.
pandite corda, precor, breuis est iniuria uobis,
dum paucis magnum exiguisque, opus eloquor orsis.
et memores uiduae primo sermone relatae,
quam deus e pretio mentis, non munere cernens,

188 adorem *Q* 189 ex orabus *Q* 190 resurgentis *BΔE* cingit *T* 191 conectare *Q* gratia] gloria *ΔET* 193 lux tanta] iuxta *Q* 194 minimis] miseris *ΔT* 195 sufficiunt *Q* et *om.* *T* 197 queque *E*, quoque *ABDQ* adcomoda *B* uotis] m *T* 198 uideas *om.* *T* de rure colonos] desperata ad culminis huius *T* colonis *B* 199 pignore D^1 patronum *T* 201 conspicuum *T* lic$\overset{n}{e}$t *Q* 202 mox qui *Q* confisus *ADQ* uita *B* 203 do *Q* eciam *B* crescere *T* 205 limina *B* 207 nomine *BTv* 208 ammirabile *D* 209 pendere fas est *T* 212 magnum exiguus paucis *T* exiguisque *v*, exiguis *BE*, exiguus *ADQT* eloquior *B*, eloquar *T* 213 memore A^1 uidua *Q* 214 e] et *D*, ex *ET* quẽ ds̃ emptio m̃tis non munerenens *Q*

antetulit multum mittentibus, omnia dantem,
me quoque ferte leui dicentem magna relatu.
et mea namque illis sunt aemula uerba minutis,
quis pretium pietas et uilibus aurea fecit.
quidam homo re tenuis, plebeius origine, cultu
rusticus, e geminis angustam bubus alebat
pauperiem mercede iugi, nunc subdere plaustris
suetus eos oneri pacta regione uehendo,
nunc operae pretium sub aratra aliena locatis
paupertatis habens reditum; spes anxia resque
tota inopi par illud erat. non carior illi
progenies aut ipse sibi; sed pignora et ipsos
ducebat; neque cura minor saturare iuuencos
quam dulces natos educere, parcior immo
natis quam pecori caro; non gramine uili
illos aut sterili palea, sed tegmine aprico
algidus et de farre sibi natisque negato
esuriens pascebat, egens sibi, diues in illis,
quorum fecundus labor exsaturabat egentem.
hos igitur, tam cara suae solamina uitae,
nocte miser quadam somno grauiore sepultus,
amisit taciti furto praedonis abactos;

216 ferte *om.* *Q* 217 minotis *AD*[1], minortis *Q* 218 quis *BDQ* p̃dũ *B*, praedum *v* et uilibus *DEQT*, ex uilibus *T*, seruilibus *Bv*, peruilibus *Rosw.*, exilibus *fort.* 219 plebeus *GR* oręgine *G* cultuque *GR* 220 e] et *T* bobus *EGR* 221 mercide *GR* seubde *R*, sidere *Q* plustris *Q* 222 sueta *B*, suetos *G* eos] nunc *add.* *BGR* honeri *EGRT*, oneris *A*, honeris *Q* aratrịa *G* ẹẹliena (a *supra*) *G* locatus *B*, locatos *R*, loquatos (c *supra*) *G* 224 ancxia *GR* 225 illut *R* nunc *B* 226 et pignora *GR* illos *R* 227 ducebat] sed *add.* *GR* minor] fuit *add.* *GR* euencos *R*, iuuenas *Q* 228 edocare *GR* parcior] fuit *add.* *GR* 229 peccori *G*, petcori *R* iuli *T* 230 stereli *GQR* paleas *T* sed] sub *coni.* *Sacch.* tecmine *B* 231 algidos *GR*, alrigidus *T* et] at *coni.* *Sacch.* fare *R* natisque] pascebat *add.* *GR* negata *GR* 232 esurientes *G*, essurientes *R* pascebat *om.* *GR* in *om.* *GR*, et *T* 233 faecundus *G* aegentem *G*, agentem *R* 234 suae] sibi *G*, suaesibi *R* 235 quaedam *G* sumno *G* sepult[9] *D*, sepult *Q*, sopitus *BR*, subpitus *G* 236 furtu *R* praedones *D*, praetonis *R* abactus *G*[1], adactos (s *corr.* *D*) *ADQ*

exurgensque die reduci de more iugandos
infelix primo in uacuis praesepibus intus
moxque foris frustra notis quaesiuit in agris;
ilico sed fessus cassis erroribus ultro
atque citro, postquam nullis uestigia signis
certa uidet, spebus frustrata indage peremptis,
humanam desperat opem et pietate repletus
adspirante deo depressam in pectore fracto
erigit in caelum mentem; et mox corde refecto
praesumente fide spem uoti conpotis haurit
sanctaque Felicis rapido petit atria cursu
ingressusque sacram magnis cum fletibus aulam
sternitur ante fores et postibus oscula figit
et lacrimis rigat omne solum, pro limine sancto
fusus humi, et raptos nocturna fraude iuuencos
a Felice pio uelut a custode reposcit
increpitans miscetque precantia uerba querellis:
  sancte deo Felix, inopum substantia, semper
pro miseris felix et semper diues egenis,
te requiem fessis deus adflictisque leuamen,
te posuit maestis ad saucia corda medellam;
propterea tamquam gremio confisa paterno
in te paupertas caput adclinata recumbit.

237 die] dei *AQ* more] munere *ADQ* iugand⁹ *AQ*, iugundus *R*, iungendus *G* 238 primum *T* 239 noctis *AQ*, uacuis *T* quesiḅit (u *supra*) *G* aruis *T* 240 elico *R* sede fessus *Q* casis *G* ultra *T* 241 adq. *G* citra] cura *T* uestigi *R* 242 uidit *GR* pebus *Q* indege *Q* 243 disperat *GR* replet *Q* 244 depraesam *GR* corpore *GRT* frato *R* 245 *om. T* eregit *GR* 246 conpotem *GR* hausit *Q*, adit *GR* 247 atria petit *R* atria rapido petit *G* 248 ingresusque *G* c̃oṇflectibus *G* 249 sternitor *R* fingit *GR* 250 sancti *T* 251 fusus (s *supra*) *G* rabtos *R*, rapto *B*, raptus G^1 iuuencus *AR*, iuuent' *Q* 252 uelud *BGR* reposcet *GR* 253 procacia *T* 254 dei *T* et semper *GR* 255 pro — semper *om. R* felix *om. G* 256 tereque÷ *Q* fesis *G* deus *om. GR* 257 te *om. G*, deus *R* aud *Q* suaucia *R* 258 proterea gremio tamquam *DQ* fiso *B* 259 ite *Q* paupertas *DEQT*, pauperies *cet.* capud *BGR*, cap' *Q* inclinata *BT*, inclinans *GR*

Felix sancte meos semper miserate labores,
nunc oblite mei, cur me rogo uel cute nudum *
deseris? amisi caros, tua dona, iuuencos,
saepe tibi supplex quos commendare solebam,
quos tua perpetuo seruabat cura fauore
pascebatque mihi. tua nam custodia saluos
dextraque sufficiens illos praestabat opimos,
quos misero mihi nox haec abstulit. heu quid agam nunc?
quo deceptus eam? quem criminer? an tibi de te
conquerar inmemoremque mei accusabo patronum,
qui mihi sopito tam densum inrepere somnum,
ne mea sentirem perfringere claustra latrones,
passus es et nullo fregisti dura pauore
pectora nec lucem tenebris furtoque dedisti?
aut ullis profugos curasti prodere signis?
qua modo discurram? quo deferar? omnia caecis
structa mihi latebris; nunc et mea tecta uidentur
clausa mihi, abductis ubi desolatus alumnis
nil habeo, quod habere uelim, quod dulce uidenti,
dulce laboranti non inrita gratia praestet,
oblectans inopem sensu fructuque peculi.
hos ubi nunc quaeram miserandus ego? aut ubi quando

260 te miserante *GR* 261 oblitus *GR*, obliti *Q* cute *scripsi*, cui *ω*, cur *v* nudum me *GR* 262 desseris *GR* ammissi *B*, amissi *R* 263 quos] cos *Q* comendare *B*, cummendare *R* 264 perpetuos *B*, perpetua AD^1G^1QR seruauat *G* 265 pascebat mihi eos *T* namque G^1 saluosque G^1 266 dexteraque *G* praestaba *Q* 267 mox *D* 268 quod *Q* eamq; *A*, eaq: *Q* creminer *G*, creminar *R*, criminer (° *m. 2*) *D* tibi an ubi te *GR*, aut ubi de te *E* 269 conqu//erar *A*, conquirar *GR* inmemorem *DQ*, inmeroremque *R* mei *om.* *GR* 270 supito *G*, subopito *R* tantum *T* inripere *GR*, inrepere *D*, subrepere *T* sumnum *R* 271 perfrangere *GR* clausa *Q* 272 es *om.* *ADQ* frigisti *GR* 274 nullis *DGR* profugus *B*, prodigos *GR* curas *Q* prodine *R* 275 qua *ADEQT*, quo *BGRv* curram AD^1Q defferar *R*, differar *ADEQ* 276 a tenebris *R* 277 claustra *T*, quae clausa *R* desolutus *GR* 278 nihil *GR* uellim *GR* dullce *R* 280 censu *R et Rosw.* peculii *T* 281 ciueram *R* miserandus ego *T*, miserandis *AD*, miserandi *Q*, miserandos *E*, miserandus *cet.* aut *om.* *B* ubi quando *ω*, quando uel usquam *v*

* inueniam tales aut unde parabo, repertos
qui solos habui contentae rusticus illos
paupertatis opes? ipsos igitur mihi redde,
nolo alios. nec eos ulla regione requiram,
hic mihi debentur; haec illos limina reddent,
in quibus ipsum te subplex adstringo tibique
haereo. cur quaeram aut ubi quos ignoro latrones?
* debitor hic meus est; ipsum pro fure tenebo
custodem. tu, sancte, reus mihi, conscius illis.
te teneo; tu scis ubi sint, qui lumine Christi
cuncta et operta uides longeque absentia cernis
* et capis includente deo, quo cuncta tenentur.
atque ideo occulti fures quacumque latebra
non tibi celantur nec de te euadere possunt,
* quos licet et manus una tenet. deus unus ubique,
Christi blanda piis, sed iniquis dextera uindex.
redde igitur mihi, redde boues et corripe furem.
sed non quaero reos; abeant, non nescio mores,
sancte, tuos; nescis male facta rependere, malis
emendare malos uenia quam perdere poena.
conueniat nobis igitur: sic diuide mecum
quae tua, quae mea sunt; indemnis stet mea per te
utilitas iuxtaque tuas clementia partes

282 inueniant *R* rerepertos *Q* 283 quo *R* solas BD^1R, solus *G*, sola *T* contenuitae *R*, continuatae *G* rusticos A^1G^1 284 paupertatis] illo (illos *DQ*) paupertatis *ADQ* ipso *Q* 287 ipsum *om. GRT*, his nunc *T* adstringe *D*, astrigo *T* 289 meus] intus *E* est *om. ADEQ*, es, te *fort.* tinebo *G*, retinebo *R* 290 mihi es *G*, mihi et *R* 291 te tineo *GR*, tet meo *R*, ^{te}teneo (^{te} *m. 2*) *A*, teneo *Q* tu] nec tu *B* sunt *GR* limine *Q* 292 aperta *GR*, opta *Q* 293 indulgente *fort.* teguntur *T* 295 caelantur *GR* de *om. GR* possint *GR* 296 licet et *scripsi*, nectit *T*, et *ADQ*, etiam *BG*, et iam *Rv*, et te *E* una] tua *GR* 297 christi *Tv*, christus *cet.* inimicis *GR* 298 conripe *G*, curripe *R* furẽ *ADQ*, fures *cet. v* 299 habeant *ADER*, habiant *G* 300 sancte mores tuos (tuas *R*) *GR* mala facta *BE*, facta mala *GR* malis *ADQ*, mauis *cet. v* 301 ueniaq: ꝑdere *Q* mala poena *G* 302 nobis *om. GR* diudẽ amecũ *Q* 303 indempnis *R* stet] sit *T* per te] parte *BGR* 304 iuxtaque *ABDEQT*, iustaque *GR*, iusteque *v*

uindicet aequatoque tuum libramine constet
iudicium; tibi solue reos, mihi redde iuuencos.
ecce tenes pactum, famuli iam nulla morandi
causa tibi; adcelera tantis me soluere curis.
nam mihi certa manet sententia cedere nusquam,
donec subuenias, nec ab isto poste refigi;
ni properas, isto deponam in limine uitam,
nec iam repperies cui reddas sero reductos.
  talia uoce quidem querula sed mente fideli
plorantem totoque die sine fine precantem
audiuit laetus non blando subplice martyr
et sua cum domino ludens conuitia risit;
poscentisque fide, non libertate dolentis
motus opem properat; paucis mora ducitur horis.
interea labente die iam uespere ducto
nec precibus dabat ille modum nec fletibus; una
uox erat adfixi foribus: non eruar istinc;
hic moriar, uitae nisi causam protinus istic *
accipiam. tandem tamen, ut iam plurima tutum
nox secretum adytis fieri cogebat, et ille
temporis oblitus, damni memor, ostia prono

305 uendicet atque tuum iusto *T* libramine tuum G^1R 306 soluereos *G*, soluere hos *AQ*, soluere et hos *E* iuuencus *R* 307 eae *Q* tenens *AQ* pacpactum *Q* 308 meas *E* 309 certe *Q* m^{a}enet *G* numquam *GR* 310 *om.* *GR* subuenis *T* ista D^2 refigor D^2, reuelli *T* 311 properes *BGR* in *om.* *GR* limite *B* 312 nam iam non *GR* cõperies *v* cui *eras.* *D* reddas cui *E* sero reductos *BGR*, errore reduct *Q*, errore^{re}ductos (^{re} *m. 2*) *A*, errore reductos *DET*, sero iuuencos *v* 313 querella *R*, querelas *G* 314 plurantem *R* totaque *GR* dies *Q* 315 laetos D^1 blandum *G*, plandum *R* subplicem *GQR* martir *GR* 316 laudens *Q*, laudans *B*, fidens *GR* (sidens *GR auctore Chatelain*), plaudens *fort.* conuicia A^1D^2R, conuincia D^1, conuentia *Q*, conficia *G* 317 libertatis *R* 318 opem] ferre *add.* *GR* 319 ducto uespere G^1R 320 dat *GR* 321 istic *GR* 322 morior *R* causas *T*, casu *BR*, cassu *G* istos *GR* 323 accipiam auditus tandem et iam *T* totum *E*, tantum *GR* 324 uox *GR* aditis *ABDQ*, aditus *T*, ab istis *GR* agebat *AQ* 325 tetemporis *R* hostia *GT* prono *om.* *Q*

ore premens, toto prohibebat corpore claustra.
* sed multis frustra pulsantum uocibus aures
adgreditur uiolenta manus tandemque reuellit
turba reluctantem et sancta procul exigit aula.
pulsus ab aedituis flet amarius et sua lugens
tecta petit, resonant plangore silentia noctis
questibus et magnis late loca sola resultant,
donec et inuitus peruenit. et atra silentis
ingrediens tuguri penetralia rursus ab ipso
culminis introitu taciti, ut praesepia uidit
nuda boum et nullos dare tintinnabula pulsus,
excussa ut ceruice boum crepitare solebant
mollius aut lentis caua linguis aera ferire,
armentum reduces dum gutture ruminat escas:
his grauius tamquam rescisso uulnere planctum
integrat, et quamquam neget aegro cura quietem,
et uigili tamen haec dat solamenta dolori,
ut bubus stabulata suis loca corpore fuso
pressa superiaceat; nec duro fracta cubili
membra dolent, iuuat ipsa iniuria; nec situs horret

326 praemens *GR*, promens *D* cohibebat D^2, praemebat *GR* pectore *T* clautra *Q* 327 multi *Q* pulsantum *AQ*, pulsantem *GR*, pulsatum *cet. v* uicibus *B* 328 uinolenta *GR* repellit *GR* 329 [re] luctantem *AG* exiit *GR* 330 aedibus *GR* ‖marius *D* sua] su *Q* nolens *T* 331 teca *R* repetit *GR* plongore *R* silientia *R* 332 questubus *E* et magnis questibus *GR* sola *om. ADQ* nesulant *R* 333 et *om. GR*, eo *fort.* inuitis *R*, uitus *Q* et atra] atria *G*, auiua *R*, ad atra *A* 334 tegori *GR* inpenitrabilia *G*, inpenetrabilia *R* 335 ciminis *R*, liminis *coni. Chatelain* 336 bouum *R* darent *GR* tintinabula *BR*, tentinabula *G*, in[tin]nabula *Q* pulsos *G* 337 excusa *B*, excusçe[a] *G* aut *Q* 338 mullius *R*, mollibus *T* lintis *R* ora *ET* 339 armentis D^2, amento *T* çreducens *G* gutore *G*, guture *B*. ruminat herbas *GRT*, ruminat es stant (stant *add. m. 2*) *D*, rū inantes *AQ* 340 hic *R* hu[n]c *G*, is *fort.* recisso *GR*, resciso *A*, reciso *Q*, recisso *T* 341 quanquam *A* aegro] ergo G^1R cusa *B* 342 peruigili *GR* tatemen *R* haec *om. GR* solamina *R*, solamena *G* 343 bobus *BEGRT* stapulata *B* fusso *GR* 344 praesa *G* superiacebat *GR* dura *B*, durae *Q* 345 menbra *F* iuat *G*

sordentis stabuli, quia notum reddit odorem
dilecti pecoris, nec fetor fetet amanti.
si qua illi extremo tulerant uestigia gressu
aspicit et palpante manu calcata retractans
ingemit et refricat totis iam frigida membris
signa pedum; mentemque suam, licet eminus absit
corpore, sacratam Felicis mittit ad aulam,
Felicem fletu, Felicem nomine clamans,
nec desperat opem nec parcit fundere uota.
  nox medium iam uecta polum perfuderat orbem
pace soporifera, reticebant omnia terris;
solum illum sua peruigilem spes curaque habebat.
ecce repente suis strepitum pro postibus audit
et pulsas resonare fores, quo territus amens
exclamat, rursum sibi fures adfore credens:
quid uacua incassum crudeles ostia uultis
frangere? iam nullus mihi bos; quid quaeritis ultra?
praeuenere alii, mea tantum uita superstes,
quae sociis uestris ut praedae cassa remansit.
dixerat haec metuens; sed nullo fine manebat
liminibus sonitus. quo crebrescente nec ulla

346 surdentis *R* reddet *GR* hodorem *A*[1], *om.* *GR* 347 dilecti (dilicti *R*) pecoris hodorem *GR* fetor fetit *BGR*, faetor (fateor *A*) faetet *ADEQ* 348 extrimo *R* tollerant *GR* gresu *G* 349—376 *om.* *Q* respicit *GR* palpitante *GR*, palmante *T* manu et *AD* calcata retractans manu et palpitante manu *R* 350 respirat *BGR* membris frigidus *GR* 351 pedumque *B* 252 sacram *GR* 353 clamitans *GR* 354 disperat *GR* uotã *A* 355 media nox *G*, nox media *R* iam uecta polum (poli[illegible] *D*) *ADET*, uecta iam polo *GR*, transuecta polum *Bv* medio iam uecta polo *coni.* *Chatelain* perfudera *T*, perfunderat *R*, perfunderrat *G*, perdiderat *AD* 356 pacem *R* et iacebant *GR* terris *AD*, sumno *R*, sumino *G*, somno *cet.* 357 sola *GR* habebant *T*, habeat *R* 358 ecce suis strepitum subitum *T* stripitum *R* pro] de *GR* adit *R* 359 amen *R* 360 rusum *A* 361 *om.* *AD* uaçua] uana *E* crudiles *GR* hostia *BEGRT* 363 uos praeuenire *GR* 364 sociis *om.* *GR* uestris escis *GR* ut *om.* *GR* praedae *ADET*, praeda *cet.* iam cassa (casçsa *G*) *GR* 365 metues *T* sed] et *GR* sed *in* *G* *s. l.* 366 crebriscente (en *ex* aen *G*) *GR*, crebescente *T*

respondente sibi pulsantum uoce propinquat
suspensus cunctante gradu et dat postibus aurem
sollicitam et rimis aciem per hiantia claustra,
qua tenebris albus caeli color interlucet,
inserit exploratque diu, nec adhuc sibi credit
quid uideat; nec enim sublustri lumine noctis
pura fides oculis, dubio tamen ipsa per umbras
corpora pulsantum trepidos auferre pauores
spemque boni coepere nouis promittere formis.
non homines pulsare uidet; sed quod uidet esse
uerum, non audet sibi credere. magna profabor,
quamquam parua deo miracula, cui sapit omne
rerum animal sensu, quo iusserit ipse creator
omnigenum pecus. ecce gerens duce numine mentem
par insigne boum non nota per auia nocte
uenerat ad notas nullis rectoribus aedes,
sponte quasi, non sponte tamen, quia numinis actu
ereptos potiore manu praedonibus illos
egerat occultis Felix moderatus habenis.
et postquam adtigerant adsueti culmea tecti
culmina gaudentes reditu expertasque timentes
sat memori terrore manus, quasi pone timerent

367 pulsatum *BT*, pulsantium *G* 368 dat *om. GR* pestibus (o *s. l.*) *G* aures *B* 369 sollicita *B* et rimis aciem *ADET*, extremis (extrimis *GR*) faciem *BGR*, et rimis acies *v* 370 per quae *GR* udetenebris *G* abus *R* inlucet *GR* 371 negat hu//c *D*, negat huc *A* 372 sublustris D^2, subinlustri *G* 373 fides esto *G* occulis *BR* dubia *GR* 374 tripidos *GR* aufere *G*, auferere *R* 375 *om. GR* boui *B* noui *B* 376 set quod uidet esse *B s. l. m. 2* 377 probafor (f b *s. l.*) *G* 378 quanquā *R* 379 iuserit *GR* creatur *R* 380 omnegenum (i *s. l.*) *G*, omnigenu *AQ* peccus *R* nemine *BGR* mente *DQ* 381 *om. ADQ* per *R*, l per *G* insigni $G^1 R^2$ non] nec *T* tota *T* 383 tamen mente *GR*, *om. ADQ* numini D^2 actum *B*, acta *A*(D^1?), sancto D^{2} 384 eraptos (e *s. l.*) *G* 385 ocultis *R* moderator *T* 386 adtegerat (i n *s. l.*) *Q*, adtigerunt *Bv* assuti *T* culmea *v*, culmina BD^2EGR, culmine AD^1Q, fumida *T* tecto *Q* 387 culmina *om. AGR* timentes (i *s. l.*) *(sic) Q*, trementes *B* 388 stant *in ras.* D^2v memores terroris *GR* pene *ADEQT*, sponte *cet. v*

instantem sibi raptorem, quatere ostia iunctis
frontibus et tamquam manibus sic cornibus uti,
ut dominum excirent sonitu. sed territus ille
rursus ut hostili circum sua claustra tumultu
tuta etiam timuit; rursus sapientia bruto
adspirat pecori causam sentire morantis
atque intellectum domini reserare timentis.
edere mugitum, de quo formidine pulsa
panderet exclusis aditum securus alumnis.
ille inopina uidens diuini insignia doni
haeret adhuc, trepidumque etiam sua gaudia turbant.
credere non audet, metuit non credere; cernit
comminus et caligare putat; dum respicit ad se,
diffidit tantum sese potuisse mereri;
sed contra reputans a quo sperauerit, audet
credere, cognoscens Felicis gesta patroni.
iamque rubescebant rumpente crepuscula mane
noctis et extremae fuga rarescentibus astris
luce subobscura uel sublucentibus umbris
coeperat ambiguos rerum reserare colores.
tunc demum nota specie sibi bubus apertis,
ut primum coepere oculis clarescere setae,

389 rabtorem *R* quaetere *R*, quatore *A* hostia *EGRT* 390 si *RT* 391 ut *om. G* excitarent *GR* sonitus exterritus *T* 392 clastra *Q* 393 bruto *om. R* 395 atque] et *GR* intellectu *D* 396 aedere *GR* fulsa *Q* 397 exclusit *B*, exclussis *R*, excelsis *ADQ* alumnus *B*, aluminis *R* 398 inopina [ta] *G* 399 hereat *D*, [h] esitaret *G*, haberet *R* [ad] huc *D* tripidumque *GR*, repidumque *Q* etiam *om. GR* gaudea *Q* 400 audet] credet *ADQ* 401 commins [u] *G*, cominus *BET*, cumminus *A*, coram *v* ad se] adsedet *Q*, an sit *T* 402 deffidit *G*, defficit *R*, diffidi *Q* se *GR* 403 sperauerat *AD*, sprauerit *R*, sparauerat *Q* 404 agnoscens *GR* 405 rubiscebant *GR*, erubescebant *T* 406 et *om. GQR* extrema *R*, extrema [i] *G* fugat *R*, fugata *G* rariscentibus *R*, rerescentibus *D* umbris *T* 407 luces *G*, lice *Q* suboscura *A* subluciscentibus *GR* humbris *GR*, astris *T* 408 coeceperat *Q* reseruare *B*, seruare *v* 409 tum *T* uota *RT*, nata *D* species *B* bobus *BEGRT* 410 caepere *G* settae *G*[2]*R*, saetae *G*[1]

certior exultat remouens et pessula claustris
ostia laxato stridentia cardine soluit.
dum facit hoc, iuncti simul inrupere iuuenci
et reserantis adhuc molimina praeuenerunt.
dimoto faciles cesserunt obice postes,
oblatumque sibi mox ipso in limine regem
cognoscunt hilares laetum lambuntque uicissim
mulcentem labrisque manus palpantis inudant
atque habitum totum spumosa per oscula foedant,
dum conplectentis domini iuga cara benignum
molliter obnixi blanda uice pectus adulant.
illum dilecti pecoris nec cornua laedunt
et conlata quasi molles ad pectora frontes
admouet, et manibus non aspera lingua uidetur,
quae lambens etiam siluestria pabula radit.
sed tamen haec inter non uano corde fidelis
rusticus officii meminit, neque curat anhelos
ante boues stabulis inducere postque laborem
atque famem recreare cibo, quam ducere secum
illuc, unde suos meruit. uenit ergo reductos
ducens nec tacitis celat sua gaudia uotis
et referens densas trahit ad sua uerba cateruas
ingrediturque sacras cunctis mirantibus aedes.

411 exultet *R*, exultare *T* remuuens (o *above* u) *G*, mouens *T* pissula *R*, pisula *G*, pessulae *Q* laustris *Q* 412 hostia *EGR* stridenti *B* cordine *R* 413 inripere *GR*, inrepere *Q* 414 reserentis *Q* athuc *D* mulimina G^1R peruenerunt G^1R 415 demoto *GR*, domito *Q* faceles *R* cessere *T* obiece *R*, abice *Q* 416 oblatamque *B* mox sibi *GR* in *om.* *GR* lumine *Q* 417 cognoscont *R* uicisim *G* 418 labrisqui *Q* inudant *A*, inumant *G*, inhumanant *R*, inundant *cet.* *v* 419 tantum *R* fedant *GR* 420 conplectentes *BE* iuga cara] sibi colla *T* benegnum *R* 421 adolant *BGR*, adorant *v* 422 *om.* *AQ* dilicti *R* corona *R* 423 frondes D^2 424 ammouet *GR* non aspera] nam spera *T* 425 labens *B* siluestra *R* papula *BD* 426 sed] nec *T* 427 ɔffici G^1R anhellos *D*, ancellos *G*, anchellus *R* 428 preq: labore *Q* 429 recrare cybo *R* quam] que *Q* 430 illic *B* ductos *GR* 431 ne *BQ* caelat *AQ* 432 refferens *GR* trait *R*, tradidit (hit *above*) *G* uerba] uota *E*, umbra T^1

quos miser hesterno amissos deflerat, eosdem
praesentes hodie ducit sanctique triumphum
martyris ostentat populis; ducuntur et ipsi
per medios coetus, modo furum praeda, iuuenci,
et modo Felicis spolium; dat euntibus ingens
turba locum et muto celebratur gloria Christi
in pecore. ille autem, qui tanti muneris alto
causa fuit domino mediis in milibus extans
flensque iterum sed laetitia modo debita sancto
uota refert, non aere graui nec munere surdo, *
munere sed uiuo linguae mentisque profusus,
uoce pia largum testatur pauper amorem
debitor et Christo satis isto pignore soluit,
inmaculata suae cui sufficit hostia laudis:
captiuos en, sancte, tuos tibi plebe sub omni
uictor ago et uictos iterum tibi mando tuendos; *
conserua reduces dignatus reddere raptos.
sed tamen in me nunc ipsum, bone, respice, martyr;
namque uides quod agas tibi adhuc superesse, sed in me,
qui prope caecatis oculis tua comminus adsto
limina; nam multo mersi mea lumina fletu,
non solum damno sed et inter gaudia plorans.

434 quo *T* aesterno *GT* ammissos *B*, amisos *GR* defleuerat G^2*R*, defleberat G^1, deflerent *Q*, deflebat D^2 436 marteris *G* ostendit *GR* populus *Q* 437 cetus *B*, caetos (u *s. l.*) *G* modum *AQ* 439 motu *R*, mutuo *T* 440 autem *om. GR* tanto *B* moneris *G* almo *T* 441 deo *GR* medis *GR* in *om. B* melibus (i *s. l.*) *G*, liminibus *Bv* existans *G*, exstans *R*, stans *v* 442 sed *om. GR* laetitiam *Q* 443 referre *B*, reffert *GR* aerae *Q* neque *T* 444 uiuo] diuino *T* lingua *Q* per usus *T* 445 pauperem *G* amorem *ADEQ*, honorem *cet. v* 446 debitum *G*, debitm *R* 448 captiuos enscem tuos *T* 449 uictos *scripsi*, uictor *ADQ*, supplex *cet.* tuendo *R* 450 dignatos *Q* 451 in] id *R* ut (t *s. l.*) *G*, et *T* me *om. GR* ipsum nunc *GR* bene *GR* martir *GR* 452 quid *B*, quos *ADQ* athuc *D* sẽp esse *T* 453 prope] pro *BGRT* cecatis *EGR*, caecitatis AD^1, citatis *Q*, plagatis *T* cominus BA^1ET 454 lemina *Q* limine A^1 455 damnos *Q*, damnum *T* et *om. GQR*

dempsisti causam lacrimarum, tolle modo orta
uulnera de lacrimis; miseratus, sancte, meorum
damna boum, miserare itidem modo damna oculorum.
donasti reduces pecudes mihi, rursus et illis
redde meos oculos. nam quid iuuat esse reductos,
si languente acie praesens praesentibus absim?
  talia praesentes populi risere querentem.
sed procul admotae secreti martyris aures
suscepere pias ab inepto subplice uoces,
moxque refecta sacram senserunt lumina dextram.
inde domum gaudens oculis bubusque receptis
conlaudante deum populo remeabat, et illum
laeta sequebatur gemini uictoria uoti.

XVIIII.

Sidera si caelo possunt, si gramina terris
defore, mella fauis, aqua fontibus, uberibus lac,
sic poterunt linguis laudes cessare piorum,
in quibus et uitae uirtus et gloria mortis
ipse deus, pro quo uitam uoluere pacisci
et moriendo piam sancire fidem populorum
mercarique sacrum pretioso sanguine regnum,
sanguine quo totum spargentes martyres orbem

456 depressisti *T* horta *R* 457 meseratus (i *supra*) *G* 458 dampna *GR* bouum *R* miserere *GR* iterum *GR* 459 pecudes] illos *GR* mihi ẹṭ *G* 460 quit *A* iuịuat *G* 461 lunguente accipe *R* amṣim *Q* 462 praesentis *Δ*, presentis *B* nisere *R* quaerentem *AD*, quirentem *Q* 463 marteris *G*, martyres *A*, martires *Q* 464 suscipere *GR* suplice *BR* 465 mox qui *Q* reffecta *R*, referta *ADQ* sensere *T* dexteram *G* 466 unde ad *GR* gaudiens *G* bobusque *BEGT*, bouusque *R*, bubus qui *Q* 467 dominum *R* remiabat *G*, remiebat *R*, remeauit *T* 468 letas etiuebantur *R* (*sed* letas et luebatur *R auct. Chatelain*) finit natalis · VI · *B*, finit ter̃ incipit quar̃ *GR*, explicit quintus. Incipit sextus *D*.

XVIIII. *ADE; Δ exh.* 1—6, 10—19, 45—55, 76—84, 141—143, 152—157, 164—167, 261—265, 300—306, 329—362, 648—654, 716—730. — 1 possunt si *ADE*, si possunt *Δ* 4 et uitae *Δ*, et uita et *ADE* 5 ipse *Δ*, sp̃s *ADE* pacifici *D* 7 merchariqne *E*

gentibus innumeris semen caeleste fuerunt.
horum de numero procerum confessor in ista
urbe datus Felix longe lateque per orbem
nominis emicuit titulo. sed Nola sepulti
facta domus tamquam proprio sibi sidere plaudit.
omnis enim quacumque iacet mandatus in ora
martyr stella loci simul et medicina colentum est.
namque tenebrosum ueteri caligine mundum
languentesque animas miseratus in orbe creator
sic sacra disposuit terris monumenta piorum,
sparsit ut astrorum nocturno lumina caelo.
et licet una fides, par gratia et aemula uirtus
martyribus cunctis maneat, tamen omnibus isdem
dissimiles operum formas extare uidemus.
atque alibi tacitis meritum sublime sepulchris
excolimus memores, alibi clamantia signa,
conspicuas miramur opes. ubi, credo, mali plus
durior inpietas retinet, maiorem ibi morbus
poscit opem grauior, uel adhuc ubi caecior altam
perfidiae noctem trahit error et aegra laborat
in populo titubante fides, ibi lumina prorsus
accendi maiora decet mundique tenebras
inlustrante deo perimi mentesque retusis
adtonitas oculis trepidasque intendere ad ipsos
diuini ueri radios, caligine taetra
soluere collyrioque medentis inungere Christi.
quod per apostolicas curandis sensibus artes
cote pia teritur, quia lene iugum et leue Christi
est onus ad Christum puro iam lumine uersis
atque euangelico suffusis pectora suco,

9 fueř *A*, fuere *Mur.* 10 de *Δ*, pro *ADE* 13 sydere *E ut solet*, sidera *A* 14 iacet *AD*, manet *ΔE* 15 locis imul *A* 18 si *D* sacra] sua *Δ* monimenta *A*, munimenta *Δ* 19 nocturno *Δ*, nocturna *ADE* 21 hisdem *A* 23 tacitum *E* sepulcrhum *D* 26 retine *A*[1] maiorem ibi *ex* maiorem (i *superscr.*) *A m. 2* 27 athuc *D* altum *AD* 31 perimentes (que *om.*) *AD* 32 attonitas *DE* 33 diuimi *A* 34 collirioque *D* medentes *AD* iniungere *D* 37 honus *E* 38 succo *DE*

quo bene purgantur nebulae, quibus interiorem
obducunt aciem mundi fallentis amores,
qui magnum per inane uagos sine remige sensus
circumagunt hebetantque graui caligine captos
mollibus inlecebris, ut frangant robora uitae
sectenturque cauas per gaudia lubrica pompas.
  hos igitur nobis cupiens auertere morbos
omnimedens dominus, sanctos mortalibus aegris
per uarias gentes medicos pietate salubri
edidit; utque suam diuina potentia curam
clarius exereret, potioribus intulit illos
urbibus, et quosdam licet oppida parua retentent
martyras, at proceres deus ipsos moenibus amplis
intulit et paucas functos diuisit in oras,
quos tamen ante obitum toto dedit orbe magistros.
inde Petrum et Paulum Romana fixit in urbe,
principibus quoniam medicis caput orbis egebat
multis insanum uitiis caecumque tenebris.
sed potiore deo nostram reparare salutem
quam Satana captos etiam nunc fraude tenere
rarescunt tenebrae mundi, et iam paene per omnes
praeualuit pietas et mortem uita subegit.
crebrescente fide uictus dilabitur error,
et prope iam nullis sceleri mortique relictis
tota pio Christi censetur nomine Roma,
inridens figmenta Numae uel fata Sibyllae.
cumque sacris pia turba refert pastoribus Amen
per numerosa dei regnantis ouilia laetum.
laudibus aeterni domini ferit aethera clamor
sanctus et incusso Capitolia culmine nutant.

40 fallentes *D*   41 magos *D*   sine] si *AD*   44 setenturque *A*[1] cauas *ADΔ*, uagas *E*   48 utque *ΔE*, atque (a *in ras. m. 2 D*) *AD*   49 exaere[illegible]ret *D*   50 opida *Δ*   parua *A*   51 martyras *ΔE*, martyres *AD* at *ΔE*, ad *AD*   ipsos deus *AD*   53 tota *Δ*   56 uitis *A*[1]   58 satana *AD*, sathanae *E*   teneri E   61 crebrescent *AD*   delabitur *E*   62 scelerique *AD*   64 sybillae *ADE*   65 refert *E*, fert *AD*, ferat *Mur.* 66 laetus *D*[2]   68 fulmine *coni. Mur.*

in uacuis simulacra tremunt squalentia templis
uocibus icta piis inpulsaque nomine Christi.
diffugiunt trepidi desertas daemones aedes.
liuidus incassum serpens fremit ore cruento
lugens humanam ieiuna fauce salutem
seque simul pecudum iam sanguine defraudatum;
praedo gemens frustra siccas circumuolat aras.
  sic deus et reliquis tribuens pia munera terris
sparsit ubique loci magnas sua membra per urbes.
sic dedit Andream Patris Ephesoque Iohannem,
ut simul Europam atque Asiam curaret in illis
discuteretque graues per lumina tanta tenebras.
Parthia Matthaeum conplectitur, India Thomam,
Lebbaeum Libyes, Phryges accepere Philippum,
Creta Titum sumpsit, medicum Boeotia Lucam.
Marcus, Alexandria, tibi datus, ut boue pulso
cum Ioue nec pecudes Aegyptus in Apide demens
in Ioue nec ciuem coleret male Creta sepultum,
nec Phryges exsectis agerent Cybeleia Gallis
inpuram foedo solantes uulnere matrem,
et tandem castis fronderet montibus Ida
intactas referens securo uertice pinus,
uana nec ulterius mutos iam Graecia Delphos
consuleret spernensque suum calcaret Olympum
altius in Sion gradiens, ubi collis alumni *
lene iugum celso fastigat uertice Christus.
fugit et ex Epheso trudente Diana Iohanne
germanum comitata suum, quem nomine Christi
inperitans Paulus pulso Pythone fugauit.

69 simulachra *E ut solet* 70 ista *D* 71 daemonis *AD* 74 iam *E*, quem *AD*, quoque *fort.* 78 patras D^2 79 at^{que} *A* 81 mattheum *Δ*, matheum *ADE* thoman *Δ* 82 lebbeum *ADE* lybies *AΔDE* fryges *D*, friges *AE* phylippum *Δ* 83 sibi sumpsit et *Δ* medicum *om. Δ* boethia *AD*, otia *Δ* lucan *AD* 84 alexandrea *E* 85 peccudes *D* 87 fryges *A*, friges *DE* et sectis *AD* cybelaeia *A*, cibeleia *E* 88—179 *om. D* 91 multos *A* 97 imperitas *A* phytone *A*, phitone *E*

fugit et Aegypto Satanas, ubi mille figuras,
nomina mille sibi uariis adcommoda monstris
sumpserat, ut Serapi sanctum formaret Ioseph,
nomine ferali abscondens uenerabile nomen,
cum tamen ipsa fidem simulacri forma doceret,
qua modius capiti superest, quia frugibus olim
ante famem domino sic inspirante coactis
innumeras gentes Aegypti ex ubere pauit
et steriles annos annis saturauit opimis.
sed ne ultra sanctus coleretur honore profano,
mens arcana dei deuotae pectora plebis
inmissis acuit stimulis cultumque nefandi
daemonis euerso fractoque Serapide clausit.
non Pelusiacis uaga saltibus Isis Osirim
quaerit aruspicibus caluis, qui pectore tunso
deplorant aliena suo lamenta dolore,
moxque itidem insani sopito gaudia planctu
uana gerunt eadem mentiti fraude repertum,
qua non amissum sibi quaesiuere uagantes.
heu quo stultitiae merguntur gurgite mentes
luce dei uacuae! nam quid, rogo, caecius illis,
qui non amissum quaerunt nusquamque manentem
inueniunt, planguntque alii quod non dolet ipsis?
elige quid facias, miser error. quid colis aut quid
plangis? non coeunt quae iungis; luctus honorem
non sequitur, lamenta colis lugendaque credis
quae diuina putas. si di sunt, nec miseri sunt;
aut si sunt miseri, di non sunt atque homines sunt
et miseri. miserare igitur mortalia passos

102] (Phil. 3, 1).

98 et *scripsi*, et exa *A*, ab *E* sathanas *E* sub mille figuris *Mur.* 99 ad commoda *A* 100 Serapis *Mur.* 101 absc̄dens *A* 102 fide *A* 103 fructibus *E* 108 archana *E* 109 nephandi *E* 110 auerso *Mur.* 111 pelusiaci *A* 112 haruspicibus *A* 114 planctu *A*, luctu *E* 115 eadem] tandem *fort.* 120 plaguntque *A* 124 di sunt *A*, dii sunt *E*, dicis *Mur.* 125 *om.* *E* di *A* 126 miserere *Mur.*

aut laetos uenerare deos; nam caecus aperte est
hic furor aut miseros colere aut lugere beatos.
ergo dea est Isis? mulier dea? si dea, corpus
non habet, et sexus sine corpore uel sine sexu
partus abest. unde ergo illi quem quaerit Osirim?
atque ubi quaerat eum nescit dea? sed dea numquam
esse potest mater nec femina. nam deus unus,
uirtus trina, deus pater unus et unus in ipso
filius, ex ipso simul unus cum patre uerbi
spiritus; haec tria sunt deus unus nomina semper.
sola dei natura deus, quod filius et quod
spiritus et pater est; sed filius ex patre natus,
spiritus ex patre procedens. nihil hic habet ulla
commune aut simile in rebus natura creatis.
 at Carthago potens Cypriano martyre floret,
cuius et ore simul profusi et sanguine fontes
fecundauerunt Libyae sitientis harenas.
nec procul inde Vticam conlatis candida massa
martyribus magno uenerandae caedis aceruo
extulit; unus enim benedicti caespitis agger
corpora multa tegens alte caput extulit aruis
et meritis altos testatur monte sepulchri.
inde deo dudum iam fertilis Africa Christo
multiplicat largas tanto de semine fruges
et parit egregios uerboque fideque magistros.
nec minor occiduis effulsit gratia terris.
Ambrosius Latio, Vincentius extat Hiberis,
Gallia Martinum, Delphinum Aquitania sumpsit.
multaque praeterea per easdem largiter oras

127 laetos *A*, laetus *E* 128 furos *A* 130 sexum *coni. Mur.* uel *E*, aut *A* 131 partus abest *E*, pars habet// *A*, corpus *uel* partum habet *coni. Mur.* quaeritis *A*, quaerat *Mur.* quod cum quaerit Osirim Aut ubi *coni. Mur.* 132 eum] cum *Mur.* 134 et pater *A* 136 tria *E*, trina *A* trino deus unus nomine *coni. Mur.* 137 quod sps *A* 139 habet hic *A* illa *Mur.* 141 at *Δ*, ast *E*, atque *A*, et *Mur.* floret *AE*, gaudet *Δ* 143 lybiae *AΔE* arenas *Δ* 145 acerbo *A* 146 unum *A* cespitis *E* 148 alto *E* 154 delfinum *Δ* aquitanica *AΔ*

semina sanctorum positis diffusa sepulchris
inlustrant totum superis uirtutibus orbem
et toto antiquum detrudunt orbe draconem,
* qui genus humanum per nomina mille deorum,
quae tamen ex obitis mortalibus et sibi sumpsit
* ipse suisque dedit coluber, quatit arte nocendi,
princeps in uacuo taetrum gerit aëre regnum
daemonibusque caput nobis inimicus oberrat.
sic itaque et nostra haec Christi miserantis amore
Felicis meruit muniri Nola sepulchro
purgarique simul, quia caecis mixta ruinis
* orbis et ipsa etiam moriens in nocte iacebat
saxicolis polluta diu cultoribus, in qua
prostibulum Veneris simul et dementia Bacchi
numina erant miseris, foedoque nefaria ritu
sacra celebrabat sociata libido furori.
et quis erat uitae locus hic, ubi nec pudor usquam
nec metus ullus erat? quis enim peccare timeret
hic, ubi sanguineus furor atque incesta libido
religionis erant? et erat pro numine crimen
his, qui crediderant esse ullum in crimine numen,
atque erat in toto quasi sanctior agmine cultor,
qui Veneris sacris pollutius incaluisset,
* plenus ut ille deo reliquisque beatior esset,
qui magis infuso sibi daemone saeuius in se
desipiens propriisque litans furialia sacra
uulneribus sanam meruisset perdere mentem.
o caecis mens digna animis et numina digna!
* auersis seruire deo Venus et nemus illis

post us. 159 *lacunam esse suspicatur Mingarelli* 161 quatit *scripsi*, quibus *AE* 162 tetrum A^2E, et taetrum *fort.* lignum *A* 167 etiam *coni. Chatelain*, iam *E*, *om.* *AΔ*, simul *Mur.* 169 bachi *E* 170 numerant *A* 175 religiones *A* erat *E* 176 *hic om. et post us.* 212 *inserit A* 178 sacri *A* 179 ut *scripsi*, at *BE*, et *Mur.* esset *Mur.*, esse *AE* 181 propriis *Mur.* litens *D* furalia *AD Mur.* sacrae *Mur.* 183 numina *E*, numine *AD* 184 auersis E^2, aduersis ADE^1 numine, digna Aduersis seruire deis *Mur.*

sint deus; ebrietas demens, amor inpius illos
sanctificent; abscisa colant miserumque pudorem
erroris foedi matris mysteria dicant.
digna fides illis, quibus almo in lumine ueri
legibus et castis et magno nomine Christi
nulla fides et nullus amor, ideoque nec ullum
indignae pretium uitae est in sanguine Christi.
sit deus his uenter uel cetera gaudia carnis,
quis deus ipse deus non est, quibus in cruce Christi
gloria nulla subest, quia non dignatur adire
degeneres animos uirtus crucis. inde beatus
Felix, ut reliqui diuerso martyres orbe
Nolanis medicus fuit, estque perennis ope ista,
nec modo Nolanis sed et omnibus, a quibus idem
inploratus erit, dabit isto iure salutem,
si crucis alma fides in pectore supplicis adsit.
ista fides genus humanum curatque piatque;
haec ubi defuerit medicina, morabitur illic
omne mali regnum, nec in illo desinet umquam
Cypris adulteriis, furiis regnare Lyaeus,
in quo defuerit Christi pudor et crucis ardor.
ignis enim diuinus inest, ubi uis crucis intus
ardescente fide cruciat male conscia corda
uiuificatque animam uitiis in carne peremptis.
hostibus his obtrita diu corruptaque tantis
pestibus ingentem poscebat Nola medellam,
atque ideo pensante deo discrimen opemque
Felicem accepit medicum, qui uinceret omnem
quamlibet antiquam miserorum in cordibus atris

192] (Phil. 3, 1).

185 sint *AD*, sit *E* 186 abscissa *E* miserique *Mur.* 192 in his *AD* 195 beatus *AD*, beatis *E* 200 sic *AD* assit *E* 204 cypres *AD* lieus *E* 208 uiuificansque *Mur.* 209 iis *E* 210 posceba//t *A*, poscebant *D*, pascebat *E* medelam *DE* *post us.* 213 *sequitur in A:* his qui crediderant esse ullum in crimine numen, *sed post* 175 *inserendum esse signo indicatur*

perniciem et meriti uirtute potentior altis
uulneribus ductum super ulcera putria callum
scinderet, ut saniem suffusa labe coactam
exprimeret sinibus ruptis ac deinde lacunam
uulneris expleret plana cute ducta cicatrix.
* ergo ubi Nolanis Felix ut stella tenebris
fulsit ab ore dei ueniens uerbumque medendi
* ore gerens, tamquam uenturo sole serenus
in matutino laetum iubar exserit ortu
Phosphorus occiduisque nouus praefulget in astris
nuntius instantis cessura nocte diei:
sic iam euangelio totum radiante per orbem
et propiante deo cunctis mox iudice terris
aduentus uexilla sui praetendit ubique
perque suos Christus sua signa coruscat amicos.
ex quibus hac uoluit sibi praelucere sub ora
Felicem, ut nostras isto decerperet umbras
sidere et antiquos ista quoque pelleret urbe
daemonas, ut pulsis hominum de corde colonis
talibus intraret puras deus incola mentes,
et uice mutata nobis pietate solutis
nostra prius nostros premerent modo uincla leones
frustra in oues Christi uincta feritate frementes.
et manet haec nobis etiam nunc gratia, quae nos
peccatis prece sanctorum exorante resoluit
atque isdem sanctis ultoribus adligat illos
discruciatque hostes, qui nos uincire solebant.
hi modo ut inlato deprensi lumine fures
atque in uincla dati, nunc ignea flagra piorum,

214 pernitiem *D* altis *AD*, alti *E* 215 obductum *AD* 216 suffusus a *E* 217 raptis *AD* 218 explere *AD* 220 fulxit *E* 222 exerit *E* 223 fosforus *AD* occiduis quae *D* praefulget in *E*, praefulgeret *AD*, praefulgurat *Mur*. 224 instantes *AD* 226 propiante *E*, propitiante *AD* 229 hac *E*, haec *AD* 230 decerperet *AD*, depelleret *E* 231 sideret (et *om.*) *D* 232 daemones *Mur*. 235 premeret *A*, praemeret *D* 236 uincta *AD*, uicta *E* 239 iisdem *E* 241 modo tam lato *Mur*. 242 dati *om.* *A*

ut meruere, ferunt, aut iam infernis male trusi
carceribus trepidant, uicinum instare fatentes
iudicium domini solis sibi triste suisque
omnibus, in Satanae partem quos scaeua uoluntas
uerterit et Satanae sociauerit aemula uita,
istic nequitiae socios homines, ibi poenae.
ecce dies accepta deo, modo uera salutis
lux micat, omnia iam nobis bene uersa uidemus;
diffugere doli, cecidit Bel, interit error,
quique colebantur totis quasi numina templis
daemones, hi per templa dei torquentur inermes,
et qui diuinos audebant sumere honores,
hi modo ab humana plectuntur lege subacti.
namque isti, quos nunc celebri Felicis in aula
torqueri clamare rapi per capta uidemus
corpora, corporibus uincti retinentur in ipsis,
in quae se trusere ipsi, poenamque uolentes
humanam inuenere suam. nunc ergo reorum
personae exululant poenis, qui numine falso *
di fuerant, et qui mentito numine uiuos
ante dei cultum sibi nil caeleste uidentes
dediderant homines, hi nunc, ubi lumine Christi
uera fides patuit, non possunt ferre sepultos.
sed magis ut pateat quia nunc hi, qui cruciantur
daemones ante fores aut ante sepulchra piorum,
idem sint illi, quibus olim serua litabat
gens hominum et sacros demens libabat honores,
ipsa docet uocum species; nam saepius illa
uoce gemunt, solitum ut noscas clamore furorem.
sic plerumque uelut resoluto laxius ore
dente fremunt, spumant labris horrentque capillis,

243 inferni *E* 245 solis (s *in ras.*) *D*, soli^s *E*, soli *A* 246 parem A^1 scaeua *AD*, saeua *E* 248 sibi *E* 255 lege *AD*, gente *E* 261 paenis *Δ* 262 di *ADΔ*, dii *E* (defuerant *Dung. auctore Ming.*) nomine *Dung. auctore Ming.* uiuo *coni. Mur.* 268 iidem *E* sunt *Mur.* 269 litabat *Mur.* 271 clamore *D*, clamare *AE* 272 resoluto *E*, dissoluto *AD*

utque manu prensante comam excutiuntur in altum
et pede pendentes stant crinibus; interea illic
sacrorum memores ueterum, quibus exta solebant
lambere caesarum pecudum aut libamine pasci
lasciuosque choros hederatis ducere pompis,
nunc etiam sua testantes sacra illa fuisse,
in quibus insanos dabat ebria turba tumultus,
euhoe, Bacchi sonum, fractis imitantur anheli
uocibus et lento iactant sua colla rotatu.
sed quia non poterat mortalis ⟨et⟩ unius aetas
sufficere, ut longo contagia tempore tracta
dilueret paucis quos corpore uiueret annis
confessor Felix et presbyter, ore magister,
elogio martyr, merito officioque sacerdos,
omnipotens dominus finitum corporis aeuum
Felici potiore uia persistere fecit,
continuans medicos operosi martyris actus,
uirtutes ut eas idem celebraret humatus,
quas in carne manens Christi uirtute gerebat,
atque ita susceptae nec mortuus aforet urbi
corpore, cum tantum positi sanator adesset
spiritus et desideriis latitaret amantum
ad tempus cari facies subtracta patroni,
prompta sed aegrorum semper medicina saluti
adforet. inde perennis honos et gloria sanctum
Felicem meritis sine fine uirentibus ambit;
et licet a ueteri tumulis absconditus aeuo,
qua mortalis erat, lateat telluris operto,
uiua tamen uegetante deo membrisque superstes
gratia diuinum spirantia martyris ossa
clarificat populis merito uiuente sepulti,

274 prensante *E*, pensante *AD* 275 pendente *A* 278 lascibosque *D* 279 hunc *A* sua *E*, suae *AD* 281 bacchi *D*, bachi *A*, bache *E* 283 poterat* *E* mortalibus *Mur.* et *addidi, om. ADE* mortalis unius etas *E* 286 presbiter *D* 293 aforet *AD*, abforet *E* 295 spiritu *A* 297 aegrotum *D* 298 afforet *E* 299 sine fine *AD*, sinper *E sed* per *in ras.* 301 latuit *Δ*

et magni solium breue confessoris adorat
iugiter e uariis conferta frequentia terris.
sed deus ut cunctorum hominum sator, omnibus istam
de sanctis indulsit opem procedere terris,
ut iam de tumulis agerent pia dona beati
martyres et uiuos possent curare sepulti.
nec satis hoc donum domino fuit, ut sua tantum
nomine siue opibus loca martyres inlustrarent;
ex isdem tumulis etiam monumenta piorum
multiplicans multis tribuit miserator eosdem
gentibus. et referam uarias ab origine causas,
ex quibus haec orta est uariis benedictio terris.
nam quia non totum pariter diffusa per orbem
prima fides ierat, multis regionibus orbis
martyres afuerant, et ob hoc, puto, munere magno
id placitum Christo nunc inspirante potentes,
ut Constantino primum sub Caesare factum est,
nunc famulis retegente suis, ut sede priori
martyras accitos transferrent in noua terrae
hospitia; ut sancto non olim antistite factum
nouimus Ambrosio, qui fultus munere tali,
postquam ignoratos prius et tunc indice Christo
detectos sibimet mutata transtulit aula,
reginam prompta confudit luce furentem.
nam Constantinus proprii cum conderet urbem
nominis et primus Romano in nomine regum
christicolam gereret, diuinum mente recepit
consilium, ut quoniam Romanae moenibus urbis
aemula magnificis strueret tunc moenia coeptis,
his quoque Romuleam sequeretur dotibus urbem,

305 et magni — adorat *in mg. infer. Δ m. ant.* 306 conferta *D*, congesta *ΔE*, confesta *A* (*sed ut etiam legi possit* confecta), confecta *Mur.* 310 martyris *A* sepulto A^1 311 domum *A* 312 martyris *AD* 313 iisdem *E*, hisde *D* monimenta *AD* 319 afuerant *AD*, affuerant *E* 320 spirante *AD* 322 tunc *Mur.* priorum *E* 323 martyres *A* 328 luce *AD*, uoce *E* 329 dum *Δ auctore Mur., qui de us.* 329—362 *testatur* 331 gereret et *AD*

ut sua apostolicis muniret moenia laetus
corporibus. tunc Andream deuexit Achiuis
Timotheumque Asia; geminis ita turribus extat
Constantinopolis, magnae caput aemula Romae,
uerius hoc similis Romanis culmine muris,
quod Petrum Paulumque pari deus ambitione
conpensauit ei, meruit quae sumere Pauli
discipulum cum fratre Petri. iam quanta per istam
sanctorum per longa uiam diuortia terrae
creuerit utilitas ad nostrae munia uitae,
ipsa docent hodieque loca, in quibus illa beati
rheda capax oneris posita statione resedit
omnibus in spatiis, quacumque aut mansio sanctis
corporibus requiesque fuit uectantibus illos
sacratos cineres, miris clamantia signis.
nam diuina manus medica uirtute per omnes
est illic operosa uias, qua corpora sancta
inpressere sacro uestigia uiua meatu.
inde igitur suadente fide data copia fidis
* tunc comitum studiis, quaedam ut sibi pignora uellent
ossibus e sanctis merito decerpere fructu,
ut quasi mercedem officii pretiumque laboris
praesidia ad priuata domum sibi quisque referrent.
ex illo sacri cineres quasi semina uitae
diuersis sunt sparsa locis, quaque osse minuto
de modica sacri stipe corporis exiguus ros
decidit in gentes, illic pia gratia fontes
et fluuios uitae generauit gutta fauillae.
inde in nos etiam stillauit copia Christi
* diues et in minimis; nam hoc quoque sumpsimus istic,

337 thimotheumque *E* 339 huc *AD* 340 qud (° *m. 2*) *A* 341 quae *D*, q̃ *A*, quia *ΔE* 345 locat *AD* *post. us.* 349 *unum uersum intercidisse putat Mur.* 350 diuinam *D* 351 illis *E* operata *Δ* 352 sacra *AD* 354 tum *A* ut sibi] si *fort.* 355 e *ΔE*, et *AD* 357 referret D^1, referre *A* 358 cineris *AD* 359 quacumque *Δ* 361 decidit, ingentes — fructus *Δ* 364 hoc] nos *coni. Mur.*, haec *fort.*

carnis apostolicae sacra pignora puluere paruo,
quae sanctus nostri dominusque paterque cubilis
et custos animae nostrae et tutela salutis
Felix uicina sibi comminus aede recepit,
quae reliquis eius aetate recentior aulis
exiguos cineres et magnos seruat honores
seruaturque magis custodibus ipsa patronis;
absit enim, ut seruari umquam uideantur egere
qui seruare solent tamen et curare suorum
commoda alumnorum patrio dignantur amore
atque dicatorum sibi tutamenta locorum
diligere; hoc sanctis studium pietatis inesse
spiritibus miranda fide documenta dederunt.
 unde recens etiam paucis opus eloquar orsis;
dignum etenim sancti Felicis munera in ipso
natali eiusdem gratantibus edere uerbis.
non peregrina locis neque tempore prisca profabor;
finibus in nostris et in ista sede patratum
nuper opus referam, quod forte renoscere uobis
promptum erit, in medio quoniam res lumine gesta est.
credo ex hoc numero uestrum prope nullus in isto
sit nouus auditu, quia per longinqua remotis
fama uolans ierit. certe adfueritis in ista
urbe aliqui per idem tempus, quo contigit, ut fur
inlicitis animo stimulis agitatus auaras
mitteret in sacra dona manus et ab omnibus unam
inprobus et demens uenerandae insignibus aulae
eligeret praedae speciem crucis, inscius illam
indicio sibi, non spolio fore, quam uelut hamum
piscis edax hausit capta capiendus ab esca.

365 paruo] patrum *A* 368 cominus *E* ede *A* 373 tantum *coni. Zechmeister* 374 dignatur *AD* 376 diligere *AD*, dirigere *E* 377 documenta *AD* 378 inde *A* 381 locis] loquar *Mur.* tempora *D* 383 renoscere *E*, noscere *AD*, agnoscere *Mur.* nobis A^1 384 promtum *A* 387 iuit *Mur.* adfueritis *AD*, affueratis (ra *ex* ri *m. 2*) *E* 392 crucis *E*, cruce *AD*

quis, rogo, latronem tam grandi spiritus auso
inpulit armauit caecauit praecipitauit,
ut nec ad excubias uigilum nec ad ipsa, quod est plus,
quae cineres reuerenda tegunt altaria sacros
pulueris et sancti uirtutem halantia fragrant,
corde repercusso fugeret neque numine tantum,
sed specie simul et pretio praestantia ferret?
multa etenim suberant alia, ut nouistis, in ipso
ornamenta loco quae sumeret, ut crucis auro
parceret; intus enim latitabant mystica uasa
sumendis mandata sacris. sed praeter et aulae
ipsius in spatio uariis insignia formis
munera erant de more sita haec, quae cernitis illic
omni prompta die uel circumfixa per omnes
ordine dimenso quasi candelabra columnas,
depictas exstante gerunt quae cuspide ceras,
lumina ut inclusis reddantur odora papyris.
at medio in spatio fixi laquearibus altis
pendebant per aëna caui retinacula lychni,
qui specie arborea lentis quasi uitea uirgis
bracchia iactantes summoque cacumine rami
uitreolos gestant tamquam sua poma caliclos
et quasi uernantes accenso lumine florent
densaque multicomis imitantur sidera flammis
distinguntque graues numerosa luce tenebras
et tenerum igniculis florentibus aethera pingunt,
dumque tremunt liquidos crines crebrumque coruscant,
adsiduis facibus sparsa caligine noctis
ambiguam faciem miscent lucem inter et umbras

395 grandis *A* 396 praecitauit A^1 399 pulueres D^1 alantia *A* flagrant *AD* 401 pretio *om. Mur.* 404 mixtica *E* 408 promptata *A* 409 dimenso *AD*, diuerso *E* 410 extante *E*, extare *AD* 411 luminauit (ut *om.*) *A* 412 $\overset{t}{a}$ (^{t} *m. 2*) *D* fixa *AD* 413 lichni *E* 414 $\overset{t}{u}$itea (^{t} *m. 2*) *A* 415 bracchia *AD* 416 calillos *E* 418 imitatur AD^1 sydera *E* 419 distinguuntque *D* 421 tremi[illegible]t *D* coruscat *ex* coruicant *D m. 2* 423 et inter et *D*

et dubium trepidis conspectibus aëra turbant.
ergo iste haec licet in patulo sibi prompta uideret
tutius et furanda sibi, quoniam minus esset
criminis et pretii suspensam altaris ab ora
longius argentoque leuem amandare lucernam,
sed miser ambitiosus et ipsa in fraude superbus
tamquam uile nefas argentea sumere furto
spreuit et audacem porrexit in aurea dextram,
quae simul e uariis scite distincta lapillis
uiderat, et magnis inflarat pectora uotis,
ut pariter gemmis gauderet diues et auro.
sed tantum sceleris magni cumulatus iniquo
pondere peccato mansit grauis et leuis aere;
sacrilegum sua poena manet, sua praeda latronem
deseruit. spolio furti, non crimine nudus
uiuit inops fructu, sed uulnere fraudis abundans.
quamquam illum non hoc magno sine numine Christi
consilioque putem permissum crimen adisse,
ut, quia uel quicquam de sacris tollere rebus
mente recepisset, sineretur ad illa uenire,
in quibus admissi inpietas insignior esset.
ante dies paucos idem confugerat illuc
militiam simulans fugere et susceptus amice
hospes ab aedituis sacram curantibus aulam.
toto paene latens ubi mense cubilia somnos *
tempora custodum simul explorauerat et cum
cepisset placitas meditati criminis horas,
nocte nefas tacita arripuit nulloque labore
nec strepitu foribus clausis inclusus ut unus
seruantum, quibus hospes erat, primos ubi somnos
non uigiles uigiles coepere silentibus umbris

425 iste haec *scripsi*, isthaec *E*, istae *D*, iste *A*, iste ergo *Mur.* 427 ob (o *in ras. m. 2*) *D* 428 amandare *coni. Ming.*, mandare D^{1}, emendare AD^{2}, emandare *E* 430 nephas *E et infra.* 432 e *E*, et, *AD* 435 cumulatus *AD*, cumulatur *E* 438 forti *AD* 441 adisse *E*, adesse *AD* 448 pene *E* ubi *A*, ibi *DE* 450 coepisset *AD* placitas *Mur.*, placitus *AD*, placidas *E* 454 caepere *AD*

carpere et oppressis obliuia ducere curis,
* ille locum sumens sceleri, qua nouerat usu
adpositam lychnis per noctem ex more parandis
machinulam gradibus scalas praebere paratis
et male securo sibi iam custode relictam,
qua crucis instar erat, quod et est modo, perpete uirga
directum geminos transuerso limite gestans
cantharulos, unum de calce catenula pendens
sustinet. in tribus his scyphulis inserta relucent
lumina, cum fert festa dies; tunc uero sine usu
* luminis ad speciem tantum suspensa manebat.
* sed paulo crucis ante decus de limite eodem
continuum scyphus est argenteus aptus ad usum.
hunc inportuno sibi lumine praedo micantem
protinus extinguit; namque id quoque nouerat idem
saepe solere mori, cum stuppa perarida longam
conderet in noctem consumpto lumen oliuo,
nec miraturum uigilem, si forte tenebras
cerneret obducto subducere culmina lychno,
more putaturus noctem, non crimine factam.
* non igitur quasi fur, quod erat latro, sed quasi custos
aufert inlicitam securus praedo rapinam,
nec fugit inpauidusque manet. tegit una latentem
cellula de multis, quae per latera undique magnis
adpositae tectis praebent secreta sepultis
hospitia. harum una fur abditur; atque ubi mane
claustra patere uidet, reserata prosilit aula
et latebram linquens portat scelus; ire parabat

456 sumpsit *mauult Ming.* quam *Mur.* 457 adpositam *Mur.*, adposita *AD*, expositam *E* lichnis *E* 458 machinulum *A*[1] paratam *Mur.* 459 iam *AD*, tunc *E* 460 qua *AD*, quae *E* perpeta *D* 462 cantharulos *E*, cartarulos *AD* cathenula *E* 463 scyfulis *AD* Sustinet in tribus. His scyphulis *Mur.* incerta *A* lucent *A*[1] 465 manebant *E* 466 limite *scripsi*, limine *AD*, lumine *E* 467 scyfus *A*, scyfui *D* 470 longum *AD* 471 conderat *E* lumine *A*[1] 473 culmina *E*, culmine *AD* lichno *E et infra* 475 castos *D* 479 adposita *A* secura *Mur.* 480 abditur *AD*, abditus *E* 481 claustra▒ (ubi *eras.*) *A*

Romuleam, ut post iam captus narrabat, ad urbem,
illic infandae acturus commercia fraudis.
interea ignaris nostris nox illa diesque
totus obit; sero solitum iam uespere munus
curantes posuere gradus; ut scandere coepit
facturus lychnum, nihil inuenit; orba manebat *
uirga crucis solitae pulchro spoliata monili. *
pallescunt miseri neque damnum criminis audent
prodere, noscentes etiam sibi iure reatum
conpetere. abscedunt trepidi fugiuntque latronem
sectantes profugum. nusquam uestigia lapsi
ulla legunt. omnes adeunt diuersa uiarum
scrutanturque sitos diuerso litore portus.
effluxere dies frustra quaerentibus octo
siue decem et cunctis uacua iam indage reuersis; *
unus quaerentum puer inritus ipse laboris
in cassum fusi longa regione redibat,
et prope iam Nolam ueniens subsistit in ipso
aggere et ingenti gemitu fletuque profuso
Felicem clamans praesumit corde fideli
non remeare domum nisi cum cruce; moxque peractum
promptus iter relegit. fit et ilicet obuius illi
quidam homo, qui furem non furem sed quasi ciuem
norat. eum noster primus rogat unde uiator
adforet; ille refert. rursus de fure rogatur,
si uidisset eum; respondit at ille propinquis
inde locis agere, et regio illa ⟨indicta⟩ prope ipsos,
dum loquerentur, erat monti coniuncta Veseuo,
quintus ab urbe lapis Nola. sed uèsperis ortus
consilium differt. placet ut lux crastina rursus

486 obit *AD*, abit *E* 488 orba *E*, orbe *AD* 489 solito pulchrae *fort.* 490 pallescunt *AD*, pauescunt *E* 491 iure *E*, *om. D et spatio uacuo A*, posse *Mur.* 495 scrutantur quaesitos *D* littore *E* 497 recursis *Mur.* 499 fusus *E* 504 fit et *E*, fiet *AD*, fitque *Mur.* illicet *E* 506 norat eum. noster *Mur.* rogat] eum *add. AD* 507 rogatus *Mur.* 508 ad *D* 509 illa indicta *scripsi*, *om. A*, illa *D*, tunc illa *E* ipsos *AD* illos *E* 510 besaeuo *AD* 511 ortos *AD*

iungat utrumque sibi. fit mane, reuertitur index;
* perducit nostros, capitur fur, praeda refertur.
forte sacrata dies inluxerat illa beati
natalem Prisci referens, quem et Nola celebrat
quamuis ille alia Nucerinus episcopus urbe
sederit. ecce ipsam sancti Felicis in aulam,
quam tunc sollemni populus stipauit honore,
post sacra iam soluente pios antistite coetus
tempore prouiso diuinitus egredientis
plebis in occursum subito introducitur ille
furaces post terga manus nodata reuinctus.
laetitia populus, formidine praedo repletur,
utque nouum ad monstrum tota concurritur urbe.
turba furens odiis popularibus ibat in illum,
laetitia incertos miscebat et ira tumultus.
pertimui, fateor, ne forte diabolus illa
qua solet inuidia uiolaret sanguine pompam
et peiore prius curaret uulnere uulnus.
eripitur populo cellaque includitur ipsa,
quod sic forte reo capto tunc accidit, in qua
delituit rapta cruce; qua post ipse reperta
clauditur, ut uiuat. tunc ergo ut mente recepta
ipse suum facinus reus atque obstacula coepit
mirandis narrare modis, fassusque per illos
octo decemue dies, quibus ire parauerat urbem
Romuleam, inplicitis ita se pedibus retroactum,
semper ut ire parans, semper retrahente rediret
nescio quo rursusque illam remearet ad oram
Veseui, qua iussus erat quasi carcere claudi
angelica nectente manu; tamen ille putabat
arbitrii miser esse sui, quod corpore liber

514 nostrum *fort.* 515 illuxerat *E* 516 quem et *ex* met *A m. 2,* quem *Mur.* 519 solemni *E* stipauit *AD,* stipabat *E* 523 posterga *D* 525 orbe *D* 527 incertos *AD,* maestos *E* 528 diabulus *A* 530 prius] malum *add. AD* 533 ipsa *D* 534 ut *AD, om. E* 541 besaeui *AD*

esse uidebatur, quem non extante catena
fortior arcanis retinebat dextera uinclis.
ultor eum digno Felix errore ligabat
et tali amentem uertigine circum agitabat, *
semper ut abscedens nusquam discederet et cum
prosiliente gradu coepisset abire, rediret.
mira fides! ibat stando, remanebat eundo,
nescius hoc ipso, pro quo fugitare parabat,
ne fugeret fieri et secum sua uincla manere
inruptamque sibi proprium scelus esse catenam.
namque sinu clausae mandauerat insita praedae
pondera, et hinc auidus quasi captus mente latebram
quaerens, luce tamen campis errabat apertis
seque latere putans extabat in aequore claro.
conscia sic mentem inpietas caecauerat, ut nec
effugeret fugiens nec celaretur aberrans.
sensibus aduersis metus hinc, stupor inde nocentem
miscuerant animam; uitabat strata uiarum,
secretos metuebat iners accedere saltus,
ipsa etiam in siluis sibi forte silentia tantum
clamatura nefas metuens aut tristia formis
occursura putans ultricum monstra ferarum.
inde miser celebri seductus ab aggere iuxta
deuius in quodam spatiabatur sibi rure
securum ignaris simulans, sed corde timorem
ut facinus sub ueste premens; nam uestis in altum
succinctae sinibus clausum mandauerat aurum.
nam neque uel tacitae furtum committere terrae

544 cathena *E et infra* 545 archanis *ADE* 547 talia mentem *AD* circumagitabat *scripsi,* circumagebat *ADE* 548 discederet *E,* descenderet *D,* descendere *A* et cum] tectum *A* 553 insuptamque *E* 554 sinu *E,* sinum *AD* mandauere *AD* 555 auidus (us *ex* is) *E,* auidam *AD* 557 aequore] aethere *uel* aere *coni. Mur.* 560 sentibus *Mur.* 561 miscuerant *E,* miscuerat *AD* 566 celebri seductus *A,* celebris eductus *D,* celebri seiunctus *E* 567 in id quod *E* 568 sed *AD,* sub *E* 569 ut] et *coni. Zechmeister* reste *E (auctore Ming.)* nam] quia *add. AD*

ausus erat specubusue cauis de more latronum,
indicium metuens, credendae fraudis auarus.
inde suae tantum tunicae sua furta nefandus
crediderat, qua restrictum nodarat amictum
suspendens fluidam nudato poplite uestem.
hanc sibi praedo penum sceleris tunc semet in ipso
struxerat, et digne tali est formidine uinctus,
crederet ut nullis miseri consortia furti,
ut sceleris tanti contagia solus haberet
et sinus illius fieret custodia furti,
cuius sacrilegam fuerat manus ausa rapinam,
ipse suum sibi ferret onus solumque grauaret
pollueretque suae letalis sarcina praedae,
ut nihil ex illo uacuum inpietate maneret,
qui spolium sceleris sacris ex aedibus actum
includens habitu cincto constringeret ipsum
atque suis signum praetenderet ipse catenis.
namque breui captus mutauit cingula uinclis,
utque aurum sinibus discincta ueste solutis
decidit, ex ipsa fuerat qua cinctus habena
uinctus eas quas in sacra dona tetenderat audax
praedo manus, proprii captus nodamine lori,
retulit et praedae uacuas et reste repletas.
uerum si penitus totam spectare uolimus
ordinis exacti seriem magis ac magis omni
in specie, uel qua latuit scelus atque reclusum
claruit, admiranda dei cernemus operta
Felicem gessisse manu. iam plurima retro
diximus, ut fugiens non fugerit utque redactis
passibus emensos sua per uestigia cursus

575 quare strictum *D Mur.* nod[a]orat *A* ([a] *m. 2*), nudarat *Mur.* 576 fluuidam *A* 577 paenum *D*, poenum *A* hanc praedo poenam *coni. Mur.* 586 acto *AD* 587 cinctu *AD* constringeret *AD*, substringeret *E* 591 auena *D* 594 re[t]tulit *E* reste *E*, recte *AD*, rete *Mur.* 595 paenitus *AD* totum *D* 597 scelus *E*, *om. AD* atque *E*, aeque *AD* latuit quaue arte reclusus *Mur.* 598 ammiranda *D*

in cassum totiens uoluente relegerit orso
longinquis exclusus et ad uicina recussus.
   nunc aliud Felicis opus, quod dextera Christi
edidit, ut meritum cari monstraret alumni,
commemorabo, pari specimen mirabile signo,
quod reus ipse tremens confesso prodidit auso.
ante tamen, quia res ita postulat, ipsius instar
enarrabo crucis, qualem et pictura biformem
fingere consueuit, baculo uel stante bicornem
uel per quinque tribus dispensam cornua uirgis.
forma crucis gemina specie conponitur: et nunc
antemnae speciem naualis imagine mali
siue notam Graecis solitam signare trecentos
explicat existens, cum stipite figitur uno,
quaque cacumen habet, transuerso uecte iugatur;
nunc eadem crux dissimili conpacta paratu
eloquitur dominum tamquam monogrammate Christum.
nam nota, qua bis quinque notat numerante Latino
calculus, haec Graecis chi scribitur, et mediat rho, *
cuius apex et sigma tenet, quod rursus ad ipsam
curuatum uirgam facit φ uelut orbe peracto.
nam rigor obstipus facit, quod in Hellade iota est. *
tau inde breui stilus ipse retro a⟨que⟩ cacumine ductus *
efficit, atque ita sex, quibus omni nomine nomen
celsius exprimitur, coeunt elementa sub uno
indice, et una tribus formatur littera uirgis.

603 exclusos *D* recursus *D Mur.* 606 comemorabo *E* 607 auso *AD*, ausu *E* 608 ita *DE*, ista *A*, haec *Mur.* 610 fingere *E*, cingere *AD*, pingere *Mur.* 611 dispensam *AD*, dispansam *E* 613 antemnae *AD*, antēne *E* 615 exsistens *D* 620 mediat *scripsi*, mediam *ADE*, medium (*uel* media) est *coni. Mur.* ro *AD* 621 sigma *coni. Mur.*, signa *ADE* 622 ω *AD*, o *E* 623 obstipuus *E* ellade *ADE* 624 taut *E* inde *scripsi*, indem *AD*, idem *E* breui stilus ipse *scripsi*, stilus ipse breui *AD*, stilus ipse *E* aque cacumine *scripsi*, a cacumine *AD*, acumine *E* tau idem stilus, ipse breui retro acumine *coni. Mur.*, tau stylus ipse breui retrorsum acumine *coni. Ming.* 626 coheunt *D* 627 formatur *AD*, firmatur *E* litera *D*

sex itaque una notas simul exprimit, ut tribus una
significet uirgis dominum simul esse ter unum,
et deus in Christo est, quem sumpto corpore nasci
pro nobis uoluit trinae concordia mentis.
idque sacramenti est, geminae quod in utraque uirgae
ut diducta pari fastigia fine supinant,
infra autem distante situ parili pede constant
adfixaeque sibi media conpage cohaerent
et paribus spectant discreta cacumina summis.
has inter medio coeuntibus insita puncto
uirga quasi sceptrum regale superbius extat,
significans regnare deum super omnia Christum,
qui cruce dispensa per quattuor extima ligni
quattuor adtingit dimensum partibus orbem,
ut trahat ad uitam populos ex omnibus oris.
et quia morte crucis cunctis deus omnia Christus
extat in exortum uitae finemque malorum,
alpha crucem circumstat et ω, tribus utraque uirgis
littera diuersam trina ratione figuram
perficiens, quia perfectum est mens una, triplex uis.
alpha itidem mihi Christus et ω, qui summa supremis
finibus excelsi pariter conplexus et imi
uictor et inferna et pariter caelestia cepit
effractisque abysis caelos penetrauit apertos,
uictricem referens superata morte salutem.
utque illum patriae iunxit uictoria dextrae,
corporeum statuit caelesti in sede tropaeum
uexillumque crucis super omnia sidera fixit.

628 exprimitur (*om.* ut) *A* et—significat *Mur.* 633 diducta *AD*, deducta *E* fastigia *E*, fastidia *AD* 634 destante *AD* 636 summi *AD* 637 has *AE*, his *D* inter medio *D*, intermedio *AE* 638 quasi *AD*, uelut *E* 640 dispensa *D*, dispansa *AE* quatuor *E* extima Signi *coni. Mur.* 641 quatuor *E* attingit *E* 645 alfa *AD* 646 trina *AD*, terna *E* 647 perfectu[illegible] *D* unam *D* 648 alfa *ADΔ* supraemis *Δ* 650 cepit *Δ* 651 effratisque *Δ* abyssis *ADΔ* 652 superate *A* 653 ut quae *AD* 654 tropeum *D*, tropheum *E* *us.* 654 *et* 655 *inuerso ordine Δ*

illa igitur species, quam fur agitatus auaris
in cassum furiis pendente refixerat unco
pollutaque manu sancta amandauerat aula,
hoc opere est perfecta, modis ut consita miris
aeternae crucis effigiem designet utramque,
ut modo, si libeat spectari comminus ipsam,
prompta fides oculis; nam reddita fulget in ipso
quo fuerat prius apta loco et uelamine clausi
altaris faciem signo pietatis adornat.
ergo eadem species formam crucis exerit illam,
quae trutinam aequato libratam stamine signat *
subrectoque iugum concors temone figurat,
siue superciliis a fronte iugantia uultum
lumina transuersis imitatur cornibus arbor
ardua, qua dominus mundo trepidante pependit
innocuum fundens pro peccatore cruorem.
huic autem, solido quam pondere regula duplex
iungit, in extrema producti calce metalli
parua corona subest uariis circumdata gemmis.
hac quoque crux domini tamquam diademate cincta
emicat aeterna uitalis imagine ligni. *
hanc fur ille sui toto de corpore furti
intactam ferro, quo cetera fregerat, unam
liquit, et ut capto tunc discinctoque refusis
uestibus elapsae ceciderunt fragmina praedae,
uisa rei species tunc inuentoribus ipsis
ancipiti motu confudit pectora. gaudent
inuentis, sed fracta dolent; cum quaerere causam
incipiunt, cautum simul audacemque latronem
mirantes, caecum fractis cautumque relictis,
tunc ille adtonitis crimen numenque fatetur;

657 casum *A* furiis *ex* uariis *A* 658 am̃dauerat *A* 661 spectati *AD* cominus *E* 663 clausa *coni. Mur.* 665 eãdem E^1 exserit *AD* 666 aequato *E*, aequatae *AD* 667 subrectoque *coni. Mur.*, subreptoque *ADE* cocors A^1 672 dupplex *E* 675 hac *D*, haec *AE* tincta *AD* 677 hanc *E*, hunc *AD* 679 distinctoque E^1 680 et lapsae *D* caeciderunt *A* 683 cum *AD*, tum *E* 686 attonitis *DE*

mente etenim totum conciderat, hoc tamen unum
numine seruarat, quo crux inclusa uetabat
quamlibet audacem segni uirtute latronem.
ipse fatebatur mentis scelus atque crucis uim
contestans, quotiensque manus armasset in illam
in cruce consertam socia conpage coronam,
ceu fractas totiens ictu cecidisse recusso
brachiaque aegra sibi neruis stupuisse solutis.
hic libet in miserum paucis insurgere furem:
infelix, quae tanta tuam dementia mentem
uerterat, ut tanto reprehensus lumine ueri
non festinares omnem praeuertere cursu
indagem reuolans, ut furtum sponte referres?
tantane uis animum tenebris oppressit auarum,
auderes illam ut gremio tibi condere partem,
quam totiens arcente deo uiolare timebas?
dic mihi, qua pauor ille tuus fugiebat et unde
rursus, ut intrepidum praeceps audacia sensum
tam male durabat, pauidus contemptor et idem
eiusdem sceleris speciem diuersus abibas
perfidiaeque fidem diuiso pectore miscens?
uirtutem crucis et signum inuiolabile Christi
credebas metuendo idem contingere ferro
et quod noscebas metuens portando negabas?
sed tamen inpietas tua nec tibi profuit, et nos,
stultitiam confesse tuam diuinaque signa,
fecisti magno crucis exultare triumpho.
ergo relinquamus captum iam incessere furem,
cui satis ad poenam est spoliatae fraudis egestas.
nunc ad te, ueneranda dei crux, uerto loquellas

687 totum *E*, *om. AD*, placida *coni. Mur.* conciderat *scripsi*, considerat *ADE*, consederat *coni. Mur.* 689 signi *D* 691 in *Mur.*, *om. AD*, ut *E* 692 socia *E*, sociam *AD* 693 fractas *Mur.*, fracta *ADE* icta *AD* 694 bracchiaque *A* 700 auaris *Mur.* 701 contendere *A* 706 speciem *AD*, specie *E* 709 idem *scripsi*, fidem *AD*, crucem *E* confringere *Mur.* 711 profuit *om. Mur.* 714 captus *A* incessere *D Mur.*, cessere *AE* 715 egestans *A*

gratantesque tua concludam laude profatus:
o crux magna dei pietas, crux gloria caeli,
crux aeterna salus hominum, crux terror iniquis
et uirtus iustis lumenque fidelibus. o crux,
quae terris in carne deum seruire saluti
inque deo caelis hominem regnare dedisti;
per te lux patuit ueri, nox inpia fugit.
tu destruxisti credentibus eruta fana
gentibus, humanae concors tu fibula pacis
concilians hominem medii per foedera Christi.
facta hominis gradus es, quo possit in aethera ferri.
esto columna piis tu semper et anchora nobis,
ut bene nostra domus maneat, bene classis agatur
in cruce nixa, fide et de cruce nancta coronam. *

XX.

Saepe boni domini caris famulantur alumnis
mente pia, patrio subiecta tuentur amore
mancipia hisque fauent cura propiore fouendis,
quos magis indiguos opis et uirtute carentes
affectu rimante uident. et si quis eorum,
moris ut humani sollemnis postulat usus,
uotum aliquod celebrare uelit neque possit egenis
id patrare opibus, studio curatur erili
seruus inops, cui diues opum, qua pauper egebat,
contulerit dominus cumulandae inpendia mensae.
haec mihi condicio est data sub Felice patrono;
nulla mihi ex me sint, ut sint mihi cuncta per illum;

719 hominum *ΔE*, hominis *AD* 721 terris *ΔE*, cernis *AD* 724 fana et *AD* 726 medii *D*, medi[i] *A*, medium *ΔE* 727 possim *Δ* 729 maneat *ΔE*, mane ut *AD* clausis *A* 730 nixa *AD*, fixa *ΔE* fide *scripsi*, fidem *ADΔE* et *AD*, uel *ΔE* nacta *ΔE*. — explicit decimus *AD*

XX. *ADE*. — Incipit undecimus *AD*, incipit liber XII · *E* 2 pia] et *add*. *E* 5 et *E*, *om*. *AD* 6 solemnis *E* postulatus *A* 7 posit *A* 8 herili *E* 9 qua *scripsi*, quo *ADE*, queis *Mur*. 11 'conditio *E* 12 sint ut (ut *in ras*.) *E*, sunt ut *coni*. *Zechmeister*

namque ad natalem nunc ipsius, ut quidem et ante
praeteritis quibus ista dies mihi floruit annis,
non erat unde epulum uotis sollemne pararem,
instabatque dies, nec adhuc mihi prompta facultas
ex aliquo suberat; subito ecce patronus abundans
unde dapem largam struerem geminos dedit una
cum iunice sues, quorum de carne cibatis
pauperibus nos materiam ex animalibus isdem
sumpsimus, egregiis quoniam miracula signis
per pecudes ipsas nuper deus edidit, alta
destimulans ratione homines adtendere Christo
nec desiderium carnis praeferre fidei;
namque ad auaritiae nostrae lacrimabile probrum
per pecora humanae rationis egentia summum
signa dedisse deum, series recitanda docebit.
non adficta canam, licet arte poematis utar.
historica narrabo fide sine fraude poetae;
absit enim famulo Christi mentita profari.
gentibus hae placeant ut falsa colentibus artes;
at nobis ars una fides et musica Christus,
qui docuit miram sibimet concurrere pacem
disparis harmoniae quondam, quam corpus in unum
contulit adsumens hominem, qui miscuit almum
infusa uirtute deum, ut duo conderet in se
distantesque procul naturas redderet unum;
ut deus esset homo, deus est homo factus ab ipso
qui deus est genitore deo, cui gratia non est,
sed natura, quod est summi patris unicus heres,
solus habens proprium, quod munere praestat habere
his, quibus alma fides dederit diuina mereri.
ille igitur uere nobis est musicus auctor,

15 uotis *E*, uoti *AD* solemne *E* 18 largam *E*, *om. AD* instruerem *AD* 19 iunice *AD*, nutrice *E* cibatos *E*[1] 20 hisdem *AD* 24 desyderium *E* 26 per *E*, *om. AD*, et *Mur.* 31 falso *D* 34 armoniae *AD* quo tamquam *E* 35 cui *D* 41. solus *E*, solum *AD*, solum et *Mur.*

ille Dauid uerus, citharam qui corporis huius
restituit putri dudum conpage iacentem,
et tacitam ruptis antiquo crimine chordis
adsumendo suum dominus reparauit in usum,
consertisque deo mortalibus omnia rerum
in speciem primae fecit reuirescere formae,
ut noua cuncta forent, cunctis abeunte ueterno.
hanc renouaturus citharam deus ipse magister
ipse sui positam suspendit in arbore ligni
et cruce peccatum carnis perimente nouauit.
atque ita mortalem numeris caelestibus aptam
conposuit citharam uariis ex gentibus unam,
omnigenas populos conpingens corpus in unum.
inde lacessitis fidibus de pectine uerbi
uox euangelicae testudinis omnia conplet
laude dei; toto Christi chelys aurea mundo
personat innumeris uno modulamine linguis,
respondentque deo paribus noua carmina neruis.
sed referam ad mea coepta pedem; nam tempus et hora est
promissas offerre dapes, adponere uobis
prandia sollicitas caste sumenda per aures.
non ueteri repetam quae sum dicturus ab aeuo;
ante dies paucos istic spectata profabor.
uenerat huc quidam placitum sibi soluere uotum
urbis Abellinae de finibus aduena nostris
sedibus. hic porcum studio curante paratum
dilatumque diu, ut simul annis atque sagina
cresceret, huc illinc perduxerat; atque ubi uenit,
pingue pecus uoti iugulat de more uouentum. *
fama suis magni per egentum accenderat acrem

44 cytharam *D*[1]*E et infra* 45 putri *E*, patri *AD* compagine *D* 45 tacentem *fort.* 49 reuirescere *Mur.*, reuiuescere (es *ex* is *m. 2*) *D*, reuiuiscere *AE* 59 chelis *E*, caelybs *D*, chelybs *A* 60 uno *E*, lino *AD*, pleno *fort.* lingis *A* 65 nec *Mur.* repetam *E*, petam *AD* 73 magni *uel* magnae *coni. Mingar.*, magna *ADE* magnopere gentum *Mur.*

ora famem et cuncti magnae spe partis hiantem
tendebant ad opima senes conuiuia faucem.
interea largitor inops non partibus aequis
diuidit incisas carnes, medium suis aufert
sinciput et tantum secti coquit intima uentris
solaque pauperibus caesi uitalia porci
diuidit ac totum sibi corpus habere relinquit,
et uotum conplesse putat laetusque redire
incipit, ausus eas iumento inponere secum
reliquias, et in his placiti se pignora uoti
sancta referre domum male credulus, in quibus idem
damnum animae nodumque uiae portabat auarus.
denique mox nec mille uiam permissus abire
passibus elucente die simul aggere plano,
non tenebris pauitante nec offendente salebris,
lapsus equo et quasi fixus humi se tollere rursus
ad consistendum reparato robore surgens
non potuit coepitque pedes clamare ligatos
idque probare iacens plantis quasi conpede iunctis.
hic aliud mirum casu sociatur in ipso;
nam dum illum tanta cum debilitate iacentem
maesta propinquorum circumstat turba suorum,
iumentum, cui sola oneri porcina manebat,
ascensore sui uacuum et ductore relictum
sponte sua sese nullo flectente refrenans,
tamquam offendiculi causam cognosceret ultro
aut aliquem prohibere uiam, qua coeperat ire,
uidisset, sic fugit, iter cursumque retorsit,
et properante gradu recucurrit ad hospita tecta
omnibus anteuolans, quos lapsi attenta tenebat
cura uiri, qua paulatim quasi corpore fracto

74 ore *Mur.* cunti *E* hiant$\overset{u}{\text{ẹ}}$m *D corr. m. 2,* hiantes *Mur.* 75 fauces *A* *us.* 77—79 *om. AD et Mur.* 80 ac] et *Mur.* 83 pignori *D* 84 referre (re *in ras.*) *D* 90 raparato *E* 92 pede coniunctis *A* 95 mesta *E* 96 honeri *E* 98 frectente *AD* 102 recurrit *A*[1] tecta *E,* tectu *D,* tecti *A* 104 qua *scripsi,* quae *ADE*[1], quem *E*[2]

nitentem et genibus rigidis prodire negantem
caecaque uincla pedum pariter meritumque ruinae
illius et poenae lacrimosa uoce fatentem
luce palam, manibus graue subuectantibus aegri
corpus, fida cohors sanctas referebat in aulas,
orantem medici Felicis ad ipsa reduci
limina, mox illic certum reperire medellam.
illum homines interque manus interque cateruas
in sacra uectatum mirantibus atria turbis
dispositi trino per longa sedilia coetu
obstipuere senes, inopum miserabile uulgus
et socio canae residentes agmine matres.
praeterea multi, sua quos deuotio sanctis
aedibus attulerat diuersis eminus oris,
uiderunt insigne pium, cum tempore eodem,
immo die, tam mira foret mutatio rerum.
idem homo, qui paulo ante suo digressus ab isdem
liminibus gressu, nunc ipse redux alienis
infertur pedibus, subuecto corpore pendens.
parte alia stratus nullo seruante sequentum
hospitis ante fores etiam nunc carne suilla
stabat onustus equus, neque quisquam notior illi
adstiterat, cui cura foret releuare grauatum
fasce suo et notis reducem subducere tectis.
ille tamen uelut humana ratione repletus
quaerentique suos et protinus opperienti
adstiterat similis, certo uestigia seruans
fixa loco, simul aure micans et naribus efflans
adsuetorum hominum notos quaerebat odores.
mirum erat hospitibus, quaenam fuga, qui status ille

106 pedum *E*, pedem *AD Mur.* pariter *E*, *om. AD*, amissum *Mur.* 107 illius et *AD*, et causam *E* 111 certum *coni. Mur.*, certam *ADE* repperire *AD* 112 cateras *D* 115 obstupuere *E* 117 quo *D* 118 diuersis *E*, diuersus *AD* 121 diggressus *E* ^{h}isdem *A*, hisdem *D* 123 subrecto *fort.* 126 nec *Mur.* illa *E* 127 asstiterat *D* 130 operienti *A*, operiente *D* 131 asstiterat *D* 134 stat^{us} (^{us} *m. 2*) *A*

esset equi, notumque animal faciebat amicis
ambiguum noua forma rei, neque quisquam erat index
accidui, cunctis illum stipantibus intus,
qui fuerat manibus sanctam portatus in aulam
martyris, aeger ubi sancto pro limine fusus,
corpore proiecto et complexis postibus haerens,
oscula figebat supplex fletuque lauabat
seque recognoscens proprii caput esse doloris,
tales sese ipsum dabat accusando querellas:
* o mihi, qui talem merui desumere poenam
hac in sede miser, qua, si miser adueniat quis,
efficitur felix! sed iustum parque maligno
me fateor merito exitium cepisse patique,
ut reus ipsa inter modo limina puniar ardens
exurente pedes simul et stringente dolore,
in quibus, heu demens! oblati munera uoti
fraude fidem uiolans conuerti in damna salutis.
est tamen, est aliquid, fateor, quod dicere possim
iam mihi mutari grata uice tristia laetis
atque ipsas animo iam prosperiora tuenti
infractis coepisse malis dulcescere poenas,
ex quibus haec nunc ipsa mihi bene gratia uenit,
qua factum est mihi nunc, ut tam cito tangere rursus
limina Felicis misero ueneranda liceret.
nam mihi si nullus uel si leuis iste fuisset
casus, ut adreptum possem pertendere cursum,
tunc magis infelix de prosperitate fuissem,
mansisset quia culpa nocens neque uulnus adactum
intus in ossa animae sensissem carne rebelli.
occultasset enim meriti discrimen iniquo

136 abiguum *A*, ambigui *E* rei] feri *E* index *E*, inde *AD*, ipse *Ming.* 138 sacram *Mur.* 143 querelas *E* 144 o mihi *DE*, omnibus *A*, hic ego *Mur.* 145 hac in sede *E*, hac inde *AD*, factus et inde *Mur.* 148 ipse *Mur.* 152 quo *fort.* 153 tristitia *D* 157 qua *E*, qui *AD*, quod *Mur.* est *E*, *om. AD* 159 uel *E*, aut *AD* 160 protendere *E* 162 mansisset quia *scripsi*, mansissetque *ADE* (*sed in E* que *exp.*). mansisset mihi *Mur.* 164 iniquo *AD*, iniqui *E*

corporis inlaesi uigor et uinxisset inertem
mens durata reum, nisi lapsum poena ligasset.
ergo potens medice in domini tu nomine Christi
Felix, iam satis hoc tibi sit dominoque potenti,
quod non ira mihi, pietas sed amica saluti
supplicium peperit, deuinctum ut corpore culpa
solueret. ecce malum seruum refugamque uoracem
iure retraxisti iniectis pro crimine uinclis.
debitor infelix teneor constringor aduror,
propositus cunctis diuini forma timoris.
mentibus haec omnes trepidis adtendite, quae nunc
me miserum reliquis documento ferre uidetis.
numquid enim hoc errore carent aliqui? sed in uno
exemplum fieri placuit, quo sit mea poena
et praeiudicium quibus emendatio non est. *
sed iam parce tuo misero, precor, optime Felix,
parce libens, succurre fauens; dolor ultimus urget
clamosas iterare preces; festinus adesto,
ne mors praeueniat medicum festina morantem.
sed scio quod domini manus haec, quae uerberat et quae
parcet in ore tuo; mihi tantum tu modo fesso *
iamque fatiscenti propera laxare catenam,
quam tu, sancte, uides, ego sentio; sicut operto
clam tacitus uinclo fugitiui membra ligasti,
sic inuisibili medicina solue reuersum.
  talia clamantem, dum postibus haeret in ipsis
Felicis sancti lambensque per oscula tergit,
adtonitis illum pia turba et cernit et audit
coetibus; ipse iacens etiam nunc erigitur spe

167 domino *Mur.* 169 mira *D* 170 deuinctum *AD,* deuincto *E,* deuinctam *Mur.* corpora *D* culpam *Mur.* 171 seruum fugamque *A,* seruumque fugamque *Mur.* 175 trepidis omnes *Mur.* 176 misurum *A*[1] docimento *AD* 179 et *AD,* in *E,* ut *fort.* 184 et quae] aeque *fort.* 185 parcit *E* in ore tuo *ADE,* more suo *Mur.*, parcet. in ore tuo est *coni. Chatelaine* parcit in ore tuo est citus ergo patronus adesto *E* 187 aperto *E* 191 terget *AD*

increpitatque moras omnes et tarda suorum
obsequia. adferri porcum totasque iubet mox
pauperibus reddi partes, sibi uiuere tantum
concedi petit atque inopum saturamine pasci.
certatim socii cito iussa fidelia curant.
itur ad hospitium notum, deponitur illic
sarcina iumento, carnes in frustra secantur
et diuisa coquit spumantibus ignis aënis.
cocta inportantur patulis numerosa catinis.
exsaturata fames inopum gratantia reddit
uerba deo et ueniam petit ut placata datori.
nec mora, confestim uoti ratione soluta
debitor ille intus meritae conpage catenae
soluitur et pedibus domino miserante refectis
tamquam liber equus uel ruptis cassibus ales
euolat et cerui salientis imagine currit.
  mira fides oculis obtenditur. omnia gaudent
tam facili pietate dei tantumque ualenti
Felicis merito, ut coram adsit Christus in illo,
pro meritis hominum moderans in utroque potenter,
ut resipiscenti medicus sit et ultor iniquo.
cernite enim, quantae fuit illa iniuria fraudis,
qua miser ille prius diuiserat inter egentes
seque suem atque istic, ubi totum reddere uotum
debuerat, solum caput intestinaque porci
carpserat et reliquam toto sibi corpore partem
fecerat inprudens atque inprobus, et tamen ipsa,
qua miser extiterat, factus mox fraude beatus
commutante deo pietatis uerbere culpam.
talis enim censura dei est, sic temperat alti
pondera iudicii deus arbiter et pater et rex,

194 increpitat[que] *A* 200 frustra *A* 201 aenis *om. A* lymphis spumantibus ignis *Mur.* 203 exaturata *E* famis *D* 206 compago *E* 208 casibus *A* 211 facile *D* 212 assit *E* 215 fuit *Mur.*, *om. AD*, sit *E* 217 istis *E* 219 reliquam *E*, reliquum *AD* 223 est *ex* et *A m. 2*

omnibus ut placidam moderato examine libret
iustitiam, et leuior mixta bonitate potestas
ante reos moneat stimulo quam fulmine perdat,
ut si profuerit praemissi uerberis ictus,
salua salus homini redeat commissa pigenti.
at si quis sacri monitus terrore flagelli
noluerit sentire plagam, incuratus abibit
seruatusque neci perfectam sentiet iram.
ille igitur miser ante, dehinc mox ipse beatus
tali sanatus carnemque animamque medella.
sed quia cognouit causam agnoscensque iacenter
paenituit, meritum curae sibi semet in ipso *
repperit inque breui est expertus utrumque, quod omnes
iusta lege manet diuinae pacis et irae
ius et opus, maneat uindex ut iure superbos
poena reos, pietas seruet miserata fatentes.
  ergo relaxatis alacer uestigia uinclis
idem ex incolumi cito debilis et cito liber
ex modo captiuo laeta cum uoce redibat,
insultans uelut ille olim, quem matris ab aluo
claudentem in uerbo domini Petrus atque Iohannes
iusserunt ualidis in saltum exsurgere plantis.
dignus et hic pauper speciosae limine portae,
quem deus ipse, Petri deus et Felicis, eadem
nunc uerbi uirtute sui sanauit apud nos
de casu claudum modo, qua sanauerat olim

225 placitam *A*, tacitam *Mur*. 227 reos *E*, reos non *AD* perdat *om*. *A*, ullo *Mur*. 228 praemiis sine uerberis ictu *Mur*. 229 homini *E*, hominis *AD* pige *A* redeat compage remissa *Mur*. 230 sacri *AD*, sacro *E* 231 iniuratus *A*[1] 234 medela *E* 235 sed] se *coni*. *Mur*., et *fort*. iacenter *scripsi*, iacentem *E*, iacentur *AD* 236 penituit *AE* meritum curae *AD*, merito curam *E* sibi semet in *coni*. *Zechmeister*, sibi memet in *E*, sibimet *AD*, sibimet simul *Mur*. in ipso] ipse *Mur*. 237 inque breuem expertus *E* omne *Mur* 238 iuxta *AD*[1] 239 uti *Mur*. 242 incolomi *D* 244 insultans *AD*, exultans *E* 245 plaudentem *uel* claudum ante *coni*. *Mur*. 246 exsurgere *D*, exsurge *A*, assurgere *E* 250 de casu *DE*, su (*ante* su *spatium uac*.) *A*, excessu *Mur*.

ex utero claudum, qua nunc ope laetus abibat;
quique preces maestas in uulnere fuderat intus,
ecce foris sano reddebat corpore grates:
quidnam ego Felici possim redhibere patrono?
quas illi referam tanto pro munere digne
tam cito de tanto sanatus uulnere grates?
non pretium statui medico aut fastidia lecti
tristia sustinui, neque per scalpella uel ignes
aut male mordaces uario de gramine sucos,
saeuior et morbis et uulneribus medicina
in corpus grassata meum est, uelut accidit illis,
quos humana manus suspecta uisitat arte
semper et incerto trepidos solamine palpat.
en ego per breue nunc spatium perlatus ad ipsum
Felicis sancti solium et proiectus in ipso
limine tam gelido quam duro in marmore fractus
atque dolens iacui, et solus mihi sermo precandi,
sola fides medicina fuit; nullum adfore uidi
et sensi medicum. quisnam hic medicus nisi Christus
ipse uel a Christo Felix de nomine Christi
et uirtute potens? neutrum illo in tempore sensi,
et tamen ipse fuit praesens in utroque, uel ut me
peccantem argueret cito sanaretque dolentem.
par modus in specie uaria mihi castigantis
parcentisque fuit domini. sanator et ultor
luminibus latuit, poena atque medella refulsit.
nunc ego iam pleno perfectis ordine uotis
ibo domum gaudens medico tutusque patrono
aeternum Felice mihi; non iam ulla uerebor
occursura mihi uelut ante pericla uiarum;
namque periclum aberit, quia causa soluta pericli est.

251 qua] ista *Mur.* 252 moestus *coni. Mur.* in *E, om. AD,* pro *Mur.* 255 pro tanto *Mur.* dignet *AD,* dignas *Mur.* 258 substinui *E* 259 fucos *E*[1] 264 ergo *D,* e^{r}go *A* illum *E* 266 fractus *E,* fractas *AD* 270 numine *fort.* 276 medela *E* 278 totusque *A* 279 Feliĉe, nec amplius ulla uerebor *Mur.* 281 soluta *E, om. AD,* est nulla *Mur.*

non resoluta fides me uinxerat, et modo soluit
rite soluta fides; tamen alliget, oro, tuus me
semper amor, Felix. istam mihi necte catenam,
qua tibi me numquam nec mors nec uita resoluat.
uerum omnes, quicumque meos uidere dolores
inque tuo merito magnis insignibus altam
conspexere manum Christi, cognoscere debent,
quantum illis mea poena boni prouiderit, ut iam
praecaueant de terrenis sibi parcere rebus
et, lucra dum captant, adquirere damna salutis.
nam si de uili pecudis mihi carne alimentum
pauperibus fraudasse malo fuit, ecquid in illis, *
qui male diuitias uano amplectuntur amore
defossisque suo pariter cum corde metallis
incubitant atque haec latitare superflua produnt, *
quae proprio longe secreta tuentur ab usu?
quid facient? quidnam pro se tibi, Christe, loquentur,
tantorum qui partem inopum inuasere nec ullam
apposuere sibi de re superante salutem?
unus abit missus. nunc mensae grata secundae
fercula ponemus; sed quamuis rursus eandem
diuerso carnem conditam iure feremus.
namque aliud uobis iterum, quod de sue mirum
lusit opus Felix, mira nouitate retexam.
tempore res prior est; sed nostris ante libellis
praeterita, in praesens tempus seruata canetur.
nec refert, quod opus quo sit sub tempore gestum,
unus erit quoniam uariis operator in annis,
qui diuersa facit sanctorum in laude suorum
omnibus in terris rerum miracula Christus.
agricolae quidam de nostris longius oris
Apula trans urbem Beneuentum rura colentes

282 me — 283 fides *om. AD* 284 ista *A* 285 sesoluat *A*[1] 293 malo *AD,* malum *E* ecquid *scripsi,* et quid *ADE* illic *D* 294 diuitia *A* uano *D,* sua ñ *A,* multo *E* 304 nobis *E* 311 miracla *E* 313 appula *E* ueneuentum *AD*

de grege setigero multis a fetibus unum
lactea adhuc tenero pulsantem sumina rostro
excerpsere sibi et curatum tempore multo
pauerunt in uota suem, et coepere paratum
ducere sacratam sancti Felicis ad aulam,
corpore de magno ut multos mactatus egenos
pasceret et saturo gauderet paupere martyr.
sed grauis aruina porcus superante pedum uim
non potuit se ferre diu primoque uiarum
limine succubuit sibimet neque deinde moueri
uoce manu stimulis potuit. liquere iacentem
hospitibusque suis commendauere relictum
maerentes domini. mens anxia nutat in anceps;
nam uoti reuocare uiam pia pectora nolunt;
rursum Felicis ueneratum limina longe
ire pudet uacuos deuoti muneris. ergo
ambiguis talis sententia mentibus haesit,
ut totidem lectos eadem de gente minores
ad sua uota legant, quot erat prouectus in annos
ille, sua pressus qui mole manebat iners sus,
quod deuota fides obstricti debita uoti
maturare parans tali ratione putauit,
pluribus ut modicis unum pensaret opimum.
ergo sacrum huc uenere locum uotisque patratis
hospitium rediere suum non comminus istinc.
nam tum forte domos, quae circa martyris aulam,
inplerat solitis denseta frequentia turbis.
propterea procul hinc secreto in rure remotam
contenti subiere casam, qua mane parabant

314 foetibus *E* 318 sancitam *Mur.* 321 graue sagina *Mur.* pedumque *A* uim *E*, *om.* *AD* 322 referre *D* 325 commandauere *AE* 328 rursus *Mur.* longo *E* 331 et *Mur.* electos ipsa de *fort.* gente *E*, grege *AD* 332 ad sua *E*, adsidua *A*, assidua *D* legunt *Mur.* quod *D* prouectus *E*, profectus *AD* 333 ineptus *Mur.* 334 quod *E*, et quod *AD* obstrincti *D* 337 huc *AD*, hunc *E* 338 cominus *E* 339 aulas *E* 340 denseta *E*, densata *AD* 341 preterea *E* rure *E*, ruere *AD* motam A^1

ad reditum proferre pedem, cum prima ruberet
parturiens aurora diem. tuguri fore aperta
hospes homo egreditur tecto notumque suem uir
conspicit ante fores mirando adstare paratu.
tamquam se missum domino loqueretur adesse
atque salŭtanti similis uestigia lambit
gaudentis domini et gestu subgrunnit alumno
blandus et olfaciens motando dat oscula rostro
seque quasi uotum debere agnoscat erile,
ingerit et tardos inuitat gutture cultros.
quo duce, quaeso, uias ignotis finibus egit
quosue pedes, tam longe ut posset currere, sumpsit,
qui breuibus spatiis in primo fine uiarum
defecit fluidae depressus mole saginae?
certe nulla manus tantum pecus aggere longo
nec sinus aduexit nec mens sua tam spatiosam
ignota regione uiam penetrare subegit,
quando homines etiam et mentis ratione uigentes
perque ignota regi faciles interprete lingua,
si tamen hi careant duce, quo uia luceat illis,
caecus in externis regionibus inplicat error.
quisnam igitur direxit iter suis? unde uoluntas,
qua dominos sequeretur, ei uel sensus, ut esset
conscius ad uotum se longa aetate paratum?
unde haec cura fuit pecori, quae rara fideles
excitat, ut, tamquam proprio culpabilis actu
pigra remansisset, sancto sus icta timore
contractam remanendo sibi ueniendo piare
curaret culpam et uitium pensaret inertis

344 for*e (t *eras.*) *A*, forte *Mur.* aperti *Mur.* 346 asstare *D*, astare *E* 347 missum] a *add. E* 349 subgrunit *A* 351 herile *E* 354 quodsue *AD* possit *AD* *us.* 355 *in mg. inferiore add. et uu ante* 356 *inserendum notauit A* *us.* 355 *post* 356 *ponit E* spaciis *A* 356 depressum *E teste Mur.* 359 coegit *mauult Mur.* 361 rei *E* 362 quo *E*, quod *AD* 363 externis *E*, extremis *AD* 366 paratum *AD*, coactum *E* 368 ut *om. A* actu *E*, astu *D*, actu *uel etiam* astu *A* 369 sus icta *D*, suscita *A*, subiecta *E*, cincta *Mur.* 370 piaret 371 curare *AD*

desidiae, quamuis sero comitata profectos
obsequio dominos? patet admirabile monstrum
caelesti dicione datum tanto suis auso,
solus ut iret iter longum, tantoque fuisse
ingenio porcum, ignotis ut tramite recto
dirigeret spatiis. quid et hoc quam grande, quod illum
Transbeneuentanis huc finibus aduenientem,
publica seu medii se strata per aggeris audax
miserit, occursus nusquam cepere frequentes,
siue per occultos egit uestigia saltus,
nulla manus ferro, fera uel fuit obuia morsu.
quae solum duxit manus aut protexit euntem?
nempe oculos aliqua celatus nube fefellit
aëre uel raptus uento mage quam pede uenit
et subita hospitium domini delapsus ab aura
constitit ignoto pro limine quadrupes hospes.
  dicam aliud prope uicini mirabile signi.
nam genere abiunctam, pecus armentale, iuuencam
quidam homines aeque longinqua huc sede profecti
secretam primo lactantis ab ubere matris
nutrierant nostris uotiuo munere pactam
pauperibus, magna quos istic plebe coactos
larga ope multorum Felicis gratia pascit.
ergo ubi iam membris uitula exultabat adultis,
facta per excretum iam corpus idonea uoto,
promouere domo; sed, qui mos esse uidetur
persoluenda piis longe sua uota ferentum
martyribus plaustro subiungere, quo ueherentur,

373 ammirabile *D* 374 tanto *om. A* 377 dirigeret *scripsi,* digereret *AD,* diggereret *E* quid *E,* quod *AD* quam *AD,* tam *E* 378 transueneuentanis *AD* 379 publica seu *E,* publicas heu *AD* mediis *D* se strata *A,* est rata *D,* constrata *E* atgeris *A* 380 numquam *Mur.* 381 egit *E,* igitur *AD* 385 aere *E,* aerea *AD* ruptus *AD* 386 subito *Mur.* ab aura *DE,* ad ipsum *Mur., om. A* 390 hac *Mur.* 391 lactentis *Mur.* 393 ista *A* 395 exultauit *Mur.* 399 plàustro *E,* plaustrum *AD* subiungere *AD,* subiunctam *E*

adgressi hanc uoluere iugo subiungere, quamuis
insuetam, tamen ut mitem iam mente subacta
usibus humanis, quibus illam e congrege coetu
sustulerant domini paruam et tectisque cibisque
miscuerant; hinc ut domita feritate putantes
sub iuga se facilem docili ceruice daturam,
sollicitant palpante manu et conantur in artum
ducere, at illa sibi solitos adludere tactus
credula consentit primum sequiturque uocantes.
uerum ubi iam propiata iugo conspexit habenas
ceruicique suae persensit lora parari,
indignata dolis et permutata repente
fit fera, nec ceruice iugum nec uincula collo
suscipit et uictis manibus lorisque recussis
prosilit a coetu retinentum et deuia longe
rura petit, fugiens dominos adsuetaque tecta.
nec procul ex oculis hominum de more ferino
se rapit et caecis fugitiuam saltibus abdit;
nam fugiens dominos abeuntes eminus adstans
sic fugit, ut non se patiatur rure relinqui.
denique ubi iunctum gemino boue tendere plaustrum
conspicit, humanum sapit et quasi conscia uoto
deberi sese, comes incipit esse profectis.
nec longe comes est, tardis comes orbibus ire
spernit, et excursu uelut insultante gementes
praeteruecta rotas lenti moliminis agmen
respicit anteuolans nec iam timet ad iuga cogi,
inuisoque prius fit amica et praeuia plaustro,
donec sacratam uentum Felicis ad aulam.
illic sponte gradum sistit seseque uocanti
adplicat et tamquam uoti rea gaudet in ipso
stare loco, propriam cui debet uictima caedem.

400 subiungere] submittere *Mur.* 401 iam mente subacta *AD*, iamque ante subactam *E* 403 et *AD*, *om.* *E* 411 dolos *Mur.* 415 rara *A* 418 astans *E* 419 rore *AD* 420 uinctum *Mur.* tendere *E*, *om.* *AD*, currere *Mur.* 422 comis *E* 424 insultante *AD*, exultante *E* 428 aulam] est *add.* *E*

illa rebellis et humanis non subdita uinclis
ducitur ad placidam nullo luctamine mortem;
intemerata iugis submittens colla securi,
pauperibus factura cibos de corpore caeso,
laeta suum fundit dominorum in uota cruorem.
quorsum istaec? numquid pecudum est, ut apostolus inquit,
cura deo? sed qui propter nos omnia fecit,
omnia pro nobis operatur in omnibus auctor
atque per ignaras pecudes operantia nobis
signa facit, brutas per clara insignia mentes
sollicitans firmare fidem et confidere uero,
ut dominum dociles linguis in uerba solutis
non taceant homines, quem signis muta loquuntur.

XXI.

Candida pax grata nobis uice temporis annum
post hiemes actas tranquillo lumine ducit
signatamque diem sancti Felicis honore
securis aperit populis. gaudere serenis
mentibus abstersa diri caligine belli
suadet ouans Felix, quia pacis et ipse patronus
cum patribus Paulo atque Petro et cum fratribus almis
martyribus regem regum exorauit amico
numine Romani producere tempora regni
instantesque Getas ipsis iam faucibus urbis
pellere et exitium seu uincula uertere in ipsos,
qui minitabantur Romanis ultima regnis.
nunc igitur pulsa formidine ut imbribus actis
respicere expulsas nubes, praesentia rerum

438] (I Cor. 9, 9).

434 sumittens *E*   437 quorum *A*   440 ignoras *A*, ignotas *Mur.* — explicit undecimus *AD*.

XXI. *ADE* — incipit duodecimus *AD*, incipit liber XIII · *E*   *Δ exh.* 27—36, 344—356, 361—364, 628—635   1 nobis *E*, *om. AD*   3 diem *om. A*   signatumque pio *Mur.*   10 gaetas *AD*   13 ut] et *Mur.*

praeteritis conferre iuuat. quam taetra per istos,
qui fluxere dies, elapso nox erat anno,
cum furor accensus diuinae motibus irae
inmisso Latiis arderet in urbibus hoste!
nunc itidem placidi spectate potentia Christi
munera; mactatis pariter cum rege profano
hostibus Augusti pueri uictoria pacem
reddidit, atque annis tener idem fortis in armis
praeualuit uirtute dei et mortalia fregit
robora sacrilegum Christo superante tyrannum.
sed quid ego hinc modo plura loquar, quod non speciale
esse mei Felicis opus res publica monstrat?
pluribus haec etenim causa est curata patronis,
ut Romana salus et publica uita maneret.
hic Petrus, hic Paulus proceres, hic martyres omnes,
quos simul innumeros magnae tenet ambitus urbis
quosque per innumeras diffuso limite gentes
intra Romuleos ueneratur eclesia fines,
sollicitas simul inpenso duxere precatu
excubias. Felix meus his uelut unus eorum, *
in precibus pars magna fuit; sed summa petiti
muneris ad cunctos, nulli priuata refertur.
ergo pedem referam; sat enim mihi pauca locuto,
unde nihil proprium meritis Felicis adesset;
nec reticere tamen potui, quia portio laudis
hinc quoque Felici suberat, quod summa potestas
rexque potens regum Christus deus omnibus una
adnuerat sanctis, quibus in grege supplice mixtum
Felicem parili audiuit pietate benignus.
parcam igitur propriis adiungere publica donis
munera priuatosque canam Felicis honores,

15 tetra *DE* 18 ardere[t] *A* in urbibus] milibus *E* 19 spectate *A*, spectata *DE* 20 munere *Mur.* 22 reddit *D* idem] et *add. Mur* 24 tirannum *E* 30 innumeros *Δ*, innumeras *ADE* 31 limite *ADΔ]* lumine *Mur.* 32 ecclesia *AD*, aecclia *Δ* 33 impensu *D* 34 his *AD*. hic *E* 37 locuto *E*, locutum *AD* 40 hinc *E*, hoc *AD*

quaeque suis proprie gerit hic in sedibus, edam.
unde igitur faciam texendi carminis orsum?
quae bona Felicis referam? quae multa per omnes
passim agit, expediam magis, anne domestica dicam
munera, quorum ego sum specialis debitor illi?
haec potius repetam, mihi quae conlata meisque
sat memini; et quia praeteritis magis illa libellis
dicta mihi, quae partim aliis permixtaque nobis
praestitit, ex his nunc opibus, quas largiter in nos
contulit, hunc animo texam gratante libellum,
et contra solitum uario modulamine morem,
sicut et ipse mihi uarias parit omnibus annis
materias, mutabo modos serieque sub una,
non una sub lege dati pede carminis ibo.
nam quasi fecundo sancti Felicis in agro
emersere noui flores, duo germina Christi,
Turcius ore pio, florente Suerius aeuo,
et pariter sanctae matres similesque puellae,
Alfia qualis erat soror illa Philemonis olim
nobilis, in titulo quam signat epistola Pauli,
et simul Eunomia aeternis iam pacta uirago
in caelo thalamis, quam matris ab ubere raptam
festino placitam sibi Christus amore dicauit
unguentoque sui perfudit nominis, unde
tincta comas animae et mentis caput uncta pudicum
spirat eo sacros sponsi caelestis odores;
haec Melani soror est simul et quasi filia, cuius
haeret ouans lateri germanum nacta magistrum.
quae simul astrictae diuinis dotibus ambae
uirtutum uarias ut uiua monilia gemmas

64] (Phil. 1, 2).

46 sues A^1 egerit *Mur.* 51 que *AD* 60 quasi *scripsi,* quia *ADE* 62 turtius *E* florentes *D* suerius *E,* suetrius *A,* uetrius *D,* suecrius *Mur.* *inter* 63 *et* 64 *aut* 64 *et* 65 *aliquos uersus desiderari censet Ming.* 64 Apphia *coni. Ming.* 67 ab *E,* sub *AD* 70 comas animae *AD,* comam *E* et mentis capud *AD,* meritis sacris *E* iuncta *A* *uersus* 71—123 *om. AD Mur.* 71 eo *Ming.,* io *E*

mentibus excultis specioso pectore gestant.
has procerum numerosa cohors et concolor uno
uellere uirgineae sequitur sacra turba cateruae.
Eunomiam hinc Melani doctam sub principe uoce
formantem modulis psalmorum uasa modestis
auscultat gaudens dilecto Christus in agno,
quod modulante deo benedictas paruula princeps,
sanctorum comites, casto regat ore choreas.
haec igitur mihimet meditanti congrua suasit
gratia multimodis inluso carmine metris
distinctum uariis imitari floribus hortum,
sicut Felicis gremium florere repletum
lumine diuerso quasi rus admiror opimum
hospitibus multis in eum Christo duce missis
Felicique patri denso simul agmine natis
pignoribus, subito ut totis habitacula cellis *
per fines creuisse suos et sobria castos
tecta sonare modos tandem sibi uocibus aptis
gaudeat hospitiisque suis et corpore et ore
ipse sinu pleno dignos miretur alumnos
et uirtute pares animas in dispare sexu;
sicut oliuarum fecundo in colle nouellas
laetatur senior diuino a semine Christi
plantator cernens inter sua rura colonos. *
floreat ergo nouo mihi carminis area prato
laudibus et domini, qui conditor oris et artis
omnimodae est, uario famulans pede musica currat.
iamque intertextis elegus succedat iambis,
sit caput herous fundamentumque libello.

castis agendus gaudiis et hostiis
dies refulsit laude Felicis sacer.

76 spetioso *E* 77 proceres *fort.* *uss.* 77 *et* 78 *post* 83 *ponendos esse cens. Zechmeister* 84 mihimet *scripsi,* mihi *E,* mecum *coni. Zechmeister* 86 ortum *E* 97 nouellas *coni. Zechmeister,* nouella *E* 102 omnimode *E* 103 elegu[s] *E* 104 libello] *add. E:* Incipit liber XIIII.

quod ‚laude' dixi, ‚morte' dictum discite,
quia mors piorum iure laus uocabitur,
pretiosa domino quae deo rependitur.
unde et propheta dicit in uerbo dei
uitae probatae in exitu laudem dari,
et ante mortem praedicandum neminem
Salomonis ore sermo diuinus docet,
laudanda quamuis quidam in hac uita gerant
nec possit alibi quam sub isto saeculo
laus praeparari, quae canenda in exitu est.
sed credo, quoniam tota res uitae istius
fluitans et anceps lubrico pendet statu,
breuique nostram uertit aetatem rota
surgens cadensque per salebrosas uias,
quibus huius aeui cursus explicandus est:
iccirco nos magistra prouidentia
monet ante finem nec sibi nec alteri
debere quemquam plaudere et confidere;
quamuis honesta rectus incedat uia,
tamen timere semper offensam pedis,
donec peractis usque metam cursibus
palmam petitae conprehendat gloriae.
quare beatos martyras, quos extulit
perfecta uirtus in coronam caelitem,
iustis honoris debiti praeconiis
celebramus omnes nos eorum posteri
confessione Christiani nominis,
quibus profuso sanguine ob sanctam fidem
proseminarunt frugis aeternae bonum,
ut, si ambulemus martyrum uestigiis,
paribus parentum perfruamur praemiis.
  hinc ergo sanctis siue confessoribus

110] (Tob. 3, 1). 113] (Eccli. 11, 30).

107 discite *scripsi*, dicite *E*, ducite *coni. Zechmeister* 120 surgensque *E* 125 quamuisque *coni. Zechmeister* incidat *A* 129 martyres *A* 132 caelebramus *A* 137 partibus *A*, partis *Mur.*

seu consecratis passione testibus
dies sacratos, in quibus functi diem
mortalis aeui morte uitali suum
de labe mundi transierunt ad deum,
populi fideles gaudiis sollemnibus
honore Christi gratulantes excolunt,
ut iste sancti pace Felicis dies,
quo clausit olim corporis uitam senex,
confessionis ante functus proelia,
sed incruento consecratus exitu,
post bella uictor pacis adsumptus die
uocante Christo liquit exultans humum
et in supernas transitum fecit domos,
non defraudatus a corona martyris,
quia passionis mente uotum gesserat.
nam saepe agonem miles intrauit potens
uictoque semper hoste confessor redit;
sed praeparata mente contentus deus
seruauit illum, non coronam martyris
negans, sed addens et coronam antistitis,
ut incruento palmam adeptus proelio
et proeliati possideret praemium
confessionis purpurante laurea,
uittaque pacis in sacerdotis stola
redimitus idem bis coronatus foret
confessor atque presbyter Felix dei.
  hic ergo, uotis quem recolimus annuis,
non est agonis, sed sepulturae dies,
quo separata ab inuicem substantia
animae uolauit ad deum, in terram caro
reuersa tumulo conquieuit abdita.
et merito sanctis iste natalis dies
notatur, in quo lege functi carnea

139 siue *Mur.* 143 solemnibus *E* 145 sanctus *coni. Zechmeister* 150 exsultans *A* 153 qui *fort.* 155 rediit *Mur.* 161 confessione *E* 162 uitaque *A* 165 annuis *E,* annus *AD* 167 quo separata *E,* quos parata *AD* 168 anima *Mur.*

mortalitatis exuuntur uinculis
et in superna regna nascuntur deo
secumque laetam spem resurgendi ferunt.
ego semper istum sic honoraui diem,
magis hunc putarem ut esse natalem mihi,
quam quo fuissem natus in cassum die.
lugendus etenim est ille dignius mihi
dies, in istud quo creatus saeculum
peccator utero peccatricis excidi
conceptus atris ex iniquitatibus,
ut iam nocentem pareret me mater mea.
maledictus ergo sit dies, quo sum miser
ad iniquitates ex iniquis editus.
benedictus iste sit natalis et mihi,
quo mihi patronus natus in caelestibus
Felix ad illam exortus est potentiam,
qua me ualeret faece purgatum mea
laxare uinclis et redemptum absoluere
de luctuosa morte natalis mei.
eadem recurrit semper haec cunctis dies
acto per orbem circulis anno suis;
uerum quotannis innouante gratia
diuersitatem munerum, quae dat suo
Christus sodali, donet ut Felix mihi,
mutatur et non ipsa quae cunctis uenit,
uarias meorum carminum causas ferens.
uideamus ergo, quid mihi hoc anno nouum
attulerit, unde uocibus uernem nouis.
non ibo longe, nec procul sumam mihi
praeterita tempore aut locis absentia.
adsunt, tenentur ipsa dona comminus;
uidetis omnes munera hoc anno data
nobis in uno iuncta Felicis sinu,

178 legendus *A* dignius *E*, dignus *AD* 179 istud *Ming.*, istum *ADE* 189 laxatum *E* 190 *et* 191 *inuerso ordine exh. Mur.* 193 quodannis *D* 200 summam *AE*[1] 202 assunt *E* cominus *E*

mancipia Christi, nobiles terrae prius,
nunc uero caelo destinatos incolas,
quos Christus ipse, qui crearat diuites,
hoc pauperauit saeculo, in regnum ut suum
terreni honoris arce deiectos uehat:
Apronianum Turciae gentis decus,
aetate puerum, sensibus carnis senem, *
ueteri togarum nobilem prosapia
sed clariorem Christiano nomine,
qui mixta ueteris et noui ortus gloria
uetus est senator curiae, Christo nouus.
huic propinquat socius aequali iugo
aeuo minore Pinianus, par fide,
et ipse prisco sanguine inlustris puer,
in principe urbe consulis primi genus.
Valerius ille consulari stemmate
primus Latinis nomen in fastis tenens,
quem Roma pulsis regibus Bruto addidit,
Valeri modo huius Christiani consulis
longe retrorsum generis auctor ultimus.
o uena felix! ille gentili licet
errore functus hoc suae stirpis bonum
non capiat atro mersus inferni lacu,
sed nos fideli contuentes lumine
retroacta uel praesentia humani status
miramur opera conditoris ardui
et praeparatos a uetustis saeculis
successionum mysticarum lineis
pios stupemus inpiorum filios;
tamen in tenebris inpiarum mentium
lucis uidemus emicasse semina

207 creauit *Mur.* 210 Appronianum *E* 211 carnis] cordis *fort.* 214 quo *E* 215 christo *AD,* christi *E* 217 minore *coni. Zechmeister,* minor est *E,* minor *AD* pinnianus *E* 219 urbis *ex* urbe *D m. 2* primi genitus *E,* primigenus *Mur.* 220 Valeru// *D* 221 latinus *A*[1] 226 errore *E,* terrore *AD* 232 myxticarum *E* 233 pios *E,* post *AD*

in tempore ipso noctis antiquae sitis,
quibus probata quamlibet gentilibus
mens et uoluntas lege naturae fuit.
hinc in quibusdam nunc eorum posteris
ueterum subinde uena respondet patrum;
ut ille quondam Piniani nunc mei
auctor supremus in libertatem suis
post regna dura uindicandis ciuibus
lectus nepotis huius ortum praetulit,
qui mente auita persequens superbiam
potiore causa seruitutem depulit
a semet ipso, corporis uictor sui,
pulsoque regno diaboli e membris suis
iam spiritali pace peccati iugum
fidelis animae casta libertas terit,
et in hoc parentis aliquid illius refert
puer iste Christi consulatum militans,
quod liberandis consulens munus pium
redemptionis opere dispensat deo,
prisci parentis aemulator hactenus,
quod seruitute liberat domesticos,
ut ille ciues. sed quod ille gesserat
in urbe et una et paruula primis adhuc
Romae sub annis, hic modo in multis agit
diuerso in orbe constitutis urbibus,
passim benignus et suis et exteris.
nam et liberorum plurimis ceruicibus
seruile sanctis opibus expellit iugum,
quos aere uinctos in tenebris carceris
absoluit auro de catena fenoris.
hos ergo Felix in suo sinu abditos
mandante Christo condidit tectis suis

241 pinniani *E* 242 superemus *A* 244 lecti *E* neputis *A* 251 referi *A* 254 ope *Mur.* dei *coni. Zechmeister* 258 una et] una *E* paruola *A*, paruula, *sed* in an̄t paruola *add. in mg. D* athuc *D* 262 et *AD*, *om. E* libertorum *Mur.* 265 faenoris *AD*

mecumque sumpsit sempiternos hospites.
his nunc utrimque laetus adiutoribus
trium sub una uoce uotum dedico,
uno loquente spiritu affectu trium.

magnificate deum mecum et sapienter honestis,
  unanimes pueri, psallite carminibus.
ut decachorda sonant pulsis psalteria neruis
  et paribus coeunt dissona fila modis,
sic pia conpagis nostrae testudo resultet,
  tamquam uno triplex lingua sonet labio.
tres etenim numero sumus, idem mentibus unum,
  et plures coeunt in tribus his animae,
quarum caelestis liber indita nomina seruat:
  prima chori Albina est cum pare Therasia;
iungitur hoc germana iugo, ut sit tertia princeps
  agminis hymnisonis mater Auita choris.
matribus his duo sunt tribus uno pignora sexu,
  flos geminus, Melani germen et Eunomia.
haec eadem et nobis maribus sunt pignora; nam quos
  discernit sexus, consociat pietas.
cum patre Paulino pater aeque Turcius iste est,
  sed me aetas, suboles hunc facit esse patrem.
diuerso ex aeuo sociamur nomen in unum,
  et non ambo senes, sed tamen ambo patres.
ergo cohors haec tota simul, tria nomina matres,
  quattuor in natis, in patribus duo sunt.
nam puer hinc Melani coniunx in corpore Christi,
  cui deus a pinu nomen habere dedit,

268 secumque *fort.* 270 trinum *fort.* 271 spiritu *scripsi,* spiritu in *ADE* loquente in spiritu *Zechmeister* *uss.* 272 *et seqq. om. E* 273 dm̄n̄ *A* sapienter *coni. Zechmeister,* sapientes *AD* 274 dechacorda *A* sonent *Mur.* 275 coeunt *AD,* coeant *Mur.* 278 tris *AD* iidem *Mur.* 281 ethaerasia *D* compare (*uel* cum pare) Therasia *coni. Mur.,* compar et haerasia *AD* 284 tribu *AD* 287 consciat *A* 289 mea *A* soboles *Mur.* 290 nomen sociamur *Mur.* 291 et] ut *fort.* patres *coni. Mur.,* pares *AD* 294 hic *coni. Zechmeister*

natus ut aeternae uitae puer arbore ab illa
  susciperet nomen, quae sine fine uiret.
pinus enim semper florente cacumine perstans,
  semper amans celsis alta comare iugis,
non mutat speciem cum tempore (namque sub aestu
  et niue par sibimet stat uiridante coma)
fertilis et fructu ualidae nucis intus ad escam
  lac tenerum crispo tegmine mater habet,
pinguis odoratum desudat taeda liquorem,
  ut nec in ipso arbor robore sit sterilis.
haec igitur typus est aeterni corporis arbor,
  pulchra ferax uiuax ardua odora uirens.
istius instar erit domino puer iste beatus
  arboris, ut maneat gratia perpes ei.
iamque deo plantatus agit sanctoque profectu
  fructiferum adtollit pinus ut alta caput.
eminet hic proprio mihi filius in grege primus;
  ast aliud mihi par lumen in Asterio est,
quem simul unanimes uera pietate parentes
  infantem Christo constituere sacrum,
ut tamquam Samuel primis signatus ab annis
  cresceret in sanctis uotus alente deo.
* prima parens Christi sub nomine murmura soluit,
  et domini nomen prima loquella fuit,
iamque parente deo regnis caelestibus ortus
  sidereo pariter nomine et ore micat.
hunc puerum et fratrem fecit pia gratia patri;
  nam pariter sancto flumine sunt geniti.
quos natura gradu diuiserat, hos deus almo
  munere germanos in sua regna uehet.
ergo nouem cuncti socia cum prole parentes

301 pars *D* 303 chrispo *A* 306 est] et *A* 311 attollit *D* 312 eminet *Mur.*, enim et *AD* 313 par *Mur.*, per *D*, p̱ *A* 318 parens *coni. Zechmeister*, parente *AD* 319 et *om. in spat. uac. A* dom^{i}ni *A* loquilla *A* 324 hoc *A*

pectore concordi simus ut una chelys;
omnes ex nobis cytharam faciamus in unum
carmen diuersis conpositam fidibus.
Aemilius ueniat decimus. tunc denique pleno
concinet in nobis mystica lex numero.
hoc etenim numero capitum in testudine pacis
uiua salutiferum chorda loquetur opus.
huic cytharae plectrum Felix erit. hoc decachordam
Christus ouans cytharam pectine percutiet.
quae cythara in nobis Christo modulante sonabit
plena perfectis sensibus armonia,
si pax nostra deo totis sit consona fibris,
simus ut uniti corpore mente fide.
talis enim cytharam sanctis homo legibus inplet,
omnibus ad uitam conpositus numeris,
cuius uita sacrae concordat ad omnia legi;
omnis enim inrupto stamine chorda canet.

nunc ad te, uenerande parens, aeterne patrone,
susceptor meus et Christo carissime Felix,
gratificas uerso referam sermone loquellas.
multa mihi uariis tribuisti munera donis;
omnia, praesentis uitae rem spemque futurae
quae pariunt, tibi me memini debere, cui me
mancipium primis donauit Christus ab annis.
si mihi flumineis facundia curreret undis
oraque mille forent centenis persona linguis,
forte nec his opibus conlato fonte refertus
omnia Felicis percurrere munera possem,

327 pectori *AD* caelis *D sed in mg. m. 1:* in an̄t chelys 328 citharam *AD et infra* 329 compositum *A* 332 numero capitum *coni. Zechmeister,* numeri in capite *AD* 333 corda *D* 334 dechacordam *A* 337 plenam *Mur.* armoniam *Mur.* 338 si] sic *Mur.* totis sit deo *AD* 339 un^{i}ti *A* 340 citharem D^1 implat *D* 343 corda *D* 346 loquellas *ΔD,* loquillas *A* 349 me *om. Δ* 353 fronte *A* refectus *Δ* 354 munera percurrere *AD*

quanta suo dominus donauit Christus amico
et mihi confessor famulo transfudit alumno.
quae quibus anteferam? donis diuersa, sed aequis
grandia ponderibus concurrunt multa, nec ex his
quid potius memorare legam, discernere possim;
iudicii facilis discrimen copia turbat.
si prima repetens ab origine cuncta reuoluam,
quae pietate pari, uario mihi praestitit aeuo,
ante queam capitis proprii numerare capillos
quam tua circa me, Felix bone, dona referre.
  tu mihi caelestum, si possem adtingere, rerum
prima salutiferis iecisti semina causis.
nam puer occiduis Gallorum aduectus ab oris,
ut primum tetigi trepido tua limina gressu,
admiranda uidens operum documenta sacrorum
pro foribus feruere tuis, ubi corpore humato
clauderis et meritis late diffunderis altis,
toto corde fidem diuini nominis hausi
inque tuo gaudens adamaui lumine Christum.
te duce fascigerum gessi primaeuus honorem
teque meam moderante manum, seruante salutem,
purus ab humani sanguis discrimine mansi.
* tunc etiam primae ⟨puerus⟩ libamina barbae
ante tuum solium quasi te carpente totondi;
iam tunc praemisso per honorem pignore sedis
Campanis metanda locis habitacula fixi,
te fundante tui uentura cubilia serui,
cum tacita inspirans curam mihi mente iuberes
muniri sternique uiam ad tua tecta ferentem
adtiguumque tuis longo consurgere tractu
culminibus tegimen, sub quo prior usus egentum

356 transfudit] transmisit *A* 357 *post* feram *interrogationis signum posui* 361 repens *D* 363 quaeam *D* 369 ammiranda *D* docimenta *AD* 371 diffuderis *AD* 376 sanguis *scripsi,* sanguinis *AD* humanae caedis *coni. Mur.* 377 puerus (*an* puer et ?) *addidi, om. AD,* ut mos est *add. Mur.*, iuuenis *add. Zechmeister* 379 honore *A* 381 tui *Mur.*, cui *AD* 385 culminibusque *D* prior uisus *A*, plus unus *coni. Zechmeister*

incoluit. post haec geminato tegmine creuit
structa domus, nostris quae nunc manet hospita cellis;
subdita pauperibus famulatur porticus aegris,
quae nos inpositis super addita tecta colentes
sustinet hospitiis inopumque salubria praestat
uulneribus nostris consortia sede sub una,
commoda praestemus nobis ut amica uicissim,
fundamenta illi confirment nostra precantes,
nos fraterna inopum foueamus corpora tecto.
ergo ubi bis terno dicionis fasce leuatus
deposui nulla maculatam caede securim,
te reuocante soli quondam genitalis ad oram
sollicitae matri sum redditus. inde propinquos
trans iuga Pyrenes adii peregrinus Hiberos.
illic me thalamis humana lege iugari
passus es, ut uitam commercarere duorum
perque iugum carnis duplicata salus animarum
dilatam unius posset pensare salutem.
ex illo quamuis alio mihi tramite uita
curreret atque alio colerem procul absitus orbe,
qua maris Oceani circumsona tunditur aestu
Gallia: mente tamen numquam diuulsus ab ista
sede fui semperque sinu Felicis inhaesi
inque uicem sensi Felicem adsistere nostris
rebus in omne bonum per cuncta domique forisque
conficienda. mihi res et defensio rerum
unus erat Felix placato numine Christi,
semper et auertens aduersa et prospera praestans.
tu Felix semper felix mihi, ne miser essem,
perpetua pater et custos pietate fuisti.
cumque laborarem germani sanguine caesi

398 sollicite *A* 401 commercare *D* 405 aliam c. p. a. oram *coni. Petrus Bernardonius* 406 ociani *A* circumsona tunditur *D, ut Petrus Bernardonius coniecerat,* circumsonat unditus *A* 407 gallia *DA*[1], Galla *A*[2] *Mur.* 408 side fuissem perque sinus *A* 411 res] spes *fort.* 413 auersa *Mur.* 416 laborem *A*

et consanguineum pareret fraterna periclum
causa mihi censumque meum iam sector adisset,
tu mea colla, pater, gladio, patrimonia fisco
eximis et Christo domino mea meque reseruas.
nam quo consilio rebus capitique meo tunc
Christus opem tulerit, Felicis cura potenter
adfuerit, docuit rerum post exitus ingens,
quo mutata meae sors et sententia uitae
abiurante fide mundum patriamque domumque.
* prodita diuersis egit commercia terris
* portandamque crucem distractis omnibus emit.
res igitur terrae regni caelestis emit spem;
spes etenim fidei carnis re fortior. haec spes
perpetuam, quae nixa deo est, rem parturit; at res
carnea caelestem perimit spem, quae tamen et rem,
si superet uincente fide, non protinus aufert,
sed bene mutatam diuino iure reformat,
de fragili aeternam referens terrisque remotam
in caelis statuens, ubi fidus credita custos
Christus habet; neque tantum isto quo sumpserit istinc
depositum numero seruat, sed multiplicato
his qui crediderint commissa talenta rependet
fenore seque ipsum credentibus efficiet rem.
et quae res hac re poterit pretiosior esse?
si totus mundus mihi res priuata fuisset,
num potior domino foret haec possessio Christo?
et quis me tantae uel spe modo possessorem
praestitit esse rei? quis me rem conpulit istam
spernere pro Christo, ut Christum mihi uerteret in rem?
quis nisi tu, semper mea magna potentia, Felix
peccatis inimice meis et amice saluti?
tu mihi mutasti patriam meliore paratu,

418 rector *Mur.* adisse *A* 419 gladia *D* 420 me meaque *D* 424 qo *A* meae *scripsi,* mea *AD,* mea est *Mur.* 425 pariamque *D* 426 egi *coni. Mur.* commertia *D* 427 emi *coni. Mur.* 439 faenore *D* ipsum *AD, om. Mur.*

te mihi pro patria reddens. tu carnea nobis
uincula rupisti. tu nos de labe caduci
sanguinis exemptos terrae genitalis ab ora
ad genus emigrare tuum et caelestia magnis
fecisti spirare animis. tu stemmata nostra
mutans de proauis mortalibus inter amicos
caelestis domini et libro signata perenni
nomina translato mortalis originis ortu
deleri facies morti, transcripta saluti.
quid simile his habui, cum dicerer esse senator,
qualia nunc istic habeo, cum dicor egenus?
  ecce mihi per tot benedicti martyris aulas
et spatiis amplas et culminibus sublimes
et recauis alte laquearibus ambitiosas
inriguas et aquis et porticibus redimitas,
undique ubique simul, quodcumque per ista beati
nomine Felicis colitur celebratur habetur,
omnibus in spatiis domus est mea. nec locus ullus
aedibus illius coniunctus et insitus extat,
qui mihi non quasi res pateat mea. sed quid in isto
munere me iactem, si rem Felicis amati
uisibili lapidum tecto uernaculus hospes
possideam? quanto plus est mihi, quod mihi Felix
ipse dei dono domus est, in quo mea uiuam
uita domum nullis lapsuram possidet annis?
nam quod Felicis domus et mea sit domus, ipso
permittente sui licitas mihi iuris habenas,
his etiam probat officiis audacia nostra,
hospita quod socios in tecta recepimus et nunc
omnes iure pari Felicis iura tenemus
Felicisque patris gremio coniuncta fouemur

453 spirare *AD*, sperare *Mur*. 454 proauis *AD*, prauis *Mur*. 455 et *delere uult Zechmeister* 457 transscripta *D*, transcribta *A* 458 hic *fort.* dicerer *AD*, diceret *Mur*. 462 ambitiosa *AD* 464 et ubique *AD* 468 quid *ex* $\overset{d}{\text{q}}$ *A* 469 iacentem *A* 472 uiuam *AD*, uiuat *Mur*. 475 sue *A*[1]

pignora, quae nostis, quos cernitis et modo in ipsis
Felicis tectis mecum metata tuentes
hospitia, oblitos ueterum praecelsa domorum
culmina et angustis uicino martyre cellis
tutius in paruo spreta ambitione manentes.
Christus enim iuxta est modicis, auertitur altis
pauperis et tuguri magis arta tegilla frequentat
quam praecelsa superbarum fastigia rerum.
ergo ut conponam quae nunc colo tecta relictis
culminibus, quae nunc habeo aut habuisse recordor,
si placet, arbitriis sibimet conponite iustis.
quae tam pulchra domus, quis ager fertilis umquam
in re mortali fuerit mihi, quam modo in ista
pauperie tribuit Christus, per quem mihi abundat
diues inexhausto reditu possessio Felix?
ut uero ex ueteri relegam mea praedia censu,
quicquid erat magnum quondam mihi qualibet in re,
terra erat et uacuae species uentosa figurae;
siue aurum gemmaeue forent, erat illa supellex
uile bonis pretium, pretiosum uirus auaris.
at modo cassus opum, nec opum sed uerius expers
damnatorum onerum, secura liber habendi
paupertate fruor, nec habent inimica segmentum
uincula quo teneant nudum. facili leuis exit
corpore quem nullis suffocat amoribus illex
per uarias species mundi fallentis imago.
o ueneranda mihi et toto pretiosior orbe
pauperies Christi! thesauro caelite ditas

486 tegilla *Mur.*, tigilla *AD* frequantat *D* 487 superborum *AD* superborum f. regum *fort.* 488 relictis *AD*, relatis *Mur.* 489 aut] ã *A*, et quae *coni. Zechmeister* 490 placeat *D* arbitriis *AD*, arbitris *Mur.* 491 umquam *AD* 493 pauperie tribuit *AD*, paupere contribuit *Mur.* 496 quidquid *D* 498 gemmaeue *coni. Zechmeister*, gemmaeque *AD* ille *A* 500 at *A*, ad *D*, ac *Mur.* 501 damnatorum *Mur.*, damnorum *AD* 502 fruo *A* inimica *Mur.*, imma *AD* segmentum *coni. Gitlbauer*, sequentum *AD* 503 facili *scripsi*, facile *AD* 504 suffocata moribus *D* ilex A^{1} 505 falentis *A*

quos spolias opibus, terrae quasi rudere purgas,
destruis in nobis terrena, aeterna uicissim
construis, in pretium uitae dispendia terrae
uertis iure nouo, uersa uice detrimenti
atque lucri, ut nobis seruata pecunia damnum,
non seruata lucrum faciat; sed more sinistro
fusa eadem damno est. nec enim nisi nomine Christi
praeceptoque dei cuiquam sua fundere prodest;
nam uere pereunt uitiis inpensa profanis.
luxus et ambitio in magno discrimine morbi *
crimen auaritiae pensant, quia par in utroque
causa subest mortis, quam sic maculosa libido
perficit ut rerum mundi malesuada cupido.
his me diuitiis inopem cupis, optime Felix,
ut facias uitae locupletem et paupere cultu
exortem reddas mortis sine fine luendae
diuitibus mundi, quibus auri letifer usus
parturit aeternos sociis cum uermibus ignes.
  non solis tibi nos iunctos uis degere tectis,
quos et in aeternae tibimet consortia uitae
enutrire paras et ad illam ducere formam,
quam tu sub domini perfectus imagine Christi
gessisti in terris, homo quondam ex diuite pauper.
nam cui paupertas tua, quam pro nomine sancto
proscriptis opibus gaudens confessor adisti,
ignorata iacet, et qua praeditus usque senectam *
conducto, Felix, coluisti semper in horto?
propterea similes tibi niteris efficere omnes
paupertate pia, quos suscipis hospite tecto;
dissimilis nec enim tibi posset forma coire.

509 destrues *AD; em. Mur.* 510 construes *AD; em. Mur.* 511 iure *coni. Gitlbauer,* uere *AD,* more *coni. Zechmeister* 512 atque ut lucri *AD,* ut lucri *Mur.* 514 nisi *D,* sine *A* 515 praeceptoque dei *AD* (*sed in A* que *s. l.*), praeceptoque eius *coni. Mur.* 517 lux *A* in *om. Mur.* 520 ut *AD,* et *Mur.* 526 iunctos *AD ut Mur. coni.,* iunctis *Mur.* 532 proscribtis *D* 533 iacet *scripsi,* lac *D et s. l. A,* latet *Zechmeister,* manet *Mur.*

quantum etenim discors agno lupus et tenebris lux,
tantum dispescunt uia diuitis et uia Christi.
nam uia lata patet, quae prono lubrica cliuo
uergit in infernum, quae dites urget auaros,
molibus inpulsos propriis in tartara ferri.
at uia, quae Christi est, quae confessoribus almis
martyribusque patet, paucis iter ardua pandit.
non capit ergo uia haec farsos, excludit onustos.
propterea famulum sectatoremque beati
martyris adstringi decet exutumque molestis
conpedibus tenuem de paupertate salubri
atque leuem fieri, ut portam penetrare per artam
possit et excelsum domini conscendere montem.
  sed quid ego inprudens discernere pondera rerum
pro magnis haec pono tuis, pater optime, donis?
quamlibet haec quoque sint mihi grandia, parua tamen sunt,
si potiora loquar. quota portio namque tuorum est
erga nos operum reputatio muneris huius,
quod terram hospitio dederis habitandaque tecta
condere praestiteris, cum tu, pater, et tua nobis
uiscera praebueris? nam quid nisi uiscera nobis
intima prompsisti, quibus interiora sepulchri,
sancte, tui excitis ab operto puluere causis
pandere dignatus, speciali nos tibi amore
insertos tanto uoluisti prodere signo,
ut tacitam et fixam per tot retro saecula sedem
corporis, alme, tui subito existente fauilla
pulueris in nostro reserari tempore uelles?
ergo illas Felicis opes in laudibus eius
transcursu properante legam quasi dona minora,
multa suo nobis quae iam gremio susceptis

539 discordant *coni. Mur.* diuites A^1 541 quae *coni. Zechmeister,* qua *AD* 542 instar tara *D* 543 ad *A* 545 fursos *AD,* fartos *coni. Bernardonius* 347 asstringi *D* 552 magnis haec *D,* magis hae *A,* pro magis haec ego *Mur.* 553 mihi sint *AD* 556 terram] ullam *coni. Zechmeister* 560 caufif *D* 564 exsistente *D* 565 reserari *coni. Zechmeister,* reseruari *AD,* seruari *Mur.*

sedulus adtribuit, neque parcet prodigus in nos
iugiter afluere innumeris ope diuite donis. *
non ea suppeditans tantum, quibus indiget usus
corporis, illa etiam, quibus et nunc gratia laudis
quaeritur et post ⟨nos⟩ retinetur nomen honoris,
addidit, ut tantis numquam retro conditus aeuis *
nostro opere extructas adcrescere uel renouari
porticibus domibusque suas permitteret aulas.
ille etiam proprii nobis secreta sepulchri
sancta reuelauit. paucis uenerabile munus
eloquar, ut magnae pietatis luceat instar,
qua nos indignos tanto dignatus amore est,
ut prope ad arcanum permittens nostra uerendum
lumina ceu propriis sua proderet ossa medullis.
  ergo suam toto uobis loquar ordine causam,
qua tribuit uicina suis nos cernere membris
atque ipsam positi contingere corporis arcam.
nota loci facies cunctis manet, ut super ipsum
martyris abstrusi solium claudente sepulchri
cancello latus in medio sit pagina quaedam
marmoris, adfixo argenti uestita metallo.
ista superficies tabulae gemino patet ore
praebens infuso subiecta foramina nardi.
quae cineris sancti ueniens a sede reposta
sanctificat medicans arcana spiritus aura,
haec subito infusos solito sibi more liquores
uascula de tumulo terra subeunte biberunt, *
quique loco dederant nardum, exhaurire parantes,
ut sibi iam ferrent, mira nouitate repletis
pro nardo uasclis cumulum erumpentis harenae

572 laudis *D, om. A,* nobis *Mur.* 573 nos *Mur., om. AD* 574 conditus aeuis *scripsi,* condita saeclis *AD* tanto numquam retro conditus aeuo *coni. Zechmeister* 583 suo totam *coni. Zechmeister* 588 sit *coni. Mur.,* sed *AD* 589 uetita *A*[1] 591 infusae *Mur.* nardi *scripsi,* nardis *AD,* nardo *Mur.* *post* nardi *punctum posui* 594 haec *AD,* hos *coni. Zechmeister* 595 uascula *D,* pocula *A* 596 parentes *A* 598 uasclis *coni. Mur.,* iaculis *AD,* in uasclis *fort.* erumpentes *D*

inueniunt pauidique manus cum puluere multo
faucibus a tumuli retrahunt. noua res mouet omnes
et studium accendit subiti disquirere causam
prodigii. placet ergo diem condicere certam
scrutari et penitam submoto marmore sedem.
hoc etenim, fateor, nimis anxia cura timebat,
ecquid forte pio de corpore puluis haberet,
quem manus e tumulo per aperta foramina promptum
hauserat et uaria concretum sorde ferebat
cum ossiculis simul et testis cum rudere mixtis.
inde metus hominum per mutua uerba putabant,
ne fortasse sacram sancta de carne fauillam
bestiola occultis aliqua interclusa cauernis
altius expueret, sicut deserta per agros
monstra solent terram rostris fodere intus acutis
et foueas circum cumulos effundere nigros,
sic et ab interno sancti Felicis operto.
quo magis hoc mirum foret, interualla dierum
fecit congestae miranda eruptio terrae.
ergo die placita multis opus utile rebus
arripitur. cunctos transmittit episcopus ad nos
presbyteros. his fabra manus spectantibus instat
iussa sacerdotum facere; et primus labor illis
cancellos remouere loco curaque sequenti
haerentes tabulas resolutis tollere clauis.
uerum ubi depressam sub tegmine marmoris arcam
uidimus inrupta solii conpage manentem,
tunc secura fides dubio de corde periclum
erroris pepulit, cum tactu oculoque probaret,
incolumi solio nusquam rimante sepulchro,
undique uallatum ualido munimine corpus
martyris emeriti nullis patuisse piaclis

599 manus *A* 605 ecquid *scripsi,* et quid *AD,* ne quid *coni. Mur.* 615 sanctis *AD; em. Mur.* 617 mirandae ruptio *AD* 620 praesbiteros *A* 621 sacerdotis *coni. Mur.* et *AD,* est *Mur.* 623 haerentem tabulam *coni. Zechmeister* 628 incolomi *D* nusquam *AD,* numquam *Δ*

et dignum retinere suae pia carnis honorem
ossa, quibus sanctus numquam desistit adesse
spiritus, unde piis stat gratia uiua sepulchris,
quae probat in Christo functos sine morte sepultos
ad tempus placido sopiri corpora somno.
ergo reformato Felicis honore sepulchri
omnia sollicite munita relinquimus, ut iam
usque diem domini, quo debita principe Christo
excitis pariter radiabit gloria sanctis,
inconcussa suo requiescant ossa cubili,
quaeque animam sanctam manet in regione superna
pax, eadem in terra teneat uenerabile corpus.
 quid superest quod adhuc referam? quasi uero uel ipsa *
quae cecini digne ediderim uel cuncta profusi
munera retulerim pleno sermone patroni.
multa latent numero, memori tamen omnia nobis
pectore fixa sedent, et plurima iam memorata,
plura etiam memoranda manent. sed maxima multis
excerpenda monet moderandi regula libri.
omnibus extructis operum quae arte uidentur *
diuersis exstare modis, excelsa per aulas
et per uestibula extentis circumdata late
porticibus, solum simul omnia munus aquarum
tecta uidebantur maestis orare colonis.
ipsum etiam, fateor, querula iam uoce solebam
Felicem incusare meum, quasi segniter istis
instaret uotis, quod aquae consortia nobis
tam longum socia pateretur ab urbe negari.
uerum inconsulta properantes mente trahebat
consilio potiore moras in tempora nectens

634 probat *ADΔ*, probet *Mur.* functus *A* 635 tem[pus] *A* sopiri *Mur.*, sopiti *ADΔ* 640 incussa *A* 642 tenea[t] *A* 643 athuc *D* 645 rettulerim *D* 647 et *Mur.*, ex *AD* *us.* 650 *post* 703 omnibus instructis operum quae multa uidentur *iteratur ut facile uideri possit correctior* 650 arte *scripsi,* stare *AD* 652 extensis *Mur.* cirumdate *A* 655 quaerula *A*

congrua; sic etenim iusta ratione petebat
ordo operum, prior esset ut his perfectio coeptis,
quae circa sanctas uenerandi martyris aulas
sedula multiiugo molimine cura parabat,
cumque manum summam factis diuina dedisset
gratia, tunc pleno finitis ordine uotis
condita perductos riuaret in atria fontes.
denique ut inpleto stetit hic opus omne paratu,
non est tracta diu nostri sitis arida uoti,
moxque uolente deo populi prius aspera corda
consensum facilem procliui corde dederunt.
  dicam igitur modo munus aquae. da nunc mihi, Felix,
a domino exorans uerbo mihi currere uerbum
tam facili eloquio quam largo flumine fontes
in tua uestibula atque domos manare dedisti.
omnia, quae nobis te suffragante benignus
contribuit dominus, tali decorauit et auxit
munere, quo fontes sitientibus intulit aruis.
illa pio rursus petra Christus ab ubere fluxit,
antiquae referens donum pietatis, ut omnem
insolito siccam prius inroraret harenam
et terram sine aqua subitis manare fluentis
efficeret sanctasque sui Felicis in aulas
hospitibus populis diuersa gente coactis
per puteos simul atque lacus conchasque capaces
largiter infusis noua currere pocula riuis.
quis mea te, fons summe, daret deserta rigare
pumiceumque mei cordis perrumpere saxum
inque petra fundare domum et de te bibere undam,
quae pareret uiuam mihi sicco in pectore uenam
aeternum salientis aquae? sed et haec mihi gutta
eloquii tenuis, quo te loquar, inde profecto

669 est tracta *AD*, extincta *Mur.* 671 dedere *Mur.* 680 omne *AD*; *em. Mur.* 684 diuesa *A* 686 procula D^1 687 fon *A* summe *coni. Zechmeister*, summa *AD* 689 inque *scripsi*, et quae *D*, et que *A*, exque *Mur.* 690 in sicco *A*

ducitur, unde etiam fluuiis exundat origo.
nam quis uel modico te, summa potentia summi
Christe patris, fari sine te queat? ipse tuus te
spiritus inspirat dici, quo lumine lumen
et patris et nati par cernimus, ut duce sancto
adspirante deum fateamur cum patre Christum.
sed quia, dum uiui fontis gero nomen in ore,
gutta meum stillauit in os de flumine uerbi,
forte aliquem referent ex hinc mea labra saporem,
et nunc munus aquae non siccis faucibus arens
lingua, sed uberius uelut umectata loquetur.
omnibus instructis operum quae multa uidentur,
postulat iste locus deuotae nomen Abellae
indere uersiculis; nam digna uidetur honore
nominis huius, ut in laudem Felicis et ipsa
laudetur, quia pro Felicis honore laborem
sponte sibi sumpsit, quo desudare sub aestu
rupibus abruptis requiem pretiumque putauit.
parua quidem haec muris, sed sancto magna feretur
urbs opere hoc. nostrae hinc sex milibus absita Nolae
altiiugos montes inter iacet, ex quibus ortas
comminus haurit aquas et in unam suscipit arcam,
unde per insertos calices sibi prima fluentum
uindicat et reliquo Nolanam profluit urbem *
flumine, multa rigans et in agris praedia passim.
sed redeam ad grates operis pro munere habendas;
namque operas ad aquaeductum, quem longa uetustas *
ruperat, ad sua uasa iterum formasque uocandum
praebuit ubertim gratis operis. locus altis

693 oligo *AD; em. Mur.* 694 modice *coni. Zechmeister,* modicum *fort.* 696 sp̄s inspirat *D,* xp̄s inspirat *A,* inspirat Christus *Mur.* 698 aspirante *D* christo *AD; em. Mur.* 701 referant *AD; em. Mur.* 703 humectata *Mur.,* umecta *AD us.* 704 *qui paullo mutatus* 650 *legitur hic fort. delendus est* 706 dignam *A* 709 quod *D,* quod *A* 711 magna *Mur.,* mihi magna *AD* feretur *scripsi,* fertur *D,* feret *A,* feretro *Mur.* 712 operae *D* hoc *scripsi,* haec *AD* hinc] huic *coni. Zechmeister* 719 operas *D,* operis *A* 721 gratas operas *Mur.*

* insertus scopulis nullo neque calle uiarum
iumentis etiam penetrabilis esse negabat,
unde etiam mercede manum reperire paratam
difficile inmensi faciebant ardua montis;
quo maior mercedis honor locupletat Abellam,
quod prompte famulata sacro Felicis honori
effusa pietate manus inpendit inemptas.
cernere erat trepidas tota de plebe cateruas
ordinis et populi simul una mente coactas
mane nouo excitos ad opus concurrere laetos
certatimque alacres in summa cacumina ferri
et sub fasce graui cophini ceruice subacta
caementisque simul dumosa per ardua uectis
sole sub ardenti crebros iterare recursus
et totam, quam longa dies aestate moratur,
tendere ab aurora seras in uesperis horas,
peruigilesque animis modica uix nocte refectis
corporibus rursum ante diem fabrilia ad arma
surgere nec sentire deo uegetante laborem.
denique sic operis processit gratia magni,
ut tamquam ludo paucis opus omne diebus
sumeret explicitum perfecto munere finem,
formaque longinquis a montibus agmine farso,
qua fuerat longo prius interrupta ueterno,
undique fonticulis diuersa ex rupe receptis
collectam reuocaret aquam sitientibus olim
urbibus, et pleno per milia multa uiarum
tramite formarum et nostri Felicis inundans
* tecta, nouum calicem fluuio superante repleret.
et quod diuini documentum muneris egit,

723 penetralis *D* 724 manu *AD; em. Mur.* patam *D* 725 montes *D* 733 cofinis *D*, confinis *A* 734 cementisque *AD* uectos *Mur.* 736 totam *AD*, tota *Mur.* quam] quos *coni. Zechmeister* 738 peruigilisque *AD* 744 agmine farso *coni. Zechmeister*, agminis arso *AD*, aggeris arto *Mur.* 745 qua *AD*, quae *Mur.* longo *AD*, longe *Mur.* 746 receptus A^1 750 tecta *scripsi*, laeta *AD* nouum *A s. l.* replere *AD; em. Mur.* 751 egit] edit *fort.*

largior aestiuis huc mensibus unda cucurrit,
quam prius hibérnis ex imbribus ire solebat.
 hic ego te modo iure ream, mea Nola, patrono
communi statuam et blandae pietatis ab ira
mente manens placida motum simulabo patronum, *
filiolam increpitans ueteris sub uoce querelae.
nam mihi, Nola, tui consortia iusta petenti
fontis, quo turbata metu quasi dura negabas
hospitium communis aquae? diuinaque iura
respicere oblita humanis mea uota putabas
usibus et mihi te, Felicem oblita, daturam *
credebas ac, si tribuisses, mox tibi siccam
subducto patriam potu fore maesta gemebas
idque etiam moto clamabas saepe tumultu,
nescia diuinis opibus promptos fore fontes,
sicut et experta es. nam mox deus ipse creator
arguit ignauas Christo diffidere mentes,
cum tibi post placitam pacem iam fluminis usum
Felici consorte pie partita teneres,
quo magis exuperante tuam bonitate querellam
argueret. non, ut metuebas, ille sitire
diuisa te fecit aqua, sed ut auctor et altor
rerum hominumque simul, qui condidit omnia uerbo,
ostendit tibi rem esse suam, quam tu eius amico
ut propriam, domino rerum diffisa, negabas;
uidisti certe, nam te res ipsa fateri
conpulit, aeterni sublimia iura parentis
Felicis⟨que⟩ potens meritum, cum larga sub aestu
proflueret damnoque pio, quo martyris aulis
tradideras partem, subitos creuisse meatus
laxatoque suis in faucibus ubere fontis

756 paterna *D* 757 querelae] quę *A* 759 quo *scripsi,* eo *AD* 762 usibus *scripsi,* uiribus *AD,* iuribus *coni. Zechmeister* 764 potu *A* 765 clamabas *D,* damnabas *A* 766 promptos *AD,* promotos *Mur.* 769 iam *scripsi,* ut iam *AD,* tum *coni. Zechmeister* 779 Felicisque *coni. Zechmeister,* Felicis *D,* cis *A* 780 proflueret *D,* flueret (*sed ante* f *spat. uac.*) *A,* effluerct *Mur.*

iussa fluenta tibi cum fenore reddita multo
moenibus influxisse tuis; et tempore in ipso,
* quo totiens ⟨tuae⟩ aquae possessor egere solebas,
in multum referente deo quod sumpserat a te
fluxit abunda tuis aqua potibus atque lauacris.
* quodnam igitur tanto pro munere munus, Abella
pauper opum, referam tibi? saltem carmine nostro
obsequium nomenque tuum dum praedico signans,
hoc pensabo tibi pretium mercedis honore,
Felicis sancti scribaris ut addita semper
laudibus et tanti memoreris alumna patroni,
* cuius donorum ⟨tibi⟩ maxima portio facta est.
nunc tuus iste labor, quo te Felicis adegit
spiritus, ut tota tibi plebe uel ordine concors
adgredereris opus magno sudore parandum,
tempore et aestiuo durum duplicante laborem,
molis ut antiquae per iniqua cacumina formam
praeteritis notam saeclis, iam uero sine usu
deficientis aquae, superactis undique multa
congerie siluis inter iuga uasta latentem
exuis aggeribus densis oblitaque dudum
munia restituis sparsasque per auia uenas,
pumiceis alte quae sorbebantur harenis,
colligis et sua quamque sequi uestigia rursus
cogis aquam et reducem formae matricis in ora
inuehis et dudum uacuos cessante meatu
exundare facis fluctu remeante canales
atque diu querulam subductis fontibus urbem
iam desperato perfundis flumine Nolam,
quae fruitur Felicis aquis, quia copia non est
haec ipsi sua nunc urbi, quam nuper adepta est
Felicis studio, modicae pro munere guttae

783 faenore *AD* 785 tuae *addidi, om. AD* aquae *AD*, undae *Mur.* 789 saltim (i *ex*) *D* 794 tibi *Mur., om. AD* portio maxima *Mur.* est *in* es *corr. D* 799 ut] tu *fort.* 804 sparsaque *A* 807 oram *A*¹*D* 809 faucis *A* 813 adempta *AD; em. Mur.*

ex ope diuina largis ditata fluentis.
ergo et tu mecum paruam quasi mater Abellam,
Nola, foue, quoniam, ut cognoscis, et ipsa tuarum,
filia cum tua sit, tamen est tibi mater aquarum,
cuius ab indigenis tibi montibus adfluet omnis *
copia, qua fueras felicibus ante superba *
et qua post studio meliore ministra fuisti.
  gaude igitur, mea Nola, tibi et gratare, profusis
uiribus exultans Christo, qui te per amicum
dilectumque suum Felicem finxit, et auxit *
natura famulante tuum manus alta decorem.
cerne tuam faciem, qua nunc noua praenituisti,
ut noscas, dederisne aliquid Felicis honori
an magis a Felice dei cumulata colaris? *
asper ubi nudis arebat calculus aruis,
nunc mutata uiret madefactis gratia glebis.
non istos tantum fontes tibi, Nola, profudit
Felicis merito diues tibi gratia Christi;
caelifluos etiam fontes huc ad tua duxit
moenia Felicisque sinu gaudente locatos
diffluere in multas effusis amnibus urbes
urbe tua iussit. famulos Christi loquor istos,
par inlustre deo, ⟨par⟩ nobile nomine Christi,
Albina cum matre tuis modo finibus ortos,
pignora cunctorum sanctorum et gaudia caeli,
Piniadem Melani cum foedere par benedictum. *
hos deus et natos Felicis et ubera fecit,
ubera diuinae bonitatis proflua lacte,
e quibus omnis inops alimenta fluentia sumit,
omnis item diues documenta salubria sumit.
hi sunt ecce pio Christi de flumine fontes,
qui non uisibili per terram gurgite manant,

820 qua *AD*, quae *Mur*. Felice arente *fort*. 826 praenituisti *coni. Zechmeister*, paenituisti *AD* 828 dei] adeo *coni. Zechmeister* coloris A^1 829 nodis *A* 830 glaebis *AD* 832 tibi diues *Mur*. 837 par *Mur*., *om. AD* 840 Piniadem *D*, piniade *A*, Piniadae *Mur*. 843 e *Mur*., et *AD* 844 docimenta *AD*

de uiua miserantis aqua pietatis abundant.
hos tu, Christe, tibi praesta ubertate perenni
scaturire tui Felicis in ubere fontes
et numquam has ullo tenuari sidere uenas.
influe pectoribus semper tibi, Christe, dicatis
Felicique tuo de peccatoribus ipsi
mandatis tribue, ut numquam pietas tua nostris
uisceribus fontem huius opis subducat et ipse
fons a fonte tuo Felix nos largus inundet,
semper ut in nobis saliat, rex Christe, tuus fons,
et nos de miseris et egenis sorte sui iam
nominis obtineat felices uiuere Felix.

XXII.

Iam mihi polliceor sacris tua carmina libris
condere teque dei flammatum numine Christi
ora soluturum summo facunda parenti.
incipe diuinis tantum dare pectora rebus
subrectosque deo sensus adtollere terra.
mox oculis caelo noua lux orietur aperto
intrabitque sacer tacito per operta meatu
spiritus et laeto quatiet tua uiscera flatu.
heia age tende chelym, fecundum concute pectus,

849 scaturrire *D*, scaturrite *A* 852 peccatorįs *AD; em. Mur.* 857 sui *AD*, tui *Mur.* explicit liber duodecimus *AD*

XXII. *BFLMNOPUtz* — incipit heroo ad quem supra *N*, incipit uersus ad eundem *O*, finit ad iouium prosa. incipit ad eundem uersus *B*, epistola Paulini per uersus ad Iouium clarum *F*, item uersus s̃ paulini ad quem supra *L*, epistola paulini per uersus Ad Iouium clarum *P*, item ad eundem exhortaria heroico metro XLV *M*, epistola sancti Paulini episcopi ad iouium clarum oratorem ac (et *U*) philosophum maximum uersibus pulcherrimis compaginata. ubi docet eum omnia que in mundo et supra mundum sunt ab uno uiuo uero et summo deo esse creata et sua prouidentia regi ac gubernari *Ut* 1 nam *U* tua] mea *Ut* 2 flamma cum z^2 munere *LM* 3 salutorum Oz^1 parendi *N*, parent z^1 5 subreptosque *BO*, subiectosque *LM* terrae *B*, terrã *N* 7 aperta *LM*, apertu z^1 9 heia *BLNO*, eia *Mt*, eya *PUz*, ea *F* chelim *FLMNUtz* fecundum *BNO*, facundum *cet.*

magna mouens; abeat solitis inpensa facultas
carminibus, maior rerum tibi nascitur ordo.
non modo iudicium Paridis nec bella gigantum
falsa canis. fuerit puerili ludus in aeuo *
iste tuus quondam; decuerunt ludicra paruum.
nunc animis grauior, quantum prouectior annis,
aspernare leues maturo corde Camenas,
et qualem castis iam congrua moribus aetas
atque tui specimen uenerabile postulat oris,
suscipe materiam, diuinos concipe sensus.
si decus e falsis aliquod nomenque tulisti
de uacuis magnum rebus, cum ficta uetustis
carminibus caneres uel cum terrena referres
gesta, triumphantum laudans insignia regum: *
non equidem ex illis tu laudem sumere dignus, *
quos magis ornabas opulenti munere uerbi. *
quanto maior ab his cedet tibi gloria coeptis,
in quibus et linguam exercens mentem quoque sanctam
erudies laudemque simul uitamque capesses? *
dumque leges catus et scribes miracula summi
uera dei, propior disces et carior ipsi
esse deo, quem dum credens miraris, amare
incipies et amando deum redamabere Christo.

10 uomens *M* habeat *BNt*[1], discedat *supr.* abeat *M m. 1* 12 nom *Ut* 13 falsam *N* canes *N* fuerat *Col.* puerulo *B* 14 tuum *B* docuerunt *N* ludi//ca *O*, ludicra *om. Ut* 15 animus *LM* perfectior *Bz* 16 leues] uelesues *N*, uelis *N*[2] *et coll. Pisaur.* maturio *N* 18 tuis *FUtz*[1] specimen *om. z et in spat. uac. PUt*, decus hoc *F* tui senium *add. z m. 2 in mg.* 19 diuinas *N* 20 decet *Ut* 21 de *in textu*, dū *in mg. m. 2 z* conficta *FUtz* 22 caneris *N* referris *N* 23 triumphatum *Ut* 24 nonne quidem *NO* summere *Ut* 25 opulentis nume u uerbi *N* 26 cedet *LMN*, cedit *BFOPUtz*, crescet *coll. Pisaur.* cęptis *L*, ceptis *ex* rebus *P*, rebus *Fz* 28 erudiens *N*[2] capessis *BFOPUtz* 29 dum quem *N* cautus *B*, caute *LM*, ca//is *m. 2 corr. z* (catus *uel* carus *m. 1 habuisse uidetur*) scribis *BFNOPUtz* 30 proprior *BFNPUt*, prior *O* ipse *B* 31 mirraris *N* 32 incipiens *O* mando *N* redamabere ab ipso *M*, reclamabere christo *F*, reddam auertere christo *B*, redam habere christo *N*

hactenus illa tuae uanos tuba uocis in usus
persona, diuinos modo celsius intonet actus.
nosse moues causas rerum et primordia mundi:
ne uagus innumeros, Epicuri somnia, mundos,
quos atomis demens per inane parentibus edit,
inritus in uacuum spatiato pectore quaeras.
legifer antiquo uenerandus nomine Moyses,
conpositum prima referens ab origine mundum
instituente deo, curas tibi soluet inanes,
formatumque hominem limo et spiramine sacro
adflatum referens, cuius sis munere cunctis
celsior in terra spirantibus, ipse docebit.
nec te ceu lapides Pyrrhae argillamue Promethei
contemnas, quam summa manus uultuque animoque
sublimem et propria dignatus imagine finxit.
cognosces itidem, ne pergas tradere fatis
arbitrium nostri, quae nos sententia leto
uinxerit et cuius uitam sub lege trahamus.
si mentem caelo iacis altius et super astra
scire cupis quid sit uel quid fuerit prius aeuo,
et mundo et saeclis docet ulteriora Iohannes.
principio uerbum, inquit, erat; deus obside uerbo

54] (Ioh. 1, 1).

33 actenus *N* que (tue *m. 2*) *z* uanos (os *m. ant. in ras.*) *N*, uarios *z* tubi *O* 34 personuit uanos *Schot.* celsior intonat *Schot.* 35 nosce *F et coll. Pisaur.*, noscere *ed. Morell. (a. 1560) mg.* moues] uolens *LM*, mauis *N*, aues *ed. Morell.*, magis *coll. Pisaur.* 36 epicuris omnia *BFNPUtz* 37 attomis *B*, athomis *LMNPUz* patentibus (te *ex* re *m. 2*) *z* 38 spatio *O*, spacioso z^1 39 ueneranuenerandus *N*, uenerando *B* 40 conpositus *L* a prima N^1 mundi *BO* 41 solsuit *N* 43 refereens *z in mg. m. 1* 44 interea *z* 45 nec *Oz*, ne *cet.* pyrrę *LN*, pirrę *M* argilãue *O* promethi *BNO*, promothei *FLPUt* 46 manu $BFPUtz^1$ amoque *PUt*, hamoque *Fz* (*in mg.* z^2: an humero) 47 sublimen *O* 48 cognoscis $FNPUtz^1$ itidem *O*, ibidem *cet.* perdes *B*, p *N* 49 arbitrii *FLMPUtz* quem *B*, que *Ftz* loeto *O* 51 sic *N* iaces $FPUtz^1$ et *om.* z^1 52 prius ab *B* 53 *alt.* et *om. F* seculis *O*, sedis *N* ulterior *FPUtz* ioannis *P*, iohannis $FNUtz^1$ 54 deus *om.* $FMPUtz^1$ obside uerbo *om. in spat. uac. L*, intraque paternum *M*

gaudebat uerbumque dei simul et deus idem
uerbum erat. hoc uerbum est, sine quo nihil, omnia per quod
facta uigent, quod cuncta regit, cui subdita parent
omnia et aeterno natura omnis famulatu
strata deo geniti nomen genitoris adorat. *
cunctaque per gentes in maiestate paterna
regnantem dominum iam lingua fatetur Iesum,
nomine quo fundata salus stat nostra fidesque
nititur, aeternae tendens in saecula uitae.
huius diuino mortales munere fulti
adsequimur fragilem castis euincere factis
naturam et rigidae disrumpere uincula mortis
et non corporeis in corpore legibus uti,
sectantes diuina dei uestigia Christi,
mente animam corpusque sacris moderante sub armis,
mens quoniam subiecta deo capit arma salutis
inque animam carnemque suam regnum obtinet, et fit
iure potens homo quisque sui, qui deditus uni
aeternum domino proprios regnator in artus
efficitur, uitiis inuictus et osor iniqui,
fortior aduersis uirtutibus, ordine iusto
uerus homo, quia mente potens, in qua rationis
lumen habet, famulos nullo certamine sensus
temperat et placidis sua pectora flectit habenis.

61] (Phil. 2, 11).

55 gaudeat *N*, gaude *FPUtz*, *om. LM* 56 uerbum erat archanum ęternaliter et deus idem *M* *um.* 56 *add. in mg.* B^2 erant U^1 sine] ē sine *N* 57 *om. N* 58 aeterna *N* omnis natura *FPUtz* famulato *N* 59 serata *z* genti $FPUtz^1$ numen *LMN* numen geniti et *LM* adorant *N* 60 per genita *N* paterne *FPUt*, paterna *F* 61 fatemur *coll. Pisaur.* ihesum *MN* 62 nomina *U* 63 netitur N^1 tendus *N* 64 cuius *M* fulti (ł functi) *M*, fultu z^1 65 at sequimur *B* fragiles *coll. Pisaur.* 66 natura *B* regide *N* dirumpere *BL* uincla *O* 69 sacris] seris *O* 70 deo capit deo *N* 72 iure *BLMN*, in re *FOPUt*, inde *z* quiqui z^1 73 aeterno *LM* domino *B s. l. m. 3* regnatur $FPUtz^1$ 74 ossor *FPUt*, usor *N* iniquus U^1t^1 75 iusto] mesto *Ut* 78 pacidis *N* abenis M^1NOPz^1

tu, cui mens generosa superni seminis igne
ardet, in aetherios animo conscende recessus
et gremio domini caput insere; mox inhianti
proflua lacte sacro largus dabit ubera Christus
diuinoque tuam perfundet lumine mentem,
ut uideas pulsa caligine magna tremendi
iura dei, quibus omniparens sapientia Christus
in sese ipse manens semper nouat omnia rerum.
atque ut uult, operum deus arbiter ipse suorum,
continet et mutat species et tempora uitae
porrigit aut retrahit, caelum mare sidera uentos
qua fecit uirtute regens (docet exitus ingens
Aegypti mersusque mari refluente tyrannus,
et prius ipse graues elementa per omnia motus
* expertus), quem cuncta tremant, cui cuncta ministrent.
tempore namque uno tellus communis habebat
Iudaeos, quae sola deo tunc lecta fuit gens;
et tamen illa dei grauis hostibus ira superbis
permixtos inter populos discreta cucurrit.
* iam scio, non dicis, quod fors incerta procellis
et mare casus agat, mare cum discedere iussum
discessisse legas siccamque rigentibus undis
inter aquas patuisse uiam rursusque solutum

90] (Ex. 14). 95] (Ps. 75, 2).

79 siminis *N*, luminis *FPUtz* ignis *N* 80 etherios (l e *supra*) *M*, ethereos *P* coscende *F*, concende *L* gresus *N* 81 et] in *N* inihanti *L*, inhaianti *N* 82 lacti *N* largos *Ut* ubera (b *ex* e) *N*. 84 uides U^1t^1 caliginem *O* magna]agri *O* 86 sese remanens *coll. Pisaur.*, sese oĩĩps *B* nouã *O* 87 ut uult *uncis inclusit* z^2 ipse] esse *coll. Pisaur.* 88 tempera *N* 89 corrigit *M* atque *ex* aut *z m. 2* rettrahit *B*, rethrait *LN*, trahit *FPUtz* 90 queque *L* facit *FLOPt* 91 mensusque *FPUtz* fluente *FPUtz*¹ 92 et] at *M* 93 que *BO* trement *N*, tremunt *Schot.* cui *om. B* ministrant *Schot.* 94 tempora *B* communes *B* 95 iudeo *Ut* tum deo *F* leta *BM*, laeta *LO* 96 graues *N* ira *ex* ita *z m. 2* 97 permictos (c *in* x *corr.*) *N* 98 dicens *N*, dices *fort.* sors *NUtz*¹ procellas z^2 99 discere *Ut* 100 legar *Ut* gerentibus *Ut* 101 inter aquas] hebreis *M* aquas *ex* quas *B m. 3*, quas *FOPUt*

aequor ad imperium sancti uirgamque prophetae
in liquidos remeasse sinus. in utroque maris uis
paruit, ut sanctis iter et uindicta daretur.
quid profugus Tharsum uates, quem sorte pericli
in mare deiectum spatioso belua rictu
cepit et innocuum uasta eructauit ab aluo?
nonne docet dicione dei mare et astra moueri?
namque deum frustra fugiens, quem cuncta tenentem
nemo fugit, mouit caeli simul et maris iras.
omnipotentis enim domini natura rebellem
cognoscens timuit per se quasi conscia tutum
ferre reum et uentis fugitiuum uinxit et undis.
iste propheta deo lectus terrere minaci
peccantes monitu populos, postquam graue dixit
exitium fregitque reos auertit et iras
numinis, inpenso lauit sua crimina fletu,
extremumque diem fugit bene uersa Niniue.
num rex ille habuit fatum, qui morte propinqua
orauit dominum, quem leges nouerat unum
flectere posse suas, consumptum ut tenderet aeuum
longius, et meruit tria ducere lustra, superstes
annis ipse suis, et non sua uiuere saecla?

105] (Ion. 1). 118] (Es. 38, 5).

102 perfecte *B*, proficae *N* 103 liquidas *N* utrosque *FUt* uis] suis *O* 104 ut] ui *B* 105 quis *B* profluuis *N* tarsum *B* uatis *BFNOPUtz*[2], fatis *z*[1] quam *FPz*[1], qua *Ut* forte *M* pericli *in mg. z m. 2, in textu ras.* 106 bellua *BP*, bilua *N* 107 coepit *O*, c*repit *N* ructauit *BLM*, ructuabit *N*, iactauit *FPUtz* 108 mouerit *N* 109 que *B* 110 *post* iras *apparent litterae* cog*********set *eras. in N* 112 timuit—113 reum et *om. M* 112 constia *N*, concia *B* totum *FLPUtz* 113 ferrererum *N*, terret eum *t*, ferret eum *FLPUz* uentis ([ri] *m. 2*) *z* uincxit *L*, unxit *U* et] ab *z* undas *N* 114 ista *z*[1] dei *M* electus *Ut* terrere (terr *in ras.*) *N* monaci *N* 115 peccantis *N* monito *O* 117 nominis *BFOPUtz*[1], non minus *LM* impensa *N* 118 fuit *B*[1] nineue *BF*[1]*NPUtz*[2], nieue *z*[1] 119 num] non *N* fectum *N* morte] forte *z* 120 orbit dn̄m̄ *N* legis *BNO* 121 ut] in *N* euum *FP*, eum *Ut* 123 Aannis *N* seclā *O*

nunc tria miremur texentem fata Platonem
aut Arati numeros aut picta Manethonis astra?
dicant, quaeso, ubi tunc rapidas nascentibus horas
ponebant et quae quibus ibant sidera signis,
cum pius Ezechias fidei uirtute precatus
uerteret astrorum cursus caelique meatus
turbaret iussis retroacto lumine solis?
uel ducis imperio sancti cum sisteret idem
dilata sol nocte diem, ut uictoria sacri
profligaretur populi, stetit orbe recurso
libra poli, ut magnos caperet lux aucta triumphos.
quid soboles uirtusque dei et sapientia Christus,
nonne satis uanis curas erroribus aufert?
nosque simul monitis et factis edocet unum
cuncta deum regere, et nihil ut sine mente putemus
principis esse dei, dicens non arbore frondem,
aëre non uolucrem sine iussu decidere? et cum
omnipotens uerbo sternit mare uel pede calcat
et uerbo morbos abigit uel daemonas urget
aut reduces animas in corpora functa remittit
iamque diu exanimos tumulis iubet ire reclusis

130] (Ios. 10, 12). 139] (Matth. 10, 29).

124 nonc *N*, nun (c supra) *U* miramur *M* 125 arathi *M*, arat in *B* numeros *om.* *FPUtz* aut] et *N* manaethonis *FLNPUt*, manętonis *M*, manoehonis *B*, maria et honis *z* 126 rapidos N^1 nascentibus MNz^2, nascentium *cet.* oras *L* 127 signạis *U* 128 ezachias *N* fidei *FLMPz*, fide *NUt*, fidi *B*, sed *O*; *post* fidei *tres litt.* (f*r?) *eras.* *z* precatu *FLMPUtz* 129 cursus] casus *O* 130 iussit *O*, iussi *N* retracto *P*, retracto (oa supra) *M* 131 sanctis *B* 132 dilato *B* sole noctem ut *coll. Pisaur.* diem *om.* *N* ut *om.* *BNO* 133 stetit *ex* stet *z m. 2* 134 libera *FPz*, librans *coll. Pisaur.* poli ut $BLMOz^2$, populi ut (aut z^1) Nz^1, poli aut *FPUt* magnus N^1, *om.* B^1 triumphis *N* 135 sobolis *BN*, sub oculis *O* et *om.* *FPUtz* 138 cuntta N^1 nil *N* ut *om.* *Ut* 139 principes *N* dicens *ex* dictis *z m. 2* arboris *O* 140 uolucrum *L* desidere *Fz*, decideret *O* et cum] eumque *coll. Pisaur.* 142 morbos] mortes *coll. Pisaur.* demones *OPUtz* urguet *N* 143 redices F^1 corpore *B* 144 exanimes *N* tumulos *B*

integratque putres uita remeante sepultos,
nonne potestatem propriam satis indicat auctor
qui solus naturam omnem uitamque gubernat?
his, precor, his potius studiumque operamque legendis
scribendisque uoue; cane grandia coepta tonantis,
scribe creatarum uerbo primordia rerum
et chaos ante diem primaeque crepuscula lucis,
quaeque dehinc uariis elementa per omnia saeclis
dicta uel acta deo per sancta uolumina disces,
quae docuit tabulis legalibus indita Moyses
aut euangelici quae lex noua testamenti
signat, operta prius retegens mysteria Christi.
tunc te diuinum uere memorabo poetam
et quasi dulcis aquae potum tua carmina ducam,
cum mihi nectareos summis a fontibus haustus
praebebunt dominum rerum recinentia Christum
atque tuam pollere deo testantia mentem,
ut simul oris opes a te mentisque capessam
et quem cognatum iunctum mihi foedere laetor
gratuler et sancta sub religione propinquum,
nec cum mortali soluendis corpore uinclis
perpetuo sanctum conplectar pignore fratrem.

lege felix, Ioui, in Christo Iesu domino nostro.

145 integrat *Ut*   remeante] redeunte *M*   146 potestate propria z^1 iudicat *O*   148 studium *B*   149 scribendique *BL*   uoce *FLUtz*^{1}, dato *M*   150 scribe∗ *z*   creatarum *LMN*, creaturam *BFOPUtzv* 151 chaus *N*, quos *O*   corpuscula *z*   152 documenta *fort.*   sedis *U* 153 sacra *M*   154 inclita *Ftz*   moses *L*^{1}*N*   155 euuangelici *B* 156 aperta *t*   misteria *ω*   christi *LM*, christum *N*, christo *cet.* 158 aq; (ae *suprascr.*) *N*, atque *O*   poetam *L*   159 haustis z^1, austus *N*   160 uerum *FPUtz*   recenentia *B*, retinentia *FNUt*   162 opes a te] operante *B*, operate *O*   163 cognato *NO*^{2} uinctū (iunctū *suprascr.*) (*corr. m. 2*) *z*, iuncto *M*   164 gratuler hunc sancta *coll. Pisaur.*, congratuler sancta *ed. Morel.*   sub] mihi *ed. Morel. mg.*   165 mortalis *B*   166 perpepetus *M*   conplector *B*, compleatur *O*   pignorae *O*   fratrem *om. N*, *ed. Morel.*, *cuius in marg.*: λείπει.   167 lege—nostro *om. FLMNPUtz*   finit *N*

XXIII.

Ver auibus uoces aperit, mea lingua suum uer
natalem Felicis habet, quo lumine et ipsa
floret hiems populis gaudentibus; et licet atro
frigore tempus adhuc mediis hiberna pruinis
ducat, concretum terris canentibus annum,
ista luce tamen nobis pia gaudia laetum
uer faciunt. cedit pulsis a pectore curis
maeror, hiems animi; fugiunt a corde sereno
nubila tristitiae. sicut cognoscit amicos
mitis hirundo dies et pinnis candida nigris
ales et illa piae turtur cognata columbae,
nec nisi uere nouo resonant acalanthida dumi,
quaeque sub hirsutis mutae modo saepibus errant
mox reduci passim laetantur uere uolucres,
tam uariae linguis quam uersicoloribus alis:
sic et ego hunc agnosco diem, quem sancta quotannis
festa nouant iusto magni Felicis honore.
nunc placidum mihi uer gaudente renascitur anno,
nunc libet ora modis et carmina soluere uotis
uocibus et uernare nouis. deus, influe cordi,
Christe, meo et superis sitientem fontibus exple.
sed de te uel gutta meis aspersa medullis
flumen erit. quid enim mirum, si rore pusillo
tu minimam repleas animam, qui corpore paruo

XXIII. *ABDEQ*. — incipit VII · *B*, incipit liber septimus *E* *Δ exh* 206—213, 309—319 2 limine *ADQ* 3 hiemps *ABDQ et infra* populis *B s. l. m. 3* 4 frigere *Q* athuc *D* medis *A* (i *s. l.*) ꝑruinis Q^1 5 concreto—anno *Bv* 6 iste tamen lucem *B* 7 cedet *B* curris *Q* 8 meror *DEQ*, moeror *B* 9 tristiae *A* cognoscat *B* 10 mites *B*, mistis *Q* herundo *AQ* 11 alis *ABDQ* piae] pietate *B* cognati *Q* 12 nisi] si *B* acalantida *B*, achalãthida *E* dudũ *E* 13 sepibus *BEQ* 16 et *om. B* agnusco *Q* quodannis *BD* 17 magno *Q* 18 num *B*, tunc *ADQ* gaudendo *B* 19 hora *AQ* carmine *B* 20 nobis *B* corde *B* 21 funtibus *Q* 22 sed det guta *Q* 23 flumen] crimen *E* 24 tu] et *Bv*

factus homo aeterno conplesti semine mundum
et totum gutta seruasti sanguinis orbem?
adnue, fons uerbi, uerbum deus, et uelut illam
me modo ueris auem dulci fac uoce canorum,
quae uiridi sub fronte latens solet auia rura *
multimodis mulcere modis linguamque per unam
fundere non unas mutato carmine uoces,
unicolor plumis ales, sed picta loquellis.
nunc teretes rotat illa modos, nunc sibila longis
ducit acuta sonis, rursum quasi flebile carmen
inchoat et subito praecidens fine querellam
adtonitas rupto modulamine decipit aures.
sed mihi iuge fluat de te tua gratia, Christe.
et tamen illius mihi deprecor alitis instar
donetur uariare modis et pacta quotannis
carmina mutatis uno licet ore loquellis
promere, diuersas quia semper gratia diues
materias miris domini uirtutibus addit,
quas deus in caro Christus Felice frequentat,
clara salutiferis edens miracula signis.
   cernimus illa diem spectari sueta per omnem,
uipeream subolem, saeuos cum daemonas urget
occultaque manu clamosos uerberat hostes;
sed tamen hac ipsum mirum uirtute notatur,

25 conpleti *D*[1]*Q*   26 serua serúasti (serua *exp. m. 2*) *D*   28 uerbis *D* dulcis *Q*, dulcia *D*   sonorum *B*   29 uiri *Q*   uia (a *m. 2*) *D*   30 linguam qui *Q*   32 alis *B*   loquelis *BE*   33 rotat *BE*, rogat *ADQ* sibi longais *Q*   34 acuta cuta *Q*   35 incohat *E*   subito] sicut *Bv* praecedens *BE*   querelam *BE*, quaerelam *D*   36 attentas *coni. Barthius*   raptou *A*   modolamine *Q*   decep̃ *Q*   38 alis *B*   39 modos *v* pacta quotannis (quodannis *D*) *ADEQ*, pactaque mihi *B*, iam mihi pacta *v*   40 loquelis *DE*, paruulis *B*, Camoenis *v*   41 diumsas *Q*   semper *om. AQ*   44 miracla *E*   45 cernimus *ADEQ*, cernit *B*, cernitur *v* illam diem *B*, illa dies *v*   expectari *B*   46 sobolem *BDE*   seuus *B*, seuo *Q*   demina surget *B*   47 clamosos] cognoscet *B*, cum nosset *v*, damnosos *coni. Cauchius*, communes *Rosw.*, cunctantes *coni. Ducaeus* 48 ipsum *ADQ*, ipsa *BEv*   mirum in *Ev*

quod licet in toto cruciatos daemonas anno
exagitet iubeatque hominum discedere membris,
producat plerosque tamen, quo longior hostes
poena malos agitet uel ut illi, qui meruere
uasa malis fieri, ob meritum tardante medella
plenius omne luant dilato tempore crimen,
siue hoc natali studet indulgere diei,
ut paucis alias det opem, quo plura benignus
natali det dona suo. nam cum ista propinquat
elabente dies anno, tunc crebrior instat
et grauior. uideas tunc aegra examina cogi
densius et certam repeti prope festa salutem.
tunc solito grauius succensi daemones ardent
flebiliusque ululant et ui maiore subacti
ultima iam tormenta gemunt, nec abire sinuntur
excessu facili, sed miris ante agitati
et uariis male suppliciis tolluntur in altum,
suspensi solito sublimius, et quatiuntur
aëris in uacuo uinclisque latentibus haerent
poenali per inane mora; per non sua quamuis
corpora uexatos hostes sua poena fatigat.
soluuntur poenis, cum poenas ferre uidentur
corpore, et inmunes animae spectant aliena
in membris tormenta suis; homo daemone capto
liber agit, species poenarum in corpore tantum est;
sensus abest, quia non hominis sed daemonis est crux.
hostis amare, quid insultas, qua spe ruis in nos?
ecce redemptoris nostri malus arte uicissim

49 tuto *B* anno demona *B* 50 rex agitet *B* discendere *Q* 51 plerusque *Q* hostis *B* 52 uel ut *Sacch.*, uelut *ω* ille *Q* 53 ob] ut *Bv* tardente *Q* medela *DE* 54 dilato] decreto *v* 55 nauli *B* 56 quod *B* 58 elebente *Q* anno tu nare nare brior *Q* 62 flebilibusque *B* 65 supliciis *B* 66 soluto *Q* paciuntur *Bv* 67 aeriis *Q* uinculisque *B* 71 corpore *ADQ*, corpora *BEv* inmunis *B* expectant *B* 72 capto *om. Q* 73 species—*us.* 74 abest *om. Bv* 74 quia] qui *v* 75 quas *DQ* spe ruis *coni. Chatelain*, puis *DQ*, spuis *A*, sperius *B*, asperrimus *E*, spe uteris *v* 76 malus] melius *B*

luderis inlusor; dolus et tuus in tua cedit
uincla tibi, capiens caperis nectensque ligaris.
fit laqueus laqueatus homo, et sua praeda latronem
decipit; et capti captiuus corporis escam
dum petit inlicitam, letalem deuorat hamum.
his etiam potiora, tamen spectata profabor,
ante alios illum, cui membra uetustior hostis
obsidet, ad sacri pia limina martyris aegra
excussum de plebe rapi admotumque sacratis
ante fores sancti cancellis corpore uerso
suspendi pedibus spectantem tecta supinis,
quodque magis mirum atque sacrum est, nec in ora relapsis
uestibus ut rigidis aut ad uestigia sutis
corporis omne sacrum casto uelatur operto,
scilicet ut diuini operis reuerentia tectis
corporibus maneat, nec poena daemon in ipsa
qua cruciatur ouet, nudis prodendo pudorem
artubus; inlaeso grauius torquetur honesto,
recta licet uersis sedeant cum tegmina membris.
mira haec sunt et magna (quis abnegat?), et tamen usu
nota magis, minus auditu miranda uidentur,
quamlibet et uisu reuerenda et grandia facto.
ergo minuta mei simul et noua facta patroni
auscultate, precor, dominus quae Christus in illo
multimoda uirtute gerit, quibus omnibus unam
confirmare fidem nobis studet, ut per aperta
arcanum documenta deum uideamus adesse
resque hominum et mentes studio curare paterno

78 capieris *AD* nectens qui *Q* 81 inlicita *B* laetalem *A* 82 expectata *B*, specta *Q* 83 uegetior *E* 84 obsedit *B* martires (i *supra* e) *Q* 85 rapiat (i *supra* a) *B* motumque *B*, admotum qui *Q* 87 suspensi *AD*, suscipiens *Q* expectantem *B* 88 quod qui *Q* est *om. Q* atque nefas est ignorare *v* nec mora relapsis *Col. in mg.* 90 corpore *ADQ* casta *B* 91 diuũ *B* 92 corporis *Q* 94 artibus *Q* 95 cum tecmine *B*, contegmina *E*, cum tegmine *v* 96 hae *Q* ambigat *E* 97 uidetur *Q* 98 uis *Q* 99 minota *AD* 102 apta *Q* 103 archanum *BDE* 104 res qui *Q*

caelestem dominum quo condidit omnia uerbo.
det mihi prima meus narrandi exordia frater
Theridius; nam quod potiusue priusue canendum
suscipiam Felicis opus, quam quod mihi tectis
ipse meis quibus est idem dominaedius egit?
ex illa modo nocte diem cadit annus in istam.
nostis eum morem, quo ieiunare solemus
ante diem et sero libatis uespere sacris
quisque suas remeare domos. tunc ergo solutis
coetibus a templo domini, postquam data fessis
corporibus requies sumpta dape, coepimus hymnos
exultare deo et psalmis producere noctem.
interea meus iste choro digressus amico,
ut spirante foris aura depelleret aestum,
quem fumosa dabat ceratis cella papyris,
porticus angusti qua tenditur agmine tecti,
nocte licet nullo uia lumine caeca lateret,
hic tamen intrepido per cognita limina passu
heu! iam uicini incautus discriminis ibat.
comminus in medio tecti cameram inter humumque
nutabat solitus lychnum suspendere funis,
innectens triiugum supremo stamine ferrum,
quo uitreae inseritur penetrabilis ansa lucernae
auritusque calix tribus undique figitur uncis.
funditus albet aqua, super undam flauet oliuo.
stat liquor in liquido, subiecto lubricus umor
fonte natat, neque iuncta coit mixtura fluoris.

105 quo *ω*, qui *v* uerba *A*[1] 108 quod mentectis *Q* 109 dnĕdius *B*, demộnaedius *Q* git *Q* 111 notis *Q*, hostis *v* quo] ut *Bv* 113 suos *D* 114 cetibus *BE* postque *Q* 115 requies *BE*, *om.* *ADQ* ymnos *D*, hymnis *Rosw.* 117 digressos *B*, diggressus *E* 118 ut suspirante *D* 119 quam *B* fumoa *Q*, fumus *D* adabat *D* *ad* ceratis *D in mg. m. 2:* certa papiris *B* 120 angustia *ADQ* q' *Q* acmine *B*, agminae *A* 121 numine *A*, numina *Q* 123 he *D* iam *AEQ*, uiam *BD*, nam *v* 124 cameramine (inter humumque *om.*) *ADQ* 125 lichnum *AEQ*, lignum *Bv* 127 penetralis *ADQ* 128 hauritusque *B* 130 liquidis *Bv* lumbricus *Q* humor *E*, amor *B* 131 natet *B*

et mirum, quod pingue natat; neque densa solutum
rumpit materies elementum, sed leue crassum
sustinet, ut solido dilutior unda fluento,
subsistensque oleo liquidis aqua fundamentum est.
tantaque confusis intus discordia sucis
lucet, ut admixtos uideas distare liquores,
communique sinu calicis discrimine claro
quaeque sui laticis seruat natura colorem.
mergitur in medio plumbum tripes, et cauus illo
extat apex uncti stipatus fomite lini.
stuppa madens liquidum tenui face concipit ignem,
et circumfusum spatio stagnantis oliui
in uitreis exile uadis funale coruscat
et tremulo uibrans a uertice lumen acutum
leniter umbrosam iacit in penetralia lucem
et placido densas aperit splendore tenebras.
hoc tamen emensa fuerat iam nocte remotum,
productas quoniam pueris uigilantibus horas
consumpto bibulum defecerat unguine lumen.
sed puer, extincto abstulerat qui lumine lychnum,
quem deponendo funem laxarat, eundem
neglexit solito adductum restringere nodo.
laxior hinc humili fluitabat linea tractu
gratae lucis inops et caeci plena pericli.
nam laquei summum dentata minantibus uncis
armabatur, et his male tunc fuit obuia fratri,
paene male aut nutu Christi bene, qui bene uertit

132 nata *B* 133 matheries *Q* elimentum *Q* grassum *B* 134 ut] et *E* dilatior *Q*, diucior *A* unde *Q* 135 *om. v* liqidis *Q* 137 ammixtos *A*, admistos *Rosw.* licores *Q* 138 sinusinu *A*, sinus sinu *Q* descrimine *Q* 139 quaque *B* latices *D* seruet *Bv* 140 plumbus (s *ex* m) *D* 141 extatus *Q* stipatu *AQ* 142 tenuis *Q* 144 in utries ex ille *Q* choruscat *B*, coruscę *Q* 145 remulo *BQ* uibras *Q* uirtice A^1 148 hec *Q*, hac *coni. Lebrun.* 149 oras *AQ* 150 bilum Q 151 puere *Q* extinoto *Q* numine D^1 lignum *B* 152 que *Q*, quem *in* cum *corr. D m. 2* 153 neclexit *A*, neclexi *Q* 154 hunc *Q* tractũ *Q* 157 ouia *Q* 158 poene *Q*, pene *BE* aut *AQ*, at *DE*, ad *B*

feralem nobis memoranda in gaudia casum.
ergo (uidete manum Christi) male pendulus ille
per tenebras solito funis submissior infra
aëris adsuetum spatium pendebat; et inde
e capitis regione pari libramine factus,
ut status huius erat, securam heu! cuspide trina
excepit faciem uenientis et induit unco
occurrens oculum teneroque per intima lapsus
mucro salit cilio, qua uix solet arte medendi
cauta manus leuem trepido moderamine melen
ducere palpebramque leui suffundere tractu.
percussus subito tam duri uerberis ictu
exclamat trepidasque manus turbatus ad ipsum
fert oculum; et pariter clausum cum lumine ferrum
continet, ut reprimat uel, si cadat, ut labentem
excipiat globulum, qui luminis intima seruans
intra folliculum teretem liquido interfuso
sub uitrea nigri latet albus imagine pupi.
hic ueluti radix oculum subeunte medulla
fulcit et umecto uenarum fomite pascit,
dum parili fontes oculorum sidere constant.
at si forte graui morbo disrupta uel ictu
heu! male dissiliat membrana fluentis ocelli,
prosilit iste globus sucoque relictus alente
deserit arentem uacuata luce lacunam.

161 sumissior *B*, summissior *E* 162 adsuetum] aetũ *Q* 163 e] et *B* factas *in* factos *corr. D m. 2*, faetas *A*, fetas *Q* 164 securam *B s. l. m. 3* trino *ADEQ* 165 eunuco *Q* 166 *add. in mg. B m. 3* tenero qui *Q* 167 salit *scripsi*, silit *ADQ*, subit *BE* celio quia *B* 168 moderande *D*[2] melen *B*, melem *A*[1]*D*[1], molem *A*[2]*EQv*, medelen *D*[2] 169 leue *AQ* (su)funderet r(a)ectum *Q* 170 uerueris *B*, uerbers *Q* 171 turbatur *Q* 172 occultum *B* limine *B* 173 si cadat] siccat *B* 174 seruant *Q* 176 puppi *E*, pubi *Q* 177 uelut *ADQ* subeuntẽ *Q* medulla *om. Q* 178 fulgit *D* humecto *BEQ* 179 *om. ADEQ* occulorum *B* 181 ocellis *B* 182 relictis *B* 183 arentem *coni. Chatelain*, alentəm *AD*, talentạẽ *Q* (talentụem *Q teste Chatelain*), aridulam *BEv* uaccuata *Q*

interea puer excussus clamore dolentis
adcurrit stratum somno fugiente relinquens
accensamque manu praetendit ad ora lucernam.
clauserat hic manibus uultus et fronte supina
contigero similis iuueni spectabat in altum,
ut daret inmotum librato corpore funem,
uulneris arbitrio trepidantia membra gubernans,
dum timet aduerso uulnus diducere motu,
captiuique oculi ex uno, quo liber agebat,
lumine discrimen sociali parte cauebat,
nec tamen audebat ducendum adtingere ferrum,
ne simul haerentem ductu mucronis et orbem
extraheret, neque iam poterat sub lumine fixi
ferre moram teli. sed desperante medellam
ex ope mortali diuina mox ope Felix
inploratus adest, quem tanto in uulnere pendens
aduocat et tali depromit uoce querellam:
 ei mihi! quanta meos urgent peccata labores,
qui tantam merui plagam Felice patrono
uicinoque simul Felicis et insuper ipso
natali miser excipere? heu! magno reus ingens
crimine, quem tunc poena ferit, cum soluere sueuit.
sancte, precor, succurre tuo; scio, proximus adstas
et de contigua missis huc auribus aede
audisti, Felix, fletum infelicis alumni;
siue modo excelso lateri coniunctus adhaeres
ante thronum magni regis confessor amicus,
pauperis hanc, uenerande, tui trans nubila uocem
accipis aure dei neque temnis, sed petis illic
quam mihi deportes Christo miserante salutem.

186 *om.* *Q* manum *B* 189 fenum *Q* 190 trepidantiam *Q* 191 diducere *Rosw.*, deducere *ω* 193 limine *Q* sociale *AQ* 196 lumines *Q* 197 molam *D* desperanti *ADQ* medelam *BDE* 198 opere *D* uox *B* 200 depmit *Q* quaerelam *D* 201 ei *AD*²*Q*, hei *BEv*, et *D*¹ meo surgent *AD* pecta *Q* labore *D*² 203 uicinoqui *Q* 205 seuit *Q*, saeuit *AD* 206 sucurre *B* scio quia proximus *Δ* 209 adhere *Q* 210 confessus *Δ* 211 hanc] an *B* uerande *Q* tuis *B* 213 qua *B*

ergo ueni, Felix animaeque perenne patronus,
nunc pro corporeo medicus mihi curre periclo.
curre, precor, sanctasque manus oppone minanti
lapsum oculo et fixum quod conspicis erue ferrum,
quod propria reuocare manu non audeo, ne me
lumine despoliem, dum conor soluere telo.
sic etenim penitus mihi sentio fulmen adactum
inserto sub operta oculi penetralia clauo.
tu tantum, diuina manus, quae condidit ipsos
in nobis oculos, quae te quoque dextra potentem
sanifera uirtute dedit, qua daemonas atros
excruciando domas, qua corporis omne caduci,
pellere tormentum potes alto nomine Christi,
omnipotente potens domino; quo praesule nunc me
suscipe sanandum. nec te mea crimina uincant,
sed magis a te uicta cadant. nam dignior isto
uulnere sum, fateor, placidi quam munere Christi.
sed domini ipsius uerbum factumque memento,
qui peccatoris uitam ueniendo redemit.
iustitiae si iure uelis decernere mecum,
non sum uno tantum sed lumine dignus utroque
multari, ut talis facie sim, qualis et intus
corde tenebroso, de quo male uisibus utor
corporeis, caecus iustis, oculatus iniquis,
et peccatorem luscum fateor decet esse,
si deceat talem esse tuum. quocumque ligatus
crimine fit dignus uenia, iam si tuus esse
coeperit, ut dudum coepi pars esse tuorum,
quos ego non patriae telluris amore secutus

214 perhenne *B* patrone *v* 217 lapsumque *AQ* serrum *Q* 221 [illegible] sub (et *eras.*) *A* operto *B*, op *Q* *um.* 222 *add. in mg. B m. 3* tu *scripsi*, ut *ω* 224 que *B*, q͡ā *Q* demona *Q*, daemones *D*[1] sastros *Q* 225 one *Q* 227 praesole *AQ* 228 carmina *AQ* 229 sed] nec *B* [illegible] te *om. Q* 230 uuulnere *A* placidiq; *Q* *us.* 232—250 *add. in scheda adiuncta B m. 2* ueniendo *ADEQ*, moriendo *Bv* 233 si *om. Q* metum *B* 235 multaris *B* 237 oculatur iniqis *Q* 238 peccatorem *Q* *us.* 239 *et* 240 *om. B* 242 secuntur *Q*

sed desiderio, quo me tibi, sancte, dicaram,
per maris et terrae contempta pericula ueni;
exemploque boni cognatae uincula terrae,
ut tibi seruirem, rupi, consortibus illis,
cum quibus et me iacto tuum; quod in hac ope monstra,
ne perdam tanto confixum uulnere lumen.
da, precor, indigno famulo tam nobile munus
in laudem domini, praesta hoc insigne diei,
sancte, tuo, ut, confessa tibi quem gloria Christi
luminis aeterni natalem in saecula fecit,
hunc habeam natalem oculi pariterque celebrem
Felicem et lumen mihi de Felice receptum.
talia dum plorat simplex, manus ecce beati
prospera mox Felicis adest dubiamque timentis
adspirans tacite firmat mentemque manumque,
ne timeat tuto ausurus producere ferrum.
uix hoc conatus fuit, et quasi lubricus uncus
ex oculo cadit absque oculo; tantum unda secuta *
euomuit lacrimis quem subpurauerat aestum.
mox oculus tanti purgatus nocte pericli
tam puro enituit speculo, quam nunc quoque sanus
cernitur aeterni conlucens munere Christi.
et puto plus hodie solito niteat, quia lumen
addit et ipse dies qui reddidit. ergo fideles
cernite nunc animis tanti discriminis instar
et pariter tanti perpendite muneris actum.
uir iam maturo grauis aeuo et corpore celsus

243 sanctae *B* dicarem *v* 246 tibi] tu *Q* 247 cum] cui *Q* in *om. B*, et *v* ope *B s. l. m. 3* 251 ut *BE*, et *ADQ* 252 in—253 natalem *om. ADQ* 253 habeat *B* pariterqui *Q* pariterque—254 receptum *om. B* celebram *Q* 255 dum talia *B* simplex *om. B*, supplex *DE* ecce manus *B* beati *om. B* 256 prospera mox *om. B* dubiamqui *Q* 257 mentem manumque *D*, mentem nūq; *Q* 258 nec *B* ci meat *Q* tutu *B*, toto *ADQ* procedere *B* ferro *B* 259 uox *Q* 260 ex oculis *AQ* oculto *Q* unda secuta *om. Q* 262 purgatis (u *s. l.*) *Q* nec te pericli *Q* 263 speculoq; nunc quo qui san' *Q* 264 munere] lumine *B* 265 q *Q* 266 addidit *Bv* et *om. v* ipsa *ADEQ* que *E* ipsa dies cui *fort.* reddit *Q* 369 celsi *Q*

staminis uncino quasi piscis inhaeserat hamo;
et uice suspensus lychni pendebat aperto
sed non sponte oculo, quem diducebat inuncans
subfixo clauus cilio neque uulnus agebat
diuina prohibente manu, quae fecerat illic
innocuamque aciem ferri simul et leue pondus;
qua pituita grauis, pilus intolerabilis et qua
nec minimae perferre atomum duramus harenae,
* hac graue et incuruo quis credat acumine ferrum
insuper et lychno concretis sordibus uncto
fixum, inpune diu tenuem pressisse metallo
pupillam et nullo temeratum uulnere uisum?
quae tam subtilis digitis manus aut opis arte,
quae se tam tenui potuit discrimine iunctis
inserere et medio palpebrae oculique subactum
inter utramque uiam fragili per utrumque meatu
inlaeso penetrans oculo suspendere ferrum,
quod solidi crasso totum conplebat operti
orbem oculi, figens acie nec uulnere laedens?
quae manus hoc potuit nisi quae manus omnia fecit?
spiritus ille dei penetrator ubique per omnes
naturas rerum, tenui subtilior omni,
perdita caecatis qui lumina reddidit et qui
ex utero et caecum noua lumina fecit habere,
uultum inperfecti natura corporis inplens
arte creatoris, qua totum perficit orbem,
filius ille dei, manus et sapientia patris,

293] (Ioh. 9, 1).

271 ligni *B* 272 deducebat *BDEQ* in unchas *Q* 273 clauis *Q* 275 innouamque *D* et *scripsi*, ut *ω* 276 intolorabilis *Q* et] ex *B* 277 sufferre *E* aomum *AQ*, thomum *E* harene *BEQ* 278 grauet (*om*. et) *B* ferri *E* 279 ligno *B* sordis Q^1 uncto *v*, unctum *ADEQ*, unctus *B* 284 subactu *D*, suhactu *AQ* 285 inter ueramqui *Q* utrumqui *Q* 287 solido et *E* cras *Q* operto D^2, opertu *Rosw.* 288 aciem *AEQ* 289 hoc] hic *B* qui *Q* 290 petrator *Q* 291 tenuis *Q* 292 redidit *Q* 293 et *om.* A^2BDv 294 inperfec[illegible]ti *D* 295 perfecit *BQ* hominem *B*

omniparens rerum fons et constantia, Christus. *
ipse illum quondam non plenae matris in aluo *
finxerat, ut posthac homo factus et ipse creator
hoc quoque diuinis opus admirabile signis
adderet, ut uacuos expleret uisibus orbes.
denique humi sputans limum facit, unde negatos
nascenti obtutus credenti reddit alumno,
materiaque eadem defecta in parte perornat
semiperactum hominem, qua toto corpore finxit,
ut se ipsum nostra uenisse in carne probaret
qui cum patre deo communis imaginis ore
conpositum limo et flatu formauerat Adam.
   ipse opifex, lux nostra, deus, Felicis amici
natalem tanta uoluit decorare medella,
ut confessoris meritum sublime potenti
munere monstraret, non ut cumularet honorem
martyris hoc opere, ingentes cui contulit olim
nobilibus titulis benedicto nomine palmas,
quas indefessis in eo uirtutibus omni
tempore continuat domini clementia Christi.
sed nobis uoluit specialem tempore in isto
laetitiam donare deus propriique patroni
tale aliquod propriis operans signum dare seruis,
quo nos siderei proprios Felicis alumnos
proderet et merito illius curaque doceret
uiuere, quo nostram seruans custode salutem
saepius infestum nocturnis casibus hostem
a nostris pariter membris et mentibus arcet.
denique iam nostri gaudemus honore pericli,

299 *om.* *Q* posthaec *ADE* 300 ammirale *D* 302 denique] de quibus *Q* limum] lum̄ *Q* 303 reddidit *B*, reddat *Rosw.* 304 meteriaque *D* de faecta *Q* perornant *Q* 305 sēperactum *A*, semperactum *Q*, semper et actum (et *m. 2*) *D* 307 comminis *Q* 308 formauerit *Q* 309 lux *om.* *AD* opife[illegible] nostra (lux *om.*) *Q* 310 medela *BED* 311 suplime *B* 313 ingentis *AQ* 316 continua *B* 318 Letiam *Q* propriiqui *Q* 319 aliquid *EQ* 320 quos *B* siderii *D*, desiderii *AQ* 323 infertum *Q*

cernentesque pari splendentem lumina uisu,
quem paene amisso deformem uidimus uno,
laetamur tactis hoc sospite fratre medullis,
quem tanto nobis donauit munere Christus.
iure oculis hunc aequo meis, in lumine cuius
Felicis manus in Christo, mea gloria, fulget.
o felix casus, bona uulnera, dulce periclum,
per quod cognoui me curam martyris esse.
tanti namque fuit lumen mihi paene perisse,
ut modo Felicis de munere lumen haberem.

XXIIII.

Meropivs Pavlinvs Cytherio fratri in Christo salvtem.

Martinianum spiritu fratrem mihi
unaque germanum fide,
quem tu disertis prosecutus litteris,
ad nos uenire miseras,
nunc uix salutis conpotem factum suae,
scriptis inanem perditis
sed caritatis indicem plenum tuae
ut os tuum suscepimus,
et ueriorem litteris epistolam
de corde signatam tuo,
cum te referret spiritali littera,
et mente et aure legimus.
nunc ambo nexi ad inuicem dextras damus

326 lumine *E* 327 pene *BE* deforme *B* 328 tactis *v*, tectis *ABDQ*, totis (o *in ras.*) *E* sospite *E*, hospite *ABDQv* 329 nobis] ille bonis *v*, bonus *Sacch.* 330 hanc *AQ* 334 pene *BEQ* 335 munere *ADEQ*, lumine *Bv* finit natalis VII · *B*, finit sextus. incipit septimus *D*.

XXIIII. — *BO*. incipit ad citherium (cyterium *O*) supra memoratum *BO* Citherio *B* christo dn̄o *B* salutem] hoc metro sunt isti uersus, id est, iambicus tetrameter *add. B*, iambicus exameter et tetrameter *add. O* 1 martinum *O* 3 prosequtus *B* 4 iusseras *Schot.* 7 tuae *om. B* 11 referet *B* spirituali *B* 13 nunc *coni. Zechmeister*, tunc *BOv*

in osculo pacis sacrae
et inmolamus hostiam laudis deo
gratesque Christo reddimus,
quo liberante nostra sospes e mari
intraret hospes limina;
nam dira passus et tamen miracula
expertus in periculis.
patria profectus cognita causa tibi
iter pedestre legerat,
sed longa secum spatia terrarum putans
uertit uiae sententiam
et otiosam fluctuandi nauseam
pedum labori praetulit.
Narbone soluit per trucem ponti uiam
fragili carinae credulus.
hinc ille gressu uir piger uersa uice
fit nauigandi paenitens.
namque ut profectus continenti litorum
in alta processit freta,
iam nocte densa, sed sereno lucida
ridente tranquillo maris,
cum sola cursus ordinarent sidera
absente tunc luna polo,
nauem repente temporis longo putrem
usus uehendi deserit,
laterumque laxis soluitur conpagibus
undasque rimis accipit.
cunctis soporem suaserat tranquillitas,
tantum gubernator uigil
labente blandis classe securus uadis
iter secabat spumeum

14 et in *B* 17 nostra *om. B* 18 intraret *O*, intrarat *B*, intrabat *v* 19 tamen et *B* 23 terrenarum *O* 25 ociosum *B* fluctuand in *O* nausiam *B*, causeam *O* 27 Iarbone *B* 29 piger] pio et *v* 31 namque *v*, iamque *BO* littorum *B*, littore *Gryn.* 36 p$\overset{o}{a}$ulo *O* 37 tempore ab *v* 39 cumpagibus *B* 40 remis *B* 41 suaserit *B* 43 lambente *Ov*

et fortiores prouehendis cursibus
auras uocabat sibilo.
interea nauis altius decrescere
crescente pletura sui,
tabulisque sese latius laxantibus
incurrit unda largior;
quibusque nulli de salo fluctus erant
in naue fluctus nascitur
et dormientum membra iam subterluens
udo rigore suscitat.
ut sensit unus, mox et alter, omnibus
formido somnum discutit.
timent pauore mortis et causas adhuc
timoris ignorant sui.
qua miseri fugiant pelagus infestum uia?
merguntur in naui sua.
si concitata feruerent uentis freta,
naui teneretur salus;
intra carinae uiscera infuso mari
quo uita capietur loco?
quis portus illis, quis et in naui mare est,
quod intus oppressos necat?
sed adusque portus et salus cunctis deus
manum paternam porrigit
et inter alta medii dorsa gurgitis
pietatis expandit sinum,
quo abrupta mortis incidentes excipit
et in uado uitae locat.
scapham sequacem quadriremis machinae

47 nauis *v*, naues *BO* 48 crescent *B* plectura *O*, scissura *Col. in mg.* 49 sese] se *B* 51 fluctus *v*, fluctibus *BO* 52 fluctibus *B* 53 membra *om. B* 54 ut origo resuscitat *B* 57 pauere *O* casus *B* 59 qui *B* 61 feruerent *scripsi*, feruent *BO*, ferueant *v* 64 capietur *BO*, captetur *v* 65 illius *Ov* queis et *Col.*, qui et *BOv* 66 oppressos *coni. Zechmeister*, praessos *O*, pressos *Bv* necat *BOv*, enecat *Col.* 67 adusque *scripsi*, absque *BO*, aura *v* 71 incidentes *Rosw.*, incidentis *BOv* 73 quadirememis *B*

ad hanc opem parauerat,
ut quos ab illa plebe nauigantium
seruare legisset deus,
susciperet illa, quae ad dehiscentem mari
classem adnatabat comminus.
hanc ipse nauis rector et cum litore *
in alta primo solueret,
Nouatianus ille, discissam fidem
in corde portans naufrago,
homo mortis ⟨itaque⟩ et apta morti cogitans, *
de more noluit suo, *
ut esset onerum portio. in nauem suam
properat statim conscendere,
et cum periclo stringeretur ultimo,
molitus est expellere,
ut fune rupto, quo cohaerebat rati,
dimitteretur aequori.
sed plurimorum uoce uictus obuia
ab utroque mansit inritus,
quia praeualebat omnium sententia
auctore Christo fortior,
ut mox salubri barca perfugio foret
puppi superstes obrutae.
inusitata naufragi facies erat,
mors nauitis pax aequoris.
foris silebat in freto tranquillitas,
in naue tempestas erat.
non saxa classem, non procella fregerat;
sed his uetustas fortior

77 quae ad *coni. Zechmeister,* quea *O,* que *B,* quae *v* dihiscentem *B* 79 littore *B* 83 itaque *addidi, om. BOv* 84 noluit suo *scripsi,* suo uoluit *BOv* 85 esse *B* in] et *fort.* 86 suam properat *B s. l. m. 3, om. O,* stat *v* 88 mollitus ultimo *B* 89 quo *om. O* 91 sed] se *B* 93 qua *B* 95 barta *O* 97 inuisitata *O* naufragii *BOv* forcies *B* 98 nauitis *coni. Zechmeister,* nauis *BO,* nauis et *v* 99 foris silebat *scripsi,* fori solebat *B,* foris olebat *O,* foris sedebat *v* 101 procela fregerat *O,* procellas regerat *B* 102 forcior uetustas *B*

* clauante ferro firma ligni robora
aeuo terente soluerat.
caelum serenis enitebat nubibus,
astris renidebat mare.
uerum quid illis laeta uentorum simul
pelagique praestabat quies,
quos deserebat in profundo marmoris
uectura dilapsae ratis?
bibit unda nauem, nauis undam conbibit,
sorbentur et sorbent aquae.
inebriati nauitae potu salis
tristi necantur crapula.
ridebat aliis mitis unda nauibus,
uni⟨que⟩ saeuibat rati.
sed in periclo plurimorum cernere est
caelestis actum examinis.
commune cunctos una quos nauis uehit
periculum mortis manet;
et ecce uariis diuiduntur casibus,
ad mortem et ad uitam dati.
quod ne putetur forte permixte bonis
simul tributum uel malis,
constat perisse Christianum neminem
et interisse perfidos.
namque aut maligno corde Iudaeus perit
reus aut superbi schismatis.
quemcumque Christi recta signauit fides,
hunc uita cognouit suum.
tamen fuerunt Christianis additi
necdum hoc sacrati nomine,
quos de profundo iuncta seruauit fuga,

103 clauante *Bv*, clauente *O*, labante *fort.* robura *O* 104 terente *v*, terrente *B*, torrente *O* 105 serenum sine nitebat nubibus *fort.* enittebat *B* nubibus *BOv*, uultibus *Rosw.* 106 remidebat *O*[1] 107 uerumq quid *O* 116 unique *v*, uni *BO* 117 periculo *B* 118 exanimis *B* 123 permixte *O*, promisse a *B*, permixtim *v* 126 interris se perfidos *O* 128 schismates *O*, crismates *B* 131 fuerunt *B*, fuer̃ *O*, fuere *v*

quia Christianis haeserant.
nam cum infideli plebe nauigantium
nullus fidelis mersus est,
ut clara magni ueritas mysterii.
ostendit in paucis deus,
quod fine mundi diuidendis gentibus
discrimen in cunctis erit,
cum praenotatos ora uexillo crucis
transibit ultor angelus.
sic naue in illa nemo morti traditus,
qui ueritate praeditus.
uixere iuncti Christianis inpii
uincente noctem lumine.
nam Christianos adgregare mortuis
mors cassa uirtutis fuit,
quia fronte signum Christianis emicat,
quo mors subacta conruit.
nauarchus ipse, perditae princeps ratis,
pereuntibus primus fuit.
namque ante pelago quam periret naufragus,
iam mente naufragauerat,
bis mersus ille, quem carina fluctibus
demersit, error inferis.
potuisset ille ⟨se⟩ periclo abrumpere,
sed debitum morti caput
captiua dignis mens auari uinculis
adstrinxit in finem ligans.
nam ne superstes nauis et mercis foret,
necem saluti praetulit.
Martinianum iam supremo stamine

141] (Apoc. 7, 2. 3).

137 ut] fit *coni. Zechmeister* 139 finem *O* 145 iuncti *v*, cunctis *BO* 146 uincentem *B* 147 christianus *B* 148 uirtute cassa mors *v* 149 christianis *B s. l. m. 3 et v, om. O,* baptizatis *fort.* 150 moris *O* 157 se *v, om. BO* periculo *B* 158 se *B* capit *O* 159 diris *coni. Zechmeister* 163 suppremo *B*

mergentibus mixtum uiris
tumultuantis excitat turbae sonus
somnoque mortis excitat.
qui tunc remoto fessus in prorae sinu et
securus innocentia,
Ionas ut olim uentre nauis abditus,
somnos anhelabat graues.
sed excitatus luctuosis undique
pereuntium clamoribus
pedibusque turbae membra quassus omnia,
duro cubili prosilit.
plerisque mersis intus in nauis utero
laterum per oras, qua solent,
ut uela tollant siue contis subrigant
nautae expediti currere,
tabulis adhuc supernatabat extimis
operta nauis gurgite;
uiam salutis hac uia rimantibus
Martinianus iungitur
et agente Christo de globo mortis fugax
comes fit euadentibus
seseque saltu mittit in cumbam procul,
quae plurimis portus fuit.
et paene morti derelictus haeserat
cum classe mergendus mari,
nisi Christus illum ceu manu prensum sua
rapuisset e mortis lacu.
sicut recussis fugit olim uestibus
Ioseph furentem feminam,
sic hic relictis omnibus nudus fuga
euasit infidam ratem.

191] (Gen. 39, 12).

165 tumulantis *B* excitet *O* 171 luctuosis *ed. Schot. in mg.*, fluctuosis *BOv* 174 duro *v*, dura *BO*, duro a *coni. Zechmeister* 187 pene *B* 189 prensum *v*, prehensum *BO* suo *O* 191 olim fuit *B* 193 fugare *B* 194 iussit *B*

et sicut olim iussa Ionan obuio
excepit ore belua
et hiulca late lubricum per guttura
transmisit in uentrem suum,
incolume corpus dente suspenso uorans
et quem uorabat non edens:
sic hunc ⟨ab⟩ alta naue in undas cernuum
suscepit occurrens scapha
tutoque uexit fida per noctem sinu,
donec referret portui.
sed mentione magni uatis edita,
in quo pii mysterii
imago mortem triduani funeris
reduci salute praetulit,
paucis reflexo carminis uestigio
recurrere ad Ionan libet.
commenta domini mira; mersus aequore
intactus undis fluctuat.
uiuit uoratus, quique glutiuit manet
uiuente ieiunus cibo,
et praeda cum sit, esca non est beluae
domoque uentris utitur.
o digna sancto claustra fugitiuo dei!
capitur mari, quo fugerat,
altumque uastae missus in uentrem ferae
uiuo tenetur carcere.
de naue ⟨iactus⟩ perit et undis nauigat,
exul soli, hospes sali;
spatiatur antro beluini corporis
captiuus et liber reus.

195] (Ion. 2, 1). 207] (Matth. 12, 40). 211] (Ion. 2, 2). 218 sqq.] (Ion. 1 et 2).

195 Ionam *v* obuia *B* 197 gutura *B* 199 dentes *B* 201 ab *Rosw.*, *om.* *BOv* 203 tutoque *coni. Gronouius,* totoque *BOv* 207 imaginem mors *coni. Zechmeister* 210 ionã *B* 211 cōmta *B* 214 cybo *O* 221 iactus *v, om. BO* 222 soli et *v* 224 liber *om. B*

nam liber undis, intra mare ⟨et⟩ exter maris,
natat in natante belua,
claususque quam⟨quam⟩ corpore exit ad deum
uolans propheta spiritu.
corpus tenetur corpore, at mentis fugam
terrena uincla non tenent.
inclusus aluo carcerem rumpit prece
auresque pertingit dei;
orationi liber et uinctus fugae
fide sua sese arguit.
nam qui putarat per mare euadi deum
et naue celari deo,
nunc iste et intra beluam mersam mari
adesse credat arbitrum.
iam me referre flexilis uerbi pedem
oportet ad Ionan meum,
quem more coeti cumba suscepit capax
uteroque conclusum suo
uexit trementem frigore et formidine
saluumque terrae reddidit.
mirum renarrat se per illud temporis,
cum puppe praeceps ardua
saliens in illam decidisset nauculam
eoque uenisset loci,
quo cumba multam duxerat rimis aquam
olente sentinae lacu,
statim fouente frigidos artus deo
quiete sopitum sacra
nudumque et udum, fugere quae somnus solet,
dormisse lecto mollius,
spatioque toto, quo relatus litori est,
somno fuisse deditum,

225 et *ed. Schot., om. BOv* 227 quamquam *v*, quam *BO* 229 ad *B* fugam *Rosw.*, fuga *BOv* 235 euadit *B* 238 credit *coni Zechmeister* 239 redem *B* 240 ionã *B* 241 ceti *B* 245 semper *B* 247 nauiculam *B* 249 remis *B* 253 quem *fort.* 254 dormire *O* mollius *v*, mollibus *BO* 255 que *B* littori *B*

nec aqua excitatum qua madebat nec gelu,
quod nuditate traxerat;
licet esset anni tempus autumnus tepens,
sed naufragis hiems erat,
quos perditorum dura damna tegminum
gelidusque quassabat tremor.
aliud stupendum, quo fidelem gratiam
Martiniani colligas,
dilecte frater, accipe et lauda deum
sanctumque fratrem amplectere:
ut adlabentem portui sensit ratem
stridente harena litoris,
abeunte somno fit sui tandem memor
recipitque sese, expergitur
et adiacentes pectori tangit suo
epistolas apostoli.
hunc in pauore codicem sed nesciens
rebus relictis sumpserat,
uel ille codex spiritu uiuens sacro
non sentienti adhaeserat.
metire, quaeso, quis nisi Christus suo
dedit hunc ministro praesulem?
testatur iste cogitatum nec sibi
illo pericli tempore,
ut inplicatam sarcinis membranulam
meminisset illinc tollere.
quod si subisset in metu mentem suam,
non et uacasset quaerere.
sed in suarum litterarum corpore
Paulus magister adfuit
amansque puro corde lectorem sui

259 esset anni tempus *v*, annus tempus esset *BO* autumrus *B* 260 hiemps *BO* 261 damnate geminum *B* 264 colligas *v*, collegas *BO* 267 ut *Rosw.*, et *BOv* 270 sese] se *B* expergit' *B*, expergitus *v* 271 adiecentes *O* 274 relectis *O* 279 ille *B* cogitatum nec *coni. Zechmeister*, nec (ne *O*) cogitatum (cogittatum *B*) *BOv* 280 periclitẽ porti *B* 281 membra nulla *B*

de mortis abduxit manu;
iterum eximendos e maris fundo uiros
largitus est Paulo deus.
quae quondam in ipso nauigante apostolo
fuit potestas gratiae,
haec nunc per eius suffragata litteras
Martiniano et ceteris,
qui Christianis tunc cohaeserunt fuga,
discrimen a discrimine
tutum parauit, ut fideles inpiis
discriminarat naufragos.
ergo ut biremis adplicata litori
exposuit umentes uiros,
uitam tenentes et requirentes simul,
opem saluti flagitant,
ne saeuiori fluctibus terrae dati
algu perirent et fame.
sed propter inde posita Gallorum solo
Massilia Graium filia,
alumna sanctae ciuitas ecclesiae,
pandebat humanos sinus.
urbem hanc petentes naufragi casum indicant,
ali tegique postulant.
Martinianum suscipit fraternitas
tectoque apricat et cibo.
sed copiosa caritate pauperes
stipem pusillam commodant.
exigua largus pensat affectus data,
orando ditant hospitem
et spiritali diuitem uiatico

288 martis *B* 289 eximendo se *B* uires O^1 291 in ipso *om.* *B* 296 discrimina (a *om.*) *B* 297 fideles *Rosw.*, fidelis *BOv* 298 discriminaret naufrages *B* 299 littori *BO* 300 tumentes *B* 303 saeuiori *v*, seuiore *BO* terrae *v*, terra *BO* 304 alga *B* 305 se *B* inde] de *B* 306 gradum *O* 309 petentes] suum *add.* *BO* naufragi *B*, naufragii *Ov* 315 largus *Rosw.*, largos *BOv*, largo *coni.* *Lebrun* pensat *Rosw.*, pensant *Bv*, pensa *O* affectos *B*, affectu *coni.* *Lebrun* 317 spirituali *B*

cum pace dimittunt sua.
tamen iste caligis uilibus donatus est,
ne nautico erraret pede, *
qui maluisset confoueri excalcius
quam calciari frigidus.
sed ire terra quamlibet passus mare
nudi pudore respuit,
reputans et illud, ne putaretur lucri
amore nudum fingere,
si ueste Teucer pannea peruaderet
castella uicos oppida,
quali uagari per mare et terras solent
auara mendicabula,
qui deierando monachos se uel naufragos
nomen casumque uenditant.
uerum iste noster Christianus quamlibet
et naufragus uere foret,
similis putari praecauens fallentibus
aliosque se falli negans, *
non uult uiator esse, ne nomen nouum
adquirat inpostor sibi,
mauultque uitae ferre iactum nauigans
quam frontis aestum inambulans.
panno ergo sordens, calciamento nitens,
fluitare rursus eligit
repetitque portum et terreae tuto uiae
praeuertit intutum maris,

319 tamen iste caligis uilibus *scripsi*, caligis tamen iste uilibus *Ov*, caligis tamen uilibus iste *B* 320 naufrago *fort.* (*cf. us.* 387) 321 excalcius *B*, excaltius *O* 327 eucer *B* 329 quali *scripsi*, qualia *BOv*, quales *coni. Zechmeister* 330 medicabula *O* 332 casusque *B* 333 nostri *B* 336 aliosque *Col. in mg.*, aliisque *Ov*, aliique *B* se *scripsi*, de se *BOv*, *om. Col. in mg.* negans *BOv*, non uolens *Col. in mg.* 337 uiator esse ne *coni. Zechmeister*, uiatoris sine *BO*, uiatoris sine re *v* 339 mauult quae *O* fere *O* 340 fontis *B* fronte quaestum *coni. Zechmeister* 342 fluciare *B* eligit *v*, elegit *BO* 343 portũ *BOv*, portus *Lebrun* terreae *scripsi*, terrae *BOv*

ut naue tectus usque uoti litora
uelut expeditus nauita
de nuditatis nauticae consortio
nudi pudorem euaderet.
fauens fideli rex deus constantiae
prosequitur audacem fidem
uicesque mutans dura succedentibus
aduersa pensat prosperis
solidoque nauem paginatam robore
ad peruehendum praeparat;
pacem procellis inperat, nubes fugat
cursumque in aura dirigit,
tali quiete temperans caelum et mare,
ne pace cursus haereat,
periculosa nec ratem flatu graui
perurgeat uelocitas.
sic iste Christo blandiente molliter
emensus asperum mare
longinquiorem portum ab urbe adlabitur,
cui Centum Cellas nomen est,
abinde nauis promouenda longius
intraret ut portum phari.
uix iste credens se potitum litore
telluris optatae sibi,
naui relicta laetus insultat solum
Romamque festinat pedes;
illic amica tecta fratrum ciuium
optatus hospes inuenit
respirat animo, conquiescit corpore,
dat accipitque gaudia,
patriam fruentes inuicem reddunt sibi,
deo fatentur gratias.

345 littora *B* 346 uelud *B* 347 de nuditatis *v*, denudatis *BO* nautice *O*, nauitice *B* 358 ereat *B* 362 et menso *O* 364 Centumcellis *v* 365 abinde nauis *scripsi*, ad (ac *v*) inde naui *BOv* promouendus *v* 366 fari *BO* 367 littorem *B* 368 obtate *B* 372 obtatus *B* 375 patriã *BO*, patria *v* 376 fauentur *B*

Martinianus maesta gaudens indicat,
tolerata narrans fratribus.
lacrimas in ipsis gratulationibus
miscent profuso pectore.
Theridius aberat inde tunc mecum meus
uir, munus a Christo mihi,
uir pacis et uir legis et uir gratiae,
requies uoluptas mens mea;
huius cohospes mente Paulinus pia
in urbe seruabat domum.
Martinianum hic ueste nudat naufraga
et ueste coperit sua
donumque tunicae, qua sodalem ornauerat,
geminat cucullae munere.
largitor ipse tunc uicissim ut naufragus
in ueste mansit unica.
post haec et ad nos pergere inceptat uiam,
qua sternit aggerem silex,
cui munitor Appius nomen dedit.
terit terentem tramitem;
qui ueste trita nauigator uenerat
pedes uiator et terit.
sed ne uel ista penitus inmunis uia
solitis uacaret casibus,
inpune pigram non tulit sententiam,
qua tendere ingressum piget.
ab urbe Capua, quae loco sedis meae
bis dena distat milia,
nanctus uacantem sarcina mulum, ut solent
iumenta reuocari domum,

378 tollerata *BO* 380 miscent profuso *scripsi*, miscentur fuso *BO*, miscent refuso *v* 388 cooperit *v*, conpit *O*, ɔponit *B* 389 quae *O* 392 tunica *B* 393 inceptam uiam *O* 395 cuique censor Appius *aut* munitor Appius cui *fort.* arpius *B* 396 terrentem *O* 398 et terit *scripsi*, extergit *BO*, exterit *v* 400 uocaret *O* 402 ingressum *scripsi*, ingressu *Av*, ingressus *B* piger *BOv; em. Rosw.* 404 destat *B* 405 multum *B*

paruo per iter breue aere conductum sedet;
medioque mox spatio uiae
muli pauore sessor excussus procul
uectore subducto cadit.
in ora lapsus ora non laedit sua,
in saxa fusus et rubos,
nec sente uultum nec lapide artus contudit,
Felicis exceptus manu;
qui iam propinquantem aedibus fratrem suis
non passus occursu mali
suis periclum in finibus capessere
hostem remouit inuidum,
et hunc fidelis conpotem uoti suis
confessor induxit locis
nostrisque iuxta sedibus gratum intulit
Felix patronus hospitem.
patriam hic rogatus indicat, casus refert,
de te beata nuntiat.
* referensque paucos de tuis scriptis logos,
quasi labra melle asperserit,
sic de fauorum mihi tuorum guttulis
dulcissimum gustum offerens,
magis coegit quas auenti non dabat
desiderari litteras;
sed cum ipse causa litterarum uenerit,
et litteras uidi tuas,
non atramento calami sed mentis stilo
in fratre praescriptas bono.
ignotus ante mox ut esse cognitus
coepit, fit et carissimus.
ab intus eius emicabat gratia
sermone mentis nuntio.

407 per iter breue aere *scripsi,* breue per iter (pariter *B*) aere *BOv* 408 medio quae *O* 413 contulit *B* 416 ocursu *B* 419 uotis *B* 425 locos *coni. Zechmeister* 426 labra *v,* libra *BO* 427 gutulis *B* 429 auenti *Rosw.,* habenti *BOv* 432 uidit *B*

bonus, inquit, omnis de bono profert bona,
et arborem fructu uides;
sic iste uerbo suauis et castus fide
et fronte honesta lucidus,
dulci benignae caritatis flumine
in nostra fluxit uiscera.
super haec amicum merito se iactans tuum,
quo plus amaretur, dabat.
nec enim ulla nocti et lumini concordia est,
lupus nec agno congruit.
hinc et propheta, sicut, inquit, alites
pares in unum conuolant,
sic semper apta qualitate moribus
iustitia concurrit bonis.
Martinianum sic tibi longe parem
germana mens contexuit,
speculumque mentis et fidei instar tuae
est talium dilectio.
benedictus auctor fonsque sanctorum deus
non stulta iam tantum neque
infirma mundi defluentis eligit,
ut alta mundi destruat;
sed, ut ipse dixit, cuncta iam sursum trahens
et alta mundi uindicat.
quoniam ipse fecit et pusillum et maximum,
utrosque iungit gratia,
et quos creator opere in uno condidit,
hos recreat uno munere.
communis omnes clausit infidelitas,
mediatur ut cunctis fides, *

447] (Eccli. 13, 21; II Cor. 4, 14). 449] Eccli. 27, 10. 458] (I Cor. 1, 27). 461] Ioh. 12, 32.

439 inquid *ut solet B* 447 nulla *B* 450 couolant *O* 451 apta *om. B* 454 contexat *B* 456 alium *O* 459 elegit *B* 467 omnis *B* in fide deus *coni. Zechmeister* 468 mediatur *O*, mediator *B*, medeatur *r* mediatur et *coni. Zechmeister*

ut fiat omnis subditus mundus deo
omnisque lingua et dignitas
super omne Iesum nomen unum in gloria
regnare fateatur patris.
huic iam et potentes saeculi curuant genu
deduntque ceruices deo,
regemque Christum confitentur principes
et sceptra submittunt cruci.
coeunt in unum purpurae et panni gregem
pastore concordes deo.
commune regnum, sanguis unus omnibus,
summis et imis, Christus est,
qui te decorum gloriosis saeculi,
honore litteris domo,
ditauit humili corde, ut aeternam tibi
conferret altitudinem
et ut coheres diuitum caeli ⟨fores⟩,
istic amator pauperum.
beatus es nunc mente pauper ⟨sed⟩ spei
diues, qua gaudent pauperes,
qui defrudati lubricis mundi bonis,
caeli fruentur gaudiis.
hos inter alto in Abrahae patris sinu
secretum ab igne diuitum et
refrigerantem roribus uitae locum
deus uiuorum praeparat.
insigne tantae iam spei certum tibi
magno coruscat pignore,
plantata domino in atriis Hierusales
tui propage germinis.

471] (Phil. 2, 9).

473 hīc *B* 475 confitemur *B* 482 horrore *B* 485 caeli fores *coni. Zechmeister,* caeli *O,* celi *B,* coeli esses *v,* caelestium *Col. in mg.* 486 istic *BOv,* esses *Col. in mg.* 487 sed *v, om. BO* spes *B* 489 defraudati *B* 496 choruscat *B* pectore[pignore] (*corr. m. 2*) *O* 497 iherusalem *B* 498 propage *scripsi,* propago *BOv*

namque ut fideli te patri conponeret,
a te poposcit filium,
in semine Isac semen adscribens tuum
ipsumque ut Isac expetens.
quem tu Abramiae caritatis aemulus
uiuam dedisti uictimam
deoque tradens iam peremisti tibi,
ut saluum haberes firmius.
nunc iste uobis exter et uester manet,
terrestris exsors saeculi.
de matris aluo promptus, antequam patrem
matremque cognosset suam
bonumue saperet aut malum discerneret,
beatus elegit bonum.
et nunc in aula paruulus ludit dei
et ore lactanti canit:
de uentre matris et die prima mihi
tu, Christe, protector meus.
audistis et uos, quod beatis dicitur:
potens erit semen tuum.
habes et illud: uentris a fructu tui
in sedibus ponam meis.
qui sermo Dauid quamlibet Christum sonet,
in Christo et illis concinit,
qui Christiani corporis collegio
in sede ponentur dei.
uobis et Annae sternitur consortium
infantis exemplo sacri.
Samuel et iste creuit in templo dei,
nunc agnus et pastor dehinc.
contexat illi sedulae matris manus

515] (Ps. 70, 6). 518] Ps. 111, 2. 519] Ps. 131, 11.

499 patre *B* 500 a te *Rosw.*, Et a te *B*, aetate *Ov* poposcet *B* 501 seminis ac semen *BO; em. v* 503 abramiae *Ov*, abramie *B*, Abramaeae *Rosw.* 508 terrerstris *B* 510 cognosset *Col.*, cognouisset *BOv* 514 lactenti *v* 526 sacro *O* 527 samuhel *O* 529 contextat *B*

ephod staturae congruum,
quem spiritalis in dei uerbo sacris
doctrina texat liciis.
sitque in superna ueste reginae aureis
intextus ipse fimbriis,
sanctumque Christo Nazarenus uerticem
pastis adornet crinibus,
animaeque pulchrum crine uirtutis caput
armetur operosa fide.
nec huius umquam desecans nouacula
ascendat in damnum comae.
et ut ille Samso ui capillorum potens,
uirtute crinitus sacra,
sternat leonem strangulatum fortibus
orationum brachiis
dulcemque fructum nobilis uictoriae
decerpat ore mortui.
* sed ab hoc triumpho caueat exemplo sibi
aliena adire foedera.
allophyla mulier est mihi lex carnea
blandis dolosa retibus.
si lege mentis ista sit lex fortior,
in iura peccati trahet;
malesuada uerbis fraudis arte dulcibus
animum uirilem effeminat;
excaecat oculos mentis et radit caput,
spolians et exarmans fidem.
hac parte Samso nolo sit noster puer,

530 ephot *v*, efoth *B*, eufot *O* statuere *B* 531 quem *Rosw.*, quam *BOv* uerbo dei *B* 535 nazaraeus *Bv* 536 passis *v* adornat *B* 537 pulcrum *B* capud *B* 541 samson *B* 542 sacra *v*, sacrae *O*, diuine *B* 546 decerptat *B* 547 ab hoc triumpho caueat exemplo sibi *Col. in mg.*, ab hoc exemplo triumpho caueat ui *O*, ab hoc exemplo triumpho caueat exemplo ui *B*, hoc ab exemplo monitus caueat sibi *v*, ab hoc triumpho caueat exemplo illius *coni. Zechmeister* 548 adire *v*, dire *BO* 549 allophila *B* mihi allophyla mulier est *Zechmeister* 551 forcior lex *B* 554 uirilem *v*, uirile *BO* 556 spolians *v*, expolians *BO* 557 sampson *O*

ne misceatur copulae,
quam consequatur protinus captiuitas
infirmitas et caecitas,
licet ille fortis postea receperit
robur recretis crinibus
manuque ductus de mola ad ludibrium
hostilis exultantiae
in caecitate corporis mente intuens
uocarit ultorem deum.
et restituto mox capillis robore
prostrauit hostilem domum;
cuius columnas fortior saxis manus
ut clausit amplexu graui,
conlapsa fulcris tecta subductis humo
cecidere in ipsum; sed tamen
et morte ⟨in⟩ ipsa praepotens heros dei
hostes ruinae miscuit
et gloriosa morte pensauit sibi
uitae subactae dedecus.
qui seruus hoste gloriante uixerat,
hoste obruto uictor cadit
et plura moriens interemit milia,
quam uiuus interfecerat.
imitetur istam filius noster uolo
sic morte mortem, ut permanens
in carne carnem uincat et uiuat deo,
peccata carnis opprimens.
sed nolo carnis gaudiis ut noxiae
dolis subactus feminae
addicat animum, postea fiat hostium,

559 captiuitas infirmitas *v*, infirmitas captiuitas *BO* 561 reciperit *O* 562 robore cretis *B* 568 prostrarit *coniungens cum superioribus Sacch.* 573 in *Rosw.*, *om. BOv* 575 tibi *O* 576 subducte *B* 577 hoste *Rosw.*, hostis *BOv* hostis gloriantis *coni. Zechmeister* 579 plura *v*, plurima *BO* 582 si *B* 583 carne carnem *ex* morte mortem *corr. B m. 2* 584 oprimens *B* 585 solo *O* 587 postea] et praeda *coni. Ducaeus*, post et *uel* posthac *fort.*

uirtute nudus gratiae.
Samuel in ista parte sit, qua iugiter
sanctus neque accisus comam
per tota uitae tempora inrupto sacrum
pertexat aeuum stamine
et inchoatam seruitute infantiam
usque ad senectam pensitet.
occidat Amalech et pie saeuus deo
peccata carnis immolet,
quibus peremptis interierit zabulus,
inuisus aeternum deo.
Saül in hoc deficiat et regnet Dauid;
pusillus altum destruat,
ut non sit altus spiritu superbiae
nec liuidus zeli malo,
* sed corde in humili celsa uirtutum gerens
ascendat in regni thronum,
et illa Samso gesta, quae priora sunt,
sequatur, ut restes nouas
ceu fila rumpat, nec fidem prodat suam,
ne perdat ignauus comam.
crinitus operum uiribus caelestium,
praetenta rumpet uincula,
palos refiget, mille prosternet uiros
una subactos dextera,
quia nostra uirtus et caput Christus deus,
qui dextera et uirtus dei est;
* eius potentes mille serpentem dolis
nos adpetentem uincimus.
sit fortis anima mortificans asinum suum,

589 Samul *O Col. in mg.* 593 seruitutem infantia *coni. Zechmeister* 595 amalec *BO* 597 interierit *scripsi,* interit *BOv,* interit quoque *Col.* 599 regne *O* 603 corde in humili *scripsi,* humili cordis *BO,* humile cordis *v,* humili corde *Col.* 604 ascendit *B* tronum *B* 605 sampso *O,* samson *v* 611 refiget *Rosw.,* refiget et *BOv* 614 dextra *B* dei et uirtus *B* 615 eius potentis *BO,* uirtute cuius *v,* ui eius potentes *coni. Zechmeister* milem *O* 617 si *O*

pigri iumentum corporis.
decoctus umor sobriis laboribus
pallore uultum liuidet,
et tribulata carne uictrix castitas
consumat ignes criminum.
exterior etenim noster ut corrumpitur
terente continentia,
tunc innouatur qui intus est uicti potens
infirmitate corporis.
tunc mille a latere, dena ⟨a⟩ dextris milia
arente maxilla cadent,
si mala nostra salua fiat otio,
quae est usu edendi mobilis,
quia suculenti corporis licentia
retunditur ieiuniis.
et tunc triumphus fonsque nobis nascitur
in arefactis ossibus.
maxilla telum proelianti quae dedit
dat aestuanti poculum
ieiuna suci carnis ossa mortuae
sancto rigante spiritu.
sed quae ante sanctis in figuram gesta sunt,
nobis in actum scripta sunt,
ut quod parentes gestitarunt corpore
nos actitemus spiritu.
fluxere uetera, cuncta facta sunt noua,
uacuauit umbram ueritas.
adest salutis iam dies, hiems abit

625] (II Cor. 4, 16. 12, 10). 627] (Ps. 90, 7). 639] (I Cor. 10, 11). 643] (Apoc. 21, 4. 5). 645] (Cant. 2, 11).

619 humor *B* 622 igne *v* 624 terrente *O* 625 uincti *B* 626 corpor̃ *B* 627 a latere] altare *O* a *v*, *om.* *BO* 629 salua fiat otio *v*, fiat ocia salua *B*, fiat otio salua *O* 633 nunc *O* 635 telum praelianti quae *Col.*, telum quae (que *B*) proelianti *BOv* 639 figura *B* 641 gestarunt *O* 642 acti^{t}memus *O* 645 hiemps *BO*

et terra uernat floribus.
audita iam uox turturis tempus canit
incisionis adfore.
epulemur ergo uetere fermento sine
in ueritatis azymis,
quia Pascha nostrum Christus inmolatus est
intraque nos regnum dei est.
quare uetustis absoluti legibus
iam non in umbra degimus,
quos nube legis et statutorum iugo
quasi comarum sarcina
Christus leuauit ipse, filius dei,
factus redemptis in caput.
quo capite liberi super taetrum caput
dracone uicto incedimus.
illos decebat inpedimentum comae
umbraculumque uerticis,
quibus tegebat corda uelamen sacra
obnubilans mysteria.
at nos remoto litterae uelamine
in luce corporis sui
* enubilatam ueritatem cernimus,
faciem reuelati fide.
puer ergo noster legis atque gratiae
alumnus ex utroque sit
in spiritalem conparatus gloriam,
ut uetera promat et noua.
fortis pudicis actibus crines agat
ferrumque damni nesciat,
ut a machaera noxiorum dogmatum

649] (I Cor. 5, 8). 660] (Ps. 90, 13).

647 canit *v*, cantu *BO* 648 adforet *B* 649 siue *B* 650 azimis *BO* 651 est inmolatus *B* 656 comarum sarcinam *Ov*, sarcmarum comam *B* 657 filius dei *scripsi*, ille deus *BO*, deus ille suis *v*, deus ille et suis *Col.* 659 tretrum *B* 665 ad *O* 672 ueteri *Rosw.* 674 ferrique damnum *coni. Ducaeus* 675 machera *O* docmatum *B*

conseruet intactam fidem.
sed rursus idem et euangelico desuper
mentem retectus lumine,
ponat capillos oneris et uelaminis
seruus fidei et liber fide.
hunc lacte primo per prophetarum ubera
lex paedagoga nutriat,
hunc angelorum pane dulcis gratia
et melle de petra cibet.
inebrietur sobriante poculo
de fonte sancti spiritus.
et ipse tu mox copulatus filiis
ut palma florescas deo.
et ecce coniux in iugo Christi tua
ut uitis exundat bona, *
domi deoque costa fortis haec tibi *
lateribus in domus tuae,
curas mariti sustinens, curans fidem,
sancti corona coniugis,
in castitate liberos enutriens
uitam nouellantes deo.
hunc namque uestra uite fusum palmitem
sic credo firmandum deo,
radicis ipse ramus ut radix suae
secum suam stirpem trahat.
ut ille quondam prouidentia dei
distractus in seruum puer
ad arua frugum missus est, ut et patrem
praeiret et fratres suos,
qui mox per orbem consecutura fame
patris altor et fratrum foret,

684] (Ps. 80, 17). 690] (Ps. 127, 3).

677 euuangelico *B* 689 in iugo *om. B* 690 haundat *B* 691 domui *v* iusta *B* 693 maritis *O* 697 hunc namque *v*, namque hunc a *BO*, namque hunce *coni. Zechmeister* 702 distractus in *v*, distractum (in *om.*) *BO* p$\overset{u}{\text{a}}$ter *O* 703 et *om. B*

sic iste forsitam in sacram panis domum
uos antecessit filius,
ut et parentes pascat et fratres suos
in istius mundi fame,
ubi terra tribulos parere nobis largior
eget bonorum frugibus.
et hic spadoni uenditus dici potest,
quia castitatis seruus est,
et qui in Seueri ius manumque est traditus
spadonis ob regnum dei,
quo nutriente roboratus in fidem
* et castitatem masculam,
inretientis saeculi pompam inlicem
ut inpudentem feminam
casto superbus respuet fastidio
nudaque uitabit fuga
et anteuertet gaudiis letalibus
poenas salutares pati.
ut ille quondam, sic modo iste carcerem
pro castitate perferat,
ut a iuuenta singulariter sedens
tacitaque seclusus domo
amet quietae tecta solitudinis,
spinis et aures sepiat.
domibus ciborum praeferat luctus domum,
ut gaudium fletu serat
seseque duris sponte nectat legibus,
culpae ut resoluat uinculis
patientiaeque conpedem inponat sibi,
nec sede nec sensu uagus.

707 forsitam *BO*, forsan *v* 710 fame *Rosw.*, famem *BOv* 714 quia *BOv*, qui *Rosw.* 715 uis *O* ṭraditus est *B* 718 castitatem *coni. Zechmeister*, caritatem *BOv* 719 inritientis *O*, inricientis *B* 721 respuit *BOv; em. Zechmeister* respuit superbus *B* 722 uitauit *BOv; em. Zechmeister* 723 anteuertet *Ov*, antefert et *B*, anteuertit *Lebrun* laetalibus *O* 729 quieto *O* 733 seḍque *O* 734 uinclis *B* 735 campenē *B* 736 sede *ex* de se *O*

et tunc ab humili celsa promerebitur,
quia qui superbos deprimit
humiles inaltat dansque paruis gratiam
resistit adrogantibus.
sic ille Ioseph ante paruus factus est,
ut magnus esset, et nisi
seruus fuisset, non fuisset in sui
tellure seruitii potens.
ubi sustinuerat seruitutem et carcerem,
ibi regnum opesque nactus est,
et sustinendo iniquitatis uincula
iustitia cepit praemia.
sit et hic probatus corporis custos sui,
ut claustra teneat carceris.
si uitia carnis strinxerit Christi metu,
quasi uinculatis praeerit,
aliisque mundi carcere inclusis adhuc
et adligatis saeculo,
ut liber ipse iamque commissus sibi
magister et custos erit.
namque ille iure qui suam seruauerit
aliorum habet custodiam,
non ut tenebris permanere carceris
seu liberos uinctos uelit,
sed ut receptos doceat exemplo suo
mundi catenis exui.
et facile propriis absolutus uinculis
solui docebit crimine,
bonusque mentis uir gubernator suae
et eclesiae nauem reget.
nam quomodo ille praesidebit proximis
praeesse qui nescit sibi?

738 quia qua *B* 747 et *scripsi*, sed *BOv* 748 iusticia *B*, iustitiae *Ov* caepit *O* 753 carceri *v*, carceris *BO* 757 suam *Rosw.*, sua *BOv*, sui *fort.* seruauerint *B* 760 seu] sed *v* liberos *v*, libero *BO* 761 receptus *B* 763 uinculis *om. O* 766 ecclesiae *BOv*

sed sermo lapsus decucurrit longius,
reuertar ad Ioseph meum.
castus beatae flore uernet gratiae
ut paradisi lilium
et corde puro caelitis prudentiae
potum pudicus hauriat;
responsa dubiis exerat mortalibus
arcanus interpres dei
et emicante gloria famae bonae
notescat in regis domo,
placitusque regi spiritu prudentiae,
sumatur in regni ducem.
possessionis regiae princeps eat
praefectus in magna domo,
stolam sed iste byssinam et torquem aureum
gerat, apta Christo insignia;
textam supernae gratiae uestem induat,
stolatus innocentia.
contexta bysso uestis inruptam fidem
signat ualenti stamine;
nam fila byssi fortiora et sparteis
feruntur esse funibus.
pro torque collo caritatis aureae
praedulce circumdet iugum,
quod suaue Christo nec molestum pondere
adstringit colla, non premit.
haec inter idem dona sumat, regii
insigne iuris, anulum,

793] (Matth. 11, 30).

773 et *BO*, ut *v* 776 archanus *B* interpres dĩ (pres dĩ *m. 2*) *O* 777 fame bone *O* 779 rei *B* spiritu *Rosw.*, spiritus *BOv* spiritus prudentia *coni. Zechmeister* 781 possessiones *B* 783 stolamque et iste *coni. Zechmeister* bissinam *B* 785 textam *v*, extam *BO* superne *fort.* superna gratia *coni. Zechmeister* 787 bisso *B* 788 signat *v*, signa *BO* talenti *O* 789 bissi et *B* et *om. B* 791 castitatis aureo *coni. Zechmeister* 796 annulum *v*

comptusque trino trinitatis munere
curru uehatur regio.
regalis etenim currus est Christi caro
corpusque sanctum ecclesia,
quo uehitur ipse milibus laetantium
agitator Israel deus.
imitare Christum; fac bonum, uita malum,
caeli uitam in terris age.
et ipse te rex ponet in currum suum
regnique consortem dabit.
et summa regni iura committet sui
pandetque thesauros suos.
sed ante digna largietur pignora,
ut regiis insignibus
ornatus altum regis ascendas thronum
reseresque regales penus,
sapientiae monile, gloriae stolam
fideique gestans anulum.
sed ut ille totam uir per Aegyptum potens
fuit exter Aegypti solo,
et iste mundi uiribus potentior
sit fortis Aegyptum super,
Aegyptiorum sed peregrinus domo
sic mixtus, ut non mixtus sit,
distetque sanctum, sede communi licet,
de gente non sancta genus;
nam nunc in isto tamquam in Aegypto situs
sic demoretur saeculo,

801] (Ps. 67, 18). 804] (Ps. 36, 27).

797 trinitatis *v*, trinitas *BO* 802 israhel *O* 804 uiam *B* 805 rex ponet *O*, exponet *B* 807 comitetque *B* 811 ornatus *v*, ornatum *BO* tronum *B* 812 paenus *O* 813 gloria est stola *B*, gratiae stolam *coni. Zechmeister* 814 annulum *v* 816 exter *Rosw.*, ex terra *BO*, extero *v* 819 domo *Rosw.*, homo *BOv* 820 mixtus non *B* 821 destetque *B* set e *B* comuni *B* 823 nam nunc *B*, nam tunc *Ov*, tantumque *Rosw.*

alienus ut sit saeculi negotiis
caelestis urbis incola.
in carne uiuens uita carnis exulet
in lege mentis ambulans
totamque regni crediti terram sibi
peragret in libris sacris.
et sicut ille uir dei Ioseph pius
Memphiticos fines obit
et ampliatis horreis laetas opes
fecunditatis congerens,
exuberantum diues annorum bonis
ieiuna pauit tempora:
sic iste noster in sacratis litteris
perambulet regnum dei.
scriptura namque sancto flata spiritu
regni perennis mater est,
et iste cura spiritali prouidens
struat ampla mentis horrea,
ut dilatato larga uitae perpetis
alimenta condat pectore;
et cum uitali diuitem substantia
perfecerit terram suam,
tunc tu, ut fruaris filii potentia,
tamquam Israel ibis senex
et introibis laetus accito simul
cognationis agmine.
pascetque natus in domo regis tuam
partis senectam panibus,
ut pullus aquilae dicitur repascere
cura parentes mutua,
quos uis senectae rursus inplumes facit

827 exulet carnis uia *coni Zechmeister* 831 de *B* deio seph *O* 832 memphiticos *v*, memsiticos *B*, mens fiticos *O* 840 perhennis *B* 843 perpetis *v*, perpetes *BO* 847 tu instruaris *B* filii *v*, fili *BO* 848 istrahel *O* 850 acmine *B* 852 patris *coni. Ducaeus*, fartim *coni. Cauchius* 854 parentes *v*, parentis *BO*

nidoque pascendos refert,
donec replumi uestiantur corpore
pennisque florescant nouis.
uersi uicissim more naturae nouo
sunt filiis pulli senes.
at cum ueterno defaecata fecerit
nouos iuuenta praepetes,
desueta pennarum remigia denuo
natis magistris inchoant
mixtique pullis conuolant altoribus
leni per auras inpetu;
liquidum sereno tractibus lentis iter
secare sublimi iuuat,
placideque sudum uentilantes aërem,
ala pares inmobili
dum se sequuntur et uicissim praeeunt,
serto coronant circulo.
ultroque regni caelitis mysteria *
mutae loquuntur alites:
sacrum potentis explicant instar crucis
suspensa pennis corpora;
uolatus autem circumactus ambitu
spondet laboris praemium.
sic iste pullus gratiarum filius,
uestrae salutis praeuius,
auium per alta commeantum nubila
sit spiritalis aemulus,
cornibus et alis arduae fultus crucis
uolet in coronam gloriae,

859 noue *B* 860 filii *O* 862 nouus *BOv*, noua hos *coni. Zechmeister* i$\overset{u}{ṇ}$uenta *O* 863 pennarum remigia denuo *scripsi*, longo remigia pennarum senio *BOv* remigia desuefacta pennarum senes *coni. Zechmeister* 865 alcioribus *B* 868 secare *v*, secari *BO* 871 se *om. B* 873 ultroque *scripsi*, utraque *BOv*, utroque *Rosw.* caelestis *Ov*, celestis *B*; *em. Cauchius* 874 multa eloquuntur *B* 881 commeantum *Rosw.*, commeatum *BOv* 883 alis et cornibus *coni. Zechmeister*

qui fonte proprio est deriuatus, ut suam
fons totus in uenam fluat;
uestrumque proni riuulum sequamini,
ut flumen e cunctis eat,
benedicta prolis sanctae radix, ut bonae
rami feraces arboris.
deo dedistis nutriendum filium,
et ille sic uobis alit,
uti uicissim nutriat canos puer,
senibus magister paruulus,
pietatis admirabili mysterio
factus parens parentibus.
deinde cuncti, tota sanctorum cohors,
ad corpus illud uerticis,
quo sicut aquilae congregabuntur pii,
et uos uolantes ibitis,
quod non ualebunt, quos humo tolli uetant
patrimoniorum pondera.
cum prima signum suscitandis mortuis
caelo tuba intonauerit,
hi nunc obesi spiritu superbiae
et opibus inflati cauis,
humi manebunt conpediti nec suis
sese explicabunt uinculis,
quibus infideles nunc ligantur, ut uolunt,
tunc adtinendi, ne uolent,
quia sarcinatos et graues rebus suis
mundi caduci diuites
portare tenera non ualebunt nubila

885 diriuatus *B* 887 poni *O* 888 flumen e *Schot.*, flumine *BO*, fluminibus *v* 889 prolis *B*, prosilis *O*, proles *v* sancte radix *O*, radix sancta *B*, sancta radix *v* ut *scripsi*, et *BOv* boni *B* 891 dedistis *v*, deditis *BO* 893 uti *scripsi*, ut *BOv*, uos ut *Rosw.* canus *Bv* 894 senes *Schot.* 897 choors *B* 900 uos *om. B* 901 humo *v*, umo *O*, summo *B* 904 tube *B* insonauerit *B* 905 hi *v*, hii *BO* obsessi *B* spiritibus *B* 908 uinculis *Rosw.*, uiciis *B*, uitiis *Ov*, diuitiis *coni. Sacch.* 909 uolant *B*

ad regis occursum dei;
sed haesitantes in luto faecis suae
opumque pressos molibus
meridiano incendio mundi repens
ruina mortis opprimet.
ne quaeso dominus talium uirgam deus
admittat in sortem suam,
neque nos in horum diuitum fructus sinat
manus iniquas tendere.
uos ergo, magna cura pectoris mei,
paramini Christo leues
iamque expediti sarcinis angentibus
laxate uinculis pedes;
ut copiosa luce uestiamini,
estote nudi saeculo,
ueniens ut huius saeculi princeps nihil
inueniat in uobis suum.
et uos prementum mole rerum liberos
et labe puros criminum
facile adleuantes perferant tenui sinu
nubes piorum baiulae,
sponsique regis obuiam uectos deus
fulgore perfundat suo,
ut sempiternae clara uitae gloria
mortale uestrum sorbeat,
et ad supernam restituti imaginem,
erile conformes decus,
aeuum perenne perpetes ut angeli
cum rege uiuatis deo.

915 lito *O* 917 Merianę *BO*, a meridiano *v* 918 oprimet *B* 925 angentibus *scripsi*, agentibus *B*, egentibus *Ov*, urgentibus *Schot.* 926 uinclis *O* 933 tenui sinu] in *B* 935 sponsique regi *B*, sponsoque regi *Gryn.*, sponsoque reginae *v* uectos obuiam regi *Rosw.*, obuiam uectos deus *v* fulgore deus *B* 939 restitui *B* 940 herilę *Bv* conformet *Rosw.* 941 perhenne *B* finit ad citherium *B*

XXV.

Concordes animae casto sociantur amore,
uirgo puer Christi, uirgo puella dei.
Christe deus, pariles duc ad tua frena columbas
et moderare leui subdita colla iugo.
namque tuum leue, Christe, iugum est, quod prompta uoluntas
suscipit et facili fert amor obsequio.
inuitis grauis est castae pia sarcina legis,
dulce piis onus est uincere carnis opus.
* absit ab ⟨his⟩ thalamis uani lasciuia uulgi,
Iuno Cupido Venus, nomina luxuriae.
sancta sacerdotis uenerando pignora pacto
iunguntur; coeant pax pudor et pietas.
nam pietatis amor simul est et amoris honestas
paxque deo concors copula coniugii.
foederis huius opus proprio deus ore sacrauit
diuinaque manu par hominum statuit.
quoque indiuiduum magis adsignaret amorem,
ex una fecit carne manere duos.
nam sopitus Adam costa priuatus adempta est
moxque suo factam sumpsit ab osse parem,
nec lateris damnum suppleta carne uicissim
sensit et agnouit quod geminatus erat;
seque alium ex sese sociali in corpore cernens
* ipse propheta sui mox fuit ore nouo.

5] (Matth. 11, 30). 19] (Gen. 2, 21).

XXV. *qs*. — incipit epithalamiū a sc̄o paulino dictum in iulianum filium epici memoris et titiam clarissimā feminā uxorem eius *q*, incipit epithalamium a sc̄o paulino dictum in iulianum filium epyci memoris et titiam clarissimam feminam uxorem eius *s* 1 sotiantur *q* 3 parili *q* colunbas *s* 6 facilis *qs; em. Schot.* 7 inuitus *q* 8 pii sonus *s* 9 ab] d$\overset{a}{e}$ *s* his *Schot., om. qs* lasciua q^1 uulgi] uani *s* 11 ueneranda *q* pecto s 12 iungitur *q* 17 quodque *qs; em. Schot.* 18 duas *s* 20 ossa *q* 21 dampnum *qs* cerne *q* 22 quod geminatus] non genitus *s*

haec, inquit, caro carne mea est, os ab ossibus istud
  nosco meis, haec est costa mei lateris.
nunc igitur, prisca quoniam sub imagine sanctum
  foedus Aaroneis pignoribus geritur,
sobria tranquillis agitentur gaudia uotis,
  Christus ubique pii uoce sonet populi.
nulla per ornatas insultet turba plateas;
  nemo solum foliis, limina fronde tegat,
nec sit Christicolam fanatica pompa per urbem:
  nolo profana pios polluat ambitio.
nulla peregrinis fragret nidoribus aura;
  cuncta pudicitiae munditias oleant.
unguentum sanctis unum est, quod nomine Christi
  diffusum casto spirat odore deum.
nulla superuacuis ornentur fercula donis;
  moribus ornatur, non opibus probitas.
sancta sacerdotis nurus et matrona sacrati
  iam pueri dotem luminis accipiat.
horreat inlusas auro uel murice uestes;
  aurea uestis huic gratia pura dei est.
respuat et uariis distincta monilia gemmis,
  nobilis ut domino gemma sit ipsa deo.
ceruicem Christi domini iuga ferre dicatam
  non premat inuisae pondus auaritiae.
interiore magis mundo placitura colatur
  compta salutiferis dotibus ingenium.

25] Gen. 2, 23.

26 meis haec *s*, meis hec *q*, meum ista est *Schot.*, meum isthaec *Rosw.* 27 sanctum *Schot.*, sensim *s*, sensum *q* 28 aroneis *Schot.* 29 Sobria *s*, S *q*, seria *Schot.* tranquillus *q* 31 ornatus *s* 32 fronte *s* 33 nec *s Schot.*, hec *q*, ne *Rosw.* pompa *qs*, turba *Schot.* 35 flagret *qs Schot.* auro *s* 36 pudititię *qs* 37 unum est *Schot.*, umum est *s*, uni ẽ *q* 38 deo *s* 39 nulla *qs*, nolo *Schot.* superuacuus *s*[1] onerentur *Schot. in mg.* 40 probitis *s* 41 sacerdotum *s* norus *q* sacratam *Schot.*, sacratis *Rosw.* 42 puri *Schot.* accipiet *Rosw.* 43 inlusas *Schot.*, inlusa *qs*, inclusas *Rosw.* uestis *s* 45 munilia *qs* 48 pudus *s* 49 interiora *qs*; *em. Schot.* placit̃ accolat̃ *q* colantur *s* 50 cuncta *s* satiferis *q* ingeni^u^m *s*

non cupiat lapidum pretium neque uellera Serum
in cassum reditus dilapidare suos;
ornetur castis animam uirtutibus, ut sit
non damnosa suo, sed pretiosa uiro.
namque ubi corporeae curatur gloria pompae,
uilescit uitio depretiatus homo,
et male mens praui caecata libidine uoti
sordescit nitidis corporis exuuiis,
nec sentit quam turpe decus gerat improbus, ut sit
ueste sua leuior qui sibi ueste placet.
absit ut idolici uideatur filia templi,
gentis apostolicae filia facta domo,
non fucis male ficta cutem neque lumina nigro
puluere nec flauo tincta colore comam.
purum naturae decus aspernata superbo
crimine diuinum in se sibi damnat opus.
frustra haec se mulier iactauerit esse pudicam,
quae se tam uariis ornat adulteriis.
uos autem, iuuenes Christi, fugite omnia, quorum
in damno pretium est, usus in interitu.
credite diuinis uerbis de cultibus istis
poenalem cupidis surgere materiam;
Esaias rigida cingendas reste minatur,
quae modo purpureis serica mixta gerunt,
quae tunicas ostro rutilas auroque crepantes
fluxis talari fine trahunt sinibus;
funibus accinctae saccos sine fine gerentes
grandia pistrini carcere saxa molent.

73] (Es. 3, 24).

51 pretiọ^{um} *s* neque *qs*, non *Schot.* uellere *qs; em. Schot.* sert̃ *s* 53 animam *Rosw.*, anima *qs*, animus *Schot.* 55 iamque ibi corporea *s* curatur *Schot.*, cuat̃ *q*, curuatur *s* pompa *q* 56 uitio — 58 sordescit *om. q* uitio *s*, pretio *Schot.* depretiatur *s; em. Schot.* 57 cetata *s* 58 exsuuiis *s* 61 idolicę *q* 63 malefacta *q* cui enim *q*, cui est neque *s; em. Schot.* lumina uirgo *qs; em. Schot.* 65 superno *q* 66 — 240 *om. qs* 77 gerentes *Rosw.*, gementes *Schot.*

quaeque caput pastis cumulatum crinibus augent,
turpe gerent nudo uertice caluitium.
talibus ornari fuge dotibus, o noua sancti
nupta uiri; uacuis sensibus ista placent.
tu neque odoratis uaga uestibus atque capillis
naribus agnosci, qua gradiare, uelis,
aut inplexarum strue tormentoque comarum
turritum sedeas aedificata caput.
ne multis splendore tuo male sollicitatis
pestiferae nequam sis caput inlecebrae.
sed neque uel proprio per corporis incrementum
tu cupias mentem foeda placere uiro.
tu quoque, sancte puer libris deuote sacratis,
corporei curam sperne decoris amans.
conpensauit enim Christus tibi largiter ornans
perpetuis pulchram diuitiis animam,
uosque simul castis ornauit dotibus ambos
spe pietate fide pace pudicitia.
sermo dei argentum est, et sanctus spiritus aurum, *
mentibus et gemmae clara bonorum operum.
si tenuis cultus mentes offendit honestas
et pretio ambiri corda superba iuuat,
submoueant istum sanctorum exempla pudorem
castaque primorum simplicitas hominum.
adspicite antiquos paradisi in sede parentes,
quorum totus erat mundus et unus ager. *
attamen his ouium pelles tegumenta fuerunt;
nunc uti neto uellere texta pudet?
pulchra Rebecca sacrum cum sponsa ueniret ad Isac,
simpliciter uelo tecta pudoris erat.
non legitur uariis uenisse ornata lapillis,
sed superobducto praedita palliolo,

107] (Gen. 24, 65).

79 passis *Rosw.* 83 tu *scripsi,* tunc *Schot.* neque *coni. Gronouius,* quoque *Schot.* 90 cupias *Rosw.*, capias *Schot.* 104 et] ut *fort.*

quo pudibunda suum texit uelamine uultum,
   oblatam sponsi uirgo pauens faciem.
an magis Herodias saltatrix uirgo placebit,
* baptistae mortem nancta ⟨pedum⟩ pretio?
inpia maternae sic ulta libidinis iram,
* ut caput acciperet luxuriae pretium,
illud nempe caput, de quo clamauerat index
   uox populis agnum propter adesse dei.
unde nefas tantum meruit nisi ab inlice cultu
   inpia saltatrix, filia digna patre?
quem tamen hoc uicit scelere inuitumque coegit
   in facinus placiti corporis inlecebris.
conuiuas etenim dignos dape regis iniqui
   duxit in adsensum mobilis arte pedum.
nam nisi fulua leues texisset bractea plantas,
   calcibus ut pictis luderet inprobius,
et fluidam crispo duxisset syrmate uestem,
   fronte micans gemmis, pone refusa comam:
non ita corruptis spectantum mentibus intrans
   callida ad infandum praeualuisset opus.
ipse quoque Herodes regali ueste superbus
   sacrilegis demens flatibus intumuit
elatusque habitu diuinum oblitus honorem
   uulnere uermifluo foetidus interiit,
digna luens meritis, ut sordidus ulcere obiret
   qui se crediderat uestis honore deum.
* sed, cedo ut insani deceant regalia flatus
* pectora, quae nobis cum Pharaone manus?
dissidet a nostris caua mundi gloria regnis,
   nec coit aduersis lux pia cum tenebris.
clericus uxorem Christo comente decoram
   diligat et pulchram lumine cordis amet
auxilioque uiri diuino munere factam
   lector caelesti discat ab historia;

114 pedum *uel* leui *add. Schot. in mg., cod. eius om.* 124 mobilis *Rosw.*, nobilis *Schot.* 125 nisi *Schot.*, sibi *Lebrun* brattea *Schot.*

inque uicem mulier, sancto sit ut aequa marito,
mente humili Christum in coniuge suscipiat,
crescat ut in sanctum texta conpagine corpus,
ut sit ei uertex uir, cui Christus apex.
tali coniugio cessauit seruitus Euae,
aequauitque pium libera Sara uirum.
tali lege suis nubentibus adstat Iesus
pronubus et uini nectare mutat aquam.
his Mariam sponsis domini decet adfore matrem,
quae genuit salua uirginitate deum.
namque deus placitum sacrata in uirgine templum
ipse sibi arcano condidit inpluuio,
descendens tacito adlapsu, uelut imber ab alta
nube super uellus rore silente cadit.
nam nemo arcani fuit huius conscius umquam,
quo deus adsumpsit uirgine matre hominem.
o noua ad humanam domini commenta salutem! *
fit sine concubitu femina feta uterum.
sponsa uiro tantum non est subiecta marito, *
et genitrix partu nec mulier coitu.
foedere erat coniunx, sed corpore non erat uxor,
intemerata uiro, mater erat puero.
grande sacramentum, quo nubit eclesia Christo
et simul est domini sponsa sororque sui.
sponsa quasi coniunx, soror est, quia subdita non est.
* * * * * * * * * * * *
inde manet mater aeterni semine uerbi
concipiens populos et pariter pariens.
hinc soror et coniunx, quoniam sine corporis usu
mente coit cui uir non homo sed deus est.
hac genitrice senex aeque generatur ut infans;
aetatem et sexum non habet haec soboles.
haec etenim est benedicta dei generatio, quae non

146 suspiciat *fort.* 147 ut] et *Schot.* 150 Sarra *Schot.* 157 allapsu *Rosw.*, adlapsa *Schot.* 164 et] est *fort.* 167 quo nupta ecclesia *Schot. in mg.* 168 est *Rosw.*, et *Schot.* 175 ut *Rosw.*, et *Schot.* 176 sobolis *Schot.*

seminis humani sed generis superi est.
inde magister ait, quia iam nec femina nec mas
in Christo, sed idem corpus et una fides.
namque omnes unum corpus sumus, omnia Christo
membra quibus Christus corporis in caput est.
et quia iam Christum induti deponimus Adam,
protinus in speciem tendimus angelicam.
propterea hoc opus est cunctis baptismate natis,
perfectum ut capiat sexus uterque uirum,
et commune caput stet in omnibus omnia Christus,
tradens in regnum rex sua membra patri.
nubere uel nubi fragilis iam deserit aetas
omnibus aeterno corpore conpositis.
ergo mei memores par inuiolabile semper
uiuite; sit uobis crux ueneranda iugum.
illius ut matris nati, quae sponsa sororque est,
sumite digna piis pectora nominibus,
et uobis fratres sponso concurrite Christo,
sitis ut aeterni corporis una caro.
hic uos nectat amor, quo stringit eclesia Christum
quoque uicissim illam Christus amore fouet.
* ipse pater uobis benedicat episcopus, ipse
praecinat hymnisonis cantica sancta choris.
duc, Memor alme, tuos domino ante altaria natos
commendaque precans sanctificante manu.
sed quis odor nares adlabitur aethere manans?
unde meos stringit lux inopina oculos?
quis procul ille hominum placidis se passibus adfert,
plurima quem Christi gratia prosequitur?
quem benedicta cohors superis circumdat alumnis
angelici referens agminis effigiem?
nosco uirum, quem diuini comitantur odores

179] Gal. 3, 28. 181] I Cor. 12, 27.

187 stet] sit *Schot. in mg.* 189 deserit] desinit *Schot. in mg.* 195 et] in *fort.* fratres sponso *Schot.*, fratri sponsi *Rosw.* 197 quo *Schot.*, qui *Rosw.* 206 quem *Rosw.*, quam *Schot.*

et cui sidereum splendet in ore decus.
hic uir hic est, domini numeroso munere Christi
diues, uir superi luminis, Aemilius.
surge, Memor, uenerare patrem, conplectere fratrem,
uno utrumque tibi nomen in Aemilio est.
iunior et senior Memor est. mirabile magni
munus opusque dei! qui minor, hic pater est;
posterius natus senior, quia sede sacerdos
gestat apostolicam pectore canitiem.
filius est fraterque Memor; laetatur adesse
communem sibimet pignoribusque patrem.
iustitia et pax se gemina uice conplectuntur,
cum Memor Aemilio iungitur unanimo.
infula pontifices diuino iungit honore;
humano pietas iungit amore pares.
hinc Memor, officii non immemor, ordine recto
tradit ad Aemilii pignora cara manus.
ille iugans capita amborum sub pace iugali
uelat eos dextra, quos prece sanctificat.
Christe, sacerdotes exaudi, Christe, precantes
et pia uota sacris annue supplicibus.
imbue, Christe, nouos de sancto antistite nuptos
perque manus castas corda pudica iuua, *
ut sit in ambobus concordia uirginitatis
aut sint ambo sacris semina uirginibus.
uotorum prior hic gradus est, ut nescia carnis
membra gerant; quod si corpore congruerint,
casta sacerdotale genus uentura propago,
et domus Aron sit tota domus Memoris
christorumque domus sit domus haec Memoris.
esto et Paulini Therasiaeque memor,
et memor aeternum Christus erit Memoris.

210 siderium *Schot.* 211 hic uir hic *Rosw.*, uir hic *Schot.* 218 pectore *Rosw.*, pectine *Schot.* 219 laetatur *Rosw.*, testatur *Schot.* 221 complectuntur *Rosw.*, complectantur *Schot.* 223 pontifices *Rosw.*, pontificis *Schot.* 225 non *Rosw.*, nec *Schot.* 236 corpore *Rosw.*, corpora *Schot.* 238 et] ut *fort.* Aron *Rosw.*, Aroy *Schot.*

XXVI.

Ecce dies nobis anno reuoluta peracto
inlustrem reuehit Felicis nomine lucem.
tempus erat laetis modo promere gaudia uerbis,
anxia si laetas paterentur tempora uoces.
sed tamen ista dies licet inter proelia nobis
laetitiae pacisque dies erit; horrida longe
bella fremant, nostris pax libera mentibus adsit.
laetitiae dulcem non obliuiscitur usum
mens adsueta piis sua soluere pectora uotis
et domino festis caste gaudere diebus.
quare inportunam quamuis sub tempore maesto
pellite tristitiam; bona gaudia, dulcia uerba,
omne pium laetumque die Felicis amemus,
natali sine fine die, quia natus in ista est
perpetuis Felix saeclis, qua corporis aeuum
functus ad aeternam migrauit in aethera uitam.
ergo metus abeant tristes redeantque refectis
gaudia pectoribus; fugiant decet omnia sanctum
maesta diem, tanti quem gloria confessoris
insignem cunctis per tempora tota diebus
elucere facit populisque frequentibus ornat.
hunc ego, si Geticis agerem male subditus armis,
inter et inmites celebrarem laetus Alanos,

XXVI. *ABDEQT.* — incipit natalis VIII · *B*, incipit liber VIII · *E*, item uersus de natiuitate eiusdem martyris *T* *Δ exh.* 58—63, 106—110, 132—134, 145—149, 230—234, 269—275, 308—321; *conuentus Parisinus— Hludowico et Hludhario, ed. Mign. tom. 98, p. 1304 sqq. exh. 106—111* 3 erit D^2 4 anxias *AQ* peterentur AD^1Q 5 set *B* praelia *D* 6 letia *Q* errit *T* longi *Q* 8 letite *Q* obliuitur T^1, obliuistur *Q* 10 caste] castis *BT* 11 queuis *Q* tempore] tem *Q*, pectore *B* maesto *om. Q* 12 pellit et *ADQ* tristiã *Q* bonã *AQ* 13 diem *T* 14 qua *T* 15 qui *T* 16 igrauit *Q* in] ad *E* etherea *B* uiteam *Q* 17 habeant *ABDQ* refictis *Q* 18 figiant *Q*, *om. Bv* fugiant. fugiant decet *E* omnia] pellere *add. B s. l. m. 3 et v* 19 quem — 20 per *in ras. Q* confessorsb: (f *ex* c *corr.*) *Q* 21 popul:q: *Q* 22 subditur *Q* 23 halanos *E*, alumnos *B*

et si multiiugae premerent mea colla catenae,
captiuis animum membris non iungeret hostis,
pectore non uincto calcaret triste superba
seruitium pietas. licet inter barbara uincla
liber amor placitis caneret mea uota loquellis. *
nunc igitur quamuis uarias uaga fama per oras
terrificis pauidas feriat rumoribus aures,
nos tamen in domino stabilis fiducia Christo
roboret et recto fixis pede mentibus armet,
nec pauor ater in hanc obducat nubila lucem,
quam deus aetherio Felicis honore serenat.
legifer ut quondam Pharii tellure tyranni
pascha sacrum Moyses prima sub lege dicauit
sanctaque tunc Iudaea, domo licet inpius illos
maturare fugam ualida ui cogeret hostis,
libertate tamen deuoti pectoris audax
nec turbante metu iussum sollemne reliquit,
sed trepidans fugiensque licet diuina peregit
festa, salutifero laetis epulatus in agno
coëtibus et ficto Christi iam sanguine uictor, *
duxit ouans laetas uicto Pharaone choreas
(inde fugae memores etiam nunc azyma sumunt
Iudaei solo retinentes nomine gentem,
infermentatis pulsi quia panibus olim

36] (Gen. 12).

1 mea colla catenae *om. Q* catena *B* 25 iungere *T,* iugeret *Q* 26 pecto^re *D,* precore *Q* uicto *BTv* calcare *B* 27 pietas (^im *m. 2*) *D,* pieta^s ṭị *Q* 28 maeae *Q* loquell^i as *Q* 29 fama *om. Q,* fuga *AD* horas *B* 30 torrificis *A*¹ romoribus *T,* riumoribus *Q* 32 rectos[illegible] *Q* 33 ater] autem *T* nebula *Q* 34 ethereo *E* 35 farii *ADEQ,* fari *B* telluri *AQ* 36 moises *AT,* moses *DEQ* dicatum *T* 37 domo *BTv,* dõ *ADEQ* inpios *B* 38 mutarare *Q* ui] ue *Q* 40 solemne *ADEQ* reliquid *B,* relinquit *ADQ* strepidans *T* fugens qui *Q* 42. laetus *A,* letus *Q* 43 fecto *Q* christ^i ọ *Q* 44 letus *B* uictor *A* faraone *ABQ* 45 azima *BDT,* acima *E,* zima *Q* 46 Iiudaei *A* 47 infrementatis *T*

Aegypto fecere fugam; paribus modo signis
per patrios, sed iam per inania sabbata, ritus
antiqui recolunt uestigia grata timoris;
nam frustra ueterem uacua sub imagine legem
exercent, uerum nobis quia pascha repleuit
unus pro cunctis patri datus hostia Christus,
et quia corpus adest uitae, perit umbra figurae):
sic igitur modo nos turbato in tempore laeti,
mente pia festum dilecti martyris omnes
conlatis hilarae studiis pietatis agamus.
forte magis pietas nobis dabit ista salutem,
si nostras ideo libeat deponere curas,
ut confessori laetantia corda feramus,
cuius honore deus gaudet, quia martyr honorem
contempsit proprium domini pro nomine Christi,
uilior ipse sibi, ut Christo pretiosior esset.
propterea tali placeat gaudere patrono
natalemque diem sopiti pace beata
martyris expositis laetantes ducere curis.
hoc quoque deuotis aderit, si fortior extet
nunc ad laetitiam affectus quam causa timoris
ad consternandas obducto pectore mentes.
credite non armis neque uiribus esse timendos
allophylum populos, quos propter crimina nostra
offensi mouet ira dei, ut formidine mortis
excitet ad curam uitae torpentia corda.
ergo deum mitem saeuo timeamus in hoste,
absit ut hoste metus, quem formidare meremur

48 modosdo *Q* 49 sed iam] etiam *T* sabata *B*, sublata A^1*Q*, sablata A^2 ritus] ret *Q* 50 gratomoris *Q* 52 ueru (m *m. 2*) *A* pascha** (re *eras.*) *Q* 54 parit *Q* 56 gestum *ADQ* 57 hilarae *AD*, hilares *ET*, hilare *BQ* 58 pieta *Q* 59 nostros ideo *Q*, nostra si dõ *D* libat *T* cognoscere *B* 61 cui *Q* gaudit *Q* qui *Q* 65 pace÷ *Q* 66 dicere *E* 67 hic *ETv* adherit *B* si *om.* *Q* 68 qui *Q* 69 consternanda *Q* subdocto (u *suprascr.*) *Q* pecore *Q* 70 credite non] credit enim Q^1 71 allophilum *BEQ*, allophium *T* 73 uiteturpentia *Q* 75 ut] ab *T* quam *B*

non metuendo deum; placida quem pace remissi
neglegimus saltem ui conpellente tremamus,
placemus maerore humiles quem laeta ferentem
spernimus ex ipsa mox prosperitate superbi.
prisca retractemus sanctorum exempla parentum,
qui merita inmissis tolerantes uerbera bellis,
non armis sibi nec muris capienda putabant
praesidia. humanis opibus sperare salutem
nulla salus. nec enim mortem mortalia pellent.
ergo quibus curae tempus sit cura precandi *
caelestem dominum, quo maesta aut laeta parantur,
qui solus praestare potest dicione superna,
rursus ut exactis renouentur gaudia curis.
hoc etenim regit et uariat deus arbiter usu
res hominum, ut semper succedant nubila sudis
atque iterum fugiant imbres redeunte sereno.
quanta precum uirtus, quae sit medicina parenti
flere deo, doceat luctu seruata Nineue
et senis inpensa Moysi prece uictus Amalec
et maledictus Aman sanctae prece perditus Esther,
qui bene poenarum uersa uice quae mala sanctis
miscuerat solus bibit inpius et cruce iusta,
quam famulo domini praefixerat, ipse pependit.
ergo fides innixa deo trepidantia firmet
pectora et in maesto securum tempore tempus

93] (Ion. 3). 94] (Gen. 17, 11). 95] (Esth. 7).

us. 76 *om.* *B* q̃ *Q* pare *T*, parce *Q* 77 necglegimus *Q* saltim *BD*, salutem *Q* ui *om.* *Q* 78 moerore *E*, merore *BDQ* 79 proppe(s)ritate *Q* 81 querit aṇiṃis sis *Q* tollerantes *BQ*[1], tolerantis *ȦDQ*[2] ubera *Q* 82 muri *Q* putabant] parabant *v* 83 opim' *B* 84 morte *T* 85 quibus *scripsi*, quia *ABDEQT*, quia est *Rosw.*, q *v* curae] hoc erat *T* 86 quo] cum *T*, a quo *v* 87 p̃arare *T* postes *B* ditione *AT* 88 remouentur *AQ* curris *Q* 89 usu̇s *T*[1] 91 atqui *Q* 93 luctus *AQ*, fletu *T* niniue *B* *us.* 94 *om.* *Q* mosi *ADE* prece] p̃ *B* amalech *ADET*, amalet *B* 95 amans *B* aesther *AQ*, ester *B*, hester *DE* 96 qui *Q* male *v* 98 famulo] populo *BT* 100 pectore *Q* et] que *T* maesto *E*, mes *Q*

praesumat confisa deo, quia non metuendi
causa timere deum, quem quisquis non timet unum
omnia iure timet. fidant legionibus illi
perfugioque parent reparatis moenia muris,
nulla salutiferi quibus est fiducia Christi;
nos crucis inuictae signum et confessio munit,
armatique deo mentem non quaerimus arma
corporis; et quamquam membris uideamur inermes,
arma tamen gerimus, quibus et sub pace serena
contra incorporeos animis decernimus hostes.
nunc opus adiutore deo, solusque timendus,
quo sine et arma cadunt, per quem firmantur et arma;
ipse intra muros turris tibi, qui sine muris
murus erit. recolamus abhinc signata sacratis
gesta patrum libris, et perspice qui potiore
praesidio fuerint, quos urbs circumdata magnis
absque deo muris an quos sine moenibus urbis
uallabat socio uirtus diuina fauore.
illam dico urbem quam perdidit acer Iesus,
mutatus proprium uirtutis nomine nomen,
quam non militiae solito de more subegit,
ut solitum est, longa dux obsidione laborans;
uerum ope diuina sacra per mysteria uibrans
tela nec exercens tacitis exercitus armis
lustrauit cessante manu septemque diebus
septenos iterans sibi circa moenia gyros.
obtinuit captos numeri uirtute potentis
atque sacerdotum lituis clangore tremendo

119] (Ios. 6).

101 quae *T* metuenti *T* 103 iurae[ti]men (en *in ras.*) *Q* timent *D* 104 reparatis] trepidantes *T* leginibus *Q* 106 inuitte *T* 107 mentem] m̃ *Q* 108 uideamus *B* inhermes *Q* 110 contrai *Q* *us.* 112 *et sqq. om. Q* firmentur *D*[1] 113 muros *T* 116 fuerit *AD* 119 hiesus *AD* 120 mutato in *T* nominis *A* 121 non *B s. l. m. 3* solitum *A* 124 tacitus *AD* 125 debus *A* 126 sibi *om. A*, ibi *fort.* circum̨ *Rosw.* giros *DET* 127 numero et *T* potentes *ADET* 128 clamore *B*

fulmineos superae tonitrus imitantibus irae.
tunc qui diuitiis populus fidebat et urbe,
interiit mixtis inter sua tecta sepulchris.
sola Rahab meretrix, castam quae gessit iniqua
gente fidem, non freta suis euadere muris,
sed pietate dei meritum pietatis adepta est,
qua famulis domini tuto fuit hospita tecto
celatisque pie ciues inlusit iniquos,
fraude bona fallax, animo mentita fideli.
hospitibus quia fida piis, infida profanis
ciuibus extiterat, uitam patriamque domumque
praelato contempta deo mox cuncta benigno
repperit in domino; quae si posuisset in urbe
praesidium, patriis cecidisset mixta ruinis
indefensa deo; meretrix sed mystica Christum
prouida pollutas empturum sanguine gentes,
puniceo proprium signauit uellere tectum
excepitque suam patria pereunte salutem,
significans illos mundo labente tegendos,
quos crucis inuictae signat cruor. hinc cape quantum
ipse cruor ualeat, cuius saluabat imago.
  semper in omne bonum ualuit confidere Christo,
credere cuncta deo uirtutum, ponere solum
omnia summa deum; talis super omnia semper
arma fides ualuit; tali puer ille pusillus
robore grandis erat, qui spretis fortior armis
perculit armatum silicis uirtute gigantem.

153] (I Reg. 17, 49).

129 superet *T*, superos *B* tonitruis *B* 130 fiebat *B*, florebat *T* 131 mixtus *B*, mistis *T* 132 sola raab *ADETΔ*, solarhaab in *B* sugessit *B* 135 que *T* toto *T* hospite *B* 136 piis *T* 137 frande *T* 139 uitam patriamque] propriamque *E*, propriam uitamque *T* 140 contenta *T*, contempto *D* 141 reperit *B* posuisset *ETv*, potuisset *B*, fuisset *AD* 142 mista *T* 143 myxtica *E* 145 pumiceo *BDΔ* 149 saluaba *T* 150 sem in *T* 151 uirtutum *Av*, uirtutem *cet.* 152 summa] posse *T* 155 siculis *Bv*, simili *Col. in mg.* giganta *T*

arma fide semper, numquam cognouimus armis
indiguisse fidem. rupit mare uirga fidelis,
quod uacua arma fide cum principe mersit iniquo.
femineas quoque personas uirtute uirili
induit alma fides, mulier qua sancta peremit
terribilem Sisaram transfixum tempora palo;
terrentem magnos late populos Holofernem
arte pudicitiae deceptum callida Iudith
risit, in inpuro quae non polluta cubili
barbara truncato uictrix duce castra fugauit.
nuda fides armata deo est; uirtute fidei
fortior Ezechias paucis quam milibus ille
Sennacherib, cuius Babylon et opima Nineue
regnum erat. Assyrias uires et Medica regna
mouerat et magnis legionibus omnia circum
regna terens sacram domini tendebat ad urbem
atque unam tota bellorum mole petebat.
dum parat hoc bellis retinentibus inpia uota
inpediente deo, praemisit scripta superbis
dura minis, quae sumpta dolens altaria coram
intulit Ezechias domino, lacrimisque profusis
dum recitat fera uerba lauans prostratus et orans
atrata cum plebe, deum permouit, et una
tam grauis exitii uictor prece perculit absens
Assyrios pugnante deo, conpendia tanta
promeritus, ne nosset eum quem uinceret hostem.

157] (Ex. 14). 160] (Iudic. 4, 14). 162] (Iudith 13). 168] (IIII Reg. 19).

159 uirili] fideli *T* 160 qua] quoque *T* 162 terrentem que *B* magnos] manu *v* olofernem *A*, olofernen *BDT* 163 iudit *B* 165 castra fugauit] castrauit *T* 166 est *om. B*, et *T* fideique uigore *v* 168 sennacherin *AD*, sennaceri in *B* niniue *v*, niniuite *B* 169 modica *B* 170 magnus *T* regionibus *T* 173 inpia] omnia *T* 174 superbis (u *s. l.*) *T* 175 nimis *T* coram] circa *v* 177 leuans *B*¹*T* 178 astrata *T*, atrita *E* đo (n *s. l.*) *B*, dñr *A* et *B s. l. m. 2* 179 exit *B*¹ 181 pro meritis *E* ne *A*¹*v*, te *B*, nec *A*²*DET* nosceret *AD*, norat *E*, nosse *T* qui nec nosset quem *fort.* qui *T* uincere *T* hoste *AD*

nam post Ezechiae querulos trans sidera fletus
et de corde humili missas super astra querellas
uoce pia inpulsis summi patris auribus, altae
ut patuere fores caeli, delabitur ales
angelus halantem qua labitur aëra ducens,
armatus uerbi gladio ferit inpia castra
et sopitorum taciturna strage triumphans
centum octoginta dedit uno milia leto,
et nox una fuit tam magni conscia belli.
mane minax rex surgit adhuc, et mox miser armis
milite deleto uacuis fugit agmine raro,
Ezechiam fugiens alio procul orbe diremptum,
cui modo praesenti fuerat sua uincla minatus.
tunc uelut Ezechiae fuit interuentor Esaias, *
ad dominum nobis isto sit tempore Felix.
iactemus nostras et transfundamus in istum
curas atque metus. leuis illi sarcina nostrum
pondus erit, quia quod paruis onus hoc leue magnis.
sic deus ipse hominum gessit peccata nec hausit,
et mortem passus non pertulit in cruce culpam.
perdidit ille meam repararet ut in cruce uitam;
ille reus factus, ne sim reus; inter iniquos
condemnatus obit, nos ut discernat iniquis.
morte pia dominus mihi mortuus, ut sibi uiuam
et merear semper uiuentis uiuere uitam.
sic potiora eius uenerando in corpore membra
martyres, e quibus est insigni robore Felix

195] (IIII Reg. 20).

182 quaerulos *D* transidera *AB*, trans aera *T* 183 missa *B* quaerellas *D* 184 altis *T* 186 alantem *B* 189 uni *v* loeto *A* 190 fuit una *B* consciencia *B* 191 rex surgit] consurgit *T* athuc *D* 192 uacuus *T* 193 urbe *T* direptum *E* 194 fuera A^1 195 tum *T* esayus *B* 196 deum *T* 197 ipsum *Tv* 198 illi[s] *A*, illis *D* nostrum] multum *T* 201 in cruce] et quia *T* 202 tuam *E* reparet *B* 204 obid *AD* 206 uita *T* 207 sic] si *fort.* 208 martyris *BT* e *ADET*, et *B*, in *v*

inter diuini capitis sacra lumina fulgens,
iure deo ualidi, quia Christo proxima passi.
concurramus ad hunc spe conspirante patronum;
suscipiet nostras placida pietate querellas,
et dum natalem ipsius celebramus ouantes,
ille preces nostras meritis pius adseret altis
inque uicem flebit nobis, quia mente dicata
nos laetamur ei. non est cura haec noua sanctis
exorare deum pro peccatoribus aegris
uique boni meriti meritum superare sinistrum.
si legimus Moysen populo peccante precatum
extinxisse graues aeterni uindicis iras,
et cum Pentapolim perfunderet igneus imber,
exiguam Segor Sodomis discernit iniquis
Lot fugiens castaque potens prece liberat urbem
electamque domo sumit, quia sede pudica
integer incestae permanserat incola terrae,
permixtus Sodomae tectis sed moribus exter.
quid loquar Eliae precibus clusum atque reclusum
caelum et sanctiloquo sublimis in ore prophetae
terrarum mansisse famem, rediisse salutem?
ut quondam hos habuit uetus aetas, sic modo nostra
Felicem sortita salus petat omne quod audet
quodque cupit tali speret confisa patrono.
  sancte deo dilecte, dei tu dextera, Felix,
esto, precor, nobis tu munitissima turris.
nam deus Abraham deus est tuus et deus Isac

219] (Ex. 32).

211 huc *B* 212 placidas *AD* quaerellas *D* *us.* 213 *et* 214 *in scheda separata add. B m. 2* 214 assere *T* 215 fleuit *AD* 218 inque *T* meriti *om. T* meritum precibus superare ministrum *T* 219 legibus *T* mosen *E*, moses *AD* precatu *T*, precatu▨ *D* 222 secernit *Bv* 223 loth *ω* fugient *A*[1] castraque *B* 224 domum *T* sede] sepe *T* 225 incerte *T* permansit *T* 226 extat *T* 227 haeliae *D*, helie *ABET* clusum *AD*, clausum *cet.* 228 profete *AB* 229 redisse *B* 230 quodam *Δ*, quandam *B* 232 speret tali *T* 233 de dilecte deo *T* 234 nunc tutissima *T* 235 isaac *ADET*

et deus Israel tuus est deus; ille Rubentis
diuisor pelagi et dulcator fontis amari,
ille dator mannae caelo, dator ortygis austro
et sitientis humi percussa rupe rigator,
ipse tuus deus est, qui per deserta sequentem
praecessit populum et praetentam nocte dieque
temporis alterna mutauit lege columnam
quique quater denos inter deserta per annos,
angelico plebem de caelis pane cibauit
et rupta in fluuios sitientem cote refecit.
posce, precor, placidum nostris accedere Christum
partibus; ipse tuus deus est, quo fortis Iesus
stare suis iussit solem lunamque triumphis,
et tibi cum dominus Romani prospera regni
adnuerit, famulis elementis praecipe, Felix,
ad nostrum seruire bonum; procedat et astris
stantibus aucta dies; stet sol tibi lunaque concors
haereat obfixo suspendens sidera cursu,
dum Romana suum capiat uictoria finem.
sicut in Assyria Daniel Babylone leones
effusa domuit uictor prece, sic tibi, Felix,
effera barbaries Christo frangente dometur *
et tua captiui iaceant uestigia circum.
sic aliquando ferae circum iacuere prophetam
orantisque pedes linguis mulsere benignis,
naturam mutante deo, ut damnaret acerba
mente feros homines humana pace ferarum.
sic et crudelem confudit flamma tyrannum
sanctis spectantem pueris seruire caminos

247] (Ios. 10, 13). 255] (Dan. 14).

236 israhel *AD* deus est tuus *Bv* 238 manna e *D* orticis *T* 241 protentam *T* nocteque *T* 245 fluuio *ET* cute *B*, caute *ADET* 247 hiesus *AD* 250 praecipe] praece *A*, prece *D* 251 *om. T* 252 sol stet *v*, et sol *T* luna *T* 253 affixo *T* 255 danihel *D* babilone *ABT* 259 sic *scripsi*, ceu *ωv* aliquando *ω*, quandoque *v* profetam *A* 263 confundit *A*

atque suos cantare reos, ardere ministros.
quonam se miseri poterunt defendere reges,
qui tam degeneres humanae mentis in illos
saeuierint, quibus et feritas et flamma pepercit?
sed uelut aeternos pueris recinentibus hymnos
roscidus accensos discussit spiritus ignes,
sic nobis placido Felicis gratia flatu
adspirante deo bellorum temperet ignes
ortaque Romuleis reprimens incendia terris
sollicitos placida iam pace refrigeret aestus
fessaque restinctis absoluat pectora curis.
  sed cur insipiens, tamquam tibi sim rudis hospes
oblitusque tui, ueterum te posco parentum
exemplis, ut opem tribuas in rebus egenis,
quam tibi dante deo facies tu cedere nobis?
sat mihi sunt, Felix, uirtutum exempla tuarum,
nec tibi pauperior Christus caelestia fundit
munera quam patribus, quorum generosa propago es.
nam patriarcharum, Felix, et filius aeque
stirpis apostolicae es, tanti non degener heres
seminis; ut sanctae legis simul atque fidei
confessor patriis uirtutibus aemula sanctus
signa geris, nec, si species operum tibi dispar,
non similis uirtus; diuersa est gratia uobis,
gloria par, quoniam sanctis fons omnibus unus
* et regnum commune dei; non una prophetis
martyribusque sacris opera, ut diuersa fuerunt

269] (Dan. 3, 50).

265 Atque suos *ω*, innocuos *v* reos cantare, suos *fort.* 266 quando *T* miseros *AD* 267 digeneres *B* mentes *B* 268 seruierint *T* 269 ymnos *D* 270 mox citus *T* 271 fletu *AD* 274 placita *T* aestas *A* 275 obsoluat *B* 276 rudes *D* 279 facis *T* cederes *T* 280 uirtutem *B* 281 fundet *T* 282 es] ē *ADT* 283 et] es *T* aequae *A*, atque *T* 284 es] est *AD* tanti] stantis *T* 285 nec minus *T* ut] uł *B* 286 sanctis *E* 287 si] sit *D* tibi] nisi *T* 289 sc̄s *T* 290 *ex ADE inserui, om. cet. v* dei *scripsi*, d̄s *ADE* 291 ut *BTv*, et *ADE*

tempora, nec coeunt signis distantia causis
gesta; dei per dona sibi caelestia distant
aequales meritis. si non eadem omnia Felix
quae Daniel gessit uel pertulit et lacus istum
non habuit nec terribiles cinxere leones:
nec Daniel eadem pro nomine passus erili est,
uerbera uincla metus et noctem carceris atri,
quae Felix horrenda tulit. qui rostra ferarum
clausit adoranti faciens mansueta prophetae,
qui fecit gelidos pueris orantibus ignes
umidaque in mediis dedit indumenta caminis,
ipse dedit celso Felicem iure potentem
pestiferis Satanae legionibus inperitare,
in quibus iste feras omnes conpescit et ignes.
nam quae non serpens, quae non hac belua turba est? *
  denique de multis unum loquar, ut sit ab uno
discere daemoniis sensus constare ferinos.
quidam homo, non longum tempus, tam prodigiali
daemone distentus fuit, ut iam non modo notos
ille cibos hominum, uel si congesta daretur
multa mensa dape, in facili consumeret haustu,
uerum et gallinas habitantum limine raptas,
mox ut sustulerat, rabido discerperet ore
et pluma incoctas non suffocante uoraret.
quin et funeream saniem sitiebat et ossa

295] (Dan. 6, 22).

294 aequalis *ADE* si non] sine *T* 295 danihel *D* 296 cinsere *T* 297 danihel *DE* pro] xp̃i pro *T* erili est *om. T* *post us.* 297 *ins. T:* nec danihel eadem pro nomine passus herili est 298 noctes *T*, uocem *AD* 300 clusit *T* facies *AD* mansuta *T*, inmansueta *AD* 301 gelidos *ω*, tepidos *v* 302 humidaque *ET* 303 celo *B* 305 omnes *om. AD* 306 nam qui *T* haec *Tv*, de hac *fort.* est *om. E* 310 non *om. T* 311 uel sicut gesta *T* 312 multam *A*, multe *T* dape in *v*, dape *E*, dape▒ *D*, dapem *ABΔ*, dapis *T* sumeret *T* 314 rabido *ABDETΔ*, rapido *v* decerperet *T* 315 plura *D*, plura* *A* (s *eras.*) incocta▒ *D* (s *eras.*) suffocando *T* 316 sitiebat et] saciebat ex *B* et ossa] exossa *Col. in mg.*

lambebat, pecudum proiecta cadauera mandens,
obscenus conuiua canum. hic modo daemone tanto
sobrius ecce procul conductum exercet agellum
et curante deo sancta Felicis in aula
redditus ipse sibi claro satis indice monstrat
Felicem meritis et Christi nomine fortem
inmanes domitare feras et uincere flammas.
dicite qui testes operum Felicis adestis,
nonne feras ignesque domat, cum daemonas urget,
qui uitiis animas et morbis corpora frangunt,
qui desideriis hominem flammantibus urunt
peccatisque uorant? istos cruciansque fugansque
nonne feras ignesque domat? fremit igneus ultor
agminis igniferi Felix flammamque nocentem
opprimit igne dei; tenebrarum uincitur ignis
luminis igne pio; daemon fugit, et deus intrat;
et fit homo bene uersa domus, felicior aula,
possessore deo taetrum infitiata colonum.
candidus et medicans ignis deus; hoc meus igne
feruet, ut incensum restinguat daemona, Felix
laxatumque hominem flagrante refrigeret hoste.
mira manus et uirga potens et celsa potestas
intra unum mixtis inimico foedere corpus
spiritibus Felix interuenit inter operta
pectoris et tenues dirimit subtilior auras,
daemone discernens animam, quo libera pulso
mens hominem recipit. par hoc operi est opus illi,
quo merram tristem sacri dulcedine ligni
in populi potus crucis inmutauit imago.

317 pecodum *Δ* lambens *B* 318 obscenus *ATΔ*, obscoenus *cet.* 323 inmanes *ω*, immites *v* 325 doma *A* demones *BT* purgat *T* *us.* 327 *ex ADET inserui, om. Bv* *us.* 329 *add. in mg. B m. 3* fremit] ferit *T* 334 taetrum *A*, tretrum *B*, tetrum *cet.* inficiata *ET* 335 signis *B* meus *ex* m̃s *A* 336 restringuat *B* daemonia *A* 337 lassatumque *v* hostem *B* 338 *pr.* et *ω*, sic *v* 339 mistis *T* 340 opertum *E* 343 opus est operi *T* 344 mer[r]ã ([r] *m. 2*) *A*, mirram *BD²T*, myrram *in ras. E*

sic Felix pietate potens, quia nobilis altae
confessor crucis est, ipsum quasi tristia merrae
pocla hominem mutat. qui nunc inflatus acerbo
daemone uipereum per spumea labra saporem,
concussu laterum et singultu gutturis ampli
saepius adsiliens flatus ructabat amaros,
iam totus uel solus homo in sua iura reuersus
dulce sapit, sanum spirat placidumque profatur.
ergo et Felicem uirtutis dextera cingit.
inde potens uarias tenebrosi principis artes
deuorat ut magicos Moseia uirga dracones.
cernimus ecce pares domini caelestis adesse
ad meritum Felicis opes, operum quoque formas
congruere et quaecumque patres in corpore sancti
ediderint documenta dei sine corpore uiuum
in Christo Felicem agere insignique potentem
mente animam, positi dum corporis ossa quiescunt,
ante diem reditus claris praetendere signis,
qualem pro meritis sit gestatura coronam,
cum steterit toto rediuiuus corpore Felix.
omnes quisque suo radiabunt lumine sancti
dissimili fulgore pares nec iudice Christo
alter in alterius meriti dispendia crescent;
Christus erit cunctis regnum lux uita corona.
cernite distinctos actu sed honore iugatos
testamentorum ueterisque nouique magistros,
in quibus una dedit geminas sapientia leges.

356] (Ex. 7, 12).

347 tristitia *D* myrre *ET*, mirrae D^2, mirre *B* 350 singultū *B* guturis *A* 351 assilens *T* 352 solus] sanus *B* 353 placitumque *B* 354 uirtutibus *T* cincit *T* 355 tenebras et *T* 356 mosea *B*, moysei *T* 358 meritis *T* 359 tempore *T* 361 insignique] in christoque *E* 365 toto rediuiuus *ADE*, totus rediuiuo *BT* 366 omnis *B* quisque *in* cumque *corr. D m. 2* lumine] corpore *E* 368 crescunt *AD* 370 actu *DET*, actus *ABr* beatos *T* 371 noui *T* 372 gemina *B*, geminam *T* legem *T*

atque ita uirtutes uarias par gloria pensat.
non Petrus inrupit uirga mare, sed neque Moyses
aequoris incessit liquido; tamen unus utrique
fulget honos, unus quoniam fuit auctor utrique
scindere aquas uirga, pedibus calcare fluenta,
qui deus est ueterum in sanctis, deus ipse nouorum;
quo data lex domino est, ex ipso gratia uenit;
ille deus Danielis et ille trium puerorum
Felicis deus ipse deus nec se minor ipse est
in sancto Felice deus, per quem bona dona
et medicas exercet opes terraque marique.
omni namque die testes sumus undique crebris
coetibus aut sanos gratantia reddere uota
aut aegros uarias petere ac sentire medellas.
cernimus et multos peregrino a litore uectos
ante sacram sancti prostratos martyris aulam,
dum referunt grates, tolerata referre pericla,
testantes ualidis conlisa naue procellis
se raptos miserante deo Felicis et ipsa
educente manu maris emersisse profundo
et desperatam placidos cepisse salutem,
Felicis meritis et aquas et cedere flammas.
  praeterita ut taceam meriti documenta potentis,
nouimus experti, pauor e terrore recenti
uibrat adhuc memores animos, recolentibus illa
quae tulimus paene absumptis incendia tectis;
quamlibet extinctae recalent uestigia flammae

374 irrumpit *E* moses *A* 375 incessu *E* utrisque *Bv* 378 deus] decus *T* 380 danihelis *DET* et] erat *T* 381 ipso *E* 383 terra[que] *B* ([que] *m. 3*) 384 omnia AB^1D 386 petere *ex* petire *A m. 2*, praeter *B* ac *om. B* sentire *ADET*, set ire *B*, ambire *v* medelas *ET* 387 a *om. B* littore *ABE* 388 aulam] aram *v* 389 referre *T* 391 et] ut *Bv* 393 et placidam accepisse *T* 394 meriti *A* et ad aquas *T* 395 iaceam *B* meriti *om. B* docimenta *AD* parenti *T* 396 illa nouus *T* e] et *E* e recenti (e *add. m. 2*) *D* 397 at huc *D* animis *T* illa] ignis *T* 398 paenae *A*, pene *ET* 399 reculent *A*, recolent *D* uestia *T*, incendia *E*

mentibus et magni cumulant Felicis amorem,
quem prope corporeo praesentem uidimus actu
obiectare manus flammis et nostra tueri
limina iuncta suis, quae tamquam territa sancti
obstantis facie prope tangens flamma pauebat
pulsaque de nostri rapiendo culmine tecti,
comminus in tuguri uicina strage perarsit.
mira loquar, stetit inmotus sine flatibus aether
nec nemorum foliis ullum dedit aura tremorem,
ne posset rapidus procedere longius ignis
per contexta uolans sociarum tigna domorum,
sed uentis deserta cadentibus ire negaret
flamma et consumpto moreretur languida pastu.
consimili modo nos, Felix, ope solue periclis,
nec domibus nostris propient mala, pulsaque per te
horrida sanguineo longe sonet ira flagello.
illam etiam uirtutem arcendis indue bellis,
qua male labentem uicinis montibus amnem,
qui subitis aucto pluuiis torrente redundans,
sic tua praecipitans in limina saepe ruebat,
ut tectis coniuncta tuis habitacula uastis
quassaret uiolentus aquis, ita flumine uerso
fecisti mutare uias, ut nunc nouus illum
alueus insolita ducat regione furentem
nostraque longinquo uitantem tecta meatu:
sic modo bellisono uenientes flumine pugnas
de nostris auerte locis. manus inpia sacris
finibus absistat, quibus est tua gratia uallum,
atque tuam timeant hostes quasi daemones aulam,
nec cruor haec uiolet quae flamma uel unda refugit.

400 magni] agni *Col. in mg.* 401 quam *B* praesente *A* 404 obstantis faciem prope terrens *T* 406 cominus *BET* perarsi *T* 407 loquor *T* aer *T* 410 uolens *B* 411 negatur *T* 412 et] ut *T* 414 proprient *AD*, properent *T* 415 ire *T* 416 accensis *T* 417 labantem *E* 418 auctus *T* 421 uiolentis *B* 423 insolitam *B* fluentem *T*. — finit natalis VIII · *B*, finit septimus. incipit octauus *AD*.

XXVII.

Nascere, quae tardo semper mihi redderis ortu
mox et in occasum properans fugis, aegra redire,
ales abire, dies. nam te per longa morantem
tempora, dum tardi nitens rota uertitur anni,
sustineo intentis adfecto pectore uotis.
quam cuperem totis mihi te lucere diebus,
uel si quando uenis, ita conpensare moras, ut
aestiuis posses spatiis producere lucem
aut illum pensare diem, qui sistere iussis
sideribus longo lassauit lumine mundum,
humanos duplicans dilata nocte labores.
nunc te, cara dies, rapido nimis aëre nobis
temporis hiberni lex subtrahit et breuiatas
cogit hiems horas cita lumine, pigra tenebris.
sed bene quod tibi sol, Felix, cui gratia perpes,
inlustrante micat Christo propriumque coruscat
natali iubar ipse suo neque conditur umquam

XXVII. *ABDEGRT; Δ exh. us.* 89. 90. 148—153. 154—155. 171—177. 400—407. 436—554. [511—518. 542—557. 580—583. 589—595, *quos Dungalus excerpserat in codice interciderunt*]. 596—606. 616—617; *Beda (expos. in Luc. l. II p. 398 ed. Mign. tom. 92) exh.* 424—427, *Beda de re metr. ed. Keil VII p. 247 sqq. exh.* 72. 620. 637; *Paul. diac. (hom. LIX ed. Mign. tom. 95, 1532) exh.* 424—427; *Conu(entus Paris. ed. Mign. tom. 98, 1304 sqq.) exh.* 510—518. 542—557. 589—595. 607—609. — incipit ad eundem nicete ep̄i de dacia qui ad natalem dn̄i felicis occurrat *B*, incipit liber VIIII · *E*, item de natiuitate sc̄i felicis et de aduentu nicete ep̄i de dacia qui ad ipsius natalem occurrit *T* 1 mihi semper quae tardo redderis *R*, mihi redderis quae tardo semper *G* redderis] nasceris *T* hortu *R* 2 occassum *GR* frugis *R* erga *GR* 3 alis *G* morante *T* te morantem (o *ex* u) per longa *G*, per longa te morantem *R* 4 nitens] nimium *T* 5 susteneo *G* intantis *R* affectu *T* 6 te mihi lucere *R*, mihi tellucere *G*, mihi elucere *B*, mihi praelucere *v* 7 conpessare *B* mores *G*[1] 8 posses *AD*, possis *cet.* spatis *GR* 9 iusis *GR*, iussus *T* 10 longa *B* lasauit *GR* 11 humanus *R* delata *R* 12 clara *T* 13 hibernis *T* subtrachit *G* breuitas *GRT* 14 hiemps *BDT* cito lumine breuis pigra *R* 15 filex *G ut saepius* 16 proprium *R* curuscat *R*, choruscat *B* 17 iuuar *A*[1]*D*

casibus occiduis aeterni splendor honoris.
i, fugitiua dies, elabere, non reuocabo,
nec te iam querar esse breuem, quia te sine Felix
semper inextincto praesens mihi lumine fulget.
si natalis abest, plus est quod iugiter ipse
lux huius natalis adest. nec enim ille die fit
sanctus, cuius honor celebrandi causa diei est.
quod si natalem reliquis praestare diebus
turba facit, solito quae densius ad sacra currit
limina, conferta prope semper plebe uidemus
natalem Felicis agi. nam quae, rogo, uotis
cassa dies oritur uel magnis rara cateruis?
sed tamen hanc speciale decus retinere fatebor
iure diem, expleto quondam qua contigit aeuo
ponere terrenos habitus et ad alta uocari
sidera Felicem retinendum sede beata.
firmat enim ratio ista fidem, quae tempora certis
distinguit titulis sacrosque per annua signat
festa dies, quibus ad domini miracula quondam
antiqui tremuere patres, horrenda sinistris
et semper celebranda piis, quia commoda sanctis,
dura fuere malis. testis Memphitica tellus
et mare tunc factum sanctis humus, aequor iniquis,

39] (Ex. 14, 22. 27).

18 cassibus *GR* occidus *G* aeterni] diuini *E* 19 i *E, om. BGRT,* in *AD* fugitua *G* elauere *D* 20 quaer *R* sine *om. R* 22 natulis *R* iugitur *R* 23 adest] est *R* neque *E* dies fit *E,* deficit *GR* 24 causa *om. GR* 26 fecit *R* solitoq; *GR* 27 limine *R* conserta *GR* uidel̩mus *G* 28 namq; *G,* namque qui *B* 29 causa *AD* cara *BT* 30 retenere *GR* diem iure fatebor *GR* 31 quandam *R* quae *AD* 32 ponore *T,* deponere *GR* terrenus *R* ad ω, in *v* uocari] ad cari *R* 33 retenendum *G,* rtenendum *R* 34 ista ratio *GR* qua *E,* q; *AG ut solent* certis *s. l. G, om. R* 35 sacrasque *BGR,* sacros *T* perque *T* 36 certis festa dies in *GR* ad *G,* a *B,* aut *ADERT* dm̄ *D* quibus aucta dei *coni. Chatelain* 37 tenuere *T* orrenda *R* 38 commoda] quomodo *B* 39 fruere *AD* malis] factum s̄cīs *add. R* testis̩t̩i̩s̩ *G* memphitica *B,* memphica *R,* memfitica *AD* 40 factum sanctis *om. R* humor *E*

ceteraque his paria Aegypto multasque per oras
gesta deo memori nobis recoluntur amore.
sic aeque diuina feruntur munera Christi:
ut ueneranda dies cunctis, qua uirgine natus
pro cunctis hominem sumpsit deus, utque deinde,
qua puerum stella duce mystica dona ferentes
subpliciter uidere magi, seu qua magis illum
Iordanis trepidans lauit tinguente Iohanne
sacrantem cunctas recreandis gentibus undas,
siue dies eadem magis illo sit sacra signo,
quo primum deus egit opus, cum flumine uerso
permutauit aquas praedulcis nectare uini.
quid paschale epulum? nam certe iugiter omni
pascha die cunctis ecclesia praedicat oris,
contestans domini mortem cruce, de cruce uitam
cunctorum; tamen hoc magnae pietatis in omnes
grande sacramentum praescripto mense quotannis
totus ubique pari famulatu mundus adorat,
aeternum celebrans rediuiuo corpore regem.
hoc sollemne dies sequitur (septem numeramus
hebdomadas, et lux populis festiua recurrit),
qua sanctus quondam caelo demissus ab alto

44] (Matth. 1, 16). 47] (Matth. 2, 11). 49] (Matth. 3, 16). 52] (Ioh. 2, 9. 11). 58] (Matth. 28, 6). 61 sqq.] (Act. 2, 2 sqq.).

41 caetera que *G* ḥịṣ quẹ his *T* patria *GR* aeipto *R* horas *GR* 42 memoriae *GR* 43 munere B^1*v* 44 ut] et *GR* uenerando *AD* cuntis *E* uirgini *R* 45 utique inde *GR* 46 mistica *GRT ut solent,* myxtica *E* 47 supliciter *B,* sempliciter *R* 48 tripidus *GR* lauạuit *G* iuhanne *R* 50 seu *GR* ligno *B* 51 quod *T* 52 permotauit *R* perdulcis *G,* dulcis *AD* 53 epulum] fuit *add. GR* 54 pasca *BT,* paschae *G* cuncti *GR* ecclesiae *B,* aeclesiae *GR* ores *GR* 55 contestantur *GR* cruce *B s. l. m. 3,* in cruce *GR* 56 in omnes] honorem *A,* homines *D* 57 grande *om. GR* perscribto *R* quodannis *B,* quod tot annis *GR* 58 totis *R* 59 aaeternum *D* 60 solempne *GR,* solemne *DET* dies] aliud *coni. Sacch.* 61 ebdomadas *ADET,* eudomadas *BR,* ebdumadas *G* populi *AD* 62 quandam *R* dimissus *BT,* dimisus *GR*

spiritus ignito diuisit lumine linguas,
unus et ipse deus diuersa per ora cucurrit
omnigenasque uno sonuit tunc ore loquellas,
omnibus ignotas tribuens expromere uoces,
quisque suam ut gentem peregrino agnosceret ore
externamque suo nesciret in ore loquellam.
barbarus ipse sibi non notis nota canebat
uerba, suis aliena loquens; sed in omnibus unum
uoce deum uaria laudabat spiritus unus.
ut citharis modulans unius uerbere plectri
dissona fila mouet uel qui perflantia textis
labra terit calamis, licet unum carmen ab uno
ore ferat, non una sonat uariosque magistra
temperat arte sonos, arguta foramina flatu
mobilibusque regit digitis clauditque aperitque,
ut rapida uice dulcis eat redeatque cauernis
currens aërio modulabilis aura meatu,
explicet inruptos animata ut tibia cantus:
sic deus omnisonae modulator et arbiter unus
harmoniae, per cuncta mouet quam corpora rerum,
et naturae opifex deus omnis et artis, in omni
fons opere et ⟨finis⟩, faciens bona factaque seruans,
ipse manens in se media pietate uicissim,
qua pater in uerbo, qua filius in patre regnat,

63 **ignitas** *T* duissit *R* flumine *ADE*, famine *T* 64 diuisa *v* currit *R* 65 omnigenusque *R* sonau:t *R* ora *B* loquelas *BET* 66 exprumre (o *s. l.*) *G* 67 perigrino *GR* 68 aeternamque *B* nesciret *ADET*, sentiret *BGR*, resciret *coni. Bign.* loquelam *BET*, locellam *R* 69 rotis *B* 71 sps͡ *s. l. G* unus sps͡ *R* 72 cytharis *DGR* unius modolans *GR sed G transponendi signa addidit* 73 desona *R* mout *T* perfluentia *AD* 74 chalamis *E*, clamis *R* canem *R* 75 ferat ore *GR* unu *G* sona *T* 76 sonus *GR* furamina *R*, foramine *B* 77 mubilibusque *R* 78 rabido *R* 79 aerio *ADGR*, aereo *E*, euario *T*, eoleo *B*, Aeolio *v* modolabilis *R* 80 explicit *GR* animat aut *G* 81 omnis orae *R* modolatur *G*, modulatur *R* 82 armoniae *ADEGT*, armoenie *B*, armoine *R* qua// *D* 84 fons ope fons opere et *GR*, fons opere fonsque opere et *B* finis *v*, *om.* ω bona *om. AD*, bona facta bona *R* seruens (re *s. l.*) *R*, seruans (re *m. 2*) *A* 85 piaetate *G* 86 patre* (r *eras.*) *R*

quo sine nil factum, per quem sata cuncta in eodem
consistunt, idem nouat omnia principe uerbo,
qui cruce purpurea pretiosi sanguinis ostro
arduus ascensu uolucri penetrauit in alta
nube super Cherubin uolitans seditque parenti
dexter et inde suis caelestia dona profudit,
spiritum ab unigena sanctum ⟨et⟩ patre procedentem,
qui deus ipse deo ueniens licet adsit ubique,
conspicuo tamen adlapsu ruit igneus illic,
pubis apostolicae concors ubi coetus agebat,
moxque nouo sonitu multis ex urbe coactis
omni ex gente uiris sedit quasi flamma per omnes
et simul in cunctis spiramine dissonus uno,
ut lyricas facili modulatus pectine chordas,
diuiduis eadem cecinit praeconia linguis,
incutiens uarias humana per organa uoces.
talis ubi lectas inpleuit crapula mentes,
ructauere sacras ieiuno gutture laudes
ebria corda deo; quis me miseratus ab isto
flumine potabit, quod sobriat ebrietate?
    ergo uelut caelum stellis et floribus arua

90] (Marc. 16, 19). 95] (Act. 2, 2. 4. 6).

87 nihil *GR* 88 qui idem *fort.* 89 purporea *G*, propria *R* pretioso *A*, precioso *B*, praetiosi *Δ*¹ *GR* astro *R*, astra (b) *Col. in mg.* 90 ardius *R* ascenso *A*, acceuso *D* alto *B* 91 chirupin *G*, hirubin *R*, herubim (m *ex* n) *A* uolucritans *G* sedetque *BGR* paranti *R*, parienti *G* 92 dextra *T* et in seruos *v* celesti *B* profundit *G*, perfundit *R* 93 unigeno *T* et *v*, *om.* *ω* 95 tamen conspicuo *G*¹*R* alapsu *T* 96 plebis *BGR* consors *GR* caetus *GR* 97 sumptu *R* coagtis *R* 98 ex *om.* *T* iuris *T* seditque *GR* per] in *GR* omnē *T*, omni solà *R* 99 et *om.* *R* disonus *G*, deissonus *B*, desonus *R* 100 plectione *GR* cordas *ABDT* 101 deuiduis *D*¹ cicinit *R* 102 humana *om.* *GR* urgana *GR* 103 lectus *AD* 104 ieiunio *R* guttore *GR* 105 qui *B* 106 flumine *Rosw.*, munere *B*, monere *G*, numine *ADERT*, nomine *v* potauit *B*, potabat *R* subriat *R*, subruat *T*, subriate *G* aebrietate *G*, ebrietatem *ADT* 107 et *AD*, aut *R*, ut *cet.*

temporibusque annos dominus, sic ipsa diebus
tempora distinxit festis, ut pigra diurnis
ingenia obsequiis saltem discrimine facto
post interuallum reduci sollemnia uoto
sancta libenter agant residesque per annua mentes
festa parent domino, quia iugiter intemeratos
iustitiae seruire piget, delinquere suetis
parcere peccato labor est. decurritur omni
ualle, per ascensum non est euadere cursu.
hinc uia labendi procliuior et uia uitae
durior; illa capax multis, haec ardua paucis.
inde bonus dominus cunctos pietatis ut alis
contegat, inualidis niti uirtutis ad arcem
congrua sanctorum dedit interualla dierum,
ut saltem officiis mediocribus ultima Christi
uestimenta legant, et eos uel fimbria sanet,
qui non extorres penitus regione salutis
intra perpetuae stabulant praesepia uitae,
longinqui primis, non longo fine secundis.
primus enim uitae gradus est pertexere cunctos
continua bonitate dies et tempore toto
pascha sacrum Christi cultu celebrare pudico.
quod si mixta seges tribulis mihi germinat et cor
incultum stimulat terreni spina laboris,

108 temporibus *GR* ipse *Tv* 109 distincsit *GR* festit *B* diurni *T* 110 obsequis G^1*R*, obsequuis *B*, obsequii *T* saltim *BGR et infra* discremine *GR* 111 interuullum *R* reducis *R* solempnia *G*, solemnia *DET* 112 agam *B* dessidesque *R*, desidesque *T* 113 parant *G* deo *GR* intemperatos *GR* 114 siuere *R* dilinquere *R* 117 hic *T* lauendi *R* proclior *G*, procliuiorum *T* uia] uiae *R* 119 deus *GR* ales *B* 120 contingat *GT*, contangat *R*, contegérat *AD* ualidis *T* 121 interuulla *R* 122 saltim *BD* officis *GR* 123 uel *AD*, sacra *cet.* 124 extores *GR* paenitus *D*, poenitus *GR* reggione *G*, relegione *R* 125 perpetua *T* 126 longe *D* sine *R* 127 uitae *om. v* est] celo *add. B s. l. m. 3* et *v* pertexsere *G*, pertextere *R* 128 continuata *GR* 129 pasca *B* cultus *AD* celĕbrare culto *R* pudicos D^2 130 mista *T* segex *G* tribolis *D* 131 instimulat *B* doloris *B*

uel festis domino studeam me offerre diebus,
ut uel parte mei tangam confinia uitae,
corpore ne toto trahar in consortia mortis.
quamquam igitur iugi nos, qui statione propinqua
adcolimus, sancti potiamur honore patroni,
quem et sine natali deuota frequentia semper
concelebrat, tamen ut proprii per erilia uernae
festa relaxemur curis et uota canamus,
huius laetitiae princeps psallentibus ibo
fratribus et socium ducam quasi signifer agmen.
nam licet e uaria populi regione frequentes
conparibus uotis hodie pia gaudia fundant,
me tamen uberius decet atque insignius isto
exultare die, quia nemo obstrictior est me
debitor huic, cui priuato specialius astro
ista dies tantum peperit sine fine patronum.
salue, cara dies, salue, mihi lux mea, salue,
semper festa mihi; sed in hoc mihi clarior anno
orta refulsisti, quia cum Felicis honore
Nicetam reuehis, sanctorum ut amore duorum
binum habeam natalem hodie, quo corpore sumpti
martyris excessum celebrans et corpore prompti
ecce sacerdotis reditum satiatus adoro,
suscipiens humili metantem in pectore Christum.

132 uestis *R* studum me offere *R* 133 ut] et *D* 134 ne] nec *GR* trachar *R*, traham *AD* mortis (o *corr. m. 2*) *A*, noctis *T* 136 patiamur *R* amore *E* ṣịṇẹ patroni *G* 138 concelbrat *R* propris *GR* herilia *BET*, aerilia *GR* uerna *R*, fernae *G*, uernat *B* 139 rexaemur *R*, relaxemus *E* cunis *AD* 140 salentibus *R* 142 regione populi *G*[1] 144 me] ne *A* oberius *G* decet *om. GR* adq. *G* 145 die decet *GR* obstructior *G* me est *GR* 146 priato *G* astro (r *eras.*) *D*, asto *A*, arctor *E* 147 tam̃ *B* piperit *G* 148 salua *BR*, saluạe *G* cura *R* salua *R* meus alue *D*[1], mea salua *R* 149 mihi *om. R* clarior *AD*, carius *E*, clarius *cet.* 150 refulsit *AD*, refulsis enim *E* 151 necetam *G*, Nicetum *B*[1], nec etiam *R*, nycetam *T* 152 Binam *B* odie *G* quo] de *T* sumpta *R* 153 prumpti *GR* 155 humillime (humillimae *R*) tandem *BGR* in corpore *BT*

exultet mea nunc anima edicatque quod olim
sponsa canebat amans domino uocalis amanti:
imber abit, discessit hiems, uox turturis altae
in nostra tellure sonat, dat uitis odorem,
florida et in terris miramur lilia caeli.
unde repente, precor, uersa uice temporis annus
uer agit et gelidis flores uisuntur in agris?
iunctus adest domini Christi comitatus amicis *
Nicetes; hinc uernat hiems, hinc undique nobis
spirat odoratos uegetabilis aura uapores;
hoc de corde uenit benedicti spiritus agri.
uita pudicitiae et liquido mens candida uero
Nicetam faciunt, flores et aromata Christi. *
munere quid tanto dignum uel corde uel ore
pauper et insipiens et paruulus edere possim?
ipso nunc Felice opus est et in hoc mihi munus,
sumat ut a Christo, mihi quas inpertiat ipse,
ut digne sibi grater, opes. et nunc mihi uellem
uiua perennis aquae manarent flumina uentre,
ut non ore meo sed Christi munere possem

158] Cant. 2, 11. 12.

156 exultet et *GR* nunc mea *AD* edicatque *E,* dicatque *cet.* mihi nunc animus dicatque *coni. Chatelain* ollim *GR* 157 amans] canens *GR* 158 ymber abit *B,* imperabit *A, om. GR* hiemps *ABDT,* hems *GR* alte *G* 159 sonet *B* tellore *G,* telluere *R* 161 annus *ADE,* ateher *R,* aether *cet.* 162 agitet *T* gilidis *R* uisentur *BR,* uissentur *G* 163 unctus *ADE* at est *D* Christi] sancti *T* 164 nice^{s}ta *E,* nicetis *ABDT,* necetes *R,* necites *G* hic *BT* hiemps *A,* hems *GR* hic *T* 165 spiret *D,* sprat *R* hodoratus *G,* odoratus *R,* adoratos *T* uigitabilis *R,* úegitabilis *AG,* uegetabiles *B* arua *B,* auara *R* 166 hic *T* de corde uenit] decus creuit *GR* spiritus] situ *GR* 167 conpudicicie *B* uiro *B,* uerbo *R* 168 nycetam *T,* necetam *G,* nectam *R* christi *ω,* uerna *v* 169 manere *R* cor A^1 uel corde *om. R* 171 Nunc opus est et o felice in hoc *B* m^{u}onus *G* 172 a *om. GR, s. l. A* pertiat *G* 173 grates *BGR* et nunc] nunc nunc *T* uelim *BGR* 174 perhennis *BT* manerent *R,* man^{e}arent *D* 175 monere *G* possim *GRT*

laetitiam enarrare meam, quae munere Christi
uberius solito placidum mihi pectus inundat
natalemque mihi duplicat Felicis amore
multiplici. uideo praesenti lumine coram
Niceten ridere mihi, uisoque parente,
cuius prae cunctis amor in me regnat, et ipse
Nicetes fio, benedicti nominis instar
mente gerens, quae nunc uoto uictore triumphat.
hunc ego conspiciens longo post tempore longe
natali uenisse tuo, clarissime Felix,
nonne tua ducente manu aduentasse fatebor?
nam quis tam claro poterit non cernere signo
hoc prece mi uenisse tua, ut, quod sumere uotis
uix poteram aut ipso saltem mihi fingere somno,
Nicetam rursus coram Felicis in ipso
natali uisu simul amplexuque tenerem
atque iterum sub eo canerem mea debita, Felix,
auditore tibi. sed quid faciam rogo pauper
diuitis adsideo mensae et miser audeo magnis
insertare manum dapibus; neque cogito quod me
talia consimili uice, qualia sumo, parare
conueniat dignumque isto dare iudice uerbum.
quare inopi da, sancte, tuo, ut te digna patrono

194] (Prou. 23, 1).

176 narrare *GR* mune[re] ([re] *m. 2*) *A* 177 tempus *B* 179 multipli *R* in lumine *E* 180 neciten *R*, neceten *G*, nicetem *D*[1] ridere *ADE*, rediisse *T*, reddisse *B*, redisse *GR* parentetẹ *G*, parentem *T* 182 nicetis *B*, necitis *R*, necetis *G* 184 hunc ergo *BD*[1]*G*[1]*R*, ergo *v* hunc longo tempore longe *v* 185 duo *D* 186 docente *D* aduantasse *R* 187 non poterit *GR* 188 haec *R*, hic *AD* p̃cem *AD* mi uenisse *E*, i*uenisse (*n eras.*) *AD*, uenisse *BGR*, prouenisse *ex* preuenisse *T m. 2* 189 ipsos *G* saltim *ABDGR* sumno *R*, sumpno *G* 190 necetam *GR* rursum *GRT* filecis *R* 191 natale *T* tenere▒ *D* 192 atque — canerem *om. GR* sub eo alterum *Dv* sub eo *om. T* 193 auditure *B*, auditu reddo *GR* 194 adsedeo *GR*, adsidens *E* 195 manu *A* 196 uoce *B* summo parere *B* 197 dignosque *T*, digno *B* istis dare iugiter ẹsus *T* das *BG*

et pariter condigna tuo loquar ausus amico.
posco tuos, Felix, tecum ad tua uota parentes.
quae tua uota loquor, mea sunt et uerius haec sunt *
uota mea; at tibi celsus honor terrena recusat
gaudia. sed quia nostra tuae sunt gaudia palmae
et tua dignaris tibi ducere uota tuorum, *
ergo tuos etiam, Felix, inploro parentes;
hic quoque ades, mihi nunc poscas ut adesse uocatos.
qui colitis laetos paradisi caelitus hortos
quique sub excelsa domini requiescitis ara,
pulcher apostolici chorus agminis et patriarchae,
gens prior, ambo chori procerum, quos agmine bino
per duodena deus signauit nomina patres
gentibus et populis regnum ad caeleste uocandis,
uos etiam, sancti, subplex deposco, prophetae,
in nostra qui carne deum fore praececinistis,
uos quoque corporibus caesis et sanguine fuso
occisum et uiuum testati martyres agnum,
omnes diuinis a fontibus una propago,
quos pius Abraham sacer Isac lenis Iacob
progenuere deo per inenumerabile semen
et bifidum meritis caelestibus atque caducis,

199 tuo *om. GR* usus *B* 200 tecum] et cum *AD* ad] et *R* 201 loquar *B* 202 ad *B* at tricelsus *T* celsus *in* celsior *B m. 2* recussat *BG* 204 et *D*, ut *cet.* digneris *BTv* 205 ergo ego uos etiam *ADE*, ergo tua etiam *T* parantes *G* 206 huc *G*, hinc *R* quoque] que *BGR* adesto *BGR* esse *B* uocanti *T* 207 paradissi *A* caelitus *AEGR*, celitos *B*, caelites *D*, celitis *T* ortos *ADET*, hortus *GR* 208 eccelsa *B* cura *GR* 209 pulcherạrạ *G* corus *R* et *om. R* patriarcharum *G*, patri arcarum *R*, patriarchum *v* 210 prior] par *T* 211 dei *T* sigṇauit *G*, signabit *B* nomine *B* parentes *GR* 212 caelestae *GR* 213 sancti] c̃i *R* suplex *B* profetae *AGR* 214 praecinistis *R*, praecinuistis *v* 215 cissis *G*, scisis *R* fusso *G*, effuso *R* 216 occissum *GR* uium *G* martyris *B*, martires *GR* 218 abracham *GR* sacer Isac] saeclis ac *D* isac (a *supra* c) *R*, isaac *T* leuis *R* 119 innumerabile *GT*, innuẹmerabile *R*, non numerabile *v*, inenarrabile *Col. in mg.* 220 et tibi fidum *D*, et bidum *R* atq. *G*, itaque *R* caduci *R*

aequantes his astra poli, his telluris harenam.
credo equidem uos officio pietatis ad istum
undique conuenisse diem Felicis amore,
ut confessoris socii celebretis honorem.
non autem tanti mihi sum praesumptor honoris,
ut sanctos idcirco meis modo protinus omnes
sensibus adspirare precer quasi munere tanto
dignus, ut illa meo resonet uox turturis ore,
quam totum tellus audiuit laeta per orbem,
sed quia uox diuina decet Felicis honorem
et quia Nicetes, domini puer atque sacerdos,
longinqua tellure mihi modo missus ad istum
ecce diem uenit, uir tam bonus ore magistro
quam sacer est uictore animo uel corpore uicto.
o mihi fulminea Cherubin si forcipe sumptum
carbonem ex ipsa domini procul efferat ara
et peccatoris male pinguia labra perurat,
ut defaecato concretis sordibus ore,
* non ut ab ore meo, sed ut auditoris ab ore,
ipsius hausta meo depromam dignius ore,
ne peccatoris stolidi sermo asper et aeger
et uiolet castas et doctas uerberet aures!
sed quoniam lateri meus adsidet ipse magister,

235] (Es. 6, 6).

221 atra *A* his is *GR* telloris *G*, tellurus *R* arenam *GR* 222 credeo *R* quidem *GR* 224 confessores *AD* soci *R* caelebretis *G* 226 sensibus protinus omnes *G* sensibus omnes *R* 228 tortoris *G* 229 ọorbem *G* 230 docet *B* 231 qua *B* nicetis *BT*, necetis *GR* adq. *G* 232 longuinqua *G*, longuiuinqua *R* tellore *G* missum *B*, misus *GR* ipsum *GR* 234 animo] [a]meo *T* 235 fulmine *GR*, fulmina *B* et hiruphin *G*, hirubin *R*, herubin *A*, cherubim *D* 236 afferat *B*, hac ferat *v* 237 et mea *GR* pectoris *R* pingui *B*, pingua *GR* peruerat *R* 238 ut] et *GR* deficato *R*, defficatịo *G* surdibus *R* 239 *pr.* ut *om. T* ut *om. GR*, ut ab *B* auditores *G*, abditoris *R* ab *om. GR* 240 dignus *GR* 241 ne *ADGR*, nec *cet.* stolidique *GR* aġer *B* 242 uerberet *ω*, uulneret *v* 243 sed quia *G*, et quia *R* meus] procul *E* adsidet *om. GR* ille *T*

comminus e regione situm uenerante frequenter
lumine conspiciam; forsan sapientis ab ore,
ut quondam effetae pecudes pastoris Iacob,
concipiam sterili fecundos pectore sensus.
namque et Nicetes domino benedictus ut ille
mitis, ut Israel ouibus quoque pastor et haedis
ante lacum uiuentis aquae sedet; hic etiam tres
corde pari trina sibi legit ab arbore uirgas,
quis in aqua positis pecus aduocat et coeuntes
ingrauidat uirgisque tribus concepta colorat,
ut de interrasa uariatis cortice uirgis
insignita gregis sancti fetura probetur.
at pecori Laban non est nota. sed nota uitae;
nam nota mortis erit Christo non esse notatos.
sic animas steriles in nomine gratia trino
innouat, et uerbi coitu uir spiritus inplet
conceptosque deo notat intus eclesia fetus
uirgineo fecunda utero materque salutis,
dum uirgis intenta tribus bibit uuida uerbi
semina et aeterni signatur lumine uultus.

250] (Gen. 40, 37 sqq.). 263] (Ps. 4, 7).

244 ẹ] sedet et *GR* situ *B* ueneranter *G*, numerante *B* frequentẽ *G* 245 conspicuam *AD*, conspicuum *E* 246 quandam *R* pecodes *GR* 247 conspiciam *AD* stereli *A* fecondos *G* 248 et *om. GR* nicetis *BT*, necetis *GR* 249 ut *om. GR* istrahel *G*, israhel *ADRT* aedis *GR*, edis *B* 250 lucum *R* sedet *scripsi*, sed et *ω* tris *ADE* 251 trinas *BT* ab *om. AD* ab arbore legit *GR* 252 quibus *B* possitis *GR* ẹṭ ç̣ẹ (et *supra*) *G* coeuentes *R*, coeuntis *T* 253 concaepta *G* decolorat G^1R 254 uti̩ *G* interrassa *GR*, interraso *E*, in terra *B* auariatis *B* 255 sancti] xp̑i *GR* faetura *D*, foetura *A*, foetora *R* probentur *GR* 256 ad *B* 257 notatis *R*, nouatos *T* 258 anima A^1T scerelis *G*, sterilis *T* nomine] omni *T* 259 nọnouat (i *supra*) *G*, nouoat *R* choitu *G*, coetu *R* sp̃s *ex* sc̃s *R* 260 concaeptosque *G* noat *G*, nouat *RT* ecclesia *BT*, aeclesia *GR* foetus *AGRT* 261 uirginneo *R*, uirgine *T* feconda *G*, foecunda *D* 262 uirguis R^1 intinta *G* ut uada *B*, uiuida *GR*, inuida *T* uerbis A^1

hinc sterilis peperit septem et defecit abundans
dilatante deo tenues, tenuante superbos.
sic ego Niceta uiso quasi fonte reperto
sicut ouis sitiens ad uiua fluenta cucurri
aridus et sensi mea protinus ubera tendi,
adtentusque diu pascentis in ora magistri
inspexi docto uarias in pectore uirgas
conspectumque bibi per lumina fixa colorem,
et me diuinis sparsit mens roscida guttis.
  sed tamen in tribus his, quia uenit mentio, uirgis,
si placet, inspiciamus adhuc mysteria regni.
tres patriarcha sibi trina legit arbore uirgas,
spirantem storacis, leuem platano, nuce firmam.
spiritus in platano est, uirgo in storace, in nuce Christus.
nam patulos platanus ramos expandit in umbras;
sanctus inumbrata formauit uirgine Christum
spiritus, et storacis puto uirga sit arbore Dauid
prompsit odoratum quae uirgo puerpera florem.
uirga nucis Christus, quoniam in nucibus cibus intus,
testa foris et amara super uiridi cute cortex.
cerne deum nostro uelatum corpore Christum,

264] (I Reg. 2, 5).

264 hinc sterelis *GR*, insterilis *T* dificit *R*, diffecit *G* habundans *BGR* 265 delatnte *R* deo ouante tenues tenuante *B*, dote ueste (uestae *G*) ouante *GR* 266 neceta *GR* uiṣa [u] *G* 267 sitens *R* ad-iuua *D* 268 c̣ẹ [et] *G* uerba *R* 269 magistri *G* 271 bibi] uidi *GR* limina *B* coloreṣm *G* 272 asparsit *R* ruscida G^1R 273 hiiṣ *G* 274 athuc *D*, *om.* *GR* 275 tris *E* trinae *GR*, trine *B* ab arbore *R* 276 thoracis *GR*, storace *Rosw.* laeuem *ET* platono *B*, platoni *GR* nucis *GR* formosam *G*, forman sam *R* 277 platono *B* torace *G* uirgo in thorace spiritus in platano est *R* 278 patulus *R* platonus *B*, platanos *GR* pandit *GR* umbra *G*, humbra *R* 279 *add. in mg.* *B m. 3* 280 thoracis *BR* uirga (uirgam *G*) quo (quod *G*) uirgo sit quae (q; *G*) *GR* ab arbore dauid *GR*, arbor dauit *T* 281 promisit *B*, prumpsit *GR* uirga *T* 282 quoniam *om.* *GR* nuce *R*, noce *G* cibus *A s. l.* intus est *GR* 283 testa *om.* *GR* et *om.* *GR* amata *T* cortix *GR* 284 nostrum *ADT*, nõ *G* uelato *T*

qui fragilis carne est, uerbo cibus et cruce amarus;
dura superficies, uerbum crucis et crucis esca est, *
caelestem Christi claudens in carne medullam.
sed cruce dulcis item, quia protulit arbore uitam
uita deus noster; ligno mea uita pependit,
ut staret mea uita deo. quid, uita, rependam
pro uita tibi, Christe, mea? nisi forte salutis
accipiam calicem, quo me tua dextra propinet, *
ut sacro mortis pretiosae proluar haustu.
sed quid agam? neque si proprium dem corpus in ignes
uilescamque mihi, nec sanguine debita fuso
iusta tibi soluam, quia me reddam tibi pro me,
et quicquid simili uice fecero, semper ero inpar,
Christe, tibi, quia tu pro me mea, non tua, Christe,
debita soluisti, pro seruis passus iniquis.
quis tibi penset amor? dominus mea forma fuisti,
ut seruus tua forma forem; et res magna putatur
mercari propriam de re pereunte salutem?
perpetuis mutare caduca et uendere terram,
caelum emere? ecce deus quanto me carius emit
morte crucis? passus, deiectus imagine serui,
ut uiles emeret pretioso sanguine seruos.
sed quid agam? intuto temerarius euehor alto,
ausus in excelsum fragili me credere pinna;

292] (Ps. 115, 4).

285 cruce] quice *R* 286 aesca *A*, testa *GR* 287 medellam *GR* 288 qua *E* ab arbre *R* 289 uita mea G^1 290 uita mea G^1 quod *AD* rependat *T* 292 me tua *ω*, te mea *v* dextera G^1R propinat *coni. Chatelain*, protegat *GR* 293 prolibar *BGR* hastu *R* 294 si dedero proprium *G*, proprium si dedero *R* 295 neque *BGR* fusso *G* 296 iussa *AD* 297 quidquid *G*, quidquit *R* uoce *T* oro *T* 298 tibi christe G^1 mea *om. E* 300 deus *GR* 301 tuus *G*, tuus tua *R* forem forma *GR* tu̧a et *G* 302 m^{erc}agri *G* pereuente stautem *R* 303 perpetuus *R* motare *GR* 304 quantum *T* 305 diectus *R*, delectus *T* 306 uiuos *T* emere *D* praetio *R* 307 intoto *BRT* timerarius *GR* euechor G^1R 308 fragilli *R* penna *BT*, in poena *R*

martyris egregii natalem, qui meus est mos,
materia leuiore canens, in summa repente
emicui, super astra uolans mentemque procacem
ad rerum fontem misso sermone tetendi.
unde mihi hos animos? quae me leuat aura superbum?
non agnosco tumens mea pectora; maior agit mens.
sentio Nicetam, dum proximus adsidet et me
tangit et adiuncto lateri uicinus anhelat.
acer anhelantis iuxta me spiritus intrat
insolitumque potens meditanti suscitat ignem,
frigentes animans admoto fomite fibras.
sed reprimam tumidos flatus nec magna super me
exiguus spirabo loqui referarque relicta
paruus humo et plano modici pede carminis ibo.
quamuis Felicis meritum sublime profari
non possim sine laude dei, tu, sancte, paterno
suscipe me, Niceta, sinu, et dum pectore docto
sustineor caput in blando mihi corde reclinans,
sal tuus insulsum me condiat et sitientes
diues uena riget riuo mihi perpete sensus.
dicam iterum gaudens et adhuc uix muneris huius
credulus ingeminabo rogans: dic, quaeso, redisti
teque ipsum teneo Nicetam, in quo hactenus aeger

309 egregi A^1G^1R natale *A* 310 materiam *B,* matiria *R* 311 micui *GR,* emicuit A^1 uolitans *GR* 312 miso *GR* intendi *GR* 313 uel quae *GR* leuet *BGR,* libet *G* ore *T* 315 necetam *GR* dum *ADET,* qui *BGR* proximus mihi *G* adsedet *G* tangit me *GR* 316 et *om. AD* later *R* anhellat *A,* anchellat *G,* anchelata *R* 317 anhellantis *A,* anchellantis *GR* 318 ponens *BGR* meditantis *v* suscitat] suggerit *E* igne *T* 319 animas *ADT* 320 repremam *R* exiguus super me G^1R 321 sprabo *R,* sperabo *Schot.* referamque *BG,* refferamque *R* 322 homo *GR* medici *ADR* carminis] campi missus (misus *G*) *GR* 323 probari *R,* propari *B* 324 dei *om. GR* aeterno *GR* 325 neceta *GR* et *om. E* rectore *GR* ducto *GR* 326 susteneor *GR* capud *BGR* reclinas *R* 327 insalsum *R,* insũ A^1 et] in *T* 328 uena] unda *GR* 329 iterum] igitur *E* uix] mihi *E* 330 quesoso *G* 331 nicetum *B,* nectam *R,* niceta *v,* uenisti *G* qua *B,* quem *E* actenus *D,* ac^{h}ṭ^{c}enus necetã *G*

noctes atque dies anima tabente pependi?
uenisti tandem quarto mihi redditus anno?
sed grates Christo, quia te uel sero reuexit.
quam metui ne te mediis regionibus hostis
disclusum opposita bellorum nube teneret!
sed desideriis superantibus obuia nobis
uincula rupisti, nec te mare nec labor ullus
nec Gothici tenuere metus nec frigora longis
dura uiis; uere in tantis, Niceta, fuisti
casibus adfectu uictus uictorque benigno,
fortis et infirmus pariter, sed utrumque potenter.
uictus amicitia, uictus Felicis amore,
uicisti duros tenera pietate labores.
nunc age, sancte parens, aurem mihi dede manumque;
nodemus socias in uincula mutua palmas
inque uicem nexis alterno foedere dextris
sermones uarios gressu spatiante seramus.
enarrare libet simul et monstrare parenti
sollicito nostros toto quo defuit actus
tempore. nam cui iure magis mea gesta retexam
Felicisque manu nobis operata reuoluam,
quam cui cura sumus? gemino qui iure magistri
et patris ut bene gesta probet, sic inproba damnet,
corrigat errata et placidus disponat agenda;

332 adq. *G* anima *AD*[1], animo *cet.* tepente *B* 335 medis *GR* 336 disclussum obpossita *GR* tenere et *R* 337 ẹịde|sideris (side *corr.*) *G*, dissediris *R* 338 uincla *AD* mare — 340 uiis *om. R* 339 gutici *G*, gotici *ET* frigorẹ (a) *D* 340 fuisti neceta *GR* 341 cassibus *R* afectu *A* uictorquę *G* benegno *R* 342 infirmis *T* potenti *T* 343 *add. in mg. B m. 3* uictus *om. GR* 344 labres *R* 345 sancte] nunc *add. GR* ·pariens *R* aut rem *AD* de (de) manomque (de *m. 2*) *A* 346 no▨demus *D*, nos demus *Col.* motua *GR* 347 nixis *BGR* fidere *G*, fodere *T* 348 uaros *R* gressus *RT*, gresu *G* patientiae *R* feramus *D*[2]*T* 349 et narrare *T* licet *GR* et simul et *T* 350 sollicitos *B*, sollita (ci) (ci *m. 2*) *A*, sollicita *D* 351 rete▨m (xa) *G* 352 resoluam *T* 353 gemini *E* qui] q (a) *E*, quoque *v* iure] cura *T* 354 ut] sui *GR* damnet *om. GR* 355 errata] reuocet *add. GR*

inperfecta iuuet precibus, perfecta sacerdos
dedicet, atque ita se Felicis in aedibus ultro
atque citro referat, tamquam ipsum pectore toto
Felicem gerat et patria se iactet in aula.
ergo ueni, pater, et socio mihi iungere passu,
dum te circumagens operum per singula duco.
ecce uides istam, qua ianua prima receptat,
porticus obscuro fuerat prius obruta tecto;
nunc eadem noua pigmentis et culmine creuit.
ast ubi consaeptum quadrato tegmine circa
uestibulum medio reseratur in aethera campo,
hortulus ante fuit male culto caespite, rarum
area uilis holus nullos praebebat ad usus.
interea nobis amor incidit hoc opus isto
aedificare loco; namque hunc res poscere cultum
ipsa uidebatur, uenerandam ut martyris aulam
eminus aduersa foribus de fronte reclusis
laetior inlustraret honos et aperta per arcus
lucida frons bifores perfunderet intima largo
lumine, conspicui ad faciem conuersa sepulchri,
quo tegitur posito sopitus corpore martyr,
qui sua fulgentis solii pro limine Felix
atria bis gemino patefactis lumine ualuis
spectat ouans gaudetque piis sua moenia uinci

356 interfecta *A* 357 adq. *G* se *om. AD* 358 cit[illegible]o *D* refferat *G*, ferat *T* tamquam] tantum *T* totum *E*, suo *GR* 359 patriam *BGR* iectet *GR* aulam *BGR* 360 iugere *R* gresu *GR* 361 te circum] tecum *GR* agitans *E* 362 istac *coni. Zechmeister* quia *B*, quam *GRT* ianuam *GR* 363 obscura *B*, obscuru *R* tecta *A* 364 figmentis *BG*, pigimentis *R* 365 conseptum *BET*, conspetum *R* tecmine *B* 366 reseratur (u *s. l.*) *R* 367 cultu *GR*, casto *v* cispite *G*, hicspite *R* raram *B* 368 area] crea *D*, creta *AE* olus *G* nullus *R*, nullo *T* ussus *G* 369 isto edificare in loco *G s. l. m. alt. ante* interea *inseruit* isti *Rosw.*, ipso *v* 370 iedificare *R* in loco *GR* huc (n *s. l.*) *T* res poscere *ET*, reposcere *cet.*, deposcere *v* 371 ueneranda *B* marteris *G* 372 fonte *T* reculsis *R* 373 honus *B*, nobis *GR* arcis *E* 374 intimam *GR*, intim *T* 375 conuera *R* 376 possito *R* 377 soli *BGR* 378 atrio D^1

caetibus atque amplas populis gaudentibus aulas, *
laxari densas numerosa per ostia turbas.
ipsaque, qua tumulus sacrati martyris extat,
aula nouos habitus senio purgata resumpsit.
trina manus uariis operata decoribus illam
excoluit, biiuges laqueari et marmore fabri,
pictor imaginibus diuina ferentibus ora.
ecce uides quantus splendor uelut aede renata
rideat insculptum camera crispante lacunar. *
in ligno mentitur ebur, tectoque superne
pendentes lychni spiris retinentur aënis
et medio in uacuo laxis uaga lumina· nutant
funibus, undantes flammas leuis aura fatigat.
quaeque prius pilis stetit, haec modo fulta columnis,
uilia mutato spreuit caementa metallo.
sed rursum redeamus in atria. conspice sursum
inpositas longis duplicato tegmine cellas
porticibus, metanda bonis habitacula digne,
quos huc ad sancti iustum Felicis honorem
duxerit orandi studium, non cura bibendi.
nam quasi contignata sacris cenacula tectis

380 caetibus *GR* adq. *G* gaudentibus *AD,* rumpentibus *BET,* ruentibus *R,* ṣiuentibus *G* aulam *T* 381 hostia *BEGRT* 382 tumulos *B* sacri *GR* marteris *G* existat *GR* 383 nouos uisus sermo purgata *T* 384 uaris *AG,* uoris *R* illa *GR* 385 mex coluit *R* biiugis *BGRv,* biiugi *Rosw.* loqueari *R* 386 picto *G,* picta *R* imiginibus *R,* imagnibus *A* referrentibus *R* hora *G* 387 quantum *GR* uelud *BGR* 388 rideat et *AD,* ridebat *R* inscluptum *G* camara *GR* crespante *G* laconar *GR,* lupanar *T* 389 mentitus *T,* metitur *B,* mititur *GR* eburneum *G,* eborneum *R* superno *BGR* 390 pendentis *A* lichni *BE,* lichini *GR,* lichnis *T* orbes *T,* superis *B,* popinis *G,* sopinis *R* retenuntur *GR* abenis *G,* habenis *BR* 391 notant *R* 392 unudantes *R* aura fagat *T* 393 quaque *ADE* philis *GR* culminis *R* 394 motato *R* spereuit *R* caeṭmenta *G,* cimenta *B,* cementa *AR,* c⫽ementa *D* 395 sursum *ADE,* rursum *cet. v* 396 inpossitas *GR* tecmine *B* celsas *T* 397 bonis] ionis *B,* nobis *GR* 398 quo *T* 399 duxerat *G* 400 contegnata *A* ce⫽nacula *Δ,* coenacula *ET*

spectant de superis altaria tuta fenestris,
sub quibus intus habent sanctorum corpora sedem
namque et apostolici cineres sub caelite mensa
depositi placitum Christo spirantis odorem
pulueris inter sancta sacri libamina reddunt.
hic pater Andreas, hic qui piscator ad Argos
missus uaniloquas docuit mutescere linguas;
qui postquam populos ruptis erroris iniqui
retibus explicuit traxitque ad retia Christi,
Thessalicas fuso damnauit sanguine Patras.
hic et praecursor domini et baptista Iohannes,
idem euangelii sacra ianua metaque legis,
hospes et ipse mei ueniens Felicis ad aulas,
parte sui cineris fraternum funus honorat.
hic dubius gemino Didymus cognomine Thomas
adiacet; hunc Christus pauidae cunctamine mentis
pro nostra dubitare fide permisit, ut et nos
hoc duce firmati dominumque deumque trementes
uiuere post mortem uero fateamur Iesum
corpore, uiua suae monstrantem uulnera carnis,
ut ueniente die, qua iam manifestus aperta

401 supernis *GR* tuta *ADΔE*, tua tuta (tota *R*) *GR*, tota *BTv* fenistris *G*, finistris *R* 402 sedem *G*, sedes *B* 403 apostolicis *G* cinires *R* caeleste *G* mense *T* 404 depossiti *R*, depositi[illegible] *D* 405 sancta *om. BGR* pulueris alma inter sancti libamina *v*, pulueris inter sacra deo libamina *Rosw.* sacri sui *B*, sacra sui *GR* libabina *G* 406 huc *G*, hisc *R* andrias *R* hic ipse *AD* piscatur *GR* ad agros *D*, ad agros *G*, targus *R* 407 misus *GR* uanilocas *R* mutiscere *R*, mitescere *Δ* 408 ruptis] pupditis *R* 409 raetia *A* 410 thesalicas *G*, thessalica *AD* fusso *G*, fusto *R* patrias *R*, patreas *G* 411 hu *G* pracursur *R*, praecussor *B* babtista *B* iohannis *GR* 412 fide *GR* euuangelii *B*, euangeli *R* ianuam *G* metaque] et aqua[illegible] *D* 413 ospes *G* felicis ueniens *GR* aulam *T* 414 porte *R*, pater *G* sua *v* 415 hic (hiic *G*) *ω et Beda*, huic *v* didymi *E*, didimus *BDT* nomine didimus (dedimus *R*) *GR* 416 adiecet *R* pauide *G* conctamine *GR* *us.* 417 *et* 418 *om. v* et] ad *R* 418 dnm xpmque *B* trementis *B* 419 uero] uiuo *E* 421 ut] et *Bv*

luce deus ueniet, cruciata in carne coruscum
agnoscant trepidi quem confixere rebelles.
hic medicus Lucas prius arte, deinde loquella,
bis medicus Lucas; ut quondam corporis aegros
terrena curabat ope, et nunc mentibus aegris
conposuit gemino uitae medicamina libro.
his socii pietate fide uirtute corona
martyres Agricola et Proculo Vitalis adhaerens
et quae Chalcidicis Euphemia martyr in oris
signat uirgineo sacratum sanguine litus.
Vitalem Agricolam Proculumque Bononia condit,
quos iurata fides pietatis in arma uocauit
parque salutiferis texit uictoria palmis
corpora transfixos trabalibus inclita clauis.
hic et Nazarius martyr, quem munere fido
nobilis Ambrosii substrata mente recepi;
culmina Felicis dignatur et ipse cohospes
fraternasque domos priuatis sedibus addit.
quamuis sancti omnes toto simul orbe per unum
sint ubicumque deum, quo praesentantur ubique

422 choruscum *B* 423 tripidi *G* crucifixere *R* 424 hiic *G*, bis *Paul.* primum *T* loquela *BET* 425 luca *A*¹ quandam *R* corpore *R*, corpere *G* 426 artus consolidat et nunc *Paul.* in mentibus *Paul.*, gentibus *G* 427 conpossuit *G* geminos *T Paul.*, *om.* *GR* medicamine *B*, medicamenta *GR* libros *T Paul.* 428 sociis *B*, socis *GR* pietae *R* firtute *R* 429 martyris *B* agricula *GR*, agricole *E* et *om.* *E* proculus *BGR* ad herentes *GR* 430 et quae calcidicis *D*, et quos caldificis *B*, quos caldidicis *R*, caldeicis *G* euphimia *T*, eufemia *ADE*, eufemiae *BGR* martyr in] martiris *GR* 431 littus *E*, tellus *G* 432 agriculam *GR* bona *R* 433 pieatis *R* reuocauit *R* *post* 433 *add.* *ET:* et paribus compsit uictoria cel a coronis 434 proque *v* 435 transfixas *GR* traualibus *AD*, trabilibus *G* inclyta *AD* 436 hiic *G* nagarius *R*, nagorius *G*, uagarius *B* qui *GR* monere *G*, funere *B* 437 nubilis *GR* ambrosi *G*, ambroso *R*, ambrosius *T* subtracta *B*, subtrata *GR* recepit *T*, recipere *GR* 438 carmina *GR* feçicis (l *supra*) *G* dignatu (s *supra*) *E* coostes (p *supra*) *G*, conospes *R* 439 paternasque *GR* domus *BGR* edibus *B* 440 smul *R* 441 sunt *GR* p̃sent̃ *B*, praesentur *R*

corporis ut sua membra deo, sed didita sanctis
sunt loca corporibus, neque tantum, qua iacet ora
totum corpus, ibi positorum gratia uiuit;
sed quacumque pii est pars corporis, et manus extat
contestante deo moriti documenta beati,
magna et in exiguo sanctorum puluere uirtus
clamat apostolici uim corporis indice uerbo.
his igitur uicinus erit quicumque supernis
castus aget tectis et qui procul aduena recto
percitus adfectu sanctas properarit ad aedes;
cum uelit oratum Christo secretus adire,
siue die seu nocte uelit sua promere uota,
inpiger adtiguo de limine prodeat hospes.
hoc etiam mirare, domus quod martyris alta
lege sacramenti per limina trina patescit
(fassus enim est unum trino sub nomine regnum).
et quod contextae iunctis sibi molibus aedes
iure pio signant, quoniam, etsi culmina plura
sint domibus structis, sanctae tamen unica pacis
est domus et multis unum concordia membris
corpus agit, cui conpago stat uertice Christi.
forsitan haec inter cupidus spectacula quaeras,

442 sed *om.* *BGR* didita *AD,* dedita *BΔE,* debita *Tv,* reddita sunt *GR* 443 sunt *om.* *GR* tam̃ *B* 444 tantum *G* sibi *GR* possitorum *GR* 445 ^{qua}cumque (^{qua} *m. 2*) *Δ*, quocumque *v* existat *GR* 446 con^{te}stante *G*, constante *T* docimenta *ADΔR* 447 et in exiguo *G s. l. m. alt.* puluere] corpore *v* 450 agit *GR*, eget *T* a tectis *G* et uena *R* tecto *T* 451 peritus *GR* afectu *G*, acuectu *R* sanctus *A*^{1}, sc͠a *Δ* properat *GR*, properaret *B*, propararit *T* 452 qui *R* uelit *ABDΔETv*, uellit *GR*, uolet *Rosw.* oratorium *GR* xp͠m *T*, sc͠os *fort.* 453 siue die siue *GR* uellit *GR* 454 attiguo *BΔ*^{2}*ET* de] e *GR* prodiat *GR*, p̃beat *T* 455 minare *B* quo *Bv* 456 leges *R* lumina *T* potescit *R* 457 Passus *B*, fas *GR* est enim *GR* numine *AD* regem *v*, regnum heri *R* 458 contexe *B*, textu *GR* iunctus *G*^{1} moenibus *AD* 459 iure *ADE*, lumine *BGRT*, fune *v* etsi] et *GR* culimina *R* pura *GR* 460 sunt *BGR* sanctae *AGR*, sancte *DE*, sancta et *BTv* tamen *om.* *GR* 461 domus est *R* 462 cui *om.* *GR* conpago suo *GR* christi *ADE*, christo *cet.* 463 inter haec *R*

unde replenda sit haec tot fontibus area diues,
cum procul urbs et ductus aquae prope nullus ab urbe
exiguam huc tenui dimittat limite guttam.
respondebo, nihil propria nos fidere dextra,
nil ope terrena confidere, cuncta potenti
deposuisse deo et fontes praesumere caelo.
denique cisternas adstruximus undique tectis,
capturi fundente deo de nubibus amnes, *
unde fluant pariter plenis caua marmora labris.
quod si etiam interdum obueniat defectus aquarum,
ordine disposito uarias distincta figuras
concharumque modis et pictis florida metis
forte erit et siccis spectabilis area uasis.
namque tenes etiam magna Salomonis in aede
quam fuerit decori siccum mare, quod sapiens rex
aere dedit solido et tauris suspendit aënis.
  aspice nunc aliud latus: ut sit porticus una,
et paries mediis spatio bipatente columnis
culmine discretas aditu sibi copulat aulas.
tempus in hanc transire oculis peragrantibus aedem,
quae longum reserata latus, cum lumine caeli
adquirit spatium tecti, quod in atria iuncta
panditur, insertos socians disiuncta per arcus

477] (I. Paral. 18, 8).

464 repleta asit *G* aerea *B*, aȩrea *G* dius *R* 465 nam *GR* urrbs *B*, fons *GR* 466 exiuguuam *R* hoc *B* demittat *T*, dimitat *G*, dimittam *T* 467 nil *T* dextera *GR* 468 nihil *AGR*, nihilo·*D* ope] per *D* considere *R* 469 disposuisse *B*, dispossuisse *GR* 470 dineque et *R*, denique et *G* chisternas *G*, histernas *R* adtraximus *G*, et traximus *R* 471 capturas G^1D fondente *G* 472 undąe *G* marmore *T* lapsis *E* 473 obueniat *ADET*, ut ueniat *Bv*, subueniat *GR*, eueniat *Rosw.* 474 dispossito *R* uariis E^2 distinguat *G*, distingit *R* 475 concarumque *BGRT* pectis *B* metris *T* 476 uassis *R* 477 solomonis *G*, salamonis *R* 479 arae *R* edidit *BGR* solidi *D* tuaris *R*, loris *T* aeneis *BGR* 481 medis G^1R, medius *T* 482 editus *BDGRT* ibi *BT* copulauit *GR* 483 hac A^1, anc *R* 485 adquierit *R* tecti *om. T* atiria *R*, atra *T* 486 panditur—disiuncta *om. T* socitans G^1R iuncta *T* arctus *R*

et populis rigui praebet spectacula campi,
quem tamen includunt structo circumdata saepto
moenia, ne pateant oculis sacra tecta profanis
uestibulumque patens aurae defendant operta.
nec mirere sacras spatiis adcrescere caulas;
crescit ubique potens aeterni gloria Christi,
sanctorum cumulatur honor, deus omnibus unus
noscitur, inlustrat quia sanctus spiritus orbem,
cumque coaeterno regnat patre filius heres,
inde propagato pia gratia lumine ueri
multiplicat populis aeternae semina uitae.
et quia pastor oues auget bonus, ampla redemptis
crescere cum gregibus fauet altus ouilia Christus.
ingredere haec psalmis recinens, antistes, et hymnis
et mea uota refer domino et tua gaudia uotis
iunge meis, celebrans communis festa patroni.
tempore oportuno pro peccatore rogabis
gaudentem dominum de confessoris honore.
hoc duce procliui tua tramite uota ferentur,
Felix diuinas tibi praeuius ibit ad aures,
teque sacris psalmisque simul deuota litante
obsequia placido descendet numine Christus,
ut populum templumque sacra caligine uelet,

488 includent *T*, claudunt *R* strictum *T* septo *BGR*, sępe *T* 489 moeniaę *G* sacra tecta] sacrata *R*, sacramenta *G* 490 aurae *AD*, aure *ET*, aule *B*, auiae *GR*, aura *v* defendant *scripsi*, defundat *G*, defendat *cet.*, defendit *v* operata *R* 491 miraris *GR* sacris *E* spatis *GR*, spatio huic *T* aulas *BGR* 492 patens *R* 493 in omnibus *GR* 494 sanctus quia *B* 495 cum quo eterno *B*, cumque cum aeterno *R*, cumque aeterno *G* 496 propagatur *G*, propago *AD* ueri] cęli *T* 497 eterna *B* uiae *R* 498 postor *R* 499 cescere (re *m. 2*) *A* fouet *v*, facit *coni. Sacch.* fauet—501 et mea *om. R* 500 palmis *AD*, salmis *G* antestes *G*, antestis *B* ymnis *BD*, ỉmnis (y *s. l.*) *G* 501 et mea *om. R* deo refer (reffer *R*) *GR* et *om. T* 502 iunger *R* commonis *R* 503 peccatare *B* 505 procliuio *BGR* uotarę *G* 506 diuicias *B* 507 sacris psalmis simul et *v*, sacra psalmisque simul *Rosw.* psalmisque *AET*, palmisque *BD*, psalmis *R*, salmis *G* litentè *R* 508 placido] pauendo *GR* discendet *GR*, defendet D^2 nomine *BGR* 509 acligine *R*

infundens niueam per operta sacraria nubem.
nunc uolo picturas fucatis agmine longo
porticibus uideas paulumque supina fatiges
colla, reclinato dum perlegis omnia uultu.
qui uidet haec uacuis agnoscens uera figuris
non uacua fidam sibi pascit imagine mentem.
omnia namque tenet serie pictura fideli,
quae senior scripsit per quinque uolumina Moyses,
quae gessit domini signatus nomine Iesus,
quo duce Iordanis suspenso gurgite fixis
fluctibus a facie diuinae restitit arcae.
uis noua diuisit flumen; pars amne refuso
constitit et fluuii pars in mare lapsa cucurrit
destituitque uadum, et ualidus qua fonte ruebat
inpetus adstrictas alte cumulauerat undas
et tremula conpage minax pendebat aquae mons,
despectans transire pedes arente profundo
et medio pedibus siccis in flumine ferri
puluerulenta hominum duro uestigia limo.
iam distinguentem modico Ruth tempora libro,
tempora Iudicibus finita et Regibus orta,
intentis transcurre oculis; breuis ista uidetur
historia, at magni signat mysteria belli,

522] Ios. 3, 15. 532] Ruth 1, 14; 2, 11.

510 niuiam *GR* propter *T* aperta *AD* 511 pictuaras *R* fabricatis *T* 512 pauloque *B et Conu.*, paululum *GR* sopina fagites *R* 513 cola *G* perlegas *BGR* 514 qui idet *R* uera] umbra *T* 515 sibi fidam *G*, sibi sibi fidam *R* pascet *v* 516 tenit *G* siriae *R*, sirie *G* 517 scribsit *GR* moises *G*, moses *ADE* 518 gesit *G* nom̄ hiesus *AD* 519 iordanes *AD* susperso *R* 520 faciae *G* 521 diuissit *R* refuso *AE*, recluso *GR*, recusso *D*, recurso *BTv* 522 consistit *R* flui *G*[1]*R* labsa *R* 523 distituitque *GR*, destitutique *D* et *om. E* funte *R*, forte *v* 524 alter *T* comulauerat *GR* 525 *om. T* trimula *G* conpagine *G* minas *R* 526 despectant *D*, dispectans *G*, dispetans *R* transsire *R* arante *AD*, orante *R* 527 et *om. R* 528 pulueroIenta *AD*, pullurulenta *G* uestigio *B* 529 distinguente *B* medico *RT* ruht *D*, rhut *E*, nuth *R* 530 et *om. B*, et de *R* 531 breuius *D* 532 ad *D* mangni *R*

quod geminae scindunt sese in diuersa sorores.
Ruth sequitur sanctam quam deserit Orpha parentem;
perfidiam nurus una, fidem nurus altera monstrat:
praefert una deum patriae, patriam altera uitae.
nonne, precor, toto manet haec discordia mundo
parte sequente deum uel parte ruente per orbem?
atque utinam pars aequa foret necis atque salutis!
sed multos uia lata capit facilique ruina
labentes prono rapit inreuocabilis error.
 forte requiratur quanam ratione gerendi
sederit haec nobis sententia, pingere sanctas
raro more domos animantibus adsimulatis.
accipite et paucis temptabo exponere causas.
quos agat huc sancti Felicis gloria coetus,
obscurum nulli; sed turba frequentior hic est
rusticitas non cassa fide neque docta legendi.
haec adsueta diu sacris seruire profanis
uentre deo, tandem conuertitur aduena Christo,
dum sanctorum opera in Christo mirantur aperta.
cernite quam multi coeant ex omnibus agris
quamque pie rudibus decepti mentibus errent.
longinquas liquere domus, spreuere pruinas
non gelidi feruente fide; et nunc ecce frequentes

533 quo *T*, quam *v* gemine *GR* diuisa *GR* 534 sam̄ (a *ex* c) *G* orfa *ABDGR* 535 et patriam *GR* 536 preferit *B* patrie et *B* 537 *om. GR* 538 sequentẽ *A* partae *A* 539 equa *GR* adq. *G* 540 uiolata *BT* 541 labantes *R* pronos *T* 542 quantam *BGR* 543 sederit *EGRT*, set erit *B*, ederit *R*[2], deserit *AD*, sed sit *Conu.* haec *om. R* uobis (n *s. l.*) haec *G*, nobis ** (de *eras.*) *A* sentia *A* pinguere *GR* 544 marmore raro domus *B*, marmore domus *GR*, raro domus *Conu.* adsimilatis *BR*, assimilatis *T* 545 accipe *B et Conu.* 546 quos *om. R* agit *BG et Conu.* caetus *GR* 547 obscrum *R* nullis *A* hic *AD*, his *cet.* 548 cui rusticitas *GR* casa *G* 549 sacri *R* 550 deo] dum *Conu.* aduera *R* 551 operari *GR* miratur *GRT* 552 quam *s. l. G* commeant *R*, comeant *G et Conu.*, comeante *B* agribus *R* 553 perque *B*, quam *GR* direpti *GR* 554 longquinquas *R* linguere *T*, longuire *G*, longire *R* domos *DEGT* sprauere *T*, spreuire *G*, spraeuere *R* pruinas *E*, ruinas *cet.* 555 gilidi *R*, gilidi *G*, geli *T* nece *B*, esse *Conu.* frequenter *A*[1]

per totam et uigiles extendunt gaudia noctem,
laetitia somnos, tenebras funalibus arcent.
uerum utinam sanis agerent haec gaudia uotis
nec sua liminibus miscerent pocula sanctis. *
quamlibet et ieiuna cohors potiore resultet
obsequio, castis sanctos quae uocibus hymnos
personat et domino cantatam sobria laudem
inmolat: ignoscenda tamen puto talia paruis *
gaudia quae ducunt epulis, quia mentibus error
inrepsit rudibus; nec tantae conscia culpae
simplicitas pietate cadit, male credula sanctos
perfusis halante mero gaudere sepulchris.
ergo probant obiti quod damnauere magistri?
mensa Petri recipit quod Petri dogma refutat?
unus ubique calix domini, est cibus unus et una
mensa domusque dei. discedant uina tabernis;
sancta precum domus est ecclesia; cede sacratis
liminibus, serpens. non hac male ludus in aula *
debetur, sed poena tibi; ludibria misces
subpliciis, inimice, tuis. idem tibi discors
tormentis ululas atque inter pocula cantas.
Felicem metuis, Felicem spernis inepte,
ebrius insultas, reus oras; et miser ipso
iudice luxurias, quo uindice plecteris ardens.

569] (I Petr. 4, 3).

556 et *om.* *BE et Conu.* 557 sumnos *R* funalibus lichinis *G*, funabilibus lichinis *R* 559 pucula *G* 560 et] haec *v*, hic *Rosw.* ieiunia *R* coors *BT*, chors *GR* potiori *R* 561 quae *D*, que *cet.*, quoque *v* ymnos *BDRT*, iminos *G* 562 cantata *R* 563 ignoscanda *G* alia A^{1}, uel alia *T* 564 quae ducent *R*, ducunt quae *G* 565 inrepsit *ADE*, inripit *GR*, inrepit *cet.* ne *T* colpae *G* 566 semplicitas *GR* cadat *T* sanctis *BGR* 567 perfussis *GR* alante *BR*, alente *G*, anhelante *T* gaudetque *B*, gaudet *GR* 568 ergone *G* obtimi *GR* damnabere *A* 569 mensa *AD*, mensque *BDT*, mensaque *GR* domgma *G*, docma *B* refuat *R* 570 utique *R* est] et *Dv* 571 dei est *GR* discedant *ω*, diuendant *v* 572 eclesia *A*, aeclesia *GR* 573 limitibus *R* 574 sebetur *T* penatibus *BE* misce *GR* 575 supplicis *GR* tibi *om.* *GR* 576 turmentis *GR* adq. *G* 579 luxorias *GR* uendice *G*

propterea uisum nobis opus utile totis
Felicis domibus pictura ludere sancta,
si forte adtonitas haec per spectacula mentes
agrestum caperet fucata coloribus umbra,
quae super exprimitur titulis, ut littera monstret
quod manus explicuit, dumque omnes picta uicissim
ostendunt releguntque sibi, uel tardius escae
sint memores, dum grata oculis ieiunia pascunt,
atque ita se melior stupefactis inserat usus,
dum fallit pictura famem; sanctasque legenti
historias castorum operum subrepit honestas
exemplis inducta piis; potatur hianti
sobrietas, nimii subeunt obliuia uini.
dumque diem ducunt spatio maiore tuentes,
pocula rarescunt, quia per miracula tracto
tempore iam paucae superant epulantibus horae.
quod superest ex his, quae facta et picta uidemus,
materiam orandi pro me tibi suggero poscens,
rem Felicis agens ut pro me sedulus ores.
et decet, ut quem mente pia comitaris eundem
et mentis facie referas animoque sequaris
par in amore mei; nec enim miser ambigo amari

580 uisum est *BR*, uissum est *G* utille *R* 581 ludere *ωv*, illudere *Rosw.* 582 haecș *G* 583 aggrestum *B* humbra *GR* 584 exprimatur *GR* ut] uel *T* litera *R* monstraret *GR* 585 expleuit *GR* ạdḥuc̣ omnesș *G* 586 sibi *om. R* aescae *GR* 587 sunt *GR* poscunt *GR* 588 ita *om. R* usis *A*¹ 589 picτora *R* ligenti *R*, legendi *B et Conu.*, legentibus *G* 590 historis *R* subraepit *G*, subreopit *R*, subrepat *T* 591 poatur *R*, laudatur *T*, suadetur *v* hienti *R* 592 subrietas *GR* ͻ nimia *GR* sueunt *R* oliua *B* 593 spatio — 594 rarescunt *om. AD* maiori *GR* ruentes *Conu.* 594 pucula *G* qua *GR* tractu *A*, trato *R*, ṣụbtracto *G*, tractant *v* 595 tempora *v* paue (c) *G* supant *A*¹, subeunt *BGR et Conu.*, suberunt *v* orae *G*, ore *B* 596 quod *ADE*, quae *cet.* superest his (hiis *G*) *GR*, super extant his *B* denus *G*¹ 597 matiriam *R* poscens *BGR*, posces *A*¹, posce *DΔET* 598 feclicis *R* 599 pia mente *R* eudem (n *m. 2*) *A* 600 requiras *BGR* aieque *E* 601 per *R* amoe *R* mei] dei *BGR* nec] ecce *GR*, ecce et *B* ambiguo *BG*

martyre, uel modici dignatus amore catelli, *
cum mihi uita domus res gratia gloria panis
sit Felix donante deo. quo praesule posce
montibus in sanctis mea fundamenta locari
et coeptam peragi inrupto molimine turrem.
de Genesi, precor, hunc orandi collige sensum,
ne maneam terrenus Adam, sed uirgine terra
nascar et exposito ueteri noua former imago. *
educar tellure mea generisque mei sim
degener et sponsae festinem ad mellea terrae
flumina, Chaldaei seruatus ab igne camini.
sim facilis tectis quasi Lot fore semper aperta,
liberer ut Sodomis; neque uertam lumina retro,
ne salis in lapidem uertar sale cordis egenus.
hostia uiua deo tamquam puer offerar Isac
et mea ligna gerens sequar almum sub cruce patrem.
inueniam puteos, sed ne, precor, obruat illos
inuidus et uiuentis aquae caecator Amalech.
sim profugus mundi, tamquam benedictus Iacob
fratris Edom fugitiuus erat, fessoque sacrandum
subponam capiti lapidem Christoque quiescam.

605] (Ps. 86, 1). 609] (I Cor. 15, 48). 615] (Gen. 19). 616] (Gen. 22, 26). 619] (Gen. 26, 15). 622] (Gen. 28, 11).

602 catuli *GR* catuli dignatus amore *B* 603 res et *GR* gloria *om.* *R* ponis *R* 604 dño *GR* praesulae *GR* 606 *post* 607 *ponendum indicat* *G* turrim *Δ* 607 genissi *G*, genisi *R* hunc *om.* *G* colliges *G*, colleges *R* 608 ne ne meaneam *T* sed] de *E* terra ego *G* 609 nascur *G* et *om.* *GR* expossita *GR*, exposita *uel* ex posito *coni. Lebrun* nouare formarer imagine *GR* 610 tellore G^1 ut sim *B* 611 degenere *GR* et *om.* *GR* sponte *T* mella *GR* 612 flamma *T* caldei *ABDGRT* igni *GR* 613 faciles G^1 loth ω 614 ut] et *B* sodimis *R* 615 neque *GR* talis G^1 mutar *G*, motar *R* sali *R* 616 deo uiua G^1R puero offerrar *R* isaac $D^2ΔE$, ysaac *T* 617 al*mum *G* 619 inuidos G^1 uiuentes *R* caecatur *R* amalech *ADEGT*, in amalech *R*, amaletch *B* 620 pro-fus (gu superscr.) (gu *m. 2*) *A* bene benedictus *G* 621 edum *R*, aedum *G*, edom *s. l. m. 2 A* fugitius *GR* sacrandum *om.* *GR* 622 lauidem G^1 quiescem D^1

sit mihi castus amor, sit et horror amoris iniq...,
carnis ut inlecebras uelut inuiolatus Ioseph
effugiam uinclis exuto corpore liber
criminis et spolium mundo carnale relinquam.
tempus enim longe fieri conplexibus, instat
summa dies, prope iam dominus, iam surgere somno
tempus et ad domini pulsum uigilare paratos.
sit mihi ab Aegypto bonus exitus, ut duce lege
diuisos penetrans undosi pectoris aestus
fluctibus euadam rubris dominique triumphum
demerso Pharaone canam, cui subplice uoto
exultando tremens et cum formidine gaudens
ipsius pia dona, meos commendo labores.
  adsere, Niceta, prece quod precor, et simul omnes,
qui simul huc sancta pro religione coistis,
deuoti domino et gratantes dicite mecum:
haec tibi, Christe deus, tenui fragilique paratu
pro nobis facimus; nec enim te, summe creator,
facta manu capiunt, toto quem corpore mundus
non capit, angustum cui caelum terraque punctum est.
sed sanctis sine fine tuis deuota ferentes
obsequia exiguo magnos ueneramur honore,

624] (Gen. 29). 627] (Eccl. 3, 5). 632] (Ex. 7, 14).

623 çẹmoris (a *s. l.*) *G* 624 inuiuolatos *R* 625 uinculis *GR* 626 creminis *GR* 627 cõflexibus *AD* (*sed* f *in ras.* D^2), amplexibus *GR* 628 et prope *GR* iam *om.* *GR* surge A^1 sumno *GR* 629 tempus ∻ *G* dominum *GR* sulsum *R* paratus *G*, portatus *R*, parato *E* 630 exodus *E* 631 diuissos *R* penetrans] acta *add.* *R* 632 subris *ut uidetur R*, duris *T* 633 faraone *ADEGR*, pharahone *B* cui *ADET*, cum *BGR* suplice *BR* 634 gaudịens *R* 635 meus G^1R 636 adserere *G* neceta *R*, necița *G* quam *B*, quę *T* 637 huc *ω et cod. L Bedae de re m. p. 252, 7* (*sed* hac *P*, ha∗c *F*) relegione *R* 638 et] hoc *E*, hec *T* grates G^1R discite *BR*, discete *G* 639 fragilique *ω*, facilique *Rosw.* 640 facinus *B* enim *B s. l. m. 3* 641 toto — 642 capit *om.* *R* que in *A* 642 cui caelum angustum cui (cuique *R*) toto corpore mundus terraque punctum est *GR* punctum] cuncta *T* 643 referentes *G* 644 exiguos magno *B*

sperantes illis exoratoribus, ut tu
in nobis operum ponas perfecta tuorum
culmina et extructis habitator mentibus adsis.

XXVIII.

In ueteri nobis noua res adnascitur actu,
et solita insolito crescunt sollemnia uoto,
materiamque simul mihi carminis et simul almi
natalem geminant Felicis in aedibus eius
nata recens opera haec, quae molibus undique celsis
cernitis emicuisse pari splendentia cultu.
istic porticibus late circumdata longis
uestibula incluso tectis reserantur operto *
et simul astra oculis, ingressibus atria pandunt.
illic adiunctis sociantur moenibus aulae
diffusoque situ simul et coeunte patentes
aemula consertis iungunt fastigia tignis
et paribus uarie speciosae cultibus extant
marmore pictura laquearibus atque columnis,
inter quae et modicis uariatur gratia cellis;

645 exorantoribus *R* 647 et *om.* G^1R. — finit *G*, explicit octauus *A*, explicit octauus *D*, finit quintus liber *R*.

XXVIII. *ABDEGRT; Δ exh.* 5. 6. 12. 13. 110—137; ***Beda de re metr. VII p. 248 sqq. ed. Keil exh. us.*** 37. 65. 91. 202. 215; ***Ion(as Aurelian. de cultu uirg. ed. Mign. tom. 106, p. 348) exh.*** 115—136; ***Conu(entus Parisin. ed. Mign. tom. 98, p. 1321) exh.*** 115—137. — incipit natalis decimus *B*, incipit liber ·X· *E*, incipit nonus *AD*, item uersus de natiuitate eiusdem et de aedificiis basilice ipsius *T* 1 cetu *R* 2 insolita AD^1G sollempnia *G* uoto *ω*, ritu *v* 3 mater quamque *D* 4 geminante *B* 5 nota *T* undice *R* caelsis *GR* 7 istis *T* late] alte *E* 8 incluso *ABDET*, inclusa *R*, incloso *G*, impluuio ***Rosw.***, in cliuo *v* tecti *GR* referantur *A*, reserantus *R* operto *AD*, aperto *cet.* 10 adiunctae *Bv* menibus *G* 11 defusoque *G*, defussuque *R* situ *ω*, sinu ***Rosw.*** caeunte *R*, coente *T* parentes *AD*, patente *B*, pariete *GR*, potentes *v* 12 consortis *AD* iungnunt *G* 13 uarie *BET*, uariae *ADΔ*, uarietates *G*, uarietatib; (tib; *exp.*) es *R*, uariae et *v* existant G^1R 14 marmora *R* laquiaribus *G* columinis *R* 15 celtis *T*

quas in porticibus, qua longius una coactum
porticus in spatium tractu pertenditur uno,
adpositas lateri tria comminus ora recludunt
trinaque cancellis currentibus ostia pandunt.
martyribus mediam pictis pia nomina signant,
quos par in uario redimiuit gloria sexu.
at geminas, quae sunt dextra laeuaque patentes,
binis historiis ornat pictura fidelis.
unam sanctorum conplent sacra gesta uirorum,
Iob uulneribus temptatus, lumine Tobit;
ast aliam sexus minor obtinet, inclita Iudith,
qua simul et regina potens depingitur Esther.
interior uariis ornatibus area ridet,
laeta super tectis et aperta luce serenis
frontibus atque infra niueis redimita columnis.
cuius in exposito praelucens cantharus extat,
quem cancellato tegit aerea culmine turris.
cetera dispositis stant uasa sub aëre nudo
fonticulis, grato uarie quibus ordine fixis
dissidet artis opus, concordat uena metalli,
unaque diuerso fluit ore capacibus unda.
basilicis haec iuncta tribus patet area cunctis,

16 partibus *R* quo *BGR* longus *B* 17 protenditur *B*, portenditur *v* 18 adpussitas *R* cominus *BET* reclaudunt *AD*, recludant *E* 19 hostia *BEGRT* 20 media *GR* siguat *BGR* 21 pari *T* redimiui *T* 22 ad *AD*, *om.* *GR* dextera *GR* leuaque (que *s. l.*) *G* patentes *om.* *GR* 23 historis *BGR* patura *G*[1] fideles *D*[2] 24 complet *T* 25 iobu *A*, iobus *v* tobi *GR*, toṭbi *R*, tobis *cet.* 26 secus *AD* miror *R* iudid *G*, iuthit *R* 27 et *om.* *GR* potens *om.* *GR* depinguitur *GR* hester *BERT*, haester *G*, aester *AD* 28 uaris *GR* harea *GR*, erea *B* 29 lata *BGR* supra *Rosw.* apertis (a *s. l.*) *D* 30 gradu *T* redemita culumnis *R* 31 expossito *GR*, expositu *T* praeuicens *R et s. l. G* cantarus *BT*, cantarrus *G* existat *GR* 32 haerea *GR* terris *ADG*[1] 33 dispossitis *GR* uasa *om.* *GR* ahere *G* 34 fronticulis *G*, frunticulis *R*; uassa *add.* *GR* ordine quibus uariae *GR* 35 desidet *GR* 36 undique *G* capacibus *ω*, capacius *v* 37 bassilicis *G*, basalicis *R*, basilis *A*[1] coniuncta *BGR* atribus *G* harea *GR* tectis *D*

diuersosque aditus ex uno pandit ad omnes,
atque itidem gremio diuersos excipit uno
a tribus egressus, medio spatiosa pauito;
quod tamen ordinibus structis per quinque nitentum
agmina concharum series denseta coacto
marmore mirum oculis aperit, spatiantibus artat;
sed circumiectis in porticibus spatiari
copia larga subest interpositisque columnas
cancellis fessos incumbere et inde fluentes
aspectare lacus pedibusque madentia siccis
cernere nec calcare sola et certamine blando
mirari placido salientes murmure fontes.
non solum hiberno placitura in tempore praesto est
commoditas, quia sic tecti iuuat umbra per aestum,
sicut aprica placent in frigore siccaque in imbri.
parte alia patet exterior quae cingitur aeque
area porticibus, cultu minor, aequore maior. *
ante sacras aedes longe spectabile pandit
uestibulum, duplici quae extructis tegmine cellis *
per contextarum coeuntia tigna domorum
castelli speciem meditatur imagine muri
conciliisque forum late spatiabile pandit.
quale loco signum Felix uenerandus in isto

38 additus *R* 39 excipito ^{u}no *G* 40 at rebus *B*, a^{t}ribus (^{t} *m. 2*) *D* egressos *GR* speciosa *T*, spatio *D*² pauimento *GR*, pauimenti *D*² 41 structus *A* per *om. AD* nitentes *T* 42 series choncarum *G*, siries chuncarum *R* concarum *BT* denseta *ADE*, densata *cet.* 43 mirum *ω*, mira *v* spectantibus *GR* arctat *E*, artę *B*, arta *A*, ab^{t}at *G*, abat *R*, astat *D*, artum *T* miram o. a. sp. artem *coni. Chatel.* 44 circumlectis *R* 45 colu̇mnis *E* 46 chancellis *R* incombre *R* e̜x̣ ^{et} *G* 47 lacus *ω*, iocos *Rosw.*, locos *v* pedibus *G* madantia *GR* 48 callcare *R* sola *om. T* 49 sallientes *R* marmore *BGR* 50 hibermo *G*¹*R* est *om. T* 51 quia] quin *fort.* iubat *AD* estum *G*, hestum *R*, actum *B* 52 *om. B* aparica *R* imbre *T* 53 exterio *T* aequae *R*, aequa *G* 54 horea portibus culto *R* maior aequore *G*¹*R* 56 uestibulum *om. AD* cllis *R* 57 tigra *B* 58 castilli *GR* mediatur *R* mari *R* 59 concilisque *R* locum *GR* spatiabile *ADE*, spectabile *cet.* 60 quale loco] uestibulum quo *AD* felii *R*

ediderit nuper, celeri narrabo relatu.
in medio campi contra uenerabilis aulae
limina de ligno duo texta tegilla manebant,
inportuna situ simul et deformia uisu,
quae decus omne operum perimebant inproba, foedo
obice prospectum caecantia; namque patentis
ianua basilicae tuguri breuis interiectu
obscurata fores in cassum clausa patebat.
haec amoliri cupientibus obuia nobis
uerba dabant tectis qui metabantur in illis
iurabantque prius uitam se posse pacisci
quam cogi migrare locis. temnenda quidem uox
ista uidebatur; sed erat, fateor, mihi id ipsum
inuidiae; taedebat enim uel uincere rixa.
interea quadam primam iam nocte quietem
carpere sopitis coeptantibus, ecce relictis
prosiliens scintilla focis conflauit in una
cellarum ipsarum latebra de stramine faeni,
quo forte inciderat, subitum ignem; moxque per ipsam
fusa casam uires alimenta per arida cepit
ingentem et fragili rapuit de fomite flammam,
tum facili lapsu per putria ligna uetusti

61 eddiderit *G* caeleri *G* re|ụelatu *G* 63 lumina *AD* tigella *BG*, tigilla *cet.* 64 deforma *A*[1] 65 primebant *G* iñprobia *R* feda *B*, fedaque *G*, foedaque *R et Beda, om. D* 66 obiece *GR*, que obice *B* perspectum *T* parentes *A*, parentũ (ũ *m. 2 in ras.*) *D* 67 bassilicae *GR* tegurii *B*, tigori *R*, tegori *G* interiactu *G*, interietu *R* 68 foris *GR* in casum *A* ut clausa *fort.* petebat *A*[1] 69 aboleri *BGR* 70 metebantur *B*, tenebantur *G*, tenebrantur *R* 71 pacissci *B* 72 cogit *B* temnanda *GR*, temnende *D*, tempta *B* quid *R* uos *A* 73 erant *GR* pateor *R*, pater *B* in id *GR* 74 inuidiae *BE*, diuidiet *A*, diuidi et *D*, desidię *T*, diuitiae *GR* tedebat *GRT*, aedebat *AD* enim[nos] *G*, enim nos *R* rixam *T* 75 quodam *R* prima *T* iam iam *D* 76 corpore *R* sopotis *R* ceptantibus *GR*, cerptantibus *B* ecec *R* 77 prosilens *R* scintella *G* facis *R* 78 feni *BET* 79 incenderat *G*, incenderet *R*, incederat *B* sibito T, sobitum *G* 80 fussa *BGR* cassam *GR* uires *AD*, ut uires *cet.* per elimenta (ẹ[a]limenta *G*) *GR* coepit *GR* 81 et *AD, om. cet.* fumite *G*[1], fomine *R* 82 tum *ADE*, et *cet.* putrida *BG*

culminis erumpens; magnis incendia torsit *
turbida uerticibus calidamque per aëra nubem
miscuit et nigro subduxit sidera fumo. *
ipsaque terribilem dabat insuper ira fragorem, *
materiae fragilis crepitu grauiore resultans,
cunctaque uicanis circum metata colonis
atque etiam uico submotos longius agros
sic uapor adflabat, sic horrida lux feriebat,
sic prope, sic longe sita culmina respergebat
scintillis late uolitantibus igneus imber,
ut subito exciti nos planctibus undique maestis
et circumfusis inmani lumine tectis
omnia circa nos lucere ut aperta uidentes,
cuncta putaremus flammis correpta cremari
ipsaque sanctorum simul igne palatia tanto
feruere et a tectis simul omnibus illa referri
fulgora, quae sparsis etiam longinqua replebant
ignibus et magno torrebant rura uapore,
ut quasi uicinas omnes sibi quisque timeret
ad sua tecta faces, ardentem comminus aestum
infectasque trahens diris nidoribus auras.
nos trepidi ut nostris domibus propiore periclo
nil ope de nostra praesumimus: unde etenim uis

83 erummpens *G* 84 arida *ADE* nubetm *G* 86 in superiora (*om.* ira) *BGR* frangorem G^1R 87 matiriae eragilis *R* stripitu *R*, stropta *G* saltans *R* 88 uicinis *R* meta[ta] *A*, mea *R* 89 uicos *R* submotus G^1, summoto *T* longios *R* 90 orrida *GR* 91 sito *R* respargebat *B*, res pagebat *D*, respergebant *Beda* 93 excitis *T*, excitati *GR* nobis *G*, *om. T* ululatibus *T* mestis *GT*, mistis *R*, moestis *cet.* 95 lugere *R* ut *om. GR* aperte *T* 96 pute[a]remus *G* cremari] putari *T* 97 igni *GR* palaficia *B*, patentia *T* tantum *T* 98 a] ea *B*, *om. T* refferri *GR* 99 fulgora *ABDG*, fulgura *cet.* languiumqua *R* replebat *T* 100 magno *ADE*, multe *B*, multo *GRTv* terrebant *T*, terrebant *cet.* rura] igne *Bv* uapores *v* 101 timeret *AE*, temerent *R*, timerent *cet.* 102 cominus *BET* 103 infestasque *v* trahentes *GR* aras *R* 104 nos tripidi *GR*, non strepidi *B* propiare *T* periculo *R*, pericolo *G*, perilo A^1, periclum *T* 105 nihil *GR* presumpsimus *T* etenim] enim *GRT* cũ uis *T*, ui *R*

et manus infirmis foret illam extinguere molem
sufficiens, cum flamma suis incensior iret
fomitibus paruoque exorta repente tegillo
culmina cuncta simul perfunderet igne minaci?
currimus ergo fide tantum et prece subplice nixi
ad uicina mei Felicis limina et inde
contiguam paribus uotis adcurrimus aulam
atque ab apostolici cineris uirtute medellam
poscimus, inpositis subiecti altaribus ora.
ipse domum remeans modicum sed grande saluti
de crucis aeternae sumptum mihi fragmine lignum
promo tenensque manu aduersis procul ingero flammis,
ut clipeum retinens pro pectore, quo tegerem me
arceremque hostem conlato umbone relisum.
credite nec donate mihi, sed reddite Christo
grates et iustas date laudes omnipotenti;
* nostra salus etenim cruce Christi et in nomine constat,
inde fides nobis et in hoc cruce nixa periclo
profuit, et nostram cognouit flamma salutem.
nec mea uox aut dextra illum, sed uis crucis ignem
terruit inque loco, de quo surrexerat ipso,

106 foret infirmis (imfirmis *G*) *GR* illum *B* molem] flammam *GR* 107 incensior *scripsi*, incendior *ADE*, ingentior *BG*, ingentor *R*, ingentius *T* ureret *G*, uriret *R* 108 puumque exusta repente *T* tegillo *scripsi*, tigillum *T*, tigillo *cet.* 109 igni *GR* 110 tam̄ *B* praeces *R* suplice *B* uixi *T* 111 mei felicis limina (lumina G^1) uicina (lucma *R*) *GR* limin[a] ([a] *m. 2*) *A* 112 continguam *G*, contigua *T* patribus *B* accurrimus *Δ* aula *T* 113 medelam D^2ET 114 poscimur *D*, deposcimus *G*, depossimus *R* alteribus *R* orans *GR* 115 ipse ad *GR* remians *GR* grandea *G* salutis *EG Ion.* 116 crucis aeternae (s aeternae *s. l. corr.*) *G* framine *R* 117 promo *ADE*, primo *BGRT* tenens *GR* flamis *A*, iammis *R* 118 clippeo *T*, clepeum *G*, clepium *R* retenens *GR* pro *om. T* tegeram *B* 120 hinc[mi] *G* sed] et *Conu.* riddete *R* 122 nostra] qui (quo *R*) nostra *GR* etenim in *GR Ion. Conu.*, et in *AD*, enim *Δ* consistat G^1 123 hoc *om. T*, hac *Ion. Conu.* periculo *G*, pericolo *R* 124 profua *R* 125 mox *T* aut] nec *T* dextera *GR* 126 iniquo *R* ipse *E Ion.*

ut circumsaeptam praescripto limite flammam
sidere et extingui fremitu moriente coegit
et cinere exortam cineri remeare procellam.
quanta crucis uirtus! ut se natura relinquat,
omnia ligna uorans ligno crucis uritur ignis.
multa manus crebris tunc illa incendia uasis
aspergens largis cupiebat uincere limphis;
sed licet exhaustis pensarent fontibus imbres,
ui maiore tamen lassis spargentibus omnem
uicerat ignis aquam. nos ligno extinximus ignem, *
quamque aqua non poterat uicit breuis astula flammam.
post ubi decessit metus optatumque reduxit
lux operosa diem, processimus acta uidere
noctis et extinctae quamuis fumantia late *
securis spectare oculis uestigia flammae.
et credebamus nos plurima damna domorum
uisuros, magni memores terroris et ignis;
sed cito conspectis decreuit opinio rebus,
et nihil exustum nisi quod debebat aduri
cernimus ex illisque unum flagrasse duobus *
hospitiis, quae nostra manus, nisi flamma tulisset,
abstulerat. sed et hoc Felicis gratia nobis *

127 circumseptam *BGR*, circumscriptam *Δ* proscripto *T* 128 sede restingui *GR*, surgere (urg *in ras. m. 2*) et extingui *D* cogit *GR* 129 extortam *AD* remiare *GR* 130 ẹṣṭ ut *G* se] re *B* relinguat *G*[1], relinquad *B* 131 forans *G*[1] lingua *B* 132 celebris *R*, cerebris *G* uassis *GR*, uisis *AD* 133 cupebat *R* limpis *R* 134 libet *G*[1] funtibus *R* ymbres *B* 135 aspargentibus *G*, aspergentibus *R* omnem – 136 extinximus *om. E* 136 uincerat *G*[1]*R* nos ligno] lignoque *T*, sed ligno *Ion.* extingimus *A*, extinguimus *BGT Conu.*, extinguims *R* 137 quamq̃ *D*[2], quãq (a *suprascr.*) *E* astulã *A*[1], hastula *E*, haustula *Ion.* 138 decessit *ADET*, discesit *G*, discens sit *R*, discessit *Bv* obtatumque *BGR* 139 osierosa *R* 140 fomantia *G corr. R*, uomantia *G*[1] 141 uestigia flammae oculis *GR* 143 merores *DG*[1] terroribus ignis *T* 144 sed] et *B* openio *G* 146 et cernimus *B* illisque *Av*, illis *cet.* flagrase *G* dubus *R* 147 hospitis *GR* manus manus *R* nisi] ni *T* tulissent *D* 148 et *om. R* felecis *R* munere nobis *R*

munere consuluit, quod praeueniendo laborem
utilibus flammis operum conpendia nobis
* praestitit inde, parem incensae quia liquerat illic
flamma domum, non ut pateretur stare uel ipsam
obstantem simili bipatentibus obice ualuis,
uerum ut et hoc illum puniret flamma colonum,
conseruans illi quod mox euerteret ipse.
nam sua qui sanctis nuper gurgustia tectis
praetulerat, primum flamma multatus in uno,
* mox aliud propria ipse manu uastare tegillum
incipit et celeri peragit sua damna furore
dilectasque domos et inanes plangit amores.
qui simul aspiciens incensa et diruta tecta,
dissimiles simili miratur in aggere labes
ruderis et cineris iuncti bicolore ruina.
hunc nobis sine lite uidens cessisse triumphum,
se tantum miser accusat, quem gratia nulla
manserit obsequii et maneat confusio poenae.
  nunc quia dimoto patuerunt obice frontes,
eloquio simul atque animo spatiemur in ipsis
gaudentes spatiis sanctasque feramur in aulas
miremurque sacras, ueterum monumenta, figuras
et tribus in spatiis duo testamenta legamus,
hanc quoque cernentes rationem lumine recto,

us. 149 *et* 150 *add. in scheda separata B m. 2* consoluit G^1 perueniendo BG^1 150 utilius *Col.* operam *A* 151 quia *scripsi,* quam *ω* liquerat *ADET,* uicerat *BGR* illis AD^1, illi *fort.* 152 non ut] monuit *T* 153 ubipatentibus *G,* ibi patientibus *R,* patentibus *B* obuice *R* 154 et *om. B,* et ut *T* haec *T* ipsum *BGR* 156 tectis] ditis *B,* dictis *v* 157 multatus *ADT,* mutatus *B,* multatur *GR,* mulctatur *E* uno] eo *GR* 158 alium *T* propria manu ipse *GR,* ipse manu propria *T* tigillum *ω* 159 dampna *R* 160 domus *BR* amore (s *eras.*) *D* 161 deruta *GR* 162 desimiles *GR* agere *B* 163 puderis *R* iunctis *T,* iuncta et *GR* bicolore] squalori *T* 164 sine lite] simul ille *T* 165 tamen *B* mirer *R* acusat *B* 166 manserat D^2 obsequi *GR* manet *R* 167 demoto *R,* demito *G,* dimito *A,* dimito *ex* dimuto *D* patuere *T* 169 spatis *GR* 170 meremurque *GR* monimenta *BD,* munimenta *GR* 171 tribus] rebus *B,* triuus *R* in *om. AD* spatis *GR* 172 hunc *R* credentes *BGR* rationis *AD* certo *BGR*

quod noua in antiquis tectis, antiqua nouis lex
pingitur; est etenim pariter decus utile nobis
in ueteri nouitas atque in nouitate uetustas,
ut simul et noua uita sit et prudentia cana,
et grauitate senes et simplicitate pusilli
temperiem mentis gemina ex aetate trahamus,
iungentes nostris diuersum moribus aeuum.
  est etiam interiore situ maioris in aulae *
insita cella procul quasi filia culminis eius,
stellato speciosa tholo trinoque recessu
dispositis sinuata locis; medio pietatis
fonte nitet mireque simul nouat atque nouatur.
namque hodie bis eam geminata nouatio comit,
dum gemina antistes gerit illic munera Christi;
in geminos adytum uenerabile dedicat usus,
castifico socians pia sacramenta lauacro;
sic pariter templum nouat hostia, gratia fontem,
fonsque nouus renouans hominem, quod suscipit, et dat
munus siue magis, quod desinit esse per usum,
tradere diuino mortalibus incipit usu.
nam fons ipse semel renouandi missus in usum
desinit esse nouus; sed tali munere semper
utendus numquam ueteres renouare facesset.

173 nouo *GR* 174 pinguitur *GR* enim *ADR* patriter *R* 175 nouitas — 176 simul et *om.* *AD* 176 ut] in *R* sit uita *B* 177 *pr.* et] ut *v* semplicitate *GR* 178 et temperiem *GR* mentes *T* trachamus *GR* 179 iunguentes *R* 180 etiam in *GR* situ *A*, situ[illegible] *D*, sinu *cet.* in *om.* *GR* 181 qua fulgida culmine sedes *T* 182 stellatos *B*, tellato G^2R, tellatus G^1 spetiosa *T*, spetiosa *ex* spatiosa *D*, spatiosa *E* 183 inuata *B* pietas *R* 184 funte *R* nouat' nouarum *D* 185 nouatio comet *B*, comet nouatio (nauatio *R*) *GR*, nouatio gignit *T* 186 gemina *om.* *R* antestis *B*, antestes *GR* monera *G* 187 in *om.* *R* gemnos *R*, geminas *T* aditum *BDGRT* dedicat uenerabilem *BGR* iuussus *R*, aras *T* 188 castificato *G* 189 nauat *R* gratiaque *GR* funtem *R* 190 fons[que] *G*, fons *AD* renuans *G* et dat] edit *T* 191 monus *G* siue] ibi *T* magis est *T* ussum *GR* 193 *om.* *v* simel *R* renuendi *R* dimisus *GR* renouandum missus in unum *Col.* 194 nouos *R* sed] sed nisi *GR* 195 utentus *T* ueterem *T* renoare *G*, renuare *R* fecisset *B*, feciset *GR*, fas esset *T*

hoc domini donum, hanc speciem, qua munere Christi
idem homo fit nouus et uetus interit, ecce refectis
cernite culminibus gemina Felicis in aula.
quae fuerant uetera, et noua nunc extare uidentur;
* nam steterant uasto deformibus agmine pilis.
nunc meliore datis eadem uice fulta columnis
et spatii cepere et luminis incrementa
depositoque situ reducem sumpsere iuuentam.
* namque his et duplex spectandi gratia fulget,
qua renouata nouis aequali lumine certant
culmina culminibus; tectorum dissidet aetas,
concordat species; ueterum manus atque recentum
conuenit; in facie simili decor unus utrumque
ornat opus; coeunt olim fundata nouellis.
* nec discrimen adest oculis, nitet una uetustas
annosis rudibusque locis; niger abditur horror,
et senibus tectis iuuenem pictura nitorem
reddidit infuso uariorum flore colorum.
hinc operum tempus confunditur et nitet extra
parietibus nouitas, latet intus operta uetustas;
fronte iuuentatis tegitur fucata senectus,
in pueram faciem ueterana refloruit aetas;

196 quam *AD* 197 sit *G* nouos *R*, nous[u] *G* reffectis *R*, refectus *B* 198 cernete *G* luminibus *GR* 199 fuerunt *R*. uetira *R* extiri *R* 200 iam *D* uastatu *G*, uastao *R*, uasto et *B* deuoribus *R* tegmine *GR*, undique *E* 201 meliora *BT*, melioris *R* satis uersa uice fulta *T* culumnis *G*, culomnis *R* 202 spati *GR* coepere *DGR et Beda* culminis *BR et Beda*, culminis et culminis *G* incrementum *D* 203 depositaque *B*, depossituque *R* reducem] ueterem *E* 204 his et *B*, et his *GR*, et in his *cet.* gratia duplex *T* 205 nobis *ABD* 206 culimina *R* desidet *GR* 207 recentu *B* 208 ut[in] *G* 209 coueunt *G* olim] alis *T* fundata (fundamenta *R*) ollim *GR* 210 discremen *GR* uetustas *AD*, uenustas *cet.* 211 rudiribus *GR* locis *om. AD*, locisque *R*, locuisque *G* additur error *A* 212 iuuentem *GR* pietura *R*, spectare *T* 213 tradit *GR* colorum flore *GR* 215 lactet *G* 216 iuuentatis *AE*, iuuentutis *cet.* tegiter G^1 fuscata *G*, suffucata *R* sinectus *GR* 217 ueterata *v* aetas] uetustas *GR*

suntque simul uetera et noua, nec noua nec uetera aeque,
non eadem simul atque eadem, quae forma futuri
praesentisque boni est; namque et nunc utile nobis
deterso ueteris uitae squalore nouari
mente pia Christumque sequi regnisque parari.
tunc quoque cum dabitur redeunte resurgere uita,
ille resurgentum potior numerabitur ordo,
qui super inlustri carnem perfusus amictu
seruilem domini mutabit imagine formam
conformemque deo conregnaturus honorem
accipiet Christo similis, sed munere Christi.
haec eadem species ueterem deponere formam
et gestare nouam monet et retro acta abolere
inque futura dei conuersam intendere mentem,
congrua praeteritis obliuia ducere curis
caelestumque animo regnorum inducere curam
rebus et humanis et moribus istius aeui
mente prius quam morte mori neque corporis ante
nexibus absolui quam criminis. ergo nouemur
sensibus et luteos terrestris imaginis actus
discutere a nostro properemus corpore longe
uestibus excussis, puros ut sorde recussa
corporis atque animae nitidi reddamus amictus.
nec modo commissum peccati sed meditatum,
sicut morbiferam de labe cadaueris auram,

230] (Eph. 4, 24; Phil. 3, 14).

218 sunt namque *GR* uitera *R* nec uetera eque *AB*, nec uetera aeque (atq. *R*) aeui *GRT* 219 quae *om.* *GR*, qua *AD* 220 et] est *T* 224 potir *R* 225 carne *B* profussus *GR* 226 mutabit *E*, motabit *G*, mutuabit *R*, mutauit *ABDT* 228 accipit et *AD* sed] de *T* monere *G*, mure *R* 230 aboleri *B* 233 caelestiumque *GR*, celestum *B* animum *T* regnoque *E* induce A^1 234 moribus *ADE*, amoribus *cet.* 235 morte] mente *T* 236 nixibus *GR* obsolui *R* creminis *GR* nouerẹmur *G*, mouemur *T* 237 imagnis *R* 238 properimus *R* 239 excusis *GR* surde G^1R, corde *Bv* recusso *Rosw.*, recussi *v* 240 animi *ADT* enitidi *AD* reddamur *E* amicis *AD* 241 commissi *fort.* meditantem *B*, meditati *fort.* 242 mortiferam *ET*

naribus obstructis tristem fugiamus odorem.
ut faciem colubri Salomon peccata timeri
horrerique monet dicitque armata leonis
dentibus; et uere, quoniam uelut ore ferino
saeua uorant animam, quam uicerit aegra uoluptas
corporis euictamque suae draco duxerit escae,
qui uorat Aethiopum populos non sole perustos,
sed uitiis nigros et crimine nocticolores.
tales Aethiopas serpens edit, in quibus escam,
quam capere est, damnatus habet, quia peccatorem
serpentisque cibum deus uno nomine terram
dixit, et inde uorans peccata dracone uoratur.
tempus adest mutare uias, exurgere somno
et tandem uigilare deo, dormire uicissim
actibus his, quibus inuigilat mens mortua Christo.
si nobis doctrina dei de lumine uerbi
non aperit sensum, saltem capiamus ab ipsis
aedibus exempla, et lapides ac ligna magistri
sint stolidis, ut quale manu confecimus istic
tale fide faciamus opus; licet absit ab uno
mentis opus manuumque labor, sed ab inpare causa
par operis trahitur ratio; ecce uidete, probabo

244] (Eccli. 21, 2). 255] (Rom. 13, 11).

243 obstrictis *T* tristam *G* 244 solomon *A,* salamon *GR* 245 orrerique *G,* orremque *R* dicitque *ω,* dicens *v* 247 uicerat *R* uoluntas *GR* 248 euictamque *BEGTR,* et uictam *AD,* enectamque *v* duxerit] conserit *T* aesscae *R,* ipse *AD* 249 perustus *R* 250 uitis *GR* creminis *GR* nocticolores *B,* nocticoloros *ADET,* nocte discolores *GR* 251 ethiopes *BGR* 252 quam capere] quos capiet *partim in ras. m. 2 D* damnatus] donatus *GR* peccatorum *G,* peccator est (t *corr.*) *D* 253 deus *om. R* 254 inde] de *ADR* 255 motare *BGR* sumno *GR* 257 uigilat *R,* uigelat *G* 258 uerbi dĩ *G* 259 saltim *BDGR* edibus ipsis *R* 260 et (*an* ex *G?*) templa *GR* 261 sint stolidis et lapides et ligna magistri *G,* magistra sint stolidis et lapides et ligna *R* ut quali e *GR,* ut equale *B* conficimus *BGR* istis *B* 262 tali e *GR* fide] quidem *T* 263 manumque BG^1 ab *om. GR* inpari *BG,* inparie *R* 264 operum *BGR* uidere *T*

dissimiles simili specie concurrere formas.
qua noua tecta sedent, multi meminere locorum;
nam breue tempus id est, ex quo sunt omnia coepta,
quae modo facta manent; annis sudata duobus
tertius explicuit prece sanctorum atque ope Christi.
pars spatii breuis hortus erat, pars ruderis agger,
quem conlata manus populo curante remouit
et uiles holerum cum sentibus eruit herbas,
ut nitido purgata patesceret area dorso,
quae modo marmoreis ornato iugere saxis
late strata nitet, cultus oblita priores. *
quam bene mutauit speciem! post stercoris usum
marmoris ornatum, Parias post uilia conchas
brassica fert et splendet aquis quae sorde nitebat.
quonam igitur nunc ista modo mihi fabrica formam
praebebit, qua me colere aedificare nouare
sensibus et Christo metandum ponere possim?
prompta quidem ratio est, quae sit mea terra, quod in me
rudus et unde meo spinae nascantur in agro.
terra cor est, culpae praui sunt rudera cordis;
luxus iners, inpurus amor, maculosa libido
rudera sunt animae; sic corporis anxia cura,
liuor edax et auara fames, grauis ira, leuis spes,

265 desimiles *GR*, dissimile *A*[1] 266 sedent *om.* *GR* meminire *R* 267 id est] inẽ *E*, id *R* cepta *GR* 268 subdata *AD* uobus *R* 270 spati *GR*, spatiis *T* ortus *BGT* ager *BT* 272 olerum *BRT* consentibus *R* erbas *G* 273 patescere *R* harea *GR* 275 et cultus et uita *AD* prioris *ABDGR* 276 motauit *GR* stercoris] corporis *E* 277 ornatu *GR* paria *AD*, uarias *BGR* post uigilia *B*, post uilias *R* concas *BT* 278 brasica *B*, prassica *T*, brafica *GR*, brassicla *Rosw.*, brassida *v* splendit *GR* surde nitabat *R* 279 quoniam *ADGR*, qua (dem) *E* fabrica fabrica *G* 280 praebuit *GR* quam *E*, quibus *T* me colere] incolere *T* 281 et] ut a *T* metandem *E* ponere *AD*, condere *cet.* passim *T* 282 prumpta *GR*, prompte *AD* mee *B* quod] quis (s *in ras.*) *E* 283 nudus *B*, rudes (u) *G*, rubus *E*[1] nascantur *T*, nascuntur *cet.* 284 praeui *R* cordis (corporis) *G* 285 cineris *R* liuido *B* 286 ancxia *GR* 287 lior *GR* famis *DGR*

prodiga et ambitio proprii, sitiens alieni,
spinae sunt animo, quia semper inanibus angunt
ancipites animas stimulis, quas iugiter urit
defectus miseri metus et miser ardor habendi.
atque ita et inter opes inopes quasi Tantalus ille
inter aquas sitiunt nec habent quod habere uidentur.
nam partis uti metuunt, seruata relinquunt,
dumque alimenta parant, uiuendi tempora perdunt.
has igitur spinas, haec rudera mentibus hirtis
egerere est opus et primam hanc euellere fibris
cunctorum stirpem scelerum, qua pullulat arbor
infelix; domini radicitus illa securi
icta cadat, nostris ut numquam germinet aruis.
haec si praeciso de nobis fomite radix
aruerit, cadet omne nefas, uitium omne peribit,
matricisque suae casum mala cuncta sequentur,
et moriente sua simul arbore poma peribunt.
tunc bene purgato domus aedificabitur horto
et uiuo fundata solo bene surget in altum
fabrica diuini moliminis. ipse columnas
eriget in nobis Christus ueteresque resoluet
obstructae pilas animae, spatiumque sibi rex

300] (Matth. 3, 10).

288 prodigaque *v* propri *GR* 289 animi *T*, animae *GR* agunt *GR* 291 deffectus *G* abendi *G* 292 inopes *om. T* 293 habere] bibere *R* 294 namque *GR* partis *Tv*, partes *ABDE*, paratis *GR* metunt *G* reseruata *GR* relinqunt *GR*, reliqunt *A* 296 et haec *GR* rudi *AD* hircis *B*, nostris *GR*, istis *T* 297 egere *B* primum *T* uellere A^1, euelle G^1 298 cuncturum *T* stirpe *R* quia *B* pululat *GR* arbor *add. A s. l. m. 2* 299 infel$\overset{e}{\text{ị}}$x *G* secum *R* 300 iacta *GR*, uulsa *T* cadant *AD* (ṇ *in D corr.*), eadat *R* aruis *A s. l. m. 2* 301 praescisso *B*, praecisso *R* 302 et omne *R* ẹṭ uitium *G*, uitịam *D* 303 matrisque G^1, matris *R* suae quae cassum *R* 304 $\overset{et}{\text{ẹ̣ce}}$ *G* pompa *A*, pama *R* 305 aeduuicabitur *G* hortu *GR*, orto *T* 307 diuina *T* muliminis *GR* ipse *om. GR* 308 ereget *GR* resoluịṭet *G* 309 obstr$\overset{i}{\text{ụ}}$ctạepulas *A*, obstructa$\overset{s}{\text{e}}$pulas (^{s} *m. 2*) *D*

sensibus efficiet nostris, ut inambulet illis,
tamquam in porticibus Salomonis quinque solebat
ore pio medicos sapientia ducere gressus,
corpora tangendo sanans et corda docendo.
non igitur simus ueteres inter noua tecta,
ut qui corde habitat Christus noua corda reuisat.
peior enim scissura nouo ueterique coactis
redditur, et noua uina nouos bene dantur in utres.
uita prior pereat, pereat ne uita futura.
sponte relinquamus mundum, non sponte carendum,
sponte nisi fugimus; moriamur, ne moriamur;
letalem uitam uitali morte tegamus.
terrena intereat, subeat caelestis imago,
et Christo uertatur Adam; mutemur et istic,
ut mutemur ibi; qui nunc permanserit in se
idem, et in aeternum non inmutabitur a se.

XXVIIII.

Ver age carminibus, fluat articulata modestis
uox numeris. ades, o diues mihi causa loquendi
Felix, et tacito mea corda inlabere flatu.
spiritus ore meo curret tuus. esto meis fons
eloquiis; ego uero tuis ero fistula riuis,
quos mihi praebueris diuini a flumine uerbi.

313] (Ioh. 5, 2. 3). 317] (Matth. 9, 16. 17).

310 in nostris *R* utinam ambulet in illis *GR* illic *T* 311 tamquam] ut *GR* portibus *R* solomonis *A*, solomonii (is) *G*, solamonis *R* 313 tancgendo *G* curans *GR* corde *A* 315 et *AD* qui in *G* corda *v* habita *R* christi *AD* reuiset *B*, reuisset *GR* 316 noua ueterisque *T* 317 utẹres *G* 318 periat *R* ne pereat *BGR* nec *A*[1] 320 *om. GR* ne *om. T* 321 laetalem *DGR* uitale *R* 322 mago *R* 323 et ịṇ *G* uertamur *ADR* motemur *G*[1] 324 et ibi *ADGR* ninc *R* permanserit] mutatur *GR* in] a *G* 325 idem ịḍẹṃ *G* aeterno *DG*[1]*R* mutabitur *GR* explicit nonus *AD*, finit basilicae uolumen *G*, finit liber IIII · *R*.

XXVIIII. — *Haec fragmenta exh. Δ fol. 46*[u] idem in XV *inscr. Δ*

Surge igitur blandoque meum spiramine pectus
ingredere, o Felix pater et domine atque patrone,
tu domus et medicina mihi et sapientia, Felix;
tu nunc obtusam mihi longa per otia mentem
exacue, ignito uegetans mea lumine corda.

Sed mihi non isto fundendus in aequore sermo est,
ut per sanctorum merita aut miracula curram
et quae per sanctos omnes ab origine rerum
praestat agitque deus uersu detexere coner,
quae nec mens humana capit nec lingua profari.
et quid in hoc mirum, si charta uolumine toto
non capiat quae nec mundus capit omnia totus?
maior enim ⟨mundo⟩ mundi sator, ipse deus rex,
qui terram caelumque implet; quem non capit iste
mundus, eum capiunt sancti, non corporis amplo,
sed pietate humiles et mundo corde capaces.

Nunc itaque ut diuina mei bene gesta patroni
Felicis referam uel quae mihi commoda uitae
contulerit uel quae multis ope caelite praestans
muneribus conferre piis non desinit omni
paene die, uariis tribuens pia munera signis,
Christum laudari meritorum postulat ordo;
non hominem sed eum potius laudare uidebor,
quo Felix auctore potens uenerabile nomen
optinet et medicas dat opes, quibus aegra reuisit
corpora captiuasque animas ui daemonis atri
absoluit superante deo. nec in hac ope tantum
munificus Felix operatur munera Christi
et de uipereo fortissimus hoste triumphat.

11 corda] idem in eodem *add.* *Δ* 12 fundendis *Δ* 15 pertexere *Mur.* 19 mundo *add. Mur.* 22 capaces] idem in eodem *add.* *Δ* 27 poene *Δ*

XXX.

⟨Basilicae veteris inscriptiones.⟩

1. Felicis penetral prisco uenerabile cultu
lux noua diffusis nunc aperit spatiis.
angusti memores solii gaudete uidentes
praesulis ad laudem quam nitet hoc solium.

---

2. Paruus erat locus ante sacris angustus agendis
supplicibusque negans pandere posse manus,
nunc populo spatiosa sacris altaria praebet
officiis medii martyris in gremio.
cuncta deo renouata placent, nouat omnia semper
Christus et in cumulum luminis amplificat.
sic et dilecti solium Felicis honorans
et splendore simul protulit et spatio.

XXXI.

Ante puer patribus claris et nomine auito
Celsus erat, sed nunc celsus agit merito,

XXX. — **1.** *Prior quattuor uersuum inscriptio una linea opere musiuo exarata Nolae in basilica inferiore in fronte peristylii singulis uersibus cruce aequilatera appicta inuenitur, unde codicis Cluniacensis sylloge s. VIIII, Remondini (Nolan. ss. eccles. I, p. 403) et nuper de Rossi (Inscript. christ. II, part. 1, p. 189, Romae 1888) sumpserunt.* — 2 spaciis *inscr.* 3 uidete gaudentes *syll.* 4 *pictum in peristylii latere dextero exteriore loco parum conspicuo sylloge om.*

2. *Inscriptionem octo uersuum zophoro interiori peristylii adpictam, cuius litterae musiuae antiquitate et loci squalore ita obscuratae nunc sunt, ut earum plena lectio difficillima sit, sylloge Cluniacencis, Sirmond (cod. Paris. lat. 10809, f. 30 et ad Sidon. epist. IIII, 18), Remondini l. c., de Rossi l. c. descripserunt.* — 1 ante *om. syll. Remond.* 2 negans *ex* aegoras *syll.* 3 sacris] piis *Sirm.* 4 medii *Sirm.*, merito *Remond.* 7 sic et] haec et *Remond.*, haec ut *Marini ap. Mai script. uet. n. c. V, p. 130, 2.*

XXXI. *BOT.* — Incipit de obitu pueri *B*, incipit de obitu celsi pueri *O*, item uersus eiusdem consolatorii de Celso puero Pneumatii filio defuncto *T*

quem dominus tanto cumulauit munere Christus,
ut rudis ille annis et nouus iret aquis,
atque bis infantem spatio aeui et fonte lauacri
congeminata deo gratia proueheret.
heu! quid agam? dubia pendens pietate laboro,
gratuler an doleam? dignus utroque puer;
cuius amor lacrimas et amor mihi gaudia suadet,
sed gaudere fides, flere iubet pietas.
tam modicum patribus tam dulci e pignore fructum
defleo in exiguo temporis esse datum.
rursus ut aeternae bona uoluo perennia uitae,
quae deus in caelo praeparat innocuis,
laetor obisse breui functum mortalia saeclo,
ut cito diuinas perfrueretur opes,
nec terrena diu contagia mixtus iniquis
duceret in fragili corporis hospitio,
sed nullo istius temeratus crimine mundi
dignius aeternum tenderet ad dominum.
ergo deo potius quam nobis debitus infans,
uerum et pro nobis ille deo placitus,
coeperat octauum producere paruulus annum,
prima citis agitans tempora curriculis.
iam puerile iugum tenera ceruice ferebat,
grammatici duris subditus imperiis,
quaeque docebatur puer, admirante magistro
sorbebat docili nobilis ingenio.
gaudebant trepido praesagi corde parentes,
dum metuunt tanti muneris inuidiam.
nec mora longa fuit, placitam deus aethere Christus
arcessens merito sumpsit honore animam
et rapuit terris subitum, quia dignior esset

5 atque—fonte] et quem uix fantem sacri eluit unda *T* 6 proueheret *T*, perueheret *BO* 8 dignus] dictus *T* 11 iam *T* melleum *coni. Zechmeister* dulcem pignore *T* fructuum *B* 12 deflexẹo *O* 13 perhennia *BT* 17 ne *v* mistus *T* 18 fragilis *T* 22 ueterum *B* 25 gerebat *T* 28 nobis *T* 29 gaudebat *T* 31 placidum *T* 32 arcessent *O*, accersens *T* 33 subitum *BO*, superum *T* quia *T*, qua *BO*, quo *v*

adsociata piis uiuere conciliis.
causa fuit leti suffusus faucibus umor,
quo grauis inflauit lactea colla tumor,
inde repressus abit, sed lapsus ad intima fugit
corporis et uitam uisceribus pepulit.
terra suam partem tumulata carne recepit,
spiritus angelico uectus abit gremio.
deserti uacuum funus duxere parentes,
Celsus in excelso lactus agit nemore.
parcite quaeso, pii, multis peccare, parentes,
fletibus, in culpam ne pietas ueniat.
inpia nam pietas animam lugere beatam
gaudentemque deo flere nocens amor est.
nonne patet quantum tali pietate trahatur
peccatum? arguimur fraude tenere fidem
aut reprobare dei leges errore rebelli,
ni placeat nobis quod placuit domino.
iustius est istas hominum lugere tenebras,
quas facimus nostrae degeneres animae,
inmemores primi caelestis imaginis ortus,
quam reuocat miserans ad sua regna pater.
cuius amore meos suscepit filius artus,
uirgine conceptus, uirgine natus homo,
cuncta gerens hominum, cunctos et corpore in uno *
cunctorum dominus suscipiens famulus.
factus enim serui forma est, qui summus agebat,
forma dei regnans cum patre rege deus.
suscepit formam serui culpamque peremit,
qua poenae et mortis quondam homo seruus erat.
et libertati famulum sub imagine serui
nostra caro effectus restituit dominus,

35 loeti *O* suffusis *B* humor *BT* 37 abiit *BO* *us.* 42 *et* 43 *exh. T*, *om. BOv* letus *T* memore *T* 49 reuelli *T* 50 ni] in *O* 51 istarum animarum flere *coni. Zechmeister* 52 nostre *T*, nobis *BOv* 53 primi *T*, primos *BOv* ymaginis *T semper* 57 hominum *T*, hominem *BOv* cunctas *BO* in uno *BOv*, n̄r̄o *T* 58 famulus *T*, famulos *BOv* 61 peremit] remisit *B*

ut mihi per Christum caelestis imago rediret,
qui cruce terrenum despoliauit Adam.
carnem igitur mortemque meam meus ille creator
pertulit et carum morte redemit opus.
multa mihi dederat prius et promissa salutis
et praecepta, quibus per bona dirigerer.
sed quia nec legis posito medicamine primi
inueterata patris uulnera dilueram
et neque praemissis diuino ex ore prophetis
expectare dei munera credideram,
et genus humanum passim sine luce fidei
desperata salus merserat in tenebras,
regnabatque simul peccatum in corpore nostro,
mors in peccato, daemon in interitu,
captiuumque hominem tristis metus et miser error
altius in mortem praecipitare dabant:
interea pater ipse polo miseratus ab alto
errantum lapsus pestiferos hominum
serpentemque truci dominantem in morte cadentum
non tulit et natum misit ad omne bonum.
paruit ille libens, deus omnia cum patre concors,
communem curans rem pietate pari.
aduenit et fit homo et mixtum perfectus utroque
ostendit fragili carnis inesse deum.
utitur officiis hominis, sed et intus operti
signa dei medicis exerit inperiis.
uoce hominis diuina docet, mortalia uero
extra peccatum corporeus peragit.
quippe sui rem tantum operis sibi reddere curans,
naturam uenit sumere, non uitium.

66 despoliauit *coni. Barthius,* se spoliauit *BOT* 68 et carnis m. peremit *coni. Zechmeister* 70 praecepita *O* dirigeret *B* 71 neglectis *B* 72 uulnere *B* 73 promissis *T* profetis *O,* prophetum *coni. Zechmeister* 75 luce *T,* lege *BOv* 78 peccatis hostis in *v* 79 miser et *T* 81 alto est *coni. Zechmeister* 82 errantium *O* pestiferosque *T* 86 pietati *B* 87 mistum *OT* 89 hominum et inter *T* 90 imperiis *BO,* officiis *T* 91 uero *T,* uere *BOv* 93 curas *O*

namque bonum natura hominem bonus ad bona fecit.
  mente sua lapsus se uitiauit homo.
quare opifex hominum mortali in corpore uenit,
  non et mortali crimine factus homo.
nam neque deleret culpas nisi liber ab illis
  nec laxare reos posset et ipse reus,
nec peccatori mors cederet utpote uinctum
  peccati uinclis legitime retinens.
iure igitur cessit rumpenti tartara Christo,
  in quo quod posset nectere non habuit.
ipsaque iudicii iniusti rea facta uicissim
  per scelus occiso iure subacta homini est.
palluit inuidia serpens, inferna reducto
  claustra homini uersa lege reclusa uidens
inque uicem uincta mortalem morte resolui
  excussumque sua surgere corpus humo,
insuper et caelos rediuiuum scandere cernens,
  dente truci frustra liuidus infremuit.
et modo tabescit, cum crebrescente piorum
  agmine per Christum perditor ipse perit.
ergo mei uitiosa animi sanauit et aegra
  corporis excepit, matre homo, patre deus.
imbecilla quidem, sed naturalia carnis
  gessit et affectus corporis exhibuit.
sensibus humanis edit et bibit et sua somno
  lumina declinat, lassat eundo uiam.
tamquam homo defuncto lacrimas inpendit amico,
  quem mox ipse deus suscitat e tumulo.
nauigio uectatur homo, et deus imperat austris,
  et uirtute dei ambulat aequor homo.

121] (Ioh. 11, 35. 44). 124] (Matth. 14, 32. 29. 26, 38).

us. 97 *et* 98 *om.* *T* 101 ut post te *O* uinctum *Tv*, uictum *BO* 104 possit *T* 106 occisi *T* 108 auersa *T* legere clausa *B* 109 uicta *T* 113 crebescente *T* 115 anima *O* 118 exibuit *B* 120 declinans *T* 121 impedit *T* 123 homo *om.* *T* 124 ambulat *BOT*, permeat *v*, iam ambulat *fort.*

mente hominis trepidat uicinae mortis ad horam,
mente dei nouit tempus adesse necis.
in cruce fixus homo est, deus e cruce terruit orbem.
mortem homo, uerum mors ipsa deum patitur.
in cruce pendet homo, deus e cruce crimina donat
et moriens uitam criminis interimit
proque reis habitus peiorque latrone putatus,
quem Iudaea pio praeposuit domino,
credenti donat regnum caeleste latroni,
clausus adhuc terris iam paradisum aperit.
nos igitur firmare animos, attollere mentem
ignauosque decet trudere corde metus,
pro quibus ecce animam posuit simul atque resumpsit
filius ille dei cuncta manente deo.
de nostra uictor deus egit morte triumphum
et nostrum secum corpus in astra tulit,
non sat habens, quod pro nobis mortalia cuncta
hausit, ut auferret uulnera nostra suis.
sed ne me dubiae suspenderet anxia mentis
cura, resurrexit corpore quo cecidit.
clara fides oculis patuit mortalibus, ipse
post obitum uisus qualis et ante obitum.
nam se discipulis dubitantibus obtulit ultro
rimandumque oculis praebuit et manibus.
nec sine mente dei dubitauit apostolus olim,
uiuere post mortem nullus ut ambigeret.
firmauit dubitando fidem; dum comminus anceps
arguitur Thomas, omnis homo instruitur.
cernere quod Thomas coram et palpare iubetur,
constanter stabili credere disco fide

127] (Matth. 27, 51). 131] (Marc. 15, 28). 132] (Matth. 27, 21). 133] (Luc. 23, 43). 146] (Ioh. 20, 20. 27).

126 noui *B* 127 est *om. T* 129 e] et *T* 130 interemit *O* 136 docet *B* 138 dei cuncta manente deo *T*, quo sata cuncta deo *BOv* 140 secus *B* 146 et ante fuit *v* 149 deum *T* 154 credere] pectore *T* fidem *T*

mortem hominum Christi crucifixi morte subactam
spemque resurgendi corporibus positam,
corporibus nostris, quia Christus uictor in ista
carne resurrexit, quam gero, qua morior.
meque docens pro me dubitantibus ingerit artus
et solidam carnem structa per ossa probat,
insuper et lateris, manuum quoque uulnera monstrat
et dubium digitos his iubet inserere.
cerne, inquit, latus ecce meum, palmasque pedesque;
ecce crucis clauuos, cuspidis ecce uiam.
ecce ipsam toto conpagem corpore uiuam
stare patet neruis ossibus ore cute.
ergo tenete fidem, quam cernitis, insuper et quam
tangitis, et dubios pellite corde animos,
et testes tantae cunctis estote salutis
cunctorumque hominum soluite corda metu.
omnibus intereat mortis timor, et simul omnes
ista resurgendi spes animet populos.
credentum tamen ista salus, qui corde fideli
suscipient quae uos lumine conspicitis.
ecce in me cunctorum hominum discrimine nullo
mors superata abiit, stat rediuiua salus.
uitam ex morte dedi, mortem moriendo subegi
et genus humanum sanguine restitui;
peccatum carnis superans in carne peremi
materiam culpae, iustitiam peperi.
corpore mors cecidit, surrexit corpore uita;
qua prius occiderat, carne reuixit homo.
et nunc ecce meo rediuiuum in corpore portans

163] Ioh. 20, 27. 164] Luc. 24, 39. 177] (Osee 13, 14).

158 qua *T*, quam *BO* 159 memeque *B* docens *T*, docet dum *B*, docet *Ov* dubitantis *T* 161 manum *BO* 163 inquid *B* 165 *add. in mg. B m. 3* conpage *B* 170 que *B s. l. m. 3, om. O* 172 anima et *B* 173 fidelis *B* 175 ecce—nullo *T, om. O,* nam post quam uicta gessi (gessi uitã *B*) de morte triumphum *B* (*in mg. m. 3*) *et v* 176 abiit *OTv*, abit *B Col.*, obiit *Lebrun* 177 morte *B* subaegi *O* 180 repperi *T* 181 cecedit *T*[1] 183 meo *B* (*s. l. m. 3*) *et v, om. O,* meum *T*

praefero uictorem mortis et anguis Adam.
quae, rogo, sufficient nobis solacia uel quae
sanabit fessos iam requies animos,
si nec tanta potest aegris medicina mederi,
quae uitas obita morte redire docet?
maeror, abi; discede, pauor; fuge, culpa. ruit mors,
uita resurrexit, Christus in astra uocat,
morte mea functus mihi mortuus et mihi uictor,
ut mors peccati sit mihi uita dei.
denique seruatum iam de cruce duxit aperto
limite latronem, qua paradisus adest,
munere quo signum dedit et peccata piare
et nemoris uetiti uincere saepta fide.
talibus exemplis, tanto sponsore salutis
erectos laetis uertere maesta decet.
pellamus querulos ingrato corde dolores
et redeant tersis lumina pura oculis.
credamus Christo, quod in ipso uidimus, isdem
nos quibus occidimus surgere corporibus,
inde superfusa diuini ueste decoris
sumere mutatos angelicam speciem.
quod si tanta animis nox caligantibus obstat
et piger obtunso corpore sensus hebet,
ut, quia corporeis oculis diuina teguntur,
nullam dicatis scripta tenere fidem:
sed doceat Paulus quia non aeterna uidentur,
aeterna humanis abdita sunt oculis.
insipiens, terrena uide, caelestia crede,
obtutu mundum conspice, mente deum.
hinc pretiosa fides; nam sicut gratia iam non

193] (Luc. 23, 43).

184 et sanguinis *T* 185 quae rogo] quaero *B* 188 uitas obita *Ov*, uita (uitam *T*) subita *BT*, uitam uicta *coni. Zechmeister* 189 moeror *T* 191 *pr.* mihi *Tv*, me *BO* 194 limine *B* adest *Tv*, abest *BO* 198 mesta *BT* 201 isdem *T*, hisdem *BO* 206 piger *v*, piget *BOT* optunso *T*, obtuso O^2v habet *T* 208 ducatis *T* 212 domini *T*

gratia, si meritis adtribuatur, erit,
sic et nulla fides nisi quae quod non uidet illud
credit et aeternam spe duce rem sequitur.
mortales miseri, querulum genus, impia tandem
pectora mollitis mentibus exuite.
heu! quonam, precor, usque graui mendacia corde
quaeritis et uani lubrica diligitis?
commutate uias, dirumpite uincula mortis
et date praedulci libera colla iugo.
sumite diuinas pro libertate catenas,
crimine quae soluunt et pietate ligant.
qui sequeris tenebras, in aperto lucis oberras,
et qui nocte uides, lumine caecus agis.
ergo oculos mentis Christo reseremus et aures,
ut mens peccato clausa deo pateat.
namque et corporeis sua iam promissa reuelat
uisibus et claris monstrat operta deus.
cuncta resurgendi faciem meditantur in omni
corpore et in terris germina et astra polo.
noctes atque dies, ortus obitusque uicissim
alternant; morior nocte, resurgo die.
dormio corporeae sopitus imagine mortis,
excitor a somno sicut ab interitu.
quid sata, quid frondes nemorum, quid tempora? nempe
legibus his obeunt omnia uel redeunt.
uere resurgenti cunctis noua rebus imago
post hiemis mortem uiuificata redit.
quod semel est facturus homo, cui subdita mundi
corpora, sub caelo cuncta frequenter agunt.

219] Ps. 4, 3.

216 aeterna *T* 219 quō|nam *T* 220 uana *B* lubrica] *in mg. exh. T:* ał ludicra 221 disrumpite *BOv* 222 et late *B* 224 qui *B* 226 qui *T*, quia *BOv* caetus *O* 228 ut] et *B* 229 namque et *T*, namque *BO*, nam quae *v* reuelet. *T*[1] 232 germinet (et *om.*) *B* 235 mortis] noctis *B* 237 *alt.* quid *B s. l. m. 3* 238 his] isdem *coni. Zechmeister* 239 resurgenti *T*, resurgentum *BOv* 242 corporea *O*

sed quaerunt quonam reparetur mortuus omnis
corpore quoue modo fiat homo ex cinere.
si non sufficiunt sacris signata prophetis,
muta fidem clamant, credite conspicuis.
cernite nulla suis emergere semina campis,
ni prius intereant tabe soluta putri.
nuda seris, uestita legis; iacis arida grana
atque eadem fructu multiplicata metis.
o peruersa fides et diffidentia nobis,
credere nos terris et dubitare deo!
et certe nil terra mihi spondere nec ausa est
nec potuit; quin et saepe fefellit ager
uix commissa sibi reddens sata; nec tamen illi
credere deceptus spem segetis dubito,
nec piget incertis certum sudare laborem
fructibus et nudo credere nuda solo.
quod si terra potest corruptum reddere semen,
quod tamen aeterni lege facit domini,
difficile omnipotentis opus fore creditur, ut nos
ex nihilo factos ex aliquo reparet?
nullus eram, et faciente deo sum natus ut essem;
nunc iam de proprio semine rursus ero.
nam licet in tenuem redigantur et ossa fauillam,
corporis integri semina puluis habet,
cumque etiam cineres uacuatis terra sepulchris
cognato inmixtos caespite sorbuerit,
tunc quoque corporeis hominum uanescere uisos
luminibus solidos continet omnipotens,

243 sed quere *T* quonam *T*, quali *BOv* reparentur *BO* 245 sic *O* 248 tabe *coni. Barthius*, labe *BOTv* 249 uestit *O* 253 certe *T*, certa *BOv* mihi *T*, fide *B s. l. m. 3 et v*, *om. O* est *T*, *om. BOv* 255 redens *T* 257 subdare *B*, sit adire *T* 258 frugibus *v* 259 quid *v* corruptum *BOv*, commissum *T* 261 omnipotenti *B* ut nos *add. in ext. uersus B m. 3* 262 ut nos ex *B sed* ut nos *exp. m. 3* 263 sum] cum *O* 264 nuntiam *O* 265 et *om. T* 266 integris *B* 267 sepulcris *B* 268 inmistos *T*, inmixtus *B* cespite *BT* *us.* 269—296 *omissos in scheda separata eadem man. add. O* 269 corporeas *T* uires *T* 270 solidis *T*

inque die magno, quae nunc absumpta putamus
corpora, cernemus surgere tota deo,
nulla cui natura perit, quia quicquid ubique est
omne creatoris clauditur in gremio.
quos aqua fluminibus pelagoque et piscibus hausit,
quos uolucres et quos diripuere ferae,
cunctos terra deo debet, quia quos aqua mersit
litore uel fundo strata recepit humus,
quae licet una, tamen non uno sumpta sepulchro, *
sparsa locis laceri funeris ossa tegit,
et quia consumptus simul et consumptor in uno *
telluris gremio morte ferente cadunt,
siue per egeriem, qua sese animalia purgant,
reddunt digestis membra uorata cibis,
humanum corpus transfunditur ex alieno
corpore nec perdit uim proprii generis.
sed licet e membris in humum transmissa ferinis
membra hominum uiuo semine salua manent,
et moriente fera, cui forte cadaueris esca
humani fuerit, diuiditur ratio.
namque animal rationis homo est, ideoque et in ipso
rex aliis praestat corpore corporibus,
unde licet possit mutis animalibus idem
praeda dari, tamen his sorte coire negat.
sola resurgendi caro perceptura uigorem,
quae rationalis uas animae fuerit,
ut reducem terris animam conpage refecta
iam non lapsuro tegmine suscipiat,
et uelut hic omni mens et caro iungitur actu,
sic et in aeternam sint sociata diem,

275 ausit *T*, haurit *BOv* 277 deo terra *B*, dẽo terra *O* quia] uel *T* 278 littore *BT* 279 uno] una *B* sumta] compta *coni. Zechmeister* 280 laceri] cari *T* 281 unum *T* unum—gremium *mauult Zechmeister* 283 qua sese *v*, quas et *B*, qua se *O*, qua sero *T* 286 perdit uim *ex* perditũ *B m. 3* 287 scilicet *fort.* 291 nam qđ *T* 293 unde *T*, inde *BOv* posset multis *T* 295 uigorem] est *add. Zechmeister* 297 aniam *T* cum pace *B* 298 tecmine *B* 300 ẽtnũ B^{1} sinit *O*

ut carpant socio gestorum praemia fructu
consortes meriti luce uel igne loci.
propterea quamuis nos et spirantia cuncta
unam sortiti corpore materiem,
non tamen in uacuum reuocamur morte soluti,
exsortes animae carnis ab occiduo;
sed clangente tuba reddentibus undique terris
nostra ex arcanis corpora seminibus,
corpore mente anima rursum in sua foedera nexis
integri dominum sistimur ante deum.
si dubitas cineres in corpora posse recogi
et fieri reduces in sua uasa animas,
Ezechiel tibi testis erit, cui prodita dudum
tota resurgendi per dominum facies.
illic aspicies toto uiuiscere campo
arentes ueterum reliquias hominum
ossaque porrectum late dispersa per agrum
ultro ad conpages currere iussa suas
atque medullatis penetralibus edere neruos
moxque supernata ducere carne cutem
et dicto citius perfectis ordine membris
puluere de ueteri stare nouos homines.
ac ne forte, sacri quod fert manifesta prophetae
uisio, sopiti somnia uana putes,
maiorem super his et plenum suscipe testem;
ipse prophetarum nam loquitur dominus:
uita ego sum; qui me credet, nec morte peremptus,
consorti mecum luce beatus aget.

311] (Ez. 37). 327] Ioh. 11, 25. 26.

303 preterea *T* 304 materiam *T* 305 uacua *O* 306 caniș *T* acciduo *O* 307 tuba *B s. l. m. 3* 308 nostre *B* archanis *B* 311 corpore *B* 313 zezechiel *T* dudum] est *add. Zechmeister* 314 toto *T*[1] 315 uiuiscere *T*, uiuiscera *O*, uiuescere *B* 320 supernatam *T* 321 perfertis *T* 323 sacri quod fert *T*, quod est sacri *BOv* profetae *O* 324 uitio *O*[2] sopiti somnia *T*, sopitis omnia *BOv* 326 profetarum *O et sic semper* 327 in me *coni. Zechmeister* credit *T* peremptus *BOv*, peribit *T*

denique quod uerbo dixit uirtute probauit,
ipse suum reuocans ex abysis hominem,
tempore quamquam illo non tantum in corpore Christus
signa suo dederit, cum cruce uictor obit.
namque ut concussis patefecit tartara terris
et uinctum inferno carcere soluit Adam,
fissa resurgentes ruperunt saxa sepulti,
et nouus in sancta floruit urbe tholus. *
uiderunt multi ueterum renouata piorum
corpora descensu uiuificata dei.
tunc etiam refugo caecatus lumine mundus
aeterna timuit nocte piare nefas.
tunc et discisso nudata altaria uelo
amisere sacri religionem adyti,
ut monstraretur uacuandum numine templum
et fore ab hostili sancta profana manu,
quod duce Romano docuit post exitus ingens
euersis templo ciuibus urbe sacris.
fas etenim, ut Iudaea, cui suus hostia Christus
non erat et per quam uictima Christus erat,
sede locoque simul ueterum uiduata sacrorum,
infitiata fidem, perderet omne sacrum.
finis enim legis Christus, quia lege fideli
praedictus legi lex ueniendo fuit,
praescribens ueteri finem legemque fidei,
legem prophetae gentibus instituens. *
unde magister ait: uetera effluxere peractis

335] Matth. 27, 52. 53. 355] (II Cor. 5, 17).

330 abyssis *O*, abyssys *B*, habitis *T*, erebis *v* 331 tempora *O* in *T s. l.* 334 inferni *T* 335 ruperunt *BOv*, superarunt *T* 336 nonus *O*[1] in sancta *B s. l. m. 3*, *om. O* *post* floruit *spat. uac. O* tholus *BOv*, chorus *T* 338 descens *B* 341 discisso *T*, discusso *BOv* 342 religione *BO* aditi *BOT* 344 fore *v*, forte *BOT* 347 ut *om. T* 348 non erat *BOv*, nouerat *T* per quam *BOv*, pro qua *T* 350 inficiata *BT* perdere *BO* 353 ueteris *T* 354 profetae gentibus *O*, prophetante gentibus *T*, propheta tegentibus *B*, perfectam gentibus *v* 355 exfluxere *T*

temporibus, subeunt omnia ubique noua.
iamque reuelata facie speculamur apertum
in Christo propriae lucis honore deum.
et puto quod scissi in templo mysteria ueli
id quoque signarint, gratia quod tribuit.
nam ueluti rupto patuere sacraria uelo,
sic reserat nobis legis operta fides.
inde sub antiquo legitur uelamine **Moyses**
Iudaeis nebula cordis opertus adhuc,
quam de luminibus mentis mihi creditus aufert
Christus, adumbratas discutiens species
seque docens prisca uelatum legis in umbra
iamque reuelatum corporis in facie,
qualem praemissi cecinerunt adfore uates,
qualis apostolicis coram oculis patuit,
qualem et Iudaei non perspexere uidentes
mentibus obtunsis impietate sua,
et qualem, quamuis non uisum in corpore nobis,
credendo interno lumine conspicimus.
nam quod ueridici sese uidisse magistri
et palpasse docent, tango fide et uideo.
et cunctis credendo patet cognoscere Christum
impia caecantem pectora perfidiae
fundentemque suam per corda fidelia lucem,
ut placitas habitet clarificetque animas.
ergo, mei fratres, mea cura, meum cor, in ista
maerentes animos laetificate fide.
pellite tristitiam dociles pietate fideli
fidentesque deo laetitiam induite.

357] (II Cor. 3, 18). 363] (Ex. 34, 33).

357 speculamen *T*[1] 360 signarent *T* 363 tegitur *fort.* 365 aufert *T*, adfert *BO*, affert *v* 367 docens *T*, docet *BOv* 369 affore *T*, ad$\overset{\text{fore}}{\text{esse}}$ *O* 371 et *om. B* 372 obtusis *T* 375 quod] quem *coni. Zechmeister* ueridicis esse *B*[1], ueredicis esse *O* 376 tanto *B*[1] uideo] doceo *T* 378 perfidie *B*, perfidia *v* 380 placidas *B* 382 letificare *B*, laetificata *O* 383 pellit et *B*

illos infelix luctus decet et dolor amens,
nulla quibus superest spes, quia nulla fides,
et quibus omne bonum est hoc tantum uiuere saeclo, *
desperare deo, fidere corporeis.
illis internus stupor insolabile pectus
desertis uero sensibus obsideat,
quos infida deo mens abdicat et quibus exsors
a Christo infernas sors cadit in tenebras.
nobis ore dei solator apostolus adsit,
nos euangelio Christus amans doceat;
nos exempla patrum simul et praeconia uatum,
nos liber historiae firmet apostolicae,
in qua corporeum remeare ad sidera Christum
cernimus et gremio nubis in astra uehi,
et talem e caelis reducem sperare iubemur,
ad caelos qualem uidimus ire patri.
huius in aduentum modo pendent omnia rerum,
omnis in hunc regem spesque fidesque inhiat.
iamque propinquantem supremo tempore finem
inmutanda nouis saecula parturiunt.
omnes uera monent sacris oracula libris
credere praedictis seque parare deo.
festinate, precor, dum copia panditur istic
procurare bonis praeque cauere malis.
uertite peruersas conuerso pectore curas,
monstrat flere fides utilibus lacrimis.
peccatum lugere iuuat contractaque culpis
uulnera profusis fletibus abluere,

397] (Act. 1, 9).

387 et quibus—seclo *exh. T,* heu (hei *v*) mihi quam stultum est oculis se credere uanis *v et B in mg. add. m. 3, om. O* 389 aeternum T^1 391 exors *T*, excors *B* 392 inferna *B* 393 solatur *T* 394 euuangelia *B* amando ceat *B* 396 firmat *B* 397 quo *T* remeasse *T* 399 e celis *BT*, caelis *Ov* 404 nouis *Tv*, nobis *BO* 405 omnis *O* 409 perueruersas *T* 411 peccatum *T*, peccato *BOv* iuuat] lubet *Schot. in mg.* culpis *T*, cultis *BOv*

qualibus ille suum stratum omni nocte rigabat
multa gemens Dauid, corde potens humili.
si cinerem ut panem ille deo dilectus edebat
et sua miscebat pocula cum lacrimis,
quid facere, heu! misero mihi conpetit? unde piabor?
unde satisfaciam? quanam ope saluus ero?
* pumiceum cor eget lacrimis, cinis horret ad escam,
deliciaeque iuuant esuriente anima.
quis mihi suggereret lacrimarum ad flumina fontem,
quo mea deflerem facta meosque dies?
nam mihi pro meritis actae per crimina uitae
ingentes plagas flumine flere opus est.
rumpe mei lapidem cordis, saluator Iesus,
ut mollita pio uiscera fonte fluant;
tu, precor, o fons Christe, meis innascere fibris,
ut mihi uiua tuae uena resultet aquae.
nam tu fons, quo uita fluit, quo gratia manat,
quo lux omnigenas funditur in populos.
qui te, Christe, bibent, dulci torrente refecti
non sitient ultra, sed tamen et sitient.
nam quos diuini satiarit copia uerbi,
hos dulcedo magis pota sitire facit.
te, domine, ergo, deus, panem fontemque salutis
semper et esuriant et sitiant animae.
non ieiuna fames, sed nec sitis arida uitam
consumet, si te mens edat atque bibat.

415] (Ps. 101, 10). 416] (Ps. 6, 7). 421] (Hier. 9, 15). 432] (Ioh. 4, 13).

413 rigebat *T* 415 si *T*, sic *BOv* ut panem *T*, rex *BOv* 417 compet *T* unde piabor *add. B m. 3* 418 unde piabor unde *B sed* unde piabor *exp. m. 3* inde *O* quianam *B* ope *B s. l.* 419 cinis *om. O* 421 suggereret *Bv*, suggeret *OT* lacrimarum ad *BTv*, ad lacrimarum *O* flumina *T*, lumina *BOv* 424 flumine *BTv*, flumina *O* 425 iesu *T*, ih̄s *O* 427 tu *BO*, teque *T* o *om. BT* 428 uiua tuae *BOv*, uiuacis *T* 430 omnigenos *T* 431 bibunt *T* 433 diuinis *B* saciant *B* 435 domine *BOv*, nostrae *T* fontem aque salutis *O* 436 esurient *B* 437 famis *BO*

iugifluus semper biberis turbamque sitimque
potantum exhaustus largior exuperas. *
totus enim dulcedo, deus, dilectio, Christe, es,
inde replere magis quam satiare potes.
et desideriis semper sitiendus auaris
influis exciperis, nec saturatur amor, *
atque ita perficitur pietas, sine fine ut ameris,
Christe, tuis uitam qui sine fine dabis.
da mihi nunc lugere, deus, fletuque salubri
praeserere aeternae semina laetitiae;
hoc, precor, hoc potius maneat mihi luctus in aeuo,
in quo quicquid adest per breue transit iter.
ite procul, laeti, flentum consortia malo,
ut breuibus lacrimis gaudia longa metam.
si modo lugentem grauis hirto tegmine saccus
caprigenum saetis, dum tegit, et stimulet,
tunc patre placato meriti reddetur honoris
anulus, et cinget me stola laetitiae;
tunc mihi iure pater uitulum mactabit opimum,
si modo ieiunus iustitiam esuriam
malo famem panis quam sancti ducere uerbi;
nolo domum uini, lucis aquam sitio;
hic cruciet me dira fames, hic turpis egestas
contractum pannis tristibus obsideat,
hic licet ante suas diues me transeat aedes,
spernens uel micis me saturare suis.
nolo mihi Tyrio modo Serica murice uestis
ardeat, arsuri corporis inuidia,
ne post purpureos me flamma perennis amictus

439 iugifluus *v*, iugifluis *BO*, iuge fluis *T* 440 potantumque *B* exhaustus *scripsi*, ex haustu *BT*, exhausto *Ov* longior *B* 442 potest *O* 443 amaris *T* 444 satiatur *T* 446 qua *T* 449 maneant *BO* 451 iter *B* fletum *T* mallo *BO* 453 hirco *B*, isto *T* tecmine *B* 454 setis *BT* tegit *T*, teget *BOv* 455 reddentur *v* honoris *BT*, honores *Ov* 456 sthola *O* 457 mactabit *T*, mactabis *BOv* 459 mallo *BO* 461 famis *B* tempis *T* 464 uel] me *T* me] uel *T* 465 sirica *O* 467 perhennis *BT*

ambiat et pretium uestis in igne luam.
hic potius miseri iaceamus in aggere foedo
stercoris et lambant ulcera nostra canes,
ut placida tristem post uitam morte solutos
mitis ad occursus angelus excipiat
et patriarcharum sinibus deponat ouantes,
unde gehenna procul saeuit hiante chao.
non commenta loquor uatum terrentia paruos,
latrantem in foribus per tria rostra canem
terrentemque umbras tristi squalore Charontem,
uipereis saeuas crinibus Eumenidas,
aeternam, Tityon, funesti uulturis escam
arentemque siti Tantalon inter aquas,
uoluentem sine fine rotam et reuolubile saxum,
cassaque sudantum dolia Danaidum.
haec inopes ueri uanis cecinere poetae,
qui Christum ueri non tenuere caput.
at nos uera deus docuit, sator ipse suorum
enarrans nobis omnia uera operum.
disce euangelio loca pauperis et loca ditis:
pauper in Abraham, diues in igne iacet.
iustitia mutante uices qui fleuerat istic
gaudet ibi, et pleno paupere diues eget.
iste bona requie fruitur, gemit ignibus ille,
diues opum poenas, pauper opes recipit.
mendicat diues modicum de paupere rorem,
quem mendicantem spreuerat in superis.
inde in eum ardentem nec parua e pauperis imo

488] (Luc. 16).

469 aggere *T*, agmine *BOv* 472 occursum *T* angelis *B* 474 saeuit hiante] se dirimente *T* 476 latra^{n}teim *O* 477 torrentemque *T* caronem *BO* 478 criminibus *B* euminedas *O*, eminedas *B* 479 aaernam *O* tition *T*, tyton *B*, tyron *O* aescam *O* 481 et] met *B* 482 crassaque *T* 483 eueri *O* uanis *BOv*, uani *T* 484 tenuerit *B* 485 ad *B* 486 uera *Tv*, uero *O*, uana *B* 487 euuangelio *B* 491 ille *Tv*, illa *BO* 494 qui *B* 495 parua e *scripsi*, paruae *O*, parue *B*, pauper *T*, parui *v*

stillauit digito gutta refrigerii,
de magnis quoniam dapibus nec mica referto
esurientis in os pauperis exciderat.
his monitis sanctam discamus uiuere Christo
iustitiam et partem ponere pauperibus.
tu, cui sordet inops, qui uiso horrescis egeno
occursumque pii subplicis omen habes,
qui te miraris pretiosa ueste nitentem
nec sordere uides interiore habitu,
omnia mente geris, quae corpore pauperis horres,
sordidior pannis diues et ulceribus;
contemnis caecum, leprosum tangere uitas,
diues auare, lepram diligis ipse tuam.
ille oculis hominum miser est et debilis; at tu
turpis es ante deum debilitate animae.
inprobe, consortem naturae spernis egentem
et facis exsortem partis auaritia.
quicquid, inique, tibi nullo supereffluit usu,
quod fosso abstrudis caespite, pars inopum est.
cur aliena tenes, qua spe linquenda retentas,
nec retributa suis nec potiunda tibi?
tu, cui sordet inops, qui nomine diuitis excors
triste leuas crispa fronte supercilium,
nec dignaris eos homines uel nomine fari,
quos simili luxu non fluitare uides,
filius ille dei qua uenerit aspice forma,
qui cum esset diues, pauper in orbe fuit.
et ueniens non alta deus, sed uilia mundi
legit, ut infirmis fortia destrueret.

522] (II Cor. 8, 9). 523] (I Cor. 1, 27).

497 referti *coni. Zechmeister* 498 in os] inops *O* 499 sancta *T* 500 iustitia *T* et *om. O* 501 sordit *BO* 502 ocursum *B* suplicis *B* 505 quę *Ov*, que *T*, qui *B*, quae in *v* horret *O* 506 diues pannis *BO* 507 contempnis *BO* 509 at *T*, et *BOv* 511 nature supernis *T* 512 auaritiae *T* 514 abstrudis *BOv*, abstrusum est *T* cespite *BT* 515 quam *T* 516 potienda *Bv*

non iam diuitiis diues nec robore fortis
nec sapiens magno gaudeat ingenio.
nemo ope confidat propria aut de se sibi plaudat,
cum sata uel data sint omnia fonte deo.
perfugium Christus personaque factus egentum,
diuitibus pudor est, gloria pauperibus.
huius in ambrosios auidi curramus odores,
ut procul a nobis mortis odor fugiat.
quis mihi det pretiosum alabastro fundere nardum
et domini sacros flendo lauare pedes?
uos, precor, o mea cura, piis operam date curis
uosque date inmenso coniuge mente deo.
tempus adest, prope iam dominus; properate parari
regis ad occursum, dum breuis hora patet.
utimini uestris opibus pietate benigna
radicemque mali uellite pectoribus.
* corde inopum uestrae pretium concludite uitae
et capita expensis ungite uestra piis.
castaque lambentes domini uestigia Christi,
detergete comis ambo, lauate oculis.
si desiderium est Celsi sine fine fruendi,
sic agite, ut uobis aula eadem pateat.
nam quem sancta fides et nescia criminis aetas
et pia mens casto corpore continuit,
certa fides illa superum regione potiri,
ignea qua sanctos protegit ara dei.
nolumus ergo, boni fratres, de pignore nostro

533] (Luc. 7, 38). 537] (Rom. 13, 11). 551 sqq.] (I Thess. 4, 13—16).

527 se *om.* *T* plautat O^1, plaudeat *B* 528 sata uel data] nobis sata *fort.*, uerbo data *coni. Zechmeister* 529 personaque *BOv*, persona *T* 531 ambroseos auidi *T*, ambrosio suaui *B* 533 quos O^1 pretioso *T* 536 coniuge *T*, coniungere *BO*, iungere *v* 537 *add.* *B m. 3* 538 hoccursum *B* ora *B* 539 utemini *B* 542 expensis *Tv*, expensius *BO* ungite *Ov*, iungite *BT* 543 castraque *B* uestigio *O* christi *Tv*, christo *BO* 544 comis *ex* meis *B m. 2* 545 siderumque celsi *T* 550 ira dei *T* 551 noluimus *T* bonis *O* uestro *v*

uos ita tristari tamquam homines uacuos;
nam si certa fides uobis quia Christus Iesus
mortuus est et nunc uiuit in arce dei,
sic et eos, quicumque fide uiuente quiescunt,
adducet Christo cum remeante pater.
hoc etenim in uerbo domini docet ille magister,
quo duce sidereas nitimur ire uias,
quod quibus in Christo fuerit modo uita peracta,
isdem cum Christo uita perennis erit.
cumque tuba signum domini aduentantis ab alta
sede patris princeps angelus ediderit,
primi qui in Christo mortes obiere resurgent,
dignati occursum nubibus ire deo.
cumque omnes in qua uixērunt carne reuiuent,
non omnes uerso corpore lumen erunt.
namque resurgemus, sed non mutabimur omnes;
hoc discrimen erit gentibus ante deum.
incorrupta profanorum quoque corpora surgent
a tumulis, longo pabula supplicio.
uita erit his sine fine mori et mors uiuere poenis
et durante suas pascere carne cruces.
ipse suos proprio peccator corpore gignet
carnifices et erit uermibus esca suis.
at quos caelesti pietas euexerit actu,
participata gerent stemmata rege deo
uestitique suum diuino lumine corpus
conformes Christo semper agent domino.
quod cum ita sit, capite ex istis solacia uerbis

566] (I Cor. 15, 51). 578] (I Thess. 4, 17. 18).

553 nobis *T* 554 nunc] nõ *B* 555 et *om.* *T* quaecumque *O*, quecumque *B* 556 aducet *T* 557 domini *B s. l. m. 3* 558 quod *B* 560 isdem *T*, hisdem *BO* perhennis *BT* 563 mortes obiere *v*, mortes obire *O*, morte subire *BT* 565 omnis *B* uixere *T* resurgent *B* 567 mutabimus *B* 569 quoque *Tv*, que *BO* 570 a] ac *O* 571 et *delendum censet Zechmeister* 576 gerent *T*, regent *BOv* stemata *B*, stegmata *T* 579 solatia *T*

et fidos ueri spe recreate animos;
et pignus commune superno in lumine Celsum
credite uiuorum lacte fauisque frui.
aut illum gremio exceptum fouet almus Abraham
et blandus digiti rore Eleazar alit,
aut cum Bethlaeis infantibus in paradiso,
quos malus Herodes perculit inuidia,
inter odoratum ludit nemus atque coronas
texit honorandis praemia martyribus.
talibus inmixtus regem comitabitur agnum
uirgineis infans additus agminibus.
Celse, beatorum castae puer incola terrae,
Celse, dolor patribus, gloria, Celse, patrum,
Celse, amor et desiderium lumenque tuorum,
Celse, breuis nobis gratia, longa tibi.
sed tamen et nobis poterit tua gratia longum
uiuere, si nostri sis memor ad dominum.
namque in te parui meritis ingentibus aeui
tempore uita breuis, sed pietate potens.
* talium enim infantum caeli regnum esse probatur,
qualis eras aeuo mente fideque puer,
qualis et ille fuit noster, tuus ille beati
nominis, accitus tempore quo datus est,
exoptata diu soboles nec praestita nobis
gaudere indignis posteritate pia;
credimus aeternis illum tibi, Celse, uirectis
laetitiae et uitae ludere participem,

583] (Luc. 16, 23. 24). 585] (Matth. 2, 16).

580 fides *B* ueris ꝑ recreate *T* 583 excepto *B* almus abraã *T*, abramio *BO* gremio fidei pater excipit almo *v* 585 bethleis *BO*, baltheis *T* paradyso *O* 586 herodis *BO* 589 immixtus *v*, inmistus *T*, inmixtis *BO* 590 uirginibus *T* 591 caste *O*, caste o *T* incola terrae *BOv*, inclite terris *T* 592 celsa *O* 594 lunga *T* 595 gra longo *T* 596 nr̃a *O* 597 in te] inter *B* 599 infantum *T*, *om.* *BOv* caeli *om.* *B* esse *T*; esse dei *BO*, deus esse *v* probatur *T*, profatur *BOv* 600 aeras *BO* 601 nostri *T* tuus] nunc *coni.* *Zechmeister* 602 numinis *BOv* 603 exobtata *B* sobolis *BO*

quem Conplutensi mandauimus urbe propinquis
coniunctum tumuli foedere martyribus,
ut de uicino sanctorum sanguine ducat,
quo nostras illo spargat in igne animas.
forte etenim nobis quoque peccatoribus olim
sanguinis haec nostri guttula lumen erit. *
Celse, iuua fratrem socia pietate laborans,
ut uestra nobis sit locus in requie.
uiuite participes, aeternum uiuite, fratres,
et laetos dignum par habitate locos,
innocuisque, pares, meritis peccata parentum, *
infantes, castis uincite suffragiis.
quot tibi, Celse, annis, totidem illi uita diebus
hausta; sed ille minor, qua prior, est senior.
nam minor est, in quo uixit minus; attamen idem
qua prior abscessit, nunc ibi te senior.
Celse, tuo cum fratre tuis, quibus addimur, adsta;
nam tua de patrio sanguine uena sumus.
cum patre Pneumatio simul et cum matre Fideli
dic et Paulinum Therasiamque tuos,
ut precibus commune tuis miserante habeamus
praesidium Christo nos quoque, Celse, tui.
sed tamen et nobis superest operam dare, qua te
possimus simili simplicitate sequi.
tum nostro socii poterimus uiuere Celso,
dulcis et aeternum pignoris esse patres.

XXXII.

Discussi, fateor, sectas, Antonius, omnes;
plurima quaesiui, per singula quaeque cucurri,

607 cumpludensi *O* 608 tumulis *T* martiribus *B* 610 qui *T* illos *O* spargat *B*, spergat *T*, purgat *Ov*, purget *Rosw.* 612 nomen *T* 614 nostra *T* nobis *om. B* loculus *B* 619 quod *B* 620 est *Ov*, ac *T*, *om. B* 622 quo *T* abcessit *B* 623 celse tuum frm̄ *T* asta *T* 624 patris *T* 625 pneumacio *B* 626 decet BO^1, dices *v* 627 comune *B* 631 tunc *Tv* 632 et *om. O* patres *OT*, patris *B*, pares *v*

XXXII. *AD.* — 1 sec^{t}as *A*

sed nihil inueni melius quam credere Christo.
haec ego disposui leni describere uersu,
et ne displiceat quod talia carmina pango,
Dauid ipse deum modulata uoce rogauit,
quo nos exemplo pro magnis parua canemus,
dicentes quae sunt fugienda sequenda colenda,
cum tamen in cunctis et res et causa probetur.
Iudaicum primo populum nec gratia mouit
mira dei; nam tum Pharaoni ereptus iniquo
et mare transgressus pedibus lucente columna,
cum duce qui mergi infestos uidit equestres
et cui desertis nihil umquam defuit agris,
Manna cui e caelo et fons de rupe cucurrit,
post haec ipse deum praestantem tanta negauit,
dumque aliud numen dementi pectore quaerit,
ignibus incensis quod misit perdidit aurum.
par quoque paganus; lapides quos sculpit adorat
et facit ipse sibi quod debeat ipse timere.
tum simulacra colit quae sic ex aere figurat,
ut, quando libitum est, mittat confracta monetae
aut magis in species conuertat saepe pudendas.
hinc miseras mactat pecudes mentesque deorum,
quos putat irasci, calido in pulmone requirit
atque hominis uitam pecoris de morte precatur.
quid petit ignosci ueniam qui sanguine poscit?
illud enim quale est, quam stultum quamue notandum!
cum deus omnipotens hominem formauerit olim,
audet homo formare deum; ne crimina desint,
hunc etiam uendit, dominum sibi comparat emptor.

15] (Ex. 16 et 17). 16] (Ex. 32).

4 conscribere *Mur.* 5 carmine *coni. Vonk* pango *coni. Oehler*, pando *AD Vonk* 6 deum *Vonk*, dominum *AD*, chelym *Mur.* ipse Dauid dominum *coni. Zechmeister* 9 cunctamen *A* 11 faraoni *AD* 13 mersos *coni. Mur.* 14 nihilum quoque *Mur.* 18 quo fisus *uel* quo fidit *coni. Vonk* 19 sculpsit *Mur.* 21 cum *coni. Oehler* aera *D* 22 conficta *Mur.* 31 uendidit *A* dominus *Mur*

philosophos credam quicquam rationis habere,
qui ratione carent, quibus est sapientia uana?
sunt Cynici canibus similes, quod nomine produnt;
sunt et sectantes incerti dogma Platonis,
quos quaesita diu animae substantia turbat,
tractantes semper nec definire ualentes,
unde Platonis amant de anima describere librum,
qui praeter titulum nil certi continet intus.
sunt etiam Physici naturae nomine dicti,
quos antiqua iuuat rudis atque incondita uita.
namque unus baculum quondam et uas fictile portans,
utile quod solum solumque putaret habendum,
illud ut auxilii, hoc esset causa bibendi,
cum stare agricolam manibusque haurire supinis
potandas uidisset aquas, uas fictile fregit,
quo procul abiecto remouenda superflua dixit.
rusticus hunc docuit quod spernere posset et istud.
hi neque uina bibunt nec uictu panis aluntur
nec lecto recubant nec frigora uestibus arcent
ingratique deo quae praestitit ille recusant.

quid dicam diuersa sacra et dis atque deabus
condita templa. loquar quae sint Capitolia primum:
his deus ⟨est⟩ uxorque dei, ipsamque sororem
esse uolunt, quam Vergilius notat auctor eorum
dicendo et soror et coniunx. plus de Ioue fertur
et natam stuprasse suam fratrique dedisse,
utque alias caperet, propriam uariasse figuram:
nunc serpens, nunc taurus erat, nunc cygnus et arbor *

32 philosophis *A* 34 cyni[cl] *D* 37 definere *A* ualentes *A*, uolentes *D* 39 nihil *A* 40 fysici *AD* 42 portans *in ras. D* 43 putarat *Mur.* 44 auxilii atque hoc *Mur.* 45 staret agricola *AD; em. Mur.* 47 remouendo *AD; em. Mur.* 48 sperneret *A* 51 quod *Mur.* illi *AD; em. Mur.* 53 condita templa? Loquar quae sint Capitolia primum *Oehler interpungit* (*sed* Loquar quae sint capitolia. Primus *suspicatur*), loquar? Quae sunt Capitolia, primum *coni. Bursian* 54 est *add. Mur.*, *om. AD* dei] de *A* 56 coniux *Mur. ut infra* 58 utque *Mur.*, et quae *AD*, et quo *fort.* 59 cignus *Mur.* arbor *Mur.*, arbo *AD*, aurum *coni. Mur.*, ardor *coni. Oehler*, anser *coni. Bursian*

seque inmutando qualis fuit indicat ipse;
plus aliena sibi quam propria forma placebat.
turpius his aquilam finxit puerique nefandos
uenit in amplexus. quid dicit turba colentum?
aut neget esse Iouem aut fateatur dedecus istud.
nomen habet certe quod nec ratione probetur.
sacra Ioui faciunt et ‚Iuppiter optime' dicunt
huncque rogant, et ‚Iane pater' primo ordine ponunt
rex fuit hic Ianus proprio qui nomine fecit
Ianiculum, prudens homo, qui cum multa futura
* * * * * * * * * * * * * *
posset respicere, ⟨et⟩ duplici hunc pinxere figura
et Ianum geminum ueteres dixere Latini.
hic quia nauigio Ausonias aduenit ad oras,
nummus huic primum tali est excussus honore,
ut pars una caput, pars sculperet altera nauem;
cuius nunc memores quaecumque nomismata signant,
ex ueteri facto ‚capita' haec ‚et nauia' dicunt.
de Ioue quid sperant, ⟨ut⟩ qui est a rege secundus
quique sacrificiis apponitur ore precantum?
hic habet et matrem captam pastoris amore;
nam prior est pastor quam Iuppiter aut Iouis ipse;
sed melius pastor, castum seruare pudorem
qui uoluit spreuitque deam, cui saeua uiriles
abscidit partes, ne quando tangeret ille
alterius thalamum, qui noluit eius adire.
hoc tamen, hoc egit sententia iusta deorum,
ne fieret coniunx qui non est factus adulter?
nunc quoque semiuiri mysteria turpia plangunt

62 puerisque *A* 66 iupiter *Mur. ut infra* 67 et] at *coni. Vonk* 70 *lacunam ita supplendam censet Bursian:* posset ⟨prospicere nec non transacta soleret | sollers⟩ respicere 71 et *addidi, om. AD* duplici hun *A*, hunc duplici *Mur.* 74 excusus *A* 75 scalperet *Mur.* 78 sper*ant *D* ut *addidi, om. AD* quique *coni. Vonk* qui est isto *coni. Zechmeister* 79 qui*que (c *eras.*) *D* sacrifaciis *D* praecantum *D* 80 haberet et *D* 81 Iuppiter, haud Iouis ipso (*sc.* pastore) *coni. Vonk,* Iouis, ipse sed *fort. interpungendum* 82 melior *coni. Mur.* 85 chalamum *AD; em. Mur.* 86 num tamen *coni. Burs.*, attamen *fort.*

nec desunt homines, quos haec contagia uertant,
intus et arcanum quiddam quasi maius adorant
idque uocant sanctum, quo si uelit ire pudicus,
iste profanus erit. sic artior ipse sacerdos *
femineos uitat coitus patiturque uiriles.
  o mens caeca uirum! de sacris semper eorum
scaena mouet risus, nec ab hoc errore recedunt.
Saturnum perhibent Iouis esse patrem huncque uorasse
natos ante suos et mox e uentre nefandas
euomuisse dapes, sed postea coniugis arte
pro Ioue suppositum mersisse in uiscera saxum,
quod nisi fecisset, consumptus Iuppiter esset.
huncque Cronon dicunt ficteque Chronon, quia tempus
quae creat absumit rursusque absumpta promittit.
cur tamen oblique nomen pro tempore fingunt?
hunc etiam, quod saepe sibi de prole timebat,
ab Ioue deiectum caelo latuisse per agros
Italiae Latiumque ideo tunc esse uocatum.
magnus uterque deus! terris est abditus alter,
alter non potuit terrarum scire latebras.
hinc Latiare malum prisci statuere Quirites,
ut mactatus homo nomen satiaret inane. *
quae nox est animi, quae sunt inprouida corda! *
quod colitur nihil est ⟨et⟩ sacra cruenta geruntur.
quid quod et Inuictum spelaea sub atra recondunt
quemque tegunt tenebris audent hunc dicere Solem?
quis colat occulte lucem sidusque supernum
celet in infernis nisi rerum causa malarum?
quid quod et Isiaca sistrumque caputque caninum

92 prophanus *A* artior] castior *coni. Bursian* 93 *post* uiriles *uersum intercidisse susp. Mur.* 95 scena *Mur.* 96 hunc quoque D^1 98 poste[a] ([a] *m. 2*) *A* 101 Cronon *Mur.*, chronon *AD sed* ronon *in ras. D* ch∗ronon *D* 102 remittit *coni. Mur.* 109 etinc *A* statuare D^1 110 numen *fort.* inanem *D* 112 et *Mur.*, *om. AD* 113 spelea *AD* 114 quemque *Mur.*, quaeque *AD* solent *AD* 116 rerum] inhaeret *coni. Zechmeister* malarum *Mur.*, malorum *AD* 117 Isiaca *A*, isiacas *D*, isiacum *Mur.*, Isiaca *uel* Isiaci *coni. Bursian* istrumque *D* canimum *A*

non magis abscondunt, sed per loca publica ponunt?
nescio quid certe quaerunt gaudentque repertum
rursus et amittunt quod rursus quaerere possint.
quis ferat hoc sapiens illos quasi claudere solem,
hos proferre palam propriorum monstra deorum?
* qui Serapis meruit, qui sic laceratur ab ipsis
per uarios turpesque locos? hic denique semper
fit fera fitque canis, fit putre cadauer aselli,
fit homo nunc pannis, nunc corpore languidus aegro.
talia dum faciunt, nihil hunc sentire fatentur.
quid loquar et Vestam, quam se negat ipse sacerdos
scire quid est? imisque tamen penetralibus intus
semper inextinctus seruari fingitur ignis.
cur dea, non deus est? cur ignis femina fertur?
ista quidem mulier, sicut commendat Hyginus,
stamine prima nouo uestem contexuit olim
nomine de proprio dictam, quam tradidit ipsa
Vulcano, qui tunc illi monstrarat opertos
custodire focos; hic rursum munere laetus
obtulit hanc Soli, per quem deprehenderat ante
Martis adulterium; nunc omnis credula turba
suspendunt Soli per Vulcanalia uestes.
utque notent Venerem, tunc et portatur Adonis;
stercora tunc mittunt, ipsum pro stercore iactant.
omnia si quaeras, magis et ridenda uidentur.
additur hic aliud: Vestae quas uirgines aiunt
quinquennis epulas audio portare draconi,

118 portant *coni. Bursian* 120 admittunt *AD*; *em. Mur.* 123 *pr.* qui *Zechmeister*, quis *AD*, quid *Mur.* 124 iocos *fort.* 125 fit] et fit *AD* fit canis et fit *fort.* turpe *Mur.* 126 fit homo nunc *scripsi*, nunc homo nunc *AD*, nunc homo cum *coni. Bursian* panis *A* languidos aegri *AD* 128 et de uesta *AD;* de *del. Mur.* ipsa *coni. Zechmeister* 129 imis quae *AD* 131 faemina *A* 132 commentat *coni. Vonk* 134 nomī *A*, nomen *D* dicta *AD* 135 monstratat *AD; em. Mur.* 136 hinc *AD; em. Mur.* 137 deprenderat *praefert Bursian* 141 ipsum proh! stercore *coni. Oehler* 143 his *coni. Bursian*, hoc *coni. Zechmeister* Vestae quod uirginis *coni. Zechmeister* 144 quinquennes *Mur.* audis *Mur.*, auido *coni. Zechmeister* dra^c^oni *A*

qui tamen aut non est aut si est diabolus ipse est,
humano generi contrarius antea suasor,
et uenerantur eum, qui nunc in nomine Christi
et tremit et pendet suaque omnia facta fatetur.
quae mens est hominum, ut pro ueris falsa loquantur,
qui linquenda colunt contraque colenda relinquunt!
 iam sat erit nobis uanos narrare timores.
haec ego cuncta prius, clarum quam lumen adeptus, *
meque diu incertum et tot tempestatibus actum
sancta salutari suscepit eclesia portu
postque uagos fluctus tranquilla sede locauit,
ut mihi iam liceat detersa nube malorum
tempore promisso lucem sperare serenam.
iam prior illa salus, quam perdidit immemor Adam
tunc uento suadente malo, nunc remige Christo
eruta de scopulis semper mansura resurget.
rector enim noster sic undique cuncta gubernat,
ut modo qui nobis errorem mentis ademit
hic meliore uia paradisi limina pandat.
felix nostra fides uni certoque dicata.
unus enim deus est, substantia filius una
unus, in utroque est unus uigor, una potestas.
namque dei uerbum patrio de pectore Christus
emicuit semperque fuit, qui non quasi natus,
ore sed egressus chaos illud inane remouit
et tulit informem contextae noctis hiatum
distribuitque locis mare terras aëra caelum
hisque dedit geminam pulsa caligine lucem.
ast ubi cuncta nouum stupuerunt surgere solem,

146 humanį *D,* humani *A* generis *Mur.* 148 pendit *AD* fatentur *AD* 152 *post* prius *lacunam esse susp. Mur.*, timebam *Bursian,* ueneratus sum *uel* pro ueris habui *supplenda censet Vonk* quam *coni. Bursian,* cum *AD* prius. Clarum sum lumen adeptus *uel* clarum cum lumen adeptum *coni. Vonk;* cuncta pius clarum nec lumen *fort.* 154 e*clesia (c *eras.*) *D* 158 immemorandam *AD; em. Mur.* 159 uentu *D*[1], uero *A* 160 resurgit *fort.* 164 uno *A* dicata est *Zechmeister* 167 pec*tore *D* 168 fuit *D s. l.* 171 aere *A*

quattuor haec auxit uariis exordia rebus:
sunt homines terris, sunt addita sidera caelo,
⟨aëre⟩ pendet auis, liquido natat aequore piscis.
sic elementa suis decorauit singula formis;
nexuit haec diuersa licet discretaque iunxit
iunctaque discreuit, quae nunc diuisa cohaerent.
claudit enim Oceanus terram, mare clauditur ipsa,
axe sub aetherio medius concluditur aër.
hoc etiam caelum quod nos sublime uidemus
sex aliis infra est spatio surgentibus aequo,
postque thronos septem, post tot caelestia regna
cetera pars omnis, quae cunctis eminet ultra,
quae super excedit, quae passim tendit in altum,
quae sine fine patet, quam nec mens colligit ulla,
lucis inaccessae domus est sedesque potentis
sancta dei, unde procul quae fecit subdita cernit.
omnia sic constant, dum spiritus omnia cingit.
haec itidem, quorum nobis conceditur usus,
quae polus inferior magno complectitur orbe,
cuncta licet distent, una cum pace tenentur,
denique nomen habent unum, sunt omnia mundus.
hunc etiam Graeci cosmon dixere priores;
hinc ita conpositum distinguens utraque lingua
cosmon ab ornatu, mundum de lumine dixit.
nam qua sol nitet, hoc totum sordebat in umbra,
et manet exemplum, quotiens nox omnia foedat,
et docet ex tenebris quae sit data gratia lucis.
tot bona qui fecit, qui sic operatus ubique est,

174 auxit *coni. Vonk,* ^{h}ausit *D,* hausit *A* 176 aere *Mur., om. AD* pendet aues liquido natant aequore pisces *AD; em. Mur.* 180 terra *D* mare *AD,* aere *coni. Bursian* terram, mare clauditur, ipse *Oehler* ipsa *scripsi,* ipso D^1, ipse AD^2 181 aethereo *Mur.* 187 patent *AD* 188 inaccesae *A* sedisque *AD* 191 itidem *Zechmeister,* idem *AD,* eadem *Mur.,* item *coni. Bursian* 192 populus *AD; em. Mur.* magna *AD* Vrbe *A* 196 hunc *coni. Mur.* 198 qua sol nitet hoc totum *scripsi,* quod sol nitet hoc tunc *D,* quod sol nitet hoc nunc *A,* quod sole nitet totum *coni. Bursian et Zechmeister* 199 et *A,* ut *D*

hic dominus de corde dei, hic spiritus oris,
sancti sermo patris, tantarum fabrica rerum.
nec se paganus laudet, si qui idola uitat
aut satis esse putat quod numine credat in uno.
qui colit ille deum, qui uerbum non colit eius,
qui non uirtutem simili ueneratur honore?
quique inuisibilem inconprensibilemque fatetur
esse deum, hic etiam Christum, si cogitet, idem
inueniet, quoniam uerbum conprendere nemo,
nemo uidere potest, opera eius sola uidentur.
in patre natus enim, in nato pater omnia fecit
et quicquid uirtute dedit pietate tuetur.
sic fuit, est et erit uerus saluator in aeuum,
qui tulit errores, qui fecit uera uideri
placatoque patri pereuntem reddidit orbem.
nec mirum si cuncta regit qui cuncta creauit,
qui dedit ex nihilo totum lucique tenebras *
reppulit atque diem iussit succedere nocti
quodque in carne fuit carnis peccata remittit;
cernit enim fragilem faciles incurrere lapsus
corripiensque tamen ueniam dabit omnibus unam,
remque nouam dicam nec me dixisse pigebit,
plusque pius quam iustus erit. si denique iustus
esse uelit, nullus fugiet sine crimine poenam;
iustus enim mala condemnat, pius omnia donat.
hoc facit, ut rata sint uenturae munera uitae
et quod culpa tulit rursum indulgentia reddat;
quae si non fuerit plebi concessa roganti,

202 dominus *scripsi*, deus *AD*, deus est *Mur.* dī *D in ras.* 204 si uitat idola *coni. Mur.* 205 aut *scripsi*, at *A*, ac *D Mur.* numine *Mur.*, nomine *AD* 206 qui *coni. Bursian*, quid *AD* colet *A* 208 incomprehensibilemque *Mur.*, incomprehensibilique *AD* 209 dn̄m *AD* si cogit et idem *D* 210 conprehendere *AD; em. Oehler* 211 uidetur *D* 212 pater] patre *D* 213 quidquit *D* 214 fuit et steterit uersus *A* 216 red[di]dit *D* 218 lucique *scripsi*, lucemque *AD*, qui luce *coni. Bursian et Zechmeister* tenebris *Mur.* 219 praetulit *Mur.* 223 *spurium habet Ebert* 225 fugiet (ugiet *in ras.*) *D* paenam *D* 228 reddat *D in ras.* 229 fuerit *coni. Bursian*, fuerint *AD*

tunc prope nullus erit delicto liber ab omni.
quis poterit meritus promissa luce potiri?
tangere tunc laetis caelorum regna licebit,
tunc poterit mors ipsa mori, cum tempore toto
uita perennis erit, qua tunc in sede beata
nullus peccandi locus est, ubi nulla cupido est.
gloria tanta manet populo seruata fideli.
amplius hoc tribuit, maius dedit hoc quoque munus,
quod peccatorem quem paenitet antea lapsum
non facit in numero turbae peccantis haberi.
quippe satis poena est, cui sit sua culpa dolori;
supplicium proprium timor ⟨est⟩; tormenta reatus
tam ueluti patitur qui se meruisse fatetur.
quid poterit melius uel quid moderatius esse?
iudicat inquirit castigat parcit honorat
omnia qui uincit nec ab ipsa uincitur ira.
quod de praesenti iam cernimus esse futurum;
nam cum saepe minax horrentia nubila cogit
et terrore pio rutilo nimis igne coruscat
tristibus et pluuiis et nubibus intonat atris,
omne genus timet interitum; sed uiua potestas
desinit et pariter caelum mentesque serenat.
hoc quoque tunc sperare iubet qui se modo cuncta
perdere posse probat, sed perdere uelle recusat.
sic iteranda salus uenturo ostenditur aeuo
aeternique dei pietas aeterna manebit.

XXXIII.

O uir beatus, cui remissa iniquitas
nec imputata est pigra credendi mora,

231 qui possit *Mur.* 234 qua *AD*, quia *Mur.* 238 paeniteat *D* 240 poenae est *coni. Bursian* cui *Bursian*, cum *AD* 241 est *Mur.*, *om. AD* 242 tam *AD*, tum *Mur.*, iam *coni. Bursian* 243 moderatus *A* 245 uin(citur *lacuna hausit*) *D* 249 pluuis *A* 250 uita *A*, diua *uel* dira *coni. Oehler*, uisa *coni. Vonk* 251 desinit *Bursian*, desinet *AD* 253 sed *AD*, si *Mur.*

XXXIII. *N.* — Incipit bebiani (obitus bebiani *supplet Brandes, Wiener Stud. XII, p. 281*) diuerso modo et metro dictis (dictus *corr. Brandes*) *N*

operum cui cassa contulit uitam fides!
en iste, celsi quem sub auro culminis
pictura ueris exprimit miraculis,
clarus superbo Veriorum nomine
et consulari Baebianus sanguine
ipse est potentis larga Christi gratia.
prius iste captus uinculis mortalibus
opes et inter saeculi pauper deo
uitam paratis blandientem copiis
mortalitatis immemor cucurrerat.
ut se subactum fine mortalem uidet,
fesso benignum quaerit aspectu deum
statimque Christum luminatus inuenit;
ueniam precatur et sacerdotum pedes
supplex adorat ipse culpator sui
negansque dignum gratia dignum facit
uouetque uitam, ⟨si⟩ supersit, integram
et obire gaudet, si renatus oppetat.

Credidit oranti et sitientem flumina ⟨uitae⟩
praecinctus puro perfudit episcopus amne.
quo peragente pios solito mox ordine ritus
et diuale sacrum libans et chrismate fragrans
attonitum mira se maiestate fatetur;
sed quis odor, quaerit, quem sentiat in sua labi
pectora praedulci medicantem nectare fibras?
sedula tunc coniunx ζωήν de nomine Christi

21] (Ioh. 7, 38).

3 operumque *Fabricius* (*Poet. uet. eccles. opera, Basel 1564, p. 782*) 6 Veriorum *Brandes*, ueriorum *N edd.* 10 inster *N* 11 paratis *uel* adparatis *coni. Brandes*, ut peractis *N* 12 cucurreat *P* (*corr. m. 3*) 13 subactum *scripsi*, subacto *N*, sub arto *coni. Brandes* 14 quaeri *N* (*corr. m. 3*) 15 illuminatus N^{3} 19 si *add. N m. 3*, quae *coni. Brandes* 20 si] si ñ (ñ *exp. m. 3*) *N* 21 uitae *add. N m. 3* 22 episcopis N^{1} (?) 24 et *Morel*, e *N*, en *coni. Brandes* uitale *Bodl.* flagrans *N* 25 atonitum *N* mira (ĩ *ex* a *m. 2?*) *N* magestate *N* fatetur *ex* faere *N m. 2* fatetur et, quis *fort.* 27 febras N^{1} 28 ζωήν *scripsi*, somen *N*, omen *edd.*, fomen *coni. Brandes*

unguentum spirare docet, spondetque sacerdos
et monet, ut longi spatium sibi postulet aeui.
ille dei iam totus ad haec: satis hoc mihi donum,
quo potior; nunc mors lucrum mihi uitaque Christus!
ecce per aeternum terris data gratia Christum!
hic est ille latro felix, qui fine sub ipsa
confessus Christum meruit reus astra fidelis;
hic donatus abit solida mercede diei,
serus ab undecima iam mercennarius hora.
ergo ut sanctifica nituit renouatus ab unda,
ipse grauis artus in mollia fulcra refusus
unanimam alloquitur recreato corde iugalem:

* Aetatis spatium lustra nouem mihi,
annum uita super ducere coeperat,
felix unanimo coniugio mihi,
dulcis pigneribus clara et honoribus,
et nunc mortificis eluta sordibus
sancto fine pium transmeat in deum.
haec ad uerba piis sedula fletibus
coniunx, oret adhuc uiuere, supplicat.
tunc ille: o mulier nescia quid petas,
iam scis an ualeam uiuere tam pie,
ut tanti maneam muneris integer?
et quid uita iuuat, qua moritur salus?
haec ut fortis ait, toruum oculis micans
et caelum stupide suspiciens ait:
flammantem uideo luminis ambitum,
in quem nulla uenit femina circulum.
o felix, cui adhuc corporeo datum
aeterni speciem cernere saeculi,

32] (Phil. 1, 21) 37] (Matth. 20, 6). 57] (Matth. 22, 30; Gal. 3, 28).

31 ad] had N^1 35 fidelis (l *ex* c) *N* 36 abiit N^1 solidae *coni. Brandes* 40 r<εato *N* (recreato *plene scripsit m. 3*) 44 honeribus *N*, onoribus *corr. m. 3* 51 integar *N* 52 ecquid *coni. Brandes* 53 agit *fort.* 58 specimen *Bodl.*

in quo conubiis nulla necessitas,
sexus perpetuis corporibus perit!

Rursus ut haec dixit, subita quasi morte solutus
exanguem porrecta trahit per membra rigorem.
at trepida et uisis exterrita talibus uxor
soluitur in speciem leti, iam muta trementes
tendit in ora manus membrisque intenta iacentis
pendet in exanimum pallentior ipsa maritum.
ipsa fidem mortis suadet mora; namque bis acto
orbe duplex reuoluta dies, bis uespere clausa est,
mortales oculos dum fallit mortis imago.
ille autem angelicis manibus per nubila raptus
liquerat hospitium repetendi corporis et tunc
aetherii secreta poli sedesque beatas
spectabat monstrante deo dignataque Christo
mens pia, dum fletur terris, gaudebat in astris,
hoc tantum maerens, quod adhuc remea⟨re time⟩ret. *
demissa excessu redit, ut conspecta referret
firmaretque fidem dubitantum uiuere functos.
utque redux membris admotae coniugis ora
uidit, pollicitus quiddam mirabile sese
dicturum, in lucem sua distulit orsa sequentem.

Ergo dies primos ubi crastina fulsit in ortus,
mane nouo sacris (aderat nam forte) sacerdos
fungitur, utque pio gessit solemnia cultu,
suspiciens caelum ille manus dispandit et in se
bracchia constringens quasi quaedam munera caelo

59 connubii *edd.* 62 nanque *N* 64 laeti *N* rementes *N* (*corr. m. 3*) 65 iacentis *Brandes*, lacentis *N*, lacertis N^3 70 nubilia *N* 72 secrata—sedisque beatus *N* (*corr. m. 3*) 73 spectabat *Brandes*, expectabat *N*, expectat N^3 74 a*stris (r *eras.*) *N* 75 hoc] unum *add. N m. 3* quo *N* (*corr. m. 3*) remeare timeret *scripsi*, remearet (earet *in ras.*) *N*, remeare maneret *coni. Brandes* 76 demissa excessu *scripsi*, ex cursu demissa *N*, ex cursu medio *edd.*; demissa ex cursu *transp. Brandes* 81 primus *N* (*corr. m. 3*)

missa auido premit amplexu, meaue omnia sunt haec?
percontans. cuncti dictis stupuere rogantque,
quidnam conspiciat clausum mortalibus. ille
πάντα καλῶς inquit, patriarcham saepius Isac
commemorans, graece θεῖον, γλυκὺ θεῖον ὁρᾶσθαι
horrescens ueneransque refert, utque angelus illum
sustulerit per inane uehens, ut milia multa
uiderit angelicis mixta agninisque cateruis
regnantemque deum super omnia cum patre Christum,
narrat et aeternam portis gemmantibus urbem,
narrat ⟨et⟩ aetherii caeleste nemus paradisi.
inter et haec dextram secreta in pectora misit
coniugis, hoc dicens: unum sumus ambo et idem, quae
ingeminans, sancto placidam sic ordine complens
finem, euangelico uitam in sermone refudit.

Et nunc ille deo fruitur curamque beatae
   coniugis aeterno uinctus amore tenet;
attamen unius rapuit solatia nati
   inpatiens tota prole carere pater.
sed postquam iusto tua tempora clauseris aeuo,
   eductis genetrix inclita pignoribus,
tunc puer ille tuus florentem luce coronam
   praeditus occurret cum genitore tibi;
quo comite adueniens tibi laetus ab aethere coniunx
   dextram cum blandis porriget alloquiis:
tempus adest! curis iam soluere, soluere membris!
   uixisti natis, nunc redhibere mihi.
iam non coniugium nobis mortale, ut in aegris

98] (Matth. 19, 5).

87 perconstans *N*, percunctans N^3 89 panta calos inquid *N* 90 commerans *N corr. m. 3* theon glycent theon *N; em. Morel* ὁρᾶσθαι *Brandes*, migranste *N*, ἄγασθαι *Morel* 91 horriscens N^1 93 agninisque *coni. Brandes*, magnisque *N* 96 et *om. N, add. m. 3* 97 interea *Bodl.* 98 et idemq; *N, corr. Morel* 99 placidam *uel* placitam N^1 105 causeris N^1 (*corr. m. 3*) 106 eductis *Brandes*, edoctis *N* 109 aetere *N* 110 porrigit *N* (*corr. m. 3*)

ante dedit breuitas inuida corporibus,
quod nobis tenui fructu rapida abstulit aetas
orbibus accumulans uix duo lustra tribus;
nam tua uiginti lustro cumulauerat annos,
praecessit cursus cum mea uita tuos,
at mihi bis decies maior te fluxerat aetas,
sed tamen aequaeuos fecerat unus amor.
nunc meliore iugo stabiles et in ore piorum
aurea uiuemus saecula rege deo.
surge, uirum natumque sequens; patet ecce sereni
porta poli merito * * * * * *
* * * * * * * * * * * * * *
* * * * * * angelus anteuolans;
ipse piam de nube manum deus exerit et te
in caelum dextra sollicitante uocat.
felix Apra, cui licuit terraque poloque
coniugis unicubae iuge tenere bonum,
quo terris tibi clarus honor, sub nomine eodem
in caelis etiam gloria perpes erit!

115 fructum *N* (*corr. Morel*) 117 uiugnti *N* 118 praecissit *N* (*corr. m. 3*) 119 ad N^1 filuxerat N^1 120 aequeuos *Brandes,* aequeuas *N* 121 ore *ex* onere *N m. 3* 122 uiuimus *N* (*corr. m. 3*) 124 meritis N^3, meritus *Morel; lacunam indicauit Brandes* 127 piam *Brandes,* pia *N* exerit *Brandes,* exeret *N* 128 solliotante *N* 132 caelos *N* (*corr. m. 3*) prepis *N* (*corr. m. 3*)

APPENDIX.

CARMEN I.

Age, iam precor, mearum
comes inremota rerum,
trepidam breuemque uitam
domino deo dicemus.
celeri uides rotatu
rapidos dies meare
fragilisque membra mundi
minui perire labi.
fluit omne quod tenemus
neque fluxa habent recursum,
cupidas uagasque mentes
specie trahunt inani.
ubi nunc imago rerum est?
ubi sunt opes potentum,
quibus occupare captas
animas fuit uoluptas?

Qui centum quondam terram uertebat aratris,
aestuat, ut geminos possit habere boues.
uectus magnificas carpentis saepe per urbes
rus uacuum fessis aeger adit pedibus.
ille decem celsis sulcans maria ante carinis
nunc lembum exiguum scandit et ipse regit.
non idem status est agris, non urbibus ullis
omniaque in finem praecipitata ruunt.
ferro peste fame uinclis algore calore,
mille modis miseros mors rapit una homines.
undique bella fremunt, omnes furor excitat, armis

I. στ. — Versus prosperi ad coniugem suam τ, incipit tetrametron σ
.i. dedicem .i. sacremus
4 dicemus τ, dicemus σ 9 fluit σ, fugit τ 11 cupidasque στ uagasque *Prosp.*, uanas σ, uana τ 13 mago (i *superscr.*) τ 19 uetus (e *superscr.*) σ magnificas στ, magnificis *Prosp.* 23 est *om.* τ 24 fine τ 27 fremunt] fremunt cunctos σ, *sed* cunctos *exp. m. 2* omnis τ arma *ex* armis σ *m. 2*

incumbunt reges regibus innumeris.
impia confuso saeuit discordia mundo,
pax abiit terris; ultima quaeque uides.
et si concluso superessent tempora saeclo
aut posset longos mundus habere dies,
nos tamen occasum nostrum obseruare deceret
et finem uitae quemque uidere suae.
nam mihi quid prodest, quod longo flumina cursu
semper inexhaustis prona feruntur aquis,
multa quod annosae uicerunt saecula siluae
quodque suis durant florea rura locis?
ista manent, nostri sed non mansere parentes.
exigui uitam temporis hospes ago.
non haec ergo sumus nequicquam in saecula nati,
quae pereunt nobis et quibus occidimus,
sed uitam aeternam uita ut mereamur in ista
et subeat requies longa labore breui.
et tamen iste labor sit forte rebellibus asper,
ac rigidas leges effera corda putent;
non autem haec grauis est mansueto sarcina dorso
nec laedit blandum mitia colla iugum.
tota mente deus, tota ui cordis amari
praecipitur: uigeat cura secunda hominis.
quod sibi quis nolit fieri, non inferat ulli,
uindictam laesus nesciat exigere.
contentus modicis uitet sublimis haberi,
sperni non timeat, spernere non soleat.
parcus, uera loquens, et mente et corpore castus
insontem uitam pacis amator agat.
de proprio cunctis quos cernit egere benignus
non sua non cupiat, quae sua sunt tribuat.

49] (Matth. 22, 37).

31 si s. l. σ   nc̃ cluso τ   temporạe seclạ^{o} τ   32 aut *Prosp.*, ut τ, *eras.* σ   33 decẽt (˜ *m. 2*) σ   34 su^{e} (e *m. 2*) σ   36 exaustis στ   39 set σ   40 exiguam τ   uita σ[1]   temporis] corporis τ   41 non hec ergo sumus σ, non nos^{quid} ergo sumus (quid *m. 2*) τ, non ergo sumus hic *Prosp.*   43 set σ uita σ[1]   ut uita τ   45 sit fit (fit *in ras.*) σ   47 autem στ, tamen haec *Prosp.*   sarsina τ   48 nec] naeque τ   49 cor^{dis} (dis *m. 2*) σ   50 secund▒ (i *in ras.*) σ   52 uindạctam^{i} τ   53 uite^{t} σ   54 soleat στ (*sed* ole *in ras.* σ), libeat *Prosp.*   55 *pr.* et σ *s. l. m. 2*   57 de proprio στ, det proprium *Prosp.*   benignis τ

quid, rogo, mandatis durum censetur in istis?
   aut quid erit quod non possit obire fides?
qui credunt sacros uerum cecinisse prophetas
   et qui non dubitant uerba manere dei,
qui Christum passum poenas crucis, ultima mortis,
   in toto celsi patris honore uident
quique ipsum multa cum maiestate tremendum
   expectant pingui lampade peruigiles,
his sordent terrena, patent caelestia nec se
   captiuos seruos temporis huius agunt.
non illos fallax cepit sapientia mundi,
   nec curas steriles inseruere polis.
imperia et fasces, indocti munera uulgi,
   quasque orbis scelerum semina fecit opes,
calcarunt sancta caelum ambitione petentes
   suffragiis Christi et plausibus angelicis.
nec labor hos durus uincit nec blanda uoluptas.
   quaerere nil cupiunt, perdere nil metuunt.
omnia non Christi qui Christi est odit, in illo
   se statuens, in se qui gerere optat eum.
ille deus rerum, caeli terraeque creator,
   me propter sacra uirgine natus homo est.
flagris dorsa, alapis maxillas, ora saliuis
   praebuit et figi se cruce non renuit.
non ut tanta deo quicquam patientia ferret,
   cuius nec crescunt nec minuuntur opes,
sed uictum quod erat in me ut superaret in illo,
   factus sum Christi corporis, ille mei.
me gessit moriens, me uicta morte resurgens

59 rogo] ergo τ   rogo mandatis *in ras. m. 2* σ   60 obire *in* habere *corr. m. 2* σ   61 ueruṣ[m] ([m] *m. 2*) σ   ce[ci]nisse τ   63 *et* 64 σ *m. 2 in mg. add.*   63 pena τ   64 excelsi *Prosp.*   65 tremendum *in* τ *legi uix potest*   67 nec se *in* τ *legi uix potest*   68 serui τ   huius] unius τ   69 non illo[s] ([s] *m. 2*) σ, nullosque τ   capit fallax τ, fallax c//pit (a *in ras. m. 2*) σ   70 cura τ, cur[am] ([am] *m. 2*) σ   sterelis τ   inserue[re] ([re] *m. 2*) σ   72 quasque *om.* τ   orbi[s] ([s] *m. 2.*) σ   facit τ   73 petentes] potentes τ   74 et σ *s. l.*   75 [h]os ([h] *m. 2*) σ   77 *pr.* christi σ *s. l.*   78 seṭ statuens σ, sed studens τ   81 alapạs[i] ([i] *m. 2*) σ   maxilla[s] σ   82 rennuit στ   83 ut tanta] uitanda τ   quisquam τ   85 uictum quod erat τ, quod erat uictum σ, quod erat uitiatum *Prosp.*   ut *om.* τ   superasset τ   87 *pr.* me *ex* mea τ   morteque surgens τ

et secum ad patrem me super astra tulit.
quidnam igitur tanta pro spe tolerare recusem?
aut quid erit quod me separet a domino?
ignem adhibe, rimare manu mea uiscera, tortor;
effugient poenas membra soluta tuas.
carcere si caeco claudar nectarque catenis,
liber in excessu mentis adibo deum.
si mucrone paret ceruicem abscindere lictor,
inpauidum inueniet; mors cita, poena breuis.
non metuo exsilium, domus omnibus una est,
sperno famem, domini fit mihi sermo cibus.
nec tamen ista mihi de me fiducia surgit,
tu das, Christe, loqui tuque pati tribuis.
in nobis nihil audemus, sed fidimus in te,
quos pugnare iubes et superare facis.
spes igitur mea sola deus, quem credere uita est,
qui patriae ciuem me dedit alterius.
sorte patrum occiduum iussus transcurrere mundum
sub Christi sacris aduena miles eo,
nec dubius me iure breui terrena tenere
sic utar propriis, ceu mea non mea sint.
non mirabor opes, nullos sectabor honores,
pauperiem Christo diuite non metuam.
qua stetero aduersis, hac utar mente secundis;
nec mala me uincent nec bona me capient.
semper agam grates Christo, dabo semper honorem,
laus domini semper uiuet in ore meo.
tu modo, fida comes, mecum isti accingere pugnae,
quam deus infirmo praebuit auxilium.
sollicita elatum cohibe, solare dolentem;
exemplum uitae simus uterque piae.

88 et *om.* τ ad secum τ 89 [re]cusem ([re] *m. 2*) σ 90 erit quod σ *s. l. m. 2* separat τ 91 manu τ *s. l.* tortor] *legi non potest in* τ 92 effugient] *legi non potest nisi* gent *in* τ 95 [ab]scindere σ 97 exsilium] mandus *add.* τ, mundus *add.* σ est σ *s. l. m. 2* 98 fit *in* sit *corr.* τ 100 tuque (que *in ras. m. 2*) σ pati] peti τ 101 nichil *ex* χp̃e σ *m. 2* 103 mea sola σ *s. l.* 104 patre (*ut uidetur*) τ 105 transcendere τ 106 milịes τ eo σ *s. l.* 110 metuam *in* metuo *corr.* σ *m. 2* 111 qua] *legi non potest in* τ hac] ac τ 114 ore] *ore (h *eras.*) σ 115 ist[illegible] (i *in ras. m. 2*) σ pugnae τ, pugne σ, pugna *Prosp.* 116 qua *fort.* auxilio σ; *post* auxilium *in* τ *duo tantum uersus secuntur, quorum uerba postrema legi etiamnunc possunt:* licet uilis est in ope non pdat | . . . . ternam a pio patre

custos esto tui custodis, mutua redde;
erige labentem, surge leuantis ope,
ut caro non eadem tantum, sed mens quoque nobis
una sit atque duos spiritus unus alat.

CARMEN II.

Lux festa sacris uult litari paginis,
remoue profanos codices;
hymno sacranda nominis primordia,
quae Christus imperat coli.
in ore Christus nectar, in lingua fauus,
ambrosia uiua in gutture,
lotus beata in pectore, a qua nescias
abire gustata semel,
mel in medullis, lux serena pupulis,
in auribus uitae sonus.
chelys uel plectrum suauis eloquentiae
hoc nomine audito redit.
cursu uagante, lubrico infortunio,
temptationibus mali,
siti et fame, calore et algu mortuis
malagma praebetur potens.
penetrale mentis dira desperatio
peccaminum ob molem quatit,
saeuit paterna in uiscere imo prauitas,
libido succendit faces,
auri cupido molle pectus incitat
per fas nefasque cogere,
faetentis animus sorbet ingluuiem gulae
Venere atque Baccho perditam,
cruentus ultor raptat iracundiam
mucrone prompto stinguere,
inferre mandat terror infortunium,
cauere quod possis male,
uis impotens sui eicit patientiam

119 custodi[s] ([s] *m. 2*) σ   120 leuantis *in ras. m. 2* σ   121 non ▨ eadem σ   122 adque σ

II. — 1 litare *Barth*   3 nominis] luminis *Lebrun*   11 chelys uel *scripsi*, elin uel *cod.*, elingue plectrum *Barth*   17 *enuntiata* penetrale—us. 32 non diu *ut interrogatiua exh. Barth*   18 peccaminum *em. Barth in mg.*, peccatorum *cod.*   23 sorbet *scripsi*, horret *cod.*, ardet *coni. Lebrun*

et arma quaerit perdita,
fidem sinistra quassat obstinatio,
felix reorum. non diu. *
hoc ad salutem nomen auditum uenit,
hoc omne tollit pharmacum.
obsessa membra spiritusque daemone
uexatus impurissimo
hoc hoc medelam sortiuntur nomine,
redeuntque sursum ab inferis
cantata diro carmine et bustis sono
deuota sago corpora
uim colligantis perfidam excutiunt luis,
et sana uertuntur domum.
compago quem soluta membratim iubet
lecto sedere debilem,
quem caecitas, crux omnium miserrima,
addixit alieno pedi,
utroque claudum quem uenire poplite
uidet uniuersa ciuitas:
suis redire gressibus domum queunt
nomen celebrantes dei.
salue, o Apollo uere, Paean inclite,
pulsor draconis inferi!
dulcis tui pharetra testimonii,
quod quattuor constat uiris,
sagitta melle tinctilis prophetico,
pinnata patrum oraculis,
arcus paternae forte uirtutis sonans,
miraculis neruus potens
strauere ueterem morte serpentem sua.
io triumphe nobilis!
salue, beata saeculi uictoria,
parens beati temporis!
salue, quod omnes caelici medii inferi
nomen genu flexo audiunt!
salue, unus unus unus in trino deus,
salue una in uno trinitas!
haec, lux Eoo cum leuata cardine
iter diurnum suscipit,
haec, cum occidente sol subit curru fretum,

32 felix (*i. e.* filix) reorum *scripsi,* felix errorum *Barth* *post* reorum *interpunxi* 53 faretra *Barth* 55 profetico *Barth* 61 seculis *cod.; em. Barth*

benedictio me consecrat.
crucifixe uictor, expiator criminum,
in morte uita praepotens,
fac, cum supremo seuocabor tempore,
ab obruto malis chao
traducat ista me tibi benedictio,
quod utile interim dato,
neu se inquieta mentis excruciet mora,
faetente uincta carcere.

CARMEN III.

Sancte deus, lucis lumen, concordia rerum,
aeterni uerbo conditor imperii,
expers principii nec fini obnoxius, ex quo
totum quod nunc est, quod fuit et quod erit;
corporis ignote oculis, uix cognite menti,
nec linguis facilis nec capiende animis,
indulgens, sanctus, iustus, patiens, miserator,
plenus, perfectus, maximus, omnipotens,
solus nec solus terque unus et in tribus unus,
hoc semper maior, quo fide es uberior!
uiderit an ueniam speret, si dicere laudes
hinc tibi quis dubitat, quod minor esse timet.
ignosci certe merito fas nouerit ille
atque reus stolidae simplicitatis erit.
innumeras qui res temptet numerare paretque,
uirtutes possit pernumerare tuas.
et quod sentimus plus est quam lingua loquatur
et quod sentimus, cum loquimur, minus est.
omnia quae dudum uariis elementa figuris
credimus audimus tangimus aspicimus,
lata mari, terris grauia, splendentia caelo,
aëre mobilia, tristia nocte nigra,
frondosis inserta iugis, sidentia planis,
consita uinetis, omnibus apta satis,
inuia desertis, concreta frigore pigro,

76 quod utile interim dato (*i. e.* dum mihi interim detur quod salubre est) *cod.*, caro (*uel* carne) interim terrae data *coni. Lebrun* 77 neu *cod.*, ne *Lebrun*

III. *T.* — S. Paulini episcopi Nolani carmen I ad Deum post conuersionem et baptismum suum *inscr. Ang. Mai, inscr. om. T* 13 ille *scripsi,* illi *T* 15 paretque *Mai,* patetque *T*

ignea sideribus, uiuida fluminibus,
ut primum placuit, uerbi uirtute creasti;
quodque aliis facere est, hoc tibi uelle sat est.
nil rerum natura parit non iussa, tibique,
principio, debent omnia principium:
officium praebens obscuris luna tenebris
et iussus claro sol radiare die,
saecula saeclorum, menses dies annus et horae,
quodue agimus cuncto tempore quoue agimus,
angelicus populus, patriarchae et turba piorum,
quam caelo asciuit religiosa fides,
qua Romanus agit, saeuit qua barbarus orbis,
infusus quicquid summouet oceanus,
quae nexis constant membris, quae membra recusant,
uerbis respondent, indiga uocis hiant,
quaeue metus cursu seruat uirtusue tuetur,
antra tegunt, uoluunt flumina, penna leuat,
unum discretis referunt tibi uocibus hymnum
et quod non possunt explicuisse uolunt.
ipsa etiam te bruta tremunt, tibi muta loquuntur;
quoue modo id faciant, nescia mens hominis.
quae scimus, ⟨scimus⟩ occultis omnia causis, *
nec rationis egens quod facis esse potest.
me solum e cunctis male conscia pectora terrent,
indigno laudes ne loquar ore tuas,
ne peccata premant, grauior ne sarcina plumbo
imis captiuum detineat tenebris.
sed mihi dum uariis curarum ambagibus erro,
occurrit trepido quod sequeremur iter.
si defendo, reus; fateor si crimina, saluus;
spero tuam potius quam merear ueniam.
quicquid commisi scelerum sine teste, probasti;
nam facienda uidens, facta uidere potes.
si caelum tibi, sancte, thronus, si terra tuorum
scamnellum merito creditur esse pedum;
crimina non dubia ei, totum qui penetrat orbem,

59] (Act. 7, 49).

33 secula seculorum *T* 34 quoue *Mai,* que *T* 43 ymnum *T* 47 scimus *addidi,* manant *add. Mai* 55 crimine *T; em. Mai* 57 commisi, scelerum sine teste probasti *interp. Mai* 58 na[illegible] *T* potes. Si caelum *interp. Mai* 60 scamnelum *T* 61 dubia ei *scripsi,* dubie *T* totum qui *Mai,* totusq; *T* orbem *Mai,* orbis *T*

qua patet accessu uel pede uel pelago.
quicquid in occasu zephyrus uidet, eurus in ortu,
austro si qua tepent, si qua aquilone rigent,
sunt oculis subiecta tuis, licet arbiter absit
et scelus admissum nox sibi fida tegat,
antris claudatur, mergatur flumine, montis
desuper inmissi ponderibus lateat,
ueletur denso tectorum culmine; solus
testem uitabit qui male non faciet.
Lyncei fertur felicis acumine uisus
intentos paries non tenuisse oculos.
uisibus humanis ⟨hoc si⟩ licuisse putatur,
ignotum quicquam credimus esse tibi,
qui mare qui caelum terrasque et quicquid in his est
omnibus immistis extra uel intra regis?
nec miror; proprio parent elementa parenti
et penetrata suo cuncta patent domino.
si quisquam sine se poterit peccare, latebit;
nam si peccabit, testis adest animus.
ergo ego sum primis semper lasciuus ab annis,
cuius amor licitis miscuit illicita,
audax, periurus, simulator, dissimulator,
ambitor, uarius, inuidus, inpatiens,
crudelis, rationis egens, furiosus, auarus,
profusor proprii, plus aliena petens.
et quicquid scelerum molitur perficit audet
pollutum corpus, mens rea, lingua loquax,
totum placato quamuis sub iudice feci;
non habet in tanto crimine poena locum.
sed tibi laus, tibi, sancte pater, laus tempore in omni,
qui potes addictam uiuificare animam;
parcere subiectis, tenebris infundere lumen
et brutis sanctos de scopulis facere.
e medio mortis uitiorum gurgite mersus
eripior sanctis purificatus aquis
et modo qui merui tortorum uincula flammas,
idem non idem iam quasi liber ago.
quid loquimur ,liber'? frenant hanc crimina uocem;
seruus peccati post ueniam teneor.
nam uetus et studio pugnandi promptior hostis

63 zephirus *T* 67 megatur *T* 71 lincei *T* 73 hoc si *add. Mai* 76 immistus *fort.* 78 patent *Mai,* parent *T* 81 primis *Mai,* primus *T* 86 pł *T,* plura *coni. Mai* 89 quanuis *T*

incautum uariis artibus exagitat,
auditu uisu gustu tactuque placentes
obiciens semper callidus illecebras,
ut, pars si qua meis membris male firma uacillet, *
ceu patulum populans intret ouile lupus
et leo secretis rapidus prorumpat ab antris,
incustoditum si patet ire pecus.
sed tu, sancte deus, sensus si uerba loquuntur
et non mens aliud, lingua aliud loquitur,
sollicitus cupidus deuotus pectore et ore
pulso; patere iube, da, peto quaero, doce, *
qua fas quaque pium est mortalem noscere, quam sis
supplicibus facilis quotue quibusue modis.
peccatis ignosce meis; leuioribus utor
quam sint factorum pondera nominibus.
criminibus ignosce magis; iam sentiat ipse
quae mihi molitur tela furens coluber,
atque per innumeros escis fallentibus hamos
captiuum teneant, sic rogo, quae sua sunt.
non aurum gemmasque uelim, non ditia regum
regna nec immensas quas habet orbis opes,
non ut densatos fasces curuasque secures
pone sequar celsis conspiciendus equis,
non ut seruandi signent mea nomina fastus
turbaque nobilium limina nostra terat,
non ut sic saltem subrepat blanda uoluptas;
sed mihi contento quod satis est habeam.
non longum uitae cursum, non gaudia quaero
corporeis nimium congrua deliciis,
hibernis totum citius cum transeat umbris
floribus et, rigidi quos rapuere noti.
in quis uita breuis, post mortem poena perennis.
ipsum se damnat qui peritura rogat.
da potius sensus dociles, da lumina menti,
da mortem membris quae perimunt animam.
instrue sollicitum, nutantes dirige gressus,
credenti plenam plenior adde fidem.
sit mihi iustitiae studium, custodia ueri,
sit purum corpus, sit sine labe animus,
simplicitas probitas patientia, mens sibi recti

105 firma uacillet *Mai*, fida bacillet *T* 109 sensus *scripsi*, sensu *T* 116 sunt *fort.* 119 atque *scripsi*, seque *T* 125 seruandis *T* fastos *T* 130 delitiis *T* 132 nothi *T* 133 perhennis *T*

conscia, sit pietas, sit bene suadus amor.
non aliena petam; facilis iactura meorum;
sim mundo stultus, ut tibi sim sapiens.
perpetuo imposito moriatur fine uoluptas,
nec recolant sensus quod meminisse nocet.
non ullum bona formidet conscientia testem;
quae loquimur rata sint, quae facimus deceant.
ambitio ebrietas odium tumor ira libido
ac uarii mater criminis inuidia
sint procul, et iugi mereatur uita precatu,
excusso temptent ne mea colla iugo.
sic humilis modo mane nouo, modo uespere facto
susceptae curem tempora militiae,
ut nox si qua uenit semper postrema putetur
atque diem mundo ceu moriturus agam.
cessabunt fraudes periuria furta rapinae,
impendens metuam si cito iudicium.
uotis sermoni factis modus utilis assit,
assit praecipuus in tuo amore modus,
ut mihi uisceribus totis totisque medullis,
si mereor, totum te, pater, insinues.
nox dies, hora et quodque momentum, scripulus omnis,
puncta etiam nostrae crescere dent fidei,
ad quam seruandam tua sum pietate iuuandus.
totum posse tuum; uix mihi uelle subest,
ac si multiplices in cassum porrigo curas,
paucis rem uerbis plenius expediens.
sunt qui saepe sibi dictis contraria poscunt;
utile quod nobis scis, deus, hoc tribue.
accenso maerens si quaerit lumine drachmam
et gaudet mulier quod sibi non pereat,
si fuit et pecudis non uilis cura relictae
pastori centum qui numerabat oues,
cuius, cum posset facilis iactura uideri,
dulcia curuatis pondera sunt humeris,
si pater, amisso remeat cum faenore natus,
testatur largis laetitiam dapibus:
cur dubitem totum quod sit tua cura per orbem,

171] (Luc. 15, 8). 173] (Matth. 18, 12).

154 susceptę uel suspectę curam *T* 156 ceu *Mai*, heu *T* 164 nostrae *scripsi*, nostra *T* 166 tuumst *fort.* 168 expediam *fort.* 171 accenso (a *postea add.*) *T* dragmā *T* 174 oues *Mai*, opes *T*

ne quisquam pereat qui tibi crediderit?
nam si quem dudum rebus ratione fruendis
formauit madido dextera sancta luto,
de nihilo sumptum nihilum finxisse putatur
ludentis potius quam facientis opus.
denique cum proprio damnatus crimine iusto
transgressus legem morte perisset homo,
personam mutans, fecisti cedere causam,
nec nimium durus nec nimium facilis
dignatus dominus dominum demittere terris,
uirtutem faceret qui crucis opprobrium
et quidquid poterat pro maiestate iubere,
hoc potius faceret subditus imperio,
uincula captiuis, captiuos demeret hosti
et fixos leti detraheret laqueos,
ut quod credulitas fallacis uinxerat anguis,
posset nunc melior soluere credulitas.
ex te qui genitus sine tempore et ordine, per te
sic totum accepit, quod tibi nil minuit;
unus homo, uirtus similis, substantia par est,
de sancto sanctus, de pietate pius,
plenus de pleno, iusti de fomite iustus,
de uero uerus deque deo deus est.
edita coniugio poterit natura uideri
tertia, cum medium composuere duae.
naturae dominus, rerum sator, omnia per quem,
non aliud potius quam quod eras generas.
hunc post pro nobis sumpturum pondera carnis,
cuius principium saecula nescierant,
infusum reddens dominum sine coniuge mater
intacto praegnans uirgo parit gremio.
editur in terra, cognoscunt omnia lucem;
⟨nec tamen hanc mundus nec tenebrae capiunt.⟩
uerus homo est uerusque deus, non inter utrumque;
hoc natura negat, hoc probat officium.

184] (Prou. 8, 30). 212] (Ioh. 1, 9).

187 cedere causam (*sc.* mortis) *scripsi,* credere causam *T* 188 nec — nec *scripsi,* ne — ne *T,* heic — nec *coni. Mai* 189 dimittere *T* 194 lęti *T* 200 sc̄o sancto sanctus *T* 202 uero uirus *T* 203 nature *T* 204 mediam *uel* duo *coni. Mai* due *T* 209 reddes *T* 211 in *T,* e *Mai* 212 *uersum a T spat. uac. omissum ex Ioh. 1 suppleuit Mai amicus*

Christus, securi tandem noua gaudia mundi
innumeris dudum scripta uoluminibus,
Christus, caecorum lumen, purgatio leprae,
auditus surdis, sollicitis requies,
claudorum gressus, mutorum lingua, redemptor
orbis et addicti uera salus populi,
pertulit aeternus communis claustra sepulchri
et manet aeternus quem tenuit tumulus.
immortalis erat; est mortuus, et modo uiuit;
ante deus homo est; nunc deus ex homine
conscendit caelum sacrata sede receptus;
perpetuus dominus est erat et ueniet.
tu pater ingenitus; genitus tibi filius, ex te
non genitus sanctus spiritus egreditur;
qui semper medius inter natumque patremque
sentitur sentit, traditur accipitur,
sanctificat spirat dominatur, totus ubique est,
accessu emundat, munditiis capitur.
dummodo qui religat tria nomina, tres quoque formas
unum consultus non neget esse deum,
uirtutis similis, similis pietatis, id ipsum,
unum non unum, sed mage credat idem.
haec ego, non quantum uolui pro pondere rerum,
sed quantum uitiis implicitus potui.
tu concede, pater, duret mihi semper ut ista
una super trina nomina credulitas.

CARMEN IIII.

Verba tui famuli, rex summe, attende serenus
respice et affectum cum pietate meum.
sum miser, ut mereor, quantum uix ullus in orbe est;
semper inest luctus tristis et hora mihi.
septimus annus adest, ex quo noua causa dolores
multiplices generat et mea corda quatit.
captiuus extris extunc germanus in oris
est meus, afflicto pectore nudus egens.
illius in patria coniunx miseranda per omnes
mendicat plateas ore tremente cibos.
quattuor hac turpi natos sustentat ab arte,

217 xp͠e cecorum *T* 233 tresque quoque *T*
IIII. *T.* — De domesticis suis calamitatibus *inscr. Mai* 9 coniux ***Mai***
10 plat[a]es *T* tremento *T*

quos uix pannuciis, quis ualet, illa tegit.
est mihi quae primis Christo sacrata sub annis
excubat egregia simplicitate soror.
haec sub sorte pari luctum sine fine retentans
priuata est oculis iam prope flendo suis.
quantulacumque fuit direpta est nostra supellex,
nec est heu miseris qui ferat ullus opem.
coniunx est fratris rebus exclusa paternis,
iamque sumus seruis rusticitate pares.
nobilitas periit miseris, successit egestas.
debuimus, fateor, asperiora pati;
sed miserere, potens rector, miserere precantum
et tandem finem his, pie, pone malis.
captiuum patriae redde et genitalibus aruis,
cum modicis rebus culmina redde simul,
mens nostra ut Christo laudes in saecla frequentet,
reddere qui solus praemia digna potest.

19 coniux *Mai* 26 sumul *T* 27 secula *T* 28 potest τελως *T*

Erläuterungen zur zweiten Auflage

Zu den Werken des Paulinus:
Einige der von Hartel herausgegebenen und nun nachgedruckten Werke sind mittlerweile in ihrer Echtheit umstritten bzw. als unecht erwiesen. Dies gilt zuallererst für sämtliche vom Editor selbst bereits in den Anhang verwiesene Stücke, d. h. die beiden nun Pelagius zugeschriebenen Briefe *ad Marcellam* und *ad Celanciam* (CSEL 29, 429sqq.; cf. CPL 738, 745; Frede, Kirchenschriftsteller. Verzeichnis und Sigel 668) und die sog. *Excerpta Bobiensia* (CSEL 29, 459sqq.; cf. Frede 668) sowie die vier Appendix-Carmina (CSEL 30, 344sqq.; cf. Frede 668; app. carm. 1 stammt möglicherweise von Prosper, app. carm. 4 von Paulus Diaconus); ebenso für die sog. *Passio S. Genesii Arelatensis* (CSEL 29, 425sqq.; cf. Frede 668). Umstritten ist die Authentizität der Briefe 46, 47 (an Rufinus) und 48, wobei die beiden ersteren eher als echt angesehen werden (cf. P. Fabre, Essai sur la chronologie de l'œuvre de Saint Paulin de Nole, Paris 1948, 88ff.; F. X. Murphy, Rufinus of Aquileia and Paulinus of Nola, REAug 2 [1956], 79ff.; Walsh, Letters 2, 354f.; Lienhard, Paulinus of Nola and Early Western Monasticism, Köln-Bonn 1977, 22), während 48, ein Fragment von wenigen Zeilen, kaum beurteilt werden kann. Von den Gedichten ist c. 4 Paulinus von Pella zuzuschreiben (cf. Courcelle, Un nouveau poème de Paulin de Pella, VigChr 1 [1947], 101ff.), c. 5 wahrscheinlich Ausonius (cf. Mertens, Quaestiones Ausonianae, Diss. Leipzig 1880, 23ff.; Fabre, Chronologie 108ff.); sicher nicht Paulinus zuzuschreiben ist auch c. 32, das sog. *poema ultimum* (cf. Fabre, Chronologie 124ff.; Sirna, Aevum 35 [1961], 87ff.); neuerdings wurde die Unechtheit der beiden als c. 30 zusammengefaßten Inschriften erwiesen (cf. Lehmann, ZPE 91 [1992], 243ff.). Nach wie vor umstritten ist die Authentizität des sog. *Obitus Baebiani*, c. 33 (dagegen: Fabre, Chronologie 130ff.; Lienhard, Monasticism 22; dafür: Green, Poetry 131; Guttilla, ALGP 23-24 [1986-87], 131ff.; Ruggiero, Carmi 31; unentschieden: Walsh, Poems 420f.; Döpp, JbAC Erg.-Bd. 22 [1995], 66ff.).
Andererseits werden nun einige neue Stücke Paulinus zugeschrieben. Es handelt sich einerseits um Fragmente von jeweils wenigen Worten (cf. P. Courcelle, Fragments historiques de Paulin de Nole conservés

par Grégoire de Tours, in: Mélanges d'histoire du Moyen Age dédiés à la mémoire de L. Halphen, Paris 1951, 145ff.; Lienhard, Some Fragments of Paulinus of Nola, Latomus 36 [1977], 438ff.), andererseits zwei metrische Inschriften, deren Text im folgenden wiedergegeben werden soll. Das erste der beiden Gedichte, die Grabinschrift für Cynegius, ist längst als Werk des Paulinus allgemein akzeptiert, wurde aber von Hartel trotzdem nicht in die Edition aufgenommen; das zweite wurde erst kürzlich in einem Codex des 11. Jahrhunderts aus Neapel, der auf einer älteren Sammlung beruht, entdeckt und Paulinus zugesprochen.

Inschrift für Cynegius
Cf. CIL 10, nr. 1370; Bücheler, Carmina epigraphica nr. 684; Diehl, Inscriptiones christianae 2, 216s., nr. 3482; Courcelle, Les Confessions de Saint Augustin, Paris 1963, 596, n. 1; Walsh, Poems 345, 421f.; Ruggiero, ImpD 8, 1990-91 (1992), 147ff.; Text nach Bücheler und Diehl:

[Exegit u]itam florente Cynegius aeuo
[et laetu]s sancta placidae requiescit in aula.
[illum nu]nc Felicis habet domus alma beati,
[dudum per lo]ngos susceptum possidet annos,
[ipseque iam pl]acito laetatur in hospite Felix.
[sic et tu]tus erit iuuenis sub iudice Christo,
[cum tuba terri]bilis sonitu concusserit orbem
[humanaeque ani]mae rursum in sua uasa redibunt:
[Felici merito] hic sociabitur ante tri[bunal].
[interea] in gremio Abraham [cum pace quiescit].

2 [et paci]s *Walsh*
4 [atque ita per lo]ngos *Mommsen CIL*
5 [patronus pl]acito *Mommsen CIL*; [patronus t]acito *Walsh*
6 [sic protec]tus erit *Mommsen CIL*

Inschrift, enthalten in Cod. Neapolitanus VIII.B.3., s. XI (Bibl. Nazionale, ehem. Benevent), fol. 52v (cf. T. Lehmann, Zu Alarichs Beutezug in Campanien: Ein neu entdecktes Gedicht des Paulinus Nolanus, RQ 93, 1998, 187):

Paulinus tuus has et plebs famulus tua grates
soluimus. aeterno, Felix, tibi munere Christi
fundimus in gemino diuersum carmine uotum:
quas legis ante preces, longis quas misimus horis,
pro reditu quas deinde tuo iam conpote uoto
reddidimus coram satiato pectore grates.

2 soluimus] par famulorum *cod*
4 longis quas] longisq(ue) *cod*
5 conpote] compono *cod*
6 grates] coram *cod*
Konjekturen von A. Weische, cf. Lehmann, op. cit. 187 n. 27

Zu den Handschriften:
Folgende Handschriften wurden von Hartel noch nicht berücksichtigt:
Paris MS Bibl. Nat. Lat. 8093, s. IX, fol. 38rv: carm. 6, 256-330
cf. B. Bischoff, Ein Brief Julians von Toledo über Rhythmen, metrische Dichtung und Prosa, Hermes 87 (1959), 250 Anm. 2; J. T. Lienhard, Textual Notes on Paulinus of Nola, carm. 6, 256-330, VigChr 31 (1977), 53-54
Venedig Marcianus Classis XII codex LXIX (Manoscritti Marciani 3949), s. XV, fol. 179b-180b: carm. 10, 19-102
cf. P. Thielscher, Handschriftliches zu römischen Dichtern, RhM 62 (1907), 53
Salzburg, St. Peter, cod. a VII 5, s. IX-X, fol. 109a-112a: epist. 25*
cf. C. Weyman, Der zweite Brief des hl. Paulinus von Nola an Crispinianus nach der Münchener und der Salzburger Handschrift, HistJb 16 (1895), 92-99
Neapel, Bibl. Naz., cod. Neapolitanus VIII.B.3., s. XI, fol. 52v:
cf. T. Lehmann, Zu Alarichs Beutezug in Campanien: Ein neu entdecktes Gedicht des Paulinus Nolanus, RQ 93 (1998), 186ff.

Zu den Indices:
Die Indices der Ausgabe von Hartels sind bekanntermaßen (vgl. die in der Bibliographie S. 627ff. erwähnten Rezensionen) fehlerhaft und unvollständig. Daher war es notwendig, diesen Teil der Edition für den Nachdruck völlig neu zu gestalten. Der *Index biblicus* (S.

enthält neben den bereits von Hartel angeführten Stellen zahlreiche weitere, seither entdeckte biblische Parallelen (vor allem zu den Gedichten, da Hartels Index in dieser Hinsicht die größten Defekte aufweist); manche unpassend erscheinende Stellen wurden gestrichen. Im Similienapparat fehlende Bibelzitate sind aus dem letzten Teil der neuen Indices (Addenda et Corrigenda, S. 599ff.) ersichtlich. Der ebenfalls um neu erkannte Parallelen ergänzte und durchgehend mit Zitaten der entsprechenden Stellen versehene *Index reliquorum auctorum et imitatorum* (S. 427ff.) wurde um einen zweiten, nicht nach den Werken des Paulinus, sondern nach den *auctores* geordneten Index auctorum vermehrt (S. 483ff.), um auch das Auffinden von Zitaten bestimmter Autoren bei Paulinus zu ermöglichen. Es folgt ein ebenfalls ergänzter und berichtigter *Index nominum* (S. 529ff.). Nicht weitergeführt wurden die äußerst lückenhaften Indices rerum und verborum, da deren Zwecke heute leicht durch Computerkonkordanzen erfüllt werden können. Der *Index criticus* (S. 555ff.) enthält eine Sammlung von Vorschlägen zur Textgestaltung, die seit dem Erscheinen der Edition gemacht wurden; aufgenommen wurden auch die textkritischen Bemerkungen des Editors selbst (Patristische Studien V und VI), sofern sie vom Text der Edition abweichen. Auf diesen Index wird im Textteil an den entsprechenden Stellen jeweils durch Asterisken hingewiesen. Die *Addenda et Corrigenda* (S. 599ff.) bestehen sowohl aus Korrekturen von Druckfehlern als auch aus Ergänzungen zum Similienapparat. In der *Bibliographie* (S. 627ff.) wird diejenige Literatur angeführt, die für die Erstellung der neuen Indices herangezogen wurde; es handelt sich nicht um eine vollständige Bibliographie zu Paulinus von Nola. Dafür sei auf die Forschungsberichte von *J. T. Lienhard*, Paulinus of Nola and Early Western Monasticism, Köln-Bonn 1977, Appendix II. An annotated bibliography on Paulinus of Nola, 1879-1976, und *C. Iannicelli*, Rassegna di studi Paoliniani (1980-1997), in: Disce Paulinum, Impegno e Dialogo 11, 1994-96 (1997), 279-321 verwiesen. Zum Zwecke der leichteren Benützbarkeit werden die Briefe nun in allen Indices nicht mehr nur mit Seite und Zeile, sondern auch mit Angabe der Nummer des entsprechenden Briefes und des Kapitels zitiert, die römischen Ziffern der Gedichtnumerierung wurden durch arabische ersetzt.

1. Index biblicus

Act.

I Cor.

Col.

2. Index reliquorum auctorum et imitatorum I
(secundum Paulini opera)

a) Loci epistularum (uol. 29)

3, 4 (16, 10)	Verg. Aen. 8, 114 *qui genus unde domo?*
4, 2 (20, 11)	Verg. Aen. 7, 338 *tibi nomina mille / mille nocendi artes*
4, 3 (21, 6)	Verg. Aen. 2, 724 *sequiturque patrem non passibus aequis*
5, 6 (28, 15)	Sulp. Seu. Mart. 2, 8 *euangelii non surdus auditor*
5, 15 (34, 19)	Cic. Mil. 69 *illucescet aliquando ille dies*
5, 17 (36, 16)	Sall. Catil. 1, 2 *animi imperio, corporis seruitio magis utimur*
5, 18 (36, 25sq.)	*cf.* Verg. Aen. 4, 175 *uirisque adquirit eundo*
7, 3 (45, 8)	*cf.* Ter. Ad. 96sq. *haec quom illi, Micio, dico, tibi dico*
8, 3 (48 , 1)	Verg. Aen. 4, 569 *heia age, rumpe moras*; Verg. georg. 4, 412 *tenacia uincla*
8, 3 (48, 11)	Verg. Aen. 3, 436 *et repetens iterumque iterumque monebo*
8, 3 (49, 29)	Verg. georg. 3, 188 *det mollibus ora capistris*
8, 3 (49, 41)	*cf.* Hor. carm. 1, 24, 9 *multis ille bonis flebilis*
8, 3 (50, 65)	Verg. georg. 3, 9 *tollere humo*; Aen. 4, 336 *dum spiritus hos regit artus*
8, 3 (51, 87)	*cf.* Verg. georg. 1, 36 *quidquid eris (nam te nec sperant Tartara regem)*
8, 3 (51, 93)	Verg. georg. 2, 510 *sanguine fratrum*
12, 5 (77, 15)	Enn. scaen. 244 Vahlen^2 = 187 Jocelyn; Cic. rep. 1, 18, 30; diu. 2, 13, 30 *caeli scrutantur plagas*
13, 4 (88, 9)	*cf.* Tert. pud. 2
13, 7 (90, 14)	*cf.* Stat. silu. 1, 2, 111 *crinem deducere amomo*
13, 20 (101, 11)	Ter. Haut. 77 *homo sum; humani nil a me alienum puto*
15, 4 (113, 10sq.)	*cf.* Ambr. fid. 1, 20, p. 135 *ex hoc ergo botryone est uinum quod laetificat cor hominis, sobrietatem inebriat, crapulam fidei et uerae religionis exhalat, crapulam castitatis infudit*

16, 2 (116, 6sqq.)	*cf.* Cic. nat. deor. 1, 53
16, 4 (117, 18sqq.)	*cf.* Verg. Aen. 1, 52sqq.
16, 4 (118, 8)	*cf.* Plat. rep. 10, 617b
16, 5 (118, 21)	*cf.* Verg. Aen. 2, 6 *quorum pars magna fui*
16, 10 (124, 5sq.)	*cf.* Verg. Aen. 4, 188 *tam ficti prauique tenax quam nuntia ueri*
17, 4 (127, 7sq.)	*cf.* Verg. ecl. 1, 11 *non equidem inuideo; miror magis*
17, 4 (127, 23)	*cf.* Verg. Aen. 4, 298 *omnia tuta timens*
18, 4 (131, 7sq.)	*cf.* Verg. Aen. 8, 727 *extremique hominum Morini*
19, 3 (141, 5)	*cf.* Paul. Nol. carm. 25, 157sq.
21, 1 (149, 11)	*cf.* Verg. Aen. 12, 489 *leuis cursu*
21, 4 (151, 20)	Ambr. incarn. 3, 15 p. 231, 3sqq.
22, 2 (156, 6)	*cf.* Verg. ecl. 6, 15 *inflatum hesterno uenas, ut semper, Iaccho*
22, 3 (156, 20)	*cf.* Verg. Aen. 7, 323sqq.
22, 3 (156, 25)	Verg. Aen. 3, 493 *uiuite – peracta*
22, 3 (156, 26)	*cf.* Plaut. Aul. 2 *ego Lar sum familiaris*
23, 6 (162, 22)	*cf.* Verg. georg. 2, 460 *fundit humo facilem uictum*
23, 10 (168, 10)	*cf.* Paul. Nol. carm. 24, 537
23, 10sqq.	*cf.* Ambr. spir. sanct. 2, prol.; apol. Dau. 2, 3, 16
23, 14 (171, 23sq.)	*cf.* Ambr. in Luc. 7, 71-84
23, 24 (182, 1sqq.)	*cf.* Ambr. in Luc. 6, 19sq.
23, 27 (184, 18)	*cf.* Verg. Aen. 11, 572 *nutribat teneris immulgens ubera labris*
23, 27 (184, 19)	*cf.* Hier. tract. in psalm. 106, 2; *cf.* Ambr. in psalm. 37, 25
23, 30 (187, 24sq.)	*cf.* Verg. georg. 1, 304 *puppibus et laeti nautae imposuere coronas*
23, 31–37 (188, 8–194)	*cf.* Ambr. in Luc. 6, 15
23, 33 (190, 2sqq.)	*cf.* Ambr. in Luc. 6, 21 *multorum enim florum in unum collecta gratia spargit odorum uarias suauitates*
23, 34 (191, 22)	*cf.* Plaut. Mil. 580 *me habent uenalem*
23, 36 (193, 21sqq.)	*cf.* Ambr. in Luc. 6, 17 *quocumque uel in domum indigni uel in domum pharisaei audieris iustum uenisse, contende, praeripe hospiti gratiam, praeripe regnum caelorum. … ubicumque audieris*

	Christi nomen, accurre; in cuiuscumque interiorem domum Iesum intrasse cognoueris, et ipse festina. cum repereris sapientiam, cum repereris iustitiam in alicuius penetralibus recumbentem, occurre ad pedes, hoc est, uel extremam partem quaere sapientiae. noli fastidire pedes. fimbriam illa tetigit, et sanata est.
23, 37 (194, 9)	*cf.* Ambr. in Luc. 6, 17sq. *lacrimis confitere delicta, dicat de te quoque iustitia illa caelestis: lacrimis ... extersit. et fortasse ideo non lauit pedes suos Christus, ut eos lacrimis nos lauemus.*
23, 38 (194, 22)	*cf.* Verg. Aen. 1, 687 *oscula dulcia figet*; *cf.* Verg. Aen. 2, 490 *tenent postes atque oscula figunt*
23, 45 (199, 28sqq.)	Ambr. in Luc. 6, 26 *et ideo quoniam nihil est quod digne deo referre possimus – quid enim referamus pro susceptae carnis iniuria, quid pro uerberibus, quid pro cruce obitu sepultura? – uae mihi, si non dilexero! audeo dicere, non reddidit Petrus et ideo plus dilexit, non reddidit Paulus; reddidit quidem mortem pro morte, sed alia non reddidit, quia multa debebat. audi ipsum dicentem quia non reddidit: quis prior dedit illi, et retribuetur ei? reddamus licet crucem pro cruce, funus pro funere, numquid reddimus quod ex ipso et per ipsum et in ipso habemus omnia? reddamus ergo amorem pro debito, caritatem pro munere, gratiam pro pecunia; plus enim diligit cui donatur amplius.*
24, 7 (206, 23sqq.)	*cf.* Ambr. off. 1, 36
24, 12 (213, 5sq.)	Phaedr. 1, 15, 1 *in principatu commutando saepius*
24, 13 (214, 1)	Verg. Aen. 7, 337sq. *nomina mille, / mille nocendi artes*
24, 13 (214, 9sqq.)	*cf.* Ambr. off. 1, 39
24, 23 (222, 18sq.)	Eucherii Comm. in gen. lib. 2, 17 (Bibl. magn. patr. Lugd. 6, 894): *sed quid haec uictoria Abrahae de quinque regibus indicabat? nisi quod fides nostra sic confirmata sit in spiritu principali, ut totidem corporis nostri sensus dei uerbo subigat; nam sicut ille de proximo in regibus uictor, ita et fides per*

	animam uictrix de exteriore homine triumphat. quod uero ille non in multitudine nec uirtute legionum, sed tantum in trecentis decem octo comitantibus aduersarios principes debellauit, iam tunc in sacrae crucis figuram, quae per tau litteram graecam et Iesu nomen, quia iota et theta graecis characteribus scribitur, qui Saluator interpretatur, in numero trecentorum decem octo exprimitur; quod nos Christi passio liberaret a dominatione quinque carnalium sensuum, qui nos antea uariis uitiis captiuantes exsuperauerant.
28, 1 (241, 2sq.)	*cf.* Verg. Aen. 6, 688 *uicit iter*
29, 3 (249, 11sq.)	*cf.* Verg. Aen. 3, 594 *consertum ... spinis*; *cf.* Tac. Germ. 17, 1 *sagum ... spina consertum*
30, 2 (263, 8-22) *pauper ego — infecit* = Aug. ep. 186 (106), 12, 40	
30, 2 (263, 12sqq.)	*cf.* Catull. 85, 1 *odi et amo*
31, 5 (272, 13)	*cf.* Verg. Aen. 3, 415 *aeui longinqua ualet mutare uetustas*
32, 2 (278, 9)	*cf.* Saluian. gub. 7, 3, 14 *sparsis redemerunt crimina nummis*
32, 5 (279, 21)	*cf.* Damas. epigr. 59, 1 Ferrua (=61, 1 Ihm) *corpore mente animo*; *cf.* 46, 1 Ferrua *incola nunc Christi fuerat Carthaginis ante*
32, 5 (279, 27)	*cf.* Verg. Aen. 2, 302; 8, 366 *fastigia tecti*
32, 6 (281, 5)	Verg. ecl. 10, 33 *ossa quiescant*
32, 6 (281, 11)	*cf.* Sedul. carm. pasch. 1, 185 *meritoque et nomine fulgens*; *cf.* Paul. Petric. Mart. 3, 267 *factoque et nomine clarus*
32, 7 (283, 3)	*cf.* Prud. perist. 13, 91 *salutiferi mysteria consecrata Christi*; *cf.* Sedul. carm. pasch. 1, 26 *clara salutiferi ... miracula Christi*
32, 10 (286, 19)	Ambr. hymn. 1, 15 *ipse petra ecclesiae*
32, 12 (288, 4)	Verg. Aen. 6, 638 *amoena uirecta*
32, 12 (288, 9)	Verg. Aen. 3, 548 *perfectis ordine uotis*
32, 15 (290, 1)	Verg. Aen. 4, 112 *foedera iungi*
32, 15 (290, 2)	*cf.* Auson. Mos. 360 *famulis ... adlambere lymphis*
32, 15 (290, 8)	Verg. Aen. 9, 110 *noua lux oculis offulsit*

34, 5 (307, 8)	*cf.* Ter. Ad. 394 *quantus quantus es, nihil nisi sapientia es*
34, 9 (311, 6)	Hor. carm. 2, 1, 7sq. *incedis per ignes / suppositos cineri doloso*
37, 4 (319, 25)	Enn. sat. 70 V² *quaerunt in scirpo soliti quod dicere nodum*; Plaut. Men. 247 *in scirpo nodum quaeris*
38, 3 (326sq.)	*cf.* Melit. Sard. pasch. 59.69
38, 3 (327, 4sq.)	*cf.* Verg. Aen. 1, 3 *multum ille et terris iactatus et alto*
39, 1 (334, 22)	*cf.* Verg. georg. 1, 47sq. *uotis respondet auari / agricolae*
44, 2 (371, 23sq.)	Aug. epist. 27, 3.2
45, 4 (383, 2)	Aug. epist. 95, 2
45, 5 (383, 22)	Aug. epist. 95, 2
49, 2 (391, 12sq.)	Verg. Aen. 3, 193 *caelum undique et undique pontus*
49, 3 (392, 12sq.)	*cf.* Verg. ecl. 6, 3sq. *Cynthius aurem / uellit*
49, 12 (400, 3)	*cf.* Liu. 30, 15, 11 *toga picta et palmata tunica*

b) Loci carminum (uol. 30)

carm. 1

3.4	*cf.* Ouid. met. 15, 474 *nec uolucrem uiscata fallere uirga*

carm. 3

1	Verg. Aen. 10, 91 *Europamque Asiamque*; Auson. Mos. 291 *Europaeque Asiaeque*
11	*cf.* Hor. carm. 4, 2, 3sq. *daturus nomina ponto*; *cf.* Ouid. trist. 1, 1, 90 *Icarus aequoreis nomina fecit aquis*
11.12	*cf.* Verg. Aen. 6, 14sqq. *(Daedalus) gelidas enauit ad Arctos / Chalcidicaque leuis tandem super astitit arce*

carm. 4

1	*cf.* Verg. Aen. 10, 18 *o pater … rerumque aeterna potestas*; *cf.* Verg. Aen. 10, 100 *pater omnipotens*

rerum cui summa potestas; *cf.* Auson. eph. 3, 1 *omnipotens*; *cf.* Carm. de resurr. 83 *cui summa potestas*; *cf.* Prud. ham. 20 *rerum cui summa potestas*; *cf.* Paul. Pell. euch. 519 *cui summa potestas*; *cf.* Sedul. carm. pasch. 1, 60 *omnipotens*; *cf.* Coripp. Ioh. 1, 286 *omnipotens uerbi genitor rerumque creator*

3 Verg. Aen. 4, 5 *placidam membris dat cura quietem*

6 Auson. eph. 3, 64sq. *male posse facultas / nulla sit et bene posse adsit tranquilla potestas* = Paul. Nol. carm. 5, 64sq.

8 Iuuenc. 1, 571 *gens dedita lucris*

10 Gramm. lat. 5, 581, 17 K. *illecebras turpesque iocos*

15 Paul. Pell. euch. 205sqq. *adsit laeta domus ... nitidusque minister*; *cf.* Verg. georg. 4, 133 *dapibus mensas onerabat inemptis*; *cf.* Hor. epod. 2, 48 *dapes inemptas apparet*

16 *cf.* Mart. 2, 90, 9 *sit mihi uerna satur, sit non doctissima coniunx*

17 Iuuenc. 1, 18 *cara tibi mox e coniuge natum*

19 *cf.* Iuuenc. 4, 811 *aeternam capiat diuina in saecula uitam*

carm. 5

3 Drac. satisf. 5 *principio seu fine carens et temporis expers*; *cf.* Merob. Christ. = Claud. carm. app. 20, 1 *proles uera dei cunctisque antiquior annis*

5 *cf.* Paul. Nol. carm. 29, 16 *quae nec mens humana capit nec lingua profari*

8 Ouid. met. 1, 79 *opifex rerum*; *cf.* Auson. grat. act. 18, 80 *aeterne omnium genitor ... opifex et causa mundi*

15 *cf.* Prud. cath. 9, 81 *noctis aeternae chaos*; *cf.* Drac. laud. dei 2, 13 *chaos spatio sub noctis*

16 *cf.* Auson. pasch. 20sq. *ut spiritus ... uegetaret membra*

17	*cf.* Paul. Nol. carm. 6, 168
28	*cf.* Verg. ecl. 4, 17 *reget patriis uirtutibus orbem*
31	*cf.* Paul. Pell. euch. 602 *da precor intrepidam contra omnia tristia mentem*
34	*cf.* Auson. pasch. 14 *deceptus miseratus Adam … implicuit socium blandis erroribus Eua*
36	Ouid. epist. 2, 142 *laqueis implicuisse lubet*
38	Auson. pasch. 7 *plaga lactea caeli*
41	*cf.* Sedul. carm. pasch. 1, 179.181 *aurea flammigeris euectus in astra quadrigis … sidereum penetrauit iter*
44	*cf.* Cic. fam. 7, 12, 2 *Iouem lapidem iurare*
48	Auson. pasch. 20 *ut super aequoreas nabat qui spiritus undas*
50	Orient. comm. 1, 65 *colimus non ture dato, non sanguine fuso*; Arator. act. 1, 192 *sanguine fuso*
52	Iuuenc. 4, 29 *errori obnoxia prauo*
57	*cf.* Verg. Aen. 6, 743 *quisque suos patimur manis*
59	*cf.* Hor. epist. 1, 16, 65 *qui cupiet, metuet quoque*; *cf.* Iuu. 10, 360 *nesciat irasci, cupiat nihil*
64	Paul. Nol. carm. 4, 6
66	*cf.* Hor. sat. 2, 2, 53 *tenui uicto*; 70 *uictus tenuis*; *cf.* Iuuenc. 1, 325 *et tenuem uictum praebent*
72	Tib. 1, 1, 59 *suprema mihi cum uenerit hora*
73	Mart. 10, 47, 13 *summum nec metuas diem nec optes*
75	Verg. Aen. 3, 660 *ea sola uoluptas*
78	Auson. pasch. 15 *blandis erroribus*
80	Auson. pasch. 31 *Christe, apud aeternum placabilis adsere patrem*
82sq.	*cf.* Sedul. carm. pasch. 1, 313sq. *de lumine lumen, de solo solus … in genitore manens*; Prud. apoth. 278 *totus et ex toto deus est, de lumine lumen*
83	*cf.* Iuuenc. 4, 812 *qui in saecula regnat*

carm. 6

1	Verg. Aen. 10, 18 *o pater … rerumque aeterna potestas*; Iuuenc. 1, 16 *rerum pater unicus*

2 *cf.* Iuuenc. 2, 134 *terrarum gloria Christus*

4 Verg. Aen. 9, 764 *uiris animumque ministrat*; 11, 71 *uirisque ministrat*; Manil. 2, 399 *uiresque ministrant*; 5, 226 *uiresque ministrat*; Paul. Petric. Mart. 2, 297 *uiresque ministrat*

11 Verg. georg. 2, 433 *atque impendere curam*

14 Iuuenc. 1, 678 *dixere prophetae*; Sedul. carm. pasch. 2, 35 *dixere prophetae*

20 Verg. ecl. 1, 23 *paruis componere magna*; georg. 4, 176 *si parua licet componere magnis*

21 *cf.* ep. 13, 19 (100, 13) *aeterna caducis*

22 Prud. ham. 343 *inspirante deo*; *cf.* Sedul. carm. pasch. 1, 197 *cum spirante deo*; Verg. Aen. 3, 693 *dixere priores*; Ouid. met. 15, 332 *dixere priores*

23 *cf.* Ouid. ars 3, 407 *et erat uenerabile nomen*; Iuuenc. 1, 540 *uenerabile nomen*

27 Verg. Aen. 7, 750 *de gente sacerdos*

29 *cf.* Paul. Petric. Mart. 5, 362 *religione, fide, affectu, pietate, pudore*

36 Verg. Aen. 2, 570 *cuncta ferenti*; *cf.* Verg. Aen. 8, 102sq. *forte ... sollemnem ... honorem ... ferebat*; Paul. Petric. Mart. 5, 701 *dum sancta deo sollemnia defert*

38 Verg. ecl. 8, 105 *altaria flammis*; Stat. Theb. 10, 55 *altaria flammis*; *cf.* Sil. 3, 29 *altaria flammae*

40 *cf.* Paul. Petric. Mart. 2, 715 *sancto uenerabilis ore*

44 *cf.* Iuuenc. 1, 38 *supremi mandata dei*

48 Verg. Aen. 6, 598sq. *fecundaque ... uiscera*

57 *cf.* Paul. Petric. Mart. 3, 74 *arbitrium uel iura fori*

64 *cf.* Ouid. met. 15, 651 *crepuscula lucem*

67 Verg. Aen. 4, 550 *sine crimine uitam degere*

75 *cf.* Iuuenc. 3, 35 *leti quod lege remissus*

76 *cf.* Paul. Petric. Mart. 5, 863 *ad aeternam redeas cum corpore uitam*

77sq. *cf.* Iuuenc. 2, 546 *flammipedum ... quadriiugorum*

81 Mart. 12, 9, 3 *ergo agimus laeti tanto pro munere grates*; Arator act. 2, 141 *pro munere tanto*; *cf.* Paul. Nol. carm. 20, 255

82sq.	*cf.* Paul. Petric. Mart. 4, 275sqq.
84	Verg. Aen. 4, 278 *in tenuem ... euanuit auram*; 5, 861 *ales ad auras*; 7, 646 *tenuis ... aura*; 9, 658 *in tenuem ... euanuit auram*; *cf.* Iuuenc. 1, 42 *haec ait et sese teneris inmiscuit auris*
86	*cf.* Iuuenc. 1, 27 *confusa respondit mente sacerdos*; 1, 31 *haec trepidus uates*
87	*cf.* Verg. Aen. 1, 50 *corde uolutans*; 6, 185 *corde uolutat*
89sq.	Verg. ecl. 4, 7 *caelo demittitur alto*; Aen. 1, 297 *demittit ab alto*; *cf.* Iuuenc. 1, 16sq. *nam me dimissum rerum pater unicus alto e caeli solio*
93	Claud. 17, 245 *non se meruisse fatetur*
96	Verg. georg. 3, 388 *lingua palato*; Ouid. met. 6, 306 *cum duro lingua palato congelat*; Auson. genethl. ad Auson. nep. 5 *lingua palato*
100	Verg. Aen. 6, 155 *pressoque obmutuit ore*
103	*cf.* Prop. 2, 30, 11 *deus exorabilis*; Stat. silu. 5, 1, 164 *exorabile numen*; Iuu. 13, 102 *exorabile numen*
105	*cf.* Prud. apoth. 106 *distendit uirginis aluum*
107	*cf.* Iuuenc. 1, 49 *uenerunt munera prolis*
110	Verg. Aen. 6, 477 *inde datum molitur iter*
114	Verg. Aen. 1, 561 *uultum demissa profatur*; *cf.* Ouid. epist. 15, 61 *constitit ante oculos*
115	*cf.* Verg. georg. 1, 430 *suffuderit ore ruborem*
122	*cf.* Drac. laud. dei 2, 89 *uerbo fetante marito*
123	Verg. Aen. 12, 197 *terram, mare, sidera*; Ouid. met. 1, 180 *terram, mare, sidera*
124sq.	*cf.* Sedul. carm. pasch. 2, 100 *semper adest semperque fuit semperque manebit*
130	*cf.* Hor. carm. 3, 1, 6sqq.
132sq.	*cf.* Verg. Aen. 4, 276sqq. *mortales uisus medio sermone reliquit / et procul in tenuem ex oculis euanuit auram*
136	Prud. apoth. 583 *prompta fides*

141 Stat. Theb. 11, 427 *multum et uenerabilis aeuo*; *cf.* Rut. Nam. 1, 3 *longo ... aeuo*; Alc. Auit. carm. 1, 180 *uenerabilis aeuo*

142 Prud. c. Symm. 1, 255 *paritura gerebat*

145 Verg. Aen. 12, 914 *pectore sensus*; *cf.* Iuuenc. 1, 85 *diuinae uocis completa est flamine sancto*

156sqq. *cf.* Iuuenc. 1, 88sq. *unde meam tanto uoluit deus aequus honore / inlustrare domum*

159 *cf.* Verg. Aen. 4, 578 *adsis o placidusque iuues*; *cf.* Paul. Pell. euch. 4 *placide mihi deprecor adsit*

161 Verg. Aen. 8, 615 *dixit, et amplexus*

163 Verg. Aen. 6, 343 *dic age*; *cf.* Stat. silu. 4, 1, 28 *dic age, Roma potens*

164.165 Auson. epist. 4, 1 Prete *si qua fides falsis umquam est adhibenda poetis*

168 *cf.* Paul. Nol. carm. 5, 17

174 *cf.* Verg. ecl. 9, 53 *nunc oblita mihi*; Aen. 9, 690 *procurrere longius audent*

175 Iuuenc. 1, 719 *firmato robore uincet*

177 *cf.* Sedul. carm. pasch. 1, 282 *nunc coeptam iuuat ire uiam*; Arator act. 2, 558 *patriae repetamus iter*

179sq. *cf.* Iuuenc. 1, 105 *iamque aderat tempus, quo iussum fundere partum...*

182 *cf.* Hor. carm. 3, 16, 30 *certa fides*

184sq. *cf.* Iuuenc. 1, 182 *nomenque aptare necesse est*

187 *cf.* Iuuenc. 1, 60sq. *caelesti ... iussu*

188sq. *cf.* Iuuenc. 1, 111sq. *placuit muti tunc iussa parentis / consulere*

193 Verg. Aen. 3, 94 *a stirpe parentum*; Auson. prof. 12, 3 Prete; epitaph. her. 25, 5 Prete *stirpe parentum*

196 *cf.* Paul. Petric. Mart. 5, 90 *innexae soluuntur uincula linguae*

198 *cf.* Paul. Petric. Mart. 5, 546 *neglecta diu mandata*

199 *cf.* Iuu. 13, 200 *fore quod dubitaret*

210sq. *cf.* Verg. Aen. 6, 159 *uestigia figit*

216 *cf.* Iuuenc. 2, 152 *firmauit robore mentem*

218 *cf.* Prud. cath. 6, 44 *qui dat futura nosse*; Paul. Petric. Mart. 3, 201sq. *cui nosse futura*

220 *cf.* Paul. Petric. Mart. 1, 297 *mens plena deo*; *cf.* Iuuenc. 1, 279 *praecurrens aeuum*

226 *cf.* Verg. Aen. 3, 383 *inuia terris*

229 *cf.* Sulp. Seu. Mart. 10, 8 *camelorum saetis uestiebantur*

229-231 *cf.* Paul. Petric. Mart. 2, 141-143 *multis uestis erat saetis contexta cameli, / quae leuibus stimulis uigiles contingeret artus / excludens tenuem conpuncta carne soporem*

232 Ven. Fort. carm. 9, 2, 128 *fulgida zona ligat*

233 Verg. georg. 2, 460 *fundit humo facilem uictum*; Iuuenc. 1, 325 *et tenuem uictum praebent siluestria mella*

235 *cf.* Ouid. epist. 4, 174 *arentem quae leuet unda sitim*

236 *cf.* Iuu. 7, 63 *quis locus ingenio*

237 *cf.* Iuuenc. 4, 7; 4, 43 *iustae penetralia mentis*

240sq. *cf.* Ouid. met. 1, 89sqq.

243 *cf.* Verg. Aen. 8, 327 *amor successit habendi*; *cf.* Hor. epist. 1, 7, 85 *amore senescit habendi*; *cf.* Ouid. met. 1, 130 *in quorum subiere locum fraudesque dolique / insidiaeque et uis et amor sceleratus habendi*

252 *cf.* Ouid. ars 2, 24 *semibouemque uirum*

255 *cf.* Iuuenc. 2, 152 *firmauit robore mentem*

261 *cf.* Sedul. carm. pasch. 2, 141 *placidam Iordanis ad undam*

262 *cf.* Iuuenc. 2, 623 *quicumque hominum fuerit*

263 *cf.* Paul. Pell. euch. 439 *nunc piget et tandem sensu meliore senescens*

271 *cf.* Iuuenc. 2, 560 *dulcem largitur corde salutem*; *cf.* Paul. Petric. Mart. 4, 120 *transfusam in corda salutem*

272 *cf.* Paul. Petric. Mart. 2, 716 *abluere infusis ... uulnera lymphis*

carm. 9

1	Prud. ditt. 90 *dirae Babylonis ad amnes*
3	*cf.* Iuu. 11, 28 *memori tractandum pectore*
5	*cf.* Verg. ecl. 3, 83; ecl. 5, 16 *lenta salix*
8	*cf.* Verg. Aen. 2, 255 *per maesta silentia*
25	Verg. Aen. 2, 10 *sed si tantus amor casus cognoscere nostros*
52	*cf.* Sedul. carm. pasch. 1, 159 *Christus petra*
64	Arator act. 2, 102 *terrena propago*; Drac. laud. dei 1, 418 *terrena propago*

carm. 10

2	*cf.* Verg. georg. 3, 442sq. *et horrida cano / bruma gelu*
4	Ouid. am. 1, 11, 14 *cera notata manu*
22	*cf.* Cypr. zel. et liu. 6 *dicata deo pectora*
25	*cf.* Verg. Aen. 6, 77sq. *Phoebi ... in antro*
28.29	Hor. carm. 3, 25, 2sq. *quae nemora aut quos agor in specus / uelox mente noua*
29	*cf.* Verg. Aen. 12, 429 *maior agit deus*
29sq.	*cf.* Ter. Andr. 189 *nunc hic dies aliam uitam defert, alios mores postulat*
104	*cf.* Paul. Pell. euch. 27 *orbis ad alterius discretas aequore terras*
114	*cf.* Ouid. trist. 3, 4, 15 *leuis aura ferebat*
116	Catull. 64, 59 *uentosae rapiunt haec uota procellae*; *cf.* Stat. Ach. 1, 960 *inrita uentosae rapiebant uerba procellae*
119	*cf.* Paul. Pell. euch. 175 *ni tibi ... mei cura*
121	*cf.* Verg. Aen. 1, 124; 4, 210 *et inania murmura miscent*
126	Paul. Pell. euch. 494 *contraria uotis*
142	*cf.* Ouid. met. 10, 339 *nunc, quia iam meus est, non est meus*
150sq.	Paul. Pell. euch. 542sq. *in noua uersus / consilia*
151	Paul. Pell. euch. 614 *dum sum*
157	*cf.* Ven. Fort. carm. 4, 14, 1 *uita breuis hominum*

169	*cf.* Sedul. carm. pasch. 1, 335 *spesque fidesque meum comitantur in ardua gressum*
176	*cf.* Verg. georg. 4, 3 *leuium spectacula rerum*
177	*cf.* Auson. Mos. 153 *sollicitent ... Baccheia munera uisus*
178	*cf.* Verg. Aen. 7, 611 *sedet ... sententia*; *cf.* Aen. 11, 551 *uix haec sententia sedit*
192	Iuu. 6, 566 *Tanaquil tua; cf.* Auson. epist. 25, 31 Prete *Tanaquil tua*
203	Auson. epist. 26, 51 Prete *iuga ninguida Pyrenaei*; Prud. perist. 2, 540 *Pyrenas ninguidos*
213	Hor. carm. 1, 22, 1 *integer uitae scelerisque purus*
219sq.	*cf.* Prud. c. Symm. 1, 80 *ritusque ferinos*
223	Auson. epist. 26, 57 Prete *Bilbilis aut haerens scopulis Calagorris habebit*
224	*cf.* Verg. Aen. 8, 668 *minaci / pendentem scopulo*
233	*cf.* Verg. Aen. 7, 740 *quos ... despectant moenia Abellae*
252	Ouid. trist. 1, 8, 37 *placida reor urbe Quirini*
255	*cf.* Sedul. carm. pasch. 1, 103 *meritis uiuacibus*
257	Verg. Aen. 2, 302; 8, 366 *fastigia tecti*
263	*cf.* Pers. 5, 86 *mordaci lotus aceto*
273	*cf.* Hor. sat. 1, 6, 63 *qui turpi secernis honestum*
289	Hor. carm. 4, 7, 16 *puluis et umbra sumus*; Auson. epitaph. her. 17, 2 Prete *puluis et umbra sumus*
296	Ouid. met. 11, 601 *humanaeue ... conuicia linguae*
299	Verg. Aen. 2, 14 *tot iam labentibus annis*
300	Verg. Aen. 12, 725 *aequato examine*
304	Verg. Aen. 6, 798 *huius in aduentum*
305	*cf.* Hor. sat. 1, 1, 35 *non incauta futuri*
311	Hor. carm. 4, 11, 24 *compede uinctum*; epist. 1, 3, 3 *compede uinctus*
327	*cf.* Paul. Nol. carm. 18, 76.363; *cf.* Coripp. Ioh. 6, 623 *uita superstes*

carm. 11

1	*cf.* Verg. Aen. 11, 241 *facta silentia linguis*
4	Auson. epist. 25, 31 Prete *crimen amicitiae*

5	Paul. Pell. euch. 393 *in sua uiscera uerso*
6	Hor. carm. 4, 1, 2 *parce precor, precor*; *cf.* Ouid. trist. 3, 3, 51 *parce tamen lacerare genas*
6sq.	*cf.* Lucr. 1, 936-50
7	Ven. Fort. Mart. 4, 546 *qui melli absinthia miscet*
30-48	*cf.* Lucr. 3, 3-13
37	*cf.* Verg. ecl. 1, 25 *inter uiburna cupressi*
42sq.	*cf.* Catull. 109
47.48	*cf.* Verg. ecl. 1, 61sqq. *ante* ... 63 *quam nostro illius labatur pectore uoltus*

carm. 12

1	*cf.* Sedul. carm. pasch. 1, 185 *meritoque et nomine fulgens*
2	Stat. Theb. 6, 153 *pietate potens*
10	*cf.* Verg. Aen. 10, 18 *o pater, o hominum*
11	*cf.* Arator act. 2, 178 *fragili quos corpore condat*; *cf.* Orient. comm. 1, 48 *in hoc fragili corpore uita breuis*
19	Verg. Aen. 11, 365 *miserere tuorum*
21-24	*cf.* Auson. eph. 3, 37-40 *pande uiam* ...
22	*cf.* Verg. Aen. 3, 529 *ferte uiam uento facilem*
24	Hor. sat. 2, 2, 136 *fortiaque aduersis*
27	Verg. Aen. 9, 817 *ac mollibus extulit undis*
29	*cf.* Catull. 101, 1 *per aequora uectus*
31	*cf.* Verg. Aen. 7, 598 *in limine portus*

carm. 13

2	*cf.* Mart. 4, 1, 1 *alma dies*
4	*cf.* Verg. Aen. 12, 96 *tempus adest*
5	Paul. Nol. carm. 12, 10; *cf.* Verg. Aen. 10, 18 *o pater, o hominum*
11	*cf.* Ouid. epist. 17, 175 *toto procul orbe remotus*
13	*cf.* Paul. Pell. euch. 23 *uiae pelagique incerta*
14	Verg. Aen. 6, 59 *tot maria intraui duce te*
20	Verg. Aen. 4, 487 *soluere mentes*
26sq.	*cf.* Cic. carm. frg. 17 (11) Morel *o fortunatam natam me consule Romam*

28	*cf.* Auson. Mos. 408 *titulo tenuere secundo*
29	*cf.* Verg. Aen. 3, 54 *uictriciaque arma secutus*; Paul. Nol. carm. 14, 87
31	Verg. ecl. 5, 65 *sis bonus o felixque tuis*; Aen. 6, 621 *dominumque potentem*
33	Verg. Aen. 1, 333 *uastis et fluctibus acti*
35	*cf.* Verg. Aen. 7, 106 *religauit ab aggere classem*

carm. 14

1	Ouid. met. 10, 270sq. *festa dies Veneris tota celeberrima Cypro uenerat*
7	*cf.* Iuuenc. 1, 579 *occulti solus scrutator praemia cordis*
16	*cf.* Verg. georg. 1, 288sq. *sole nouo*; *cf.* Aen. 7, 720 *uel cum sole nouo*; *cf.* Ouid. trist. 4, 7, 1 *gelidae post frigora brumae*
44	*cf.* Mart. 4, 1, 1 *alma dies*
47	*cf.* Verg. Aen. 5, 844 *aequatae spirant aurae*
48	Auson. pasch. 7 *plaga lactea caeli*
49	Verg. Aen. 2, 450; 9, 788; 12, 442 *agmine denso*; *cf.* Prud. perist. 11, 199sqq.
52	Verg. Aen. 1, 727 *incensi et noctem flammis funalia uincunt*
55	*cf.* Verg. Aen. 7, 582 *coeunt*; *cf.* Aen. 8, 385 *coeant populi*
55-78	*cf.* Verg. Aen. 7, 647-817; *cf.* Prud. perist. 11, 189-214
56	Verg. Aen. 7, 717 *quosque ... interluit*
60	*cf.* Verg. georg. 2, 224 *diues arat Capua*; Aen. 7, 684 *diues Anagnia*
61	Verg. Aen. 7, 798 *Rutulosque exercent uomere collis*
61sqq.	*cf.* Verg. ecl. 1, 62 *aut Ararim Parthus bibet aut Germania Tigrim*; *cf.* Verg. georg. 3, 151 *sicci ripa Tanagri*; Verg. Aen. 7, 725sqq. *uertunt felicia Baccho / Massica*; 715 *qui Tiberim Fabarimque bibunt*; *cf.* Hor. carm. 4, 15, 21 *qui profundum Danuuium bibunt*

63	*cf.* Verg. georg. 4, 126 *qua niger umectat flauentia culta Galaesus*
64	Verg. Aen. 7, 630 *Atina potens*; 762 *quem mater Aricia misit*
68	*cf.* Verg. Aen. 1, 7 *altae moenia Romae*
72	*cf.* Verg. Aen. 7, 744 *montosae ... Nersae*
73	Verg. Aen. 7, 682 *quique altum Praeneste uiri*; 684 *quos diues Anagnia pascis*
75	*cf.* Verg. Aen. 7, 728 *aequora quique Cales linquunt*; Aen. 10, 168 *quique urbem liquere Cosas*
76	*cf.* Verg. Aen. 7, 729 *Saticulus asper*
77	Verg. Aen. 7, 711 *oliuiferaeque Mutuscae*; *cf.* Hor. carm. 2, 6, 15 *uiridique certat / Baca Venafro*; *cf.* Mart. 13, 101, 1 *hoc tibi Campani sudauit baca Venafri*
79	*cf.* Verg. ecl. 10, 69 *omnia uincit amor*; georg. 1, 145 *labor omnia uincit*; Aen. 6, 688 *uicit iter durum pietas*
94	*cf.* Claud. 7, 183 *regunt uinctas moderamine gentes*
98	*cf.* Verg. Aen. 1, 469 *niueis tentoria uelis*
110	*cf.* Verg. Aen. 6, 884 *purpureos spargens flores*; *cf.* Aen. 4, 202 *uariis florentia limina sertis*
111	Verg. ecl. 9, 40 *hic uer purpureum*
120	Verg. Aen. 4, 347 *hic amor, haec patria est*; 6, 129 *hoc opus, hic labor est*
131sqq.	*cf.* Prud. perist. 10, 1136-40 *uellem sinister inter haedorum greges / ut sum futurus, eminus dinoscerer / atque hoc precante diceret rex optimus: / Romanus orat, transfer hunc haedum mihi, / sit dexter, agnus induatur uellere.*
132	Verg. Aen. 5, 282 *promisso munere donat*

carm. 15

1	*cf.* Verg. Aen. 5, 53 *annua uota*; Paul. Petric. Mart. 5, 451 *annua uota*; Aldhelm uirg. 904 *annua ... uota*; epist. ad Acirc. p. 96, 16
1-3	*cf.* Auson. pasch. 1-5 *sancta salutiferi redeunt sollemnia Christi / et deuota pii celebrant ieiunia*

mystae. / at nos aeternum cohibentes pectore cultum / intemeratorum uim continuamus honorum. / annua cura sacris, iugis reuerentia nobis

3 *cf.* Hor. carm. 4, 11, 17sq. *iure sollemnis mihi sanctiorque / paene natali proprio*

15 *cf.* Enn. scaen. 92 V^2 = 87 Jocelyn *o pater, o patria*; *cf.* Lucr. 3, 9sq. *tu, pater, es rerum inuentor, tu patria nobis suppeditas praecepta*; *cf.* Verg. Aen. 10, 351 *pater et patria*

18 *cf.* Ouid. met. 1, 1sq. *mutatas dicere formas / corpora*

20 Arator act. 1, 365. 2, 368 *semine uerbi*; *cf.* Aldhelm uirg. 528 *caelestis semine uerbi*

26 Verg. Aen. 9, 776 *intendere neruis*; *cf.* Prop. 2, 10, 11 *surge, anime, ex humili; iam, carmina, sumite uires*

27 *cf.* Lucr. 4, 665 *uis excita morbi*

28sq. *cf.* Cic. nat. deor. 2, 149 *plectri similem linguam nostri solent dicere, chordarum dentes*; Lact. opif. 10, 7.15; Aug. serm. 243, 4, 4

29 *cf.* Verg. georg. 2, 476 *percussus amore*; *cf.* Hor. epod. 11, 2 *amore percussum*; Lact. opif. 10, 13.17

32 Auien. Arat. 1 *carminis incentor mihi Iuppiter*

35 *cf.* Hor. carm. 4, 3, 17-20

39 Paul. Nol. carm. 21, 682

45sq. *cf.* Verg. georg. 3, 42 *te sine nil altum mens incohat*

50 Verg. georg. 4, 286 *prima repetens ab origine famam*; Aen. 1, 372 *repetens ab origine pergam*; *cf.* Paul. Nol. carm. 18, 71; carm. 21, 361

61 Verg. georg. 4, 448 *deum praecepta secuti*

70 Paul. Petric. Mart. 6, 471 *meritis uirtutibus*; Aldhelm uirg. 896 *uirtutum meritis*

75 Verg. Aen. 1, 14 *diues opum*

82 *cf.* Cypr. Gall. exod. 376 *solum uertit*

102 *cf.* Verg. Aen. 3, 234 *tunc arma capessant*

125 *cf.* Verg. ecl. 6, 80 *cursu deserta petiuerit*; *cf.* Paul. Nol. carm. 15, 321

134 *cf.* Verg. Aen. 5, 194 *neque uincere certo*

140 *cf.* Verg. Aen. 7, 325 *infernisque ciet tenebris*

160 *cf.* Prud. cath. 10, 158 *atra morte triumphans*; *cf.* Ven. Fort. carm. 1, 3, 5 *de morte triumphans*; Beda hymn. 2, 165, PL 94, 609 C *morte triumphata*; Aldhelm uirg. 1066 *deuicta morte triumphans*

161 *cf.* Verg. Aen. 6, 49 *et rabie fera corda tument*

169 *cf.* Sedul. carm. pasch. 1, 82sq. *seruat amoenum pastor ouile*; *cf.* Paul. Petric. Mart. 4, 150 *pastor ouilis*

190 *cf.* Lucr. 1, 74 *omne immensum peragrauit mente animoque*; 1, 925sq. *mente uigenti / auia Pieridum peragro loca*

195 Verg. Aen. 1, 54 *uinclis et carcere*; 6, 734 *clausae tenebris et carcere caeco*

206 Verg. Aen. 9, 418 *per tempus utrumque*

231 *cf.* Verg. Aen. 7, 505 *tacitis latet aspera siluis*

232 Ouid. met. 3, 487 *non tulit ulterius*

234 *cf.* Verg. Aen. 7, 274 *equos numero pater eligit omni*

238 Verg. Aen. 4, 527 *sub nocte silenti*; *cf.* 2, 255 *per amica silentia*

241 *cf.* Iuuenc. 1, 517 *solueris carceris atri*

243 *cf.* Sedul. carm. pasch. 4, 102 *uocem ... aure trahebat*

244 *cf.* Verg. Aen. 1, 408 *ludis imaginibus*; Ouid. met. 7, 649 *in imagine somni*; 8, 824 *sub imagine somni*; 13, 216 *deceptus imagine somni*

247 *cf.* Hor. epist. 1, 16, 77 *sub custode tenebo*; *cf.* Iuuenc. 4, 292 *carceris aut saepto claustris*

253 Stat. silu. 3, 3, 21; 4, 4, 81 *mira fides*

255 *cf.* Verg. Aen. 2, 494 *fit uia ui*

256 Lucr. 4, 460 *silentia noctis*; Verg. Aen. 2, 255 *tacitae per amica silentia lunae*; *cf.* Ouid. met. 7, 184 *mediae per muta silentia noctis*; *cf.* Val. Fl. 2,

	288 *per opaca silentia noctis*; Stat. Theb. 1, 441 *tranquilla silentia noctis*; Sedul. carm. pasch. 4, 219 *per opaca silentia noctis*
269	*cf.* Verg. Aen. 6, 197 *uestigia pressit*
280	Verg. ecl. 4, 53 *ultima uitae*
283sq.	Verg. Aen. 3, 217sq. *et pallida super ora fame*
284	Verg. Aen. 6, 91 *et in rebus egenis*
288	*cf.* Verg. Aen. 11, 327 *complere ualent*
289	Verg. ecl. 4, 29 *sentibus uua*; Iuuenc. 1, 697 *nec sentibus uuas prouenisse*
291	Ouid. Pont. 3, 5, 19 *pomum decerpere ramo*
299	*cf.* Verg. Aen. 12, 910 *conatibus aegri*; Beda de arte metr. Gramm. lat. 7, p.233, 11 *donec adspirante deo conatibus aegris*
303	*cf.* Verg. Aen. 3, 308 *calor redit ossibus*
306	Verg. Aen. 7, 533sq. *et udae uocis iter*; *cf.* Sedul. carm. pasch. 4, 62 *et uoci patefecit iter*
311.312	*cf.* Verg. Aen. 2, 282 *quae tantae tenuere morae*
327	Drac. laud. dei 2, 50 *pietatis opus*
333	*cf.* Verg. Aen. 8, 224 *pedibus timor addidit alas*
337	Verg. Aen. 4, 186 *culmine tecti*
349	*cf.* Hor. carm. 1, 3, 7 *reddas incolumem*

carm. 16

1	Lucr. 2, 1166 *tempora temporibus*
2	*cf.* Hor. carm. 2, 18, 15 *truditur dies die*
3	Columban. Hunald. 2, Fidol. 164 *omnia praetereunt*
5	*cf.* Verg. ecl. 8, 17 *nascere praeque diem ueniens age, Lucifer, almum*; Aen. 10, 256sq. *reuoluta ruebat / matura iam luce dies*
10	Iuuenc. 2, 420 *sanae redierunt munera linguae*
18	*cf.* Verg. Aen. 8, 114 *qui genus unde domo?*
28	Verg. ecl. 4, 53 *ultima uitae*
31	Verg. Aen. 2, 525 *sacra longaeuum in sede locauit*
34	Verg. Aen. 4, 186 *aut summo culmine tecti*
44	*cf.* Ouid. met. 1, 396/7 *caelestibus ... monitis*; Iuuenc. 1, 255 *monitis caelestibus actus*

63	*cf.* Verg. Aen. 12, 288 *strictis ensibus adsunt*
64	= Beda de arte metr. Gramm. lat. 7, p. 249, 36
74	*cf.* Verg. Aen. 6, 493 *clamor frustratur hiantes*
82	Verg. Aen. 5, 159 *iamque propinquabant*
96	*cf.* Ouid. met. 13, 212 *munimine cingo*
100	*cf.* Ouid. met. 6, 145 *antiquas exercet aranea telas*
105	*cf.* Verg. Aen. 9, 67 *qua temptat ratione aditus*
125	= Beda de arte metr. Gramm. lat. 7, p. 248, 4
129	Prosp. carm. de ingrat. 645 *sapientia diues*
144	*cf.* Verg. georg. 4, 72 *sonitus imitata tubarum*; *cf.* Aen. 7, 628 *sonitusque audire tubarum*
145	*cf.* Ouid. met. 15, 725 *litoream tractu ... arenam*
147.148	Beda uita s. Felicis PL 94, 793 C *ubicunque / Christus adest nobis, et fiet aranea murus: / at cui Christus abest, et murus aranea fiet.*
149	*cf.* Verg. Aen. 1, 730 *tum facta silentia tectis*; *cf.* Aen. 11, 241 *tum facta silentia linguis*
152	*cf.* Verg. Aen. 9, 373 *noctis in umbra*; Iuuenc. 1, 417 *in mortisque ... umbra*; *cf.* Prosp. carm. de ingrat. 650 *mortis in umbra*
155-176	*cf.* Sulp. Seu. dial. 2, 6
178	*cf.* Sedul. carm. pasch. 1, 170 *Heliam corui quondam pauere ministri*
181	= Beda de arte metr. GL 7, p. 249, 30
188	Alc. Auit. carm. 3, 267 *angelicis manibus*
192-196	*cf.* Verg. georg. 4, 507-510 *septem illum totos perhibent ex ordine mensis*; *cf.* Sulp. Seu. dial. 3, 14, 4 *septem totos dies totidemque noctes*
202	*cf.* Verg. ecl. 7, 47 *iam uenit aestas / torrida*; *cf.* georg. 1, 66 *solibus aestas*
211	*cf.* Iuuenc. 3, 38 *labem puris quod solueret undis*
219	Iuuenc. 1, 9 *iam desperantibus*
222	Verg. Aen. 3, 310 *uerane te facies*
222sq.	*cf.* Verg. Aen. 6, 845sq. *tu Maximus ille es, / unus qui nobis ...*
249	Claud. 8, 118 *largitor opum, largitor honorum*
254	*cf.* Prud. apoth. 1064 *calcata de morte*
266	Verg. Aen. 1, 14 *diues opum*

276	*cf.* Verg. Aen. 1, 227; 4, 448; 5, 701 *pectore curas*
284-289	*cf.* Verg. georg. 4, 127-133
286	Verg. ecl. 7, 34 *custos es pauperis horti*; Sedul. carm. pasch. 1, 15 *de paupere carpsimus horto*
293	*cf.* Sedul. carm. pasch. 2, 58 *obsitus exiguis habuit uelamina pannis*

carm. 17

3.4	Gramm. lat. ed. Keil 5 (lib. „de dubiis nominibus"), p. 584, 14 *semper … futuros*
9	*cf.* Hor. carm. 3, 27, 14 *et memor nostri*; Ouid. am. 2, 11, 37 *uade memor nostri*
19	*cf.* Hor. carm. 3, 29, 63 *per Aegaeos tumultus*
23.24	*cf.* Hor. carm. 3, 5, 28 *lana refert medicata fuco*; *cf.* Hor. epist. 1, 10, 27 *potantia uellera fucum*
41	Verg. Aen. 1, 282 *rerum dominos*; Iuuenc. 4, 300 *rerum dicet dominus*
71-76	*cf.* Catull. 85, 1 *odi et amo*
75.76	*cf.* Sedul. carm. pasch. 5, 237 *meruerunt cernere uultum*
82.83	*cf.* Verg. georg. 2, 391 *uallesque cauae*
92	*cf.* Verg. Aen. 3, 619 *altaque pulsat / sidera*
106	Gramm. lat. ed. Keil 5, p. 589, 17 *et rate armata titulo salutis*
109	Ven. Fort. carm. 8, 19, 6 *nauta … quando celeuma canit*
111	*cf.* Hor. carm. 3, 11, 13sq. *comitesque siluas ducere*
113-120	*cf.* Auson. eph. 3, 84sq. *consona quem celebrant modulati carmina Dauid: / et responsuris ferit aera uocibus amen*
171.172	*cf.* Sedul. carm. pasch. 1, 80sq. *uerbique lucernam / da pedibus lucere meis*
173	*cf.* Verg. Aen. 1, 536 *uada caeca*
177	*cf.* Verg. Aen. 4, 313 *undosum peteretur classibus aequor*
187	*cf.* Hor. carm. 1, 3, 6sq. *finibus Atticis / reddas*

207sq.	*cf.* Ambr. in Luc. 2, 50; *cf.* Comm. instr. 1, 25, 5 *ingredere iam nunc totiens inuitatus in aula*
220	Prud. cath. 3, 55 *pacis alumna*; Ouid. fast. 1, 704 *pacis alumna Ceres*
229	*cf.* Plaut. Pseud. 1029 *ne capta praeda capti praedones fuant*
235.236	Verg. Aen. 9, 213 *pretioue redemptum*; *cf.* Iuuenc. 4, 632 *pretium quod sanguinis esset*
241	*cf.* Lucr. 1, 926 *auia Pieridum peragro loca*; *cf.* Verg. georg. 3, 292sq. *iuuat ire iugis, qua nulla priorum...*
249	*cf.* Hor. carm. 2, 2, 11 *et uterque Poenus / seruiat uni*
259sq.	*cf.* Hor. carm. 1, 10, 2sq. *qui feros cultus hominum recentum / uoce formasti*
267.268	Gramm. lat. ed. Keil 5, p. 580, 20 *paruus extracto ... ludet*
273	Gramm. lat. ed. Keil 5, p. 585, 20 *has opes condens domino perenni*
274	Gramm. lat. ed. Keil 5, p. 582, 12 *his sacrum lucris cumulans talenti*
293	Gramm. lat. ed. Keil 5, p. 581, 24 *nulla nos aetas tibi labis umquam*

carm. 18

3	Verg. ecl. 5, 2 *dicere uersus*
4	*cf.* Verg. ecl. 10, 51 *carmina ... modulabor auena*; Ouid. met. 14, 341 *modulatur carmina uoce*; Mart. 13, 77, 1 *modulatur carmina lingua*
6	Verg. Aen. 6, 688 *iter durum*; Prud. perist. 12, 61 *qua fert uia pontis Hadriani*
7	*cf.* Culex 42 *aetherias iam sol penetrarat in arces*; Ouid. trist. 5, 5, 53 *penetrasset in arces*; Stat. silu. 4, 4, 4 *penetraueris arces*
18	Verg. ecl. 6, 38 *nubibus imbres*; georg. 4, 312 *effusus nubibus imber*; Aen. 11, 548 *nubibus imber*; Ouid. met. 11, 516 *nubibus imbres*; Prud. perist. 13, 86 *candor habet*

19	Ouid. fast. 3, 363 *atque caput niueo uelatus amictu*
21	*cf.* Stat. Theb. 6, 127 *pios testantur honores*; *cf.* Auien. Arat. 198 *capitis testatur honorem*
22	*cf.* Lucan. 4, 385 *pace potitos*
24	*cf.* Prud. ham. 909 *uellere caelum*
27	Verg. ecl. 6, 6; Hor. carm. saec. 76; Tib. 1, 3, 31 *dicere laudes*
29sqq.	*cf.* Verg. Aen. 6, 847sqq.; *cf.* Tib. 1, 1, 1sqq.; Prud. epil. 5sqq.
33	Verg. Aen. 7, 634 *aut leues ocreas lento ducunt argento*
36.37	*cf.* Verg. Aen. 1, 726sq. *dependent lychni laquearibus aureis / incensi et noctem flammis funalia uincunt*; *cf.* Paul. Nol. carm. 19, 412sqq.
40	Verg. Aen. 2, 704; 12, 818 *cedo equidem*
41	Verg. ecl. 1, 35 *grauis aere domum mihi dextra redibat*
44	Homer 619 *nec segnius illi*; cf. Lucan. 4, 581 *non segnior illo*; Val. Fl. 3, 85 *non segnius ille*; Claud. 22, 270 *nec segnius illa*
46	*cf.* Culex 291 *corrupit munera lingua*; Iuuenc. 2, 420 *munera linguae*
54.55	*cf.* Iuuenc. 4, 7 *inspiciens saeui penetralia cordis*; *cf.* Prud. perist. 5, 297 *spectator ... Christus deus*
58.59	*cf.* Cypr. op. et el. 15 p. 385, 7sqq.
63	*cf.* Verg. Aen. 5, 304 *laetasque aduertite mentes*
71	Verg. georg. 4, 286 *repetens ab origine famam*; Verg. Aen. 1, 372 *repetens ab origine pergam*
72	Paul. Petric. Mart. 5, 476 *praesentis tempore uitae*
74	Claud. carm. min. 32, 3 *tantique dedit consortia regni*; *cf.* Ambr. parad. 9, 44 (301, 25) *consortia uitae speret aeternae*; *cf.* Aug. epist. 194, 7 (202, 11sq.) *aeterni consors et particeps regni*
75	Damas. epigr. 47, 2 Ferrua (=49, 2 Ihm) *membra piorum*
91	Lucr. 3, 1020; Ouid. trist. 4, 1, 39 *esse malorum*
93	Manil. 5, 612 *marmore corpus*

95	*cf.* Verg. Aen. 1, 249 *placida compostus pace quiescit*; Aen. 6, 371 *sedibus ut saltem placidis in morte quiescam*; Aen. 9, 445 *placidaque ibi demum morte quieuit*
105	*cf.* Prud. perist. 11, 188 *addidit ornando clara talenta operi*
116	Verg. Aen. 6, 733 *dolent gaudentque*; Carm. adu. Marc. 5, 95 *gaudetque doletque*
120	Nemes. ecl. 2, 27 *solamen amoris*
122	Paul. Petr. Mart. 6, 266 *certatim populus*
125	*cf.* Ouid. ars 3, 467 *fert animus propius consistere*
126	Verg. Aen. 2, 239 *manu contingere gaudent*
127	Verg. Aen. 6, 487 *nec uidisse semel satis est, iuuat usque morari*; *cf.* Ouid. fast. 5, 579 *nec satis est meruisse semel*
132	Prud. psych. 266 *caespite campum*
134	*cf.* Verg. Aen. 5, 50 *semper honoratum*
141	Orient. comm. 2, 376 *angelicos choros*; Prud. perist. 3, 48 *angelico ... choro*; *cf.* Alc. Auit. carm. 4, 191 *angelicus ... chorus*; Iuuenc. 1, 356 *caeli septemplicis aethra*; Prud. cath. 7, 36 *caeli ... septemplicis*
159	Sil. 14, 472 *non umquam tempore eodem*
187	*cf.* Sedul. carm. pasch. 1, 55 *semina uitae*; Arator act. 2, 69 *ad aeternae florescat semina uitae*
189	Arator act. 1, 256 *medicina potens*
192.193	*cf.* Iuuenc. 2, 660 *rediuiuo corpore necti*
208	Ouid. met. 6, 14; Stat. Theb. 6, 65 *opus admirabile*
211	Ouid. met. 3, 267 *breuis est iniuria nostri*
220.221	Hor. carm. 3, 2, 1 *angustam, amice, pauperiem pati*
223	Hor. sat. 1, 2, 37 *audire est operae pretium*; epist. 2, 1, 229 *sed tamen est operae pretium*
225	*cf.* Val. Fl. 8, 12 *non carior ille est*
228	Verg. Aen. 2, 138; 4, 33 *nec dulces natos*
232	*cf.* Iuu. 5, 113 *diues tibi, pauper amicis*
235	Verg. Aen. 2, 265 *somno uinoque sepultam*

243	*cf.* Liu. 5, 16, 8 *desperata ope humana*; *cf.* Lucr. 2, 1170 *pietate repletum*
245	*cf.* Prud. apoth. 502 *erigit ad caelum facies*; *cf.* Ambr. in psalm. 118, 8, 42 (176, 21sq.) *obtutus ad caelum mentis erigere*
249	*cf.* Verg. Aen. 2, 490 *tenent postes atque oscula figunt*; *cf.* Ciris 253 *oscula figens*; *cf.* Arator act. 2, 412 *oscula figat*
251	*cf.* Verg. Aen. 5, 78 *fundit humi*; *cf.* Aen. 5, 330 *fusus humum*; 6, 423 *fusus humi*; *cf.* Sedul. carm. pasch. 5, 55 *fusus humo*
253	*cf.* Verg. Aen. 7, 237 *ac uerba precantia*
255	Prosp. carm. de prou. 518 *infirmis fortis, rex seruis, diues egenis*; Drac. laud. dei 3, 43 *bene diues egenis*
258sqq.	*cf.* Lucr. 1, 33sqq. *in gremium qui saepe tuum se reiicit...*
259	*cf.* Verg. Aen. 12, 59 *in te omnis domus inclinata recumbit*
260	Verg. Aen. 6, 56 *Phoebe, graues Troiae semper miserate labores*; *cf.* Aen. 1, 597 *o sola infandos Troiae miserata labores*
261	*cf.* Verg. ecl. 9, 53 *nunc oblita mihi tot carmina*; Aen. 4, 323 *cui me moribundam deseris*
267	*cf.* Verg. Aen. 4, 283 *heu quid agat? quo nunc...*
270	*cf.* Hor. ars 360 *obrepere somnum*; Stat. Theb. 8, 217 *inrepere somnus*
274	Prud. ham. 63 *prodere signis*
279	*cf.* Hor. epist. 1, 6, 49 *gratia praestat*
285	*cf.* Ouid. met. 8, 232 *qua te regione requiram?*
293	*cf.* Lucan. 9, 244 *fortuna cuncta tenentur*
296	*cf.* Lucr. 4, 903 *et manus una regit*; Commod. carm. apol. 277 *deus unus ubique*; *cf.* Carm. adu. Marc. 4, 16 *deus cunctis mortalibus unus ubique est*
297	Prud. c. Symm. 1, 484 *dextera uindex*; *cf.* Alc. Auit. carm. 5, 311 *uindice dextra*
300	Iuuenc. 3, 701 *nec dictis facta repensat*
302	Mart. 6, 65, 5; Iuu. 10, 348 *conueniat nobis*

308	*cf.* Verg. Aen. 4, 652 *meque his exsoluite curis*
309	*cf.* Verg. Aen. 7, 611 *ubi certa sedet patribus sententia*; 11, 551 *haec sententia sedit*; *cf.* Lucil. 190 Marx = 193 Krenkel *uera manet sententia cordi*; *cf.* Paul. Nol. carm. 10, 178
310	Verg. Aen. 5, 360 *sacro Danais de poste refixum*
311	Verg. Aen. 9, 687 *ipso portae posuere in limine uitam*
313	Tib. 1, 6, 75 *sed mente fideli*; Drac. laud. dei 2, 601 *mente fideli*
314	*cf.* Paul. Petric. Mart. 3, 430 *sine fine precandi*
316	*cf.* Mart. 7, 8, 7 *ludet conuicia*
318	*cf.* Verg. Aen. 6, 539 *flendo ducimus horas*
319	Verg. Aen. 4, 77 *nunc eadem labente die*
322	Stat. Theb. 7, 527 *hic moriar*
325	*cf.* Ouid. trist. 4, 5, 9 *temporis oblitum*
327	Ouid. trist. 2, 503; Val. Fl. 7, 419 *uocibus aures*; Claud. 26, 625 *pulsaretque ... aures*
331	Sedul. carm. pasch. 4, 219 *silentia noctis*
331sq.	*cf.* Verg. georg. 4, 515 *maestis late loca questibus implet*; *cf.* Aen. 4, 668 *resonat magnis plangoribus aether*; Aen. 12, 607 *resonant late plangoribus aedes*
337	Verg. Aen. 12, 7 *excutiens ceruice toros*
339	*cf.* Verg. ecl. 6, 54 *pallentes ruminat herbas*; Ouid. am. 3, [5], 17 *ruminat herbas*; halieut. 119 *epastas solus qui ruminat escas*
341	*cf.* Verg. Aen. 4, 5 *nec placidam membris dat cura quietem*
346	*cf.* Verg. Aen. 7, 480 *noto nares contingit odore*
348	*cf.* Verg. Aen. 2, 753 *qua gressum extuleram, repeto et uestigia*
349	Sedul. carm. pasch. 4, 214 *palpante manu*; *cf.* Alc. Auit. carm. 5, 203 *palpantesque manus*
355	Verg. Aen. 5, 721 *nox atra polum bigis subuecta tenebat*; *cf.* Manil. 1, 225 *post medio subiecta polo*

	solis neque lucida tela diei / discutiant, sed naturae species ratioque; *cf.* Verg. Aen. 12, 669 *discussae umbrae et lux reddita menti*; *cf.* Lucan. 5, 700 *discussa nocte*; *cf.* Sen. epist. 49, 11 *has tenebras discute*; Thy. 896sq. *discutiam tibi tenebras*; *cf.* Prud. perist. 13, 26 *discutit et tenebras*
87	*cf.* Catull. 63
89	*cf.* Verg. Aen. 3, 6 *montibus Idae*
89sq.	*cf.* Verg. Aen. 10, 230 *Idaeae sacro de uertice pinus*
90	Lucan. 1, 573 *flagranti uertice pinum*
101	Ouid. ars 3, 407 *et erat uenerabile nomen*
108	*cf.* Paul. Petric. Mart. 2, 469.515 *attonitae ... pectora plebis*
109	Claud. 15, 349 *at iuuenem stimulis ... / exacuit*
134	Drac. laud. dei 1, 563 *uirtus trina deus, triplex deus omnis et unus*
143	Lucan. 1, 368 *per calidas Libyae sitientis arenas*
147	Verg. georg. 2, 341 *duris caput extulit aruis*
150	Verg. georg. 1, 22 *semine fruges*
157	*cf.* Verg. ecl. 4, 17 *reget patriis uirtutibus orbem*
159.161	*cf.* Verg. Aen. 7, 338sq. *tibi nomina mille, / mille nocendi artes*
180	*cf.* Iuu. 3, 152 *durius in se*
192	Paul. Petric. Mart. 2, 648; 4, 663 *gaudia carnis*
195	Verg. Aen. 4, 13 *degeneres animos timor arguit*
222	*cf.* Ouid. fast. 2, 149 *nitidum iubar extulit undis*
234	*cf.* Hor. carm. 4, 7, 3 *mutat terra uices*
267	Carm. adu. Marc. 5, 176 *sepulchra piorum*
269	*cf.* Verg. Aen. 1, 736 *laticum libauit honorem*
278	*cf.* Verg. georg. 3, 22 *ducere pompas*; Hor. carm. 1, 4, 5 *choros ducit Venus*; 4, 7, 6 *ducere nuda choros*
281	Verg. Aen. 7, 389 *Euhoe Bacche fremens*
297	*cf.* Drac. laud. dei 1, 204 *medicina salutis*; *cf.* Paul. Petric. Mart. 2, 690 *medicina salutem*
301	*cf.* Verg. Aen. 6, 140 *telluris operta subire*
307	*cf.* Verg. Aen. 1, 254 *hominum sator atque deorum*

649	*cf.* Sedul. carm. pasch. 5, 427 *cuncta tenens excelsa uel ima*
651	*cf.* Iuuenc. 4, 145 *caelum transcurrit apertum*
655	*cf.* Sedul. carm. pasch. 1, 337 *signo sacrata crucis uexilla*
658	*cf.* Ouid. epist. 8, 114 *pollutas credor habere manus*
669	*cf.* Verg. Aen. 1, 190 *cornibus arboreis*
683	*cf.* Verg. Aen. 2, 105 *tum uero ardemus … quaerere causas* (*casus*)
696	Verg. Aen. 5, 465 *quae tanta animum dementia cepit*
704	Claud. 3, 34 *praeceps Audacia*
709	Verg. Aen. 5, 509 *auem contingere ferro*
718	*cf.* Iuuenc. 2, 548sq. *gloria seruit / fulgentis caeli*

carm. 20

4	*cf.* Ouid. epist. 8, 49 *nec uirtute cares*
6	Columban. Hunald. 10 *postulat usus*
9	Verg. Aen. 1, 14 *diues opum*
15	Iuu. 3, 229 *unde epulum … possis dare*
26	Verg. Aen. 8, 299 *non te rationis egentem*
29	*cf.* Ouid. am. 3, 12, 42 *historica … fide*
40	*cf.* Prud. cath. 12, 82 *heres creatur unicus*
43sq.	*cf.* Ambr. in psalm. 118, 21, 11, p. 479, 4 *sic uerus Dauid*
58sq.	*cf.* Hor. carm. 4, 3, 17sq. *o testudinis aureae / dulcem quae strepitum, Pieri, temperas*
62	*cf.* Verg. georg. 4, 485 *pedem referens*
68	*cf.* Verg. ecl. 9, 2 *aduena nostri*
72	Hor. sat. 2, 6, 14 *pingue pecus*
76	Verg. Aen. 9, 754 *atque illi partibus aequis*
94sq.	*cf.* Verg. Aen. 2, 681 *maestorumque ora parentum*; Iuuenc. 4, 785 *concurrens turba suorum*
101	*cf.* Verg. Aen. 12, 485 *currus … retorsit*
102	Val. Fl. 2, 649sq. *hospita pandi tecta*; *cf.* Stat. Theb. 12, 479 *hospitibus tectis*

106	Tib. 1, 6, 38 *uincla pedum*; Iuuenc. 1, 339 *cuius uincla pedum*; *cf.* Prud. cath. 5, 35 *nexa pedum uincula soluere*
107	*cf.* Verg. Aen. 11, 274 *lacrimosis uocibus implent*
115	Verg. Aen. 2, 798 *miserabile uulgus*; Iuuenc. 4, 516 *caperet miserabile uulgus*
124	*cf.* Verg. Aen. 6, 200 *seruare sequentum*
127.128	*cf.* Verg. ecl. 9, 65 *hoc te fasce leuabo*
131	*cf.* Verg. Aen. 2, 711 *seruet uestigia coniunx*
132	*cf.* Verg. georg. 3, 84 *micat auribus*; *cf.* Verg. Aen. 12, 115 *elatis naribus efflant*
140.141	*cf.* Verg. Aen. 2, 490 *amplexaeque tenent postes atque oscula figunt*; *cf.* Aen. 2, 673sq. *complexa pedes in limine coniunx / haerebat*; *cf.* Paul. Nol. carm. 18, 249
153	Hor. carm. 1, 4, 1 *grata uice ueris*; Auson. epist. 23, 99 *grata uice*
162	Verg. Aen. 10, 850 *uulnus adactum*
168	*cf.* Verg. Aen. 6, 621 *dominumque potentem*; *cf.* Aen. 9, 653 *sit satis*
190	*cf.* Verg. Aen. 2, 490 *amplexaeque tenent postis atque oscula figunt*; *cf.* Aen. 9, 537 *et postibus haesit adesis*
192	Tib. 3, 10, 25 *pia turba*
194	*cf.* Ouid. epist. 1, 82 *immensas increpat usque moras*
200.201	*cf.* Verg. Aen. 1, 212sq. *pars in frusta secant ... / litore aena locant*
203	Claud. carm. min. 27, 13 *non epulis saturare famem*; *cf.* Arator ad Parth. 82 *exsaturare famem*
210	Stat. silu. 3, 3, 21; 4, 4, 81 *mira fides*
223	Drac. laud. dei 1, 544 *exsurgit censura dei*
244	Ouid. met. 1, 420 *matris in aluo*; *cf.* Hor. carm. 4, 6, 20 *matris in aluo*
247	Verg. Aen. 2, 242 *limine portae*
253	*cf.* Aldhelm uirg. 1114 *redderet ... pro uita sospite grates*

255sq.	*cf.* Verg. ecl. 5, 81 *quae tali reddam pro carmine dona?*
271	*cf.* Verg. Aen. 12, 827 *potens Itala uirtute propago*; Prud. c. Symm. 2, 1131 *et uirtute potens*; Orient. carm. app. 3, 65 *et uirtute potens*; Arator act. 2, 78 *uirtute potens*
295sq.	*cf.* Verg. georg. 2, 507 *defossoque incubat auro*; *cf.* Aen. 10, 526 *defossa talenta*; *cf.* Hor. sat. 1, 1, 42 *defossa ... deponere terra*; *cf.* sat. 2, 3, 117 *stramentis incubet*; *cf.* Iuuenc. 1, 611 *defossis terra inuigilare talentis*
301sq.	Verg. Aen. 8, 283sq. *et mensae grata secundae / dona ferunt*
311	*cf.* Verg. georg. 4, 441 *in miracula rerum*
321	*cf.* Verg. Aen. 7, 627 *aruina pingui*
324	Ven. Fort. carm. 8, 3, 134 *uoce manu*; Orient. comm. 2, 232 *lumine uoce manu*
326	Arator act. 2, 1059 *mens anxia semper*
343.344	*cf.* Ouid. met. 3, 600 *aurora rubescere primo / coeperat*
348	*cf.* Stat. Theb. 10, 822 *lambit uestigia saxi*
376	Alc. Auit. carm. 2, 358 *tendatur tramite recto*
390	*cf.* Verg. Aen. 7, 209 *Tyrrhena ab sede profectum*
391	*cf.* Verg. georg. 3, 187 *depulsus ab ubere matris*; *cf.* Aen. 7, 484 *matris ab ubere*; Auson. parent. 5, 9 Prete *praereptum cuius et ab ubere matris*
402	Drac. laud. dei 1, 580 *usibus humanis data*
412	Verg. Aen. 2, 236 *uincula collo*
426	*cf.* Verg. Aen. 7, 639 *ad iuga cogit equos*
429	*cf.* Verg. Aen. 6, 465 *siste gradum*
430	*cf.* Verg. Aen. 5, 237 *uoti reus*
431	Lucan. 1, 145 *sed nescia uirtus / stare loco*

carm. 21

1	*cf.* Tib. 1, 10, 45 *pax candida*; Hor. carm. 1, 4, 1 *grata uice*
4.5	*cf.* Claud. 7, 182 *qui mente serena*
13-15	*cf.* Verg. georg. 1, 413 *iuuat imbribus actis*

	linguis; *cf.* Pers. 5, 1sq. *centum sibi poscere uoces*; *cf.* Sil. 4, 525sqq. *non, mihi Maeoniae redeat si gloria linguae / centenasque pater det Phoebus fundere uoces, / tot caedes proferre queam*; *cf.* Claud. 1, 55sqq. *non, mihi centenis pateant si uocibus ora / multifidusque ruat centum per pectora Phoebus, / acta Probi narrare queam*; *cf.* Sedul. carm. pasch. 1, 99sqq. *nam centum licet ora mouens uox ferrea clamet / centenosque sonos humanum petus anhelet, / cuncta quis expediet*
354	Verg. Aen. 6, 627 *omnia ... percurrere nomina possim*
357	Verg. Aen. 4, 371 *quae quibus anteferam*
360	Prop. 1, 9, 15 *facilis ... copia*
361	Verg. georg. 4, 286 *primam repetens ab origine famam*; Aen. 1, 372 *repetens ab origine pergam*
367	*cf.* Verg. Aen. 3, 108 *primum est aduectus in oras*
368	Ven. Fort. carm. 2, 16, 95 *uix tetigit sacrati limina templi*
372	*cf.* Iuuenc. 3, 709sq. *namque fidem ... / hauserunt*
374	*cf.* Verg. Aen. 6, 59 *duce te*; *cf.* Hor. carm. 1, 10, 13 *duce te*
377	*cf.* Verg. Aen. 6, 246 *libamina prima*; *cf.* Mart. 3, 6, 4 *libat ... prima genas*
395	*cf.* Verg. ecl. 9, 65 *ego hoc te fasce leuabo*
399	Sil. 1, 643 *trans iuga Pyrenes medium indignatus Hiberum*
412	*cf.* Ouid. Pont. 4, 8, 23 *tua numina placa*
423	Verg. Aen. 5, 523 *docuit post exitus ingens*
428sqq.	*cf.* Auson. technop. 3, 1sqq. Prete
446	Verg. Aen. 1, 664 *mea magna potentia solus*
448	Damas. 48, 2 Ferrua (=52, 2 Ihm) *mutasti patriam*
449	Beda uit. metr. s. Cuthb. 22, 44, PL 94, 586 D *uinclis et carcere carnis*
482sq.	Verg. Aen. 2, 445sq. *ac tota domorum / culmina*
486	Verg. ecl. 1, 68 *pauperis et tuguri*
487	Verg. Aen. 1, 342 *summa ... fastigia rerum*
499	Ouid. epist. 17, 163 *pretium non uile*

538 *cf.* Hor. epod. 4, 1sq. *lupis et agnis quanta sortito obtigit, / tecum mihi discordia est*; *cf.* Paul. Nol. carm. 24, 448

544 *cf.* Prud. cath. 10, 91sq. *uia panditur ardua iustis / et ad astra doloribus itur*

554 Drac. laud. dei 3, 556 *quota portio rerum*

571 *cf.* Verg. ecl. 2, 71 *quorum indiget usus*; Iuuenc. 2, 89 *firmato corporis usu*

604 *cf.* Iuuenc. 4, 307 *soror anxia curis*

612 *cf.* Verg. Aen. 1, 384 *deserta peragro*

613 *cf.* Verg. Aen. 10, 295sq. *findite rostris / hanc terram*

669 Ouid. met. 11, 129 *sitis arida*

670 *cf.* Verg. Aen. 10, 87 *et corda aspera temptas*

671 *cf.* Prud. psych. 567 *consensu faciles*

679 Sedul. carm. pasch. 1, 159 *Christus petra*

685 *cf.* Hor. carm. 2, 7, 22sq. *funde capacibus unguenta de conchis*

696 *cf.* Prud. apoth. 278 *deus est de lumine lumen*; *cf.* Sedul. carm. pasch. 1, 313 *de lumine lumen*; Prosp. epigr. 65, 12 *in uero lumine lumen homo*

702 *cf.* Verg. georg. 4, 427 *arebant herbae et caua flumina siccis / faucibus*

719 Drac. satisf. 9 *tam longa uetustas*

725 Verg. Aen. 8, 221 *petit ardua montis*

726 *cf.* Iuuenc. 3, 570 *caperent mercedis honorem*

729 *cf.* Verg. Aen. 6, 596 *cernere erat*; 8, 676 *classes ... / cernere erat*

731 *cf.* Verg. georg. 3, 325 *carpamus dum mane nouum*

732 Verg. Aen. 6, 678 *summa cacumina linquunt*

735 Verg. ecl. 2, 13 *sole sub ardenti resonant*

739sq. *cf.* Verg. Aen. 8, 415 *opera ad fabrilia surgit*

752 Sedul. carm. pasch. 5, 288 *unda cucurrit*

759 *cf.* Verg. Aen. 11, 401 *ne cessa turbare metu*

773sq. *cf.* Verg. Aen. 12, 829 *hominum rerumque repertor*

811 *cf.* Verg. georg. 2, 147 *perfusi flumine sacro*

829 Verg. georg. 2, 180 *calculus aruis*
837 *cf.* Hor. sat. 2, 3, 243 *par nobile fratrum*

carm. 22

6 *cf.* Verg. Aen. 9, 110 *noua lux oculis offulsit*
9 Verg. Aen. 4, 569 *heia age*; Verg. Aen. 7, 338 *fecundum concute pectus*
11 *cf.* Verg. ecl. 4, 5 *magnus ab integro saeclorum nascitur ordo*; Aen. 7, 44 *maior rerum mihi nascitur ordo*
12 Verg. Aen. 1, 27 *iudicium Paridis*
16 *cf.* Prud. cath. 3, 26 *sperne, camena, leues hederas*
25 *cf.* Iuuenc. 1, 764 *celeris transcurrunt munera uerbi*
27 *cf.* Ouid. met. 6, 375 *litibus exercent linguas*
35 Ouid. met. 15, 67sq. *magni primordia mundi / et rerum causas*; *cf.* Drac. laud. dei 2, 303 *primordia mundi*
40 Verg. georg. 4, 286 *prima repetens ab origine mundi*
41 *cf.* Verg. georg. 4, 345 *curam Clymene narrabat inanem*
42 *cf.* Sedul. carm. pasch. 2, 176 *sacro spiramine plenum*
45 *cf.* Verg. ecl. 6, 41sq. *hinc lapides Pyrrhae iactos ... / ... furtumque Promethei*
66 *cf.* Prud. cath. 1, 98 *rumpe noctis uincula*
67 *cf.* Arator act. 1, 528 *propriis quam legibus uti*
78 Verg. Aen. 6, 804 *flectit habenis*; 12, 471 *flectit habenas*; *cf.* Ouid. met. 2, 169 *flectat habenas*
89 *cf.* Verg. Aen. 12, 197 *terram, mare, sidera*; Ouid. met. 1, 180 *terram, mare, sidera*
90 *cf.* Verg. Aen. 5, 523 *docuit post exitus ingens*
93 Cypr. Gall. exod. 1014 *quem cuncta tremiscunt*
105 Paul. Pell. euch. 343 *sorte pericli*
129 Verg. Aen. 6, 849 *caelique meatus / describent radio*
136 *cf.* Iuuenc. 3, 184 *uanus late disperserat error*
139 *cf.* Verg. georg. 3, 353 *apparent aut arbore frondes*

167	Ouid. met. 7, 526 *pugnatum est arte medendi*
170	*cf.* Ouid. met. 14, 820sq. *et ictu / uerberis increpuit*
186	*cf.* Verg. Aen. 8, 116 *manu ramum praetendit oliuae*
200	*cf.* Iuuenc. 4, 348 *depromit pectore uocem*
209	*cf.* Verg. Aen. 9, 69 *lateri castrorum adiuncta*
220	*cf.* Verg. Aen. 4, 25 *adigat* (*abigat*) *me fulmine*
224	*cf.* Iuuenc. 2, 437 *uirtutes daemonis atri*
236	Prud. apoth. 127 *corde tenebroso*
242	*cf.* Verg. Aen. 1, 171 *ac magno telluris amore*
244	Verg. Aen. 3, 528 *di maris et terrae*
269	*cf.* Verg. Aen. 9, 246 *annis grauis atque animi futurus*; *cf.* Liu. 30, 32, 11 *celsus corpore*
275	Ouid. met. 2, 161 *sed leue pondus erat*
290	*cf.* Prud. ham. 875 *et penetrator operti est*; *cf.* Prud. apoth. praef. 1, 10 *spiritus ista dei conplet*; apoth. 436 *spiritus ille deus*; Drac. laud. dei 1, 600 *spiritus ille dei*
291	*cf.* Lucr. 1, 21.25 *rerum natura*
297	*cf.* Prud. c. Symm. 2, 477sq. *sciat omniparentem / esse deum*
298	Hor. carm. 4, 6, 20 *matris in aluo*; Ouid. met. 1, 420 *matris in aluo*

carm. 24

16	Prud. cath. 4, 75 *grates reddimus*
27.28	*cf.* Hor. carm. 1, 3, 10sq. *qui fragilem truci / commisit pelago ratem*
39.40	*cf.* Verg. Aen. 1, 122sq. *laxis laterum compagibus omnes / accipiunt inimicum imbrem rimisque fatiscunt*
43	*cf.* Verg. Aen. 8, 91 *labitur uncta uadis abies*; *cf.* Verg. Aen. 6, 899 *ille uiam secat*
70	*cf.* Verg. Aen. 8, 712 *pandentemque sinus*
105	*cf.* Verg. georg. 1, 461sq. *serenas ... nubes*
111	*cf.* Ouid. ars 3, 196 *quaeque bibant undas*; *cf.* Stat. Theb. 9, 395 *bibit unda cruorem*
112	*cf.* Ouid. ars 2, 352 *arida sorbet aquas*

208	Drac. laud. dei 1, 516 *reducisque salutis*
222	*cf.* Auson. epist. 22, 30 Prete *soli et sali commercio*
239	*cf.* Verg. Aen. 10, 794 *pedem referens*
253	*cf.* Hier. epist. 22, 12, 1 *unus et nudus*
262	*cf.* Verg. Aen. 2, 120sq. *gelidasque per ima cucurrit / ossa tremor*
287	*cf.* Iuuenc. 1, 463 *puro qui caelum corde tuentur*
351	Hor. carm. 4, 7, 3 *mutat terra uices*
367	*cf.* Catull. 31, 5 *uix mi ipse credens*
367sq.	*cf.* Verg. Aen. 1, 172 *optata potiuntur arena*; *cf.* Verg. Aen. 3, 509 *optatae gremio telluris*
398	*cf.* Auson. Mos. 165sq. *uiator / riparum subiecta terens*
415	*cf.* Verg. Aen. 5, 159 *iamque propinquabant*
448	*cf.* Hor. epod. 4, 1.2 *lupis et agnis quanta sortito obtigit / tecum mihi discordia est*
513	*cf.* Verg. Aen. 4, 328 *si quis mihi paruulus aula / luderet*
536	*cf.* Verg. Aen. 7, 391 *sacrum tibi pascere crinem*
553	*cf.* Prud. ditt. 2 *per anguinum malesuada fraude uenenum*
554	*cf.* Verg. Aen. 3, 342 *animosque uiriles*
646	*cf.* Ouid. met. 7, 284 *uernat humus floresque … surgunt*
723	*cf.* Plaut. Capt. 840 *anteuortunt gaudiis*
750	*cf.* Iuuenc. 4, 292 *carceris ut saepto claustris*
759	*cf.* Iuuenc. 3, 48 *carceris immersum tenebris*
797	*cf.* Iuuenc. 1, 249 *tum munera trina*
843	*cf.* Iuuenc. 2, 508 *gaudebit perpete uita*
863	*cf.* Verg. Aen. 1, 301 *remigio alarum*
867	*cf.* Verg. Aen. 5, 217 *radit iter liquidum*
923	*cf.* Verg. georg. 4, 354 *maxima cura*
937	*cf.* Iuuenc. 2, 470 *comitatur gloria uitae*

carm. 25

1	Verg. Aen. 6, 827 *concordes animae*
3sq.	*cf.* Stat. silu. 1, 2, 142sqq.

4 *cf.* Prop. 2, 5, 14 *subtrahe colla iugo*; *cf.* Ouid. rem. 90 *subtrahe colla iugo*; Prosp. epigr. 101, 8 *subdere colla iugo*

9 *cf.* Ouid. am. 3, 14, 19sq. *lasciuia protinus omnis / absit*

13 Claud. carm. min. 31, 48 *pietatis amor*; Drac. laud. dei 1, 102.692 *pietatis amore*; Drac. Orest. 659 *pietatis amor*; *cf.* Paul. Petric. Mart. 3, 229 *pietatis amorem*; Coripp. Ioh. 1, 148 *pietatis amor*

30 *cf.* Prud. perist. 4, 72 *Christus ubique est*

32 *cf.* Ouid. fast. 2, 26 *tempora fronde tegit*; *cf.* Ouid. fast. 6, 156 *limina fronde notat*; *cf.* Stat. silu. 1, 2, 231 *fronde uirent postes*

38 *cf.* Verg. Aen. 1, 403sq. *diuinum uertice odorem / spirauere*

40 Hor. epist. 2, 1, 2 *moribus ornes*

43 *cf.* Verg. Aen. 9, 614 *picta croco et fulgenti murice uestis*; Verg. georg. 2, 464 *inlusas auro uestes*; *cf.* Prud. perist. 10, 512 *inlusa uestis*; 14, 105 *inlusa pictae uestis*; ham. 291 *inludant uarias distincto stamine formas*; *cf.* Auien orb. terr. 1259 *inludunt auro uestes*

47 *cf.* Sedul. carm. pasch. 1, 290 *cuius iuga ferre suauest*; *cf.* Drac. Romul. 7, 80 *iuga ferre dicatus*

51 Verg. georg. 2, 121 *uelleraque ut foliis depectent tenuia Seres*

74 Ven. Fort. Mart. 2, 88.90 *Serica purpureis sternuntur uellera uillis*

75 *cf.* Verg. Aen. 10, 314 *per tunicam squalentem auro*

75.76 Verg. Aen. 11, 775sq. *sinusque crepantes / … collegerat auro*

80 Auson. epigr. 24, 2 Prete *nudum iam cute caluitium*

86 *cf.* Prud. psych. 183 *turritum tortis caput … / crinibus*; Iuu. 6, 503 *aedificat caput*; Lucan. 2, 358 *turritaque premens frontem matrona corona*

90	*cf.* Ouid. ars 1, 328 *uni posse placere uiro*; *cf.* 3, 380 *ulli cura placere uiro*
109	*cf.* Prop. 1, 15, 7 *Eois pectus uariare lapillis*
118	*cf.* Sedul. carm. pasch. 2, 148sq. *agnus ecce dei ueniens*
127	*cf.* Sen. Oed. 423 *fluidumque syrma*
128	*cf.* Verg. Aen. 10, 134 *qualis gemma micat*
143	Iuuenc. 2, 187 *diuino munere*
146	*cf.* Prud. psych. 199 *mens humilis*
149	*cf.* Verg. Aen. 4, 48 *coniugio tali*; *cf.* Drac. Romul. 7, 117 *coniugio tali*
168sq.	*cf.* Verg. Aen. 1, 47 *soror et coniunx*
173	Verg. Aen. 1, 47 *soror et coniunx*
197sq.	*cf.* Claud. 14, 18 *tam iunctis manibus nectite uincula*
203	*cf.* Verg. Aen. 7, 480 *nares contingit odore*
205	*cf.* Verg. Aen. 6, 808 *quis procul ille*; *cf.* Val. Fl. 5, 578 *quis procul ille uirum*
210	*cf.* Verg. Aen. 4, 150 *egregium decus enitet ore*
211	Verg. Aen. 6, 791 *hic uir, hic est*; Paul. Pell. euch. 227 *munere Christi*
229sq.	*cf.* Claud. 10, 121sq. *regalibus adnue uotis, / iunge toros*

carm. 26

3	Verg. Aen. 2, 268 *tempus erat*; Hor. carm. 1, 37, 4sq. *tempus erat*
6.7	*cf.* Verg. Aen. 6, 86 *bella, horrida bella*; 7, 41 *dicam horrida bella*
9	*cf.* Stat. silu. 1, 2, 210 *pectora uoto*
22	*cf.* Verg. Aen. 5, 51 *hunc ego Gaetulis agerem si Syrtibus exsul*
28	Ouid. rem. 662 *liber aberrat amor*
29	*cf.* Verg. Aen. 4, 173 *magnas it fama per urbes*
38	Verg. Aen. 1, 137 *maturate fugam*
39	Iuuenc. 1, 609 *deuoti pectoris aptum*
40	*cf.* Verg. Aen. 11, 401 *ne cessa turbare metu*; Prud. psych. 709 *turbante metu*

43	*cf.* Sedul. carm. pasch. 1, 119 *sanguine Christi*
59	Verg. georg. 4, 531 *licet tristes animo deponere curas*
72	Ouid. met. 15, 153 *formidine mortis*
76	*cf.* Verg. Aen. 1, 249 *placida compostus pace quiescit*; *cf.* 274
83.84	*cf.* Verg. Aen. 1, 451 *sperare salutem*; *cf.* 2, 354 *una salus uictis nullam sperare salutem*
89	Arator act. 1, 450 *deus arbiter orbis*; *cf.* Alc. Auit. carm. 2, 338 *iudex atque arbiter orbis*
99sq.	Iuuenc. 4, 771 *praeceptis pectora firmat*
120	*cf.* Verg. Aen. 3, 18 *nomen de nomine fingo*
121	*cf.* Verg. Aen. 7, 357 *solito matrum de more locuta*
148	Damas. 25, 3 Ferrua (=23, 3 Ihm) *hi crucis inuictae comites*
170	Verg. Aen. 1, 32; 1, 667; 8, 310 *omnia circum*
176	*cf.* Iuuenc. 1, 296 *lacrimis te quaero profusis*
189	*cf.* Verg. Aen. 5, 806 *milia multa daret leto*; *cf.* Aen. 12, 328 *multa uirum uolitans dat fortia corpora leto*
202	*cf.* Iuuenc. 4, 349 *clarae uobis reparatio uitae*
228	*cf.* Prud. apoth. 1001 *sanctiloquus Lucas*
244	*cf.* Sedul. carm. pasch. 1, 148sq. *caelesti pane cateruas / angelicos sumpsisse cibos*
272	Drac. laud. dei 1, 299 *temperat ignes*
275	*cf.* Verg. Aen. 1, 227; 4, 448; 5, 701 *pectore curas*
278	Verg. Aen. 6, 91 *supplex in rebus egenis*
280	Verg. Aen. 12, 439 *exempla tuorum*; Sedul. carm. pasch. 1, 95 *constant uirtutum signa tuarum*
281sq.	Drac. laud. dei 1, 317 *munera funduntur*
282	Nemes. Cyn. 241 *generosa propago*; Rut. Nam. 1, 7 *Romanorum procerum generosa propago*; Prud. c. Symm. 2, 655 *generosa propago*
286	Verg. ecl. 4, 17 *reget patriis uirtutibus*
293	*cf.* Verg. georg. 4, 1 *mellis caelestia dona*; *cf.* Paul. Nol. carm. 27, 92
298	*cf.* Iuuenc. 1, 517 *e tenebris solueris carceris atri*
305	*cf.* Ouid. trist. 4, 3, 65 *compescuit ignibus ignes*

318	*cf.* Verg. georg. 1, 470 *obscenaeque canes*
330	Ouid. am. 1, 2, 46 *flamma uapore nocet*
346	Stat. Theb. 6, 146 *haec pietate potens*; *cf.* Paul. Nol. carm. 12, 2
362	*cf.* Verg. ecl. 10, 33 *molliter ossa quiescant*
365	*cf.* Iuuenc. 2, 660 *animas rediuiuo corpore necti*
366	*cf.* Ouid. trist. 2, 325 *radiantia lumina solis*
377	*cf.* Ouid. am. 3, 11, 5 *pedibus calcamus amorem*
387	*cf.* Verg. Aen. 7, 124 *ignota ad litora uectum*
397	*cf.* Stat. Theb. 8, 108 *horret adhuc animus*
399	Verg. Aen. 4, 23 *adgnosco ueteris uestigia flammae*; *cf.* Paul carm. 28, 141
405	Verg. Aen. 4, 186 *aut summi culmine tecti*
407	Ouid. met. 7, 549 *mira loquar*
415	*cf.* Verg. Aen. 8, 703 *cum sanguineo sequitur Bellona flagello*
421	*cf.* Verg. Aen. 6, 356 *uexit me uiolentus aqua*

carm. 27

1	*cf.* Verg. ecl. 8, 17 *nascere ...*
5	*cf.* Stat. silu. 1, 2, 210 *pectora uoto*
14	Verg. georg. 4, 36 *frigore mella / cogit hiems*
31	Prosp. carm. de prou. 220 *hoc homini speciale decus*
33	*cf.* Verg. Aen. 6, 639 *sedesque beatas*
39	Mart. 14, 38, 1 *Memphitica tellus*; *cf.* Cypr. Gall. exod. 4 *tellus Memphitica*; Alc. Auit. carm. 6, 535 *tellus Memphitis*
46	Verg. Aen. 2, 49 *dona ferentes*
58	Drac. laud. dei 2, 72 *famulentur adorent*
62	Verg. ecl. 4, 7 *caelo demittitur alto*; *cf.* Aen. 1, 297 *genitum demittit ab alto*; *cf.* Aen. 4, 574 *aethere missus ab alto*
64	Verg. Aen. 11, 296; 12, 66 *per ora cucurrit*
65	Verg. Aen. 5, 842 *ore loquelas*
66	Verg. Aen. 2, 280 *expromere uoces*
74	*cf.* Verg. ecl. 2, 34 *calamo triuisse labellum*
75.76	*cf.* Verg. Aen. 8, 442 *omni nunc arte magistra*

77	Lucr. 2, 413 *mobilibus digitis*
78	*cf.* Verg. Aen. 6, 122 *itque reditque uiam*
89	Drac. Orest. 420 *sanguinis ostrum*; Aldhelm uirg. 584 (*cf.* 1223; 2441) *pretiosi sanguinis ostro*
101	Paul. Petric. Mart. 6, 337 *praeconia linguis*
133	*cf.* Iuuenc. 4, 315 *et uitae confinia summa tenentem*
145	*cf.* Hor. sat. 1, 5, 42 *neque quis me sit deuinctior alter*
148sqq.	*cf.* Verg. Aen. 5, 49sqq. *iamque dies ... adest quem .. semper honoratum ... habebo*
161	Hor. carm. 1, 4, 1 *grata uice*
174	Ouid. fast. 3, 298 *manabat saxo uena perennis aquae*
189	*cf.* Verg. Aen. 8, 42 *fingere somnum*
191	*cf.* Verg. Aen. 8, 582 *conplexu teneo*
222	Verg. Aen. 4, 12 *credo equidem*
224	*cf.* Verg. Aen. 5, 58 *laetum cuncti celebremus honorem*
226	Verg. Aen. 9, 149 *protinus omnes*
233	Arator act. 2, 134 *ore magistro*
247	Verg. Aen. 12, 914 *pectore sensus*
281	Prud. cath. 9, 19 *uirgo cum puerpera / edidit nostram salutem*
283	*cf.* Verg. ecl. 6, 62sq. *musco circumdat amarae corticis*
306	Iuuenc. 3, 611 *pretioso sanguine seruat*
308	*cf.* Verg. Aen. 6, 15 *pennis ausus se credere caelo*
309	Hor. sat. 1, 9, 1 *sicut meus est mos*; Damas. epigr. 33, 4 Ferrua (=32, 4 Ihm) *martyris egregii*
311	*cf.* Paul. Petric. Mart. 3, 146 *super astra uolantem*
313	Hor. carm. 4, 2, 25sqq. *multa Dircaeum leuat aura cygnum*
314sqq.	*cf.* Verg. Aen. 9, 187 *mens agitat*; *cf.* Hor. carm. 4, 2, 25-32
318	*cf.* Verg. Aen. 5, 743 *sopitos suscitat ignes*
319	Lucan. 8, 776 *admoto fomite*
320	Ouid. ars 1, 715 *tumidos accedere flatus (fastus)*
332	Verg. Aen. 6, 127 *noctes atque dies*

336	*cf.* Verg. Aen. 10, 809 *Aeneas belli nubem … / sustinet*
344	*cf.* Verg. Aen. 6, 688 *uicit iter durum pietas*
345	Lucr. 1, 265 *nunc age*; Verg. georg. 4, 149 *nunc age*; Aen. 5, 80 *salue sancte parens*; 6, 756; 7, 37 *nunc age*
348	*cf.* Verg. Aen. 6, 160 *multa inter sese uario sermone serebant*
351	Columban. Fidol. 36 *gesta retexam*
359	Verg. Aen. 1, 140 *illa se iactet in aula*
385	= Beda de arte metr. Gramm. lat. 7, p. 251, 10 (*biiugis laquearii*)
390	*cf.* Verg. Aen. 1, 726 *dependent lychni*
392	*cf.* Verg. Aen. 6, 218 *et aena undantia flammis*
393	*cf.* Prud. apoth. 522 *fultum sublime columnis*; Iuu. 7, 182 *fulta columnis*; Paul. Petric. Mart. 2, 709 *fulta columnis*; Paul. Nol. carm. 28, 201
399	*cf.* Paul. Petric. Mart. 3, 427 *orandi studio inuigilans studioque legendi*
404	*cf.* Verg. Aen. 1, 403 *diuinum uertice odorem / spirauere*
411	Carm. adu. Marc. 2, 110 *Iohannes … / praecursor*; *cf.* Aldhelm uirg. 414.5 *baptista Iohannes … domini dictus praecursor*
416	Iuuenc. 1, 33 *cunctatio mentis*
418	Iuuenc. 4, 49 *dominumque deumque*
420	Carm. adu. Marc. 1, 18 *tunc carnis uulnus amare*
421	Verg. georg. 4, 466 *te ueniente die*; *cf.* Arator act. 1, 643sq. *manifestus aperta / luce*
421.422	*cf.* Iuuenc. 2, 668sq. *manifestior omni / luce nitet*
433	Verg. Aen. 10, 241sq. *uocari / primus in arma iube*
435	*cf.* Hor. carm. 1, 35, 18 *clauos trabalis*
450	*cf.* Iuuenc. 1, 55 *caste pubescere tectis*
462	*cf.* Paul. Nol. carm. 17, 140
487	*cf.* Ouid. ars 2, 581 *praebent spectacula capti*
502	*cf.* Ouid. met. 10, 431 *festa piae Cereris celebrabant*

511	Verg. Aen. 5, 90 *ille agmine longo*
515.516	*cf.* Verg. Aen. 1, 464 *animum pictura pascit inani*
519.520	*cf.* Verg. Aen. 7, 810 *fluctu suspensa tumenti*
524.525	*cf.* Verg. Aen. 1, 105sq. *cumulo praeruptus aquae mons / hi summo in fluctu pendent*
527	*cf.* Ouid. met. 14, 50 *pedibus super aequora siccis*; *cf.* Paul. Nol. carm. 28, 47
541	Verg. Aen. 5, 591 *et inremeabilis error*
543	Verg. Aen. 11, 551 *uix haec sententia sedit*
545	Lucr. 3, 316 *exponere causas*; Beda hymn. 2, 260, PL 94, 611 B *causas exponere tantas*
552	*cf.* Verg. Aen. 8, 385 *aspice qui coeant populi*
583	*cf.* Verg. georg. 4, 335 *fucata colore*
596	Verg. georg. 2, 346; 4, 51; Aen. 5, 691 *quod superest*
603	*cf.* Aldhelm aen. tetrast. 16, 3 *cum mihi uita comes*
619	*cf.* Ouid. Pont. 4, 2, 17 *limus uenas excaecat in undis*
620	*cf.* Arator act. 2, 485 *benedictio Iacob*
628sq.	*cf.* Verg. Aen. 2, 324 *uenit summa dies*; Catull. 62, 3 *surgere iam tempus*
633	*cf.* Verg. Aen. 8, 61 *supplicibus supera uotis*
640-2	*cf.* Auson. eph. 3, 4sq. *cuius formamque modumque / nec mens conplecti poterit nec lingua profari*

carm. 28

2	Verg. ecl. 5, 74 *sollemnia uota*
7	*cf.* Verg. Aen. 2, 528 *porticibus fugit longis*
29sq.	Sedul. carm. pasch. 2, 80 *fronte serena*
35	Ouid. ars 2, 14 *hoc erit artis opus*; *cf.* Prud. c. Symm. 2, 287 *ad proprium restillet uena metallum*
61	*cf.* Arator act. 2, 328 *Luca narrante relatu*; *cf.* Beda uit. metr. s. Cuthb. 6, 2, PL 94, 579 B *memori narranda relatu*
64	Ouid. ars 3, 217 *sed erunt deformia uisu*
65	*cf.* Verg. ecl. 5, 34 *tu decus omne tuis*

71	*cf.* Verg. Aen. 5, 230 *uitamque uolunt pro laude pacisci*
75.76	*cf.* Verg. Aen. 2, 268sq. *prima quies ... incipit*; 7, 414 *iam mediam nigra carpebat nocte quietem*
79	*cf.* Verg. Aen. 12, 576 *subitusque apparuit ignis*
80.81	*cf.* Verg. Aen. 1, 175sq. *atque arida circum / nutrimenta dedit rapuitque in fomite flammam*
81	*cf.* Lucan. 8, 776 *fomite flammas*
85	*cf.* Verg. Aen. 3, 582 *et caelum subtexere fumo*
88	Auson. Mos. 9 *metata colonis*
92	Prosp. carm. de prou. 350 *igneus imber*
115	*cf.* Iuuenc. 1, 47 *inde domum remeat*
138.139	*cf.* Verg. georg. 1, 249 *diemque reducit*
141	*cf.* Verg. Aen. 4, 23 *adgnosco ueteris uestigia flammae*
147	*cf.* Verg. Aen. 2, 600 *iam flammae tulerint*
170	*cf.* Verg. Aen. 3, 102 *ueterum uoluens monumenta uirorum*
173	*cf.* Iuuenc. 1, 536 *antiquae leges*
201	Paul. Nol. carm. 27, 393
240	Orient. comm. 1, 108 *corporis atque animae*; Arator act. 2, 496 *corporis atque animae*
249	*cf.* Claud. 1, 218 *nec sole perustam*
250.251	*cf.* Gell. 19, 7, 6 *et Memnonem nocticolorem*
255	Verg. Aen. 12, 96 *tempus adest*
258	*cf.* Arator act. 2, 1066 *de lumine crescere uerbi*
275	*cf.* Verg. georg. 2, 59 *sucos oblita priores*
286	*cf.* Iuuenc. 4, 307 *soror anxia curis*
287	Ouid. am. 1, 15, 1 *quid mihi liuor edax*; rem. 389 *liuor edax*
289	*cf.* Hor. epist. 1, 14, 4sq. *spinas animone ego fortius an tu / euellas agro*
291	*cf.* Verg. georg. 4, 177 *amor urget habendi*; *cf.* Aen. 8, 327 *amor successit habendi*; *cf.* Hor. epist. 1, 7, 85 *amore senescit habendi*
292	*cf.* Hor. carm. 3, 16, 28 *magnas inter opes inops*; *cf.* sat. 1, 1, 68sq. *Tantalus a labris sitiens...*
293	*cf.* Ouid. ars 2, 606 *in media Tantalus aret aqua*

294	*cf.* Hor. sat. 1, 1, 93sq. *pauperiem metuas minus*; 2, 3, 109sq. *nescius uti / compositis metuensque*
296	*cf.* Hor. epist. 1, 3, 22 *ingenium non incultum est et turpiter hirtum*
313	*cf.* Paul. Petric. Mart. 2, 639sq. *seu membra adtingas labiis seu corda docendo*
320	*cf.* Mart. 2, 80, 2 *ne moriare, mori*

carm. 29

16	*cf.* Paul. Nol. carm. 5 = Auson. eph. 3, 5 *nec mens conplecti poterit nec lingua profari*
20	*cf.* Verg. Aen. 1, 133 *iam caelum terramque*
24	Lucr. 3, 2 *inlustrans commoda uitae*; Ouid. Pont. 1, 8, 29 *commoda uitae*
30	Ouid. trist. 1, 8, 15 *sanctum ac uenerabile nomen*
32	Iuuenc. 2, 437 *uirtutes daemonis atri*

carm. 31

1	*cf.* Ouid. met. 6, 239 *et auiti nominis heres*
3	*cf.* Verg. Aen. 5, 532 *Acesten / muneribus cumulat magnis*
18	Orient. comm. 1, 48 *in fragili corporis hospitio*
34	*cf.* Verg. Aen. 5, 734sq. *piorum / concilia*
36	Verg. Aen. 8, 660 *tum lactea colla*
52	*cf.* Verg. Aen. 4, 13 *degeneres animos timor arguit*
68	Arator act. 2, 779 *propria de morte redemptum*; Carm. adu. Marc. 2, 125 *morte redemit*
76	Arator act. 2, 1112 *desperata salus*; *cf.* Iuuenc. 3, 450 *carceris et mersum tenebris*
81	Verg. Aen. 5, 727 *caelo tandem miseratus ab alto*
102	*cf.* Prud. cath. 9, 96 *uinculis peccaminum*
103	Prud. apoth. 637sq. *abdita rumpit / Tartara*
110	*cf.* Ouid. trist. 3, 4, 18 *surgere possit humo*; Ouid. am. 3, 11, 10 *ingenium duro ponere corpus humo*
114	*cf.* Ouid. fast. 4, 712 *quoque modo segetes perdidit ipsa perit*
119.120	*cf.* Verg. Aen. 4, 185 *declinat lumina somno*
127	*cf.* Iuuenc. 4, 662 *iamque cruci fixum*

135 *cf.* Verg. Aen. 12, 4 *attollitque animos*
136 *cf.* Verg. Aen. 1, 562 *soluite corde metum*; *cf.* 168
147 *cf.* Verg. Aen. 8, 611 *seque obtulit ultro*
176 *cf.* Drac. laud. dei 1, 650 *rediuiua salus ... nascitur*
183 *cf.* Iuuenc. 2, 660 *animas rediuiuo corpore necti*
188 Verg. Aen. 10, 641 *morte obita*
190 Prud. cath. 3, 205 *Christus ad astra uocat*
199 *cf.* Verg. Aen. 1, 209 *premit altum corde dolorem*
205 *cf.* Verg. Aen. 11, 733 *quae tanta animis ignauia uenit*
207 Iuuenc. 1, 319 *corporeisque oculis*
213 Arator act. 2, 739 *pretiosa fides*
217 *cf.* Verg. Aen. 11, 182 *miseris mortalibus almam*
222 *cf.* Ouid. rem. 90 *subtrahe colla iugo*
231sq. *cf.* Prud. cath. 10, 121sqq. *sic semina sicca uirescunt / iam mortua iamque sepulta, / quae reddita caespite ab imo / ueteres meditantur aristas*
233 Verg. Aen. 6, 127 *noctes atque dies*
235 *cf.* Verg. Aen. 2, 369 *et plurima mortis imago*
254 Ouid. ars 1, 450 *saepe fefellit ager*
255 *cf.* Verg. georg. 1, 223 *committas semina*
280 *cf.* Verg. Aen. 9, 491 *et funus lacerum tellus habet*
282 Verg. Aen. 3, 509 *sternimur optatae gremio telluris*
291 *cf.* Drac. laud. dei 1, 329 *animal rationis amicum*
317 *cf.* Ouid. met. 11, 35 *iacent dispersa per agros*
327 *cf.* Verg. Aen. 6, 163 *indigna morte peremptum*
331sq. *cf.* Verg. georg. 1, 469-471
338 *cf.* Prud. apoth. 166 *deum mortalia uiuificantem*
345 Verg. Aen. 5, 523 *docuit post exitus ingens*
351 Drac. laud. dei 3, 224 *positus sub lege fideli*
359 *cf.* Sedul. carm. pasch. 5, 272 *discisso nudauit pectora uelo*
395 *cf.* Paul. Petric. Mart. 5, 725 *praeconia uatis*
401 Verg. Aen. 6, 798 *huius in aduentum*
409 Verg. Aen. 1, 227; 4, 448; 5, 701 *pectore curas*
416 *cf.* Verg. georg. 1, 9 *poculaque ... miscuit uuis*
419 *cf.* Plaut. Pseud. 75 *pumiceos oculos habeo, non queo / lacrumam exorare*

423	*cf.* Ouid. met. 10, 243 *aeuum per crimina agentes*
425	*cf.* Iuuenc. 2, 243; 1, 769 *seruator Iesus*
437	Drac. satisf. 269 *fames ... ieiuna*
452	*cf.* Sedul. carm. pasch. 1, 365sq. *lacrimasque serendo / gaudia longa metam*; *cf.* Prud. perist. 3, 104 *gaudia quanta metas*; Prosp. epigr. 95, 16 *ira breuis rectis gaudia longa dabit*
455	*cf.* Verg. Aen. 5, 347 *redduntur honores*
461	Verg. Aen. 3, 256 *quam uos dira fames*; Verg. Aen. 6, 276 *et male suada fames ac turpis egestas*
465	*cf.* Verg. Aen. 9, 614 *fulgenti murice uestis*
476	*cf.* Verg. Aen. 6, 417sq. *latratu regna trifauci / personat*
477	*cf.* Verg. Aen. 6, 299 *terribili squalore Charon*
478	*cf.* Verg. Aen. 6, 280sq. *Eumenidum ... / uipereum crinem*
479sqq.	*cf.* Stat. Theb. 4, 537sq. *remeabile saxum / ... Tityonque alimenta uolucrum*
480	*cf.* Ouid. ars 2, 606 *in media Tantalus aret aqua*
481	Verg. Aen. 6, 748 *ubi mille rotam uoluere per annos*; Sil. 11, 474 *reuolubile saxum*
489	*cf.* Hor. carm. 4, 7, 3 *mutat terra uices*
490	*cf.* Drac. laud. dei 2, 780 *iam modo diues eget, cui confert indiga dextra*
492	Verg. Aen. 1, 14 *diues opum*
499sq.	*cf.* Verg. Aen. 6, 620 *discite iustitiam moniti et non temnere diuos*; *cf.* Prud. perist. 13, 32 *uiuere iustitia Christi*
503	*cf.* Ouid. ars 1, 303 *pretiosas sumere uestes*
515	*cf.* Carm. ad senat. 45 *cur linquenda tenes aut cur retinenda relinquis?*
518	*cf.* Mart. 11, 2, 1sq. *triste supercilium durique seuera Catonis / frons*
527	*cf.* Hor. sat. 1, 1, 66 *mihi plaudo*
531	*cf.* Verg. georg. 4, 415 *ambrosiae defundit odorem*
537	Verg. Aen. 12, 96 *tempus adest*
539	Coripp. Iust. 1, 168 *pietate benigna*; *cf.* Paul. Nol. carm. 21, 43

547	Verg. Aen. 7, 365 *quid tua sancta fides*
560	*cf.* Iuuenc. 2, 226 *uitae iunctura perenni*
577	*cf.* Iuuenc. 3, 331 *uestibat lumine montem*
579	*cf.* Verg. Aen. 6, 377 *cape dicta memor, duri solacia casus*
587	Verg. Aen. 6, 658 *inter odoratum lauri nemus*
605	*cf.* Verg. Aen. 6, 638 *amoena uirecta*
624	*cf.* Verg. georg. 3, 460 *salientem sanguine uenam*

carm. 32

5	*cf.* Lucr. 1, 933sq. *quod ... tam lucida pango carmina*
7	*cf.* Verg. ecl. 1, 23 *paruis componere magna*
45	*cf.* Ouid. met. 8, 681 *manibusque supinis / concipiunt*
56	Verg. Aen. 1, 47 *et soror et coniunx*; Ouid. met. 3, 266 *et soror et coniunx*; 13, 574 *coniunxque sororque*
59	*cf.* Ouid. met. 11, 243 *sed modo tu uolucris ... nunc grauis arbor eras*
62	*cf.* Ouid. met. 10, 155sqq.
63	Ouid. rem. 668 *uenit in amplexus*
67	Hor. epist. 1, 16, 59 *'Iane pater' clare, clare cum dixit 'Apollo'*
68.69	*cf.* Verg. Aen. 8, 357sq. *hanc Ianus pater, hanc Saturnus condidit arcem, / Ianiculum huic ... nomen*
82	*cf.* Ouid. met. 13, 480 *castique decus seruare pudoris*
83.84	*cf.* Catull. 63; *cf.* Min. Fel. 22, 4; *cf.* Aug. ciu. 6, 7
93	*cf.* Ouid. ars 3, 766 *concubitus quos libet illa pati*
96.97	Ouid. met. 15, 75 *dapibus temerare nefandis*
98	Verg. Aen. 8, 612 *promissae coniugis arte*
105sq.	Verg. Aen. 8, 322sq. *Latiumque uocari / maluit, his quoniam tutus latuisset in oris*
116	Auson. epist. 26, 22 Prete *Isiacos agitant Mareotica sistra tumultus*
153	*cf.* Verg. Aen. 3, 708 *tot tempestatibus actis*

93 *cf.* Verg. Aen. 6, 734 *clausae tenebris et carcere caeco*; *cf.* Paul. Nol. carm. 15, 195

96 Hor. carm. 3, 3, 8 *inpauidum ferient ruinae*; Hor. carm. 2, 16, 29 *cita mors*; Hor. sat. 1, 1, 8 *cita mors*

101 *cf.* Paul. Nol. carm. 28, 105

102 *cf.* Paul. Nol. epist. 38, 4 (327, 24)

104 *cf.* Paul. Nol. carm. 17, 322

109 *cf.* Hor. carm. 3, 29, 11sq. *noli mirari ... opes*

121 *cf.* Paul. Nol. carm. 25, 18

app. carm. 2

15 *cf.* Paul. Nol. app. carm. 1, 25

22 *cf.* Hor. carm. 1, 18, 10 *fas atque nefas*; epod. 5, 87 *fas nefasque*

72 *cf.* Paul. Nol. carm. 24, 573

app. carm. 3

11 Hor. carm. saec. 76 *dicere laudes*

71 *cf.* Hor. epist. 1, 1, 28 *non possis oculo quantum contendere Lynceus*

93 Verg. Aen. 6, 853 *parcere subiectis*

125 *cf.* Orient. comm. 2, 123 *mansuri signent tua nomina fastus*

126 Hor. carm. 1, 1, 7 *mobilium turba Quiritium*

153 *cf.* Verg. georg. 3, 325 *mane nouo*

Cyneg.

1 *cf.* Lucr. 3, 1008; Lucr. 5, 888 *aeuo florente*

1sqq. *cf.* Aug. cur. mort. 1, 1

7 Enn. ann. 140 V^2 = 451 Skutsch *at tuba terribili sonitu taratantara dixit*; *cf.* Ouid. met. 2, 849 *nutu concutit orbem*

3. Index reliquorum auctorum et imitatorum II
(secundum auctores)

4. Index nominum

5. Index criticus

ep. 1, 11 (9, 27):
aggere nomen magis quam iugum horrendus: Hartel, Patristische Studien V, 4

ep. 3, 4 (16, 17):
suscipiendo: Goldbacher, CSEL 34/1 (1895), 76, 11

ep. 3, 4 (17, 5sq.):
ordine: v.D., Literar. Centralblatt 1894, 1176

ep. 3, 5 (17, 18):
litteris tuis et profer: Goldbacher, CSEL 34/1 (1895), 77, 10; Skeb, Briefe I, 152 n. 18

ep. 4, 2 (20, 2):
suscipiende: Goldbacher, CSEL 34/1 (1895), 79, 10; Skeb, Briefe I, 158 n. 5

ep. 4, 3 (21, 20):
honore: Goldbacher, CSEL 34/1 (1895), 81, 5

ep. 4, 3 (22, 5):
constitisti, toto: Goldbacher, CSEL 34/1 (1895), 81, 9

ep. 5, 19 (38, 8):
ex Hebraeis Proforus: Restitutus amans dominum: Lagrange, Histoire de s. Paulin, Paris ^{2}1884, 1, 218 n. 2
ut ex Hebraeis Proforus restitutus: Walsh, Orpheus 13 (1966), 158

ep. 6, 2 (41, 5):
denique omne: Walsh, Letters I, 224 n. 7

ep. 6, 3 (41, 13):
audebimus: Goldbacher, CSEL 34/1 (1895), 124, 17

ep. 6, 3 (41, 13sq.):
Christi [et] bonitatis: Hartel, Patristische Studien V, 67

ep. 6, 3 (41, 22):
commendamus in nomine domini, reuertentur: Walsh, Letters I, 224 n. 9

ep. 7, 1 (42, 15):
optatissime,: Santaniello, Lettere

ep. 7, 3 (45, 9):
quid de alienis: Goldbacher, CSEL 34/2 (1895), 11, 8

ep. 8, 3 (49, 19):
cinxerit aestu: Goldbacher, CSEL 34/2 (1895), 14, 13

ep. 8, 3 (49, 27):
sarcina lenis: Goldbacher, CSEL 34/2 (1895), 14, 21

ep. 11, 2 (61, 10):
dignatus et a familiaritate: Hartel, Patristische Studien V, 6

ep. 11, 2 (61, 15):
inflari nescia, ⟨se⟩cura doloris, aemula deo (?): Hartel, Patristische Studien V, 6sq.

ep. 11, 7 (65, 26):
uoluntatum eius effectu: Walsh, Letters I, 232 n. 44; Blomgren, Eranos 76 (1978), 107

ep. 11, 11 (70, 15):
⟨caput⟩: Hartel, Patristische Studien V, 6sq.
⟨membra⟩: Walsh, Letters I, 233 n. 81; Santaniello, Lettere; Skeb, Briefe I, 266 n. 12 (Sacchini)

ep. 12, 6 (78, 18sqq.):
pietatis et consilio? apostolus docet, ut solueret, inquit, parietem ualli ...: Hartel, Patristische Studien V, 7sq.

ep. 12, 7 (79, 19):
instruimur, *** ut non sola (sed et informamur / sed et ad uitam praesentem informamur *supplendum*): Hartel, Patristische Studien V, 8sq.

ep. 13, 4 (87, 11):
is, qui: Hartel, Patristische Studien V, 9

ep. 13, 15 (96, 27sq.):
pro nobis egentes: Hartel, Patristische Studien V, 12

ep. 13, 17 (98, 22):
saeuius: Hartel, Patristische Studien V, 12sq.; saepius: Blomgren, Eranos 76 (1978), 107sq.

ep. 13, 19 (100, 1):
⟨ut⟩ de ortae (?): Hartel, Patristische Studien V, 13

ep. 13, 24 (104, 25sq.):
satio mandata est: Walsh, Orpheus 13 (1966), 158

ep. 15, 3 (112, 1):
quos ⟨a te⟩ ante rogari poposceramus: Walsh, Orpheus 13 (1966), 157
quos a te rogari: Walsh, Letters I, 243 n. 11

ep. 16, 4 (117, 22):
creatura careat: Walsh, Letters I, 245 n. 11; Erdt 102 (Sacchini)

ep. 16, 5 (118, 26):
⟨in⟩quantum et bonitas (?): Hartel, Patristische Studien V, 16
quantum et bonitas: Erdt 133; Skeb, Briefe I, 382 n. 21

ep. 16, 5 (119, 1):
ad naturam suae bonitatis: Hartel, Patristische Studien V, 16

ep. 16, 5 (119, 19sqq.):
cursibus nostris, ut morbos damna discrimina, et aduersis secunda mutari: Erdt 146

ep. 16, 6 (121, 2):
religione conserta: Kohlwes, Christliche Dichtung 57; Skeb, Briefe I, 386 n. 24

ep. 16, 8 (122, 16):
extremas: Weyman, Blätter f. d. Gymnasialschulwesen 30 (1894), 504; Erdt 212 (Sacchini)

ep. 16, 8 (122, 19sq.):
in mare [quidam] proicerent: Hartel, Patristische Studien V, 16

ep. 16, 11 (124, 9):
patior esse copiam: Erdt 239

ep. 18, 4 (131, 23sqq.):
... adflauerat, te potissimum in uas electionis excerpsit, in te primo refulsit clarius (sc. Christus): Blomgren, Eranos 76 (1978), 108sq.

ep. 19, 4 (142, 10):
ante ridiculam mimici nominis: Hartel, Patristische Studien V, 20sq.
ante ridicula ... leuitatem,: Walsh, Orpheus 13 (1966), 157; Skeb, Briefe II, 440 n. 9

ep. 20, 1 (143, 24):
inseparatis: Santaniello, Lettere (Sacchini)

ep. 21, 1 (149, 13):
nec minus: Santaniello, Lettere

ep. 21, 1 (149, 15):
et mensura ⟨et numero⟩: Santaniello, Lettere (Sacchini)

ep. 21, 4 (151, 22):
Fotinus: Weyman, Blätter f. d. Gymnasialschulwesen 30 (1894), 504

ep. 22, 2 (155, 13):
chlamyde curta liti: Skeb, Briefe II, 470 n. 4

ep. 23, 3 (160, 22):
in litteris: Walsh, Letters II, 302 n. 27

ep. 23, 5 (162, 10):
ungenti: Walsh, Letters II, 302 n. 33

ep. 23, 8 (166, 3):
Saraptae: Weyman, Blätter f. d. Gymnasialschulwesen 30 (1894), 504

ep. 23, 12 (169, 21):
qui in stoliditatis ... poenam: Blomgren, Eranos 76 (1978), 109

ep. 23, 14 (170, 20):
mirabimur, quia, quod (?): Hartel, Patristische Studien V, 25sq.

ep. 23, 14 (171, 5):
suscipiendo uirum: Walsh, Orpheus 13 (1966), 156; Blomgren, Eranos 76 (1978), 109sq.; Santaniello, Lettere; Skeb, Briefe II, 506 n. 19

ep. 23, 14 (171, 21):
denarium mercede: Walsh, Orpheus 13 (1966), 156

ep. 23, 21 (179, 15sq.):
forsitan nihil ille ... in coma uiribus ⟨recipere⟩, recipere ⟨uero⟩ simul / uiribus, recipere simul: Hartel, Patristische Studien V, 28

ep. 23, 23 (181, 11):
speciem libertatis tonsor: Walsh, Letters II, 306 n. 141

ep. 23, 24 (182, 13):
paratos: Skeb, Briefe II, 532 n. 33

ep. 23, 24 (182, 17):
scientia inflante dissideant: Walsh, Letters II, 307 n. 149

ep. 23, 27 (184, 15):
serum indicetur: Walsh, Letters II, 307 n. 165
semen detur: Skeb, Briefe II, 538 n. 36

ep. 23, 30 (187, 3):
et e rudente: Hartel, Patristische Studien V, 30

ep. 23, 31 (188, 15):
esuriens non ad dapes illius: Walsh, Orpheus 13 (1966), 157

ep. 23, 32 (189, 14):
persona lex legis: Walsh, Letters II, 309 n. 198

ep. 23, 33 (189, 24):
de hoc forte praedixerat: Walsh, Orpheus 13 (1966), 157

ep. 23, 33 (190, 7):
fragrantibus: Walsh, Letters II, 309 n. 203

ep. 23, 41 (196, 26):
Effrem: Weyman, Blätter f. d. Gymnasialschulwesen 30 (1894), 504

ep. 23, 44 (199, 5):
antequam deficiendo cadens: Walsh, Orpheus 13 (1966), 157

ep. 24, 1 (201, 11):
in opertis: Blomgren, Eranos 76 (1978), 110

ep. 24, 3 (204, 6):
ut sit hospitium: Santaniello, Lettere; Skeb, Briefe II, 584 n. 7

ep. 24, 4 (205, 7):
quia negare: Santaniello, Lettere

ep. 24, 5 (205, 16):
drachmam, ⟨drachmam in⟩quam: Hartel, Patristische Studien V, 33
illam drachmam, quamquam in: Blomgren, Eranos 76 (1978), 110

ep. 24, 8 (207, 20sq.):
intellegamus [non] posse: Walsh, Letters II, 313 n. 33

ep. 24, 9 (210, 16):
exploratione cordis: Walsh, Orpheus 13 (1966), 156

ep. 24, 14 (215, 8sq.):
arrogans mihi uindico, ... promissum: Walsh, Letters II, 314 n. 75

ep. 24, 18 (218, 14):
quid obest talia curare: Walsh, Orpheus 13 (1966), 156

ep. 25, 7 (229, 3):
uersatus felicior est: Walsh, Orpheus 13 (1966), 156

ep. 25*, 1 (230, 13):
et uitia: Hartel, Patristische Studien V, 72

ep. 25*, 1 (230, 19):
modicum iusto: Weyman, HistJb 16 (1895), 93; Walsh, Orpheus 13 (1966), 155

ep. 25*, 1 (230, 22):
conciboni: Hartel, Patristische Studien V, 73; Weyman, Zeitschr. f. d. österr. Gymn. 40, 108

ep. 25*, 1 (230, 26):
cogitantem et numquam arripientem: Hartel, Patristische Studien V, 73; Weyman, Blätter f. d. Gymnasialschulwesen 30 (1894), 503

ep. 25*, 1 (230, 28):
militiam et in tanto (in tantum ?) in melius: Hartel, Patristische Studien V, 73
militiam, et [in] tanto in melius: Weyman, HistJb 16 (1895), 94

ep. 25*, 2 (231, 15):
credis: Hartel, Patristische Studien V, 73

ep. 25*, 2 (231, 25):
abiectum: Hartel, Patristische Studien V, 73

ep. 25*, 2 (231, 26):
cibauerat, nudum non texerat: Hartel, Patristische Studien V, 73

ep. 25*, 2 (232, 8sq.):
alibi per profetam: Hartel, Patristische Studien V, 73

ep. 25*, 2 (232, 9):
⟨non⟩ inuocauerunt: Walsh, Orpheus 13 (1966), 155 (cf. Weyman, Blätter f. d. Gymnasialschulwesen 30, 1894, 503sq.)

ep. 25*, 3 (232, 28):
in paupere: Hartel, Patristische Studien V, 73; Weyman, HistJb 16 (1895), 95

ep. 25*, 3 (233, 7):
ab Abraham refrigerii patre: Hartel, Patristische Studien V, 74

ep. 25*, 3 (233, 13):
seminat ... metet: Hartel, Patristische Studien V, 74

ep. 25*, 4 (234, 2):
gaudere desistis: Hartel, Patristische Studien V, 74

ep. 25*, 4 (234, 4):
exaltaberis ⟨a deo; si amaueris⟩ inanem gloriam: Hartel, Patristische Studien V, 74

ep. 25*, 4 (234, 6):
illic duriorem pauperiem: Hartel, Patristische Studien V, 74

ep. 25,*, 4 (234, 7):
in ui⟨ta ista in ui⟩a lata: Hartel, Patristische Studien V, 74

ep. 29, 4 (250, 26):
Nineuitae: Weyman, Blätter f. d. Gymnasialschulwesen 30 (1894), 504

ep. 29, 8 (254, 20):
patientem iam / patientiam: Hartel, Patristische Studien V, 36

ep. 29, 9 (255, 1):
[non] finiri: Hartel, Patristische Studien V, 37

ep. 30, 6 (267, 5):
manus artificis: Walsh, Orpheus 13 (1966), 155 (Lebrun)

ep. 31, 3 (269, 14):
reseruatae: Blomgren, Eranos 76 (1978), 111

ep. 31, 3 (269, 22):
quid ergo? nunc quaeritur: Walsh, Letters II, 328 n. 12

ep. 32 inscr. (275, 10):
Seuero fratri dilectissimo Paulinus: Santaniello, Lettere

ep. 32, 1 (275, 13):
quod, ⟨qui⟩ unam: Hartel, Patristische Studien V, 43

ep. 32, 4 (278, 14):
consciae iniquitatis: Hartel, Patristische Studien V, 44

ep. 32, 5 (279, 20):
Item uersus de dispositione basilicarum et baptisterii: Santaniello, Lettere

ep. 32, 5 (279, 26):
trina sanctum: Hartel, Patristische Studien V, 44

ep. 32, 6 (281, 2):
tegitur, sed membra caduca, sepulchro.: Guttilla, BStudLat 25/1 (1995), 111sq.

ep. 32, 6 (281, 6):
pie: Santaniello, Lettere (Sacchini)

ep. 32, 8 (283, 23):
si dominus eam (sc. gratiam) apostolis et martyribus ⟨largitur⟩

ep. 32, 9 (284, 18):
putet, cum: Hartel, Patristische Studien V, 48

ep. 32, 10 (285, 25):
si et ista: Hartel, Patristische Studien V, 49

ep. 32, 10 (286, 4):
trichoram: Goldschmidt, Churches; Lehmann, in: Brenk, Innovation in der Spätantike 354 n. 53

ep. 32, 11 (287, 3):
astula: Goldschmidt, Churches

ep. 32, 12 (287, 16):
familiarium: Goldschmidt, Churches

ep. 32, 14 (289, 16):
pars tua: Goldschmidt, Churches

ep. 32, 15 (289, 18):
prius discludebat: Santaniello, Lettere (Sacchini)

ep. 32, 16 (291, 10):
meditandi: Goldschmidt, Churches

ep. 32, 17 (291, 19):
parauimus: Goldschmidt, Churches

ep. 32, 17 (291, 22):
forte etiam: Goldschmidt, Churches

ep. 32, 17 (291, 24):
aut absidine magis: Goldschmidt, Churches

ep. 32, 17 (292, 14):
– agnus ... leto, –: Goldschmidt, Churches

ep. 32, 17 (292, 20):
Item alii uersus de reliquiis: Santaniello, Lettere

ep. 32, 18 (293, 12):
cum specie uidebimus: Blomgren, Eranos 76 (1978), 112

ep. 33, 2 (302, 17sq.):
eris, si diutius esurieris: Walsh, Letters II, 332 n. 5
esuriens: Santaniello, Lettere

ep. 33, 2 (303, 1sq.):
cordis ⟨petra⟩ (⟨rupes⟩): Skeb, Briefe III, 807 n. 8

ep. 34, 1 (303, 19sq.):
despicientibus oculis praeterimus aut aridis manibus intuemur: Hartel, Patristische Studien V, 52

ep. 34, 2 (305, 10sq.):
quam sterili fide otiosam rem inique antiquare: Walsh, Orpheus 13 (1966), 155

ep. 34, 5 (307, 13):
forent: Santaniello, Lettere

ep. 34, 7 (309, 5):
iudicem uiduarum: Walsh, Orpheus 13 (1966), 155

ep. 36, 3 (315, 5sq.):
reuellamur: Walsh, Letters II, 335 n. 10

ep. 37, 5 (321, 8):
pater, ⟨tantus pater⟩, quantus: Hartel, Patristische Studien V, 56

ep. 37, 6 (322, 4sq.):
plena est, ⟨neque plena est⟩, quia: Hartel, Patristische Studien V, 57

ep. 38, 1 (325, 4):
sapientiam uanitatis: Blomgren, Eranos 76 (1978), 112

ep. 38, 3 (326, 21sq.):
peripsima: Blomgren, Eranos 76 (1978), 111

ep. 38, 6 (330, 18):
uerbi ueritate: Santaniello, Lettere

ep. 38, 7 (331, 8):
esse ueritatem intellegant: Walsh, Orpheus 13 (1966), 155

ep. 38, 9 (332, 10):
in apro agnum: Hartel, Patristische Studien V, 58

ep. 39, 2 (336, 13):
ingeniis. Ne sterilis: Walsh, Letters II, 341 n. 9

ep. 39, 4 (337, 19):
et a facie: Blomgren, Eranos 76 (1978), 113

ep. 39, 5 (338, 6):
quam ingredi iussit ac praestituit: Walsh, Orpheus 13 (1966), 154

ep. 39, 7 (339, 5):
qua taliter: Hartel, Patristische Studien V, 38
qualiter ista: Blomgren, Eranos 76 (1978), 113

ep. 40, 6 (346, 9sq.):
ardua fide peruecti: Walsh, Orpheus 13 (1966), 154
arduo fine prouecti (peruecti, profecti ?): Blomgren, Eranos 76 (1978), 113sq.
ardua penna peruecti: Santaniello, Lettere (Rosw.)

ep. 40, 7 (348, 10):
tenebrarum ⟨pugnemus⟩: Santaniello, Lettere

ep. 40, 7 (348, 18):
defaecatae mentis: Walsh, Orpheus 13 (1966), 154; Blomgren, Eranos 76 (1978), 114; Santaniello, Lettere

ep. 41, 2 (357, 11):
membra desiderent: Walsh, Letters II, 346 n. 11
quatiant: Santaniello, Lettere

ep. 43, 4 (366, 21):
mortem morientem: Hartel, Patristische Studien V, 60

ep. 45, 1 (379, 13):
benedictus domini: Goldbacher, CSEL 34/2 (1895), 497, 13

ep. 45, 3 (381, 13)
gesserit, mente: Goldbacher, CSEL 34/2 (1895), 499, 21; Skeb, Briefe III, 982 n. 9

ep. 45, 3 (381, 16):
homini: Piscitelli-Carpino, Lettere

ep. 45, 3 (382, 6):
plura de: Goldbacher, CSEL 34/2 (1895), 500, 13

ep. 45, 4 (382, 19sq.):
at te ego de: Goldbacher, CSEL 34/2 (1895), 501, 5

ep. 45, 5 (384, 6):
uita aeterna, erunt olim: Goldbacher, CSEL 34/2 (1895), 502, 19

ep. 47, 2 (389, 18sqq.):
ut benedictionem duodecim patriarcharum ... prophetia ⟨Iacob⟩ / ⟨Iacob⟩ prophetia: Blomgren, Eranos 76 (1978), 114

ep. 49, 1 (391, 3sq.):
renatatis et altius stabilitis anchoris: Walsh, Orpheus 13 (1966), 153sq.

ep. 49, 3 (392, 18):
breue: Musso, Faventia 7, 2 (1985), 101-3

ep. 49, 6 (395, 15):
fatigato e / fatigato scilicet e: Hartel, Patristische Studien V, 61sq.

ep. 49, 6 (395, 27):
de animi firmitate: Hartel, Patristische Studien V, 62

ep. 49, 10 (398, 27):
tussiens singultibus: Walsh, Orpheus 13 (1966), 154

ep. 49, 11 (399, 19sq.):
ecclesia, et teste Graecia nomen est Roma uirtutis: Walsh, Letters II, 361 n. 60; Skeb, Briefe III, 1030 n. 14

ep. 49, 11 (399, 20):
nomen est ⟨ῥώμης,⟩ Romane uirtutis: Hartel, Patristische Studien V, 63

ep. 49, 12 (400, 16sqq.):
quanto eorum ... quanto eorum ... quanto eorum: Walsh, Letters II, 361 n. 66

ep. 49, 13 (401, 6):
⟨nec⟩ facile: Hartel, Patristische Studien V, 63

ep. 49, 13 (401, 21sq.):
per quem uita est: Walsh, Letters II, 361 n. 80

ep. 49, 13 (401, 22):
quem salum uitae: Walter, Philologus 80 (1925), 442

ep. 49, 14 (402, 24sq.):
si hortus traditi,: Walsh, Orpheus 13 (1966), 154
hortus ⟨traditi⟩ magistri: Santaniello, Lettere

ep. 49, 15 (403, 21):
piraticam: Walsh, Letters II, 362 n. 89; Santaniello, Lettere

ep. 50, 3 (407, 4sq.):
glorianti in concisione: Goldbacher, CSEL 34/2 (1895), 726, 3; Skeb, Briefe III, 1046 n. 3

ep. 50, 4 (407, 15sq.):
quippe haec: Goldbacher, CSEL 34/2 (1895), 726, 15
qui per haec: Piscitelli-Carpino, Lettere

ep. 50, 7 (409, 20):
faciunt?: Piscitelli-Carpino, Lettere

ep. 50, 7 (410, 5):
uidentur: Goldbacher, CSEL 34/2 (1895), 729, 3

ep. 50, 7 (410, 6):
ne forte: Hartel, Patristische Studien V, 69sq.; Piscitelli-Carpino, Lettere

ep. 50, 8 (411, 2):
delictis?: Piscitelli-Carpino, Lettere

ep. 50, 13 (415, 10):
habentes autem speciem: Goldbacher, CSEL 34/2 (1895), 734, 5; Skeb, Briefe III, 1060 n. 8

ep. 50, 14 (417, 12):
hiemares: Walsh, Orpheus 13 (1966), 153
exhiemares: Walsh, Letters II, 364 n. 64; Skeb, Briefe III, 1064 n. 9

ep. 50, 17 (421, 1):
elegit: Goldbacher, CSEL 34/2 (1895), 739, 12; Skeb, Briefe III, 1070 n. 11

ep. 50, 17 (421, 13):
curam de solatio eius: Goldbacher, CSEL 34/2 (1895), 740, 5

ep. 50, 18 (423, 5):
reuelatae sint: Goldbacher, CSEL 34/2 (1895), 741, 16; Skeb, Briefe III, 1075 n. 13

ep. 51, 2 (424, 17sq.):
breui interiecto maris euripo: Walsh, Orpheus 13 (1966), 153

carm. 2, 5:
direptos: Carrese, AFLN 28 (1985-86), 10
diremptos?: Ruggiero, Carmi 1990.1996

carm. 2, 6:
lato ... profundo: Shackleton Bailey, AJPh 97 (1976), 3; Ruggiero, Carmi 1990.1996
arto ... profundo: Watt, VigChr 52 (1998), 371

carm. 4, 6:
male posse: Shackleton Bailey, AJPh 97 (1976), 4
nocitura; mihi: Ruggiero, Carmi 1990.1996 (Fabre, Amitié 98 Anm. 2)

carm. 5, 17:
non genito ex genitore: v. D., Literar. Centralblatt 1895, 419

carm. 5, 57:
mens conscia: Watt, VigChr 52 (1998), 371sq. (Turnebus)

carm. 5, 64:
male uelle facultas: v. D., Literar. Centralblatt 1895, 419

carm. 5, 68:
cuncta suetis: Walsh, Poems 360 n. 19

carm. 5, 72:
suprema mihi: Ruggiero, Carmi 1990

carm. 6, 72:
quod purificetur: Shackleton Bailey, AJPh 97 (1976), 4

carm. 6, 81:
ergo age: Hudson-Williams, CQ 27 (1977), 453

carm. 6, 82:
neu dubiam: Hudson-Williams, CQ 27 (1977), 453

carm. 6, 101:
inclusum: Shackleton Bailey, AJPh 97 (1976), 4

carm. 6, 154:
intacta: Shackleton Bailey, AJPh 97 (1976), 5

carm. 6, 202:
exemplum euictae: Shackleton Bailey, AJPh 97 (1976), 5

carm. 6, 238:
iniquum: Hudson-Williams, CQ 27 (1977), 454

carm. 6, 238sq.:
quo offendat iniqui / illecebras: Watt, VigChr 52 (1998), 372

carm. 6, 257:
quaerenda sibi,: Shackleton Bailey, AJPh 97 (1976), 5; Hudson-Williams, CQ 27 (1977), 454; Blomgren, Eranos 76 (1978), 114

carm. 6, 268:
paruit auditis famulari mente Iohannes: Lienhard, VigChr 31 (1977), 54

carm. 6, 272:
ardentia crimina: Shackleton Bailey, AJPh 97 (1976), 5

carm. 6, 279:
das genitis sensum, quo uel bona uel mala noscant: Lienhard, VigChr 31 (1977), 54

carm. 6, 282-3:
haec quoque qui spreuit, redeat quandoque libebit, / in promptu uenia est. sanctum ...: Shackleton Bailey, AJPh 97 (1976), 5

carm. 6, 310:
qui sentosarum purget concreta uiarum –: Lienhard, VigChr 31 (1977), 54

carm. 6, 321:
peterent pede milia plebis uel peterent cito milia plebis: Watt, VigChr 52 (1998), 372sq.

carm. 6, 322-3:
de te Christus ait: prodistis uisere talem, / qualem nulla prius uiderunt saecla prophetam: Lienhard, VigChr 31 (1977), 54

carm. 7, 27:
index: Walsh, Poems 362 n. 4

carm. 8, 2:
cum regibus alti: Watt, VigChr 52 (1998), 373

carm. 8, 23:
pauidi, formidine laeti: Wiman Eranos 32 (1934), 98sq.; Ruggiero, Carmi 1990.1996; Nazzaro, Parafrasi 107 n. 58sq.

carm. 8, 24:
discite iustitiam: Ruggiero, Carmi 1990.1996; Nazzaro, Parafrasi 108 Anm. 60

carm. 9, 27-8:
et diuina tibi, quaenam sint cantica Sion / accipe, quid captae deus ultor spondeat urbi.: Hudson-Williams, CQ 27 (1977), 454

carm. 9, 60:
praeripe: Ruggiero, Carmi 1990.1996; Nazzaro, Parafrasi 112 Anm. 70

carm. 10, 42:
aut ueritatem non tegant: Hartel, Patristische Studien VI, 5
quod ueritatem detegat: Ruggiero, Carmi 1990.1996

carm. 10, 100:
ueniabile horum quicquid est (?): Hartel, Patristische Studien VI, 6

carm. 10, 106:
multa pietate: Watt, VigChr 52 (1998), 373

carm. 10, 125:
qui mentes ..., qui tempora: v. D., Literar. Centralblatt 1895, 419

carm. 10, 129:
prius est fiat reus auctor: Hudson-Williams, CQ 27 (1977), 455

carm. 10, 156:
praecipitantum: Ruggiero, Carmi 1990

carm. 10, 193:
patrii est ⟨in⟩uisa obliuio caeli: Hartel, Patristische Studien VI, 9sq.

patrii est ut uis obliuio caeli: Wiman, Eranos 32 (1934), 99
est tibi uisa obliuio caeli: Ruggiero, Carmi 1990

carm. 10, 200:
multa hominum uitiis inculta, expertia legum:: Shackleton Bailey, AJPh 97 (1976), 6

carm. 10, 201:
quid honestis: Shackleton Bailey, AJPh 97 (1976), 6

carm. 10, 213:
aeque: Nazzaro, Presenza di Orazio 162sqq.; Ruggiero, Carmi 1996 (Peiper)

carm. 10, 228:
qua grauis: Shackleton Bailey, AJPh 97 (1976), 6

carm. 10, 229:
ultima Marmaricae mons: Shackleton Bailey, AJPh 97 (1976), 6
ultima totius mons: Watt, VigChr 52 (1998), 374

carm. 10, 236:
quae Baeti: Shackleton Bailey, AJPh 97 (1976), 7

carm. 10, 250:
ausonias: Ruggiero, Carmi 1990

carm. 10, 268sqq.:
et uulgus scaeuo rumore malignum / ⟨insequitur semper qui qua ratione relinquunt⟩ / ante habitos mores. non semper flectere uitam / crimen habet,: Wiman, Eranos 32 (1934), 100

carm. 10, 305sq.:
futuri / praemetuens: Shackleton Bailey, AJPh 97 (1976), 7

carm. 10, 328:
commissisque ... rebus: Wiman, Eranos 32 (1934), 102; Walsh, Poems 366 n. 40; Ruggiero, Carmi 1996 (Rosweyd)

carm. 11, 4:
formidatumque: Wiman, Eranos 32 (1934), 103

carm. 11, 52:
quamlibet: Luck, AJPh 99 (1978), 38

carm. 11, 53:
nec orbe longo nec remotum limite: Shackleton Bailey, AJPh 97 (1976), 7
uel ore longe uel remotum lumine: Luck, AJPh 99 (1978), 38
nec ab aure longe: Watt, VigChr 52 (1998), 374sq.

carm. 12, 28:
et famulis: Wiman, Eranos 32 (1934), 103

carm. 13, 2:
summus: Blomgren, Eranos 76 (1978), 115; Ruggiero, Carmi 1990.1996

carm. 14, 31-33:
probantque / membrorum ... rotatu, / ... suis sed non ...: Shackleton Bailey, AJPh 97 (1976), 7

carm. 14, 33:
suis sed: Hudson-Williams, CQ 27 (1977), 455

carm. 14, 34-5:
dolores; / orantum ueniam latet ultor, poena uidetur: Hudson-Williams, CQ 27 (1977), 455

carm. 14, 134:
dextra positos in parte, piorum: Ruggiero, Carmi 1990.1996

carm. 15, 91-2:
Esau, / perfidia: Shackleton Bailey, AJPh 97 (1976), 8

carm. 15, 128:
affectus: Ruggiero, Carmi 1990

carm. 15, 129sq.:
fidei / tunc: Wiman, Eranos 32 (1934), 103; Watt, VigChr 52 (1998), 375

carm. 15, 263:
aeque: Blomgren, Eranos 76 (1978), 115

carm. 15, 338:
nam celsus: Shackleton Bailey, AJPh 97 (1976), 8

carm. 15, 340:
turba domus: Wiman, Eranos 32 (1934), 104; Walsh, Poems 371 n. 36; Shackleton Bailey, AJPh 97 (1976), 8; Ruggiero, Carmi 1990

carm. 16, 133:
exponunt: Ruggiero, Carmi 1990

carm. 16, 141:
causa, nec herois ⟨uires⟩ uirtutibus istas: Hartel, Patristische Studien VI, 58
neque neruosis uirtutibus: Wiman, Eranos 32 (1934), 104
neque uero suis: Shackleton Bailey, AJPh 97 (1976), 8; Hudson-Williams, CQ 27 (1977), 456
neque uera suis: Ruggiero, Carmi 1990

carm. 16, 152:
medias si mortis in umbras: Ruggiero, Carmi 1990 (Ps. 22, 4)
media si mortis in umbra: Ruggiero, Carmi 1996

carm. 16, 222:
uerane tu facies: Hudson-Williams, ClassRev N. S. 3 (1953), 81sq.
uerane te facies: Shackleton Bailey, AJPh 97 (1976), 9

carm. 16, 223:
redderis huc tanto: Hudson-Williams, ClassRev N. S. 3 (1953), 81
redderis heu tanto: Shackleton Bailey, AJPh 97 (1976), 9

carm. 17, 67:
uicti: Ruggiero, Carmi 1990

carm. 17, 270:
uertis et Bessos imitare in ipsis: Hartel, Patristische Studien VI, 20sq.

carm. 18, 18:
cinerosis nubibus: Shackleton Bailey, AJPh 97 (1976), 9
teneris a nubibus: Blomgren, Eranos 38 (1940), 63sq.; Walsh, Poems 375 n. 4; Ruggiero, Carmi 1990

carm. 18, 20sq.:
niue tecta solum, niue siluas culmina colles / compta: Hudson-Williams, CQ 27 (1977), 456; Blomgren, Eranos 76 (1978), 115
aeque tecta solum niue, siluae, culmina colles / cuncta senis sancti: Ruggiero, Carmi 1990

carm. 18, 27:
facunde: Ruggiero, Carmi 1990.1996

carm. 18, 40:
flauo ... auro: Ruggiero, Carmi 1990.1996

carm. 18, 63:
concessus: Wiman, Eranos 32 (1934), 105; Walsh, Poems 376 n. 8
consensus: Ruggiero, Carmi 1990.1996

carm. 18, 71:
totum sancta: Watt, VigChr 52 (1998), 375

carm. 18, 102:
diem.: Walsh, Poems 376 n. 11

carm. 18, 104:
ore!: Walsh, Poems 376 n. 11

carm. 18, 112:
pium spe solabatur amorem: Hudson-Williams, CQ 27 (1977), 456

carm. 18, 179:
diffindens: Watt, VigChr 52 (1998), 376

carm. 18, 261:
uel cui nudum: Wiman, Eranos 32 (1934), 106; Walsh, Poems 376 n. 19; Ruggiero, Carmi 1990.1996 (Verg. Aen. 4, 323)

carm. 18, 282:
parabo repertos,: Wiman, Eranos 32 (1934), 106

carm. 18, 289:
meus es, te ipsum: Hartel, Patristische Studien VI, 63

carm. 18, 293:
inducente: Shackleton Bailey, AJPh 97 (1976), 9

carm. 18, 296:
quos ⟨deus⟩ et manus: Wiman, Eranos 32 (1934), 107
quos etiam manus: Walsh, Poems 376 n. 20

carm. 18, 322:
istos: Ruggiero, Carmi 1990.1996

carm. 18, 327:
pulsantem: Ruggiero, Carmi 1990.1996

carm. 18, 443:
refert.: Shackleton Bailey, AJPh 97 (1976), 10

carm. 18, 449:
uictori iterum: Shackleton Bailey, AJPh 97 (1976), 10

carm. 19, 93:
alumnis: Ruggiero, Carmi 1990

carm. 19, 100:
formarat: Wiman, Eranos 32 (1934), 107

carm. 19, 159:
qui genus humanum ⟨per diuum mille figuras / decipit et fallit⟩ per nomina mille deorum: Wiman, Eranos 32 (1934), 101
cui genus: Walsh, Poems 381 n. 41

carm. 19, 161:
quibus arte: Walsh, Poems 381 n. 41

carm. 19, 167:
ipsa ima moriens: Wiman, Eranos 32 (1934), 108; Walsh, Poems 381 n. 44
ipsa alta uel atra: Watt, VigChr 52 (1998), 376

carm. 19, 179:
plenus et: Walsh, Poems 381 n. 45; Ruggiero, Carmi 1990.1996 (Muratori)

carm. 19, 184:
Venus et Furor illis: Watt, VigChr 52 (1998), 376sq.

carm. 19, 219:
ergo ibi: Shackleton Bailey, AJPh 97 (1976), 10

carm. 19, 221:
gerens.: Shackleton Bailey, AJPh 97 (1976), 10

carm. 19, 261:
nomine: Ruggiero, Carmi 1990

carm. 19, 281:
euhoe Bacchisonum: Blomgren, Eranos 76 (1978), 116sq.

carm. 19, 354:
qui aedi aut sibi: Wiman, Eranos 32 (1934), 109
quaedam si pignora: Ruggiero, Carmi 1990.1996 (Hartel)

carm. 19, 364:
nam nos quoque: Ruggiero, Carmi 1990

carm. 19, 376:
derigere: Walsh, Poems 383 n. 68
dirigere: Wiman, Eranos 32 (1934), 109; Ruggiero, Carmi 1990

carm. 19, 377:
fidem: Wiman, Eranos 32 (1934), 109

carm. 19, 448:
ibi: Ruggiero, Carmi 1990.1996

carm. 19, 456:
inde locum sumens sceleri quia nouerat usu: Wiman, Eranos 32 (1934), 110sq.
sumpsit: Ruggiero, Carmi 1990.1996

carm. 19, 465:
manebant: Ruggiero, Carmi 1990.1996

carm. 19, 466:
uimine: Wiman, Eranos 32 (1934), 111; Walsh, Poems 383 n. 72

carm. 19, 475:
quasi fur, quod erat, latro: Watt, VigChr 52 (1998), 377

carm. 19, 488:
farturus lychnum: Wiman, Eranos 32 (1934), 112

carm. 19, 489:
solito pulchrae: Ruggiero, Carmi 1990.1996 (Hartel)

carm. 19, 497-8:
reuersis / unus...: Shackleton Bailey, AJPh 97 (1976), 10

carm. 19, 514:
nostrum: Hartel, Patristische Studien VI, 71; Ruggiero, Carmi 1990

carm. 19, 547:
circumagebat: Wiman, Eranos 32 (1934), 112

carm. 19, 573:
metuens credendae: Watt, VigChr 52 (1998), 377

carm. 19, 620:
calculus – haec Graecis chi (sc. est) – scribitur et medians rho: Wiman, Eranos 32 (1934), 114sq.

carm. 19, 623-4:
nam findens stilus ipse facit, quod in Hellade iota est; / tau rigor obstipus breuis et rho ab acumine ductus: Wiman, Eranos 32 (1934), 113sqq.

carm. 19, 624:
tau idem stylus ipse breui retro acumine ductus: Walsh, Poems 383 n. 81

carm. 19, 666:
libratam examine: Walsh, Poems 384 n. 89; Ruggiero, Carmi 1990.1996

carm. 19, 676:
alterna: Wiman, Eranos 32 (1934), 118

carm. 19, 689:
signi: Blomgren, Eranos 76 (1978), 117; Ruggiero, Carmi 1990

carm. 19, 704:
rursus ut: Hartel, Patristische Studien VI, 78

carm. 19, 706:
specie: Walsh, Poems 384 n. 91; Ruggiero, Carmi 1990

carm. 19, 730:
nixa ⟨ad⟩ finem et: Wiman, Eranos 32 (1934), 119
fixa fidem uel de cruce: Hudson-Williams, CQ 27 (1977), 457
fidem: Walsh, Poems 384 n. 92; Ruggiero, Carmi 1990.1996

carm. 20, 40:
natura quod: Ruggiero, Carmi 1990

carm. 20, 72:
pecus noto: Shackleton Bailey, AJPh 97 (1976), 11

carm. 20, 77:
geminum suis: Watt, VigChr 52 (1998), 377

carm. 20, 88sq.:
salebris / lapsus: Watt, VigChr 52 (1998), 377sq.

carm. 20, 92:
conpede uinctis: Watt, VigChr 52 (1998), 377sq.

carm. 20, 101:
sic fugit iter: Watt, VigChr 52 (1998), 378

carm. 20, 104:
quem paulatim: Ruggiero, Carmi 1990.1996

carm. 20, 144:
uae mihi: Shackleton Bailey, AJPh 97 (1976), 11
ei mihi: Watt, VigChr 52 (1998), 378

carm. 20, 179:
in praeiudicium: Hudson-Williams, CQ 27 (1977),458

carm. 20, 185:
parcit: Ruggiero, Carmi 1990.1996

carm. 20, 200:
frusta: Shackleton Bailey, AJPh 97 (1976), 3; Ruggiero, Carmi 1996

carm. 20, 236:
paenituit meritum, curam: Shackleton Bailey, AJPh 97 (1976), 11

carm. 20, 293:
quid fiet illis: Shackleton Bailey, AJPh 97 (1976), 11

carm. 20, 296:
plaudunt: Shackleton Bailey, AJPh 97 (1976), 11

carm. 20, 337:
hunc: Ruggiero, Carmi 1990.1996

carm. 20, 386:
subito: Walsh, Poems 385 n. 13; Ruggiero, Carmi 1990.1996 (Muratori)

carm. 21, 34-5:
eorum / in precibus: Hudson-Williams, CQ 27 (1977), 460 n. 1

carm. 21, 91:
tantis: Shackleton Bailey, AJPh 97 (1976), 12

carm. 21, 99:
plantatos: Shackleton Bailey, AJPh 97 (1976), 12

carm. 21, 211:
sensibus canis: Wiman, Eranos 32 (1934), 119; Blomgren, Eranos 76 (1978), 117sq.

carm. 21, 318:
prima infans: Shackleton Bailey, AJPh 97 (1976), 12
prima puer: Hudson-Williams, CQ 27 (1977), 459

carm. 21, 377:
⟨libans⟩ libamina: Wiman, Eranos 32 (1934), 120

carm. 21, 426:
prodiga: Wiman, Eranos 32 (1934), 121
egi: Erdt 44

carm. 21, 427:
emi: Erdt 44

carm. 21, 485:
altis;: v. D., Literar. Centralblatt 1895, 419

carm. 21, 491:
ager ⟨tam⟩ fertilis: Wiman, Eranos 32 (1934), 121

carm. 21, 500:
opum nec opum: Watt, VigChr 52 (1998), 378

carm. 21, 501:
damnosorum: Watt, VigChr 52 (1998), 378sq.

carm. 21, 502:
sequentum: Wiman, Eranos 32 (1934), 122; Walsh, Poems 389 n. 68; Ruggiero, Carmi 1990
mundana uel terrena sequentum: Watt, VigChr 52 (1998), 379

carm. 21, 517:
ambitio, ... morbi,: Ruggiero, Carmi 1990

carm. 21, 533:
iacet, qua: Hartel, Patristische Studien VI, 83sq.
ignorata latet: Walsh, Poems 390 n. 73; Ruggiero, Carmi 1990

carm. 21, 570:
affluere: Ruggiero, Carmi 1996

carm. 21, 574:
aeuis,: Hartel, Patristische Studien VI, 84
retro comptas saeclis: Wiman, Eranos 32 (1934), 122sq.

carm. 21, 595:
pocula de tumulo: Hartel, Patristische Studien VI, 85

carm. 21, 609:
patebant: Shackleton Bailey, AJPh 97 (1976), 12

carm. 21, 643sqq.:
643-649, 672-703, 650 (=704)-671, 705-858: Wiman, Eranos 32 (1934), 124

carm. 21, 650:
quae ⟨ex⟩ arte uel quae ⟨iam⟩ arte: Hartel, Patristische Studien VI, 86
quae multa uidentur: Wiman, Eranos 32 (1934), 123sq.

carm. 21, 680:
ut amne: Wiman, Eranos 32 (1934), 125

carm. 21, 689:
teque petra: Hartel, Patristische Studien VI, 86

carm. 21, 716:
proluit: Wiman, Eranos 32 (1934), 125

carm. 21, 719:
operans: Wiman, Eranos 32 (1934), 125

carm. 21, 722:
nullo qui calle: Shackleton Bailey, AJPh 97 (1976), 12

carm. 21, 750:
laeta: Walsh, Poems 390 n. 91

carm. 21, 756:
paternum: Hudson-Williams, CQ 27 (1977), 459

carm. 21, 762:
iuribus: Wiman, Eranos 32 (1934), 126

carm. 21, 785:
totiens ⟨aqua⟩ aquae: Wiman, Eranos 32 (1934), 120
totius aquae: Blomgren, Eranos 38 (1940), 65sq.
totiens et aquae: Shackleton Bailey, AJPh 97 (1976), 12

carm. 21, 788:
Abella,: Ruggiero, Atti 202

carm. 21, 794:
tua maxima: Shackleton Bailey, AJPh 97 (1976), 13
⟨tu⟩ maxima portio facta es: Hudson-Williams, CQ 27 (1977), 460

carm. 21, 819:
adfluit: Wiman, Eranos 32 (1934), 126; Hudson-Williams, CQ 27 (1977), 460

carm. 21, 820:
Felicibus: Hartel, Patristische Studien VI, 89
fueras Felicis era ante superba: Wiman, Eranos 32 (1934), 126
fueras tu Felici ante: Hudson-Williams, CQ 27 (1977), 460
Felice arente: Ruggiero, Carmi 1990

carm. 21, 824:
pinxit: Shackleton Bailey, AJPh 97 (1976), 13

carm. 21, 828:
a Felice decus: Wiman, Eranos 32 (1934), 126sq.
a Felice eodem: Shackleton Bailey, AJPh 97 (1976), 13; Ruggiero, Carmi 1996
a Felice adeo: Ruggiero, Carmi 1990
colaris.: Shackleton Bailey, AJPh 97 (1976), 13

carm. 21, 840:
Piniadae: Ruggiero, Carmi 1990

carm. 22, 13:
canes: Ruggiero, Carmi 1990.1996

carm. 22, 23:
regum,: Hudson-Williams, CQ 27 (1977), 461

carm. 22, 24-5:
– non equidem ... uerbi –: Shackleton Bailey, AJPh 97 (1976), 13

carm. 22, 25:
uerbi,: Hudson-Williams, CQ 27 (1977), 461

carm. 22, 28:
capesses!: Shackleton Bailey, AJPh 97 (1976), 13; Hudson-Williams, CQ 27 (1977), 461

carm. 22, 46:
quem: Wiman, Eranos 32 (1934), 127; Walsh, Poems 391 n. 8; Ruggiero, Carmi 1990

carm. 22, 59:
nomen geniti et genitoris: Ruggiero, Carmi 1990
numen geniti et: Ruggiero, Carmi 1996

carm. 22, 93:
tremunt ... ministrant: Ruggiero, Carmi 1990

carm. 22, 98:
dices: Ruggiero, Carmi 1990.1996 (Hartel)

carm. 22, 117sq.:
fletu / extremumque: Ruggiero, Carmi 1990

carm. 22, 130:
iussi: Walsh, Poems 392 n. 26

carm. 23, 29:
fronde: Ruggiero, Carmi 1990.1996

carm. 23, 222:
ut tantum diuina manus ⟨queat eruere illud / saluo oculo, diuina manus⟩, quae condidit ipsos: Wiman, Eranos 32 (1934), 101sq.
huc tantum diuina opus est: Shackleton Bailey, AJPh 97 (1976), 14

carm. 23, 225-7:
... caduci / pellere ... Christi / omnipotente: Shackleton Bailey, AJPh 97 (1976), 14

carm. 23, 238sq.:
decet esse. / ... tuum,: Walsh, Poems 394 n. 15; Ruggiero, Carmi 1990

carm. 23, 260:
ex oculo cadit; absque oculo tantum.: Walsh, Poems 394 n. 17

carm. 23, 278sqq.:
ferrum, / ... unctum, / fixum inpune: Blomgren, Eranos 76 (1978), 118

carm. 23, 297sq.:
Christus / ipse: Shackleton Bailey, AJPh 97 (1976), 14

carm. 23, 298:
plene: Wiman, Eranos 32 (1934), 99; Shackleton Bailey, AJPh 97 (1976), 14

carm. 24, 79:
rector, et: Wiman, Eranos 32 (1934), 127sq.

carm. 24, 83:
homo mortis ipse: Shackleton Bailey, AJPh 97 (1976), 14

carm. 24, 84sqq.:
de more uoluerat suo, / ut esset onerum portio, in nauem suam / putrem statim conscendere,: Wiman, Eranos 32 (1934), 127sqq.

carm. 24, 103:
labante ferro: Hartel, Patristische Studien VI, 28sq.

carm. 24, 136sq.:
mersus est; / ... mysterii,: Walsh, Poems 395 n. 9; Ruggiero, Carmi 1990

carm. 24, 238:
credit: Walsh, Poems 395 n. 16; Ruggiero, Carmi 1990

carm. 24, 320:
naufrago: Ruggiero, Carmi 1990.1996 (Hartel)

carm. 24, 336:
aliisque: Walsh, Poems 396 n. 23; Ruggiero, Carmi 1990

carm. 24, 375:
patriam fruentes in uicem: Walsh, Poems 396 n. 27
fruentes ⟨se⟩ inuicem: Shackleton Bailey, AJPh 97 (1976), 15

carm. 24, 425:
locos: Ruggiero, Carmi 1990

carm. 24, 468:
medeatur: Ruggiero, Carmi 1990

carm. 24, 547:
exemplo uiri: Hudson-Williams, CQ 27 (1977), 461

carm. 24, 603:
cordis humili (?): Hartel, Patristische Studien VI, 27

carm. 24, 615:
ui eius: Ruggiero, Carmi 1990

carm. 24, 667-8:
ueritatis cernimus / faciem reuelatae fide: Shackleton Bailey, AJPh 97 (1976), 15

carm. 24, 690-1:
bona / domui deoque,: Hudson-Williams, CQ 27 (1977), 461

carm. 24, 691:
domui: Ruggiero, Carmi 1990

carm. 24, 718:
caritatem: Hartel, Patristische Studien VI, 33

carm. 24, 873:
utrumque regni caelitis mysterium: Wiman, Eranos 32 (1934), 130

carm. 25, 9:
absint a thalamis – uani lasciuia uulgi! –: Bouma, Epithalamium

carm. 25, 24:
ore noui: Watt, VigChr 52 (1998), 379

carm. 25, 35:
flagret: Bouma, Epithalamium

carm. 25, 51:
pretio neque uellere: Bouma, Epithalamium; Walsh, Poems 400 n. 16

carm. 25, 97sq.:
aurum / mentibus: Bouma, Epithalamium

carm. 25, 104:
ut unus: Ruggiero, Carmi 1990.1996 (Hartel)

carm. 25, 114:
pretio,: Bouma, Epithalamium

carm. 25, 116:
pretium?: Bouma, Epithalamium

carm. 25, 137:
cedo insani: Shackleton Bailey, AJPh 97 (1976), 15
sed cedo, ut: Watt, VigChr 52 (1998), 379

carm. 25, 138:
salus?: Shackleton Bailey, AJPh 97 (1976), 15

carm. 25, 161:
o – noua ad humanam domini commenta salutem! –: Bouma, Epithalamium

carm. 25, 163:
tantum, non: Watt, VigChr 52 (1998), 380

carm. 25, 199:
benedicat, episcopus ipse: Bouma, Epithalamium

carm. 25, 232:
iuga: Bouma, Epithalamium; Ruggiero, Carmi 1990.1996

carm. 26, 28:
placidis: Ruggiero, Carmi 1990

carm. 26, 43sq.:
coetibus, et ... uictor / duxit: Shackleton Bailey, AJPh 97 (1976), 15

carm. 26, 85:
quia est curae: Walsh, Poems 403 n. 9; Ruggiero, Carmi 1990

carm. 26, 195sq.:
Esaias / ad dominum,: Shackleton Bailey, AJPh 97 (1976), 16

carm. 26, 257sqq.:
dometur. / ... circum, / ceu aliquando: Blomgren, Eranos 76 (1978), 119

carm. 26, 290:
regnum commune deus: Hudson-Williams, CQ 27 (1977), 462

carm. 26, 306:
non de hac: Ruggiero, Carmi 1990.1996 (Hartel)

carm. 26, 393-396:
et desperatam placidos cepisse salutem.
Felicis meritis et aquas et cedere flammas,
praeterita ut taceam meriti documenta potentis,
nouimus experti:
Hudson-Williams, CQ 27 (1977), 462

carm. 27, 163:
unctus: Walsh, Poems 406 n. 19
unctus ... Christi,: Ruggiero, Carmi 1990

carm. 27, 168:
Nicetae: Shackleton Bailey, AJPh 97 (1976), 16

carm. 27, 201:
mea sunt, et: Shackleton Bailey, AJPh 97 (1976), 16

carm. 27, 204:
tuorum.: Shackleton Bailey, AJPh 97 (1976), 16

carm. 27, 239sq.:
ab ore / ipsius: Shackleton Bailey, AJPh 97 (1976), 16

carm. 27, 262:
uiuida: Ruggiero, Carmi 1990.1996☹

carm. 27, 286:
superficies uerbum: Ruggiero, Carmi 1990

carm. 27, 292:
propinat: Ruggiero, Carmi 1990

carm. 27, 321:
relictae: Blomgren, Eranos 76 (1978), 119sq.; Watt, VigChr 52 (1998), 380

carm. 27, 362:
ecce uides: istic, qua: Shackleton Bailey, AJPh 97 (1976), 16

carm. 27, 380:
populis rumpentibus: Goldschmidt, Churches

carm. 27, 388sq.:
rideat: ... lacunar / in ligno ...: Hudson-Williams, CQ 27 (1977), 463

carm. 27, 471:
capturas: Goldschmidt, Churches

carm. 27, 490:
auri defendat: Wiman, Eranos 32 (1934), 130
defendat: Goldschmidt, Churches; Walsh, Poems 409 n. 66

carm. 27, 559:
sanctis,: Shackleton Bailey, AJPh 97 (1976), 17

carm. 27, 563:
inmolat.: Shackleton Bailey, AJPh 97 (1976), 17

carm. 27, 573:
,male,: Goldschmidt, Churches

carm. 27, 602:
uix modici: Shackleton Bailey, AJPh 97 (1976), 17

carm. 27, 609:
exposita: Ruggiero, Carmi 1990.1996

carm. 28, 8:
aperto: Goldschmidt, Churches

carm. 28, 54:
maior:: Hudson-Williams, CQ 27 (1977), 463

carm. 28, 56:
duplicique: Hudson-Williams, CQ 27 (1977), 463

carm. 28, 81:
flammam.: Shackleton Bailey, AJPh 97 (1976), 17

carm. 28, 83:
erumpens magnis: Shackleton Bailey, AJPh 97 (1976), 17

carm. 28, 85:
fumo,: Shackleton Bailey, AJPh 97 (1976), 17

carm. 28, 86sq.:
dabat insuper ora fragorem / materies: Shackleton Bailey, AJPh 97 (1976), 17

carm. 28, 122:
et nomine: Goldschmidt, Churches; Ruggiero, Carmi 1996

carm. 28, 136:
exstinguimus: Goldschmidt, Churches

carm. 28, 140:
extincta: Goldschmidt, Churches

carm. 28, 146:
ex illis: Goldschmidt, Churches

carm. 28, 148:
sed et hinc: Shackleton Bailey, AJPh 97 (1976), 18

carm. 28, 151:
praestitit,: Shackleton Bailey, AJPh 97 (1976), 18

carm. 28, 158:
tigillum: Goldschmidt, Churches

carm. 28, 180:
interiore sinu: Goldschmidt, Churches

carm. 28, 200:
tegmine: Ruggiero, Carmi 1990

carm. 28, 204:
namque et in his duplex: Goldschmidt, Churches

carm. 28, 210:
uenustas: Goldschmidt, Churches; Walsh, Poems 411 n. 13; Ruggiero, Carmi 1990.1996

carm. 28, 243:
tristem ⟨et⟩: Hartel, Patristische Studien VI, 95

carm. 28, 250:
nocticoloros: Goldschmidt, Churches

carm. 28, 275:
prioris: Goldschmidt, Churches

carm. 31, 57:
hominem: Hartel, Patristische Studien VI, 39; Hudson-Williams, CQ 27 (1977), 464; Blomgren, Eranos 76 (1978), 120

carm. 31, 279:
compta sepulchro: Ruggiero, Carmi 1990

carm. 31, 281sq.:
in unum / ... gremium: Ruggiero, Carmi 1990

carm. 31, 336:
urbe chorus: Ruggiero, Carmi 1990.1996

carm. 31, 354:
legem perfectam: Hudson-Williams, CQ 27 (1977), 464

carm. 31, 387:
huic tantum uiuere saeclo (?): Hartel, Patristische Studien VI, 36

carm. 31, 419:
haeret: Walsh, Poems 414 n. 40

carm. 31, 440:
ex haustu: Hudson-Williams, Eranos 48 (1950), 70

carm. 31, 444:
influus: Hudson-Williams, Eranos 48 (1950), 70sq.; Walsh, Poems 414 n. 43; Ruggiero, Carmi 1990

carm. 31, 541:
laude inopum: Shackleton Bailey, AJPh 97 (1976), 18 (?)
sorde inopum: Hudson-Williams, CQ 27 (1977), 465

carm. 31, 599:
talium enim caeli regnum deus esse profatur: Hartel, Patristische Studien VI, 42

carm. 31, 612:
haec poenae gutta leuamen erit: Shackleton Bailey, AJPh 97 (1976), 18
haec uiui guttula: Watt, VigChr 52 (1998), 381

carm. 31, 617:
innocuisque pares meritis,: Ruggiero, Carmi 1990

carm. 32, 5:
carmine pando: Palla, Poema ultimum, 427

carm. 32, 18:
quod finxit perdidit: Shackleton Bailey, AJPh 97 (1976), 18

carm. 32, 59:
aurum: Kornprobst, Carmen XXXII, 64sq. (Mur.)

carm. 32, 81:
Iuppiter, haud Iouis ipso: Ruggiero, Carmi 1990

carm. 32, 82:
melior: Ruggiero, Carmi 1990

carm. 32, 86:
num tamen: Ruggiero, Carmi 1990

carm. 32, 92:
sic fractior: Shackleton Bailey, AJPh 97 (1976), 19
sic castior: Ruggiero, Carmi 1990
sic taetrior: Watt, VigChr 52 (1998), 381

carm. 32, 110:
numen: Ruggiero, Carmi 1990

carm. 32, 111:
quam sunt: Watt, VigChr 52 (1998), 381

carm. 32, 123:
quid Serapis: Ruggiero, Carmi 1996 (Muratori)

carm. 32, 152:
adeptus.: Ruggiero, Carmi 1990

carm. 32, 176:
pendent ⟨aëre⟩ aues, liquido nant aequore pisces: Palla, Poema ultimum, 427 (Zechmeister)

carm. 32, 218:
qui luce: Ruggiero, Carmi 1990

carm. 33, 41sq.:
mihi / annum: Shackleton Bailey, AJPh 97 (1976), 19

carm. 33, 75:
pare⟩ret: Havet, RPh 24 (1900), 144

carm. 33, 90:
ὁρῶ σε: Havet, RPh 24 (1900), 145

carm. 33, 91sq.:
ut se angelus illuc / sustulerit: Ruggiero, Carmi 1990 (Guttilla)

app. carm. 2, 32:
felix errorum: Ruggiero, Carmi 1990

app. carm. 3, 47:
⟨manant⟩ occultis: Ruggiero, Carmi 1990

app. carm. 3, 62:
accessus: Ruggiero, Carmi 1990

app. carm. 3, 76:
immistus: Ruggiero, Carmi 1990

app. carm. 3, 105:
male fida: Hudson-Williams, CQ 27 (1977), 465

app. carm. 3, 112sq.:
doce / qua: Ruggiero, Carmi 1990

Addenda et corrigenda

I. Epistulae:

praef. XVII; XXVIII: widersprüchliche Angaben über cod. c und ϕ

praef. XIX: ep. 25* primus ed. O. Bardenhewer, Katholik LVII (1877), 493ff.

praef. XXII, 17: *pro* a. 1515 *lege* a. 1516

praef. XXIIII, 15: *pro* amoeboeae *lege* amoebaeae

ibid. 16: *pro* a societate *lege* e societate

tab. codicum: *pro* v = editio princeps Paris. a. 1515 *lege* v = editio princeps Paris. a. 1516; *pro* a = Parisinus 1930 *lege* α = Parisinus 1930; *pro* y = Vaticanus 360 ... cf. praef. XVIII *lege* cf. praef. XIX; *pro* ϕ = Casinensis 232[1] s. XI *lege* ϕ = Paris. nouv. acq. 1444 s. XI; *pro* χ = Paris. nouv. acq. 1444 *lege* χ = Paris. nouv. acq. 1443

1, 4 app. bibl.: *adde* (Ps. 18, 11)

2, 9sq. app. bibl.: *adde* Prou. 19, 17; (Matth. 25, 35sqq.)

2, 12 app. bibl.: *pro* I Cor. 1, 25 *lege* I Cor. 1, 23

2, 27sq. app. bibl.: *adde* Luc. 6, 22

3 app. bibl.: *pro* 8] Ps. 13, 3 *lege* 7sq.] Ps. 13, 3; *pro* 10] Ps. 5, 10 *lege* 9sq.] Ps. 5, 10sq.; *pro* 23] (Ps. 110, 10) *lege* 22sq.] (Ps. 110, 10)

4, 14 app. bibl.: *adde* (Marc. 4, 26-29)

4, 20sq. app. bibl.: *adde* (I Cor. 5, 11)

6, 16sq. app. bibl.: *adde* (II Cor. 4, 8-11)

7 app. bibl.: *pro* 1] Matth. 7, 6 *lege* 5] Matth. 7, 6; *pro* 9] Rom. 15, 13 *lege* 11] Rom. 15, 13; *pro* 12sq.] II Tim. 3, 4 *lege* 21sq.] II Tim. 3, 4

7, 15sq. app. bibl.: *adde* I Tim. 4, 7.8

9, 10 app. bibl.: *pro* Ps. 8, 4 *lege* Ps. 8, 3; *adde* (Sap. 10, 21); (Matth. 21, 16)

10, 22sq. app. bibl.: *adde* (Es. 61, 10)

12 app. bibl.: *pro* 17] (Eph. 2, 21) *lege* 16sq.] (Eph. 2, 21)

12, 2 app. bibl.: *adde* (Ioh. 6, 35)

12, 11 app. bibl.: *adde* (I Cor. 14, 12)

12, 15sq. app. bibl.: *adde* (Eph. 2, 20); I Petr. 2, 6

17, 9 app. bibl.: *adde* Luc. 1, 79

17, 16sq. app. bibl.: *pro* (Apoc. 1, 13) *lege* (Apoc. 1, 13.20); *adde* (Matth. 5, 14sq.)

17, 20 app. bibl.: *adde* Ps. 22, 5

19, 11 app. bibl.: *pro* II Cor. 6, 18 *lege* II Cor. 4, 18

19, 13 app. bibl.: *adde* (Luc. 14, 34)

19, 15 app. bibl.: *adde* (Luc. 8, 16; 1, 33)

19, 16 app. bibl.: *adde* (Apoc. 1, 13.20)
20, 8 app. bibl.: *adde* (Ps. 64, 10)
21, 7sq. app. bibl.: *adde* (Phil. 3, 12)
21, 11sq. app. bibl.: *adde* (Act. 3, 2-10)
22 app. bibl.: *pro* 20] (Ps. 25, 8) *lege* 19] (Ps. 25, 8)
22, 16 app. bibl.: *adde* (Ps. 118, 20)
23, 4 app. bibl.: *adde* (Ps. 39, 3); (Ps. 112, 7)
28, 6 app. bibl.: *pro* Ps. 115, 17 *lege* Ps. 115, 16
28, 15 app. bibl.: *adde* (Rom. 2, 13)
28, 16 app. bibl.: *adde* (Gal. 2, 19)
28, 22sq. app. bibl.: *adde* (Marc. 1, 20)
29, 8 app. bibl.: *adde* (Eph. 6, 12)
29, 22 app. bibl.: *adde* (Matth. 5, 15)
30, 23 app. bibl.: *adde* (Matth. 26, 41)
31 app. bibl.: *pro* 3] Ps. 37, 4 *lege* 2] Ps. 37, 4
37, 8 app. bibl.: *pro* Luc. 3, 4 *lege* Luc. 3, 5
38, 19 app. bibl.: *adde* (Eph. 1, 17)
41, 22 app. bibl.: *adde* (Ps. 117, 26)
44 app. bibl.: *pro* 7] Luc. 1, 68 *lege* 8] Luc. 1, 68sq.
44, 7 app. bibl.: *adde* (Deut. 26, 7); (Luc. 1, 48)
44, 8 app. bibl.: *adde* (Luc. 7, 16)
46, 9 app. bibl.: *adde* Prou. 4, 9
46, 16 app. bibl.: *adde* (Act. 16, 1sqq.); (II Tim. 1, 2-5)
49 app. bibl.: *pro* 28] (Matth. 11, 30) *lege* 27sq.] (Matth. 11, 30)
50, 59 app. bibl.: *adde* (Luc. 16, 13)
53, 12 app. bibl.: *adde* (Ps. 33, 9)
56, 5sq. app. bibl.: *adde* Ps. 103, 18
56, 28 app. bibl.: *adde* (I Cor. 15, 46)
59, 10sq. app. bibl.: *adde* (Matth. 21, 33)
60 app. bibl.: *pro* 11] Prou. 16, 24 *lege* 10] Prou. 16, 24
60, 2 app. bibl.: *adde* (Es. 18, 5)
60, 8 app. bibl.: *adde* Eccli. 6, 5
61, 7sq. app. bibl.: *adde* (Gen. 12, 1sqq.)
61, 15 app. bibl.: *adde* (I Cor. 13, 4)
62, 4 app. bibl.: *adde* (Ps. 87, 9)
63, 5 app. bibl.: *adde* Mich. 7, 6
64 app. bibl.: *pro* 26] (Rom. 12, 5) *lege* 25] (Rom. 12, 5)
64, 1 app. bibl.: *adde* (Luc. 1, 48)

64, 6sq. app. bibl.: *adde* (Rom. 7, 22sq.)
64, 9sq. app. bibl.: *adde* (Eph. 4, 4)
65, 20 app. bibl.: *adde* (Ioh. 4, 13)
65, 25sq. app. bibl.: *adde* (I Cor. 5, 8)
66, 8sq. app. bibl.: *adde* (Leu. 5, 6sqq.)
67, 7sq. app. bibl.: *adde* (Iudic. 6, 37sq.)
69, 10 app. bibl.: *adde* (I Cor. 5, 7)
71, 20sq. app. bibl.: *adde* (Gal. 6, 14)
71, 23 app. bibl.: *pro* Gal. 3, 12 *lege* Gal. 3, 11
72, 14 app. bibl.: *adde* (Rom. 2, 29)
73, 4 app. bibl.: *pro* I Cor. 6, 10 *lege* II Cor. 6, 10
74 app. bibl.: *pro* 11] (Ps. 44, 2) *lege* 10sq.] (Ps. 44, 2)
75 app. bibl.: *pro* 17] (Phil. 3, 21) *lege* 16sq.] (Phil. 3, 21)
75, 2sqq. app. bibl.: *adde* (Rom. 5, 11sqq.)
76, 21 app. bibl.: *adde* I Tim. 2, 5
76, 28sq. app. bibl.: *adde* (Rom. 1, 21)
77, 18 app. bibl.: *pro* I Cor. 3, 20 *lege* I Cor. 3, 19; *adde* (Iob 15, 13.20)
79, 14 app. bibl.: *pro* Rom. 7, 21 *lege* Rom. 7, 23
80, 2 app. bibl.: *pro* Matth. 4, 7 *lege* Matth. 4, 10
81, 19 app. bibl.: *adde* (Eph. 1, 20)
84, 19 app. bibl.: *adde* Act. 9, 15
87, 11: *pro* quid *lege* qui
88, 17 app. bibl.: *pro* Prou. 11, 4 *lege* Prou. 12, 4
90 app. bibl.: pro 2] (II Reg. 12, 22) *lege* 1sq.] (II Reg. 12, 22)
90, 1sq. app. bibl.: *adde* (II Reg. 19, 1-4)
90, 5 app. bibl.: *adde* (II Reg. 13, 23-29)
91, 7 app. bibl.: *pro* I Thess. 4, 12 *lege* I Thess. 4, 14
91, 16 app. bibl.: *adde* Eccle. 3, 17
91, 17 app. bibl.: *adde* Phil. 4, 5
91, 20 app. bibl.: *pro* Eccli. 38, 16 *lege* Eccli. 38, 17
92 app. bibl.: *pro* 6] I Cor. 1, 24; Col. 3, 4 *lege* 4] I Cor. 1, 24; Col. 3, 4
93 app. bibl.: *pro* 23] (Marc. 6, 39; Luc. 9, 14) *lege* 22sq.] (Marc. 6, 39; Luc. 9, 14)
93 app. bibl.. *pro* 23] (Ioh. 6, 10) *lege* 22sq.] (Ioh. 6, 10)
94, 1sq. app. bibl.: *adde* (Luc.7, 37sq.)
94, 5 app. bibl.: *adde* (Marc. 8, 8)
94, 7sqq. app. bibl.: *adde* (Marc. 8, 19sq.)
95, 15sq. app. bibl.: *adde* (Leu. 6, 14)

96, 13 app. bibl.: *pro* Eccli. 25, 21 *lege* Eccli. 35, 21
98, 11sqq. app. bibl.: *adde* (Luc. 10, 32sqq.)
98, 15sq. app. bibl.: *adde* (Luc. 16, 21)
100 app. bibl.: *pro* 4] (Luc. 16, 19) *lege* 3] (Luc. 16, 19)
101 app. bibl.: *pro* 10] Act. 2, 44 *lege* 13] Act. 2, 44; *pro* 12] Act. 4, 32 *lege* 10sqq.] Act. 4, 32
101, 20 app. bibl.: *adde* (Iob 42, 10)
102, 17 app. bibl.: *adde* (Sap. 10, 6)
102, 22 app. bibl.: *adde* (Ps. 65, 10)
103, 10 app. bibl.: *adde* (Iob 42, 12)
103, 14 app. bibl.: *adde* (Luc. 16, 9)
104, 2 app. bibl.: *pro* Ps. 17, 35 *lege* Ps. 17, 34
104, 11 app. bibl.: *adde* (Exod. 29, 41)
106 app. bibl.: *pro* 13] (I Cor. 15, 54) *lege* 11sqq.] (I Cor. 15, 54)
106, 8sqq. app. bibl.: *adde* (I Tim. 2, 5)
106, 20sq. app. bibl.: *adde* (Phil. 3, 12)
108 app. bibl.: *pro* 19] (Iob 1, 14) *lege* 17] (Iob 1, 14)
108, 4sq. app. bibl.: *adde* (Cant. 1, 3)
110 app. bibl.: *pro* 6] (Luc. 16, 9) *lege* 5] (Luc. 16, 9)
110, 2sq. app. bibl.: *adde* (Ps. 106, 7)
112, 8sq. app. bibl.: *adde* (I Reg. 15, 22)
113, 10sq. app. bibl.: *adde* Ps. 118, 171
113, 14 app. bibl.: *pro* Ps. 113, 8 *lege* Ps. 112, 8
113, 18sqq. app. bibl.: *adde* Ps. 118, 81
113, 24 app. bibl.: *adde* Ps. 37, 14
116 app. bibl.: *pro* 4] Rom. 1, 21 *lege* 3sq.] Rom. 1, 21
119, 14sq. app. bibl.: *adde* (Ps. 110, 10)
124, 1 app. bibl.: *adde* (Ps. 110, 10)
130, 2 app. bibl.: *adde* (Eccli. 6, 16)
130, 23sq. app. bibl.: *adde* (Eph. 6, 21); Col. 4, 7
131, 8sqq. app. bibl.: *adde* (Matth. 4, 15sq.)
131, 23 app. bibl.: *adde* Act. 9, 15
133, 5sq. app. bibl.: *adde* (Luc. 1, 78)
137 app. bibl.: *pro* 12] (Matth. 13, 8) *lege* 11sq.] (Matth. 13, 8)
139, 4sq. app. bibl.: *adde* Ps. 106, 9
140, 16 app. bibl.: *adde* (Hebr. 6, 8)
141, 5 app. bibl.: *adde* (Iudic. 6, 37sq.)
141 app. bibl.: *pro* 16] (Ioh. 10, 18) *lege* 15sq.] (Ioh. 10, 18)

142 app. bibl.: *pro* 7] (Ps. 140, 3) *lege* 6sq.] (Ps. 140, 3)
143, 1 app. bibl.: *adde* (Prou. 10, 19)
143, 2 app. bibl.: *adde* (Matth. 12, 34)
147 app. bibl.: *pro* 14] (Rom. 8, 17) *lege* 13] (Rom. 8, 17)
150, 17 app. bibl.: *adde* (Act. 9, 15); (Gal. 2, 9)
150, 23sqq. app. bibl.: *adde* (Gen. 1, 1sqq.)
152, 19 app. bibl.: *adde* Ps. 17, 34
153 app. bibl.: *pro* 13] (Ps. 18, 6) *lege* 12] (Ps. 18, 6)
153, 26 app. bibl.: *pro* Matth. 11, 34 *lege* Matth. 12, 34
155, 25 app. bibl.: *adde* (II Cor. 2, 15)
156 app. imit.: *pro* 27] (Plaut. Aul. prol. 2) *lege* 26sq.] (Plaut. Aul. prol. 2)
158, 8sq. app. bibl.: *adde* (Cant. 1, 3)
158, 13 app. bibl.: *pro* Gen. 27, 28 *lege* Gen. 27, 27sq.
161 app. bibl.: *pro* 24] (Ioh. 13, 9) *lege* 23sq.] (Ioh. 13, 9)
161, 27 app. bibl.: *adde* (Matth. 20, 27sq.); (Marc. 10, 44sq.)
163, 8 app. bibl.: *pro* Ezech. 4, 5 *lege* Ezech. 4.5
165, 1 app. bibl.: *pro* Ioh. 6, 58 *lege* Ioh. 6, 56
167 app. bibl.: *pro* 9] Ps. 39, 3 *lege* 11] Ps. 39, 3; *pro* 9] Ps. 50, 9 *lege* 7sq.] Ps. 50, 9; *pro* 12] Ps. 35, 9 *lege* 14] Ps. 35, 9; *pro* 12] Ps. 27, 7 *lege* 15] Ps. 27, 7; *pro* 12] Ps. 77, 25 *lege* 15sq.] Ps. 77, 25
167, 9 app. bibl.: *adde* (Luc. 15, 4)
167, 16 app. bibl.: *adde* Ps. 91, 11
167, 16sqq. app. bibl.: *adde* Hier. 31, 25
167, 17sq. app. bibl.: *adde* (Ps. 4, 9)
168, 13 app. bibl.: *pro* Deut. 2, 12 *lege* Deut. 21, 12
172 app. bibl.: *pro* 12] (Rom. 7, 14) *lege* 13] (Rom. 7, 14)
174 app. bibl.: *pro* 8] (Ioh. 10, 18) *lege* 7sq.] (Ioh. 10, 18)
174, 8 app. bibl.: *adde* (Iudic. 14, 5)
174, 24 app. bibl.: *pro* Ioh. 6, 48 *lege* Ioh. 6, 56
176 app. bibl.: *pro* 10] (Gal. 2, 20) *lege* 9sq.] (Gal. 2, 20)
176, 24 app. bibl.: *adde* Ioh. 12, 31
177 app. bibl.: *pro* 1] (Matth. 11, 30) *lege* 3] (Matth. 11, 30)
178 app. bibl.: *pro* 2] Sap. 1, 4 *lege* 1sqq.] Sap. 1, 4
180 app. bibl.: *pro* 10] I Cor. 7, 31 *lege* 9sq.] I Cor. 7, 31; *pro* 19] (Ioh. 15, 4) *lege* 18sq.] (Ioh. 15, 4)
181, 4 app. bibl.: *pro* Matth. 11, 29 *lege* Matth. 11, 28
183 app. bibl.: pro 18] (Gen. 2, 12) *lege* 17] (Gen. 2, 11sq.)
183, 21: *pro* muni *lege* mundi

185, 3 app. bibl.: *adde* (Gen. 8, 6); (III Reg. 17, 4.6)
185, 18 app. bibl.: *adde* (III Reg. 17, 6)
185, 26 app. bibl.: *pro* Ps. 91, 15 *lege* Ps. 91, 13
190, 10 app. bibl.: *pro* Cant. 2, 10 *lege* Cant. 2, 14
191, 18 app. bibl.: *adde* Ioh. 17, 12; II Thess. 2, 3
192, 8sq. app. bibl.: *adde* (Prou. 22, 2)
192, 9 app. bibl.: *pro* 9] Act. 3, 6 *lege* 10sqq.] Act. 3, 6
193, 17 app. bibl.: *pro* Ps. 85, 11 *lege* Ps. 83, 11
194, 4 app. bibl.: *adde* (Matth. 9, 20sqq.)
194, 10 app. bibl.: *adde* Luc. 7, 44; (Ioh. 12, 3)
194, 18 app. bibl.: *pro* Cant. 1, 2 *lege* Cant. 1, 1
194, 26 app. bibl.: *adde* (Ps. 33, 9)
196, 7 app. bibl.: *pro* Gen. 18, 3 *lege* Gen. 18, 2
196, 16 app. bibl.: *adde* Ioh. 8, 56
196, 22 app. bibl.: *adde* Hier. 4, 4; (Rom. 2, 25-29)
197 app. bibl.: *pro* 5] (Ioh. 4, 38) *lege* 4sq.] (Ioh. 4, 38)
198 app. bibl.: *pro* 17] Ioh. 15, 1 *lege* 16] Ioh. 15, 1
198, 15 app. bibl.: *adde* (Ioh. 6, 35)
198, 17 app. bibl.: *adde* Hier. 2, 21
198, 18 app. bibl.: *adde* Ps. 67, 16; (Ps. 75, 5)
199, 6 app. bibl.: *pro* Es. 14, 2 *lege* Es. 14, 12
203, 9sq. app. bibl.: *adde* Ps. 44, 14sq.
204 app. bibl.: *pro* 20] I Cor. 7, 31 *lege* 19sq.] I Cor. 7, 31
204, 5 app. bibl.: *adde* (II Cor. 6, 10)
205, 24 app. bibl.: *adde* (Matth. 5, 40)
207, 11 app. bibl.: *adde* (Gen. 32, 28)
207, 25 app. bibl.: *pro* Matth. 12, 13 *lege* Matth. 11, 12
209 app. bibl.: *pro* 9] Phil. 3, 21 *lege* 11] Phil. 3, 21; *pro* 22] (Rom. 5, 19) *lege* 21sqq.] (Rom. 5, 19)
209, 4sq. app. bibl.: *adde* (Phil. 3, 12)
211, 4 app. bibl.: *adde* (Rom. 7, 18)
212, 6 app. bibl.: *pro* I Cor. 3, 7 *lege* I Cor. 3, 9
214 app. bibl.: *pro* 27] (Act. 9, 15 ...) *lege* 25] (Act. 9, 15 ...); *pro* 27] (Eph. 6, 14) *lege* 26sqq.] (Eph. 6, 14sqq.)
215, 16 app. bibl.: *adde* (I Cor. 9, 27)
216, 1sq. app. bibl.: *adde* (I Cor. 12, 25)
216, 12 app. bibl.: *adde* (Gal. 5, 17)

218 app. bibl.: *pro* 4] (Exod. 3, 2) *lege* 5] (Exod. 3, 2); *pro* 10] (Rom. 2, 14) *lege* 9] (Rom. 2, 14)
218, 5sqq. app. bibl.: *adde* (Ps. 104, 23)
218, 16 app. bibl.: *pro* Ps. 13, 3 *lege* Ps. 18, 3
219 app. bibl.: *pro* 12] (Matth. 13, 46) *lege* 11sq.] (Matth. 13, 46)
219, 2 app. bibl.: *adde* (I Cor. 1, 18)
220, 1 app. bibl.: *pro* Ps. 103, 26 *lege* Ps. 103, 25
220, 6 app. bibl.: *adde* (I Cor. 4, 5)
224, 18sq. app. bibl.: *adde* Luc. 14, 27
227, 7 app. bibl.: *adde* Matth. 11, 12
228, 14 app. bibl.: *adde* I Cor. 7, 26
230 app. bibl.: *pro* 19] (Prou. 16, 8) *lege* 18sq.] (Prou. 16, 8)
230, 16 app. bibl.: *adde* (Phil. 3, 8)
230, 19 app. crit.: *adde* multos m
230, 22 app. crit.: *pro* conci bono *lege* conciboni
230, 26 app. bibl.: *adde* (II Tim. 3, 7); app. crit.: *pro* aeternum *lege* et num
230, 28sq. app. crit.: *pro* ut in tanto *lege* ut in tanto in melius (in me *in ras.*)
231, 13 app. crit.: *adde* 13 mammanae m
231, 17 app. crit.: *adde* quas dari m
231, 21sqq. app. bibl.: *adde* (Luc. 16, 19)
232, 9: *pro* dominum inuocauerunt *lege* dominum non inuocauerunt
232, 9 app. bibl.: *pro* Ps. 53, 6 *lege* Ps. 52, 6
232, 15: *pro* paenitentiae *lege* poenitentiae
233, 4 app. crit.: *adde* 4 cogitauerauerat m
233, 11 app. crit.: *adde* 11 econtra m
233, 13 app. bibl.: *pro* Ps. 126, 5 *lege* Ps. 125, 5
233, 14 app. bibl.: *pro* Eccle. 7, 2 *lege* Eccle. 7, 3
233, 23 app. bibl.: *pro* Ps. 126, 6 *lege* Ps. 125, 6
235, 21 app. bibl.: *pro* Matth. 24, 41 *lege* Matth. 26, 41
236, 1 app. bibl.: *pro* Ioh. 6, 41 *lege* Ioh. 6, 35
237, 8 app. bibl.: *adde* (Rom. 14, 6); (I Cor. 5, 8)
238, 4 app. bibl.: *pro* Ps. 32, 2 *lege* Ps. 33, 2
241, 13 app. bibl.: *pro* Ps. 90, 6 *lege* Ps. 90, 5.6
241, 16 app. bibl.: *adde* (Ps. 90, 12sq.); Matth. 4, 6
242, 5 app. bibl.: *pro* Hebr. 12, 9 *lege* Hebr. 12, 29
242, 18sq. app. bibl.: *adde* Ps. 47, 9
243 app. bibl.: *pro* 25] (II Cor. 5, 1) *lege* 24] (II Cor. 5, 1)
248, 11 app. bibl.: *adde* (Ezech. 16, 7sqq.)

249 app. bibl.: *pro* 18] (Matth. 7, 14) *lege* 17sq.] (Matth. 7, 14)
250 app. bibl.: *pro* 27] (Luc. 11, 32) *lege* 26sq.] (Luc. 11, 32)
250, 5 app. bibl.: *adde* (Prou. 16, 5)
254, 10 app. bibl.: *adde* (I Reg. 2, 6); (IV Reg. 5, 7); (Sap. 16, 13)
262, 11 app. bibl.: *pro* I Cor. 1, 23 *lege* I Cor. 1, 21
263, 19 app. bibl.: *pro* Rom. 7, 13 *lege* Rom. 7, 23
263 app. bibl.: *pro* 22] (Gen. 3, 6) *lege* 21sq.] (Gen. 3, 6)
270, 20sqq. app. bibl.: *adde* (Matth. 2, 1sqq.)
271, 22 app. bibl.: *pro* Ps. 6, 19 *lege* Ps. 66, 19; *pro* 22] Act. 1, 9 *lege* 21sq.] Act. 1, 9
284, 22 app. bibl.: *adde* Matth. 7, 12; Luc. 6, 31
292, 5 app. bibl.: *adde* (Matth. 10, 32)
293, 6 app. bibl.: *pro* Ps. 113, 8 *lege* Ps. 112, 8
295, 22 app. bibl.: *adde* Luc. 16, 9
296, 7 app. bibl.: *pro* I Cor. 8, 14 *lege* II Cor. 8, 14
298, 5 app. bibl.: *adde* Apoc. 21, 6
298, 5sq. app. bibl.: *adde* I Cor. 10, 4
298, 6 app. bibl.: *adde* I Cor. 3, 11
299, 2 app. bibl.: *pro* II Reg. 6, 7 *lege* III Reg. 6, 7
300 app. bibl.: *pro* 4] (Ioh. 5, 2) *lege* 5] (Ioh. 5, 2)
302, 16 app. bibl.: *adde* (Marc. 8, 4sq.)
307 app. bibl.: *pro* 8] Ps. 15, 2 *lege* 7] Ps. 15, 2; *pro* 26] Prou. 14, 31 *lege* 25sq.] Prou. 14, 31
308, 21 app. bibl.: *pro* Ioh. 12, 35 *lege* Ioh. 12, 36
309, 12 app. bibl.: *adde* I Cor. 11, 1
312, 11 app. bibl.: *adde* Eccle. 3, 17
314, 26 app. bibl.: *adde* (Deut. 32, 22)
316, 2 app. bibl.: *adde* (Rom. 7, 22); (II Cor. 4, 16)
317 app. bibl.: *pro* 5] (Ps. 16, 4) *lege* 4] (Ps. 16, 4)
318, 7 app. bibl.: *adde* (Matth. 5, 12)
319 app. bibl.: *pro* 9] Ps. 11, 6 *lege* 10] Ps. 11, 6
319, 26 app. bibl.: *pro* Luc. 11, 23 *lege* Luc. 11, 33
320 app. bibl.: *pro* 16] II Tim. 1, 11 *lege* 18] II Tim. 1, 11
320, 14 app. bibl.: *adde* Ps. 63, 8
322, 8 app. bibl.: *adde* Col. 1, 15
324, 17 app. bibl.: *pro* I Cor. 15, 20 *lege* I Cor. 14, 20
324, 21 app. bibl.: *adde* Act. 9, 15
326, 1 app. bibl.: *adde* Ioh. 15, 20

326, 2 app. bibl.: *adde* (Matth. 10, 25)
327, 3 app. bibl.: *adde* (Gen. 29, 15-27)
335, 25sq. app. bibl.: *adde* Eccli. 7, 16
338 app. bibl.: *pro* 7] (Ps. 31, 8) *lege* 6sq.] (Ps. 31, 8)
340, 4 app. bibl.: *adde* Eccle. 3, 1
340, 7 app. bibl.: *adde* I Tim. 6, 16
340, 9 app. bibl.: *adde* (Exod. 3, 14)
344 app. bibl.: *pro* 14] Ps. 10, 3 *lege* 15] Ps. 10, 3
344, 14 app. bibl.: *adde* Mal. 2, 5
342, 15 app. bibl.: *adde* Prou. 18, 19
342, 26 app. bibl.: *pro* Ezech. 36, 36 *lege* Ezech. 36, 26
344, 14sqq. app. bibl.: *adde* (Ps. 63, 4-6)
347, 24 app. bibl.: *adde* Ps. 101, 7
348, 16 app. bibl.: *adde* Ps. 101, 7
349 app. bibl.: *pro* 22] (Ioh. 12, 32) *lege* 23] (Ioh. 12, 32)
350 app. bibl.: *pro* 1] (Ps. 112, 5) *lege* 3] (Ps. 112, 5sq.)
351, 13 app. bibl.: *adde* (Sap. 2, 7)
351, 17 app. bibl.: *adde* (II Cor. 2, 14)
353, 6 app. bibl.: *adde* (Hier. 9, 23)
355, 2 app. bibl.: *adde* (Matth. 10, 39; 16, 25)
356, 12 app. bibl.: *adde* (Gen. 38, 9)
358, 13 app. bibl.: *adde* Eccle. 10, 1
358, 20sq. app. bibl.: *adde* (Prou. 10, 19)
360, 3 app. bibl.: *pro* Ps. 10, 4 *lege* Ps. 20, 4
360, 22 app. bibl.: *adde* (Ioh. 1, 14)
360, 26 app. bibl.: *adde* (Matth. 1, 23)
361, 3 app. bibl.: *adde* (Phil. 2, 7)
362, 19 app. bibl.: *adde* (Exod. 17, 6)
365, 26 app. bibl.: *adde* (Dan. 2, 29.47)
366 app. bibl.: *pro* 15] (Matth. 21, 19) *lege* 14sqq.] (Matth. 21, 19); *pro* 19] (Ezech. 18, 31) *lege* 21] (Ezech. 18, 32)
366, 10 app. bibl.: *adde* (Ps. 23, 4)
367 app. bibl.: *pro* 3] (Es. 5, 2-4) *lege* 23sqq.] (Es. 5, 2-4)
367, 17 app. bibl.: *adde* (Matth. 13, 30)
367, 23 app. bibl.: *adde* (Matth. 21, 33)
371, 12 app. bibl.: *adde* Ps. 91, 13
372, 10 app. bibl.: *adde* (Gen. 6, 15); (Ps. 91, 13)
373, 6 app. bibl.: *adde* (Luc. 1, 28.42)

376, 4 app. bibl.: *adde* Ps. 102, 17
376, 21 app. bibl.: *adde* (Leu. 10, 6)
378, 2 app. bibl.: *adde* (Ps. 71, 6)
379, 21 app. bibl.: *adde* (Cant. 1, 2)
380, 8 app. bibl.: *adde* (Cant. 4, 11)
380, 15 app. bibl.: *adde* (Ioh. 14, 17)
380, 18 app. bibl.: *adde* Ps. 55, 5
382, 9 app. bibl.: *adde* (Rom. 11, 16)
382, 23sq. app. bibl.: *adde* (Ioh. 12, 24sq.)
383, 2 app. bibl.: *adde* (Iob 7, 1)
383, 3sq. app. bibl.: *adde* (Ps. 118, 5)
383, 4 app. bibl.: *adde* (Exod. 3, 5; Ios. 5, 16); (Act. 7, 33)
383, 5 app. bibl.: *adde* (Ps. 115, 16); (Hier. 30, 8)
383, 6 app. bibl.: *adde* (Ps. 18, 6)
383, 9sq. app. bibl.: *adde* (Ps. 16, 4)
383, 11 app. bibl.: *adde* (Ioh. 15, 26)
383, 17 app. bibl.: *adde* (Gal. 4, 3)
383, 25 app. bibl.: *adde* (II Cor. 1, 22; 5, 5)
384, 12 app. bibl.: *adde* (I Cor. 15, 35sqq.)
385, 16.20 app. bibl.: *adde* (Apoc. 4, 8.10)
385, 25sq. app. bibl.: *adde* (Sap. 7, 15); (Eph. 1, 17)
386, 1 app. bibl.: *adde* (Sap. 8, 8)
387, 4sqq. app. bibl.: *adde* (I Petr. 2, 9)
387, 16 app. bibl.: *adde* (Rom. 12, 15)
388, 3 app. bibl.: *adde* (Matth. 15, 27); (Marc. 7, 28)
388, 8 app. bibl.: *adde* (Luc. 11, 5)
389, 13 app. bibl.: *adde* (Rom. 1, 28)
389, 15 app. bibl.: *adde* (Luc. 11, 5)
392, 8sq. app. bibl.: *adde* (Rom. 6, 6)
393, 27 app. bibl.: *pro* Ioh. 6, 41 *lege* Ioh. 6, 33
394 app. bibl.: *pro* 20] Ps. 101, 7.8 *lege* 18sqq.] Ps. 101, 7.8; *pro* 22] Ps. 33, 8 *lege* 21] Ps. 33, 8
394, 4 app. bibl.: *adde* Ps. 74, 8
395, 3sq. app. bibl.: *adde* (Phil. 2, 8)
398 app. bibl.: *pro* 16] (Gen. 7, 7) *lege* 15sq.] (Gen. 7, 7); *pro* 18] (Gen. 8, 9) *lege* 17sqq.] (Gen. 8, 8sqq.); *pro* 24] (Ion. 2, 1) *lege* 23sqq.] (Ion. 2, 1)
399 app. bibl.: *pro* 23] Ps. 146, 10 *lege* 22sq.] Ps. 146, 10
399, 7 app. bibl.: *adde* Act. 9, 15

400, 23 app. bibl.: *adde* (Ioh. 1, 42)
401, 9 app. bibl.: *adde* (Rom. 4, 5.9)
401, 24 app. bibl.: *adde* (Exod. 23, 15. 34, 18)
403, 25 app. bibl.: *adde* (Exod. 13, 15)
405, 4 app. bibl.: *adde* (Gen. 21, 12)
405, 8sq. app. bibl.: *adde* II Cor. 5, 17
407 app. bibl.: *pro* 17] (Ioh. 9, 16) *lege* 18] (Ioh. 9, 16)
407, 3 app. bibl.: *adde* (Gal. 5, 16)
407, 6 app. bibl.: *adde* Rom. 2, 29
408, 11 app. bibl.: *adde* (Ps. 90, 4)
408, 15 app. bibl.: *adde* (Matth. 23, 37)
418, 4 app. bibl.: *adde* (Matth. 28, 9-10)
418, 6 app. bibl.: *adde* (Marc. 16, 14); (Ioh. 20, 19-29)
419 app. bibl.: *pro* 7] Luc. 2, 35 *lege* 9] Luc. 2, 35
419, 17 app. bibl.: *pro* Ps. 104, 10 *lege* Ps. 104, 18
421 app. bibl.: *pro* 16] Luc. 2, 35 *lege* 15sq.] 2, 35
423, 10 app. bibl.: *adde* (Ps. 4, 7)
425, 16 app. bibl.: *adde* (Phil. 1, 8)
425, 24 app. bibl.: *pro* Ps. 22, 7 *lege* Ps. 22, 6
427, 1sq. app. bibl.: *adde* Marc. 14, 38
430 app. bibl.: *pro* 9] Rom. 13, 1 *lege* 7] Rom. 13, 1; *pro* 14] I Cor. 11, 32 *lege* 12sq.] I Cor. 11, 32
431 app. bibl.: *pro* 4] II Cor. 12, 8 *lege* 2sq.] II Cor. 12, 8; *pro* 12] Rom. 5, 3 *lege* 10sqq.] Rom. 5, 3; *pro* 11] Rom. 8, 18 *lege* 9sq.] Rom. 8, 18; *pro* 18] I Ioh. 4, 16 *lege* 16sq.] I Ioh. 4, 16
432 app. bibl.: *pro* 18] Ps. 3, 9 *lege* 17sq.] Ps. 3, 9; *pro* 20] Rom. 5, 5 *lege* 19] Rom. 5, 5
435, 1 app. bibl.: *pro* Phil. 3, 13 *lege* Phil. 3, 12
437, 10 app. bibl.: *pro* Eccli. 3, 7 *lege* Eccl. 3, 7
448 app. bibl.: *pro* 7] Eccli. 28, 28 *lege* 10] Eccli. 28, 28
451 app. bibl.: *pro* 22] (Matth. 16, 19) *lege* 23] (Matth. 16, 19)
457, 7sq. app. bibl.: *adde* I Cor. 7, 7
458, 27 app. bibl.: *adde* Luc. 21, 34
459 app. bibl.: *pro* 6] (II Cor. 4, 16) *lege* 5] (II Cor. 4, 16)
460 app. bibl.: *pro* 8] IV Reg. 2, 23 *lege* 6sqq.] IV Reg. 2, 23
461, 18 app. bibl.: *pro* I Cor. 4, 17 *lege* I Cor. 4, 7

II. Carmina:
praef. XVIII: *pro* quam *lege* quem
praef. XXXVI, l. 9: *pro* uiris *lege* iuris
praef. XXXXII: *pro* in epistularum praefatione p. XXVsq. *lege* p. XVsq.
c. 4, 1 app. bibl.: *adde* (Dan. 4, 31); (Iudas 25)
c. 4, 5 app. bibl.: *adde* (Gen. 21, 23)
c. 5, 13 app. bibl.: *adde* (Ioh. 1, 3.10)
c. 5, 14 app. bibl.: *adde* (Ps. 102, 19); (Es. 66, 1)
c. 5, 18 app. bibl.: *adde* (Rom. 9, 24)
c. 5, 20 app. bibl.: *adde* (Ioh. 12, 45)
c. 5, 27 app. bibl.: *adde* (Luc. 2, 30)
c. 5, 30 app. bibl.: *adde* (Ps. 16, 1); (Ps. 33, 16); (Ps. 85, 1.6); (Ps. 87, 3); (Ps. 142, 1); (Es. 37, 17)
c. 5, 33 app. bibl.: *adde* (Gen. c. 3); (I Tim. 2, 14)
c. 5, 41 app. bibl.: *adde* (IV Reg. 2, 11)
c. 5, 42 app. bibl.: *adde* (Eccli. 44, 16; 49, 16)
c. 5, 48 app. bibl.: *pro* Gen. 11, 2 *lege* Gen. 1, 2
c. 5, 61 app. bibl.: *adde* (Tob. 4, 16)
c. 5, 74 app. bibl.: *adde* (Ps. 18, 13)
c. 5, 78 app. bibl.: *adde* (Gen. 3, 13)
c. 6, 1 app. bibl.: *adde* (Dan. 7, 14)
c. 6, 7sq. app. bibl.: *adde* (Ioh. 4, 14)
c. 6, 27sqq. app. bibl.: *adde* (Luc. 1, 5-22)
c. 6, 106sqq. app. bibl.: *adde* (Luc. 1, 24sqq.)
c. 6, 180sqq. app. bibl.: *adde* (Luc.1, 57sqq.)
c. 6, 228 app. bibl.: *adde* (Ps. 1, 2)
c. 6, 229sq. app. bibl.: *adde* (Matth. 3, 4); (Marc. 1, 6)
c. 6, 235 app. bibl.: *adde* (Ps. 109, 7)
c. 6, 266 app. bibl.: *adde* (Ioh. 3, 3.5)
c. 6, 285 app. bibl.: *adde* (Eph. 4, 24)
c. 6, 291sq. app. bibl.: *adde* (Matth. 11, 30)
c. 6, 296sq. app. bibl.: *adde* (Rom. 14, 11); (Phil. 2, 11)
c. 6, 304 app. bibl.: *adde* (Eph. 4, 23sq.)
c. 6, 306sqq. app. bibl.: *adde* (Luc. 3, 2sqq.)
c. 6, 308 app. bibl.: *adde* (Es. 40, 3.4)
c. 6, 310-314 app. bibl.: *adde* (Ioh. 1, 23)
c. 6, 328-330 app. bibl.: *adde* (Ps. 43, 22)
c. 7, 1sqq. app. bibl.: *adde* (Ps. 1, 1sq.)

c. 7, 12 app. bibl.: *adde* (Ps. 1, 3); (Apoc. 22, 2)
c. 7, 14 app. bibl.: *adde* (Iob 21, 18); (Dan. 2, 35)
c. 7, 21 app. bibl.: *adde* (Ioh. 5, 24)
c. 7, 23 app. bibl.: *adde* (Apoc. 7, 3)
c. 7, 30 app. bibl.: *adde* (Rom. 2, 12)
c. 7, 32sqq. app. bibl.: *adde* (I Cor. 3, 12sqq.)
c. 7, 48sq. app. bibl.: *adde* (Matth. 7, 14); (Luc. 13, 24)
c. 8, 1 app. bibl.: *adde* (Ps. 2, 1)
c. 8, 24 app. bibl.: *adde* (Es. 26, 9)
c. 8, 30sq. app. bibl.: *adde* (Ezech. 22, 15; 29, 12; 30, 23.26); (Matth. 3, 12); (Luc. 3, 17)
c. 8, 31 app. bibl.: *adde* (Zach. 9, 17); (Matth. 13, 24-30)
c. 9, 4 app. bibl.: *adde* (Ps. 77, 31); (Ps. 94, 11)
c. 9, 39 app. bibl.: *adde* (Gen. 25, 30)
c. 9, 40 app. bibl.: *adde* (Ps. 52, 6)
c. 9, 53 app. bibl.: *adde* (Matth. 3, 7; 12, 34; 23, 33)
c. 9, 54 app. bibl.: *adde* (Gen. 11, 9)
c. 9, 55sq. app. bibl.: *adde* (Rom. 8, 3.8)
c. 10, 32 app. bibl.: *adde* (Rom. 6, 10sq.; 14, 8)
c. 10, 38 app. bibl.: *adde* (I Cor. 15, 52)
c. 10, 46 app. bibl.: *adde* (Ioh. 14, 9)
c. 10, 47 app. bibl.: *adde* (Ioh. 1, 9; 14, 6)
c. 10, 48 app. bibl.: *adde* (I Cor. 1, 24)
c. 10, 49 app. bibl.: *adde* (Mal. 4, 2); (Es. 11, 1); (Ioh. 4, 14)
c. 10, 50sq. app. bibl.: *adde* (Ioh. 1, 3-18)
c. 10, 51 app. bibl.: *adde* (Ioh. 11, 25; 14, 6); (Rom. 5, 17); (I Cor. 15, 21sqq.)
c. 10, 53-56 app. bibl.: *adde* (Eph. 2, 13-16); (Phil. 2, 6sqq.)
c. 10, 54 app. bibl.: *adde* (Col. 3, 9q.)
c. 10, 88 app. bibl.: *adde* (Rom. 3, 19); (Hebr. 4, 7)
c. 10, 107 app. crit.: *pro* BOv *lege* Ov
c. 10, 114sq. app. crit.: *pro* nicilum *lege* 115 nicilum; *pro* 115 *lege* 114
c. 10, 135 app. bibl.: *adde* (I Cor. 1, 25)
c. 10, 153 app. bibl.: *adde* (Luc. 6, 43sq.)
c. 10, 186 app. bibl.: *adde* (Matth. 5, 11); (Act. 5, 41); (I Petr. 4, 14)
c. 10, 284 app. bibl.: *adde* (Rom. 6, 10sq.; 14, 8)
c. 10, 298 app. bibl.: *adde* (Hebr. 8, 1; 10, 12)
c. 10, 304 app. bibl.: *adde* (Matth. 24, 27); (I Cor. 1, 8); (Hebr. 5, 8)
c. 10, 308 app. bibl.: *adde* (Apoc. 10, 7)

c. 12, 4 app. bibl.: *adde* (II Tim. 1, 8; 2, 9); (Philem. 1, 1)
c. 12, 6-8 app. crit.: *pro* om. B *lege* om. Bv
c. 12, 105sqq. app. bibl.: *adde* (Ion. 3)
c. 14, 108 app. bibl.: *adde* (Leu. 22, 23); (Ps. 49, 14); (Ps. 112, 1); (Naum 1, 15)
c. 14, 129 app. bibl.: *adde* (Matth. 6, 12)
c. 14, 130 app. bibl.: *adde* (Apoc. 14, 4)
c. 14, 133sq. app. bibl.: *adde* (Matth. 25, 33)
c. 15, 9 app. bibl.: *adde* (Ps. 85, 1)
c. 15, 26 app. bibl.: *adde* (Ps. 56, 9); (Ps. 107, 3)
c. 15, 27 app. bibl.: *adde* (Ps. 102, 1); (Ps. 145, 2)
c. 15, 37 app. bibl.: *adde* (Matth. 21, 16)
c. 15, 38 app. bibl.: *adde* (Ps. 113, 8)
c. 15, 39 app. bibl.: *adde* (Num. 20, 11); (Es. 35, 7)
c. 15, 42 app. bibl.: *adde* (Ioh. 4, 14; 7, 37sq.)
c. 15, 48 app. bibl.: *adde* (I Cor. 1, 27); (Gal. 5, 24)
c. 15, 56 app. bibl.: *adde* (Ps. 18, 5); (Rom. 10, 18)
c. 15, 61-63 app. bibl.: *adde* (Gen. 12, 1-7)
c. 15, 83sq. app. bibl.: *adde* (Rom. 8, 17)
c. 15, 87sq. app. bibl.: *adde* (Gen. 25, 22sq.)
c. 15, 96 app. bibl.: *adde* (Gen. 25, 29sqq.)
c. 15, 105 app. bibl.: *adde* (Matth. 6, 24); (I Thess. 1, 9); (Hebr. 9, 14)
c. 15, 110 app. crit.: *pro* 100 *lege* 110
c. 15, 157 app. bibl.: *adde* (Apoc. 20, 2)
c. 15, 170 app. bibl.: *adde* (Ioh. 10, 11)
c. 15, 222 app. bibl.: *adde* (III Reg. 17, 6)
c. 15, 224 app. bibl.: *adde* (Deut. 34, 5sq.)
c. 15, 239 app. bibl.: *adde* (Act. 12, 7sq.)
c. 16, 4 app. bibl.: *adde* (II Cor. 5, 17); (Hebr. 7, 24); (Apoc. 21, 5)
c. 16, 125 app. bibl.: *adde* (Eph. 6, 16sq.)
c. 16, 130 app. bibl.: *adde* (I Cor. 1, 27)
c. 16, 138sq. app. bibl.: *adde* (Gen. 6, 4); (Ps. 32, 16)
c. 16, 139 app. bibl.: *adde* (Exod. 1-18; Ios. 6)
c. 16, 178 app. bibl.: *adde* (III Reg. 17, 6)
c. 16, 187-189 app. bibl.: *adde* (Dan. 14, 32-35)
c. 16, 209sq. app. bibl.: *adde* (Iudic. 6, 37sq.)
c. 16, 214 app. bibl.: *adde* (Ps. 77, 24sq.)
c. 16, 227 app. bibl.: *adde* (Rom. 6, 10)
c. 16, 261 app. bibl.: *adde* (I Cor. 10, 22)

c. 16, 290 app. bibl.: *adde* (Matth. 6, 34)
c. 16, 291sq. app. bibl.: *adde* (Luc. 3, 11)
c. 17, 30-32 app. bibl.: *adde* (Exod. 15, 23-25)
c. 17, 41 app. bibl.: *adde* (Deut. 10, 17); (Ps. 23, 8)
c. 17, 45sq. app. bibl.: *adde* (Exod. 10, 22sqq.13, 21)
c. 17, 78sqq. app. bibl.: *adde* (Es. 40, 4)
c. 17, 82-84 app. bibl.: *adde* (Luc. 3, 5)
c. 17, 126 app. bibl.: *adde* (Ioh. 1, 1-3)
c. 17, 140 app. bibl.: *adde* (Eph. 1, 22)
c. 17, 146-148 app. bibl.: *adde* (Gen. 28, 10sqq.)
c. 17, 162 app. bibl.: *adde* (Gen. 32, 28)
c. 17, 166 app. bibl.: *adde* (Ioh. 1, 47)
c. 17, 169 app. bibl.: *adde* (Ioh. 14, 6)
c. 17, 170 app. bibl.: *adde* (Ioh. 14, 18)
c. 17, 199sq. app. bibl.: *adde* (Eccli. 51, 34); (Matth. 11, 29)
c. 17, 207sq. app. bibl.: *adde* (Ioh. 10, 1)
c. 17, 215sq. app. bibl.: *adde* (Matth. 6, 20)
c. 17, 220 app. bibl.: *adde* (Luc. 10, 6)
c. 17, 223sq. app. bibl.: *adde* (Matth. 11, 12)
c. 17, 237 app. bibl.: *adde* (Gal. 1, 10); (Eph. 6, 6); (Iac. 1, 1); (Iudas 1)
c. 17, 239 app. bibl.: *adde* (I Petr. 2, 5)
c. 17, 289sq. app. bibl.: *adde* (Rom. 8, 35); (II Cor. 5, 14); (Eph. 3, 19)
c. 17, 314sqq. app. bibl.: *adde* (Luc. 16, 22sq.)
c. 17, 339sq. app. bibl.: *adde* (Ps. 20, 4); (Iac. 1, 12)
c. 18, 6 app. bibl.: *adde* (Matth. 7, 14)
c. 18, 43 app. bibl.: *adde* (Ose. 2, 19sq.)
c. 18, 50sq. app. bibl.: *adde* (Marc. 12, 41-44); (Luc. 21, 1-4)
c. 18, 145 app. bibl.: *adde* (Ps. 20, 4)
c. 18, 182 app. bibl.: *adde* (Rom. 5, 20); (I Tim. 1, 14)
c. 18, 190-193 app. bibl.: *adde* (I Cor. 15, 35sqq.)
c. 18, 213-218 app. bibl.: *adde* (Marc. 12, 41-44); (Luc. 21, 1-4)
c. 18, 256sqq. app. bibl.: *adde* (Ps. 9, 10)
c. 18, 354 app. bibl.: *adde* (Ps. 49, 14)
c. 18, 447 app. bibl.: *adde* (Ps. 49, 14.23); (Ps. 106, 22); (Ps. 115, 17); (Hebr. 13, 15)
c. 18, 467 app. bibl.: *adde* (Act. 2, 47)
c. 19, 36sq. app. bibl.: *adde* (Matth. 11, 30)
c. 19, 96sq. app. bibl.: *adde* (Act. 16, 16sqq.)

c. 19, 158 app. bibl.: *adde* (Apoc. 12-13.16.20)
c. 19, 161 app. bibl.: *adde* (II Cor. 11, 3)
c. 19, 162 app. bibl.: *adde* (Eph. 2, 2)
c. 19, 163 app. bibl.: *adde* (I Petr. 5, 8)
c. 19, 191 app. bibl.: *adde* (I Petr. 1, 19)
c. 19, 235sq. app. bibl.: *adde* (I Petr. 5, 8)
c. 19, 249 app. bibl.: *adde* (II Cor. 6, 2)
c. 19, 529 app. bibl.: *adde* (Sap. 2, 24)
c. 19, 645 app. bibl.: *adde* (Apoc. 1, 8)
c. 19, 648 app. bibl.: *adde* (Apoc. 22, 13)
c. 19, 648-650 app. bibl.: *adde* (Col. 1, 20)
c. 19, 650 app. bibl.: *adde* (Phil. 2, 10)
c. 19, 653 app. bibl.: *adde* (Rom. 8, 34); (Eph. 1, 20); (Col. 3, 1); (Hebr. 1, 3; 8, 1; 12, 2); (I Petr. 3, 22)
c. 19, 654 app. bibl.: *adde* (Ps. 102, 19)
c. 19, 725 app. bibl.: *adde* (Eph. 2, 14sq.)
c. 20, 24 app. bibl.: *adde* (Gal. 5, 16)
c. 20, 50 app. bibl.: *adde* (Apoc. 21, 5)
c. 20, 60 app. bibl.: *adde* (Act. 2, 6sq.)
c. 20, 163 app. bibl.: *adde* (Rom. 8, 7); (Gal. 5, 17)
c. 20, 167 app. bibl.: *adde* (Act. 2, 38; 3, 6; 4, 10; 10, 48); (I Cor. 5, 4); (II Thess. 3, 6); (Hebr. 5, 10)
c. 20, 180 app. bibl.: *adde* (Ps. 71, 13)
c. 20, 184sq. app. bibl.: *adde* (Iob 5, 18)
c. 20, 200: *pro* frustra *lege* frusta
c. 20, 209 app. bibl.: *adde* (Es. 35, 6)
c. 20, 217 app. bibl.: *adde* (Ps. 21, 26); (Ps. 49, 14); (Naum 1, 15)
c. 20, 244sq. app. bibl.: *adde* (Act. 3, 2sqq.)
c. 20, 268 app. bibl.: *adde* (Matth. 9, 22); (Marc. 5, 34; 10, 52); (Luc. 7, 50; 17, 19; 18, 42)
c. 20, 384 app. bibl.: *adde* (Exod. 19, 16. 24, 15. 40, 32sq.); (Num. 9, 15)
c. 20, 439 app. bibl.: *adde* (Iob 33, 29); (Eph. 1, 11)
c. 21, 23 app. bibl.: *adde* (Eccli. 50, 23); (Luc. 5, 17; 22, 69); (Act. 8, 10); (I Cor. 2, 5; 5, 4); (II Tim. 1, 8); (I Petr. 1, 5)
c. 21, 64 app. bibl.: *pro* Phil. 1, 2 *lege* Philem. 1, 2
c. 21, 78 app. bibl.: *adde* (Iudic. 6, 37sq.); (Ps. 71, 6)
c. 21, 97 app. bibl.: *adde* (Ps. 127, 3); (Ps. 143, 12)
c. 21, 109 app. bibl.: *adde* (Ps. 115, 15)

c. 21, 110 app. bibl.: *pro* Tob. 3, 1 *lege* Tob. 3, 21
c. 21, 125 app. bibl.: *adde* (Ps. 26, 11)
c. 21, 130 app. bibl.: *adde* (I Petr. 5, 4)
c. 21, 181sq. app. bibl.: *adde* (Ps. 50, 7)
c. 21, 183 app. bibl.: *adde* (Iob 3, 1-8); (Hier. 20, 14)
c. 21, 227 app. bibl.: *adde* (Luc. 10, 15)
c. 21, 272 app. bibl.: *adde* (Ps. 33, 4); (Ps. 34, 27); (Ps. 39, 17); (Matth. 15, 31); (Luc. 5, 25; 7, 16; 17, 15sq.); (Act. 10, 46; 21, 20)
c. 21, 272sqq. app. bibl.: *adde* (Ps. 91, 2sqq.)
c. 21, 273 app. bibl.: *adde* (Iudic. 5, 3); (Ps. 9, 3.12); (Ps. 12, 6); (Ps. 29, 5); (Ps. 46, 7sq.); (Ps. 67, 33); (Ps. 97, 4sq.); (Ps. 103, 33); (Ps. 104, 2); (Ps. 134, 3); (Ps. 146, 7)
c. 21, 274 app. bibl.: *adde* (Ps. 32, 2)
c. 21, 287 app. bibl.: *adde* (Gal. 3, 28)
c. 21, 294 app. bibl.: *adde* (I Cor. 6, 15; 12, 27); (Col. 2, 17)
c. 21, 316 app. bibl.: *adde* (I Reg. 1, 22sqq.)
c. 21, 334sq. app. bibl.: *adde* (Ps. 32, 2)
c. 21, 345 app. bibl.: *adde* (Ps. 3, 4)
c. 21, 435sqq. app. bibl.: *adde* (Matth. 5, 12)
c. 21, 438 app. bibl.: *adde* (Matth. 25, 20)
c. 21, 510-513 app. bibl.: *adde* (Phil. 3, 7sq.)
c. 21, 525 app. bibl.: *adde* (Es. 66, 24); (Marc. 9, 47sq.)
c. 21, 533: *pro* iacet, et *lege* iacet,
c. 21, 538 app. bibl.: *adde* (Es. 5, 20; 11, 6); (Ioh. 1, 5)
c. 21, 540-544 app. bibl.: *adde* (Matth. 7, 13sq.)
c. 21, 550 app. bibl.: *adde* (Ps. 23, 3)
c. 21, 634 app. bibl.: *adde* (Apoc. 14, 13)
c. 21, 679 app. bibl.: *adde* (Exod. 17, 5sq.)
c. 21, 689 app. bibl.: *adde* (Matth. 7, 24); (Ioh. 4, 13)
c. 21, 691 app. bibl.: *adde* (Ioh. 4, 14)
c. 21, 694-696 app. bibl.: *adde* (I Cor. 12, 3)
c. 21, 700 app. bibl.: *adde* (Iob 29, 22)
c. 21, 702 app. bibl.: *adde* (Iob 33, 2); (Ps. 21, 16)
c. 21, 823 app. bibl.: *adde* (Ps. 94, 1)
c. 21, 855sq. app. bibl.: *adde* (Ioh. 4, 14)
c. 22, 6 app. bibl.: *adde* (Esth. 8, 16); (Es. 9, 2); (Matth. 4, 16)
c. 22, 39-44 app. bibl.: *adde* (Gen. 1, 26)
c. 22, 69sqq. app. bibl.: *adde* (Eph. 6, 13-17)

c. 22, 81 app. bibl.: *adde* (Ioh. 13, 23)
c. 22, 82 app. bibl.: *adde* (Es. 66, 11); (I Cor. 3, 2); (I Petr. 2, 2)
c. 22, 86 app. bibl.: *adde* (Hebr. 7, 24); (Apoc. 21, 5)
c. 22, 90sq.104 app. bibl.: *adde* (Exod. 13, 17sqq.14, 20sqq.)
c. 22, 108 app. bibl.: *adde* (Ps. 97, 7); (Dan. 3, 78sq.)
c. 22, 109 app. bibl.: *adde* (Ion. 1, 10)
c. 22, 118 app. bibl.: *adde* (Ion. 3, 1-10)
c. 22, 141 app. bibl.: *adde* (Matth. 8, 26; 14, 25); (Marc. 6, 48); (Luc. 8, 24); (Ioh. 6, 19)
c. 22, 142 app. bibl.: *adde* (Matth. 4, 24; 14, 14); (Luc. 11, 20)
c. 22, 143-145 app. bibl.: *adde* (Luc. 7, 15); (Ioh. 11, 43sq.)
c. 22, 150sq. app. bibl.: *adde* (Gen. c. 1)
c. 22, 154 app. bibl.: *adde* (Exod. 20)
c. 23, 21 app. bibl.: *adde* (Apoc. 21, 6)
c. 23, 27 app. bibl.: *adde* (Ioh. 1, 1)
c. 23, 37 app. bibl.: *adde* (Ioh. 1, 17); (I Thess. 5, 28); (II Thess. 3, 18); (Apoc. 22, 21)
c. 23, 46 app. bibl.: *adde* (Matth. 3, 7; 12, 34; 23, 33); (Luc. 3, 7)
c. 23, 54 app. bibl.: *adde* (Iob 20, 18)
c. 23, 116 app. bibl.: *adde* (Ps. 80, 2); (Ps. 94, 1); (Luc. 1, 47)
c. 23, 226 app. bibl.: *adde* (Act. 2, 38; 4, 10; 8, 12.16; 10, 48; 16, 18); (I Cor. 5, 4)
c. 23, 292 app. bibl.: *adde* (Matth. 11, 5); (Luc. 7, 21)
c. 23, 296 app. bibl.: *adde* (Matth. 14, 33; 16, 16), (Marc. 1, 1; 2, 11; 5, 7); (Luc. 4, 41); (Ioh. 20, 31); (I Cor. 1, 9.24); (I Ioh. 4, 15)
c. 23, 297 app. bibl.: *adde* (Ioh. 1, 3.10); (Col. 1, 17)
c. 23, 302 app. bibl.: *adde* (Ioh. 9, 6)
c. 23, 308 app. bibl.: *adde* (Gen. 2, 7)
c. 24, 14 app. bibl.: *adde* (Rom. 16, 16); (I Cor. 16, 20); (I Thess. 5, 26); (I Petr. 5, 14)
c. 24, 15 app. bibl.: *adde* (Ps. 49, 14.23); (Ps. 115, 17); (Hebr. 13, 15)
c. 24, 169 app. bibl.: *adde* (Ion. 1, 5)
c. 24, 190 app. bibl.: *adde* (Ps. 39, 3); (Dan. 6; 14, 30sq.33)
c. 24, 298sq. app. bibl.: *adde* (Act. 27, 22sqq.)
c. 24, 355 app. bibl.: *adde* (Matth. 8, 26); (Marc. 4, 39); (Luc. 8, 24)
c. 24, 440 app. bibl.: *adde* (Matth. 12, 33); (Luc. 6, 43sq.)
c. 24, 447 app. bibl.: *adde* (II Cor. 4, 6)
c. 24, 467 app. bibl.: *adde* (Rom. 11, 32)

c. 24, 487 app. bibl.: *adde* (Matth. 5, 3)
c. 24, 491sq. app. bibl.: *adde* (Luc. 16, 22)
c. 24, 497 app. bibl.: *adde* (Ps. 91, 14); (Ps. 134, 2)
c. 24, 500sq. app. bibl.: *adde* (Gen. 22, 1-14)
c. 24, 501 app. bibl.: *adde* (Gen. 21, 12)
c. 24, 504 app. bibl.: *adde* (Rom. 12, 1)
c. 24, 514 app. bibl.: *adde* (Ps. 8, 3)
c. 24, 525 app. bibl.: *adde* (I Reg. c. 1sqq.)
c. 24, 533sq. app. bibl.: *adde* (Ps. 44, 10.14)
c. 24, 535 app. bibl.: *adde* (Iudic. 13, 7)
c. 24, 541sqq. 605sq. app. bibl.: *adde* (Iudic. 14-16)
c. 24, 583 app. bibl.: *adde* (Rom. 6, 10sq.; 8, 13; 14, 8); (II Cor. 10, 3); (Gal. 5, 24); (I Petr. 3, 18)
c. 24, 589sqq. app. bibl.: *adde* (I Reg. 3, 19-21)
c. 24, 595 app. bibl.: *adde* (Exod. 17, 8; Deut. 25, 17; Iudic. 6, 3)
c. 24, 599 app. bibl.: *adde* (I Reg. 17, 50)
c. 24, 614 app. bibl.: *adde* (Eccli. 50, 23); (Marc. 14, 62); (Luc. 5, 17); (Act. 8, 10); (Rom. 1, 16)
c. 24, 643 app. bibl.: *adde* (Apoc. 21, 5)
c. 24, 645 app. bibl.: *adde* (II Cor. 6, 2)
c. 24, 649-51 app. bibl.: *adde* (I Cor. 5, 7)
c. 24, 652 app. bibl.: *adde* (Luc. 17, 21)
c. 24, 653 app. bibl.: *adde* (Rom. 8, 2)
c. 24, 665sqq. app. bibl.: *adde* (II Cor. 3, 6sqq.)
c. 24, 672 app. bibl.: *adde* (Matth. 13, 52)
c. 24, 683 app. bibl.: *adde* (Ps. 77, 25)
c. 24, 684 app. bibl.: *adde* (Deut. 32, 13)
c. 24, 688 app. bibl.: *adde* (Ps. 91, 13)
c. 24, 693 app. bibl.: *adde* (Prou. 31, 11sq.)
c. 24, 701-706 app. bibl.: *adde* (Gen. 39, 1sqq.)
c. 24, 716 app. bibl.: *adde* (Matth. 19, 12)
c. 24, 726sq. app. bibl.: *adde* (Gen. 39, 20)
c. 24, 730 app. bibl.: *adde* Ose. 2, 6
c. 24, 731 app. bibl.: *adde* (Eccle. 7, 3)
c. 24, 738-740 app. bibl.: *adde* (Iob 22, 29); (Matth. 23, 12); (Luc. 14, 11); (Iac. 4, 6); (I Petr. 5, 5)
c. 24, 751 app. bibl.: *adde* (Rom. 8, 13)
c. 24, 772 app. bibl.: *adde* (Cant. 2, 2)

c. 24, 775-836 app. bibl.: *adde* (Gen. 40-41)
c. 24, 778 app. bibl.: *adde* (Hier. 21, 11)
c. 24, 783 app. bibl.: *adde* (Prou. 1, 9); (Dan. 5, 7.29)
c. 24, 803 app. bibl.: *adde* (Ps. 33, 15); *pro* 804] (Ps. 36, 27) *lege* 803] (Ps. 36, 27); (Eccli. 4, 23); (I Petr. 3, 11)
c. 24, 813 app. bibl.: *adde* (Eccli. 6, 30.32)
c. 24, 822 app. bibl.: *adde* (Ps. 42, 1)
c. 24, 825 app. bibl.: *adde* (II Tim. 2, 4)
c. 24, 828 app. bibl.: *adde* (Rom. 7, 23)
c. 24, 839 app. bibl.: *adde* (II Tim. 3, 16)
c. 24, 849sq. app. bibl.: *adde* (Gen. 46, 1-7)
c. 24, 873 app. bibl.: *adde* (Matth. 13, 11); (Marc. 4, 11); (Luc. 8, 10)
c. 24, 884 app. bibl.: *adde* (I Petr. 5, 4)
c. 24, 889sq.: *adde* (Matth. 7, 17sq.); (Luc. 6, 43)
c. 24, 899 app. bibl.: *adde* (Matth. 24, 28; 25, 32); (Luc. 17, 37)
c. 24, 904 app. bibl.: *adde* (Matth. 24, 31); (I Cor. 15, 52)
c. 24, 918 app. bibl.: *adde* (Prou. 13, 14; 14, 27)
c. 24, 919sq. app. bibl.: *adde* (Ios. 18, 6); (Ps. 124, 3)
c. 24, 929 app. bibl.: *adde* (Ioh. 12, 31)
c. 24, 939sq. app. bibl.: *adde* (Rom. 8, 29)
c. 25, 8 app. bibl.: *adde* (Rom. 8, 13)
c. 25, 43-46 app. bibl.: *adde* (Apoc. 17, 4)
c. 25, 54 app. bibl.: *adde* (Prou. 31, 10sq.)
c. 25, 80 app. bibl.: *adde* (Es. 3, 17)
c. 25, 85 app. bibl.: *adde* (I Petr. 3, 3sq.)
c. 25, 85sq. app. bibl.: *adde* (I Tim. 2, 9)
c. 25, 88 app. bibl.: *adde* (Prou. 9, 13)
c. 25, 105 app. bibl.: *adde* (Gen. 3, 21)
c. 25, 107 app. bibl.: *pro* Gen. 24, 65 *lege* Gen. 24, 64sq.
c. 25, 113sqq. app. bibl.: *adde* (Matth. 14, 6)
c. 25, 117sq. app. bibl.: *adde* (Matth. 3, 3); (Marc. 1, 2sq.); (Ioh. 1, 23.29.36)
c. 25, 121-124 app. bibl.: *adde* (Marc. 6, 21-29)
c. 25, 131-134 app. bibl.: *adde* (Act. 12, 21sqq.)
c. 25, 143 app. bibl.: *adde* (Gen. 2, 18)
c. 25, 152 app. bibl.: *adde* (Ioh. 2, 9)
c. 25, 154 app. bibl.: *adde* (Luc. 1, 34sq.)
c. 25, 157sq. app. bibl.: *adde* (Iudic. 6, 37sq.); (Ps. 71, 6)
c. 25, 165 app. bibl.: *adde* (Matth. 1, 18sqq.)

c. 25, 171 app. bibl.: *adde* (Ioh. 1, 1)
c. 25, 180 app. bibl.: *adde* (Eph. 4, 12sq.)
c. 25, 182 app. bibl.: *adde* (I Cor. 11, 3; 12, 12); (Col. 1, 18)
c. 25, 183 app. bibl.: *adde* (Rom. 13, 14); (Gal. 3, 27); (Eph. 4, 22-24); (Col. 3, 9sq.)
c. 25, 185 app. bibl.: *adde* (Ioh. 3, 3.5)
c. 25, 187sq. app. bibl.: *adde* (I Cor. 15, 24.28)
c. 25, 189 app. bibl.: *adde* (I Cor. 7, 29-31)
c. 25, 189sq. app. bibl.: *adde* (Matth. 22, 30)
c. 25, 195 app. bibl.: *adde* (Marc. 2, 19sq.); (Luc. 5, 34sq.)
c. 25, 196 app. bibl.: *adde* (Matth. 19, 6); (Eph. 5, 31sq.)
c. 25, 221 app. bibl.: *adde* (Ps. 84, 11); (Rom. 14, 17)
c. 25, 238 app. bibl.: *adde* (Ps. 113, 10.12); (Ps. 117, 3)
c. 26, 32 app. bibl.: *adde* (Ps. 25, 12)
c. 26, 35-45 app. bibl.: *adde* (Exod. 12, 21-13, 5sqq.)
c. 26, 36 app. bibl.: *pro* Gen. 12 *lege* Ex. 12
c. 26, 52sq. app. bibl.: *adde* (I Cor. 5, 7)
c. 26, 61sq. app. bibl.: *adde* (Matth. 5, 11); (Act. 5, 41); (I Thess. 2, 2)
c. 26, 62sq. app. bibl.: *adde* (Act. 9, 16; 15, 26; 21, 13)
c. 26, 94 app. bibl.: *pro* Gen. 17, 11 *lege* Ex. 17, 11
c. 26, 110 app. bibl.: *adde* (Eph. 6, 11sq.)
c. 26, 119-143 app. bibl.: *adde* (Ios. 6)
c. 26, 147sq. app. bibl.: *adde* (Apoc. 7, 2-4)
c. 26, 148sq. app. bibl.: *adde* (I Petr. 1, 19)
c. 26, 151 app. bibl.: *adde* (Ps. 23, 10); (Ps. 45, 12); (Ps. 58, 6); (Ps. 79, 5.15.20); (Ps. 83, 2.4.9)
c. 26, 160 app. bibl.: *pro* Iudic. 4, 14 *lege* Iudic. 4, 21
c. 26, 162-165 app. bibl.: *adde* Iudith 13
c. 26, 197sq. app. bibl.: *adde* (Ps. 54, 23)
c. 26, 200sqq. app. bibl.: *adde* (Es. 53, 12)
c. 26, 219sq. app. bibl.: *adde* (Exod. 32, 11-14)
c. 26, 221 app. bibl.: *adde* (Sap. 10, 6)
c. 26, 221-226 app. bibl.: *adde* (Gen. 19, 18-25); III Reg. c.17-18
c. 26, 235 app. bibl.: *adde* (Exod. 3, 6); (III Reg. 18, 36); (I Paral. 29, 18)
c. 26, 236sq. app. bibl.: *adde* (Exod. 14, 21sq.15, 23-24.16, 13sqq.)
c. 26, 238 app. bibl.: *adde* (Num. 11, 31; Deut. 8, 3.16); (Ps. 77, 24); (Ioh. 6, 31-49)
c. 26, 239sqq. app. bibl.: *adde* (Exod. 17, 6); (Ps. 113, 8)

c. 26, 240-242 app. bibl.: *adde* (Exod. 13, 21)
c. 26, 243sq. app. bibl.: *adde* (Exod. 16, 35)
c. 26, 247sq. app. bibl.: *adde* (Ios. 10, 12sqq.)
c. 26, 255.299sq. app. bibl.: *adde* (Dan. 14, 39)
c. 26, 263sq. app. bibl.: *adde* (Dan. 3, 22-24)
c. 26, 344 app. bibl.: *adde* (Exod. 15, 23-25)
c. 26, 352 app. bibl.: *adde* (Marc. 5, 15)
c. 26, 374sq. app. bibl.: *adde* (Exod. 14, 16); (Matth. 14, 29)
c. 26, 379 app. bibl.: *adde* (Ioh. 1, 17)
c. 27, 9sq. app. bibl.: *adde* (Ios. 10, 12sqq.)
c. 27, 39 app. bibl.: *adde* (Exod. 7-12)
c. 27, 40 app. bibl.: *adde* (Exod. 14, 15-31)
c. 27, 44 app. bibl.: *adde* (Matth. 1, 16)
c. 27, 48sq. app. bibl.: *pro* Matth. 3, 16 *lege* Matth. 3, 13
c. 27, 59 app. bibl.: *adde* (Marc. 16, 6); (Luc. 24, 5sq.)
c. 27, 86sq. app. bibl.: *adde* (Ioh. 1, 3)
c. 27, 87sq. app. bibl.: *adde* (Col. 1, 17); (Apoc. 21, 5)
c. 27, 90sq. app. bibl.: *adde* (Act. 1, 9)
c. 27, 103 app. bibl.: *adde* (Act. 2, 12sqq.)
c. 27, 105sq. app. bibl.: *adde* (Es. 49, 10)
c. 27, 117-119 app. bibl.: *adde* (Matth. 7, 13sq.)
c. 27, 119 app. bibl.: *adde* (Matth. 23, 37)
c. 27, 123 app. bibl.: *adde* (Matth. 9, 20; 14, 36); (Marc. 6, 56)
c. 27, 130 app. bibl.: *adde* (Matth. 13, 7.24-30)
c. 27, 166 app. bibl.: *adde* (Gen. 27, 27)
c. 27, 168 app. bibl.: *adde* (II Cor. 2, 15)
c. 27, 174 app. bibl.: *adde* (Ezech. 31, 4)
c. 27, 216 app. bibl.: *adde* (Apoc. 5, 6.12)
c. 27, 219 app. bibl.: *adde* (Gen. 13, 16)
c. 27, 221 app. bibl.: *adde* (Gen. 22, 17)
c. 27, 228 app. bibl.: *adde* (Cant. 2, 12)
c. 27, 250 app. bibl.: *pro* Gen. 40, 37sqq. *lege* Gen. 30, 37sqq.; *adde* (Gen. 29, 2)
c. 27, 263 app. bibl.: *adde* (Ps. 4, 7)
c. 27, 265 app. bibl.: *adde* (I Reg. 2, 7); (Luc. 1, 51-53)
c. 27, 275sq. app. bibl.: *adde* (Gen. 30, 37sqq.)
c. 27, 279sqq. app. bibl.: *adde* (Es. 11, 1); (Luc. 1, 35)
c. 27, 289 app. bibl.: *adde* (I Ioh. 5, 11sq.)
c. 27, 291sq. app. bibl.: *adde* (Ps. 115, 13)

c. 27, 294 app. bibl.: *adde* (I Cor. 13, 3)
c. 27, 298sqq. app. bibl.: *adde* (I Petr. 2, 21-24)
c. 27, 300 app. bibl.: *adde* (Phil. 2, 6sq.)
c. 27, 306 app. bibl.: *adde* (I Petr. 1, 19)
c. 27, 325sq. app. bibl.: *adde* (Ioh. 13, 23.25)
c. 27, 411 app. bibl.: *adde* (Matth. 3, 1sqq.; 3, 13)
c. 27, 412 app. bibl.: *adde* (Luc. 16, 16)
c. 27, 415-417 app. bibl.: *adde* (Ioh. 20, 24-29)
c. 27, 461sq. app. bibl.: *adde* (Rom. 12, 4sq.); (I Cor. 12, 12sqq.)
c. 27, 462 app. bibl.: *adde* (I Cor. 11, 3); (Eph. 4, 15sq.); (Col. 1, 18.20)
c. 27, 477-479 app. bibl.: *adde* (II Paral. 4, 4)
c. 27, 498 app. bibl.: *adde* (Ioh. 10, 11.16)
c. 27, 509sq. app. bibl.: *adde* (Apoc. 14, 14)
c. 27, 570sq. app. bibl.: *adde* (I Cor. 10, 16sqq.)
c. 27, 605 app. bibl.: *adde* (Ps. 86, 1)
c. 27, 606 app. bibl.: *adde* (Luc. 14, 28-30)
c. 27, 609 app. bibl.: *adde* (Rom. 8, 29)
c. 27, 610 app. bibl.: *adde* (Gen. 12, 1)
c. 27, 611 app. bibl.: *adde* (Exod. 3, 8)
c. 27, 612 app. bibl.: *adde* (Dan. 3, 17)
c. 27, 614sq. app. bibl.: *adde* (Gen. 19, 26)
c. 27, 616 app. bibl.: *adde* (Rom. 12, 1)
c. 27, 616sq. app. bibl.: *adde* (Gen. 22, 6)
c. 27, 620sq. app. bibl.: *adde* (Gen. 27, 43)
c. 27, 622 app. bibl.: *adde* (Gen. 28, 11)
c. 27, 624 app. bibl.: *adde* (Gen. 39, 7-12)
c. 27, 628sq. app. bibl.: *adde* (Rom. 13, 11)
c. 27, 629 app. bibl.: *adde* (Matth. 24, 44)
c. 27, 632 app. bibl.: *pro* Exod. 7, 14 *lege* Exod. 14
c. 27, 633 app. bibl.: *adde* (Exod. 14, 28)
c. 27, 641sq. app. bibl.: *adde* (II Paral. 6, 18)
c. 27, 696 app. bibl.: *pro* Gen. 22, 26 *lege* Gen. 22, 6
c. 28, 25 app. bibl.: *adde* (Tob. 2, 10sq.)
c. 28, 26 app. bibl.: *adde* (Iudith 10-13)
c. 28, 27 app. bibl.: *adde* (Esth. 5)
c. 28, 190 app. bibl.: *adde* (Tit. 3, 5)
c. 28, 196sq. app. bibl.: *adde* (Rom. 6, 6); (Col. 3, 9sq.)
c. 28, 227sq. app. bibl.: *adde* (Rom. 8, 29sq.)

c. 28, 230-237 app. bibl.: *adde* (Phil. 3, 13)
c. 28, 249-251 app. bibl.: *adde* (Ps. 71, 9)
c. 28, 255 app. bibl.: *adde* (Prou. 10, 9)
c. 28, 256 app. bibl.: *adde* (Matth. 15, 13); (Marc. 13, 33)
c. 28, 299sq. app. bibl.: *adde* (Luc. 3, 9)
c. 28, 323 app. bibl.: *adde* (Rom. 13, 14); (Col. 3, 9sq.)
c. 29, 20 app. bibl.: *adde* (Hier. 23, 24)
c. 30, 2/5 app. bibl.: *adde* (II Cor. 5, 17); (Apoc. 21, 5)
c. 31, 15-20 app. bibl.: *adde* (Sap. 4, 11-14)
c. 31, 56 app. bibl.: *adde* (Es. 7, 14)
c. 31, 57-61 app. bibl.: *adde* (Phil. 2, 6qq.)
c. 31, 71sq. app. bibl.: *adde* (Rom. 3, 20; 8, 3); (Gal. 2, 16)
c. 31, 85 app. bibl.: *adde* (Ioh. 5, 18; 6, 38-40)
c. 31, 95 app. bibl.: *adde* (Hebr. 4, 15)
c. 31, 110 app. bibl.: *adde* (Marc. 16, 6); (Luc. 24, 5sq.)
c. 31, 111 app. bibl.: *adde* (Marc. 16, 19); (Luc. 24, 51); (Act. 1, 9-11)
c. 31, 123 app. bibl.: *adde* (Matth. 8, 24-26); (Marc. 4, 36-41); (Luc. 8, 22-25)
c. 31, 125 app. bibl.: *adde* (Marc. 14, 34sqq.); (Luc. 22, 43sq.)
c. 31, 126 app. bibl.: *adde* (Matth. 26, 45); (Marc. 14, 41); (Ioh. 16, 32)
c. 31, 127 app. bibl.: *adde* (Matth. 27, 35); (Marc. 15, 25sqq.); (Luc. 23, 33; 23, 44-48); (Ioh. 19, 18)
c. 31, 131 app. bibl.: *adde* (Es. 53, 12)
c. 31, 137 app. bibl.: *adde* (Ioh. 10, 17)
c. 31, 140 app. bibl.: *adde* (Marc. 16, 19); (Luc. 24, 51)
c. 31, 162sqq. app. bibl.: *adde* (Luc. 24, 46sqq.)
c. 31, 176 app. bibl.: *adde* (II Tim. 1, 10)
c. 31, 209sq. app. bibl.: *adde* (II Cor. 4, 18sq.)
c. 31, 215sq. app. bibl.: *adde* (I Cor. 13, 12); (Hebr. 11, 1)
c. 31, 221 app. bibl.: *adde* (Ps. 115, 16); (Zach. 1, 4)
c. 31, 222 app. bibl.: *adde* (Matth. 11, 29)
c. 31, 335sq. app. bibl.: *adde* (Matth. 27, 51)
c. 31, 341 app. bibl.: *adde* (Matth. 27, 51); (Marc. 15, 38); (Luc. 23, 45)
c. 31, 351 app. bibl.: *adde* (Rom. 10, 4)
c. 31, 365 app. bibl.: *adde* (I Cor. 10, 11)
c. 31, 375sq. app. bibl.: *adde* (I Ioh. 1, 1-3)
c. 31, 397-400 app. bibl.: *adde* (Act. 1, 9-11)
c. 31, 412 app. bibl.: *adde* (Act. 22, 16)
c. 31, 413 app. bibl.: *adde* (Ps. 40, 4); (Ps. 62, 7)

c. 31, 421 app. bibl.: *pro* Hier. 9, 15 *lege* Hier. 9, 1
c. 31, 425 app. bibl.: *adde* (Ezech. 11, 19; 36, 26)
c. 31, 430 app. bibl.: *adde* (Ioh. 1, 9; 8, 12)
c. 31, 434 app. bibl.: *adde* (Ps. 41, 3); (Ps. 62, 2); (Eccli. 24, 29)
c. 31, 446 app. bibl.: *adde* (Ioh. 11, 25)
c. 31, 455-457 app. bibl.: *adde* (Luc. 15, 22sq.)
c. 31, 458 app. bibl.: *adde* (Matth. 5, 6)
c. 31, 464sqq. app. bibl.: *adde* (Luc. 16, 19sq.)
c. 31, 474 app. bibl.: *adde* (Luc. 16, 26)
c. 31, 503 app. bibl.: *adde* (Luc. 7, 25)
c. 31, 511 app. bibl.: *adde* (II Petr. 1, 4)
c. 31, 521 app. bibl.: *adde* (Phil. 2, 7)
c. 31, 522 app. bibl.: *adde* (II Cor. 8, 9)
c. 31, 529 app. bibl.: *adde* (Matth. 25, 40-45)
c. 31, 531 app. bibl.: *adde* (Cant. 1, 2)
c. 31, 533sqq. app. bibl.: *adde* (Luc. 7, 37sq.); (Ioh. 12, 3)
c. 31, 537 app. bibl.: *adde* (Matth. 24, 44; 25, 6-13)
c. 31, 550 app. bibl.: *adde* (Apoc. 6, 9; 8, 5)
c. 31, 578 app. bibl.: *adde* (Rom. 8, 29sq.)
c. 31, 589 app. bibl.: *adde* (Apoc. 14, 4)
c. 31, 599 app. bibl.: *adde* (Matth. 19, 14); (Luc. 18, 16)
c. 32, 11 app. bibl.: *adde* (Exod. 12, 41sq.)
c. 32, 12sqq. app. bibl.: *adde* (Exod. 14, 19-22.28)
c. 32, 15 app. bibl.: *adde* (Exod. 16, 14sqq.17, 6)
c. 32, 17sq. app. bibl.: *adde* (Exod. 32, 4-6)
c. 32, 29 app. bibl.: *adde* (Gen. 1, 27)
c. 32, 59 app. crit.: *pro* arbor *lege* arbos; *pro* arbo AD *lege* abro AD
c. 32, 145 app. bibl.: *adde* (Gen. 3, 1-6.12-13)
c. 32, 158-160 app. bibl.: *adde* (Rom. 5, 12-21); (I Cor. 15, 21sqq.)
c. 32, 167sq. app. bibl.: *adde* (Ioh. 1, 1-5)
c. 32, 171-177 app. bibl.: *adde* (Gen. 1, 3-24)
c. 32, 176 app. crit.: *pro* pendent *lege* pendet
c. 32, 188sq. app. bibl.: *adde* (Ps. 102, 19); (I Tim. 6, 16)
c. 32, 190 app. bibl.: *adde* (Sap. 1, 7); (Col. 1, 17)
c. 32, 202 app. bibl.: *adde* (Ps. 32, 6); (II Thess. 2, 8)
c. 32, 208 app. bibl.: *adde* (Hier. 32, 19)
c. 32, 212 app. bibl.: *adde* (Col. 1, 15-18)
c. 32, 218sq. app. bibl.: *adde* (Gen. 1, 3sq.)

c. 32, 219 app. bibl.: *adde* (Gen. 1, 16)
c. 32, 220 app. bibl.: *adde* (Rom. 8, 3sq.); (Eph. 1, 7)
c. 33, 1sq. app. bibl.: *adde* (Ps. 1, 1sq); (Ps. 31, 1sq.)
c. 33, 21 app. bibl.: *adde* (Ioh. 7, 37sq.)
c. 33, 34sq. app. bibl.: *adde* (Luc. 23, 42sq.)
c. 33, 36sq. app. bibl.: *adde* (Matth. 20, 9)
c. 33, 49 app. bibl.: *adde* (Matth. 20, 22); (Marc. 10, 38)
c. 33, 57sqq. app. bibl.: *adde* (Gal. 3, 28)
c. 33, 95 app. bibl.: *adde* (Apoc. 21, 21)
c. 33, 98 app. bibl.: *adde* (Matth. 19, 6); (Marc. 10, 8)
c. 33, 123 app. bibl.: *adde* (Cant. 2, 10-13; 4, 16)
app. c. 1, 48 app. bibl.: *adde* (Matth. 11, 30)
app. c. 1, 51 app. bibl.: *adde* (Tob. 4, 16)
app. c. 1, 62 app. bibl.: *adde* (Matth. 24, 35)
app. c. 1, 64 app. bibl.: *adde* (Matth. 24, 30); (Luc. 21, 27)
app. c. 1, 66 app. bibl.: *adde* (Matth. 25, 1sqq.)
app. c. 1, 69 app. bibl.: *adde* (I Cor. 3, 19)
app. c. 1, 87 app. bibl.: *adde* (II Tim. 1, 10)
app. c. 1, 98 app. bibl.: *adde* (Deut. 8, 3); (Matth. 4, 4); (Luc. 4, 4)
app. c. 1, 100 app. bibl.: *adde* (Matth. 10, 19sq.); (Marc. 13, 11)
app. c. 1, 103 app. bibl.: *adde* (Ps. 61, 8); (Ps. 70, 5); (Ps. 141, 6)
app. c. 1, 114 app. bibl.: *adde* (Ps. 33, 2); (Ps. 70, 8); (Ps. 144, 21)
app. c. 2, 43sq. app. bibl.: *adde* (Ioh. 5, 8sq.)
app. c. 2, 45 app. bibl.: *adde* (Marc. 8, 22sq.)
app. c. 2, 53-64 app. bibl.: *adde* (Phil. 2, 2-11)
app. c. 3, 27 app. bibl.: *adde* (Ioh. 1, 3)
app. c. 3, 59sq. app. bibl.: *adde* (Ps. 109, 1); (Es. 66, 1)
app. c. 3, 94 app. bibl.: *adde* (Luc. 3, 8)
app. c. 3, 144 app. bibl.: *adde* (I Cor. 3, 18)
app. c. 3, 173-176 app. bibl.: *adde* (Luc. 15, 4)
app. c. 3, 177sq. app. bibl.: *adde* (Luc. 15, 22sq.)
app. c. 3, 180 app. bibl.: *adde* (Ioh. 3, 15sq.)
app. c. 3, 182 app. bibl.: *adde* (Gen. 2, 7)
app. c. 3, 190 app. bibl.: *adde* (I Cor. 1, 23sq.)
app. c. 3, 205 app. bibl.: *adde* (Ioh. 1, 3)
app. c. 3, 217-219 app. bibl.: *adde* (Matth. 11, 5); (Marc. 7, 37); (Luc. 7, 22)
app. c. 3, 221 app. bibl.: *adde* (Marc. 15, 46); (Luc. 23, 53); (Ioh. 19, 42)

app. c. 3, 223 app. bibl.: *adde* (Matth. 28, 6); (Marc. 16, 6); (Luc. 24, 5sq.); (Apoc. 2, 8)
app. c. 3, 225 app. bibl.: *adde* (Luc. 24, 51); (Act. 1, 9)
app. c. 3, 226 app. bibl.: *adde* (Apoc. 1, 4.8)

Bibliographie

Epistulae:

Paulinus Nolanus, Letters, transl. & annot. by *Walsh, P. G.*, 2 vol., Ancient Christian Writers 35-36, London 1966-8

Paolino di Nola, Epistole ad Agostino, testo latino con introd., trad., comm. e indici, a cura di *Piscitelli-Carpino, T.*, Napoli 1989 (Strenae Nolanae 2)

Paolino di Nola, Le lettere, testo latino con introd., trad., note e indici, a cura di *Santaniello, G.*, 2 vol., Napoli 1992 (Strenae Nolanae 4-5)

Paulinus von Nola, Epistulae - Briefe, lateinisch-deutsch, übers. und eingel. von *Skeb, M. OSB*, 3 Bde., Freiburg/Breisgau 1998 (Fontes christiani 25/1-3)

S. Blomgren, De locis nonnullis Paulini Nolani, Eranos 76 (1978), 107-120

M. Errichiello: Ex abundantia cordis os loquitur nell'epistolario di Paolino di Nola, Campania sacra 113-14 (1982-83), 57-69

G. Guttilla: Paolino di Nola e il suo ritratto a sostegno della causa di Martino e di Severo, Orpheus 17 (1996), 90-107

W. v. Hartel: Patristische Studien V. Zu den Briefen des h. Paulinus von Nola, Sitzungsber. Ak. Wissensch. Wien, phil.-hist. Kl. 132 (1895), Abh. 4

A. P. Muys: De briefwesseling van Paulinus van Nola en Augustinus, Diss. Amsterdam 1941

L. Nicastri: Paolino di Nola lettore di Ovidio, in: Ovid. Werk und Wirkung, FS M. v. Albrecht, Frankfurt/Main 1999 (Studien zur Klassischen Philologie 100), II, 865-910

P. G. Walsh: Textual Notes on the „Epistulae" of Paulinus Nolanus, Orpheus 13 (1966), 153-158

Rezensionen der CSEL-Edition:

Blätter für das Gymnasial-Schulwesen 30 (1894), 503-504 (Weyman)

Literar. Centralblatt 1894, 1176-1177 (v. D.)

Berliner Philologische Wochenschrift 1895, 978-981 (Koch)

Deutsche Literaturzeitung 17 (1896), 363-365 (Schepps)

Theologische Literaturzeitung 1896, 87 (Preuschen)

ep. 11:

A. Salvatore: Immagini bibliche e strutture discorsive. La lettera 11 di Paolino, in: Atti del Convegno XXXI Cinquantenario della morte di S. Paolino di Nola (431-1981), Nola, 20-21 marzo 1982; Roma 1982, 253-280

ep. 13

P. Nautin: La date de la mort de Pauline, de l'épître 66 de Jérôme et de l'épître 13 de Paulin de Nole, Augustinianum 18 (1978), 547–550

C. Weyman: Caput unguento deducere, ALLG 15 (1908), 260

ep. 16

W. Erdt: Christentum und heidnisch-antike Bildung bei Paulin von Nola, mit Kommentar und Übersetzung des 16. Briefes, Meisenheim am Glan 1976 (Beiträge zur Klassischen Philologie 82)

ep. 23

M. Marin: Note retoriche sull'epistolario di Paolino di Nola: ut totam de capillis texamus epistolam (ep. 23, 14), VetChr 34 (1997), 263-278

ep. 25*

C. Weyman: Der zweite Brief des hl. Paulinus von Nola an Crispinianus nach der Münchener und der Salzburger Handschrift, HistJb 16 (1895), 92-99

ep. 30

G. Guttilla: I carmi 27 e 28 di Paolino di Nola e le epistole 30 e 32 a Sulpicio Severo, Orpheus 16 (1995), 59-82

ep. 31

C. Curti: L'„inventio crucis" nell'epistola 31 di Paolino di Nola, Orpheus 17 (1996), 337-347

ep. 32

Paulinus' Churches at Nola. Texts, translations and commentary, by *Goldschmidt, R. C.*, Amsterdam 1940

G. Guttilla: I carmi 27 e 28 di Paolino di Nola e le epistole 30 e 32 a Sulpicio Severo, Orpheus 16 (1995), 59-82

G. Guttilla: Rectius legenda (Paolino di Nola: ep. 32, 6, 281, 1-4), BStudLat 25/1 (1995), 111-113

H. Junod-Ammerbauer: Les constructions de Nole et l'esthétique de saint Paulin, REAug 24 (1978), 22-57

T. Lehmann: Eine spätantike Inschriftensammlung und der Besuch des Papstes Damasus an der Pilgerstätte des H. Felix in Cimitile/Nola, ZPE 91 (1992), 243-281

T. Lehmann: Zur Genese der Trikonchosbasiliken, in: B. Brenk (Hrsg.), Innovation in der Spätantike, Kolloquium Basel 6. u. 7. Mai 1994, Wiesbaden 1996, 317-362

ep. 34

T. Piscitelli Carpino: Struttura, auctoritas ed exemplum in un sermone di Paolino di Nola (Epist. 34 Hartel), Vichiana 3ª ser. I (1990), 263-178

ep. 38

C. Cattaneo: Il Christus patiens nel giusto perseguitato. Reminiscenze melitoniane in S. Paolino di Nola, Koinonia 9 (1985), 141-152

S. Leanza: Una pagina di Melitone di Sardi in Paolino di Nola, Orpheus 5 (1984), 444-451

S. Leanza: Una precisazione a proposito di due recenti articoli su Melitone di Sardi e Paolino di Nola, Koinonia 10 (1986), 89-90

ep. 49

O. Musso: Nota sul termine sentinaculum, Faventia 7, 2 (1985), 101-3

J. Rougé: Periculum maris et transports d'État: la lettre 49 de Paulin de Nole, in: Studi S. Calderone II, Messina 1988 (Studi Tardoantichi 2), 119-136

F. Walter: Zu lateinischen Schriftstellern, Philologus 80 (1925), 437-453

Carmina:

Paulinus Nolanus, I carmi, a cura di *Mencucci, A.*, I classici cristiani 210-211, Siena 1970

Meropio Ponzio Paolino, Antologia di Carmi, a cura di *Costanza, S.*, Messina 1971

The Poems of St. Paulinus of Nola, transl. & annot. by *Walsh, P. G.*, Ancient Christian Writers 40, London 1974

Paolino di Nola, I carmi. Introd., trad., note e indici a cura di *Ruggiero, A.*, Rom 1990 (Collana di testi patristici, dir. da A. Quacquarelli, 85)

Paolino di Nola, I carmi, testo latino con introd., trad. italiana, note e indici, a cura di *Ruggiero, A.*, 2 vol., Napoli 1996 (Strenae Nolanae 6-7)

S. Blomgren: De locis nonnullis Paulini Nolani, Eranos 76 (1978), 107-120

S. Blomgren: Om några ställen i Paulini Nolani carmina, Eranos 38 (1940), 62-67

L. Carrese: I carmi profani di Paolino, AFLN 28 N.S. 16 (1985-86), 5-14

F. Chatillon: Réminiscences de Paulin de Nole chez Colomban?, RMAL 25-34 (1969-1978), 23-26

S. Costanza: Rapporti letterari tra Paolino e Prudenzio, in: Atti del Convegno XXXI Cinquantenario della morte di S. Paolino di Nola (431-1981), Nola, 20-21 marzo 1982; Roma 1982, 25-65

Y.-M. Duval, Le panégyrique de Théodose par Paulin de Nole, in: Anchora vitae, Atti del II Convegno Paoliniano nel XVI centenario del Ritiro di Paolino di Nola (Nola-Cimitile 18-20 maggio 1995), a cura di G. Luongo, Napoli 1998

G. B. A. Fletcher: Imitationes vel loci similes in poetis latinis, Mnemosyne 1933-34 I, 208-210

R. P. H. Green: The Poetry of Paulinus of Nola. A study of his latinity, Coll. Latomus 120, Bruxelles 1971

G. Guttilla: Paolino di Nola e Girolamo, Orpheus 13 (1992), 278-294

G. Guttilla: Preghiere e invocazioni nei Carmi di S. Paolino di Nola, ALGP 28-30 (1991-93), 93-188

G. Guttilla: La presenza di Ausonio nella poesia dell'ultimo Paolino, Orpheus 14 (1993), 275-297

W. v. Hartel: Patristische Studien VI. Zu den Gedichten des h. Paulinus von Nola, Sitzungsber. Ak. Wissensch. Wien, phil.-hist. Kl. 132 (1895), Abh. 7

A. Hudson-Williams: Notes on Paulinus of Nola, Carmina, CQ 27 (1977), 453-65

A. Hudson-Williams: Virgil and the Christian Latin Poets, PVS 6 (1966-7), 11-21

C. Iannicelli: Note al lessico Paoliniano. Indagine su alcuni appellativi riferiti a S. Felice, ImpD 8, 1990-91 (1992), 183-204

H. Junod-Ammerbauer: Le poète chrétien selon Paulin de Nole. L'adaptation des thèmes classiques dans les Natalicia, REAug 21 (1975), 13-54

K. Kohlwes: Christliche Dichtung und stilistische Form bei Paulinus von Nola, Bonn 1979

T. Lehmann, Zu Alarichs Beutezug in Campanien: Ein neu entdecktes Gedicht des Paulinus Nolanus, RQ 93 (1998), 181-199

J. T. Lienhard: Some Fragments of Paulinus of Nola, Latomus 36 (1977), 438-9

A. Nazzaro: Intertestualità biblica e classica in testi cristiani antichi, in: 3° Convegno di aggiornamento e di didattica, Palermo 29 ott.-1 nov. 1988, a cura di B. Amata, Rom 1993, 439-514

A. Nazzaro: Momenti della fortuna di Orazio nella poesia cristiana latina, in: „Non omnis moriar." La lezione di Orazio a duemila anni della scomparsa, a cura di C.D. Fonsecca, Potenza 1993, 219-242

A. Nazzaro: Orazio e Paolino di Nola, ImpD 10, 1992-94 (1995), 239-252

A. Nazzaro: La presenza di Orazio in Paolino di Nola, in: Omaggio sannita a Orazio (ed. A. Nazzaro), S. Giorgio del Sannio 1995, 119-175

L. Nicastri: Paolino di Nola lettore di Ovidio, in: Ovid. Werk und Wirkung, FS M. v. Albrecht, Frankfurt/Main 1999 (Studien zur Klassischen Philologie 100), II, 865-910

M. Philipp: Zum Sprachgebrauch des Paulinus von Nola, Erlangen 1904

T. Piscitelli Carpino: Paolino elegiaco, in: La poesia cristiana latina in distici elegiaci, Atti del Convegno Internazionale Assisi 20-22 marzo 1992, Assisi 1993, 99-133

T. Piscitelli Carpino: Il ruolo dei fedeli nella poesia di Paolino di Nola, in: Sacerdozio battesimale e formazione teologica nella catechesi e nella testimonianza di vita dei Padri. Convegno di studio e aggiornamento, Facoltà di Lettere cristiane e classiche (Pontificium Institutum Altioris Latinitatis), Roma 14-16 marzo 1991, a cura di Felici, S., Bibl. di scienze religiose 99, Roma 1992, 119-132

J. M. Poinsotte: Aspects de la survie d'Horace dans la poésie latine chrétienne (IIIème-Vème siècles), ACD 29 (1993), 141-162

D. R. Shackleton Bailey: Critical Notes on the Poems of Paulinus Nolanus, AJPh 97 (1976), 3-19

P. G. Walsh: Paulinus of Nola and Vergil, Studia patristica 15, Papers presented to the Seventh International Conference on Patristic Studies held in Oxford 1975, Part I, ed. E. A. Livingstone, Berlin 1984, 117-121

P. G. Walsh: Paulinus of Nola and Vergil, PVS 15 (1975-6), 7-15

W. S. Watt: Notes on the Poems of Paulinus Nolanus, VigChr 52 (1998), 371-381

C. Weidmann: Zu den Quellen des Paulinus von Petricordia, WSt. 104 (1991), 169-182

G. Wiman: Till Paulinus Nolanus' carmina, Eranos 32 (1934), 98-130

Rezensionen der CSEL-Edition:

Berliner Philologische Wochenschrift 1895, 978-981 (Koch)

Literar. Centralblatt 1895, 418-420 (v. D.)

Deutsche Literaturzeitung 17 (1896), 363-365 (Schepps)

Theologische Literaturzeitung 1897, 303-305 (Preuschen)

c. 4

P. Courcelle: Un nouveau poème de Paulin de Pella, VigChr 1 (1947), 101-113

c. 6

Y.-M. Duval: Les premiers rapports de Paulin de Nole avec Jérôme: moine et philosophe? poète ou exégète?, in: Polyanthema, FS Costanza (Studi Tardoantichi 7), Messina 1989, 177-216

P. Flury: Das sechste Gedicht des Paulinus von Nola, VigChr 27 (1973), 129-145

J. T. Lienhard: Textual Notes on Paulinus of Nola, Carm. 6, 256-330

S. Prete: Paolino di Nola: la parafrasi biblica della laus Iohannis (carm. 6), Augustinianum 14 (1974), 625-635

c. 8

A. Nazzaro: La parafrasi salmica di Paolino di Nola, in: Atti del Convegno XXXI Cinquantenario della morte di S. Paolino di Nola (431-1981), Nola, 20-21 marzo 1982; Roma 1982, 93-119

c. 9

J.-L. Charlet: Prudence lecteur de Paulin de Nole. A propos du 23[e] quatrain du Dittochaeon, REAug 21 (1975), 55-62

A. Nazzaro: La parafrasi salmica di Paolino di Nola, in: Atti del Convegno XXXI Cinquantenario della morte di S. Paolino di Nola (431-1981), Nola, 20-21 marzo 1982; Roma 1982, 93-119

c. 10

D. R. Shackleton Bailey: Ecce iterum Ausonius (et Paulinus), AJPh 99 (1978), 179-180

P. Thielscher: Handschriftliches zu römischen Dichtern, RhM 62 (1907), 46-53

c. 11

M. Keul-Deutscher: Die Rettung einer gefährdeten Freundschaft. Zu Lukrez-Reminiszenzen im Carmen 11 des Paulinus von Nola, Hermes 126 (1998), 341-369

G. Luck: A Passage in Paulinus of Nola, AJPh 99 (1978), 37

M. Roberts: Paulinus Poem 11, Virgil's First Eclogue, and the Limits of Amicitia, TAPhA 115 (1985), 271-282

c. 14

S. Costanza: Il catalogo dei pellegrini: confronto di due tecniche narrative (Prud. per. 11, 189-213; Paolino di Nola carm. 14, 44-85), BStudLat 7 (1977), 316-326

c. 15

W. Evenepoel: The Vita Felicis of Paulinus Nolanus and the Beginnings of Latin Hagiography, in: Fructus centesimus, Mél. Bartelink, publ. A. A. R. Bastiaensen, A. Hilhorst, C. H. Kneepkens, Steenbrugge 1989, 167-176

W. Evenepoel: The Vita Felicis of Paulinus Nolanus, in: Aevum inter utrumque. Mél. G. Sanders, publ. M. van Uytfanghe, R. Demeulenaere, Steenbrugge 1991, 143-152

J. Fontaine: Les symbolismes de la cithare dans la poésie de Paulin de Nole, in: Romanitas et Christianitas. Studia H. Waszink, Amsterdam 1973, 123-143

G. Luongo: Lo specchio dell'agiografo. S. Felice nei carmi XV e XVI di Paolino di Nola, Napoli 1991

Serafino Prete: Paolino agiografo: Gli atti di S. Felice di Nola (carm. 15-16), in: Atti del Convegno XXXI Cinquantenario della morte di S. Paolino di Nola (431-1981), Nola, 20-21 marzo 1982; Roma 1982, 149-159

c. 16

W. Evenepoel: The Vita Felicis of Paulinus Nolanus and the Beginnings of Latin Hagiography, in: Fructus centesimus, Mél. Bartelink, publ. A. A. R. Bastiaensen, A. Hilhorst, C. H. Kneepkens, Steenbrugge 1989, 167-176

W. Evenepoel: The Vita Felicis of Paulinus Nolanus, in: Aevum inter utrumque. Mél. G. Sanders, publ. M. van Uytfanghe, R. Demeulenaere, Steenbrugge 1991, 143-152
A. Hudson-Williams: Culex 272-6, ClassRev N.S. 3 (1953), 80-82
G. Luongo: Lo specchio dell'agiografo. S. Felice nei carmi XV e XVI di Paolino di Nola, Napoli 1991
Serafino Prete: Paolino agiografo: Gli atti di S. Felice di Nola (carm. 15-16), in: Atti del Convegno XXXI Cinquantenario della morte di S. Paolino di Nola (431-1981), Nola, 20-21 marzo 1982; Roma 1982, 149-159

c. 17
V. Buchheit: Sieg auf dem Meer der Welt (Paul. Nol. c. 17, 105ff.), Hermes 109 (1981), 235-247
V. Buchheit: Gesittung durch Bekehrung, Würzburger Jahrbücher 9 (1983), 179-208

c. 18
S. Costanza: Le concezioni poetiche di Prudenzio e il carme XVIII di Paolino di Nola, SicGymn 29 (1976), 123-149
W. Evenepoel: Saint Paulin de Nole, Carm. 18, 211-468: Hagiographie et humour, in: La narrativa cristiana antica. Codici narrativi, strutture formali, schemi retorici. XXIII Incontro di studiosi dell'antichità cristiana, Roma, 5-7 maggio 1994 (Inst. Patristicum Augustinianum), Rom 1995, 507-520
T. Szepessy: Miracle et ironie: le 6e natalice de Paulin de Nole, ACD 25 (1989), 91-100

c. 19
R. Ficarra: Nota al De virginitate di Venanzio Fortunato, BStudLat 8 (1978), 273-75
D. R. Shackleton Bailey: Echoes of Propertius, Mnemosyne IV. S. 5 (1952), 307-333

c. 20
S. Prete: Il carme 20 di Paolino di Nola. Alcuni aspetti letterari e cultuali, Augustinianum 21 (1981), 169-177

c. 21

A. Ruggiero: Carme 21: Nola crocevia dello spirito, in: Atti del Convegno XXXI Cinquantenario della morte di S. Paolino di Nola (431-1981), Nola, 20-21 marzo 1982; Roma 1982, 183-212

D. R. Shackleton Bailey: Echoes of Propertius, Mnemosyne IV. S. 5 (1952), 307-333

c. 22

W. Erdt: Christentum und heidnisch-antike Bildung bei Paulin von Nola, mit Kommentar und Übersetzung des 16. Briefes, Meisenheim am Glan 1976 (Beiträge zur Klassischen Philologie 82)

S. Prete: Paolino di Nola: la storia umana come provvidenza e salvezza, Augustinianum 16 (1976), 145–157

c. 23

A. Cameron: The Pervigilium Veneris, in: La poesia tardoantica: tra retorica, teologia e politica, Atti del V corso della scuola superiore di archeologia e civiltà medievali, Erice (Trapani) 6-12 dicembre 1981, Messina 1984, 209-234

c. 24

G. Guttilla: Il Carme 24 di Paolino di Nola e la sua novitas, Koinonia 19/1 (1995), 5-31

P. G. Walsh: Paulinus Nolanus, Carmen 24, in: Latin Script and Letters A.D. 400-900, Festschrift L. Bieler, ed. J. O'Meara and B. Naumann, Leiden 1976, 37-43

c. 25

Het Epithalamium van Paulinus van Nola, carmen XXV met inleiding, vertaling en commentaar door *Bouma, J. A.*, Assen 1968

R. Gelsomino: L'epitalamio di Paolino di Nola per Giuliano e Titia, in: Atti del Convegno XXXI Cinquantenario della morte di S. Paolino di Nola (431-1981), Nola, 20-21 marzo 1982; Roma 1982, 213-230

Z. Pavlovskis: Statius and the Late Latin Epithalamia, CPh 60 (1965), 164-177

A. Sbrancia: L'epitalamio di S. Paolino di Nola (carme 25), AFLM 11 (1978), 83-129

C. Tibiletti: Nota teologica a Paolino di Nola (carme 25, 189), Augustinianum 18 (1978), 389–395

c. 26

G. Guttilla: S. Paolino e i barbari nei natalicia, Koinonia 13 (1989), 5-29

c. 27

Paulinus' Churches at Nola. Texts, translations and commentary, by *Goldschmidt, R. C.*, Amsterdam 1940

G. Guttilla: I carmi 27 e 28 di Paolino di Nola e le epistole 30 e 32 a Sulpicio Severo, Orpheus 16 (1995), 59-82

H. Junod-Ammerbauer: Les constructions de Nole et l'esthétique de saint Paulin, REAug 24 (1978), 22-57

c. 28

Paulinus' Churches at Nola. Texts, translations and commentary by *Goldschmidt, R. C.*, Amsterdam 1940

G. Guttilla: I carmi 27 e 28 di Paolino di Nola e le epistole 30 e 32 a Sulpicio Severo, Orpheus 16 (1995), 59-82

H. Junod-Ammerbauer: Les constructions de Nole et l'esthétique de saint Paulin, REAug 24 (1978), 22-57

c. 30

T. Lehmann: Eine spätantike Inschriftensammlung und der Besuch des Papstes Damasus an der Pilgerstätte des H. Felix in Cimitile/Nola, ZPE 91 (1992), 243-281

c. 31

S. Paolino da Nola, Consolatio. Carmen XXXI, trad., comm. e note a cura di *A. Mencucci*, Senigallia 1972

S. Costanza: Dottrina e poesia nel carme XXXI di Paolino da Nola, GIF 24 (1972), 346-353

G. Guttilla: Una nuova lettura del carme 31 di S. Paolino di Nola, Koinonia 11 (1987), 69-97

G. Guttilla: I tituli in onore del presbyter Clarus e la datazione del carme 31 di Paolino di Nola, BStudLat 19 (1989), 58-69

A. Hudson-Williams: Influus, Eranos 48 (1950), 70-71

c. 32

J. Kornprobst: Das carmen 32 des Paulinus von Nola, mit Einleitung, Übers. und Komm., Diss. Innsbruck 1947 (masch.)

R. Palla: Rivisitando il Poema ultimum: L'editio princeps di Ludovico Antonio Muratori, in: Anchora vitae. Atti del II Convegno Paoliniano nel XVI Centenario del Ritiro di Paolino a Nola (Nola-Cimitile 18-20 maggio 1995), a cura di G. Luongo, 407-429

F. G. Sirna: Sul cosidetto poema ultimum Ps.-Paoliniano, Aevum 35 (1961), 87-107

c. 33

S. Döpp: Baebianus und Apra. Zu Paulinus von Nola (?), c. 33, JbAC Erg.-Bd. 22 (1995), 66-74

G. Guttilla: Dottrina e arte nell'*Obitus Baebiani* di S. Paolino di Nola, ALGP 23-24 (1986-87), 131-157

G. Guttilla: Il *De cura pro mortuis gerenda* di Agostino e l'*Obitus Baebiani* di Paolino di Nola, ALGP 25-27 (1988-90), 193-207

L. Havet: Paulinus Nolanus, Obitus Baebiani, RPH 24 (1900), 144-145

Cyneg.

A. Ruggiero: Agostino, Paolino e l'epigrafe per Cinegio, ImpD 8, 1990-91 (1992), 147-181